国家文化产业资金支持媒体融合重大项目

国家级精品课程教材

旅游管理国家级教学团队
资 深 教 授 主讲课程教材

21世纪新概念教材：多元整合型一体化·"传承–创新"系列

普通高等学校旅游管理类教材新系

旅游经济学

Lüyou Jingjixue

（第三版）

◀ 吕宛青 李聪媛 编著

U0648582

东北财经大学出版社 大连
Dongbei University of Finance & Economics Press

图书在版编目（CIP）数据

旅游经济学 / 吕宛青，李聪媛编著. —3版. —大连：东北财经大学出版社，2021.10（2022.7重印）

（21世纪新概念教材：多元整合型一体化·"传承-创新"系列·普通高等学校旅游管理类教材新系）

ISBN 978-7-5654-4296-4

Ⅰ．旅… Ⅱ．①吕… ②李… Ⅲ．旅游经济学-高等学校-教材 Ⅳ．F590

中国版本图书馆CIP数据核字（2021）第158439号

东北财经大学出版社出版

（大连市黑石礁尖山街217号　邮政编码　116025）

网　　址：http：// www.dufep.cn

读者信箱：dufep@dufe.edu.cn

大连永盛印业有限公司印刷　　　东北财经大学出版社发行

幅面尺寸：185mm×260mm　　　字数：614千字　　　印张：30

2021年10月第3版　　　2022年7月第2次印刷

责任编辑：许景行　王　斌　　　　　责任校对：孙　昕

封面设计：冀贵收　　　　　　　　　版式设计：钟福建

定价：68.00元

"整体课程观"指导下的中国高校课程及其教材建设

"整体课程观"是反映当代世界特别是美欧发达国家高等教育课程观综合化趋势，通过博采诸多课程观之所长、避其所短而产生的一种课程理论取向，也是面向未来的中国高校课程及其教材建设的指导性理念。这种取向有着充分的历史依据、坚实的现实基础与深刻的逻辑反思背景。

一、当代美欧大学高校课程改革

（一）社会背景

当代美欧大学课程观及其指导下的高校课改，与时代发展、世界政治格局变化、科学文化走向、社会经济结构和职业结构转型等"社会背景"要素密切相关。

1.恢复与发展经济，打赢"冷战"

第二次世界大战（以下简称"二战"）后初期，世界政治格局发生变化，进入"冷战"时期。美欧主要发达国家面临两大任务：一是由战时经济转向战后经济的恢复与发展；二是使国家发展服务于美苏"冷战"需要。

战后经济恢复与发展需要培养大批高等专业人才，"专业化""职业化"一度引领美欧高校的办学方向，并推进了高校建设的数量增长与规模扩张；"冷战"对抗的加剧，使以"提高科技竞争力"和"强化西方价值观"为内涵的"普通教育"被视为战胜苏联的手段。

2.关注"职业流动性"

20世纪七八十年代以来，以原子能、计算机、微电子技术、生物工程技术和空间技术广泛应用为标志的第三次科学技术革命席卷美欧，传统工业时代的产业结构、市场需求结构和职业结构发生改变，行业内乃至跨行业的职业流动渐成常态。

联合国教科文组织国际教育发展委员会在《学会生存——教育世界的今天与明天》（1972）的报告中，最早提醒包括高等教育在内的世界各国教育要关注"职业流动性"。

进入21世纪，随着以物联网、大数据、机器人及人工智能等技术为驱动力的第四次工业革命席卷全球，职业及就业结构转型方兴未艾，职业能力中的"通能"

特别是"4C①"重要性日益受到各国教育专家的关注，针对特定技能的"专能"职业教育，越来越让位于兼顾"专能"与"通能"的职业教育。

3.转变国家发展战略

美欧主要国家发展战略经历了从"争办世界工厂"的"贸易战略"（1757年至第一次世界大战），到"争夺投资场所"的"资本战略"（两次世界大战期间），再到立足"科技创新"的"技术战略"（20世纪50年代以后）的转变。

依据美国熊彼特"创新理论"（20世纪初）和英国学者弗里曼"国家创新体系理论"（20世纪80年代），将"技术创新"作为经济社会发展的核心驱动力，建立创新型国家，是新时期美欧国家发展战略的选择；为国家培养和输送高等"创新型人才"，是20世纪下半叶该战略向美欧国家高校提出的要求。

4.应对"知识流变性"

联合国教科文组织的研究表明：19世纪到20世纪初，知识更新周期为30年；20世纪六七十年代，一般学科的知识更新周期为5~10年；到了20世纪八九十年代，许多学科的知识更新周期缩短为5年；进入21世纪，不少学科知识更新周期已缩短至2~3年。这意味着相当多在校学习的知识毕业后已经过时。

统计资料还显示，不同层次的知识，其更新周期是不同的：深层知识（哲学和人文层面的知识）更新周期最长；中层知识（科学基础理论知识）更新周期居中；表层知识（专业知识）更新周期最短。

作为迎接上述挑战的对策：美欧高校通过导入"通识课程"，以具有普遍性的"不变"或"缓变"知识，应对"知识流变"；通过导入"学习策略"和"学习方法"知识，培养学生的"自主学习"能力。

5.高技术产业崛起

20世纪90年代，美国进入了以信息和网络技术为基础，以高技术产业为支撑，以生产率增长和结构转换为特征，以"科学、技术与生产一体化"为发展趋势的二战后经济增长期。

为提升高等人才的国际竞争力，美国政府通过制订相应计划，在大学建立研究中心，从事高新技术基础研究；在高等职业教育中倡导"职业性"与"学术性"并重。

6.欧洲"一体化"与"碎片化"

1965年组建的"欧洲共同体"，到1993年发展成"政治经济一体化"的"欧洲政治经济联盟"（"欧盟"）。接下来的任务，是在继续发展欧盟新成员国的同时，启动与"政治经济一体化"相协调的"欧洲高等教育一体化"进程。

然而，欧洲一些国家在20世纪末已经进入经济低速增长甚至负增长的阶段。先前的"福利国家"模式所推高的财政开支与日益衰减的财政收入形成了巨大反差。随着"一体化"边际效益递减，欧盟的认同感和凝聚力不断下降，分离主义不断高涨。时至今日，欧洲已经走到了"推进一体化"和"地缘政治碎片化"的十字

---

① 所谓"4C"，即批判性思考（critical thinking）、沟通（communication）、合作（collaboration）和创意（creativity）。

路口。

7.现代科学发展趋势

现代科学发展呈现两方面趋势：一方面是学科的不断分化，另一方面是学科的交叉和渗透。分化导致学科数量的增长；学科的交叉、渗透导致学科综合化、整体化。学科的分化与综合，使现代科学技术形成一个多层结构、纵横联系、动态发展、综合一致的整体网络。

当代人类还面临诸多现实问题，如科学技术问题、环境问题、社会问题、经济问题等，也都具有综合性质，这些问题的解决都超出了单一科学领域的范围，需要综合运用自然科学、社会科学和人文科学知识去研究解决。

研究对象的高度综合性决定了研究主体知识结构的高度综合性：作为未来研究主体的大学生，既需要具有基于现代科学技术整体网络的综合知识，又需要具有必要的自然科学、人文科学和社会科学素养。这一切赋予美国高校的"通识教育"以新的历史特定性。

8.全球化与国际化

"全球化"和"国际化"是20世纪80年代以来世界发展的两个新趋势。"全球化"是指以经济联系为核心的全球联系不断增强，国与国之间在政治、经济贸易上互相依存，人类生活在全球范围内的发展和全球意识的崛起。"国际化"是指"全球化"内涵在国际范围内的流动。

"旧全球化"由美国主导，其指导思想是20世纪80年代美国里根政府和英国撒切尔政府奉为准则的新自由主义经济政策，该政策宣扬"自由化"、"私有化"和"市场化"，奉行"弱肉强食"的"丛林法则"和"你输我赢"的"零和博弈"。

"新自由主义"泛滥引发了2008年金融危机，加剧了劳资收入差距和就业困难，促使贸易保护主义、民粹主义抬头，"反全球化"思潮暗流涌动。世界发展需要新一轮全球化。

"新全球化"由中国主导，以"一带一路"沿线国家为主体，以推动基础设施建设、制造业为核心的工业化和发展中国家合作为主要内容，其指导理念是"人类命运共同体"，基本价值观是相互依存的国际权力观、共同利益观、可持续发展观和全球治理观。

可以把"新全球化"视为对"反全球化"或"逆全球化"的否定，"旧全球化"的"否定之否定"。

"全球化"不仅塑造着世界经济和文化的新模式，也影响着高等教育向"国际化"方向发展。越来越多的高校把高等教育国际化作为学校建设理念和强校战略，要求课程建设与国际接轨。

9.社会转型

工业经济时代的"价值链"是"开采→制造→装配→销售→配送→产品（和服务）"；知识经济时代的"价值链"是"数据→信息→知识→专长→销售→服务（和产品）"。

上述"社会转型"使单纯生产性劳动持续减少，基于知识的服务持续增加，对能胜任知识性工作的劳动者需求剧增;在工作方式上,要求"日常操作"和"常规认知"的传统工作,越来越让位于"包含高层次知识及其应用技能的工作"(如"专家思维"和"复杂沟通"等);工作性质也由"基于规则的、程序的、操作的、普通环境适应性和人际适应性"(如流水线工人、图书管理员、司机、服务员等),逐渐向"抽象解决问题"和"思考灵活性"(如科学家、程序员、设计者、经理等)转换。

"价值链"和"工作方式"的变化,迫使"转型"中的国家变革高等教育体制,导入"新平衡学习"。

(二)当代美欧高校课改历程

二战后到21世纪初,美欧主要发达国家高校课程改革分为两大层次:职业高校课改经历了由"知识本位"的"学术性课改"到"'能力本位'的'职业性课改'",再到"'学术性'与'职业性'整合课改"的三阶段发展过程;本科以上高校课改经历了由"多种课程思想纷争",进向两种"融合统一"的发展过程。

1.职业高校课改

(1)"学术性"课改

二战后初期,随着美苏"冷战"对抗的加剧,科技竞争成为人们关注的焦点。美国把强化"普通教育"视为战胜苏联的手段;欧洲主要发达国家的高职院校也普遍重视"普通教育"。

在总体上由"学术性"向"职业性"转变的继起阶段,"学术课程"在美国社区学院的"转学教育"、英国第三级学院、德国完全中学和其他学术性高校等教育机构或职能中得以延续。

(2)"职业性"课改

20世纪60年代,美国经济发展迅速,技能型人才供不应求,高职教育朝着职业化、大众化和规模化方向发展。《职业教育法》(1963)出台后,初级学院规模迅速扩大,其功能由"转学教育"为主转向"职业教育"为主,"非学术课程改革运动"取代"学科结构运动"成为主流,培训与企业岗位对接的技能成为人们关注的重点,并催生了DACUM模式的CBE课程开发与推广。

20世纪70—80年代新技术革命席卷美欧国家,传统工业时代的产业结构、市场需求结构和职业结构发生改变,行业内乃至跨行业的职业流动渐成常态。为满足新时期职业需求,美国"职业群集课程"、德国"双元制"和英国BTEC等课程模式,通过导入"关键能力"或"通用能力",将"能力本位"由"专能"提升为"'专能'与'通能'并重"。

20世纪90年代以来,德国不来梅大学技术与教育研究所(ITB)以菲利克斯·劳耐尔(Felix Rauner)教授为首的研究团队与德国大众汽车公司合作,提出并推广了一种"基于工作过程"的"学习领域"职业教育课程模式。

(3)"整合性"课改

从20世纪90年代起,美国"非学术课程改革运动"所导致的过度"职业化"和教育质量下降问题受到关注,一种倡导"职业教育与学术教育有机结合"的职业教育观（AOI）应运而生。

在 AIO 和相关立法的推动下，美国各州社区学院进行了整合"学术课程"与"职业课程"的多种尝试。

进入 21 世纪后，在延续"整合性"课改策略的同时，着眼可持续发展，"从学校到工作"的课改主题被"从学校到生涯"的主题取代，"职业技术教育"更名为"生涯与技术教育"。

英国于 21 世纪初颁布实施了以整合"学术教育"与"职业教育"为特色的"基础学位"，该学位具有独立高等教育资格。新课程体系还把原为 GNVQ 体系组分的"关键能力"训练，扩展到 Alevel 各门课程的具体设计中。

2.本科以上高校课改

（1）美国大学课改

①多种课程思想竞争

二战后初期，受哈佛大学《自由社会的普通教育》报告书（1945）和美国总统高等教育委员会《美国民主社会中的高等教育》报告（1947—1948）的影响，经历了自 19 世纪以来第三次也是规模最大的普通教育思想运动。这次运动致力于把博雅和人文传统注入大学的教育体制，为造就共同的美国公民而传递共同的文化传统与价值观，借以挽救普通教育，纠正大学本科过度专业化的偏向。

20 世纪 50 年代末至 60 年代初，美国大学课程改革受国家功利主义和科学主义课程思想左右，将重点移至加强科学基础教育，课程设置向"科学中心"的方向发展，旨在造就足够多的科学家和工程师。

20 世纪 60 年代末到 70 年代中期，美国大学教育规模迅速扩张。社会动荡和反"越战""柬战"所引发的学生运动相互交织，出现了冲击"普通教育"的反主流文化运动，大学课改一度转向"以学生为中心"，更多地关注与社会问题相关的知识需求，并向市场化、多元化、专业化方向发展。

20 世纪 70 年代后期，强调大学"普通教育"课程思想的浪潮在美国高校重现。哈佛大学提出了强化"普通教育"课程思想的"核心课程计划"（1975—1978），推动了包括"分布必修型""核心课程型""名著课程型""自由选修型"等美国大学"通识"课程体系的研发。

②"整体知识观"指导下的课改

20 世纪 80 年代至 90 年代，美国大学课改从"规模速度型"向"质量效率型"转变，致力于通过整合"普通教育"与"专业教育"，解决大学规模过度扩张和多种教育思想无序竞争导致的教育质量下降问题。其总体特征是：在"整体知识观"的指导下，通过建立融"'普通教育课程'（通识课程）和'专业教育课程'（专识课程）的平衡"，"自然科学课程、社会科学课程和人文科学课程的平衡"（"三种文化的平衡"），"国际化课程的设置"，"理论与实践的统合"，"道德与伦理知识的渗透"，以及"批判思维与创新能力的培养"为一体的大学本科课程体系。

20 世纪 90 年代以后，美国高校通过倡导自主学习、合作学习、实践学习（体验学习）和以研究为基础的学习（探究式学习），进行了与上述改革相配套的教学方法改革。

③从"研究型"向"创业型"转型

自20世纪末以来，美国一些研究型大学凭借"知识创新"优势，投入"知识生产"浪潮，从"学术型共同体"进向"创业型共同体"，向"以创新性知识生产、应用和成果转让为中心"的"创业型大学"转型。这些"创业型大学"集"知识传承"、"科学研究"和"创新创业"三大任务于一体，依托大学内部的跨学科组织（研究中心、孵化器、科技园等），通过"大学、企业和政府的'三螺旋'"结构，在培养"高等'创新-创业型'人才"的同时，为国家经济发展服务。

（2）欧洲各国大学课改

①多样纷呈的课程改革

A.英国。二战后初期，英国高校致力于发展科技教育。1961年对原有高等教育模式进行调整，提出高等教育目的是"传授工作技能，发展一般智力，增进学问知识，传授共同文化和共同公民准则"。其后，经历了10年的再调整与收缩期，转向课程设置现代化，提高教学与科研的质量和效率，要求大学密切与企业之间的联系，并将市场机制引入高等教育。20世纪90年代，受同期美国大学课改影响，英国新型大学对课程设置进行了再调整：打破了传统单学科分系制，设置学科群，开设相关学科；避免过早专业化，强化低年级的普通教育；设置文、理、工课程交叉渗透的跨学科综合课程或学科群；扩大专业选修课程比例；强调课程与"工作世界"之间的联系，将"核心能力"融入大学专业课程中。

B.法国。20世纪60年代起，法国大学一改二战后初期对规模、数量的追求，进行了三次改革。1968年改革规定：高等教育的"基本任务是传授知识，发展研究，培养人才"，高等教育要贯彻"自治"、"参与"和"多学科"三原则。1984年颁布新《高等教育法》，致力于解决"招生与就业"的矛盾，规定了高等教育的总体目标：开放、教学改革和职业化。1986年颁布《高等教育改革法》，以"竞争、创造性和责任感"取代先前"现代化、职业化和民主化"提法。20世纪90年代，受同期美国大学课改的影响，对课程设置进行了调整：一方面，通过基础科学与技术、工程相结合，人文科学、社会科学和自然科学相互渗透，从先前注重"专业教育"转向兼顾"通才教育"；另一方面，突出课程设置的"职业性"和"应用性"，强调大学培养目标的"职业化"方向。

C.德国。二战后，由于德国大学精英严重外流，其高等教育失去了国际领跑地位。大学改革分两个阶段进行：20世纪60—70年代致力于建立新高校、扩大招生规模、满足社会日益增长的人才需要；20世纪80年代，"以提高教育质量为中心"，致力于"应用教育与学术教育并存"的高等教育多层次化。两德统一后，德国着手对东部大学进行改造，于1993年初步完成高等教育一体化进程。

②"整体能力观"指导下的"欧洲一体化"课改

A."博洛尼亚进程"（以下简称"进程"）下的欧洲大学课程改革

1999年，欧洲29个国家在意大利博洛尼亚举行会议，签署了博洛尼亚宣言，确定到2010年建立包括"容易理解和可以比较的学位体系"、"一个以本硕连读为基础的高等教育体系"和"欧洲学分转换体系"在内的"欧洲高等教育一体化"发展目标。

与侧重"学术性"的"'通识'与'专识'融合"的美国大学课改不同,"进程"下的欧洲各国大学课改轻"学术性"而重"职业性",致力于通过整合"通能教育"与"专能教育",建立"整体能力观"指导下的"模块化"课程体系。

B. 以德国课改为例

德国应用技术大学先于综合大学完成了向欧洲"新体制"的转型:其专业设置面向行业;培养目标以行业需要为依据;课程设置模块化,每个模块由主题相互关联的几种课程组成;"关键能力"和"统整能力"作为"通能"被导入所有学士和硕士课程教学中;教学理念从"讲授导向"转向"自主学习导向"。

"进程"启动五年后,德国意识到"一体化"导致与美国大学的差距增大,提出"精英大学计划",力图通过财力资助,把从全国遴选出来的五所大学打造成世界一流大学。该计划出台后,引发了德国各层面的批评,诸如"不切实际"(大学层面)、"瞒天过海"和"把视线从致命的德国财政困难上引开"(政党层面)、"拆东墙补西墙"和"有违公正"(同行层面)等。

C. "进程"的得与失

"进程"是1968年以来欧洲最重要、范围最广的一次高等教育改革。一方面,它解决了欧洲高等教育的"高度异质性"问题,实现了欧洲各国高等教育体制的协调一致;另一方面,也存在种种缺陷,如"教育均质化""急功近利""浓重的商业化倾向""学制过短""学生就业能力下降"等。

（三）理论反思

与美欧职业高校"转学教育"和"学术性课改"、本科以上高校"普通教育"思想运动和"'整体知识观'指导下的'专识'与'通识'融合"课改相对应的课程理论,是"知识本位"课程理论;与美欧职业高校"职业性课改"和"'整体能力观'指导下的'专能'与'通能'整合"课改相对应的课程理论,是"能力本位"课程理论;介于两者之间的课程理论,是"两极互渗"中的理论探索;与美欧职业高校"'学术性'与'职业性'整合课改"相对应的课程理论,是课程社会学中的"辩证课程理论";超越"知识本位"与"能力本位"的理论尝试,是"21世纪教育基本要求"和"21世纪学习框架"。

对这些课程理论及其利弊得失进行必要反思,有助于我们在借鉴中扬长避短,为面向未来的中国高校课程与教材建设提供参照。

1. "知识本位"课程理论

（1）代表性理论

"知识本位"的代表性课程理论有布鲁纳(J.S.Bruner)的"结构主义课程理论(20世纪50年代)"、皮亚杰(Jean Piaget)的"双向建构理论"(20世纪60年代)、维果斯基(Lev Vygotsky)的"最近发展区理论"(20世纪20—30年代)、冯·格拉塞斯菲尔德(Von Glasersfeld)的"概念框架理论"(20世纪80年代)、维特罗克(M.C.Wittrock)的"生成过程理论"(1983)和斯皮罗(R.J.Spiro)与乔纳生

（D.H.Jonassen）的"认知灵活性理论"（1991），以及融合"专识"与"通识"的"整体知识观"（欧内斯特·博耶、克拉克·克尔、德里克·博克和小贝诺·施密德特等，20世纪90年代以来）。

（2）可取之处

"知识本位"课程理论的可取之处主要有三：其一，将"学会认知"作为课程教学的宗旨，依照"学会认知"有赖"知识迁移"，"知识迁移"有赖"知识学习"，"知识学习"有赖"课程设计"的基本思路进行课程建设。这样的宗旨和思路在今天也有生命力。其二，"学科导向"所坚持的课程设计"纵向组织"原则，即要求在课程设计中依照逻辑次序循序渐进地展开知识内容。比起"工作过程"和人类知识产生的"时间次序"，这个"逻辑次序"更接近"学生认知的心理发展次序"。其三，作为"知识本位"最高存在形式的"整体知识观"反映了当代科学发展"分化与综合并行"的总趋势，实现了由"专识"到"'通识'与'专识'融合"的提升，这是二战以来美国高等教育课改中最重要的指导性理念。

（3）主要局限性

"知识本位"课程理论的主要局限性涉及五个层面：其一，"知识本位"教育是人类历史上"体力劳动"与"脑力劳动"分工加剧时代的产物，反映了工业时代和后工业时代职业结构的特定需求，其课程适用于该时段的基础教育、美国社区学院的转学教育和大学的"精英"教育，服务于少数高端学术人才培养。这是它的历史局限性。其二，"知识本位"侧重于"学会认知"，相对忽视"学会做事"和"学会做人"。如果用于造就今日高等人才，不仅存在"行为自律"欠缺问题，其多数还将面临结构性失业。这是它的现实局限性。其三，在"知识本位"课程理论的建构主义早期代表那里，未能完全摆脱经验主义影响[①]。这是它的哲学基础局限性。其四，"知识本位"诉诸的"学科导向"，主张依照学科的"纵向并行结构"或学者建构知识体系的"逻辑结构"展开教学内容，这个"纵向并行结构"和"逻辑结构"与"发生学"意义上的"学生认知心理发展次序"是有区别的。这是它的课程理论局限性。其五，"整体知识观"轻视"整体能力观"。这是它最新存在形式的局限性。

2."能力本位"课程理论

（1）代表性理论

在高职院校中，北美早期CBE课程理论以"学会在企业特定职业岗位做事"为宗旨，其"教学计划开发"着眼于"特殊技能培训与迁移"；美英德中期"能力本位"课程理论以"学会在行业职业群综合岗位做事"为宗旨，其"课程开发"着眼于"综合技能培训与迁移"；德国后期"学习领域"课程理论以"学会在行业职业群系统工作岗位做事"为宗旨，其课程设计着眼于"系统技能培训与迁移"；"进

[①] 皮亚杰对于儿童认知发生的研究专注于个体的"结构–建构"经验，而忽视"社会化"过程中的"文化觅母"表达作用；布鲁纳要求学生通过"发现学习"体验科学家发现过程，既无视教师在课程教学中的诱导作用，又混淆了中小学生"认知发育"与"科学家成体活动"的原则区别。

程"中的欧洲各国大学以满足欧洲"社会需要"为宗旨，其课程设置着眼于"整合'专能'与'通能'"的"整体能力"迁移。

（2）可取之处

"能力本位"课程理论主要可取之处有四：其一，将"学会做事"作为课程教学宗旨，依照"学会做事"有赖"技能迁移"，"技能迁移"有赖"技能训练"，"技能训练"有赖"课程设计"的基本思路进行课程建设。在优化其课程设计原则的前提下，这样的宗旨和思路有可取之处。其二，着眼于企业对"技术技能型"人才的需求，发掘被"学科导向"课程忽视的"职业工作要素"，有助于克服传统"学科导向"课程观的片面性，历史上功不可没，现实中有借鉴价值。其三，通过导入"横向组织"原则，将"工作要素"融入课程设计是其亮点。在面向未来的高等教育课程改革中，"横向组织"是课程设计中一个不可或缺的维度，而应否"横向为主"则须研究。其四，"整体能力观"反映了新技术革命以来当代职业结构变化及其流动性加剧的发展趋势，堪称二战后欧洲职业教育课改指导性理念的最重要提升。

（3）主要局限性

"能力本位"课程理论的主要局限性涉及更多层面：其一，该理论也产生于"脑力劳动"与"体力劳动"社会分工加剧的时代，在一定程度上满足了特定时期企业对"工匠"和"工程师"的规模化需求。随着世界由后工业时代进入知识经济时代，反映旧有产业结构和职业需求的"能力本位"课程观渐失根基，其历史局限性也越来越明显。其二，该理论侧重"学会做事"，忽视"学会认知"和"学会做人"，与21世纪的职业需求不符。这是它的现实局限性。其三，该理论主张学校复制企业，教学模仿工作，学生模仿工匠或工程师，反过来又向企业输送"克隆工匠"或"克隆工程师"。其所陷入的"克隆"怪圈，有导致产业结构落后和人才结构僵化之风险。这是它的模式局限性。其四，该理论倡导的"横向串行"建构原则，是将"高等职业个体发生机制"嫁接于"高等职业成体行动机制"，其做法有如生物学领域将"胚胎发育机制"嫁接于"成体生理活动机制"；而其要求学员通过"从生手到专家"的"工作情境"进行技能建构，又将"发生中的职业个体"混同于"职业成体"[①]。这是其理论局限性。其五，该理论在后期发展中，尽管立足于整体论反对CBE还原论，立足于格式塔心理学[②]反对构造主义和行为主义心理学，但未与经验主义彻底划清界限。这是其哲学与心理学基础局限性。其六，在该理论中，学员只扮演"工具理性"的角色，重"功利"而轻"人本"。不仅如此，将"工匠或工程师行动能力"作为目标，让学员围绕"工作过程"旋转，还会导致主体的缺失。这是其人才目标局限性。其七，"整体能力观"无视"整体知识观"的积极作用，舍弃"通识教育"，所培养的人才文化底蕴单薄，发展后劲不足。这是"能力本位"最新存在形式的局限性。

[①] 不言而喻，"生手"也是职业成体，只不过是刚走上工作岗位的职业成体罢了。
[②] 格式塔理论自诩秉承了康德先验论，然而它至多接受了康德的整体论，却始终未将整体论提升到先验论高度。

3.“两极互渗”中的理论探索

（1）从“学术性”向“职业性”延伸

综观当代“知识本位”课程观发展，可发现其呈现一种趋势：其“学习迁移”理论内涵经历了由 E.L. 桑代克的“文化共同要素”和“经验类化”、布鲁纳“学科的基本结构”和 D.P. 奥苏贝尔的“认知结构”等迁移，进向 J. 安德森“产生式迁移”和弗拉威尔“认知策略迁移”的发展；其“学习理论”指向的“知识”，经历了由概念原理知识、策略性知识和图式知识（鲁梅尔哈特，1977；威多森，1983；汤姆斯·迪瓦恩，1987）等“结构良好领域知识”，向“结构不良领域”的“情境知识”“从生手到专家”的业务知识（斯皮罗和乔纳森，1990）的发展；其研究重心经历了由一般性的“学术认知”向较具体的“职业认知”的发展。

这种趋势表明：传统“知识本位”课程观在发展过程中，出于“突破自身发展瓶颈”的内在需要，已通过“职业性”要素的导入而渗入另一极，即“能力本位”的世袭领域。

（2）在“职业性”中导入“学术性”

当代“能力本位”课程观发展呈现的则是相反趋势：由北美 CBE 模式关注的“特殊技能迁移”，经过美国“职业群课程”、英国 BTEC 和德国“双元制”课程关注的“综合技能迁移”，进向德国“学习领域”理论关注的“系统技能迁移”和“能力导向新制”关注的“统整能力迁移”。这种由“特殊性”到“综合性”、“系统性”和“统整性”的发展，显示了“能力一般化”的倾向。应当指出的是：在“系统”与“一般”之间尚存有质的差异，这个差异不可能在“能力本位”范围内消除。要将“系统技能”和“统整能力”提升到“一般能力”，须借助于“学术性”的“一般性认知要素”或“普通认知要素”，无论这种“一般性认知要素”或“普通认识要素”是“抽象的一般性”、“自身特殊化的一般性”还是“重建自身的一般性”。

上述趋势表明：由关注“特殊技能”进向关注“综合技能”、“系统技能”和“统整能力”的“能力本位”课程观，要“突破自身发展瓶颈”，也不得不考虑导入“学术性”或“普通性”的认知要素，从而指向另一极，即“知识本位”的世袭领域。

4.课程社会学中的“辩证课程理论”

课程社会学中“辩证课程理论”的代表是麦克·扬（Michael Young），他在1998年出版的专著——《未来的课程》——中，对这一理论进行了系统阐述。

该理论揭示了教育和课程模式转换与时代、社会及其经济结构变化的密切联系，剖析了二战以来美欧特别是英国职业院校课程发展中“学术课程”与“职业课程”的分离过程及相关课程理论的局限性，并着眼于后工业时代的经济变革及由此引起的职业结构变化，指明其未来课程发展的总趋势是“学术课程”与“职业课程”的整合。

麦克·扬关于课程模式转换与社会经济结构变化相关的研究，对于“学术学习与职业学习”“作为事实课程与作为实践课程”等片面观点的批判，对于“以结果定义课程方式"和"模块化课程方式"利弊的分析，对于从"分化的专业化"和"总和的专业化"向"联系的专业化"发展趋势的描述，以及将"联系的策略"作为未来课程内容组织的新方式，特别是将"辩证形式"作为未来课程原则的主张，既是对美英职业院校"整合性"课改的理论总结，也是对其未来发展的指导性建议。

5.超越"知识本位"与"能力本位"的尝试

联合国教科文组织提出的"21世纪教育基本要求"和"美国21世纪技能联盟"制定的"21世纪学习框架"，是超越"知识本位"与"能力本位"的理论尝试。

（1）"21世纪教育基本要求"

1996年，由雅克·德格尔任主席的国际21世纪教育委员会在其向联合国教科文组织提交的《教育——财富蕴藏其中》报告中，对21世纪教育提出了四个"基本要求"：使学生"学会认知、学会做事、学会共同生活、学会生存"。它们合起来构成了未来人才的四大支柱。"学会共同生活"强调的是"与人合作"、"与人交流"和"团队精神"等社会协调能力，可并入"学会做事"；"学会生存"的核心是"学会做人"。

四个"基本要求"是在总结"整合"阶段世界特别是美欧发达国家教育和课改经验的基础上提出的前瞻性要求，是对"知识本位"与"能力本位"教育观的超越。

（2）"21世纪学习框架"

成立于2002年的"美国21世纪技能联盟"经过10年研究，提出了"21世纪学习框架"（以下简称"框架"）。根据该"框架"，"21世纪的学习"正在由"师本教学、直接讲解、聚集知识、覆盖内容、基本技能、事实与原理、掌握理论、设置课程、相互竞争、局限课堂、基于文本、总结性考试、为就业而学"等，加速转向由前者与"生本教学、互动交流、重视能力、落实过程、应用技能、设问与问题、重视实践、项目学习（或探究式学习）、彼此合作、放眼全球、基于网络、形成性评估、为生活而学"等携手并进的一种新平衡。

"框架"倡导的不是在诸多对立环节中做"非此即彼"的选择，而是要求这些对立环节"携手并进"、建立一系列"新的平衡"，诸如"师本教学与生本教学"的"新平衡"、"直接讲解与互动交流"的"新平衡"、"聚集知识与重视能力"的"新平衡"、"覆盖内容与落实过程"的"新平衡"、"基本技能与应用技能"的"新平衡"、"'事实与原理'同'设问与问题'"的"新平衡"、"掌握理论与重视实践"的"新平衡"、"设置课程与项目学习"的"新平衡"、"相互竞争与彼此合作"的"新平衡"、"局限课堂与放眼全球"的"新平衡"、"基于文本与基于网络"的"新平衡"、"总结性考试与形成性评估"的"新平衡"，以及"'为就业而学'与'为生活（生涯）而学'"的"新平衡"等等。

"框架"体现了美国高校课程和教学设计理论发展研究的最新成果。"新平衡"就是"新整合"。如果说在20世纪末，美国综合大学的课程改革侧重的是"通识"与"专识"的"整合"（"融合"），欧洲新制下的大学课改侧重的是"通能"与

"专能"的"整合"，那么"框架"已开始关注"知识"与"能力"的全面整合，可视为超越"整体知识观"与"整体能力观"的尝试。

二、"改革开放"以来中国高校课程改革

（一）现实背景

"改革开放"以来，中国高校的课程改革是在如下"现实背景"中进行的。

1."总依据"、"总布局"和"总任务"

党的十八大强调，建设中国特色社会主义，"总依据"是社会主义初级阶段，"总布局"是经济建设、政治建设、文化建设、社会建设、生态文明建设"五位一体"，"总任务"是实现社会主义现代化和中华民族伟大复兴。

要推进包括高等教育与课程改革在内的中国任何改革发展，都要立足于"总依据"这个当代中国最现实的国情和最大实际，都要服务于"总布局"的"五位一体"全面建设，都要聚焦于"总任务"的完成。

2."创新驱动"发展战略

中国通过"跨越式发展"，只用30多年就完成了由"世界工厂"到"境外投资"再到"创新驱动"的发展战略转变。

党的十七大报告提出"建设创新型国家"，党的十八大报告正式提出"实施创新驱动发展战略"。《国家创新指数报告2020》显示：中国的国家创新指数排名在全球40个主要国家中已位居第14位；知识创造分指数排名第15位。报告同时指出，中国创新绩效仍需改善，提升创新能力仍需长期持续努力。

提升国家创新能力的责任在教育，特别是高等教育。通过"教育创新"提升"国家创新能力"，是"创新驱动"发展战略向中国高校提出的新要求。

3."科技大众化时代"

以《国家中长期科学和技术发展规划纲要》（2006—2020年）和《全民科学素质行动规划纲要》（2006—2010—2020年）颁布为标志，中国已进入"科技大众化"时代。在这一时段，以科学知识为基础，以提高全社会科技认知和科学素养为目的，推进自然科学和工程技术成果的普及应用，引导公众进入对科技从"知"到"用"的过程，是国家的战略选择；超越"知识本位"与"能力本位"的"两极对峙"，是高校课改的大势所趋。

4."两化融合"与"两性整合"

在经济全球化大背景下，中国产业价值链正在由中低端向中高端提升，产业结构将沿着后工业化和信息化"两化融合"的道路发展：其结构重心在由一、二次产业向三次产业转移的同时，将与信息化同步推进，各次产业结构将日趋"软化"。产业结构的这种"两化融合"将导致科学、技术与生产朝着"一体化"方向发展。"一体化"的内涵之一是"科学技术化与技术科学化"：一方面，高新技术是知识密集型技术，其发展离不开科学的突破与指导；另一方面，科学的深化需要得到各种技术的支持和保证，更离不开各种类型技术人员的合作。科学与技术相互依赖、促进与融合，导致了技术科学化和科学技术化的发展。"一体化"的内涵之二是"产业科技化与科技产业化"：产业结构升级是通过科学技术向生产的高度渗透实现的；这种渗透反过来又使现代生产日益成为科技化的生产。

与产业结构"两化融合"和科学、技术与生产"一体化"的发展趋势相伴随，中国职业结构将沿着"'职业性'和'学术性'两性整合"的道路发展：其结构重心在由农业、制造业向服务业转移的同时，将与科技化同步推进，科学技术将日趋"产业化"，各次产业的生产性职业将日趋"科技化""知识化"。

受中国产业结构"两化融合"和职业结构"两性整合"发展总趋势影响，中国高等教育的人才培养目标将沿着"'知识'与'能力'并重"的"复合型"道路发展。

5."刘易斯拐点"和"库兹涅茨拐点"

中国经济发展正处于"刘易斯拐点"和"库兹涅茨拐点"：一方面，农业富余劳动力向非农产业转移正在逐渐减少，直至达到瓶颈状态；另一方面，随着收入差距的逐步缩小，经济发展的关注点将从"注重效率"向"注重公平"转化。两个"拐点"的到来，预示着中国剩余劳动力无限供给时代结束，面临"中等收入陷阱"。

通过"创新红利"和"人才红利"，在"创新驱动"中实现产业结构升级和经济转型，是"经济新常态"下超越两个"拐点"对策的重要选项。

6.其他"背景"要素

"当代美欧国家高校课程改革"之"社会背景"中的如下要素，也是今日中国高校课改不得不面对的："关注'职业流动性'"、"应对'知识流变性'"、"现代科学发展趋势"、"'全球化'与'国际化'"和"社会转型"等。

（二）中国高校课改历程

1.高职高专层次课改

1）作为"本科压缩"的专科

"文化大革命"后初期，中国高职教育部分受苏联影响，部分受普通本科教育影响，"知识本位"一度占主导地位。高职院校的主要类型是"高等专科学校"，而专科学校早在"文革"前就已存在，其中有不少是借鉴20世纪50年代苏联模式建立起来的。"专科"被理解为"专门学科"，教学理论尚未完全摆脱凯洛夫"三中心"框架，开设的课程大都是"学科导向"。在这里，"专科"与"普通本科"的区别被理解为"'专科'是简化和压缩的'本科'"。

2）对"工作导向课程"的诉求

20世纪80年代中期起，中国职教界借鉴美欧模式，进入了类似20世纪60—80年代美欧高职"职业性课改"的发展阶段，由"学科导向"的"知识本位"向"工作导向"的"能力本位"转变，致力于培养"高端技能型人才"，其中包括20世纪80年代中期借鉴德国"双元制"模式，20世纪90年代借鉴北美-加拿大CBE模式和英国BTEC课程模式，20世纪90年代末借鉴德国"双元制"模式，21世纪初借鉴德国"学习领域"课程模式等。

目前，我国关于高职高专层次课改取向的较为流行主张是：建构与"'知识本位'学科体系"相对峙的"'能力本位'行动体系"。

2.本科及以上层次的课改

1）高等教育和学位新类型的推出

近年来，在教育部"就业导向"口号的感召下，国内外职业教育课程改革的这股浪潮也波及我国普通高等教育本科及以上层次，冲击了"研究型课程"或"学术型课程"及其教学资源建设。我国本科和研究生教育正在部分地融入"高等职业教育"范畴。更受职场欢迎的区别于"研究型本科"的"应用型本科"的推出，区别于"学术型研究生"的面向应用的"专业型研究生"的出台等等，便是此种融入的证明。在这里，如何摆正"学科导向课程"与"工作导向课程"的关系，是继续搞"学科导向"的一统天下，还是应当借鉴"工作导向"的某些要素，或者在更高的框架中整合这两种课程模式，既是广大高校教育工作者不得不面对的理论热点问题，也是其亟待解决的重大课改实践难题。

2）普通高校的课改

改革开放以来，中国普通高校本科及以上层次课改的总趋势是告别"文化大革命"前的"苏联模式"，转而学习和借鉴发达国家特别是"美国模式"。

"文化大革命"后头几年，中国本科以上普通高校课改朝着"宽专业，窄方向"进行，拓宽了专业课程口径，细化了方向课程。

20世纪90年代以来，中国首先规划和启动了研究型重点大学建设，实施了旨在提高教学质量的一系列工程和计划（"211工程"，1995；"985工程"，1999）；随后，又将"质量工程"向1 000所本科高校整体推进（2007）。

在此期间，部分中国普通高校学习和借鉴发达国家特别是美国大学20世纪90年代以来的课改模式，探讨"素质教育"框架下的"通识课程"加"专业课程"的课程体系建设。教育部发布文件对包括"人才培养"、"教学理念"、"课程体系"和"教学方法"在内的普通高校教育教学改革，提出了许多重要意见和要求，诸如："加强实践教学，注重学生创新精神和实践能力的培养"（教高〔2001〕4号）；"积极推进研究型教学、讨论式教学、案例教学等教学方法和合作式学习方式，引导大学生了解多种学术观点并开展讨论、追踪本学科领域最新进展，提高自主学习和独立研究能力"（教高〔2005〕1号）；"推进高等学校在教学内容、课程体系、实践环节等方面进行人才培养模式的综合改革，以倡导启发式教学和研究性学习为核心，探索教学理念、培养模式和管理机制的全方位创新"，"激发大学生的兴趣和潜能，培养大学生的团队协作意识、创新精神和创新能力"（教高〔2007〕1号和2号）等。

进入21世纪第二个十年，中国普通高校在坚持"走以质量提升为核心的内涵式发展道路"的同时，开始探索旨在"克服同质化倾向的高校分类体系"，确定"特色鲜明的办学定位和人才培养规格"：研究型大学继续实施"985工程"、"211工程"和优势学科创新平台，"探索拔尖创新人才培养模式"，启动"以人才、学科、科研三位一体的创新能力提升为核心任务，以高校、科研机构、企业协同创新中心为载体，以创新发展方式转变为主线"的"211计划"，向"创业型大学"转型；普通高校经管类本科探索"科学基础、人文素养、创新能力和实践能力融合发展"、专业特色鲜明的"应用型""复合型"人才培养模式,其课改进入美国20世纪90年代以来的 "整体知识观"发展阶段;行业高校或与新兴产业相关专业从"学术型"向"应用技术型"转型,"探索'应用技术型'或'技术技能型'人才培养模式"(《关于全面提高高等教育质量的若干意见》,2012;《关于加快发展现代职业教育的决定》,2014),其课改进入21世纪初以来"博洛尼亚进程"下的欧洲大学课改阶段。

上述类型不同"定位各有侧重"(以下简称"类型不同各有侧重")的高校皆通过倡导启发式、探究式、讨论式、参与式教学,促进科研与教学互动;并通过注重"学习过程考查"和"学生能力评价"等途径或措施,继续探索"教学方法"和"考核方法"创新。

(三)思考差距,研究问题,全面推进

1.高职高专层面

与欧美职业院校20世纪90年代以来的课改相比,目前中国高职课改的主要差距是缺少"整合"环节,这个差距体现在许多层面,诸如:"'专能'与'通能'的整合"仅限于个别院校探索;"'学术性课程'与'职业性课程'整合"试验正在起步;其他方面的"整合"未曾顾及;"整合性"课程理论研究相当薄弱等等。尝试第一种"整合",将第二种"整合"作为高职课改重点,研究与落实其他层面的"整合",全面推进"整合型"高职课程建设及其理论研究,是有待完成的任务。

2.本科以上高校层面

当前,本科以上"类型不同各有侧重"的中国高校课改面临如下问题:是否需要在"专业课程"中融入"通识课程"要素?对于美国大学"'整体知识观'指导下的'通识'与'专识'融合"和"博洛尼亚进程"下欧洲大学"'整体能力观'指导下的'通能'与'专能'整合",类型不同的中国高校是应当对其各取所需,还是立足"整体课程观",各有侧重地对其兼收并蓄[①]?

单就中国行业高校或与新兴产业相关专业课改来说,其面临的问题是:应当"由'学术性'向'职业性'转型",还是应当"在'学术性'中导入'职业性'"?本科与高专课程体系的主要区别是否在于设不设置"通识课程"?"'工作过程导向'的'行动体系'课程"行得通吗?其理论误区在哪里?

3.共性问题

中国各类高校课改必须要研究解决的共性问题主要有:

为了破解"钱学森之问",改变"大学以'严进宽出'承接中学'应试教育'"的旧常态,课改层面上应采取哪些配合措施?

教育部近年文件中关于高校"人才培养"、"教学理念"、"课程体系"、"教学方法"和"考核方法"等方面的创新要求,还有哪些没有落到实处?如何落实?

在改革基本取向上,是坚持"就业导向",还是借鉴美欧高校20世纪90年代以

---

① 美国大学不搞"通能教育",嫌其档次不高,视之为"新体制"下欧洲高等教育"量化宽松政策"(旨在以最少投入、最短学制取得可"流通和国际化"的学士/硕士学位)的产物,这是因小失大;欧洲大学不搞"通识教育",是因为它在"一体化"超短学制下无法实施,实为望尘莫及。对中国大学来说,两种做法显然都不可取。

来的做法，将"就业导向"提升为"创业与就业并重"，将"从学校到工作"提升为"从学校到生涯"？"两种提升"向大学课改提出的要求是什么？

在课程类型上，如何解决好"多与一"的关系？各类高校在"克服同质化倾向"的同时，应以何种更具创新性的"课程理念"为指导？

在课程目标上，如何以更高的"学力框架"来整合"知识"、"能力"、"道德"与"价值观"诸多内涵？

在课程方法上，是应当像传统做法那样，在"学科中心"与"工作中心"、"知识中心"与"活动中心"、"教师中心"与"学生中心"等"两极对立"之间做"非此即彼"的选择，还是以某种方式扬弃这些对立？

在课程组织上，如何扬弃"'知识本位'的'学科体系'"与"'能力本位'的'行动体系'"、"课程的'纵向组织'与'横向组织'"、"知识展开的逻辑顺序"与"大学生心理发展顺序"等"两极对立"？其理论依据是什么？

在教学方法上，同美国20世纪90年代后的"教学方法改革"和"21世纪技能联盟"倡导的"新平衡学习"相比，还存在哪些差距？

4.因势利导，全面推进

解决中国高校课改面临的上述问题，需要立足中国国情，在充分反思"现实背景"的基础上，以《国家中长期教育改革和发展规划纲要（2010—2020年）》、党的十八大精神和教育部近年发布的相关文件为指导，扬美欧"整体知识观"和"整体能力观"之所长，发掘其"两极互渗"趋势中的积极要素，吸收"辩证课程观"、"21世纪教育基本要求"和"21世纪学习框架"的合理内核，深化课程理论研究，推进有中国特色的"整体课程观"指导下的课程与教材建设。

三、深化课程理论研究，推进面向未来的中国高校课程与教材建设

（一）建构"信息层面"的课程理论

深化课程理论研究，需要从"高等职业个体发生机制"的研究入手，探索"信息层面"的课程理论建设。

1.区别"两类高等职业个体"

所谓"两类高等职业个体"，是指"发生中的高等职业个体"和"高等职业成体"。前者指以"基础教育"阶段"学力结构"为"原格局"、接受高校学历教育的在校生；后者指高等职业岗位中"从生手到专家"的各级在职人员。高校学历教育的对象不是"高等职业成体"，而是"发生中的高等职业个体"。"高等教育过程"是后基础教育阶段"发生中的高等职业个体"向"高等职业成体"一系列有序的变化发展过程。就像高等动物个体的"发育过程"不同于其成体的"活动过程"一样，"发生中的高等职业个体"之"教育过程"也不同于"高等职业成体"的"工作过程"。

2.从"文化信息"层面切入的必要性

布鲁纳的"结构课程理论"和始于皮亚杰的建构主义课程理论已在个体层面，分别将"学科知识结构"和心理发展的"结构–建构"活动置于课程中心地位；面向未来的中国高校课程理论建设需要从"文化信息"层面，将"教育过程"中的

"人类职业文化信息传递"置于课程中心地位。

从"文化信息"层面研究"高等职业个体发生"机制，就是研究与"课程觅母"、"觅母表达"以及"觅母突变"相关、"纵向为主、纵横交错"的"高等学力"建构规律或法则。

3.需要导入的基本概念与原理

（1）"课程觅母"

道金斯（Richard Dawkins，1941—）在其开山之作《自私的基因》中，比照生物基因，将通过教育过程传递的人类"文化编码结构"称为"觅母"（meme）。表征"高等职业个体发生"机制时有必要借用这一术语[①]。

我们用"课程觅母"指谓以教材为载体、教师为实现课程目标在教学活动中引导学生建构"学力"的"职业文化信息编码系统"，这个编码系统凝结着人类职业活动的历史积淀与现实发展各种要素之精华。"发生中的高等职业个体"之"高等学力"建构过程，应理解为"课程觅母"逻辑结构在高级阶段的程序化表达过程。

（2）"觅母表达"

在"高等职业个体发生"中，"觅母表达"起决定作用。所谓"觅母表达"，是指浓缩在高校教材的"课程觅母"中被编码的"人类高等职业文化信息"，通过教师（相当于高等职业文化"信使RNA"）备课与授课（相当于高等职业文化"激活"与"转录"）和学生的学习与训练（相当于高等职业文化"翻译"），到学生"高等职业胜任力"建构（相当于高等职业文化"蛋白"）的信息流动过程。

比照分子生物学的"中心法则"（Francis C.Crick，1958，1970），可以把这种"觅母表达"机制称为现代教育学的"中心法则"。

（3）"觅母表达"的特异性、纽带和关键

人类的"觅母表达"在儿童接受早期教育时就开始了，贯穿于从那时起到高等教育乃至终生教育的始终。在所有各阶段，"中心法则"对于文化层面的人类"个体发生"都起决定性作用。"高等职业个体"的"学力建构"发生于"觅母表达"的高级阶段，即"后基础教育"阶段。通过"觅母表达"，课程教材中关于"高等职业活动文化信息"的编码程序，一方面转化为具有时间特异性的"高等学力"结构发展，另一方面转化为具有逻辑特异性的"高等学力"结构形态。

在这一过程中：个体层面以"同化""顺应""平衡"为主要机制的"高等学力"之"结构-建构"活动，是"文化信息"层面连接"课程觅母"与"教学诱导"的纽带；教师对"人类高等职业文化信息"传递的有组织的"教学诱导"与调控，是学生"高等学力"之"结构-建构"水平发展的关键。

（4）"觅母表达"与"环境要素"的关系

"觅母表达"主导的"高等学力"建构，不是在一个自我封闭的系统中进行的，而是在与高等教育环境要素相互作用的开放系统中进行的。

---

① 在科学发展史上，不同领域（特别是层次相近领域）的学术研究相互借鉴并有所成就的例子屡见不鲜：康德借鉴比较解剖学创立了精神解剖学；皮亚杰借鉴胚胎学创立了"发生认识论"；道金斯借鉴"基因"学说创立了"觅母"学说；如此等等。笔者认为，在"高等职业个体发生机制"研究上，有必要借鉴分子生物学的"基因表达"理论。

高等教育的环境要素包括实体环境与虚拟环境。实体环境又包括内环境与外环境：前者指由课堂、学校及其规章制度、教育技术、设备设施等构成的要素；后者指由家庭、社区、社会（特别是由国家发展战略、现实产业结构与职业结构决定的高等职业需求，以及体现于国家教育体制、方针、政策、规划与机构中的"高等教育导向"）和世界（特别是其政治、经济、科技、教育等现实发展态势）构成的要素。虚拟环境指以图书馆和互联网为载体和中介的人类科技文化信息要素。

着眼于"开放系统"，可以将"发生中的高等职业个体"之"高等学力"建构过程，更具体地表述为"以高校教学活动为中介，受制于内外高等教育环境要素并与之非线性互动的'觅母表达'过程"。这个过程决定个体"高等学力"结构的最终形态。

（5）"觅母突变"

"课程觅母"在"自我复制"过程中，通过内因（课程与教材设计、师生互动、自主性选择等要素）与外因（各种教育环境要素）的交互作用，会发生结构性改变，包括组成、排序、量的变化与质的"创新"等，这种改变可称为课程的"觅母突变"。

导入"觅母突变"可以使"高等职业个体发生机制"进一步具体化：一方面承认"觅母表达"在高等教育过程中的"中心地位"，从而与过分强调"自我活动"的自然主义、过分强调"从做中学"的经验主义乃至过分强调师生"主观目的"和"行为作用"的激进建构主义划清界限；另一方面承认"创新型教学""研究性学习"和实践（个体的与社会的）在高等教育过程中的"主动性""否定性"作用，从而同将高校课程视为一成不变的单纯"知识传承"、"社会化"和"心理转录"的保守建构主义划清界限。

从本质上看，现代课程论中的保守建构主义和激进建构主义分别立足于人类职业文化的历史积淀和每一代人对职业文化的现实创新：两种观点各有片面性，又各有合理内核；全盘否定其一，也就否定了其他。

（二）推进"整体课程观"指导下的中国高校课程及其教材建设

面向未来的中国本科及以上高校课程及其教材建设，应当在贯彻落实教育部"关于印发《职业院校教材管理办法》和《普通高等学校教材管理办法》的通知（教材〔2019〕3号）"文件精神，体现党和国家意志、国家和民族的基本价值观、人类文化知识积累和创新成果以及教材基本要求的同时，努力构建"中国特色、融通中外的概念范畴、理论范式和话语体系"，把"整体课程观"作为一个指导性理念来定位，其中包括课程类型、课程目标、课程方法、课程设计、课程组织、教学途径、教学方法及训练与考核等层面的"多元整合"取向。

1.课程类型取向

在课程类型上，应当着眼于"从学校到生涯"，与时俱进地从"觅母库"中有选择地提取"人类高等职业活动的历史积淀与现实发展各种要素之精华"，扬弃传统高校课程中"整体知识观"与"整体能力观"、"学术性"与"职业性"、"人本主义"与"工具主义"、"道德主义"与"功利主义"等"两极对立"，推进以"课程觅母"建构为信息基础,以"整体课程观"为指导,"类型不同各有侧重"的"多元整合型"高校课程及其教材建设。

扬弃传统高校课程类型中"整体知识观"与"整体能力观"的"两极对立",就是既吸收20世纪90年代以来美国大学"'整体知识观'指导下'专识'与'通识'融合"的基本内核,也吸收"博洛尼亚进程"下欧洲大学"'整体能力观'指导下'专能'与'通能'整合"的合理内核,把整合"整体知识观"、"整体能力观"与"整体道德观"的"整体课程观"作为有中国特色高校课程与教材建设的"指导性理念",并强化作为其重要组分的当代中国"核心价值观"建构。

扬弃传统高校课程类型中"学术性"与"职业性"的"两极对立",就是"类型不同各有侧重"地使传统"学术性"课程"职业化",使传统"职业性"课程"学术化"。其中:"学术化"要兼顾"科学化"与"技术化"、"核心化"与"专业化";"职业化"要兼顾"类化"与"群化","全球化"与"本土化"。

扬弃传统高校课程类型中"人本主义"与"工具主义"的"两极对立",就是使其兼具"人本属性"与"工具属性":课程的"人本属性"是指坚持"以人为本",把全面提高学生的教育水平、文化品位、价值追求和道德修养作为课程的根本;课程的"工具属性"是指把树立大学生的"服务意识"作为课程的宗旨。

扬弃传统高校课程类型中的"道德主义"与"功利主义"的"两极对立",就是使其兼具"道德属性"与"功利属性":课程的"道德属性"是指把"社会公德"和"职业道德"作为课程价值的主导取向;课程的"功利属性"是指把"为社会、为国家、为人民谋利益"作为课程价值的基本取向,把"三个有利于"作为判断课程的最终标准。

2.课程目标取向

在课程目标上,应当借鉴"21世纪教育'基本要求'",扬弃传统高校课程中"重认知轻做事"与"重做事轻认知"的"两极对立",推进以"健全人格"为"高等学力"框架、兼顾学生发展后劲、"不同类型各有侧重"的"多元整合型"高校课程及其教材建设。

扬弃传统课程目标中的"两极对立",就是在兼顾"整体知识"与"整体能力"目标的同时导入"伦理道德"与"价值观"目标,借以克服传统高校课程目标中"重成才轻成人""重文凭轻人品"的通病,用"健全人格"的"高等学力"框架来整合"整体知识"、"整体能力"、"伦理道德"与"价值观"等基本内涵,向培养"既会认知,也能做事,更懂做人",兼备"通识"与"专识"、"通能"与"专能"、"社会公德"与"职业道德"和"核心价值观"的"健全型高等职业人"目标转型。

兼顾大学生发展后劲,就是兼顾其"高等学力"建构中的"通层"和"专层",并用"与生涯对接"扬弃相对狭隘的"与工作对接"。

3.课程方法取向

在课程方法上,应当扬弃传统课程模式"学科中心"与"工作中心"、"知识中心"与"活动中心"、"教师中心"与"学生中心"等"两极对立",推进以"觅母表达"为中心、"类型不同各有侧重"的"多元整合型"高校课程及其教材建设。

扬弃上述"两极对立",就是将教材、教师与学生组成的"整合系统"作为高校课程主体,用"觅母表达中心"取代传统课程方法中的诸多"中心"。其中:"课程觅母"是人类文化传递的信息基础;教师具有"文化信使RNA"的地位,其"备课"与"授课"相当于对"课程觅母"的"激活"与"转录","教学诱导"(而非"主导")与"调控"对学生学习水平的发展起关键作用;学生的"学习活动"是连接"课程觅母"与教师"教学诱导"的纽带;"中心法则"在"觅母表达"过程中起决定作用。

4.课程设计取向

在课程设计上,应当通过借鉴"21世纪学习框架",扬弃传统高校课程"目标模式"(Ralph Taylor)与"'实践-历程'模式"(Joseph Schwab,Lawrence Stenhouse)的"两极对立",推进兼顾"情境模式"(M.Skilbelk,D.Lawton)、"类型不同各有侧重"的"多元整合型"高校课程及其教材建设。

扬弃"目标模式"与"'实践-过程'模式"中的"两极对立",就是既承认基于"觅母表达"的"传承型"课程目标的中心地位,也承认基于教师和学生"问题思维"、"研究探索"和"实践活动"(个体的与社会的)等"创新型"、"创业型"课程目标的"否定性"作用;兼顾"情境模式",就是兼顾课程设计对诸多"内外情境"要素的"高等文化选择"。

5.课程组织取向

高校课程的组织取向包括"要素组织取向"与"结构组织取向"。

(1)要素组织取向

在课程的"要素组织"上,应当扬弃传统高校课程中"纵向组织"与"横向组织"、"逻辑顺序"与"心理顺序"、"直线式"与"螺旋式"等"两极对立",推进立足于"高等职业个体发生机制"、"类型不同各有侧重"的"多元整合型"高校课程及其教材建设。

扬弃"纵向组织"与"横向组织"的"两极对立",就是用"纵向为主、横向为辅、纵横交错"的基本原则取代传统"知识本位"课程的"纵向组织"与传统"能力本位"的"横向组织"基本原则;扬弃"逻辑顺序"与"心理顺序"的"两极对立",就是通过导入"高等职业个体发生机制",将两者统一于"觅母表达顺序"中,借以清除传统"学科导向"与"工作导向"课程模式中的经验主义残余;摒弃"直线式"与"螺旋式"的"两极对立",就是通过将"通用层面"的"道德要素"按照"顺从级、认同级和内化级","通用层面"的"知识要素"与"能力要素"按照"初级、中级和高级"分阶段螺旋式地融入课程中,将"专业"层面的"知识要素"与"能力要素"在课程教学中直线式展开,使其各得其所。

(2)结构组织取向

"结构组织"包括"层次结构组织"与"内容结构组织"。为从容应对不断加速的"知识更新"、"技术更新"和"生产更新"挑战,应当探索使知识"层次结构合理化""内容结构无限化""类型不同各有侧重"的"多元整合型"高校课程及其教材建设,借以克服现行高校课程中知识"层次结构单一""内容结构有限"的片面性。

①层次结构合理化

使高校课程中知识"层次结构合理化"，就是合理配置"深层""中层""浅层"知识，通过深层知识对中层知识、中层知识对浅层知识的"一般性"、"稳定性"和"指导性"作用，赋予课程以应对"知识流变"的必要弹性。

②内容结构无限化

使高校课程中知识"内容结构无限化"，就是在"授之以鱼"的同时"授之以渔"，通过"学会学习"，导入关于"学习理论"、"学习方法"与"学习策略"等"否定性"的"自主学习"机制，赋予课程以应对"从学校到生涯"的"知识流变"（＝"重建自身的一般性"）之无限潜力。

6.教学途径取向

在教学途径上，应当借鉴认知心理学和建构主义学习理论中的合理内核，克服传统高校课程模式中各教学环节相互脱节的弊端，推进"原理居先、实务跟进、案例同步、训练到位"和"类型不同各有侧重"的"多元整合型"高校课程及其教材建设。

借鉴认知心理学和建构主义学习理论中的合理内核，就是借鉴J.安德森"产生式迁移理论"关于"'产生式规则'的获得必须先经历一个'陈述性阶段'"、弗拉威尔"认知策略迁移理论"关于"'反省认知过程'是在新的情境下使用'认知过程'的前提"、斯皮罗（R.J.Spiro）和乔纳生（D.H.Jonassen）"认知灵活性理论"关于"'高级学习'以'初级学习'为前提"等研究成果，将各阶段"程序性知识"教学置于"陈述性知识"教学之后，将"认知策略知识"教学置于"反省认知过程"教学之后，将"结构不良领域知识"教学置于"结构良好领域知识"教学之后，将"实践教学"置于以之为据的"陈述性知识"、"程序性知识"和"结构不良知识"教学之后，将"创新型训练"置于"传承型训练"之后，围绕"觅母表达"这个"中心"，进行以"整体知识"、"整体能力"和"整体道德"为基本内涵的系列阶段性建构，将"高等学力"最终打造成各类"学习迁移"由以出发的结构中心与枢纽。

7.教学方法取向

在教学方法上，应当着眼每种方法的特定适用性，推进将各种方法"兼收并蓄""类型不同各有侧重"的"多元整合型"高校课程及其教材建设。

将各种方法"兼收并蓄"，就是将"学导教学法"、"互动教学法"、"案例教学法"、"讨论教学法"和"项目教学法"等诸多教学法，以及"自主学习"、"合作学习"、"实践学习"和"探究式学习"等学习方式有针对性地运用于相应教学环节，使其相辅相成、相得益彰，借以克服教学"重鱼""轻渔"，教师"一言堂""满堂灌"，和学生"轻交流""少体验"等传统教学方法的弊端。

8.训练与考核取向

在训练与考核上，应当扬弃传统课程模式中的各种片面性，推进"融多种训练与考核方式于一体""类型不同各有侧重"的"多元整合型"高校课程及其教材建设。

"融多种训练与考核方式于一体"，就是在实施"教学途径取向"各环节的训练时，融"传承型训练与考核"和"创新型训练与考核"、"过程性训练与考核"和"成果性训练与考核"于一体。

（三）概括性表述

一位伟人说过："把抽象的观念生硬地应用于现实，就是破坏了现实。"在世界教育领域，历史上的"抽象观念"，部分是"分化现实"的反映，部分是"认识局限性"的反映。

就前者而言，"知识本位"与"能力本位"两种"抽象观念"，是工业时代和后工业时代早期"脑力劳动"与"体力劳动"社会分工"两极对立"的反映。在这个可以称为"分化的现实"的历史阶段，人们在"理论的态度"中一面提炼出反映"脑力劳动"的"学术性结晶"，一面提炼出反映"体力劳动"的"职业性结晶"；在"实践的态度"中分别实施了"知识本位"与"能力本位"教育。两种做法因受制于那个时代产业结构与职业结构的"分化的现实"，皆属"历史性"无奈。

就后者而言，无论是"知识本位"与"能力本位"教育之理论与哲学基础局限性，还是体现于其课程类型、课程目标、课程方法、课程设计、课程组织、教学途径、教学方法等诸多传统观念的对立，都带有人类认识发展的阶段性烙印，皆属"认识性"无奈。

在今日中国，随着经济全球化、产业结构"两化融合"、职业结构"两性整合"和"'科学、技术与生产'一体化"纷至沓来，"脑力劳动"与"体力劳动"已由传统的"两极对立"转化为"两极互渗"和"两极相通"；"现实"正在由"分化的现实"转化为"联系的现实"。

在今日世界，以数字化、网络化、信息化为标志的信息革命已为人类认识"从抽象上升到具体"提供了方便、及时的信息共享平台，条件性"无知"再不能被用于"充足理由"。

在这种情况下，如果在"理论的态度"中仍止步于各种"分离的观念"之"两极对立"，在"实践的态度"中仍把这些"分离的观念"生硬地应用于"联系的、具体的现实"，就是破坏了现实。

从哲学层面概括以上阐述，可以将"'整体课程观'指导下的中国高校课程及其教材建设"简要地表述为：在"理论的态度"中，深入探索、研究与建构"反映联系的、具体的现实"之中国高校课程改革的各种"具体观念"；在"实践的态度"中，能动地将其运用于中国高等教育"联系的、具体的现实"，借以贯彻落实国家新时期发展战略，顺应并助推中国经济转型、产业升级与职业结构同步发展，服务中华民族伟大复兴。

许景行

2015年1月初版

2021年2月第三次修订

第三版前言

为适应现代旅游业发展，进一步研究落实教育部关于"走以质量提升为核心的内涵式发展道路"，"克服同质化倾向的高校分类体系"，确定"特色鲜明的办学定位和人才培养规格"等项要求，探索"科学基础、人文素养、创新能力和实践能力融合发展"、专业特色鲜明的高等"应用型""复合型"人才培养模式，我们应东北财经大学出版社之约，于2015年编著了《旅游经济学》教材。教材出版后，受到了广大读者的厚爱，于2018年进行了修订，受到了读者的广泛欢迎与好评，编者深受鼓舞。

在本次修订中，编者除了更新相关知识外，还依照《普通高等学校本科专业类教学质量国家标准》（2018）和《普通高等学校教材管理办法》（教材〔2019〕3号）等文件要求精神，继续以新时期"就业－创业"、"与生涯对接"和"人才竞争"为导向，依照"原理先行、实务跟进、案例同步、训练到位"的原则，全面展开旅游经济学课程的内涵，努力构建中国特色、融通中外的教材概念范畴、理论范式和话语体系，形成了以下特色：

1. 形成多元化的课程观。一是借鉴当代美国大学"'整体知识观'指导下的'专识'与'通识'互相融合"课程改革的基本内核，力求"专业知识"以"通识"为基础；二是借鉴"博洛尼亚进程"下当代欧洲大学"'整体能力观'指导下的'专能'与'通能'整合"课程改革的合理内核，将"职业核心能力"训练融入本课程"专业能力"训练中；三是将"整体知识观"、"整体能力观"与"整体道德观"三位一体的"整体课程观"，作为有中国特色的普通高校旅游管理类教材建设的指导性"课程理念"；四是在承认"传承型"课程目标中心地位的同时，导入"创新型"课程目标，倡导"问题思维"、"研究探索"和"实践活动"。

2. 形成中国特色、融通中外的方法体系。一是探索性落实教育部关于"课程思政""专业思政"的要求（《教育部高等教育司2018年工作要点》），章后"单元训练"专设了"善恶研判"题型训练等；二是整合"学导教学法"、"互动教学法"、"案例教学法"、"实践教学法"及"探究教学法"等教学方法，使其在教学设计中相得益彰；三是引导学生建构以整合"专识"与"通识"的"全识"、整合"专能"与"通能"的"全能"和整合"行业道德"、"职业道德"和"做人道德"的"全德"为"三重本位"，以"健全职业人格"为最高整合框架的旅游管理类专业"高等学力"；四是借鉴"美国21世纪技能联盟"提出的"学习框架"合理内核，引导学生体验"整合'传统学习'与'21世纪学习'的'新平衡学习'"；五是"传承型训练"与"创新型训练"并重、"学术型训练"与"职业型训练"并重、"认知性训练"与"实践性训练"并重的训练模式取向。

3.形成与主教材相匹配的较为完整的教学资源包。一是为阶段性落实"以深化课堂教学革命为着力点"，"推进教育教学与信息技术深度融合"（《教育部高教司2018年工作要点》）和"鼓励使用先进信息技术和教学手段"（《普通高等学校本科专业类教学质量国家标准》（2018））等要求，增加学习的趣味性，扩展学生的知识面，每章都设置了两个以上的"学习微平台"栏目，以二维码的方式呈现，其链接内容主要是一些与教材主要内容相关的拓展知识，学生在学习时通过智能手机扫码就可以阅读；二是为方便教学，本书"附录"配有"职业核心能力强化训练'知识准备'参照范围"等各种参照规范和"课业范例"，并制作了与主教材相配套的"教学资源包"。使用本教材的教师可登录东北财经大学出版社网站使用或下载"教学资源包"中的教学大纲、教学日历、电子教案、PPT电子课件、"单元训练参考答案与提示"和"试题题库"。

本教材第三版由云南大学吕宛青教授和昆明理工大学李聪媛副教授编著。具体编写分工如下：吕宛青教授负责第1~7章以及各章的二维码资源，李聪媛副教授负责第8~13章。全书最后由吕宛青教授总纂定稿。"总序"和书后五个"附录"由东北财经大学出版社许景行编审撰写和修订。

教材中作者广泛吸取并引用或参考了近年来国内外有关研究成果，摘用了相关案例和文献，在此对有关著作和文章的原作者表示最诚挚的谢意！

对于教材中存在的缺点和不足，敬请专家、学者和读者们批评指正。

吕宛青　李聪媛

2021年7月

随着世界经济的发展，人们的生活水平不断提高，旅游活动已经深入到社会的许多层面，旅游业呈现出良好的发展态势。世界旅游城市联合会（WTCF）发布的《世界旅游经济趋势报告（2018）》显示，2017年全球旅游总人次达118.8亿，为全球人口规模的1.6倍，其中中国旅游人次最多，为45.3亿。旅游业在全球范围内的快速发展和良好势头，进一步推动了旅游经济相关理论研究的进程。

为适应现代旅游业发展，进一步研究落实教育部关于"走以质量提升为核心的内涵式发展道路""克服同质化倾向的高校分类体系"，确定"特色鲜明的办学定位和人才培养规格"等项要求，探索"科学基础、人文素养、创新能力和实践能力融合发展"、专业特色鲜明的高等"应用型""复合型"人才培养模式，我们应东北财经大学出版社之约，于2015年编著了《旅游经济学》教材。教材出版后，受到了广大读者的厚爱，编者深受鼓舞。根据读者的反映和教学的需要，进一步体现"生动活泼、形式多样的教学方法创新"等教学过程规范（《普通高等学校本科专业类教学质量国家标准》（2018）），我们对该教材进行了修订。

本次修订除了更新相关知识外，还有两点需要特别说明：其一，为阶段性落实"以深化课堂教学革命为着力点"、"推进教育教学与信息技术深度融合"（《教育部高等教育司2018年工作要点》）和"鼓励使用先进信息技术和教学手段"（《普通高等学校本科专业类教学质量国家标准》（2018）），等要求，增加学习的趣味性，拓展学生的知识面，第二版教材每章都设置了两个以上的"学习微平台"栏目，以二维码的方式呈现，其链接内容主要是一些与教材主要内容相关的拓展知识，学生在学习时通过智能手机扫码就可以阅读；其二，探索性落实教育部关于"要创新'课程思政''专业思政'"要求（《教育部高等教育司2018年工作要点》），各章章后"单元训练"专设了"善恶研判"题型训练等；其三，从第二版起，各章正文部分所有功能性专栏的教学提示（诸如"同步思考"的"理解要点"、"深度思考"的"理解与讨论"、"深度剖析"的"解析提示"、"教学互动"的"理解要点"、"同步案例"的"分析提示"等），均移入网络教学资源的"教师资料"中，供使用本教材的授课教师参考。

为方便教学，本教材"附录"配有"职业核心能力强化训练'知识准备'参照范围"等各种参照规范。同时，我们制作了与主教材相配套的"教学资源包"。使用本教材的教师可登录东北财经大学出版社网站使用或下载"教学资源包"中的教学大纲、教学日历、电子教案、PPT电子课件、"教师资料""单元训练参考答案与提示"和"试题题库"。

　　本教材第二版由云南大学吕宛青教授和昆明理工大学李聪媛副教授编著，"总序"和书后五个"附录"由东北财经大学出版社许景行编审撰写。

　　教材中作者广泛吸取并引用或参考了近年来国内外有关研究成果，摘用了相关案例和文献，在此对有关著作和文章的原作者表示最诚挚的谢意！

　　由于编者水平有限，书中难免存在疏漏和不足，欢迎广大同仁及读者批评指正。

吕宛青　李聪媛

2018年7月

进入21世纪以来，世界经济的发展使人们的生活水平不断提高，国际化进程也进一步推进，旅游业已成为现代世界经济发展中的"朝阳产业"，并展现出良好的发展态势，成为现代人类社会重要的生活方式和社会经济活动。

国家多个部委联合出台的《推动共建丝绸之路经济带和21世纪海上丝绸之路的愿景与行动》（以下简称《愿景与行动》）明确提出：加强旅游合作，扩大旅游规模，互办旅游推广周、宣传月等活动，联合打造具有丝绸之路特色的国际精品旅游线路和旅游产品，提高沿线各国旅游签证便利化水平；要推动21世纪海上丝绸之路邮轮旅游合作；要"推进西藏与尼泊尔等国家边境贸易和旅游文化合作"；要"加大海南国际旅游岛开发开放力度"，等等。可以说，《愿景与行动》从时间背景、共建原则、框架思路、合作重点、合作机制等方面阐述了"一带一路"倡议的主张与内涵，提出了共建的方向与任务，为现代旅游经济发展创造了极多的机遇。

秉承开放合作的区域旅游合作精神，致力于维护全球环境下的自由贸易体系和开放性世界经济，积极发展彰显人类共同理想和美好追求的生活方式，满足人们日益增加的旅游需求，是国际合作以及对全球治理新模式的不断探索，将为世界和平发展增添新的正能量。在这个过程中，现代旅游经济担负着重大的国际历史使命！

根据联合国专门机构世界旅游组织发布的数据，2014年全球海外旅游人数较上年增长4.7%，增至11.38亿人次，创历史新高。中国等新兴经济体旅行需求日趋扩大，自2012年开始，中国一直保持世界最大出境旅游市场的地位。2014年，中国的出境游人次由上一年的9 800万人次增加到1.09亿人次，前三个季度出境旅游消费增长17%。

当前，中国经济与世界经济高度关联，中国旅游业已经成为世界旅游业的重要构成部分，在互联互通、推动各国旅游发展的对接与耦合、发掘国际旅游市场潜力、促进区域内旅游投资与消费、创造旅游需求和就业、转变人们的生活方式和消费习惯、增进各国人民的人文交流和文明互鉴等方面，起到了越来越重要的作用。

旅游业在全球范围内快速发展的良好势头，一方面推进了旅游经济相关理论研究的进程，另一方面也迫切需要从最基础的本科教学方面探索如何才能更好地培养出旅游业持续发展所需要的大量高等人才。

笔者主持建设的"旅游经济学"课程于2008年被评为云南省精品课程，2009

年入选国家级精品课程，2013年入选国家级精品资源共享课程。为适应现代旅游业发展，进一步研究落实教育部关于"走以质量提升为核心的内涵式发展道路""克服同质化倾向的高校分类体系"，确定"特色鲜明的办学定位和人才培养规格"等项要求，探索"科学基础、人文素养、创新能力和实践能力融合发展"、专业特色鲜明的高等"应用型""复合型"人才培养模式，满足"十三五"时期起中国普通高校旅游管理类专业教学需求和"后精品课程时期"本课程持续发展的内在需要，笔者应东北财经大学出版社之约，编著了这本《旅游经济学》新型教材。

本书以新时期"就业－创业"、"与生涯对接"和"人才竞争"为导向，依照"原理先行、实务跟进、案例同步、训练到位"的原则，全面展开"旅游经济学"课程的内涵。本书主要内容包括：绪论、现代旅游经济概述、现代旅游产品及其开发、现代旅游需求与预测、现代旅游供给与供求均衡、现代旅游市场与竞争、现代旅游消费及其效果、现代旅游经济运行与调控、现代旅游投资与决策、现代旅游收入与分配、现代旅游经济结构及其优化、现代旅游经济效益及其评价和现代旅游经济可持续发展。本书主要特色如下：

1. 课程观取向。一是借鉴当代美国大学"'整体知识观'指导下的'专识'与'通识'互相融合"课程改革的基本内核，力求"专业知识"以"通识"为基础；二是借鉴"博洛尼亚进程"下当代欧洲大学"'整体能力观'指导下的'专能'与'通能'整合"课程改革的合理内核，将"职业核心能力"训练融入本课程"专业能力"训练中；三是将"整体知识观"、"整体能力观"与"整体道德观"三位一体的"整体课程观"，作为有中国特色的普通高校旅游管理类教材建设的指导性"课程理念"。

2. 课程目标取向。在承认"传承型"课程目标中心地位的同时，导入"创新型"课程目标，倡导"问题思维"、"研究探索"和"实践活动"。

3. 教学法取向。整合"学导教学法""互动教学法""案例教学法""实践教学法""探究教学法"等教学方法，使其在教学设计中相得益彰。

4. 学力建构取向。引导学生建构以整合"专识"与"通识"的"全识"、整合"专能"与"通能"的"全能"和整合"行业道德"、"职业道德"和"做人道德"的"全德"为"三重本位"，以"健全职业人格"为最高整合框架的旅游管理类专业"高等学力"。

5. 学习模式取向。借鉴"美国21世纪技能联盟"提出的"学习框架"合理内核，引导学生体验"整合'传统学习'与'21世纪学习'的'新平衡学习'"。

6. 训练模式取向。"传承型训练"与"创新型训练"并重；"学术型训练"与"职业型训练"并重；"认知性训练"与"实践性训练"并重。

需要说明的是：在本书各章"单元训练"的诸多题型中，"实践题"、"自主学习"、"拓展创新"和"决策设计"四种题型均要求书面报告或论文。着眼本课程教学时数限制和学生课后训练的适度性，笔者将这些题型的数量分别压缩至总章数的四分之一。

为方便教学，本书"附录"编制了"职业核心能力强化训练'知识准备'参照范围"等各种参照规范,书后为各章"单元训练"课业提供了"范例"。同时,我们制作了与主教材相配套的"网络教学资源包",使用本教材的教师可登录东北财经大学出版社网站(www.dufep.cn),下载使用"网络教学资源包"中的教学大纲、教学日历、电子教案、PPT电子课件、参考答案与提示和试题题库等教学资源。

　　本书编写以"总序"中阐明的"整体课程观"理念为基础,教材设计遵循了"21世纪新概念教材:多元整合型一体化·'传承–创新'系列"的统一布局。阅读"总序",借以了解"整体课程观"指导下的课程建设要求,有助于更好地把握和使用本教材。

　　本书由云南大学工商管理与旅游管理学院吕宛青教授和昆明理工大学城市学院李聪媛副教授编著,全书最后由吕宛青总纂定稿。"总序"和书后五个"附录"由东北财经大学出版社许景行编审撰写。

　　本书可作为普通高校旅游管理类各专业的通用教材,也可供旅游企业管理人员、旅游行政管理人员参考。

　　我们希望本书在教学中能受到广大师生的喜欢,也期待读者批评指正,以便通过修订使之日臻完善!

　　　　　　　　　　　　　　　　　　　　　　　　　吕宛青　李聪媛
　　　　　　　　　　　　　　　　　　　　　　　　　2015年5月

目录

第1章
绪论

▶ **学习目标**

▷ **传承型学习**

通过以下目标，建构以"绪论"为阶段性内涵的"传承型"专业学力：

理论知识：学习和把握旅游经济学的产生及发展过程、现代旅游经济学的特点等陈述性知识；能用其指导"同步思考"、"教学互动"和相关题型的"单元训练"；体验"绪论"中"理论知识"的"传承型学习"及其迁移。

实务知识：学习和把握现代旅游经济学的研究对象、研究内容和研究方法，以及"业务链接"等程序性知识；能用其规范"深度剖析"和相关题型的"单元训练"；体验"绪论"中"实务知识"的"传承型学习"及其迁移。

认知弹性：运用本章理论与实务知识研究相关案例，对"引例"和"旅游，既是民生事业又是民生产业"等案例情境进行多元表征，体验"绪论"中"结构不良知识"的"传承型学习"及其迁移；依照相关行为规范对"旅游收益增加背景下的'相对被剥夺'"案例进行善恶研判，促进健全职业人格的塑造。

▷ **创新型学习**

通过以下目标，建构以"绪论"为阶段性内涵的"创新型"专业学力：

自主学习：参加"自主学习–I"训练。在制订和实施《团队自主学习计划》的基础上，通过阶段性学习和应用"附录一"附表1"自主学习"（初级）"'知识准备'参照范围"所列知识，收集、整理与综合"旅游经济学研究内容"前沿知识，撰写、讨论与交流《"旅游经济学研究内容"最新文献综述》，撰写《"自主学习–I"训练报告》等活动，体验"绪论"中的"自主学习"（初级）及其迁移。

引例　春节黄金周出游人数再创新高

背景与情境：2019年春节黄金周全国各地旅游市场供需两旺，旅游过年已成新民俗，家庭游、敬老游、亲子游、文化休闲游成为节日期间主流的旅游休闲方式。据文化和旅游部网站消息，经中国旅游研究院（文化和旅游部数据中心）综合测算，2019年春节黄金周，全国旅游接待总人数为4.15亿人次，同比增长7.6%；实现旅游收入5 139亿元，同比增长8.2%。

传统民俗和民间文化吸引力凸显。2019年春节黄金周期间，各地组织了丰富多彩的文旅惠民活动，营造春节气氛。北京、山西、内蒙古等12个省（自治区、直辖市）开展了"非遗过大年、文化进万家"系列文化活动，安徽举办彩灯大会、舞龙舞狮、抖空竹等民俗体验活动，广东的广府庙会、迎春花市、醒狮贺岁、客家山歌、采茶戏等非遗项目让游客流连忘返。

"博物馆里过大年"受到了游客和市民的广泛欢迎。据中国旅游研究院（文化和旅游部数据中心）调查，2019年春节黄金周期间，参观博物馆、美术馆、图书馆和科技馆、历史文化街区的游客比例分别达40.5%、44.2%、40.6%和18.4%，观看各类文化演出的游客比例达到34.8%。

三四线城市、各地乡镇的春节文化生活也丰富多彩。中国的基层和乡村的春节休闲方式已不再只有K歌、打牌、搓麻将"老三样"，民俗活动、文化展览等极大丰富了人民的节日生活。全国各地县、乡、村举办了丰富多彩的文旅活动，村民当上了"村晚"导演，左邻右舍成为舞台主角，逛庙会、猜灯谜、旅游文化巡游等迎新年活动吸引广大游客到农村去闹新春，草莓采摘、柑橘采摘成为亲子游的热门活动。

（资料来源　中国新闻网. 文旅部：2019年春节旅游收入5 139亿元 同比增长8.2%［EB/OL］.［2019-02-10］. https://baijiahao.baidu.com/s？id=1625084002360379692&wfr=spider&for=pc. 经节选、压缩和改编）

从上述引例可以看到，旅游已经成为人们生活的一部分，是一种刚性需求。越来越多的人参与到旅游活动中，出境游、国内游及周边游等细分市场出游人次再创新高，热门目的地旅游收入不断增加。这个案例告诉我们，现代旅游经济是以现代旅游活动为前提的市场经济，旅游需求与旅游供给的相互作用贯穿旅游经济运行的全过程。

1.1　现代旅游经济学的产生与发展

旅游经济是在18世纪工业革命和资本主义经济发展的基础上，随着19世纪旅游活动的进一步商品化而逐渐形成的。现代旅游经济学是伴随着旅游经济的形成和发展，对旅游经济实践活动进行一系列研究而产生的一门新兴学科。从现代旅游经济学的形成及发展过程来看，可大致划分为三个阶段。

1.1.1　旅游经济的早期研究阶段

19世纪后半期，西方国家旅游活动迅速开展，旅游业开始成为新兴行业，从而引起人们的关注和对旅游经济问题的研究。

　　1883年，苏黎世首次发布了有关旅馆业的规定；1885年，法国学者 A. 巴博出版了经济史著作《从文艺复兴到大革命以来在法国的旅游者》；1896年，苏黎世的 A. J. 弗朗莱发表了题为《关于旅游者支出的统计》的文章；1899年，意大利国家统计局局长博迪奥发表了题为《外国人在意大利的流动及花费》的文章；1903年，西班牙的 M. B. 阿蒙佳尔发表了题为《外国人的产业》的论文；1909年，西班牙的贝兰伯爵发表了题为《西班牙发展旅游业所带来的收益》的文章；1911年，瑞士人斯拉登奥芬在一篇文章中提出：旅游业是为外国人提供游览需求的经济活动；1923年，意大利的尼切福罗发表了题为《外国人在意大利的流动情况》的论文；1926年，贝尼尼发表了题为《关于旅游者流动计算方法的改进》的论文。

　　正是早期这些有关旅游经济的研究和发表的论文，揭开了现代旅游经济学研究的序幕，为现代旅游经济学的形成和发展奠定了基础。

1.1.2　现代旅游经济学形成阶段

　　1927年，意大利罗马大学的教授马里奥蒂出版了《旅游经济讲义》，次年又出版了该书的续编，首次对旅游经济进行了全面、系统的研究，并从经济学的角度对旅游活动的形式、结构和相关内容进行了分析，明确了旅游活动属于经济性质的社会现象，从而标志着现代旅游经济学的形成。

　　在这一阶段，还有许多专家、学者从不同的研究角度，对现代旅游经济学的性质、作用和内容进行了研究。1927年，法国的 L. 奥夏在《致国家经济委员会的报告》中宣称："从前，旅游业是一种个人旅行得好的艺术。今天，它已经成为对旅行者接待好的国家产业。由此可知，旅游已从个人或集体的消遣领域全面地转变为总的经济领域。"[①]1933年，法国的莫日内在她的学术论文《有利于旅游业的集体行动》中写道："旅游业对经济发展起着推动作用，它是母产业，是具有关键性的产业。旅游业的发展在国家繁荣中不是孤立的因素，它影响到国家活动的各个部门，使这些部门收益增加。"[②]1933年，英国爱丁堡大学的政治经济学教授 F. W. 欧吉尔维，在其出版的《旅游活动：一门经济学科》一书中阐述了旅游需求和旅游消费的理论。1935年，德国柏林商业大学旅游研究所所长格里克思曼出版了《一般旅游论》一书，不仅从经济学角度，而且从社会学角度对旅游经济的发展进行了研究。1942年，瑞士圣加伦大学的克拉普夫和伯尔尼大学的汉泽克尔出版了《旅游学总论》一书，提出旅游现象涉及社会经济的多个方面，需要从多学科角度进行研究等新的观点和理论。

　　总之，在这一阶段的旅游经济研究中，国外学者普遍认识到发展旅游业可以带来巨大的经济收益，因此重点探讨和研究了旅游经济的性质、地位和作用，从不同角度对旅游经济的有关内容进行了研究。这些研究成果促进了旅游经济学的形成，并为现代旅游经济学的研究与发展奠定了良好的基础。但是，由于第二次世界大战的影响，旅游经济学的研究一度停滞不前。

---

① 朗加尔. 旅游经济 [M]. 董明慧，谭秀兰，译. 上海：商务印书馆，1998.
② 朗加尔. 旅游经济 [M]. 董明慧，谭秀兰，译. 上海：商务印书馆，1998.

1.1.3　现代旅游经济学发展阶段

第二次世界大战结束后，许多西方国家的经济呈现迅速发展的态势，在第一、第二产业迅速发展的基础上，第三产业也随之得到迅速发展，而第三产业中的旅游业也逐渐发展成为国民经济中的重要产业。为了适应旅游业快速发展的需要，欧美许多国家建立了各种类型的旅游经济管理院校，并开设了旅游经济、旅游管理等学科，对旅游业所需要的人才进行培养。同时，为了适应旅游经济发展和旅游教学的需要，欧美国家和地区的一些学者、专家在总结世界旅游经济及本国旅游业发展的基础上，对旅游经济的理论和方法进行了全面深入的研究，并发表和出版了一批有较高水平的论文和著作，对促进现代旅游经济学和世界旅游经济的发展起到了指导性的作用，为构建旅游经济学学科理论和体系奠定了一定的基础。

1969年出版的美国迈克尔·彼德斯的《国际旅游业》、1972年出版的美国巴雷特热和德勒尔特合著的《旅游业的经济概貌》、1974年出版的英国博卡特和梅德里克合著的《旅游业的过去、现在和未来》、1975年世界旅游组织出版的《国际旅游业对发展中国家经济发展的影响》、1976年西班牙旅游研究院出版的《西班牙旅游经济的投入–产出表》、1978年出版的南斯拉夫翁科维奇的《旅游经济学》，到1979年出版的巴雷特的《旅游需求论》和法布尔的《发展中国家的国际旅游业和合作项目》等重要著作，全面系统地对旅游经济学的相关理论和方法进行了研究，丰富并发展了现代旅游经济学的内容。尤其是南斯拉夫贝尔格莱德大学翁科维奇教授的《旅游经济学》一书，运用科学的理论分析方法和全面丰富的数据资料，对现代旅游经济学的理论展开了全面阐述，对旅游市场的特点和旅游接待国的政策进行了深入分析，并预测了现代国际旅游业的发展趋势，翁科维奇教授的《旅游经济学》一书成为具有较广泛代表性和较大影响力的现代旅游经济学教材。

随着旅游业在全球范围内广泛而深入的发展，从20世纪80年代开始，世界各国有关旅游经济研究的论文和著作如雨后春笋般大量涌现。在20世纪90年代末，掀起了针对21世纪国际旅游业发展研究的高潮。近30年来的研究主要集中在旅游需求和供给、旅游市场和游客流动规律、旅游目的地建设与区域经济发展、旅游产业结构调整与产业空间分布、旅游资源和旅游产品开发、旅游业投入–产出分析、旅游乘数效应、旅游的经济和社会影响、经济政策与旅游产业发展、国际区域旅游分工与合作、旅游经济分析与决策、旅游人力资源开发与管理、发展中国家旅游经济发展战略等方面。对上述研究领域所进行的大量分析和探索，促进了现代旅游经济理论体系的不断发展和完善，也不断构建起了现代旅游经济学的学科体系。

与国际上旅游业发达的国家相比，中国旅游业的发展起步较晚，对旅游经济理论的研究也是从改革开放以后开始的。但早在20世纪20年代，中国已有学者对旅游经济的性质、作用等问题进行过探讨，但由于当时中国旅游尚未形成产业，受当时旅游发展水平的限制，无法对旅游活动作深入的研究。20世纪70年代后期，随着中国对内搞活、对外开放政策的进一步推行，旅游业从无到有取得了长足的发展。旅游业发展的实践为旅游经济的研究提供了丰富的素材，使中国旅游经济理论的研究领域和研究范围不断扩展。1980年，沈杰飞和吴志宏的论文①《建立适合我国实际的旅游经济学科》，从学科发展的角度对旅游经济学的研究对象、研究内容、研究方法进行了深入的探讨。1982年出版的王立刚和刘世杰主编的《中国旅游经济学》，1986年出版的林南枝和陶汉军主编的《旅游经济学》，1990年版的黄辉实主编的《旅游经济学》和张汝昌主编的《旅游经济学》，1991年出版的张辉主编的《旅游经济学》，1998年出版的王大悟和魏小安主编的《新编旅游经济学》，1994年出版的罗明义、吕宛青和杜靖川主编的《现代旅游经济》以及1994年和2001年出版的罗明义、吕宛青和杜靖川主编的《现代旅游经济学》（2003年再版），都推进了中国旅游经济学的研究和旅游经济学教材的建设与发展。尤其是1987年著名经济学家孙尚清主持的"中国旅游发展战略研究"重大课题，提出了中国旅游业要"适度超前发展"的战略，把对中国旅游经济的研究从理论推向实践。1993年，云南大学旅游系主持了"云南旅游产业发展战略研究"，率先提出把旅游业作为云南经济发展的支柱产业来培育和建设，进一步推动了旅游产业经济和区域经济的研究和发展。

◆ 同步思考1-1

问题： 怎样才能全面地理解现代旅游经济学的产生和发展？

20世纪90年代中期，伴随着中国旅游业的快速发展，旅游经济的实践总结和理论研究进入高潮，各种旅游经济学著作和研究论文如雨后春笋般不断涌现，不仅为快速发展的旅游业提供了理论指导，也为迅速发展的旅游教育和研究提供了丰富的参考资料，为旅游经济学教材的完善提供了丰富的理论和实践内容，从而推动了现代旅游经济学的研究和发展。

1.2 现代旅游经济学的特点

旅游经济学是现代经济学的一个分支，是以经济学的理论为指导，研究旅游经济活动中各种经济现象、经济关系和经济规律的科学。因此，旅游经济学具有不同于其他学科的特点。

1.2.1 旅游经济学是一门应用性学科

旅游经济学是以经济学的一般理论作为指导，并在经济学基础上所产生的一门应用性学科。旅游经济学针对旅游经济活动中的一系列现象以及矛盾展开研究，揭示旅游经济发展的规律及其作用的条件、范围及表现形式，从而指导旅游经济健康地发展。旅游经济学具有较强的应用性特征，属于应用经济学的范畴。

1.2.2 旅游经济学是一门产业经济学

旅游经济学本质上属于产业经济学的范畴。产业经济学专门针对某一经济领域的活动进行研究，从而揭示该领域经济运行的内在规律。旅游经济学作为一门产业经济学，是专门研究旅游经济活动过程中各种经济现象之间存在的内在关系，揭示

① 沈杰飞，吴志宏. 建立适合我国实际的旅游经济学科［J］. 社会科学，1980（6）.

旅游经济活动过程中的特殊矛盾及固有规律，以促进旅游产业健康、持续地发展的学科。

1.2.3　旅游经济学是一门边缘性学科

由于旅游经济活动的综合性特点，对旅游经济的研究不仅要以经济学、旅游学的理论为指导，还必须借助各种学科的理论及研究成果来丰富旅游经济学的研究内容。例如，充分运用心理学、地理学、资源学、社会学、统计学、市场学等学科的理论和方法，综合考察旅游活动在经济领域中的各种反映，进一步加深对旅游经济内在规律及其运行机制的认识，以更好地掌握旅游经济学的理论和方法。因此，与其他学科相比较，旅游经济学是一门新兴的边缘学科。

1.2.4　旅游经济学是旅游管理专业的基础学科

旅游经济学是旅游专业的基础学科，但又不同于旅游学和旅游管理学。旅游学是研究旅游活动产生、发展及其运行规律的科学，其目的是揭示旅游活动的内在性质、特点及发展趋势；而旅游经济学则是在旅游学理论的基础上，揭示旅游活动在经济领域中所发生的矛盾运动、经济关系及其发展规律的学科；旅游管理学则是在旅游经济学的指导下，研究旅游活动和旅游经济活动的合理组织、有机运行及科学管理，以提高旅游经济运行的整体效率和效益的学科。因此，旅游学实际上是旅游经济学的基础，为旅游经济学提供旅游活动的规律性；而旅游管理学则是旅游经济学的延伸，是针对旅游经济运行过程所进行的管理活动。

◆ **同步思考1-2** ◆

问题：如何才能全面理解旅游经济学的学科特点？

◆ **同步思考1-3** ◆

问题：如何认识经济学、产业经济学、旅游学、现代旅游经济学、旅游管理学的概念？

1.3　现代旅游经济学的研究对象

各学科研究对象的根本性区别，在于各学科自身所具有的矛盾规律的不同。所以，学科自身的矛盾规律决定了各学科的研究对象。在旅游经济活动过程中，总是存在着由于旅游活动所引起的旅游需求与旅游供给这一主要矛盾及其由此而产生的各种矛盾。旅游经济学的根本任务就是要解决这些矛盾，要揭示旅游经济活动的内在规律及其运行机制，以有效地指导旅游实践，促进旅游业持续、协调地发展。因此，旅游经济学的研究对象和任务主要表现为以下几方面：

1.3.1　研究旅游经济的形成过程及规律

旅游活动从其产生开始，就是人类社会生活的一部分，但它并非生来就是商品。旅游活动成为商品是人类社会发展到一定阶段的产物，是伴随着商品经济和市场经济的发展，伴随着商品的生产和交换而形成的，是商品经济发展的必然结果。也就是说，旅游经济活动是在旅游活动的基础上随着商品经济的发展而形成的。因此，旅游经济学研究的首要任务就是要分析旅游经济的形成条件，揭示旅游活动的商品化过程及其客观规律性，分析旅游经济在社会经济发展中的作用，以及在国民经济中的地位和影响。

◆ **教学互动 1-1**

观点：旅游活动并不生来就是商品。

问题：旅游经济活动是在什么基础上形成和发展的？

1.3.2　研究旅游经济运行的机制及实现条件

贯穿于整个旅游经济运行过程中的主要矛盾是旅游需求与旅游供给的矛盾，它决定和影响着旅游经济运行中的其他一切矛盾。因此，旅游经济学要以旅游需求和旅游供给的形成、变化及矛盾作为研究切入点，去揭示旅游经济的内在规律及运行机制，分析旅游市场供求平衡的实现条件，分析影响旅游经济运行机制的各种因素及变化，为旅游经济有效运行提供科学的理论指导。

1.3.3　研究旅游经济活动的成果

在旅游经济活动过程中，不同的参与者（如旅游者、旅游经营者）有不同的目标和要求，因而旅游经济活动是否有成效就看其达到各参与者目标的状况，简言之就是旅游经济活动的成果如何，最终是通过给参与者带来的效益大小来表现的。这些效益可从三个方面来体现：一是旅游经济活动是否满足了旅游者的需求，因此必须对旅游消费进行分析和研究；二是旅游经济活动是否满足了旅游经营者的需求，因此要对旅游收入和分配进行研究；三是旅游经济活动是否满足了旅游目的地政府的需求，所以要对旅游经济活动的宏观效益和微观效益进行综合的分析研究。

◆ **深度思考 1-1**

问题：旅游经济活动的成果是如何表现的？

1.3.4　研究旅游经济的地位及发展条件

旅游经济是国民经济的重要组成部分，在国民经济中占有十分重要的地位，旅游经济的形成和发展必须以整个社会经济发展为基础，同时旅游经济的发展又对社会经济、文化及环境产生重要的影响。因此，旅游经济学必须研究旅游经济与社会经济各产业、部门间的相互联系，研究旅游经济对文化和生态环境的作用和影响，以便从整个社会的角度为旅游经济的发展创造良好的条件，以促进旅游经济健康、快速、持续地发展。

◆ **教学互动 1-2**

观点：必须从多角度来评价旅游经济在国民经济中的地位。

问题：旅游经济的发展对社会经济、文化及环境产生哪些重要影响？

1.4　现代旅游经济学的研究内容

对旅游经济活动过程中各种经济现象和经济规律进行研究的目的，主要在于揭示影响和作用于旅游经济活动的基本因素和经济关系，探索旅游经济运行的内在机制和规律性，寻求获取旅游经济效益、社会效益及环境效益的最佳途径，并为各级政府制定旅游业发展规划及各项方针、政策和法规提供理论依据。在上述研究目的的基础上，现代旅游经济学的研究内容涉及以下几方面：

1.4.1   现代旅游经济的形成及标志

现代旅游经济是社会生产力发展到一定历史阶段的产物，是国民经济的有机组成部分。因此，研究旅游经济学首先应明确现代旅游经济的形成过程及发展特点；明确现代旅游经济产业化的主要标志；从社会经济发展的角度把握现代旅游经济在国民经济中的重要地位，以及其对社会、文化和生态环境的作用和影响。

1.4.2   现代旅游产品开发及产品市场供求关系

现代旅游经济活动研究是以旅游产品的需求和供给研究为出发点的，但由于旅游产品具有不同于其他物质产品的属性和特点，因而必须首先研究旅游产品的科学含义及构成，把握旅游产品的市场生命周期，然后根据旅游产品的市场供求状况及影响因素，以及旅游供求弹性的不同特点，制定合理的旅游产品开发策略，实现旅游产品的市场供求均衡，包括旅游产品的短期均衡和长期动态均衡等。

1.4.3   现代旅游市场及开拓策略

旅游产品的供给离不开旅游市场。因此，必须加强对现代旅游市场的研究，掌握不同分类市场的特点及竞争态势；遵循现代旅游市场竞争规律的要求，制定规范旅游市场主体行为及旅游市场正常运行的法律法规；根据不同旅游客源市场的特点，采取合适的市场开拓策略；掌握各种科学的定价方法和策略，促进旅游产品的销售。

1.4.4   现代旅游经济运行与调控

现代旅游经济活动是一种包括微观和宏观旅游经济的活动，其不仅涉及微观旅游经济主体的经济行为和决策，还涉及整个宏观旅游经济的运行和调控。因此，既要研究微观旅游经济活动的决策行为，又要对宏观旅游经济运行进行分析和研究，以把握整个旅游经济运行的状况和特点，适时对现代旅游经济进行宏观调控。

1.4.5   现代旅游消费及旅游投资

旅游产品的消费与投资是旅游经济活动的重要环节。旅游产品的特殊性，使旅游消费直接表现为旅游经济活动过程中的现实消费，使旅游投资具有不同于其他投资的特点。因此，必须研究旅游者的消费倾向、消费行为和消费结构，探寻旅游消费的合理化途径，以实现旅游者消费的最大满足；同时还必须研究旅游投资的内容和特点，研究旅游投资项目可行性的方法，不断提高旅游投资项目的经济效益。

1.4.6   现代旅游收入与分配及旅游经济效益

追求旅游经济效益是旅游经营者从事旅游经营活动的主要目标，也是旅游目的地国家发展旅游业的基本目标之一。因此，要研究旅游收入的形成及影响因素；研究旅游收入分配与再分配；研究旅游经营成本及降低经营成本的途径；研究现代旅游经济效益及效益指标体系；通过对现代旅游宏观经济效益和微观经济效益的分析，对现代旅游经济效益的实现做出合理的评价。

1.4.7 现代旅游经济结构及旅游可持续发展

现代旅游经济研究不仅要研究旅游经济现象及其运行机制，还要研究旅游经济活动中的各种经济关系，它们会从不同方面对旅游经济的发展产生影响。因此，要研究旅游产品结构、产业结构、地区结构，以寻求旅游经济结构的合理化；要研究旅游经济发展与资源、环境的关系，以探寻促进旅游经济可持续发展的最佳模式。

◆ **深度剖析 1-1**

问题：为何旅游经济学研究主要聚焦于旅游与经济发展的关系？

◆ **深度思考 1-2**

问题：如何准确把握和评价旅游经济的效益？

1.5 现代旅游经济学的研究方法

现代旅游经济学是一门综合性的学科，其研究的内容十分广泛，涉及多种学科的内容。因此，必须选用科学的研究方法对旅游经济学进行全面的研究，使得旅游经济学的研究成果更具有科学性和现实的指导性意义。

1.5.1 理论联系实际的方法

科学是对事物运行的客观规律性的理论概括。任何科学的理论都是来源于实践，又对实践起指导作用。只有通过实践，才能发现真理，才能证实和发展真理。现代旅游经济学是对旅游经济活动实践的科学概括和总结，因此研究现代旅游经济学必须坚持实事求是的科学态度，坚持理论与实践相结合。

一方面，坚持理论与实践相结合，要求一切研究都要从旅游经济活动的客观实际出发，运用现代经济理论分析旅游经济活动中的各种经济现象和经济关系，解决旅游经济发展中的实际问题，揭示其发展变化的客观规律性，并上升为科学的理论，用以指导旅游经济的实际工作。

另一方面，坚持理论与实践相结合，必须以"实践是检验真理的客观标准"为准绳，把对旅游经济现象、经济关系及经济规律的科学总结和概括，再拿到实践中进行反复检验，并根据实践的发展进行修改、完善和充实，才能使旅游经济理论体系不断成熟和发展。

1.5.2 系统分析的方法

系统分析方法是建立在系统论、信息论和控制论基础之上的一种综合性的研究方法。它强调从系统、综合的角度研究事物运行的客观规律性，力图克服问题研究中的狭隘、片面、孤立、静止及封闭的观点和方法。现代旅游经济活动是社会经济活动的一个子系统，是国民经济的构成部分，其本身是由各种社会经济要素所组成的。因此，旅游经济的研究要着眼于旅游经济活动的全局，以整个社会经济发展为背景，才能充分揭示旅游经济发展的客观规律性。

1.5.3 定性分析与定量研究相结合的方法

辩证唯物主义认为，任何事物都既有质的规定性，又有量的规定性。一定的质包含着一定的量，而量变发展到一定程度必然会引起质变。旅游经济活动中的各种经济现象也都是质和量的统一。一方面，对旅游经济学中的许多范畴应有质的规定性，才能区别各种不同的旅游经济现象；另一方面，旅游经济学中的许多范畴同时还应有量的规定性。

因此，在现代旅游经济学的研究和学习中，必须把定性分析与定量分析有机结合起来，通过定量分析揭示各种旅游现象之间的变动关系及发展趋势，为定性分析提供科学的依据；通过定性分析，准确界定事物的本质和属性，为定量分析提供指导，从而达到事物的质和量的统一，促进旅游经济的持续发展。

1.5.4　运用多学科的方法

旅游经济活动是一项综合性的社会经济活动，其内容涉及人类生活、生产的多个方面。因此，旅游经济学的研究必然要涉及经济学、旅游学、社会学、心理学、旅游统计学、会计学、计算机科学等多学科的知识。因此，在研究旅游经济学时，要拓宽思路，开阔眼界，注意学习和了解其他相关学科的理论研究及发展，并充分运用其他学科的最新研究成果，不断丰富旅游经济学的内容，提高旅游经济学的研究水平和对实践的指导性。

1.5.5　资料阅读与案例分析相结合的研究方法

充分运用相关资料，进行案例分析和研究是现代旅游经济学教学和研究的基本方法，其根本目的在于培养学习者主动自主的学习能力，使学习者养成主动探求知识的兴趣和习惯，并把枯燥的专业知识学习变成一种寓教于乐的素质培养和能力训练，从而不断提高旅游人才培养的质量和水平。

◆ **深度剖析 1-2** ◆

问题： 为何要运用多学科的方法来研究旅游经济？

✿ **本章概要**

✿ **主要概念**

经济学　产业经济学　旅游学　现代旅游经济学　旅游管理学

✿ **内容提要**

● 本章主要介绍了旅游经济学的产生及发展、学科特点、研究对象、研究内容及研究方法。

● 现代旅游是人们暂时离开居住地而到异地进行各种包含游览、度假在内的，有目的的全部活动的总称。现代旅游的萌芽可追溯到人类社会初期的旅行活动，现代意义的旅游活动是在18世纪产业革命后形成与发展的，到20世纪中期现代旅游有了快速的发展。当前，现代旅游已经成为人们物质文化生活的组成部分，是一种综合性的社会经济活动，是一种积极的社会交往活动和健康的文化审美活动。

● 现代旅游经济是以现代旅游活动为前提，以商品经济为基础，依托现代科学技术，反映旅游活动过程中旅游者和旅游经营者之间，按照各自利益而发生经济交往所表现出来的各种经济活动和经济关系的总和。

● 现代旅游经济是一种市场经济、产业经济、综合经济和法治经济，具有大众性、全球性、规范性、持续性和敏感性等发展特点，其在长期发展过程中，逐渐形成了消费需求集中化、生产供给专业化和经济运行规范化等产业化标志。

✿ 内容结构

本章内容结构如图1-1所示。

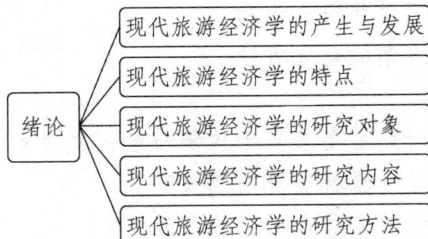

图1-1 本章内容结构

✿ 重要观点

观点1-1： 经济制度和社会制度对旅游发展起着重要的决定性作用。

常见质疑： 社会生产力发展水平与旅游经济发展水平之间有密切关系。

释疑： 旅游经济现象的出现和发展受社会生产力的影响极大。旅游是社会生产力发展到一定阶段后所产生的社会现象，是工业化阶段发展的产物。旅游作为一种经济现象，是由生产力和生产关系所决定的，在旅游经济发展过程中，经济制度和社会制度对旅游发展起着重要的决定性作用。

观点1-2： 旅游经济学作为一个完整的科学还没有建立起来。

常见质疑： 旅游经济学成为用经济学的一般原理来解释旅游现象的实用性科学。

释疑： 从现有的旅游经济学研究的基本范畴来看，其没有完全脱离原有的传统经济学研究的框架，主要通过对旅游产品、旅游需求与供给、旅游市场、旅游消费、旅游收入与分配、旅游经济效益、旅游投资、旅游经济发展战略等方面的研究，来阐述旅游经济活动的客观规律。虽然近些年的研究开始逐渐关注旅游地特有的经济现象和经济规律，比如旅游地的利益相关者、旅游地经济可持续发展、旅游产业融合、旅游经济协调发展等，但是目前尚未建立起一个完整的旅游经济科学体系。

✹ 单元训练

✿ 传承型训练

▲ 理论题

△ 简答题

1）简述旅游经济学的产生及发展过程。

2）简述现代旅游经济学的学科特点。

△ 讨论题

1）为什么说旅游经济学是一门边缘性学科？

2）比较经济学、产业经济学、旅游学、现代旅游经济学和旅游管理学概念的异同。

▲ 实务题

△ 规则复习

1）简述现代旅游经济学的研究对象。

2）简述现代旅游经济学的研究内容。

3）简述现代旅游经济学的研究方法。

△ 业务解析

1）为何旅游经济学研究主要聚焦于旅游与经济发展的关系？

2）如何准确把握和评价旅游经济的效益？

3）为何要运用多学科的方法来研究旅游经济？

▲ 案例题

△ 案例分析

【训练目的】

见本章"学习目标"中"传承型学习"的"认知弹性"目标。

【教学方法】

采用"案例教学法"。

【训练任务】

1）体验本章理论与实务知识的具体运用。

2）体验对"附录二"附表2中各项"参照指标""训练考核点"的遵循。

3）体验对"附录三"附表3"解决问题"能力"初级"的"基本要求"和各技能点"参照规范与标准"的遵循。

4）体验在"相关案例"的"背景与情境"中分析与解决问题的"结构不良知识学习"过程。

5）撰写、讨论和交流《案例分析报告》。

【相关案例】

旅游，既是民生事业又是民生产业

背景与情境：党的十七届五中全会提出："更加注重以人为本，更加注重保障和改善民生，促进社会公平正义。"在保障和改善民生成为治国执政第一要务的背景下，有必要对旅游业的性质进行再思考、再认识。

改革开放之前的旅游，对外宾是外事工作的一部分，对港澳台与华侨同胞是统战工作的一部分。接待设施由国家拨款建设，接待工作由政府有关部门安排，接待人员是国家工作人员，接待活动基本不讲经济回报，属于政府管理的一种社会事业。

邓小平说："搞旅游要千方百计地增加收入。既然搞这个行业，就要看看怎样有利可图。"从此，旅游业从事业转型为行业，成了一个产业，走上了市场经济的轨道。旅游接待与消费成为一种市场行为，旅游服务成为商品，旅游接待单位成为企业。市场化的改革使中国旅游业突飞猛进、昂然崛起，中国也成了世界旅游大国，社会各界对旅游的经济性质、产业性质达成了共识。

今天，为什么又要再提旅游也是一种社会事业呢？

40多年前，国民经济濒临崩溃的边缘，大部分百姓的温饱亟待解决。在这种背景下，经济建设成为压倒一切的中心课题，发展旅游就是为了发展经济，而且主要是为了赚取外汇。邓小平说的旅游要成为一个"综合性的行业"，很快被人们接受，旅游外汇收入从1978年的2.6亿美元增加到1996年的102亿美元、2002年的204亿美元、2006年的339亿美元、2007年的419亿美元。对一个缺少外汇、进口乏力的大国来说，邓小平"旅游赚钱多，来得快"的讲话，自然使旅游成为被看好的经济产业。

今天，我们已经从以经济建设为中心走向经济、社会、民主、文化、生态建设同步推进，从一部分人先富起来转向全体人民共同富裕，共享改革开放、经济建设成果；越来越多的民众走出家门、国门踏上旅途，旅游已成为某些人生活的一部分。国家和地方发展旅游的成果，民众参与旅游的收获，旅游与民生息息相关的特性，都清楚地说明旅游不仅具有突出的经济功能，还有显著的社会、文化与生态功能。旅游既是民生产业，同时也是民生事业的双重特征越来越清晰了。

如果把视野放到世界，当代国际社会早就公认休闲是人的一种生活方式，休闲权与劳动权、教育权、医疗权、居住权一样成为基本人权的组成部分。1948年12月，联合国《世界人权宣言》指出："任何人都有休息、休闲的权利，尤其是享有合理的工作时间和定期带薪休假的权利。"1970年，联合国劳工组织通过的《休闲宪章》指出，"闲暇时间是一种自由的时间，在这个时间里，人们能掌握人和作为社会的有意义的成员的价值""休闲与娱乐为人们要求丰富当代生活方式创造了许多条件，更为重要的是它通过身体放松、竞技、欣赏艺术/科学和大自然，为丰富生活提供了可能性"。保障公民的休闲权已成为一种普世价值观。

旅游是人们离开日常居住地去其他地方的休闲方式，是一种十分流行、普遍、民众化的休闲方式。旅游能使人身心愉悦、健全体魄、丰富阅历、开阔视野，促进人的自由、全面、健康发展。人们已深刻地认识到休闲与旅游的人文价值与社会功能，休闲与旅游不仅是国民的福利，更是国民的权利。发展休闲与旅游不仅是刺激消费、拉动内需的应时举措，更是实现"改善民生"的战略举措。改善物质生活与提升文化享受、丰富精神生活同是"改善民生"题中的应有之义。休闲旅游经济无疑是一种造福于民的民享经济、民生经济。

正如文化、体育既是事业又是产业一样，肯定旅游是民生事业，并不是贬低或否定它的产业性质。构成旅游产品的要素具有多种类型与属性，大致可分为三类：第一类是公共产品，如城市公园、公共广场、图书馆、博物馆、公共电视频道、公共体育场馆等，此类产品不以营利为目的，由或主要由政府公共财政提供。第二类是私人产品，如影视、演艺、娱乐、美容、美食、高尔夫、游船邮轮、民航、房车等，此类产品由市场提供、企业经营。第三类是准公共产品，如风景名胜区、国家森林公园、地质公园、红色旅游点及公共交通、游客中心、信息中心等，其资源是公共性质的，但在很长的历史时期内难以完全由政府财政承揽全部保护、建设与运行经费，以准公共产品的方式运营，在政府监控下以市场方式向国民提供。

在市场经济环境下，无论是公共产品还是私人产品、准公共产品，凡是为国民休闲旅游提供物质与精神服务的产品，都有投入产出的经营核算，都应列入国民经济的序列之内。社会物质文明、政治文明、精神文明与生态文明程度越高，人的闲暇时间越多，国民的休闲旅游需求就越旺盛、越广泛、越精致，由社会供给的旅游休闲事业与由市场供给的旅游休闲产业就越发展。

事业—产业—事业+产业，对旅游业性质认识的这种嬗变，也许是"否定之否定"认识规律的一个新案例。探讨这个问题，在民生成为社会主题的今天，对全面把握旅游发展规律、科学谋划旅游发展之道，或许有所启示。"在政府引导下发挥市场机制的积极作用"，既充分发挥政府的宏观调控作用，又广泛发挥市场的调节作用，灵活使用"有形之手"与"无形之手"壮大旅游民生事业与民生产业，旅游发展之道将更加宽广、前景将更加绚丽。

（资料来源　王兴斌. 深化对旅游业双重特性的认识［N］. 中国旅游报，2010-11-15.经节选、压缩和改编）

问题：

1）该案例涉及本章的哪些知识点？

2）旅游可以被看作一个产业吗？

3）在社会日益关注民生的今天，如何理解旅游业既是民生事业又是民生产业？

4）"十四五"期间，该如何重视和发挥旅游业的民生功能？

【训练要求】

1）了解本教材"附录二"附表2中"形成性训练与考核"的"参照指标"与"训练考核点"。

2）学生分析案例提出的问题，拟出《案例分析提纲》。

3）小组讨论，撰写小组《案例分析报告》。

4）班级交流、相互点评和修订各组的《案例分析报告》。

5）小组总结本次训练，形成《案例分析训练报告》。

【成果形式】

1）训练课业：《"旅游，既是民生事业又是民生产业"案例分析报告》。

2）课业要求：

（1）事实清晰，论据充分，逻辑清晰，不少于1 000字。

（2）将《案例分析提纲》作为《案例分析报告》的附件。

（3）规范要求：本教材"附录二"附表2中"成果性训练与考核"的"参照指标"与"参照内容"。

（4）结构、格式与体例要求：参照本教材"课业范例"的"范例-1"。

（5）在校园网的本课程平台上展示经过教师点评的班级优秀《案例分析报告》，并将其纳入本课程的教学资源库。

△ 善恶研判

【训练目的】

见本章"学习目标"中"传承型学习"的"认知弹性"目标。

【教学方法】

采用"案例教学法"。

【训练准备】

1）了解本教材"附录二"附表2中"形成性训练与考核"的"参照指标"与"训练考核点"。

2）了解本教材"附录四"附表4中各"道德范畴"及其"参照规范与标准"。

3）了解与本案例"问题1）"相关的"伦理与道德"行为规范。

【相关案例】

旅游收益增加背景下的"相对被剥夺"

背景与情境： 束河古镇位于云南丽江古城北4千米处，是丽江古城世界文化遗产的组成部分之一。束河古镇拥有纯净的自然风光，古朴的民俗风情和深厚的文化底蕴，为其旅游业的迅速发展奠定了良好的基础。但直到2003年5月12日，昆明鼎业集团巨额投资正式启动"丽江束河古镇保护与发展项目"，实行"政府引导，企业参与，市场运作，农户受益"的发展模式，束河古镇旅游发展的春天才真正到来。

束河古镇旅游业的快速发展调整了当地的产业结构，迅速并大幅度地提高了当地居民的经济收入。根据调查，2002年束河劳动力共有2 041人，其中，从事农业劳动的人数为1 918人，占94%，从事其他产业的人数为123人，占6%；到2006年，束河劳动力共有2 269人，其中从事农业劳动的人数为929人，占41%，从事建筑和旅游的人数为1 340人，占59%。居民人均年收入从2003年的800多元增加到2009年的5 000多元。

然而，在旅游发展过程中，束河古镇也出现了许多旅游地普遍存在的问题，如不少外来人员涌入束河古镇，抢占当地居民的就业机会；利益分配不均问题开始出现；当地居民作为弱势群体被"挤出"，社会矛盾冲突加剧；由于外来资本的大量进入，利益漏损凸显；大量游客慕名而至对束河古镇的生态环境和生活环境造成了不良影响，等等。古镇居民相继产生了"相对被剥夺感"。"相对被剥夺感"的出现和存在使束河古镇经济利益冲突、社会利益冲突、心理冲突问题成为不可回避的重要问题。

（资料来源　根据社会调查资料整理）

问题：

1）旅游收益增加背景下的"相对被剥夺"是否会导致旅游地社会矛盾加剧？最终会对哪些主体产生影响？

2）试对上述问题做出你的善恶研判。

3）说明你做作善恶研判的依据。

4）请从利益相关者的角度对束河古镇旅游开发及其管理行为做出评价。

【训练要求】

1）学生分析案例提出的问题，拟出《善恶研判提纲》。

2）小组讨论，撰写小组《善恶研判报告》。

3）班级交流、相互点评和修订各组的《善恶研判报告》。

4）小组总结本次训练，形成《善恶研判报告》。

【成果形式】

1）训练课业：《"旅游收益增加背景下的'相对被剥夺'"善恶研判报告》。

2）课业要求：

（1）事实清晰，论据充分，逻辑清晰，不少于1 000字。

（2）将《善恶研判提纲》作为《善恶研判报告》的附件。

（3）规范要求：本教材"附录二"附表2中"成果性训练与考核"的"参照指标"与"参照内容"。

（4）结构、格式与体例要求：参照本教材"课业范例"的"范例-2"。

（5）在校园网的本课程平台上展示班级优秀《善恶研判报告》，并将其纳入本课程的教学资源库。

☆　创新型训练

▲　自主学习

自主学习-I

【训练目的】

见本章"学习目标"中"创新型学习"的"自主学习"目标。

【教学方法】

采用"学导教学法"和"研究教学法"。

【训练要求】

1）以班级小组为单位组建学生训练团队，各团队依照本教材"附录三"附表3"自主学习"（初级）的"基本要求"和各技能点的"参照规范与标准"，制订《团队自主学习计划》。

2）各团队实施《团队自主学习计划》，自主学习本教材"附录一"附表1"自主学习"（初级）各技能点的"'知识准备'参照规范"所列知识。

3）各团队以自主学习获得的"学习原理"、"学习策略"与"学习方法"知识（初级）为指导，通过院资料室、校图书馆和互联网，查阅和整理近年以"旅游经济学研究内容"为主题的国内外学术文献资料。

4）各团队以整理后的文献资料为基础，依照相关规范要求，讨论、撰写和交流《"旅游经济学研究内容"最新文献综述》。

5）撰写作为"成果形式"的训练课业，总结自主学习和应用"学习原理"、"学习策略"与"学习方法"知识（初级），依照相关规范，准备、讨论、撰写和交流《"旅游经济学研究内容"最新文献综述》的体验过程。

【成果形式】

1）训练课业：《"自主学习-I"训练报告》。

2）课业要求：

（1）《"自主学习–I"训练报告》的内容包括：训练团队成员与分工；训练过程；训练总结（包括对各项操作的成功与不足的简要分析说明）；附件。

（2）将《团队自主学习计划》和《"旅游经济学研究内容"最新文献综述》作为《"自主学习–I"训练报告》的"附件"。

（3）《"旅游经济学研究内容"最新文献综述》应符合"文献综述"规范要求，做到事实清晰，论据充分，逻辑清晰，不少于3 000字。

（4）《"自主学习–I"训练报告》的结构与体例参照本教材"课业范例"的"范例–4"。

（5）在校园网的本课程平台上展示班级优秀训练课业，并将其纳入本课程的教学资源库。

✳ **建议阅读**

［1］MITCHELL L S，MURPHY P E. Geography and tourism ［J］. Annals of Tourism Research，1991，18（1）：57–70.

［2］申葆嘉. 国外旅游研究进展［J］. 旅游学刊，1996，11（4）：46–50.

［3］李君轶，马耀峰，杨敏. 我国旅游市场需求预测研究综述［J］. 商业研究，2009（3）：17–20.

［4］谢彦君.旅游的本质及其认识方法——从学科自觉的角度看［J］.旅游学刊，2010，25（01）：26–31.

［5］李君轶，杨敏. 基于Web数据挖掘的旅游需求分析与预测［J］. 旅游科学，2007（6）：47–52.

［6］罗明义. 论旅游经济学的研究对象和内容［J］. 旅游研究，2009，1（2）：8–12.

［7］柳应华，宗刚，杨柳青. 不确定条件下旅游投资决策分析方法的对比与应用［J］. 数量经济技术经济研究，2013（5）：103–115.

［8］王柱，李晓东. 近30年中国旅游经济学文献分析——10种旅游学和经济学主要期刊发表的旅游经济类论文研究［J］. 旅游研究，2013，5（2）：14–22.

［9］周生辉，李瑞甜. "旅游经济学"课程改革与实践研究——以北京城市学院旅游管理专业为例［J］. 北京城市学院学报，2013（6）：52–59.

［10］李仲广. 从形式到实质：旅游经济学之路［J］. 旅游学刊，2007（11）：8–9.

［11］吴必虎，黎筱筱.中国旅游专业教育发展报告［J］.旅游学刊，2005（S1）：9–15.

［12］任来玲，刘朝明. 旅游需求预测方法文献述评［J］. 旅游学刊，2006（8）：90–92.

第2章
现代旅游经济概述

▶ **学习目标**

▷ **传承型学习**

通过以下目标，建构以"现代旅游经济概述"为阶段性内涵的"传承型"专业学力：

理论知识：学习和把握现代旅游的概念、特征与形成过程，现代旅游经济的性质特征、发展特点、产业化标志、地位与作用等陈述性知识；能用其指导"同步思考"、"深度思考"、"教学互动"和相关题型的"单元训练"；体验"现代旅游经济概述"中"理论知识"的"传承型学习"及其迁移。

认知弹性：运用本章理论知识研究相关案例，对"引例"、"同步案例"和"2014年中国旅游的经济贡献"等案例情境进行多元表征，体验"现代旅游经济概述"中"结构不良知识"的"传承型学习"及其迁移；依照相关行为规范对"旅游经济发展中如何保护文化遗产"案例进行善恶研判，促进健全职业人格的塑造。

▷ **创新型学习**

通过以下目标，建构以"现代旅游经济概述"为阶段性内涵的"创新型"专业学力：

拓展创新：参加"拓展创新–I"训练。通过学习和应用其"知识准备"所列知识，系列技能操作的实施，《中国旅游经济发展前景研究》论文的准备、讨论、撰写、交流与修订，《"拓展创新–I"训练报告》的撰写等活动，体验"现代旅游经济概述"中的"创新学习"（初级）及其迁移。

引例 欧洲旅游——到巴黎去做乞丐

背景与情境：目前，欧洲旅游的新时尚就像我们当年吃忆苦饭——体验社会，以往欧洲旅行社的主打招牌"阳光沙滩、异国风情"已被各种形式的社会旅游所替代。体验乞丐生活，追随流浪汉的脚步，到贫困地区走一走，成了欧洲最时髦的事情。

荷兰卡姆斯特拉旅行社推出了"巴黎流浪4日游"，全程花费459欧元。这类旅游一般是在每年的4—9月组团，因为那时的天气条件比较好。这类旅游的顾客群是一些既好奇又有社会责任感的人。这种旅行团一般10人成团，旅行团的成员不得随身携带现金、信用卡和手机，他们在行程中要学会像流浪汉一样，靠在街上捡一些有用的东西或者靠卖艺来维持生活。旅行社会向他们提供乐器、画笔等，并监督他们确实一切都按照要求做。到了晚上，旅行社会发给他们硬纸板和报纸以御寒。不过，行程的最后一晚，旅行社会让他们住进高级酒店，同时提供给他们一份丰盛的晚餐，让他们感受到鲜明的对比。这项旅行项目的策划人冈森斯说，有过这样一次经历之后，旅游者会对流落街头的人的生活有更深的体会，也许他们以后会帮助乞丐们改变生活状况。如果游客提出特殊要求，旅行社还可以组织他们去布拉格或者其他城市。不过伦敦市政府不同意这家旅行社在伦敦组织这样的旅游，市政府表示其不能保证游客的安全。

（资料来源 邱逊. 欧洲旅游——到巴黎去做乞丐［EB/OL］.［2005-01-05］. http：//www.hexun.com.经节选、压缩和改编）

从上述引例可以看到，旅游者的需求是不断变化的，旅游的方式也不断推陈出新。随着人们物质文化生活水平的不断提高，旅游活动也呈现出多样化的特点。这个案例告诉我们，与传统旅游相比，现代旅游已经成为人们物质文化生活的组成部分，是人们的一种积极的社会交往活动和健康的文化审美活动，是一种综合性的社会经济活动。

2.1 现代旅游的形成和发展

现代旅游是社会生产力发展到一定阶段的产物，是随着社会经济发展而发展的一种综合性社会经济活动，是现代旅游经济发展的基础。

◆ **同步思考 2-1**

问题：旅游六要素能够涵盖现代旅游吗？

2.1.1 现代旅游的概念

旅游是在一定的社会经济条件下所产生的，并随着社会经济发展而发展的一种综合性社会经济活动。在古代，旅游实际上是旅行和游览的结合。**旅行**是指人们离开居住地而客居异地的行为，是一种为了生存、生活或某种特定目的而进行的被动性的活动，主要表现为人们为生计而四处奔走的活动。而**游览**则是指以消闲、观光为主而进行的积极主动的活动，是一种追求享乐、调节生活情趣的活动，主要表现为王公贵族和富豪人家消闲、寻乐的行为。随着社会经济的发展和人们生活水平的提高和条件的不断改善，旅行和游览已经有机地结合起来，形成以游览为目的，以旅行为手段的现代旅游活动。

因此，现代旅游是人们为了特定的目的而离开其通常居住的环境，前往某些地方并作短暂停留（不超过1年）的活动，其主要目的不是从访问地获得经济收益，而是寻求一种经历，即**现代旅游**是人们暂时离开居住地而到异地进行各种包含游览、度假在内的、有目的的全部活动的总称。根据旅游发展的实际，从更广泛的角度来看，凡是包含着游览、度假在内的各种活动都可称之为现代旅游，诸如探亲访友、科学考察、康复疗养、体育竞赛、商务活动等。与古代旅游相比，现代旅游具有以下几方面特征：

1）现代旅游是人们物质文化生活的组成部分

人们的物质文化生活消费通常包括了生存消费、享受消费和发展消费，而旅游消费则属于享受消费和发展消费。随着社会经济的发展及个人可支配收入的提高，人们为了减少或消除工作带来的身心疲劳，丰富物质文化生活，会主动外出旅游。无论是游览名胜古迹、欣赏山水风光，还是了解异地风情、探亲访友，或是休闲度假、体验文化差异，都能增进身心健康，全面提高人们的物质文化生活水平。所以，现代旅游活动已经成为人们物质文化生活的重要组成部分。

2）现代旅游是一种健康的文化审美活动

现代旅游的消费不仅包含物质的消费，而且包含精神的享受。因此，从文化角度看，旅游是一种文化活动，既是文化的创造和再创造过程，又是文化的消费过程。作为文化的创造和再创造过程，旅游活动可以充分展现某种社会、民族文化的内涵及特质，从而创造出一种包括食、住、行、游、购、娱在内的新生活方式，丰富了人们的物质文化生活。作为文化的消费过程，旅游活动可使旅游者充分认识和鉴赏旅游目的地国家或地区优美的自然风光和独特的民风风情，这不仅有利于人们的身心健康，而且有利于促进不同国家、不同民族之间的文化交流，增进国家之间、民族之间的团结。

3）现代旅游是一种综合性的社会经济活动

现代旅游虽然不是完全以经济活动为目的，但其整个活动过程必须以经济活动为基础。因为旅游者在旅游活动过程中的旅游需求，必须通过食、住、行、游、购、娱等各方面的服务来得到满足，因此，必须要有专门的服务部门提供相应的旅游服务，在提供旅游服务的过程中，自然会发生一系列的市场交换行为和经济活动。所以，现代旅游是以经济活动为基础，把多种要素集合在一起的综合性社会经济活动。

4）现代旅游是一种积极的社会交往活动

当今社会是一个开放、相互联系、相互依存的社会，社会交往活动已成为当今社会的基本特征之一。旅游活动不仅促进了当今社会中国家与国家之间、民族与民族之间、人与人之间的广泛交流和理解，而且增强了不同国家、不同民族和人民之间的文化交流和经济往来。通过主动和积极的旅游活动，使人们在领略了大自然多姿多彩的优美环境后，既开阔了人们的视野，又促进了彼此之间的思想感情交流，并在自然、轻松而愉快的气氛中产生其他交往形式不能达到的积极效果。

◆ **同步思考 2-2**

问题： 如何全面地理解现代旅游的特征？

学习微平台

二维码资源
2-02

2.1.2 现代旅游的形成过程

现代旅游是伴随着社会生产力的发展和社会分工的深化，伴随着商品生产和交换的发展，伴随着人们物质文化生活水平的不断提高，并具备了一定物质、经济和技术条件的前提下才逐渐产生、形成和发展的。

1）现代旅游的萌芽

根据社会生产力发展的历史进程，现代旅游的萌芽可追溯到人类社会初期的旅行活动。在原始社会，由于社会生产力水平低下，人们的生活条件极为艰苦，特别是自然环境变化所引起的各种灾害及民族部落之间的械斗，使人们不得不为了生存而进行经常性的迁徙。尽管这种为生存而进行的迁徙并不是旅游，甚至也不是旅行，但事实上已蕴含着旅游活动最基本的雏形——空间移动，因此可以视为现代旅游的萌芽。

从原始社会、奴隶社会到封建社会的长期发展过程中，人类社会经历了三次大规模的社会分工，促进了社会生产力的不断发展。社会生产力的发展又促进了生产发展和剩余产品的增加，产生了私有制、阶级和国家，促进了社会分工的深化和商品经济的发展，促进了市场空间的不断扩大和商品交换活动范围的扩展，于是以商品生产、商品交换及各种商业活动为中心的旅行活动迅速产生，同时各种以政治、修学为内容的旅行活动也逐渐产生与发展。

在漫长的古代历史进程中，旅行活动的发展与当时的社会政治、经济及文化发展相适应，出现了商务旅行、宗教旅行、航海旅行、帝王巡游、考察旅行、探险旅行、游览旅行等各种各样的旅行形式。如摩西出埃及，耶稣周游列国传教，古希腊的朝拜和祭祀，马可·波罗的远游，孔子游学列国，玄奘西域取经，鉴真东渡日本，郑和七下西洋，徐霞客旅行并创作游记，以及与古代阿拉伯民族的经商往来等，一度使东西方旅行活动达到高潮，为现代旅游的形成和发展打下了重要的基础。但是，由于古代社会生产力尚不发达，社会经济的发展水平还无法促使旅行和游览活动有机结合，因而古代的旅行与游览活动最终没有成为一种商品化的旅游活动，而仅仅是孕育了现代旅游的萌芽。

2）现代旅游的形成

现代旅游是随着近代产业革命的发生和资本主义市场经济制度的建立而逐渐形成的。根据对旅游发展历史的研究，具有现代意义的旅游活动大约兴起于 16 世纪，而形成于 18 世纪的产业革命，到 20 世纪中期才有了快速的发展。18 世纪的产业革命，以机器大工业代替了工场手工业，形成了以机器大工业为基础的社会化大生产，促使社会生产力得到了迅速的提高，促进了资本主义商品生产和交换的迅速发展，从而为现代旅游的形成和发展提供了物质技术基础条件、经济条件和产业条件。

教学互动 2-1

观点：现代旅游的形成和发展需要具备一定的社会经济条件。

问题：如何理解上述观点？

（1）现代旅游形成的物质技术基础条件

18世纪的产业革命促进了生产手段，特别是汽轮和火车等交通运输工具的改进，使社会化大生产的规模扩大、市场空间范围扩展；而汽轮和火车的产生和应用为人们进行有目的的、大规模、远距离的旅游活动提供了方便、快捷的交通条件。如美国于1807年开辟汽船内河定期客运航线；紧接着欧洲许多国家相继开设了蒸汽客轮经营服务；英国于1830年在利物浦至曼彻斯特之间开设了火车客运服务，吸引了大批国内外旅游者。交通运输工具的技术革命和迅速发展，为现代旅游的形成提供了重要的物质技术基础条件。

（2）现代旅游形成的经济条件

产业革命促进了资本主义制度的形成和商品经济的发展，使资本主义社会生产力有了快速的提高；而商品经济的繁荣兴旺和迅速发展，也使人们的生活水平不断改善和提高，从而为现代旅游的产生创造了大量的社会需求。于是，伴随着社会经济的迅速发展和人们可支配收入的增加，以及交通运输条件的不断改善和现代工厂化制度的建立，旅游活动逐渐成为人们物质文化生活的重要组成部分，从而为现代旅游的形成和发展提供了重要的经济条件。

（3）现代旅游形成的产业条件

在产业革命为现代旅游的产生奠定物质技术基础，资本主义经济发展为现代旅游创造大量需求的同时，各种专门从事旅游服务的机构的建立增加了相应的旅游供给服务，标志着现代旅游的形成。以英国的托马斯·库克为代表的提供食、住、行、游等旅游服务的旅行社的创办，开创了有组织地提供旅游活动的各种专门性服务的先河，为现代旅游的发展提供了重要的服务保障。旅游饭店、旅游交通等各种以经营旅游业务为主的企业纷纷成立，使各种旅游住宿、餐饮接待设施不断建设和完善，以提供旅游服务为主的旅游产业部门逐步形成，从而使现代旅游成为一种商品化的社会经济活动，成为现代社会经济活动的重要组成部分。

3）现代旅游的发展阶段

从19世纪中期开始，欧洲和北美地区的国内旅游和区域旅游有了进一步发展。进入20世纪以后，随着汽车工业的迅速发展和汽车的广泛使用，国内旅游和国际旅游的交通运输条件更为便捷，促进了美欧主要经济发达国家和地区国内、国际旅游的进一步广泛发展。但是，由于当时资本主义经济尚处于自由竞争向垄断竞争转变时期，再加上20世纪上半期两次世界大战和20世纪30年代初全球经济危机的影响，使现代旅游在世界范围内一直发展缓慢。到1950年，全世界国际旅游人数仅有2 528.2万人次，国际旅游收入仅有21亿美元。

20世纪50年代以后，随着战后世界经济的迅速发展，社会生产力不断提高，人口快速增加，人们的收入水平提高、闲暇时间增多，交通运输条件不断得到改善，民用航空迅速发展，使人们对旅游活动的需求不断增加，出游的条件更加方便快捷，从需求方面促进了现代旅游的快速发展。到 2000 年，全世界国际旅游人数已达到 6.98 亿人次，比 1950 年增加了 26.62 倍，年均递增 6.86%；国际旅游收入达到 4 760 亿美元，比 1950 年增加了 225.67 倍，年均递增 11.54%，全世界接待国际旅游者人数和国际旅游收入见表 2-1。此外，为了使迅速崛起的现代旅游产业成为各国、各地区经济发展的"新兴产业"和"朝阳产业"，世界许多国家或地区都积极采取各种措施，培育和加快旅游目的地旅游产业的发展。同时，世界许多国家不断加快旅游目的地建设，在很大程度上也促进了现代旅游的发展。世界主要目的地排名表见表 2-2。

表 2-1　　　　　　　　**全世界接待国际旅游者人数和国际旅游收入**

年份	接待国际旅游者		国际旅游收入	
	人数（千人次）	年均增长率（%）	金额（百万美元）	年均增长率（%）
1950	25 282	—	2 100	—
1960	69 320	10.61	6 867	12.58
1970	165 787	9.11	17 900	10.05
1980	285 328	5.58	105 320	19.39
1990	457 647	4.84	268 258	9.80
2000	698 300	4.32	476 000	5.90

（资料来源　世界旅游组织（UNWTO）2001 年统计报告）

表 2-2　　　　　　　　**世界主要目的地排名表**

排名	1995年入境旅游人数（百万人次）	2000年入境旅游人数（百万人次）	2003年入境旅游人数（百万人次）	2004年入境旅游人数（百万人次）	增长率（%） 2003/2002	增长率（%） 2004/2003	2004年市场份额（%）	2004年居民数（百万人次）	2004年入境人数/每100个居民
全世界	545	686	691	760	-1.7	10.0	100	6 376	12
1.法国	60.0	77.2	75.0	75.1	-2.6	0.1	9.9	60	125
2.西班牙	34.9	47.9	51.8	53.6	-1.0	3.4	7.1	40	134
3.美国	43.5	51.2	41.2	46.1	-5.4	11.8	6.1	293	16
4.中国	20.0	31.2	33.0	41.8	-10.4	26.7	5.5	1 299	3
5.意大利	31.1	41.2	39.6	37.1	-0.5	- 6.4	4.9	58	64
6.英国	23.5	25.2	24.7	27.7	2.2	12.1	3.6	60	46
7.中国香港	10.2	13.1	15.5	21.8	-6.2	40.4	2.9	7	311
8.墨西哥	20.2	20.6	18.7	20.6	-5.1	10.5	2.7	105	20
9.德国	14.8	19.0	18.4	20.1	2.4	9.5	2.7	82	25
10.奥地利	17.2	18.0	19.1	19.4	2.5	1.5	2.6	8	243

（资料来源　世界旅游组织，2005 年 5 月）

2.2　现代旅游经济的性质和标志

现代旅游活动发展成为旅游经济活动，并成为社会经济的重要组成部分，是现代科学技术进步、社会生产力提高和商品生产与交换长期发展的结果。因此，**现代旅游经济**是以现代旅游活动为前提，以商品经济为基础，依托现代科学技术，反映旅游活动过程中旅游者和旅游经营者之间，按照各自利益而发生经济交往所表现出来的各种经济活动和经济关系的总和。

同步思考 2-3

问题： 如何正确理解旅游经济的性质特征？

2.2.1　现代旅游经济的性质特征

现代旅游经济作为社会经济的重要组成部分，具有以下主要的性质特征：

1）现代旅游经济是旅游活动商品化的市场经济

现代旅游经济是建立在市场经济基础之上的，是以旅游产品的生产和交换为主要特征的旅游活动，必然要产生经济活动中的供需双方和交换的对象。

从需求方面来说，旅游者是旅游经济活动的需求主体，只有存在大量的旅游者，才可能产生大量的旅游需求。旅游需求的规模数量、消费水平、消费层次等，不仅决定着旅游经济活动能否持续有效地进行，而且决定着旅游经济发展的规模和质量。

从供给方面来说，旅游经营者是旅游经济活动的供给主体，只有当市场上存在着一定量的旅游经营者时，才能为旅游者提供各种各样丰富的旅游产品，以满足旅游者的各种需求。因此旅游经营者既是旅游产品的生产者，又是旅游产品的营销者，是保证旅游产品价值得以实现，并促进旅游经济活动有效进行的重要前提和微观基础，旅游经营者的集合就构成了现代旅游经济的供给基础。

从旅游媒介方面来说，现代商品生产和交换越发展，为旅游活动的商品化提供的媒介服务和手段就越先进，例如各种货币汇兑、信息服务、中介组织等服务都是随着旅游经济活动的发展而不断完善的。

综上所述，现代旅游活动是建立在以旅游产品为对象、以旅游者和旅游经营者为主体、以货币和信息为交换媒介基础上的一种商品化的市场经济活动，它按照现代市场经济运行的规律促进和影响着现代旅游经济的发展。

2）现代旅游经济是以旅游服务为主的综合经济

在现代旅游活动中，任何旅游需求的满足都离不开食、住、行、游、购、娱等各种综合性服务。因此，从供给角度看，旅游经济是一种以服务为主，涉及众多企业和行业的经济活动。

通常，服务性经济活动，既可以借助物的形式提供，也可以通过活劳动本身作用来提供。正如马克思所强调的："服务无非是某种使用价值发挥效用，而不管这种使用价值是商品还是劳动。"由于现代旅游经济是一种以服务为主的经济活动，因而不仅要为旅游者提供包括食、住、行、游、购、娱在内的各种直接旅游服务，而且还要为旅游者提供汇兑、通信、医疗、保健、商务等多种辅助性服务。因此，现代旅游经济活动不仅涉及旅行社、旅游饭店、旅游餐馆、旅游交通等企业，还涉及银行、邮局、医院、公安局、海关、商检等相关企业和部门。所以，现代旅游经济实质上是以旅游为目的，以经济为基础，以服务活动为主体的综合经济。

◆ **深度思考 2-1** ◆

问题：现代旅游者角色发生变化了吗？

3）现代旅游经济是一个相对独立的产业经济

现代旅游经济规模的迅速扩大，使旅游产业结构体系不断完善，在许多国家中，旅游产业不仅成为现代经济发展中的"朝阳产业"，而且成为第三产业中的领头产业，带动了第三产业及相关物质生产部门的发展，在整个社会经济发展中占有十分重要的地位。旅游经济的发展速度之快，综合经济效益之高，产业带动力之强，吸收劳动力就业之多，以及其发展的光明前景，促使许多国家都把旅游业作为经济发展的重点产业，积极扶持和发展。

4）现代旅游经济是以市场经济为基础的法治经济

现代旅游经济是外向度较高的产业经济，也是我国与国际市场接轨较早的经济产业，旅游经济的发展必须具有符合市场经济要求的法治体系，形成规范有序、优胜劣汰的市场机制，为旅游业的健康发展提供保障。

按照现代市场经济的要求，首先必须树立旅游经济是法治经济的思想观念，并结合旅游经济发展的实际，建立健全国家的旅游法规体系，建立和完善地方旅游立法和政府规章，使旅游管理做到有法可依。其次要增强旅游执法的权威性，发挥旅游质量监督和各有关部门的联动作用，加大旅游执法的力度，做到有法必依、执法必严。最后要针对现代旅游发展的实际，按照国际惯例和要求整治旅游市场秩序，形成良好的旅游环境，维护旅游者的消费权益；创造公平竞争的市场条件，使所有旅游经营者能够真正实现公平竞争、优胜劣汰。总之，只有通过推进旅游经济的法治化，才能为旅游经济健康有序地发展提供充分的法治保障。

2.2.2　现代旅游经济的发展特点

现代旅游经济形成于19世纪中叶，之后一直发展缓慢，直到20世纪50年代以后才进入快速发展的时期。回顾20世纪后半期以来世界旅游经济的发展过程，呈现出以下几方面显著的发展特点：

1）现代旅游经济活动的大众性

自20世纪50年代以来，旅游活动不再是以少数富有者为主的活动，而是一种面向人民群众的社会经济活动。特别是随着现代社会生产力的迅速提高，世界经济的快速发展，人们可支配收入的不断增加，以及工作时间的缩短，带薪假日的增多和交通条件的日益改善，使许多人不仅具备了旅游消费的能力，也具备了外出旅游的时间条件和方便快捷的通达条件，从而推动了现代旅游活动的大众化发展。

现代旅游活动的大众化发展，一方面创造了大量的旅游需求，促进了现代旅游经济的快速增长；另一方面又带动了旅游资源的开发和旅游接待设施的建设，为旅游者提供了更为便利的旅游条件和更完善的旅游服务，从而推动现代旅游经济活动进一步向大众化普及和发展。

◆ 教学互动 2-2

观点：现代旅游活动已经从以少数富有者为主的活动向大众化方向发展。

问题：如何理解上述观点？

2）现代旅游服务贸易的全球性

随着世界经济的全球化发展，现代旅游经济活动已不再局限于国内旅游或近距离旅游，而是打破了地域、疆域、洲域的界限，迅速发展成为一种全球性的社会经济活动。特别是自20世纪50年代以来，科学技术的进步促进了通信技术和手段的现代化，促进了交通运输条件（尤其是民用航空）的极大改善，使人们可以在较短的时间内，以较少的经济支出周游世界各地，获得更多旅游需求的满足，从而促进了现代旅游经济活动的全球化发展。

与此同时，现代旅游经济活动的全球化发展，又进一步推动了现代旅游服务贸易的迅速发展。随着旅游服务贸易的增长和扩展，不仅增进了世界各国政府、企业及人民之间的广泛交流和联系，而且推进了全球国际旅游的进一步发展，为现代旅游服务贸易的持续发展创造了更好的条件。

3）现代旅游经济运行的规范性

现代旅游经济活动在其发展过程中，还逐渐形成了一种有组织的规范化运行模式。无论是国际旅游还是国内旅游，通常都是由旅行社作为主要的组织者，依托各类旅游接待设施、旅游景区景点、旅游交通、旅游餐饮、旅游娱乐企业等，通过科学合理的设计和组合，按照预定的旅游线路、活动内容和时间，提供综合性的旅游服务，满足旅游者多方面的需求。而旅游者只需承担一定的费用就可以尽情地享受旅游的愉悦，不用再为旅游活动中的食、住、行等问题操心。

正是由于现代旅游经济运行的规范性发展，才推动了现代旅游经济活动的大众化和全球化发展，促使现代旅游业逐渐成为一个相对独立的经济产业，成为国民经济的重要组成部分。

4）现代旅游经济发展的可持续性

自20世纪50年代以来，整个世界旅游经济发展盛况空前，始终保持着较高的增长率。虽然世界旅游经济的增长率一度从20世纪50年代的12.6%下降到20世纪90年代的4.5%，但同世界经济及世界工业的增长率相比，其始终保持一种高速增长的态势，并迅速发展成为世界最大的经济产业（见表2-3）。根据世界旅游组织（UNWTO）的预测，进入21世纪以后世界旅游经济仍然将以高于世界经济增长的速度持续发展，并始终保持其在世界经济中最大产业的地位。到2020年，旅游经济在世界经济中的地位将进一步体现，以中国为代表的一些国家旅游业的发展将证实现代旅游经济发展的可持续性（见表2-4和表2-5）。

同时，旅游活动的广泛开展和旅游经济的迅速发展，还促使人们更加重视生态环境的保护，更加重视对环境污染的治理，以谋求旅游与自然、文化和人类生存环境融为一个和谐的整体，推动整个旅游经济和社会经济的可持续发展。

表2-3　　　　　20世纪50—90年代世界旅游经济增长水平比较表

比较项目	50年代	60年代	70年代	80年代	90年代
世界旅游经济增长率（%）	12.6	10.1	19.4	9.8	4.5
世界经济增长率（%）	5.4	4.9	3.5	2.8	3.0
世界工业经济增长率（%）	6.8	6.5	5.3	2.6	3.2

（资料来源　①世界旅游组织（UNWTO）2001年统计报告；②世界经济年鉴（2000—2001年））

表2-4　　　　　　　　　2020年世界十大旅游目的地

排名	国家（地区）	国际旅游者接待量（百万人次）	国际旅游者市场份额（%）	1995—2020年年均增长率（%）
1	中国内地	137.1	8.6	8.0
2	美国	102.4	6.4	3.5
3	法国	93.3	5.8	1.8
4	西班牙	71.0	4.4	2.4
5	中国香港	59.3	3.7	7.3
6	意大利	52.9	3.3	2.2
7	英国	52.8	3.3	3.0
8	墨西哥	48.9	3.1	3.6
9	俄罗斯	47.1	2.9	6.7
10	捷克和斯洛伐克	44.0	2.7	4.0
	合计	708.8	44.2	—

（资料来源　世界旅游组织（UNWTO）1998年预测）

表2-5　　　　　　　　　2020年世界十大出境旅游客源地

排名	国家（地区）	出境旅游者（百万）	市场份额（%）
1	德国	163.3	10.2
2	日本	141.5	8.8
3	美国	123.3	7.7
4	中国内地	100.0	6.2
5	英国	96.1	6.0
6	法国	37.6	2.3
7	荷兰	35.4	2.2
8	加拿大	31.3	2.0
9	俄罗斯	30.5	1.9
10	意大利	29.7	1.9
	合计	788.7	49.2

（资料来源　世界旅游组织（UNWTO）1998年预测）

学习微平台

二维码资源
2-04

5）现代旅游经济产业的敏感性

旅游经济是一种依存性较强的产业经济，其健康发展不仅依赖社会经济的发展和人们收入水平的不断提高，而且还取决于安定的国内外政治经济形势，安全的社会治安环境，以及国家或地区之间的友好往来。因为，旅游经济活动的核心是人员的流动，由于人们对各种政治经济形势和社会安全状况非常敏感，因此动荡的局势或不安全的环境必然使旅游者的流向、流量发生迅速变化。如1991年海湾战争一度使该地区的旅游业发展遭受严重影响，1997年亚洲金融危机曾经使泰国旅游业大幅度下滑，2001年美国"9·11"事件严重打击了美国旅游业和世界旅游业，连续两年导致世界旅游经济增长率为负数。总之，旅游经济产业的敏感性，决定了必须十分重视国际局势的变化，努力营造安全的旅游目的地形象，才能确保现代旅游经济持续健康地发展。

◆ **同步案例2-1** ◆

2014年出境游11.3亿人次创纪录

背景与情境：根据联合国世界旅游组织（UNWTO）2014年1月27日发布的数据，2014年出境旅游者达到11.3亿人次，比2013年增长了近5 000万人次。这也是2009年经济危机以来该数据连续第五年增长。

问题：旅游经济的健康发展依赖于哪些因素？

2.2.3 现代旅游经济的产业化标志

现代旅游经济产业的形成，是与社会化大生产的发展相适应的，而社会化大生产是现代各种产业部门形成和发展的前提条件。因此，掌握现代旅游经济的产业化标志必须了解产业部门的分类和形成机制。

1）现代产业部门的分类和形成机制

根据现代经济学理论和国际标准产业分类的规定，产业部门是指国民经济内部按照一定的社会分工，专门从事同类经济活动的企业和事业单位的总称，如农业部门、工业部门、交通运输部门、商业部门和建筑部门等。每一产业部门内部又可以进一步划分为若干"子部门"，如工业部门内部可进一步划分为冶金、机械、电子、化工、纺织工业等部门。因此，在国民经济管理中，为了区别不同层次的部门，通常把较高层次的部门称为"产业部门"，如第一、第二、第三产业的农、工、商、建筑、交通五大产业部门；而把较低层次的部门称为"行业部门"，如机械行业、电子行业、纺织行业等。

社会生产力提高会逐渐引起社会分工，从而促使现代产业部门逐渐形成。现代科学技术的进步和社会生产力的不断发展，促进了社会生产的分工专业化，而社会分工及其专业化又促使社会生产向集中化、协作化和联合化发展，从而促使各种产业部门不断形成和发展。

2）现代旅游经济的产业化形成和标志

根据现代产业部门形成的机制和特点，以及对旅游经济形成过程及发展特点的分析，可以看出现代旅游经济的产业化形成具有三个显著的特征：第一，旅游产业是派生的，是随着物质生产的发展和人民生活需要的扩大而逐渐从商业中派生出来的，其表面上虽仍属于服务业，但其经济活动的内容及范围已经超出服务业和商业的范畴。第二，随着现代旅游业的快速发展，旅游业已具有相对独立、相对集中的旅游需求和供给，并形成独立的产品生产、市场结构和生产经营体系，形成了自己的主体部门和产业结构体系，具有独立的领域分工，具备了成为一个经济产业的基础。第三，旅游产业作为一个特殊的经济产业，已发展成为相对独立的经济产业，并且正逐渐成为社会经济发展中的重要产业。具体来讲，旅游经济的产业化标志主要体现在以下几方面：

（1）现代旅游消费需求的集中化

根据现代经济理论分析，工业化的推进不仅使物质生产获得很大的发展，而且促使国民收入水平不断提高，促进了人民群众生活水平的不断提高，并引起需求结构发生了很大的变化。特别是随着人们从注重物质生活的需求向更注重精神方面满足的转变，旅游活动逐渐成为人们生活中必不可少的内容。据有关研究表明：当人均国内生产总值达到 300 美元时，人们即产生旅游需求；当人均国内生产总值达到 1 000 美元时，人们即产生邻国旅游需求；当人均国内生产总值达到 3 000 美元以上时，人们即产生远距离的国际旅游需求。可见，随着收入水平的不断提高和生活条件的改善，人们对于休闲、娱乐、观光、游览、度假等旅游的需求日益增长，从而为旅游经济的发展提供了广泛的市场需求。这种高度集中的旅游消费需求标志着旅游产业的成熟和发展。

（2）现代旅游生产供给的专业化

随着旅游消费需求的不断增长，旅游业逐渐从一般服务业中分化出来，形成以旅游经济活动为中心，根据旅游者需求，把多个企业和行业集合起来，向旅游者提供食、住、行、游、购、娱等综合性服务的新兴产业。而这些专门经营旅游产品和服务的企业，尤其是旅行社、旅游饭店和旅游交通，不仅对旅游产业的形成和发展具有十分重要的作用，而且成为现代旅游经济的三大支柱，标志着现代旅游经济的成熟。

旅行社是指依法成立并具有法人资格，在旅游经济活动中招徕、接待旅游者，组织旅游活动，获取经济收入，实行独立核算、自负盈亏的旅游企业。旅行社在旅游业内部各行业部门中发挥着"龙头"作用，既是旅游产品的"生产者"，又是旅游产品的营销者，通过其活动把旅游者和旅游经营者联结起来，促使旅游经济活动的有效进行。

旅游饭店是为旅游者的活动提供旅游住宿、餐饮、娱乐和其他服务的旅游企业。旅游饭店是一个国家或地区发展旅游业必不可少的物质基础，也是衡量一个国家旅游业发达程度的标志。旅游饭店的数量、规模、档次和服务质量，在一定程度上决定和影响着一个国家旅游业的发展规模和水平。

旅游交通是旅游业的重要组成部分。没有发达的现代交通运输业，就不可能有发达的现代旅游业。因此，旅游交通和食、住、游、购、娱等共同构成综合性旅游产品，供旅游者消费，并保证旅游经济活动的正常运行。

（3）现代旅游经济运行的规范化

在市场经济条件下，旅游经济的运行实质上就是旅游者和旅游经营者之间的旅游产品交换过程，其包括旅游产品的购买与销售两个对立统一的活动过程。一方面，旅游者通过支付一定的货币而购买旅游产品，以获得旅游活动中的各种体验和享受；另一方面，旅游经营者将旅游产品销售给旅游者，以获取一定的经济收入。由于旅游产品是一种以服务为主的产品，因而旅游产品的构成要素可以多次重复使用和提供，从而形成了在旅游经济运行过程中，以旅行社为主将各种旅游产品要素进行有机组合，提供给旅游者的结果。而以旅行社为主的经营活动，促进了旅游经济运行的规范化，促使旅游经济产业遵循客观经济规律而有效地进行，从而促进了旅游业作为一个独立经济产业的发展和成熟。

同步思考 2-4

问题：国家旅游局的一些文件、统计公报中不用"国际旅游"而用"出入境旅游"的原因是什么？

2.3 现代旅游经济的地位和作用

现代旅游经济是国民经济的重要组成部分。国民经济作为一个有机整体，要求各部门之间保持一定的比例关系，而每一个经济部门在整个国民经济中的地位，则取决于其本身的性质、规模和运行状况。

2.3.1 现代旅游经济在国民经济中的地位

现代旅游经济在国民经济中的地位如何，主要取决于现代旅游业的性质、发展规模及运行状况。

从现代旅游业的性质看，旅游业是一个以提供服务为主的综合性服务行业。通过为人们提供食、住、行、游、购、娱等各种服务，不仅为物质资料生产部门的简单再生产和扩大再生产提供了实现的途径和方式，即满足人们对基本生活和精神生活的需求，而且促进了社会产品和社会劳动进行合理分配，并不断创造着新的需求。

从现代旅游业的发展规模看，随着社会生产力的提高和社会经济的发展，旅游业在国民经济中占据日益重要的地位。因为，人们的消费水平是随社会经济发展而不断提高的。随着人们经济收入的增多，用于精神需求、满足享乐方面的开支就相对增加，从而促进了以满足人们精神、享乐需求为主的旅游业的迅速发展，其规模不断扩大，带动效应不断增强，进而在国民经济中占据日益重要的地位。

从现代旅游业的运行状况看，旅游业既是一个"无烟工业"，符合当今世界经济发展的总潮流，与发展"绿色产业"相适应，又是一个"朝阳产业"，展现着良好的发展势头。从对现代旅游经济发展的实证分析，当今世界上经济发达的国家，同时也是旅游经济发达的国家，即经济越发达，旅游业在国民经济中的地位就越高。

2.3.2　现代旅游经济在国民经济中的作用

现代旅游经济不仅在国民经济中占有重要地位，而且其对国民经济的发展及促进、对相关产业的带动、对经济结构的改善等都具有十分重要的作用，具体表现在以下几方面：

1）增加外汇收入

任何国家要扩大对外经济合作关系，就必须扩大外汇收入，而扩大外汇收入主要有两个途经：一是通过对外贸易获得贸易外汇收入，二是通过非贸易途径获得非贸易外汇收入。在当今世界贸易竞争激烈、关税壁垒林立的背景下，旅游业作为非贸易外汇收入的来源渠道，作用是非常突出的。因为旅游业是一个开放性的国际性产业，通过现代旅游业的发展，不仅能吸引国际资金的注入，参与国际市场竞争，改善对外经济关系；而且通过发展旅游业，吸引大量国外旅游者入境旅游，也能增加外汇收入。因此，人们通常把旅游创汇称为"无形出口"收入。特别是由于旅游业创汇能力强、换汇成本低，又很少受各国税制限制，因而大力发展国际旅游业已成为各国非贸易创汇的重要手段。

2）加快货币回笼

积极发展国内旅游业，不仅能够满足国内广大人民群众对旅游的需求，而且能够大量回笼货币，促进市场的稳定和繁荣。特别是随着人们收入的逐步增多，生活水平的不断提高，必然促使人们的消费结构改善，从而有更多的可支配收入用于旅游活动。因此，大力发展旅游业，激发人们的旅游动机，促进各种旅游活动的进行，能扩大旅游消费，加速货币回笼；同时还能降低人们持币待购而造成的市场压力和风险，促进国内市场的稳定和繁荣。

3）扩大就业机会

现代旅游业作为一个综合性服务行业，能为社会提供大量的就业机会。因为旅游业本身就是包含多种服务内容的经济产业，并且许多服务项目不是用现代技术手段就能取代人力的。因而旅游业所吸引的就业人数相对于其他产业要高得多，再加上旅游业的带动力较强，除了自身迅速发展外，还能带动相关产业的发展，增加相关产业的就业，从而为社会提供较多的就业机会。

4）带动相关行业发展

旅游业虽然不是一个物质生产部门，但它的关联带动功能很强，不仅能带动第三产业的迅速发展，而且能带动物质生产部门的发展。一方面，旅游业的发展必须建立在物质资料生产的基础之上，没有一定水平的物质生产条件，就不可能为旅游业的发展提供基础，因此要发展旅游业，必然要促进各种物质产品生产的发展。另一方面，旅游业作为国民经济中的一个相对独立的综合性部门，其生存和发展与其他行业密切相关，能够直接或间接地带动交通运输、商业服务、建筑、邮政、金融、地产、外贸、轻纺等相关行业的发展，从而促进整个国民经济的发展。

5）积累建设资金

任何经济产业的发展都离不开资金的投入，但同时也要讲求投入产出效益。现代旅游业相对于传统产业而言，是一个高投入、高产出、高创汇的产业。因此，旅游业自身经济效益的不断提高，不仅能为旅游业的持续发展不断投入资金，还能为其他产业的发展积累建设资金。从中国旅游业发展来看，早在"八五"期间，中国的国际国内旅游总收入就已达到1 135亿元人民币，而同期旅游业总投资为250亿元人民币，投入产出比为1∶4.54，旅游创汇比为1∶2.03。此后，中国的旅游经济一直保持着快速发展，不仅为旅游业自身发展创造了良好的条件，同时也为整个国民经济及社会发展积累了资金。

6）促进贫困地区脱贫致富

贫困问题是全人类面临的巨大难题，世界许多国家都十分关注并提出了许多解决问题的对策及措施，从实际来看，贫困地区同时也是旅游资源富集的地区。因此，通过开发贫困地区旅游资源，大力发展旅游业，不仅有利于充分发挥贫困地区旅游资源富集的特点，开发特色鲜明、品位较高的旅游产品；而且能够通过旅游开发及旅游业发展，带动贫困地区人民群众脱贫致富，加快贫困地区的综合开发和社会经济的发展。

同步思考2-5

问题： 如何理解旅游业既是"无烟产业"，又是"朝阳产业"？

2.3.3　现代旅游经济对社会的作用及影响

现代旅游经济发展对社会的影响，包括对国际社会和国内社会的影响，重点是对旅游目的地国家或地区社会的影响，主要表现在以下几方面：

1）现代旅游经济促进人类社会的进步

大规模的旅游经济活动，使社会信息得到广泛和充分的交流，从而传播了现代文明，促进了国家之间、民族之间、人民之间的交流及各种社会关系的协调及进步。即使是一些经济非常落后的国家，也会因旅游经济发展的作用和影响而不得不打破陈腐的观念及限制，积极实行对外开放的政策，接受现代文明和科技，并加强现代文明和科技的交流，从而推动整个人类社会的进步与发展。

2）现代旅游经济促进社会环境的改善

当外国旅游者进入旅游接待国时，会因为旅游者的"示范效应"而引起旅游接待国人们的价值观念和道德准则的变化，如对生活方式的看法，对人生价值标准的转变等；会引起旅游接待国社会结构的变化，特别是旅游业收入较高、女性就业率较高等特点，使旅游接待国的就业结构发生相应的变化；会引起旅游接待国社会环境的改善，例如在交通条件、住宿设施、餐饮特色，乃至个人安全等方面不断改善和提高，以有效满足旅游者的需求。

3）现代旅游经济促进世界和平与发展

国际旅游作为世界和平的使者和工具，其作为推动世界和平的重要动力已广泛被人们所理解和接受，像联合国这样的国际机构也充分肯定和承认国际旅游的这一重要作用和影响。尤其是通过旅游活动，使不同国家和民族之间加强相互沟通和交流，促进了对不同文化的了解，为各个国家和民族之间发展和睦关系与促进世界和平提供了良好的条件，成为推动世界和平的巨大力量。

但是，现代旅游经济的发展对旅游接待国也会产生一些消极的社会影响。例如，旅游业把过多的基础设施和良好的旅游条件提供给国外旅游者消费，会使国内人民产生不平等的社会心理；而部分国外旅游者的挥霍消费，也会对人们的价值准则、心理造成影响；尤其是国外一些不健康的思想、行为的渗入，会造成一些令人不满的社会行为等。

因此，要注意分析和研究，制定对策，促使现代旅游经济健康地发展。

2.3.4　现代旅游经济对文化的作用及影响

文化是人类在社会发展过程中所创造的全部物质财富和精神财富的总和。文化作为一种社会现象，是以一定的物质基础为前提的，其内容随社会物质生产的发展而发展。因此，现代旅游经济的发展必然与文化产生密切的关联性，并对文化发展产生积极的作用和影响。

1）现代旅游经济与文化相互依存、相互作用和相互影响

旅游与文化是相互依存、相互作用和相互影响的。一方面，旅游经济活动中的各个过程及内容，无一不是与文化的接触，以至于有旅游就必然有文化，文化是旅游业发展的基础；另一方面，旅游活动是一种流动的活动，是一种文化与另一种文化的交流过程。旅游者的流动，为不同的社会群体及民族文化的接触和交流创造了良好的条件，因而旅游经济的发展过程，也就是世界各个民族文化频繁交流的过程。

2）现代旅游经济促进传统文化得到发掘和发扬光大

在旅游经济活动中，旅游者神往的是各民族优秀独特的文化，它是各国发展旅游业必须珍惜并充分利用的旅游资源。随着现代旅游经济的发展，许多趋向于衰退和消失的优秀民族文化复活和重新发展，既丰富了现代旅游活动的内容，又促进了各民族文化进一步发掘、振兴和发扬光大。

3）现代旅游经济促使民族文化的个性更加突出

现代文明的发展，促进了世界各民族文化的交流，而在文化交流中必然有选择和淘汰。旅游经济活动是推动世界各民族文化交流中最广泛、最深刻的方式。在旅游经济活动中，通过各种物质文化、非物质文化及语言的广泛交流，使民族文化的精华得到锤炼、保留及发扬，而落后的东西则将被逐步淘汰，从而使各民族文化的个性更加突出，增强了民族文化特色对旅游者的吸引力。

4）现代旅游经济促进了人类精神文明的进步

通过旅游交往来了解其他国家和人民，是文化交流的重要途径。旅游经济活动促使各国人民具有了国际观念和开放意识，增强了人们对经济改革与发展的紧迫感，加深了各国人民之间的相互了解及友谊，促进了国家之间科技、文化的交流等，从而进一步促进了整个人类精神文明的进步和发展。

但是，旅游经济发展对文化也有一定的消极影响。一方面，大量旅游者的进入和外来文化的冲击，可能使旅游目的地优秀珍贵的民族文化发生蜕变，甚至消退，从而使民族文化的健康发展受到冲击；另一方面，为适应旅游经济发展的要求，许多优秀文化的内容被转变为商业性的娱乐内容，从而失去其原有文化蕴含的特色。

因此，在发展旅游经济的同时，必须对民族文化进行保护和合理利用，使民族文化的特色及精华能随现代旅游经济的发展而发展。

◆ 同步案例 2-2

"烟雨凤凰"能否延续"凤凰古城"文脉？

背景与情境：凤凰古城从被文物专家发现，到地方政府引进开发商进行旅游商业开发，经历了一个狂飙猛进的阶段。一个令人扼腕叹息的事实是，最能体现凤凰古城独特风情的吊脚楼，有一部分已改建成钢筋水泥结构的民居，只在回龙潭附近尚留有10多栋老屋。今天走在凤凰古城的街道上，游客们看到的是一幅与苗族人真实生活无关或变异了的旅游商品交易图，如果再不进行有效控制，将导致凤凰古城文化主体的转移和失落，而这正是古城作为文化遗产最有价值的部分。

凤凰古城经营方凤凰古城文化旅游投资股份有限公司拟投资55亿元人民币，完全模仿湖南湘西自治州凤凰古城而建的新镇"烟雨凤凰"项目引起了人们的关注。该项目选址于沱江上游，长潭岗水库附近，总控制用地面积7平方千米，核心区用地面积3.69平方千米，规划净用地面积2.021平方千米，2013年5月开建，建设周期3年，建设内容主要包括民族文化部落、烟雨凤凰山水实景剧场、生态休闲庄园、休闲度假山庄、福寿田及配套基础工程设施。

针对网络上的"复制古城""制造赝品"等说法，湖南省旅游文化研究专家蔡海军认为，"烟雨凤凰"项目对于缓解凤凰古城游客人满为患的现状是有必要的，但要处理好新城和古城的关系，要体现出古城文化的传承和扩展，而不是简单地仿造和复制，因为游客去凤凰古城，大都是追寻沈从文笔下的湘西边城文化风情。

（资料来源　佚名. 55亿元打造"烟雨凤凰"引争议　经营方回应为保古城 [EB/OL]. [2012-09-07]. http://news.jxgdw.com/fzxw/1875668_1.html. 经节选、压缩和改编）

问题：你认为"烟雨凤凰"项目能缓解凤凰古城游客人满为患的现状吗？

2.3.5 现代旅游经济对环境的作用及影响

旅游与环境是紧密联系在一起的。所谓环境，是指作用于人类的所有外界影响因素与自然力的总和，是人类赖以生存和发展的客观条件。环境通常可以划分为自然环境和社会环境两大类。自然环境是指对人类生存和发展产生直接或间接影响的一切自然形成的物质及能量的总和，它维持着人类的生命，是人类生存和发展的物质基础。社会环境，是指人类为了丰富和改善自己的物质和文化生活而创造出来的一切经济基础和上层建筑，其涉及政治、经济、文化、艺术、教育、法律等方面，是人类生活不可缺少的重要组成部分。

从旅游的角度看，一方面，任何旅游活动都离不开良好的环境，都是人类与周围环境进行物质和能量交换的过程，没有良好的环境就没有旅游活动；另一方面，旅游活动的开展有利于环境的保护，当然同时也会带来一些对环境的消极影响。

1）环境是人们开展旅游活动的重要条件

环境作为一种舒适性资源，是人们观光、游览、休闲等旅游活动的主要对象和客体，尤其是自然环境对人们的旅游活动具有重要的影响。人类的生存和发展中，客观上存在着自然美，存在着人们对自然美的眷恋和追求。例如，喷薄的红日、雄伟的高山、清澈的流水、蔚蓝的大海、芬芳的花朵，以及各种珍禽奇兽、古树名花、怪石飞瀑，无一不令人赏心悦目，流连品味，既惊叹于大自然神奇的创造力量，又沉浸在对自然美的眷恋之中。因此，环境成为有效开展旅游活动的必要条件，环境越优美，对旅游者的吸引力越大，旅游活动就越广泛地进行。

2）旅游活动促使人们对环境进行保护和美化

旅游活动是以旅游资源为对象，以环境为条件的游览活动，除了旅游资源的特色与品位对旅游者有较强吸引力外，环境对旅游者的旅游动机及行为也有十分重要的激发和维持作用。通常，旅游者在旅游活动中，总是要追求优美的环境和舒适的环境条件，而许多旅游景观的特点也是由环境所决定的。因此，为了满足旅游者的旅游需求，适合旅游者的行为目的开发出更多有特色的旅游景点，就会促使旅游目的地国家和人民提高环境保护意识，重视生态环境平衡，注意旅游目的地、旅游景区和景点的美化，从而推动环境保护活动的顺利开展。

3）旅游开发促进人们加强对环境的保护

从环境保护角度看，旅游开发的实质就是利用优美的自然环境条件，按照人们视觉美感要求对旅游资源进行整修和提高，从而形成各种各样的风景区，满足人们的旅游需求。因此，对旅游资源的开发和旅游景区、景点的建设不仅要有科学、合理的规划、开发和管理，还必须加强对生态环境的保护。因此，旅游开发和旅游业发展必然对环境保护产生积极的作用。

但是，在看到旅游开发和旅游业发展对社会经济发展和环境保护的积极作用时，也不能忽视旅游开发和旅游业发展也会对生态环境产生消极影响，尤其是对旅游业规划、旅游产品开发和旅游业管理不当，就会给生态环境及社会环境带来极为严重的消极影响。因此，现代旅游经济发展必须同保护环境协调起来。通过对环境的保护，为发展旅游业创造更好的条件；通过大力发展旅游经济，改善环境，提高环境的美感，把发展旅游经济和保护环境有机统一起来，达到既发展旅游经济，又保护环境的目的，真正实现现代旅游经济的可持续发展。

◆ **同步思考2-6**

问题： 中国距离"世界旅游强国"到底还有多远？

✦ **本章概要**

☆ **主要概念**

旅游　旅行　游览　现代旅游　现代旅游经济

☆ **内容提要**

● 现代旅游是人们暂时离开居住地而到异地进行各种包含游览、度假在内的，有目的的全部活动的总称。与传统旅游相比，现代旅游已经成为人们物质文化生活的组成部分，是人们的一种积极的社会交往活动和健康的文化审美活动，是一种综合性的社会经济活动。

● 现代旅游是伴随着社会生产力的发展和社会分工的深化，伴随着商品生产和交换的发展，伴随着人们物质文化生活水平的不断改善和提高，并具备了一定物质、经济和技术条件的前提下才逐渐产生和形成的。现代旅游的萌芽可追溯到人类社会初期的旅行活动，但具有现代意义的旅游活动是随着近代产业革命和资本主义市场经济制度的建立而逐渐形成的。

● 现代旅游经济是以现代旅游活动为前提，以商品经济为基础，依托现代科学技术，反映旅游活动过程中旅游者和旅游经营者之间，按照各自利益而发生经济交往所表现出来的各种经济活动和经济关系的总和。

● 现代旅游经济是一种市场经济、产业经济、综合经济和法治经济，具有大众性、全球性、规范性、持续性和敏感性等发展特点，其在长期发展过程中，逐渐形成了消费需求集中化、生产供给专业化和经济运行规范化等产业化标志。

● 现代旅游经济作为国民经济的重要组成部分，不仅在整个国民经济中具有十分重要的地位和作用，而且对社会发展、文化交流和生态环境保护也具有十分重要的积极作用。

❀ 内容结构

本章内容结构如图2-1所示。

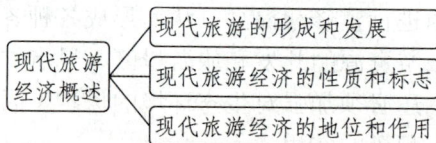

图2-1　本章内容结构

❀ 重要观点

观点2-1：发展旅游经济具有多样化的目的。

常见质疑：旅游业为旅游企业员工和投资者创造了收入和利润。

释疑：旅游经济具有多重效益，发展旅游经济的目的是多样化的。从满足需求的角度出发，旅游经济发展的首要目的是为旅游消费者创造价值；在实现这一目的的过程中，旅游业为旅游企业员工和投资者创造了收入和利润；此外，旅游经济发展还可以为旅游目的地创造更多的就业机会，有利于旅游目的地国家、地区的形象塑造。

观点2-2：现代旅游经济的发展过程是多个利益主体的博弈过程。

常见质疑：旅游经济活动主要涉及旅游者和旅游经营者之间的关系。

释疑：现代旅游经济是以现代旅游活动为前提，以商品经济为基础，依托现代科学技术，反映旅游活动过程中旅游者和旅游经营者之间、旅游者和政府之间、旅游企业与社区居民之间、旅游企业内部，以及各个经济主体、社会团体之间按照各自利益而发生经济交往所表现出来的各种经济活动和经济关系的总和。

✦ 单元训练

❀ 传承型训练

▲ 理论题

△ 简答题

1）简述现代旅游的概念、特征与形成过程。

2）简述现代旅游经济的性质特征与发展特点。

3）简述现代旅游经济的产业化标志。

4）简述现代旅游经济的地位。

△ 讨论题

1）现代旅游经济与文化之间为什么具有相互联系与相互影响的关系？

2）现代旅游经济为什么对环境具有强烈的依赖性？

3）如何认识现代旅游经济在国民经济中的地位和作用？

▲ 案例题

△ 案例分析

【训练目的】

见本章"学习目标"中"传承型学习"的"认知弹性"目标。

【教学方法】

同第 1 章本题型的"教学方法"。

【训练任务】

同第 1 章本题型的"训练任务"。

【相关案例】

2014 年中国旅游的经济贡献

背景与情境：

1）GDP

从产值规模来看，2014 年中国旅游业直接、间接和引致创造的 GDP 高达 9 430 亿美元，其影响力超过了汽车制造业、银行业和教育业。其中，旅游业直接创造的 GDP 比汽车制造业的 1.2 倍还多。从产值比重来看，2014 年旅游业直接、间接和引致创造的 GDP 总量，约占全国 GDP 总量的 9.4%，超过了汽车制造业的 5.7% 和教育行业的 9.0%。

2）就业

从就业规模来看，2014 年中国旅游业直接、间接和引致创造的就业岗位数量已达 0.66 亿个。旅游业的直接从业人数仅次于农业，超过其他任何一个行业。从就业比率来看，2014 年中国旅游业直接和间接创造的就业岗位占全国就业总量的 8.46%；旅游业每增加一个直接就业岗位，就会创造几乎 2 个间接或引致就业岗位。

3）经济增长

从增长态势来看，1995—2014 年，中国旅游业直接创造的产值扩大了 322%，低于整体国民经济产值的扩大幅度（449%）和汽车制造业产值的扩大幅度（935%）。相比之下，在过去的 20 多年里，中国宏观经济发展的稳定性日益增强，许多行业（包括采掘业、零售业和金融业等）都比旅游业发展得要好。在未来的十年里，剔除通货膨胀因素的影响，中国实际 GDP 产值预计将每年增长 4.7%；预计旅游业将保持 5.6% 的年均增长率，农业、采掘业、汽车制造业、零售业、教育业、金融服务业、银行业、化工制造业的年均增长率依次为 1.1%、1.1%、3.7%、5.3%、5.3%、5.3%、5.5%、5.8%。

4）出口

从出口份额来看，旅游收入是中国出口贸易收入的重要来源。2014年，来华旅游者创造了价值为608亿美元的旅游外汇收入，占服务出口贸易总额的29%，占商品与服务出口贸易总额的2.4%。从增长幅度来看，2000—2014年中国旅游贸易的出口规模扩大了255%，低于同期商品与服务贸易的出口增长规模（817%）。

5）相关链接

（1）100万美元消费支出所产生的影响。

一个行业的消费支出会对整个GDP产生影响，其影响力大小取决于本地产值的增加值和该行业与其他行业的联动性。在中国，旅游消费支出每增加100万美元，就会产生140万美元的GDP，其经济影响力仅次于教育行业，比其他行业大得多。

（2）旅游消费支出的留存时间。

当旅游者在旅游目的地发生消费支出时，当地经济会产生相应的旅游收入。但是，由于生产过程中所需的部分商品和服务要依赖进口，所以当地经济所获的部分旅游收入将以漏损的形式流出。在中国，旅游业因进口发生的漏损率是8%；相比之下，汽车制造业和化工制造业的销售额中的漏损率高达16%。

（3）发展旅游业的好处。

旅游业与中国经济的整体发展紧密联系，这种联系既表现为旅游业带动大量相关行业的发展，也表现为大量的相关行业通过供应链来影响旅游业的发展。从这个意义上讲，旅游业的受益方几乎横跨整个经济图谱。例如，旅游业每创造100万美元的产值，将带动农业创造15万美元的产值，带动交通和仓储业创造6.7万美元的产值。

6）创造就业

在整个国民经济中，消费支出每增加100万美元，就会产生161个就业岗位。相比之下，旅游业每增加100万美元的消费支出，就会增加144个就业岗位（51个直接就业、62个间接就业、31个引致就业），其就业潜力高于金融业（93个）、汽车制造业（83个）、通信业（83个），仅次于农业（384个）。

（资料来源　中国社会科学院旅游研究中心. 2014年中国旅游的经济贡献［J］. 旅游外交参考，2015（6）. 经节选、压缩和改编）

问题：

1）该案例涉及本章的哪些知识点？

2）中国旅游经济的贡献表现在哪些方面？

3）预测未来中国旅游经济将如何发展？

【训练要求】

同第1章本题型的"训练要求"。

【成果形式】

1）训练课业：《"2014年中国旅游的经济贡献"案例分析报告》。

2）课业要求：同第1章本题型的"课业要求"。

△ 善恶研判

【训练目的】

见本章"学习目标"中"传承型学习"的"认知弹性"目标。

【教学方法】

同第 1 章本题型的"教学方法"。

【训练准备】

同第 1 章本题型的"训练准备"。

【相关案例】

旅游经济发展中如何保护文化遗产

背景与情景：物质文化遗产或者非物质文化遗产作为一种活态的遗产，需要由传承人代代相传。许多非物质文化遗产来源于生产力不发达的民族地区和农村，如今这些地方正在发生着快速的社会变革或变迁，随着传承人所生活的社会不断发展，非物质文化遗产也会随着发生变化。比如在部分传统的苗族村落，火把节中的火把早已被工业文明的手电所取代；又比如在部分原来生产力落后的民族地区，人们已经在一些传统手工艺中使用原来没有的电动工具。这些都是遗产的自然发展，是社会变革的必然结果。对此，遗产工作者不可能人为阻碍社会变革，让遗产的传承人选择他们不愿接受的生活。遗产工作者要持一种相对宽容的态度，不能过度地干预。但是文化遗产的自然发展也要尊重自然规律，不能人为地"拔苗助长"加速其变化，防止"梆子演员穿上歌剧演出服"的闹剧重演，防止对遗产的歪曲。我们应该做的是积极通过多媒体的科学记录方式保护对于遗产的记忆，通过收集与遗产有关的作品、工具保护遗产的现状，并通过改善传承人生活状态努力保护遗产的活态传承。尽可能真实地保持文化遗产的原貌，让更多的旅游者更加真切地了解遗产的全貌，防止以后可能发生的对遗产的滥用。

问题：

1）本案例中存在哪些道德伦理问题？

2）试对上述问题做出你的善恶研判。

3）说明你所做善恶研判的依据。

4）请从遗产保护与经济发展的善恶研判角度对旅游开发行为做出评价。

【训练要求】

同第 1 章本题型的"训练要求"。

【成果形式】

1）训练课业：《"旅游经济发展中如何保护文化遗产"善恶研判报告》。

2）课业要求：同第 1 章本题型的"课业要求"。

✿ 创新型训练

▲ 拓展创新

拓展创新-I

【训练目的】

见本章"学习目标"中"创新型学习"的"拓展创新"目标。

【教学方法】

采用"学导式教学法"、"项目教学法"和"创新教学法"。

【知识准备】

学生通过院资料室、校图书馆和互联网等途径，自主学习如下知识：

1）中国旅游经济发展现状的文献资料。

2）列入本教材"附录一"附表 1"能力领域"中"与人交流"、"与人合作"和"革新创新"能力"初级"各技能点"'知识准备'参照范围"的知识。

3）本教材"附录三"附表 3"能力领域"中"与人交流"、"与人合作"和"革新创新"能力"初级"各技能点的"基本要求"和"参照规范与标准"。

【训练任务】

1）自主学习"知识准备"所列知识。

2）查阅关于"中国旅游经济发展前景"的各种观点信息。

3）应用"知识准备"所列知识，依照相关要求和"参照规范与标准"，进行"知识创新"强化训练。

4）撰写、讨论和交流训练课业。

【训练要求】

1）体验对"知识准备"所列知识的自主学习过程。

2）体验对"知识准备"所列知识的应用，以及相关"要求"和"参照规范与标准"的遵循。

3）体验将关于"中国旅游经济发展前景"的各种观点信息中的诸多拓展性观念要素整合为一个内在一致、功能统一的新整体，形成一个带有原创性成分的《中国旅游经济发展前景研究》的"知识创新"（初级）过程。

【训练时间】

本章课堂教学内容结束后的课余时间，为期一周。

【训练步骤】

1）将班级同学组成若干"知识创新"项目团队，每队确定一人负责。

2）各团队根据训练项目需要进行角色分工。

3）各团队自主学习"知识准备"所列知识。

4）各团队应用"知识准备"所列知识，并遵循相关"要求"和"参照规范与标准"，系统体验关于本项目的如下技能操作：

（1）通过队内分工与合作，收集和处理本训练项目中存有争议的关于"现代旅游经济发展特点"的各种观点信息，分析研究、讨论与交流各自所长与不足。

（2）将关于"中国旅游经济未来发展趋势"的各种观点信息中诸多拓展性观念要素整合为一个内在一致、功能统一的新整体，撰写带有原创性成分的《中国旅游经济发展前景研究》论文。

（3）以相互质疑和答疑的方式，在班级交流、相互点评其《中国旅游经济发展前景研究》论文。

（4）根据班级讨论交流结果，各团队修订和完善其《中国旅游经济发展前景研究》论文。

5）各团队总结本次"创新理论与方法知识应用"训练中的各项技能操作体验，形成作为最终形式的训练课业。

6）在校园网的本课程平台上展出经过修订和任课教师点评的优秀训练课业，供相互借鉴。

【成果形式】

1）训练课业：撰写《"拓展创新-Ⅰ"训练报告》。

2）课业要求：

（1）《"拓展创新-Ⅰ"训练报告》的内容包括：训练团队成员与分工；训练过程；训练总结（对三项"训练要求"操作体验中成功与不足的分析说明）；附录。

（2）将《中国旅游经济发展前景研究》论文作为《"拓展创新-Ⅰ"训练报告》的"附件"。

（3）论文应符合"科学论文"写作的规范要求，做到创新方法运用正确，观点独到新颖，论据确凿合理，文字简洁准确。

（4）《"拓展创新-Ⅰ"训练报告》的结构与体例参照本教材"课业范例"的"范例-6"。

（5）在校园网的本课程平台上展示经过教师点评的班级优秀《"拓展创新-Ⅰ"训练报告》，并将其纳入本课程的教学资源库。

✿ **建议阅读**

[1] 刘志霞. 新常态下旅游休闲经济发展与区域经济增长关联性研究 [J]. 宏观经济管理，2017（S1）：206–208.

[2] 杨懿，潘华. 旅游经济依赖型目的地经济脆弱性及其评价研究 [J]. 经济问题探索，2015（8）：161–169.

[3] 雷凯华. 旅游业与区域经济发展关系概述 [J]. 中小企业管理与科技（上旬刊），2015（1）：162–163.

[4] 周生辉，李瑞甜. "旅游经济学"课程改革与实践研究——以北京城市学院旅游管理专业为例 [J]. 北京城市学院学报，2013（6）：52–59.

[5] 丁红梅. 旅游产业与区域经济发展耦合协调度实证分析——以黄山市为例 [J]. 商业经济与管理，2013（7）：81–87.

[6] 王柱，李晓东. 近30年中国旅游经济学文献分析——10种旅游学和经济学主要期刊发表的旅游经济类论文研究 [J]. 旅游研究，2013，5（2）：14–22.

[7] 鲁小波，齐月，陈晓颖. 旅游平衡区域经济差距作用分析——以辽宁省为例 [J]. 地理与地理信息科学，2012，28（2）：84–88.

[8] 杨艳. 旅游经济与交通发展耦合协调度模型研究 [J]. 现代商贸工业，2012，24（1）：12–13.

[9] 程锦，陆林，朱付彪. 旅游产业融合研究进展及启示 [J]. 旅游学刊，2011，26（04）：13–19.

[10] 生延超，钟志平. 旅游产业与区域经济的耦合协调度研究——以湖南省为例 [J]. 旅游学刊，2009，24（8）：23-29.

[11] 罗明义. 论旅游经济学的研究对象和内容 [J]. 旅游研究，2009，1（2）：8-12.

[12] 李仲广. 从形式到实质：旅游经济学之路 [J]. 旅游学刊，2007（11）：8-9.

[13] 王雷震，张帆，李春光. 旅游对区域经济发展贡献度定量测度方法及其应用 [J]. 系统工程理论与实践，2006（5）：54-62.

第3章
现代旅游产品及其开发

▶ **学习目标**

3.1　现代旅游产品的概念及特征

3.2　现代旅游产品的构成

3.3　现代旅游产品的类型

3.4　现代旅游产品的开发

▶ **本章概要**

▶ **单元训练**

▶ **建议阅读**

▶ **学习目标**

▷ **传承型学习**

通过以下目标，建构以"现代旅游产品及其开发"为阶段性内涵的"传承型"专业学力：

理论知识：学习和把握现代旅游产品的概念，现代旅游产品的内涵、经济性质和基本特点，旅游产品的一般构成、需求构成和供给构成等陈述性知识；能用其指导本章"同步思考"、"深度思考"、"教学互动"和相关题型的"单元训练"；体验"现代旅游产品及其开发"中"理论知识"的"传承型学习"及其迁移。

实务知识：学习和把握现代旅游产品的不同分类和方法，旅游产品生命周期的分析方法，旅游产品的开发原则、开发内容及开发策略，以及"业务链接"等程序性知识；用其规范本章"深度剖析"和相关题型的"单元训练"；体验"现代旅游产品及其开发"中"实务知识"的"传承型学习"及其迁移。

认知弹性：运用本章理论与实务知识研究相关案例，对本章"引例"、"同步案例"和"工业旅游产品透视"等案例情境进行多元表征，体验"现代旅游产品及其开发"中"结构不良知识"的"传承型学习"及其迁移；依照相关行为规范对"团购旅游是否会导致旅游行业过度削价竞争？"案例进行善恶研判，促进健全职业人格的塑造。

▷ **创新型学习**

通过以下目标，建构以"现代旅游产品及其开发"为阶段性内涵的"创新型"专业学力：

决策设计：参加"决策设计-I"训练。通过阶段性学习和应用其"知识准备"所列知识，对"巴马长寿养生国际旅游区发展规划纲要"案例进行多元表征，《"巴马长寿养生国际旅游区旅游产品开发"决策提纲》的拟定，《"巴马长寿养生国际旅游区旅游产品开发"决策方案》的设计、交流、点评与修订，《"决策设计-I"训练报告》的撰写等活动，体验"现代旅游产品及其开发"中"结构不良知识"的"决策学习"（初级）及其迁移。

引例 疫情催生"新跟团"

背景与情境： 2020年，突如其来的新冠肺炎疫情，带给旅游业巨大的冲击。随着疫情防控的常态化，旅游者对旅游的热情并没有消失，而是转移到更新的旅游方式上。一份最新的报告显示，疫情加速催生了国内旅游"新跟团"时代的来临，人均花费在4 000元以上的"私家团"产品成为"网红"。这种平均只有四个人的私家小团将成为旅游"新常态"。随着亲子家庭、年轻一族对于私密性、自由、深度体验等需求的不断攀升，几十年来的大团队旅游逐渐小团化。

疫情缓解后，跟团游并没有消失，最大的变化是"变小"了，2人起出行，1车1导、不与他人拼团，结合主题玩法和深度体验，"私家团"成了OTA和旅行社货架上的主力。日前，由携程平台发起的"新跟团复兴联盟"发布了《2020暑期"新跟团游"复兴报告》，报告显示：跨省游恢复以来一个多月，通过携程预订"安心游"跟团产品的出行人数超过45万，相比恢复之前增长了205%。省心省力、全程服务的跟团游，依然是旅游者的主流选择。私家团游客量环比增长385%。暑期每5个报名携程自营跟团游的游客中，就有一个选择私家团。游客愿意多花一点钱，为品质和服务买单。"新跟团复兴联盟"倡议国内旅行社和在线旅游企业，携手落实防控要求、创新跟团产品、提升服务标准和保障水平，走高质量发展之路，合力推动中国跟团旅游市场的复兴。其中大力发展私家团成为主要战略之一。跨省游恢复仅1个多月，就有超过2 000家旅行社在携程平台上线了近4万种私家团产品，占整体跟团产品数量的4成。中青旅遨游、众信旅游、上海春秋、华程国旅、万国国旅、上海携程国旅、江苏五方国旅、内蒙古臻品国旅、满洲里神州旅行社、重庆星锐旅行社、重庆风行天下、贵州天悦、海南椰旅等数千家旅行社在疫情期间都专门进行了私家团产品的研发。

为何大批知名旅行社加码私家团？江苏五方国际旅行社有限公司负责人表示：产品跟着需求走，疫情加速了整个旅游业的产业升级，游客越来越不愿意和陌生人拼团，等来等去。常规跟团游会加剧萎缩，逐步由原来的常规跟团游变成更灵活自由的小团。根据携程数据，2020年暑期私家团平均人数为4.38人。以家庭出游、家族出游、朋友出游为主，其中家庭亲子出游占比最大（41%）。私家团成为暑期家长带娃出游最放心的选择。其次是夫妻情侣（占比25%）、几代人家族（占比18%）。

携程分析了私家团报名付款"买家"信息发现，80后、90后是私家团报名的绝对主力，分别占了42%、31%，70后以18%的比例位居第三。从跨省游恢复以来私家团数据来看，携程平台出发地参团私家团人均成交价格在4 500元左右，明显超过常规的旅游团。这很大程度上是因为游客宁愿多花钱买更好的体验，报名私家团。

选择4钻、5钻高钻级私家团产品的游客占比达到86%，比上年同期提升15%左右。携程自营私家团负责人余丹认为：疫情强化了人们的自我安全意识，私家团能够更好地满足公共卫生安全方面的需要，避免不必要接触，对于安全方面的标准，比如分餐制、出发前体温测量等，私家团也能更好地执行。此外，私家团在产品设计上要比常规的跟团游更轻松、更舒适，游客甚至可以在行中弹性调整行程，不用对别人等来等去，对行程的掌控度和话语权提升。同时由于服务人员和游客的配比较高，平均达到 1：3，也就是说每 3 个客人就有 1 个服务人员为其专门服务，服务配比是大团的 5~10 倍，客人也能得到更好的服务和讲解。

私家团的服务能细致到什么程度？余丹介绍：第一，各个钻级、各个主题私家团都有其产品标准，包括吃、住、行、游各个要素；比如 5 钻 premium 产品，必须安排当地金铂钻酒店及最高等级酒店，同时酒店点评分不能低于 4.7 分；全程用车升级为豪华型用车。第二，携程制定了私家团的落地服务标准，对导游、司机、管家等地面一线服务人员的操作流程和服务细节进行规范。比如，国内自营私家团的"行程管家"服务是百分百覆盖的，管家为每一单私家团客人提供从行前、行中到行后每一个环节的服务，每一个环节都有对应的服务标准。第三，携程设计了一些增值、惊喜服务来提升客人的满意度，比如一顿环境优美的下午茶、炎炎夏日里的冰镇饮料、为小夫妻准备鲜花铺床等等。相对来说，经济条件好、旅游市场成熟的省市，消费者更愿意选择私家团。暑期私家团十大出发省市是：上海、广东、北京、浙江、四川、江苏、山东、陕西、安徽、重庆。暑期私家团十大目的地省（自治区、直辖市）是：云南、四川、甘肃、内蒙古、海南、青海、湖南、广西、西藏、贵州，旅游资源丰富的目的地省份私家团订单相对更多。特别是西北青滇藏等地表现亮眼。

从目的地来看：丽江、九寨、三亚、敦煌、呼伦贝尔、桂林、贵阳、厦门、张家界、杭州、上海最热门。而从目的地人气增长来说：西双版纳、格尔木、拉萨、香格里拉、额尔古纳、稻城、腾冲、中卫、漠河、长沙增长最快。携程发布的"暑期私家团十大人气线路"，覆盖西藏、甘肃、云南、青海、内蒙古、贵州、上海、四川等地，拉萨+日喀则+阿里 13 日 12 晚私家团、甘肃+张掖+嘉峪关+敦煌 5 日 4 晚私家团、丽江大理香格里拉 6 日 5 晚私家团等产品人气最高，价格主要在 3 000 元到 5 000 元之间，西藏冈仁波齐转山 13 日私家团，价格 23 000 多元依然热卖。值得一提的是，私家团为产品的主题、玩法、特色资源的匹配提供了空间，大团不适合做的一些产品探索：包括深度体验、创新设计、小众目的地，私家团都可以实现；比如说常规云南团走昆明大理丽江，私家团则有西双版纳+普洱、腾冲+和顺古镇等深度玩法可以选择。同样是情侣蜜月线路，私家团可以安排摄影师+化妆师 1 对 1 跟拍服务，还可以安排豪车自驾、私人游艇出海、直升机求婚等特殊体验，吸引有钱有闲想要深度游玩的客人买单。

从产品主题来看，目前亲子主题、美食、旅拍体验、户外、民俗文化等都比较受欢迎。余丹介绍：很多人会带着孩子一起出游，产品中带一些体验当地民俗文化的产品都会很受欢迎，比如体验制作唐卡、手工扎染、东巴造纸、制作普洱茶饼等等，既能体验当地民俗，又能让小朋友学到知识。

（资料来源　品橙旅游. 携程：疫情催生"新跟团"　国内旅游者爱上私家团 [EB/OL]. [2020-08-26]. http://www.pinchain.com/article/226255. 经节选、压缩和改编）

从上述引例中可以看到，现代旅游产品是旅游经济活动的主要对象，更是现代旅游业存在和发展的基础。这个案例告诉我们，旅游产品不断推陈出新，旅游产品开发的类型、数量和质量直接关系到旅游业的兴衰和现代旅游经济的可持续发展。旅游产品一定要根据变化的市场及其需求进行相应的开发，才能促进旅游业的健康发展。

3.1 现代旅游产品的概念及特征

现代旅游产品是在现代旅游活动中能够满足旅游者物质、精神等多方面需求的产品，是旅游经济活动的主要对象和内容，更是现代旅游业存在和发展的基础。

3.1.1 现代旅游产品的概念

旅游产品的内涵必须是丰富多样的，从不同的角度可以全面准确地掌握旅游产品的概念。

1）从旅游市场角度所定义的旅游产品

从旅游市场的角度来看，**现代旅游产品**指的是旅游者和旅游经营者在市场上进行交换并在旅游活动中所消费的各种物质产品和服务的总和。根据旅游者和经营者在旅游市场中的交换情况，现代旅游产品包括以下几类：

（1）单项旅游产品

单项旅游产品，主要指旅游者在旅游活动中所购买和消费的与住宿、餐饮、交通、游览、娱乐等有关的物质产品或服务内容。例如，一间客房、一顿美餐、一次景点等方面的活动。单项旅游产品通常只能满足旅游者某一方面的旅游需求。

（2）组合旅游产品

组合旅游产品，主要指旅游经营者根据旅游者需求，把食、住、行、游、购、娱等多种要素组合而成的某一产品，又称为某一旅游线路产品。在旅游活动中，单项旅游产品只是组合旅游产品的一个构成部分，只能满足旅游者某一方面的旅游需求。旅行社将各种单项旅游产品组合起来形成组合旅游产品，就能更好地满足旅游者的综合性旅游需求。

（3）整体旅游产品

整体旅游产品，主要指在旅游经济活动中，某一旅游目的地能够提供并满足旅游者需求的全部物质产品和服务的总和，又称为旅游目的地产品。其包括若干个单项旅游产品和若干条旅游线路产品，能够有效地满足旅游者的多样性旅游需求。

综上所述，现代旅游产品是一种特殊的产品，它既不同于工农业生产的物质产品，也不同于一般服务行业所提供的纯服务性产品。在旅游经济活动中，团队旅游者大多数购买由旅行社安排的旅游线路产品或整体旅游产品；而散客旅游者或团队中个别旅游者，则根据自己的特殊需要购买单项旅游产品。

2）从旅游者角度所定义的旅游产品

从旅游者的角度来看，**现代旅游产品**是指旅游者花费一定的时间、精力和费用所获得的一段旅游经历体验和感受。这种经历体验和感受包括旅游者从离开居住地开始，到达旅游目的地旅游，直到旅游结束，最后又回到居住地的全部过程中。

随着现代旅游的发展，人们的旅游需求在不断变化，旅游产品也随着旅游者需求变化而呈现相应动态变化。旅游产品的这种动态性，一方面体现了旅游产品满足旅游者需求的适应性，即旅游产品只有在内容、组合结构、服务质量上存在着一定的差异性，才能满足旅游者不断变化的旅游需求；另一方面，这种动态性也增加了旅游产品质量管理的难度，要求构成组合旅游产品或整体旅游产品的各种单项旅游产品和服务能在质量和结构上相配套，才能保证整个旅游活动过程中各个环节的衔接和配合，使旅游者能获得完整的旅游经历体验和感受。

3）从旅游经营者角度所定义的旅游产品

从旅游经营者角度来看，**现代旅游产品**是指旅游经营者凭借一定的旅游资源、旅游设施和其他媒介，向旅游者提供的、以满足旅游者需求为目的的各种物质产品和劳务的总和。

从供给方面看，旅游产品最终主要表现为活劳动的消耗，即旅游服务的提供。旅游服务与一般商业性服务的最大区别在于旅游服务是一种无形服务与有形物质结合在一起的综合性服务，即旅游服务的使用价值不是以物的形式来体现其效用，而是通过旅游行业员工所提供的劳务来发挥其有用性；但同时旅游服务的提供又必须借助一定的有形物质才能实现其效用，如旅游资源、旅游设施和其他条件等。所以，旅游产品是一种物质产品和劳务相结合的特殊产品。

同步思考 3-1

问题： 怎样全面地理解旅游产品？

3.1.2　现代旅游产品的经济性质

马克思的劳动价值论认为：商品是在劳动过程中形成的能满足人们的某种需求，并能够用于市场交换的劳动产品，商品具有使用价值和价值。旅游产品之所以能成为商品，也是因为它和其他产品一样，具有一般商品所具有的基本属性，是使用价值与价值的统一。

1）旅游产品的使用价值

使用价值是产品的自然属性，是指其能满足人们在物质或者精神方面的某种需求，而旅游产品的使用价值除了具备这种属性外，还具有区别于其他产品的特殊性质。这种特殊性具体表现在以下几方面：

（1）使用价值的多效用性

旅游产品能满足旅游者从物质到精神方面的多种需要，从提供基本的食、住、行等物质生活需要，到能满足人们更高层次的观光、游览、娱乐的需要。

（2）使用价值的多功能性

一个完整的旅游产品应根据旅游者的需要、旅游产品的成本及旅游市场的供求状况等，制定出高、中、低等若干档次的产品规格及相应的价目表，无论是哪一规格档次和价格的旅游产品，其使用价值都必须是综合性的，并能满足不同消费层次的旅游者的需求。

学习微平台

二维码资源
3-02

（3）使用价值的多重性

在旅游产品的使用价值构成中，既有构成旅游产品使用价值中必不可少的基本部分，如食、住、行、游、购、娱等内容；又有构成旅游产品使用价值中可有可无的附属部分，如旅游者在旅途中突发疾病，旅游经营者应及时联系医护人员及提供相应服务等。虽然这种服务不属于旅游产品使用价值的基本部分，但其属于附属部分，一旦发生，旅游经营者也要义不容辞地提供。

2）旅游产品的价值

价值是商品的社会属性，是凝结在商品中的无差别的一般人类劳动。旅游产品的价值和其他任何产品的价值一样，都是无差别的、人类的一般劳动，是旅游产品所凭借的实物劳动产品的价值和服务所创造价值的总和，其价值由三个部分组成。

（1）转移价值（C）

转移价值，是指旅游经营者向旅游者提供旅游服务时，所凭借的各种服务设施和设备的折旧，提供餐饮、住宿、娱乐等旅游活动所耗费的各种原材料、辅助材料消耗等，它们是旅游行业劳动者过去所创造价值的转移，属于社会总产品中的不变部分（C）的转移。

（2）补偿价值（V）

补偿价值，是指劳动者所创造的新增价值的一部分，即用于补偿旅游经营者和服务人员劳动支出的工资与福利，是由旅游从业人员所创造的，用以维持劳动力再生产所消耗的物质资料的价值，其形成旅游产品价值中的变动部分（V），是社会总产品中满足劳动者需求的个人消费品。

（3）剩余价值（m）

剩余价值，是指旅游从业人员超过社会必要劳动时间，而为社会所创造的新增价值部分，其形成旅游产品价值中的剩余价值部分（m），是满足社会扩大再生产及其他公共消费需求，并以积累基金和社会消费基金等形式所表现出来社会总产品中的公共必要产品。

综上所述，旅游产品的价值由转移价值、补偿价值和剩余价值所组成（C+V+m），其中V+m是旅游产品的新增价值，共同构成社会必要产品，是社会主义旅游经济运行的核心，也是旅游业对社会经济做出的贡献。

3）旅游产品价值量的确定

从旅游产品的价值决定和价格形成的角度来看，旅游产品价值量的确定具有不同于其他产品的特殊性，主要表现在以下几方面：

（1）旅游产品价值量的确定主要以质量为标准

旅游服务是旅游产品的核心，因而旅游服务质量的好坏直接影响旅游产品价值的实现。在服务设施和服务条件相同的情况下，高质量的旅游服务反映旅游产品的质量好，价值大；低水平的旅游服务反映旅游产品的质量差，价值小。旅游服务质量的优劣主要与从业人员的素质、业务能力、职业道德水平密切相关，而与劳动量投入的多少无直接相关关系。因此，只有提供高质量的旅游服务，才能保证旅游产品价值的有效实现。

（2）旅游产品价值量的确定具有垄断性

旅游资源是旅游产品构成的重要内容，旅游资源的不同种类和特色，决定了其在价值量的确定上存在较大差异。如人文景观中的历史文物古迹，除了是前人劳动的结晶外，历代人们的维修保养也蕴含了大量劳动，故其价值难以估量，从而使这些旅游资源具有无法替代的历史价值，这种价值不能以消耗多少劳动量去衡量，因而这种价值的不可估量性反映在价格上即为垄断性。

（3）旅游产品的价值量随旅游产品组合而变化

旅游产品中的旅游设施，同市场上的其他物质产品一样，其价值也是由凝结于其中的社会必要劳动量来决定的。但是，由于这些设施受旅游经济活动的特点所影响，因而在旅游产品的组合过程中其价值量也会发生变化，从而产生新的附加值。这是因为旅游者在旅游活动过程中享受这些设施的环境条件和服务内容要比其他活动优越得多，而这些环境条件和服务内容也是旅游从业人员用劳动创造出来的，因而其价值和价格自然也就要高些。

3.1.3　现代旅游产品的基本特点

现代旅游产品作为一种以服务为主的综合性产品，其既不同于一般工农业生产的物质产品，也不同于一般服务行业所提供的服务性产品，它与这两类产品既有联系又有区别，其基本特征主要表现为以下几方面：

1）旅游产品的综合性

旅游产品的综合性表现在现代旅游活动是一种综合性的社会经济活动，旅游产品要满足旅游者物质和精神等多方面的需求，因此旅游产品的内涵必须是丰富多样的。旅游产品通常是包括食、住、行、游、购、娱在内的综合性产品，这种综合性既体现为物质产品与服务产品的综合，又体现为旅游资源、基础设施和接待设施的结合。

此外，旅游产品的综合性还表现在旅游活动涉及众多的相关部门和行业。如直接向旅游者提供物质产品和服务的旅馆业、餐饮业、交通业、旅游景观业、文化娱乐业，间接向旅游者提供物质产品和服务的农业、商业、建筑业、轻工业、纺织业、食品业，以及金融、海关、邮政、文化、教育、园林、科技、卫生、公安等行业和部门。

2）旅游产品的无形性

现代旅游产品是一种以服务为主的无形性产品，其无形性表现在两方面：

一方面，旅游产品的主体内容是旅游服务，旅游服务的使用价值必须是旅游者到达旅游目的地，并在旅游活动中享受到交通、住宿、餐饮和游览娱乐的服务时才能够体现出来。如果没有旅游者消费，则旅游产品的价值只是潜在的。

另一方面，旅游产品的价值不是凝结在具体的实物上，而是凝结在无形的旅游服务过程中，只有在旅游者消费各种旅游服务时，旅游产品的价值才真正得以实现。旅游产品的这一特征表明，在大体相同的旅游基础设施条件下，旅游产品的生产及供应可以通过服务而具有很大差异性。

因此，旅游产品的深层开发和对市场需求的满足较多地依赖于无形产品的开

发，也就是不断提高旅游服务的质量和水平。

3）旅游产品的同一性

现代旅游产品具有生产与消费的高度同一性，旅游交易又属于预约性交易，所以当旅游者预订某一旅游产品后，旅游产品就开始生产，旅游消费也同时进行。一旦旅游者结束其旅游活动，则旅游生产与消费也立即终止。因此，旅游产品的同一性决定了旅游产品的不可贮存性。

此外，物质产品的生产过程是独立于消费过程之外的，因而生产与消费是分离的，可以先生产，后消费；而旅游产品的同一性决定了旅游产品的生产必须是生产过程与消费过程相统一，才能既有效地完成对旅游者的服务，又保证旅游生产过程的顺利完成。

4）旅游产品的依赖性

现代旅游产品对于公共物品具有较强的依赖性。一是旅游产品中的旅游吸引物，如自然景观和人文景观，大多属于公共物品，具有一定程度的消费非竞争性；二是旅游产品构成中的基础设施主要是以服务于社会各个行业而存在的公共物品，旅游产品在其组合过程中只是部分地利用或暂时性利用，并不排斥其他行业或部门对公共基础设施的利用。

5）旅游产品的固定性

现代旅游产品与物质产品的最大区别是相对固定性，因为旅游产品所凭借的旅游资源、接待设施和基础设施在位置上是相对固定不变的。不是把旅游产品运送给旅游者消费，而是把旅游者运送到旅游目的地进行消费，即发生运动的是旅游者而不是旅游产品。

此外，现代旅游产品的交换也不同于物质产品。物质产品的交换必然带来所有权的转移，而旅游产品的交换仅仅表现为旅游者对旅游产品的暂时使用权，未发生所有权的转移。这样，就使不同的旅游目的和不同类型的旅游产品之间不仅具有相对固定性，而且存在着较强的替代关系；同时使市场竞争更加激烈，从而给旅游产品的开发和经营带来较大的风险。

6）旅游产品的敏感性

旅游产品是一种风险较大的产品，带有较强的敏感性特征，易受各种因素的影响而发生变动。首先，旅游产品是一种综合性产品，包括食、住、行、游、购、娱等要素，一旦各要素间比例关系失调，就会直接影响旅游产品价值的实现。其次，旅游产品又是一种外向型产品，贸易壁垒、汇率变动、国际市场竞争及客源国、接待国政治、经济的变化，都会影响旅游客源的变化。此外，地震、季节变化、疾病流行、环境污染、生态恶化等因素，都会影响旅游产品的销售和价值的实现。因此，旅游产品具有敏感性的突出特点。

◆ **同步案例3-1** ◆

浪漫之都成为全球2005年最后的噩梦

背景与情境： 巴黎北部郊区的克利希苏布瓦市（Clichy-sous-Bois），当地时间

10月27日下午，三名少年为逃避警察追捕，慌不择路，躲进一所变电站，不幸遭到电击。两名非洲裔少年——15岁的巴努和17岁的齐亚德当场丧命，另一名土耳其裔少年被严重烧伤。此时，没有人能够预想到这将引发一起波及多个市区和城镇，并且影响到其他国家的持续近三周的大规模骚乱。这起意外事件激怒了当地居民，第二天，就有400名当地青年走上街头，焚烧汽车和垃圾桶，打砸店铺和一所消防站，与数百名警察发生正面冲突，加上一系列复杂的政治、种族、宗教信仰等因素影响，这一骚乱持续到11月16日。期间，有4 700多人因参与骚乱而被逮捕，有650人被送进监狱，约有1万辆汽车被烧毁，法国政府实施了包括宵禁、宣布进入紧急状态在内的多项紧急应对措施。虽然最终骚乱得以平息，但这起人为的危机事件引起了法国国内乃至整个欧洲对城市郊区贫困等多种社会问题的讨论，产生了巨大影响。仅巴黎郊区和外省被焚毁的汽车这一项的直接经济损失就超过2 500万欧元。占国内生产总值6.5%的支柱产业旅游业也受到巨大影响。骚乱期间，巴黎的埃菲尔铁塔、塞纳河边迷人的咖啡馆以及浪漫的法式大餐变得不再诱人，美国、俄罗斯、英国、加拿大、荷兰等国均纷纷发出警告，提醒本国公民注意在法期间的人身安全。法国一位旅游业界人士说，20%～30%原计划到巴黎旅游的人取消了行程安排，所幸商务旅行受到的影响不是很大。

（资料来源　根据网络资料整理）

问题： 你是如何理解旅游产品的敏感性特点的？

3.2　现代旅游产品的构成

3.2.1　现代旅游产品的一般构成

现代市场营销理论认为，任何产品都是由三个部分所组成，即产品的核心部分、形式部分和延伸部分。核心部分，是指产品满足消费者需求的基本效用和核心价值；形式部分，是指构成产品的实体和外形，包括款式、质量、商标、包装等；延伸部分，是随产品销售和使用而给消费者带来的附加利益。现代旅游产品也同样由核心部分、形式部分和延伸部分所组成。

同步思考3-2

问题： 如何深入认识旅游产品？

1）现代旅游产品的核心部分

现代旅游产品的核心部分是整个旅游产品的最基本构成，包括旅游吸引物和旅游服务，它们能满足旅游者在旅游活动中最基本的需要。

（1）旅游吸引物

旅游吸引物是指一切能够吸引旅游者的旅游资源及各种事件，它既是一个地区能否进行旅游开发的先决条件和旅游者选择旅游目的地的决定性因素，也是构成旅游产品的基本要素。旅游吸引物的存在形式，既可以是物质实体，也可以是某个事件，还可能是一种自然或社会现象。

旅游吸引物按属性可划分为自然吸引物、人文吸引物、特产吸引物三大类。自然吸引物包括气候、森林、河流、湖泊、海洋、温泉及火山等自然风景资源；人文吸引物包括文物古迹、文化艺术、城乡风光、民族风情及建设成就等人文旅游资源；特产吸引物则主要包括土特产品、风味佳肴、旅游工艺品等。

（2）旅游服务

<u>旅游服务是旅游产品的核心内容，是依托旅游资源和旅游接待设施向旅游者提供的各项服务。</u>旅游产品，除了在餐饮和旅游活动中消耗少量的有形物质产品外，主要是接待服务和导游服务等，因此旅游服务是旅游产品的核心内容。

按照旅游活动的过程，旅游服务可分为售前服务、售中服务和售后服务三部分。售前服务是旅游活动前的准备性服务，包括旅游产品设计、旅游线路编排、出入境手续、货币兑换等；售中服务是在旅游活动过程中向旅游者直接提供的食、住、行、游、购、娱及其他服务；售后服务是当旅游者结束旅游后离开目的地时提供的服务，包括送到机场、车站，办理有关离境手续，托运行李、委托代办服务等。

2）现代旅游产品的形式部分

现代旅游产品的形式部分，通常是指旅游产品的载体、质量、特色、风格、声誉及组合方式等，是旅游产品核心价值部分向满足人们生理或心理需求转化的部分，属于旅游产品向市场提供的物质产品和劳务的具体内容。

（1）旅游产品的载体

旅游产品的载体，主要指各种旅游接待设施、景区景点、娱乐项目等，是以物化劳动表现出来的，具有物质属性的实体，是整个旅游产品不可缺少的载体。尽管有的旅游吸引物，如阳光、气候、海水、森林、名山大川等属于自然生成物，不包括任何人类劳动的成分，但这些自然物却是旅游产品不可缺少的自然基础；而文物古迹、园林景观、文化遗址、历史名胜等则属于古代人类的劳动结晶，其蕴含丰富的文化价值，也是旅游产品必不可缺少的载体。

（2）旅游产品的特色和声誉

旅游产品的质量、特色、风格和声誉，是依托各种旅游资源、旅游设施而反映出来的外在价值，是激发旅游者的旅游动机，吸引旅游者进行旅游活动的具体形式。由于旅游资源和旅游接待设施等方面的差别，从而形成了旅游产品不同的品位、质量、特色、风格和声誉，即旅游产品的差异性。

（3）旅游产品的组合方式

旅游产品也是一种组合性产品，即对构成旅游产品的各种要素进行有机组合，以更好地满足旅游者的多样性需求。因此，组合方式也成为旅游产品的形式部分，而不同的组合方式则形成不同的旅游产品。

3）现代旅游产品的延伸部分

现代旅游产品的延伸部分，是指旅游者购买旅游产品时获得的优惠条件、付款条件及旅游产品的推销方式等，是旅游者进行旅游活动时所得到的各种附加利益的总和。虽然延伸部分并不是旅游产品的主要内容，但旅游者在旅游过程中购买的是整体旅游产品，因而在旅游产品核心部分和形式部分的基本功能确定之后，延伸部分往往成为旅游者对旅游产品进行评价和决策的重要决定因素。

旅游经营者在进行旅游产品营销时，必须注重旅游产品的整体效能，除了要突出旅游产品核心部分和形式部分的特色外，还应在旅游产品的延伸部分上形成差异，才能赢得旅游市场竞争的优势。

◆ 同步思考 3-3 ◆

问题：旅游产品的延伸部分会转化成核心部分和形式部分吗？

3.2.2　现代旅游产品的需求构成

现代旅游产品是一种直接面向旅游者的最终消费品，从消费需求角度出发，可以从旅游者的需求程度和消费内容两方面来分析旅游产品的构成。

1）按旅游者的需求程度分析

按旅游者的需求程度分析，旅游产品可分为基本旅游产品和非基本旅游产品。**基本旅游产品**是指旅游者在旅游活动中必须购买的，而且需求弹性较小的旅游产品，如住宿、饮食、交通等。**非基本旅游产品**是指旅游者在旅游活动中不一定购买的，而且需求弹性较大的旅游产品，如旅游购物、医疗保健服务、通信服务等。

基本旅游产品和非基本旅游产品的划分，有助于旅游经营者针对不同的旅游消费需求，提供不同的旅游产品，满足旅游者的多样性消费需要；同时，也有助于旅游者在选择和购买旅游产品过程中，有计划地调整自己的消费结构和消费水平，使旅游活动更加轻松舒适，以达到身心健康的旅游目的。

随着旅游经济的发展和旅游活动的深入，旅游者对旅游购物的需求将会呈现上升的趋势。这将给旅游经营者提供更大的经营空间和市场。

◆ 教学互动 3-1 ◆

观点：基本旅游产品和非基本旅游产品的划分主要是为了理论研究的方便，它们之间是可以相互转化的。

问题：在哪种情况下，基本旅游产品和非基本旅游产品之间可以相互转化？

2）按旅游者的消费内容分析

按旅游者的消费内容分析，旅游产品主要由食、住、行、游、购、娱等组成，旅游经营者必须从饮食、住宿、交通、游览、购物、娱乐等方面向旅游者提供他们所需的消费内容。饮食和住宿是向旅游者提供基本旅游条件的消费；交通是向旅游者提供实现旅游活动的主要手段；游览是向旅游者提供旅游活动的中心内容；购物是向旅游者提供辅助性消费的内容和形式；娱乐则向旅游者提供一些愉悦的参与性体验和感受。

从旅游者的消费结构看，旅游产品食、住、行、游、购、娱六个要素的消费潜力是不同的。饮食、住宿和交通存在着一定的消费极限，增加消费的途径是提高饮食质量、增加服务内容和多档次经营；游览和娱乐的消费弹性较大，增加消费的方式是尽可能增加游乐的项目，丰富游乐的内容；购物的消费弹性最大，因而要通过大力发展适销对路、品种多样的旅游商品来提高旅游的消费水平。

教学互动 3-2

观点："吃、住、行、游、购、娱"六要素形成的过程，是一个从低级到高级发展的过程。

问题：按照这六个要素，在安排和进行旅游活动中要特别注意什么呢？

3.2.3　现代旅游产品的供给构成

从旅游供给的角度看，现代旅游产品是由旅游资源、旅游设施、旅游服务、旅游购物品和旅游便捷性等多种要素所构成的。

1）旅游资源

旅游资源是指在自然和人类社会发展中形成的并能为旅游业所利用而产生经济、社会、生态效益的事物，是一个国家或者地区能否进行旅游开发的前提条件和基础条件，是吸引旅游者进行旅游活动的重要吸引物。

旅游资源一般分为自然旅游资源和人文旅游资源两大部分。自然旅游资源，是指天然存在的并能给人以美感的自然物象和生态环境，包括各种地文景观、山水风光、生物景观、气象天体等；人文旅游资源，是指社会环境中一切吸引人们进行旅游活动的各种人文景观，包括各种古迹和建筑、民族民俗、宗教园林、文化娱乐和旅游商品等。

旅游资源作为旅游活动的对象物，其本身就具有吸引旅游者的功能，同其他资源相比较的最大差异性，就是能够激发旅游者的旅游动机，并促成旅游行为。根据不同旅游资源的特点，通过开发和组合可以为旅游者提供各种观光游乐、休闲度假、科学考察、探险寻秘、文化交流等旅游活动，以满足人们丰富生活、增长知识、陶冶情操等多方面的需求。

旅游资源是旅游业赖以存在和发展的基础，对旅游资源的合理开发、科学开发以及高质量开发，会使旅游资源得到永续的利用，并产生良好的经济效益、社会效益和生态效益，促进旅游业的可持续发展。

同步思考 3-4

问题：旅游资源等同于旅游吸引力吗？

2）旅游设施

旅游设施是实现旅游活动而必须具备的各种设施、设备和相关的物质条件，也是构成旅游产品的必备要素。旅游设施一般分为旅游基础设施和旅游专门设施两大类。

（1）旅游基础设施

旅游基础设施，是指为旅游活动有效开展而必不可少的各种公共设施，包括城镇（风景区）道路、桥梁、供电、供热、通信、给排水、排污、消防、环境保护和环境卫生，以及城市美化、绿化、路标、路灯、交通工具、停车场等，也是旅游业存在和发展必不可少的条件。基础设施虽然不直接对旅游者提供服务，但在旅游经营中它是直接向旅游者提供服务的旅游部门和企业必不可少的。专门设施如游览、食宿、娱乐等设施，都是建立在这些基础设施上面的，如果没有这些方面的设施和设备，专门设施的功能就不可能得到有效发挥。

（2）旅游专门设施

旅游专门设施，是指旅游经营者用于直接为旅游者服务的凭借物，通常包括游览设施、餐饮设施、住宿设施、娱乐设施等。游览设施指旅游景区、景点的开发和建设，主要包括供人们登临、游览、憩息的各种设施和设备。餐饮设施是指为旅游者提供餐食服务的场所和设备，包括各种餐馆、冷饮店、咖啡厅、饮食店等。住宿设施是旅游者在旅行途中的"家"，是能够提供多种服务的饭店、度假村、别墅等。娱乐设施是指各种歌舞厅、音乐厅、健身器械、游乐园等。

3）旅游服务

旅游服务是旅游产品的核心，旅游经营者除了向旅游者提供餐饮和旅游商品等少量有形物质产品外，主要提供的是各种各样的接待、导游等服务。因此，旅游产品的无形性也主要是由它的服务性质所决定的。旅游服务的内容主要包括服务观念、服务态度、服务项目、服务价格、服务技能等。

（1）服务观念

服务观念是指旅游从业人员的价值观，是从事旅游服务工作的前提。旅游服务过程中表现出的是一种人与人的关系，因而只有建立完整的合乎实际的服务观念，达到社会认知、自我认知和工作认知的协调一致，才可能具有积极主动的服务精神和服务态度。

（2）服务态度

服务态度是服务观念的具体化和外在化，是服务质量的具体表现，不仅表现出服务人员对旅游者的尊重和理解，而且也表现出服务人员的气度、修养和文明素质，因此是旅游者关注的焦点，也是提高旅游服务的重点。

（3）服务项目

旅游服务，是依托旅游服务设施向旅游者提供的各种服务，服务项目内容的多少和服务效率的高低，不仅决定着是否能为旅游者提供方便、快捷和高效的服务，也是增强旅游企业竞争力的关键所在。

（4）服务价格

旅游服务价格，是旅游服务内容和质量的货币表现形式，与服务内容和质量有着密切的相关关系。通常，质价相符，旅游者满意；质优价低，旅游产品竞争力强；质低价高，旅游者不满意。因此，不同的价格反映着所提供的不同等级的服务，这是国际旅游业的通行原则。

（5）服务技能

旅游服务技能是做好旅游服务工作的基础，高超而娴熟的服务技能会成为一种艺术表演，使旅游者从中获得享受，满足旅游者的旅游需求，并提高旅游企业的形象和信誉。因此，服务技能水平的高低就成为评判旅游企业服务质量的标准。

4）旅游购物品

旅游购物品，是指旅游者在旅游活动中所购买的，对旅游者具有实用性、纪念性、礼品性的各种物质形态的商品，亦称为旅游商品。旅游购物品反映了旅游目的地国家或地区的文化和艺术，能够使旅游者更好地了解旅游目的地国家或地区的文化传统，并留下美好的回忆。

旅游购物品的类型，主要有旅游工艺品、旅游纪念品、文物古玩、金银玉器、土特产品及书法绘画等，但从广义角度看，只要是旅游者在旅游活动中购买的产品都可以称为旅游购物品。由于旅游购物品的种类多、价格高、消费潜力大，因此是旅游产品的重要组成内容，也是旅游创汇的重要来源。

5）旅游便捷性

旅游便捷性是旅游产品构成中的基本因素之一，它不仅是联结旅游产品各组成部分的中心线索，而且是旅游产品能够组合起来的前提性条件，具体表现为进入旅游目的地的难易程度和时效标准。旅游便捷性的具体内容主要包括以下几个方面：

（1）良好的交通通达条件，如现代化的交通工具和方式；国际和国内交通运输网络衔接与联系的方便程度等。

（2）方便的通信条件，包括通信设施具备与否，其配套状况、规模、能力以及线路布置等是否方便、快捷。

（3）便利的出入境签证手续，包括签证的难易、出入境验关程序、服务效率和咨询信息等，不仅影响到旅游目的地的客流量大小，而且对旅游产品的成本、质量、吸引力等都有重要的影响。

（4）旅游目的地的社会承受能力，主要指当地社会公众对旅游开发的态度、社会公众舆论、社会治安状况、社会管理水平、人口密度、交通管理等状况，这些都是影响旅游便捷性的重要因素。

学习微平台

二维码资源
3-04

3.3　现代旅游产品的类型

3.3.1　按旅游产品的组合形式分类

现代旅游产品是一种综合性产品，但在实践中往往以某一组合旅游产品的形式提供给旅游者。因此，按照组合旅游产品的形式可划分为观光旅游、度假旅游、文化旅游、公务旅游和生态旅游等。

1）观光旅游

观光旅游，是指以观赏、游览自然风光、名胜古迹等为目的的旅游产品。这类旅游产品在世界许多国家又被称为"观景旅游"产品，主要有山水风光、城市景观、名胜古迹、国家公园、主题公园、森林公园、海洋公园等。观光旅游是传统旅游产品，其构成了世界旅游产品的主要部分。从现代旅游产品发展趋势看，大部分观光旅游产品不仅仅是纯观光旅游，其往往包含了较丰富的文化、娱乐内涵。

2）度假旅游

度假旅游，指旅游者利用假期进行休养和消遣的旅游方式。度假旅游通常有海滨旅游、乡村旅游、森林旅游、野营旅游等。度假旅游强调休闲和消遣，通常要求自然景色优美，有良好的气候、令人满意的住宿设施、完善的文体娱乐设施及便捷的交通、通信条件等，是深受国内外旅游者喜爱的现代旅游产品。

3）文化旅游

文化旅游，是指以学习、研究及了解异国他乡文化为目的的旅游产品。当今世界文化旅游产品种类繁多，其中主要有休学旅游、考古旅游、博物馆旅游、艺术欣赏旅游、民俗旅游、怀旧旅游、宗教旅游等。随着社会经济的发展，文化旅游通常蕴含着较为深刻而丰富的文化内容，因此其所吸引的对象一般都具有相当高的文化素养和造诣，也是现代旅游者十分喜爱的旅游产品。

4）公务旅游

公务旅游，是指人们以出差、参加会议、经营洽谈、商务活动或交流信息等为目的的旅游活动。公务旅游作为一种新兴的旅游方式，是以公务为主要目的，以旅行为手段，以游览和娱乐为其辅助活动的。随着现代旅游经济的发展，不仅公务旅游越来越频繁，而且公务旅游设施和服务也迅速向现代化发展，并为各类企业家、经营者、营销人员、会议参加者及各种工作人员提供多方面的旅游服务。

5）生态旅游

生态旅游，是指以注重生态环境为基础的旅游，其主要吸引那些关心环境、追求回归自然，并希望了解地方生态状况和民族风俗的旅游者。生态旅游是现代旅游经济中发展较快的旅游产品，其特点是知识性要求高、参与体验性强、客源市场面广、细分市场多，如森林旅游、农业旅游、乡村旅游、野营旅游、探险旅游、民俗旅游等都可视为生态旅游的内容。因此，生态旅游具有广阔的发展前景。

3.3.2　按旅游产品的基本功能分类

现代旅游产品，从满足人们的多样性需求出发，可按其基本功能而划分为康体旅游、享受旅游、探险旅游、特种旅游等。

1）康体旅游

康体旅游，是指能够使旅游者体质和体能得到不同程度改善的旅游活动。任何一种旅游活动都有益于旅游者的身心健康，而康体旅游更是如此。康体旅游一般包括体育旅游和保健旅游，体育旅游有滑雪、高尔夫、探险、漂流、冲浪、滑水、蹦极等；保健旅游主要有健身旅游、疗养旅游、森林旅游等。康体旅游通常需要一定的设施、器材和场地等条件。

2）享受旅游

享受旅游，是指随着人们物质生活水平的提高，为满足人们物质和精神上的享受而提供的旅游产品，是目前许多国家积极发展的新兴旅游产品。享受旅游主要有豪华列车旅游、豪华游船旅游、美食旅游、新婚旅游等。享受旅游通常具有消费支出高、娱乐项目多、活动自由和由专业服务人员提供服务等特点。

3）探险旅游

探险旅游，是指旅游者从未见过、听过或经历过，既标新立异又使人特别兴奋或惊心动魄的旅游活动。探险旅游主要有秘境旅游、海底旅游、火山旅游、沙漠旅游、惊险游艺旅游、斗兽旅游、观看古怪比赛旅游等形式。探险旅游能充分满足旅游者的好奇心，令旅游者处于高度紧张和兴奋状态，从而给旅游者留下难忘的

记忆。

4）特种旅游

特种旅游，是指旅游者在外出旅游的同时，把学习和探求专业知识、技能作为旅游的主要目的，以增长知识、开阔视野，促进自身业务水平的提高。特种旅游主要有修学旅游、工业旅游、务农旅游、学艺旅游、科技旅游、考察旅游等形式。特种旅游大多数是满足旅游者某一方面的特殊需要，其内容多数也是业务性很强的活动，因而是一种积极的旅游活动。

3.3.3　按旅游产品的开发程度分类

为了有效地满足旅游者需求，必须对旅游产品进行开发和提升。按照对现代旅游产品的开发程度，旅游产品可分为全新旅游产品、换代旅游产品、改进旅游产品等。

1）全新旅游产品

全新旅游产品，是指为了满足旅游者新的需求，运用新技术、新方法、新手段对新的旅游资源进行创新开发而形成的旅游产品，包括新的旅游景点、新的旅游饭店、新的旅游项目、新的旅游线路，以及新的专项旅游活动等。全新旅游产品开发一般周期长、投资多、风险大，而且有很大的难度，因此必须认真研究，科学地开发。

2）换代旅游产品

换代旅游产品是指对现有旅游产品进行较大的改造，如对旅游饭店进行改造而提高服务档次和质量；对旅游景点进行改造而丰富游览内容；在旅游度假中增加保健旅游项目；把一般公园改造为主题公园等。换代旅游产品的开发周期虽然相对较短、风险较小，但创新不够。因此，必须针对旅游者的需求变化来进行旅游产品的换代。

3）改进旅游产品

改进旅游产品，是指对原来的旅游产品不进行较大的改造，而是通过局部的改变或添加部分内容以增强旅游产品的吸引力，从而巩固和拓展客源市场。如旅游饭店增加服务内容，旅游景区增加新景点，旅游路线增加新内容等。

3.3.4　按旅游产品的销售方式分类

按现代旅游产品的销售方式分类，旅游产品一般可分为团体包价旅游、散客包价旅游、半包价旅游、小包价旅游、零包价旅游和自助旅游等产品。

1）团体包价旅游产品

团体包价旅游产品，是指旅行社根据旅游市场需求，把若干旅游者组成一个旅游团体，按照统一价格、统一行程、统一内容所进行的旅游活动。团体包价旅游是一种大众化旅游产品，在国际国内旅游市场上占有十分重要的地位。

团体包价旅游产品的特点：一是旅游者一旦购买了团体包价旅游产品后，只要随团旅游即可，一切旅游活动均由旅行社负责安排，既方便便宜，又安全可靠；二是旅行社一旦销售出团体包价旅游产品，就要配备领队和导游，并负责安排好食、住、行、游、购、娱等一切活动及全程安全等；三是团体包价旅游通常是把旅游者的食、住、行、游、购、娱等全部包下来，但也可以只包其中一部分。

2）散客包价旅游产品

散客包价旅游产品，是指旅游者不参加团体旅游，而是以一个人或一家人向旅行社购买某一旅游产品的包价旅游。散客包价旅游一般没有较多的约束，比较自由，安排也较灵活，受到旅游者的广泛欢迎，因而在国际国内旅游市场上发展很快，也是现代旅游发展的趋势。但是，散客包价旅游不能享受团体旅游的优惠，因而其价格一般都高于团体包价旅游。

3）半包价旅游产品

半包价旅游产品，是指在全包价旅游的基础上，扣除中餐、晚餐费用的一种旅游产品形式，其目的在于降低产品的直观价格，提高产品的竞争力，同时也是为了满足旅游者在用餐方面的不同要求。

4）小包价旅游产品

小包价旅游产品又称可选择性旅游产品，由非选择和可选择两个部分组成。非选择部分包括接送、住房和早餐等，可选择部分包括导游、节目欣赏和参观游览等。旅游者可以根据需要、兴趣、时间和经济条件等因素自由选择。小包价旅游产品对旅游者来说具有更多的优势。

5）零包价旅游产品

零包价旅游产品是一种特殊的旅游产品形态，多见于旅游业发达的国家。选择这种旅游产品的旅游者必须随团前往和离开旅游目的地，但在旅游目的地的活动完全是自由的，形同散客。旅游者可以获得团体机票的优惠。

6）自助旅游产品

自助旅游产品，是指旅游者不通过旅行社组织，而是自己直接向航空公司、车船公司、旅游饭店、旅游景区预订或购买单项旅游产品，按照个人需求及偏好所进行的旅游活动。自助旅游一般不通过旅行社，故通常不归为旅游产品。但是，由于其购买的是单项旅游产品，是由自己组合的旅游线路产品，所以从本质上也可视为旅游产品。

◆◆◆ 同步思考 3-5

问题：旅游产品的分类形式是静态的吗？

3.4　现代旅游产品的开发

3.4.1　现代旅游产品的市场生命周期

产品市场生命周期是指一个产品从进入市场开始到最后退出市场的全部过程，这个过程大体要经历推出、成长、成熟、衰退的周期性变化。旅游产品与其他产品一样，也会经历推出期、成长期、成熟期、衰退期四个阶段的市场生命周期变化，如图 3-1 所示。无论是某项旅游活动、某个旅游景点、某条旅游线路，还是某个旅游目的地等，都会经历类似的兴衰变化过程。

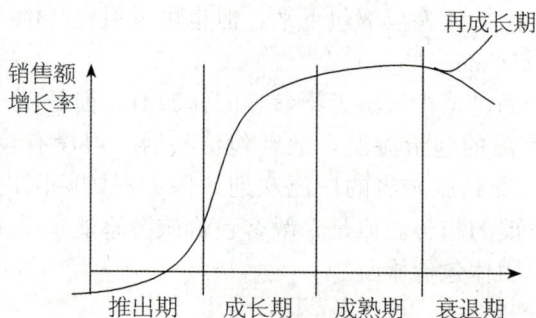

图3-1　旅游产品生命周期

旅游产品市场生命周期的各个阶段通常是以销售额和利润额或累计增长率变化来衡量的，通常旅游产品处于不同生命周期阶段具有不同的特点。

1）旅游产品的推出期

旅游产品的推出期，是指各种新的旅游景点、旅游饭店、旅游娱乐设施建成后，与旅游服务组合成新的旅游线路并开始推向旅游市场的过程。在这一阶段，由于旅游产品尚未被旅游者了解和接受，销售量增长缓慢而无规律，增长率也起伏波动；旅游企业的接待量很少，投入费用较多，经营单位成本较高。此时，为了使旅游者进一步了解和认识旅游产品，旅游企业需要做大量的广告和促销工作。在这一阶段内，旅游者的购买很多是尝试性的，重复购买者较少；旅游企业通常也采取试销态度，从而使企业销售水平低，利润极少，甚至亏损。在旅游产品的推出期，市场上一般还没有形成同行竞争。

2）旅游产品的成长期

旅游产品的成长期，是指旅游景点、旅游设施及旅游地开发初具规模，旅游服务逐步配套，使旅游产品基本定型并形成一定的特色。由于前期宣传促销开始体现效果，这时旅游产品在市场上开始有一定知名度，产品销售量和销售额迅速增长。旅游者对产品有所熟悉，越来越多的人购买这一旅游产品，重复购买者也逐步增多；旅游企业的单位广告费用相对减少，平均销售成本大幅度下降，利润迅速上升。在旅游产品的成长期，其他同类旅游企业看到该旅游产品销售得很好，就有可能组合相同的旅游产品进入，市场上开始出现同行竞争。

3）旅游产品的成熟期

旅游产品的成熟期，是指旅游市场上的潜在顾客逐步减少，大多数旅游者属于重复性购买，市场需求量已达饱和状态，旅游产品的销售额达到最高点，增长率开始降低。在成熟期，由于很多同类旅游产品进入市场，扩大了旅游者对旅游产品的选择范围，使市场竞争十分激烈，加上新产品对原有旅游产品的替代性，差异化成为旅游市场竞争的核心。通常，在成熟期的前期销售量可能继续增长；中期处于增减幅度较平稳状态；后期则销售增长率趋于零或略有下降；利润增长也将在达到最高点后呈下降趋势。

此时，如果旅游企业能够审时度势，及时分析和发现新的市场需求，采取有效措施，延长旅游产品生命周期，那么可使旅游产品进入再成长期。

4）旅游产品的衰退期

旅游产品的衰退期，是指旅游产品的市场吸引力持续下降，新的旅游产品已进入市场并逐渐代替老产品，旅游者或者丧失了对老产品的兴趣，或者由对新产品的兴趣取代对老产品的兴趣。旅游产品的衰退期，除少数名牌产品外，大多数旅游产品销售增长率日益下降，价格不断下跌而使利润迅速减少，甚至出现亏损。

以上是对旅游产品生命周期的规律性分析，其具有以下几点意义：一是任何旅游产品都有一个有限的生命周期，大部分旅游产品都经过一个类似S形的生命周期；二是每个产品生命周期阶段的时间长短因旅游产品不同而不同；三是旅游产品在不同生命周期阶段中，利润高低不同；四是对处于不同生命周期阶段的旅游产品，需采取不同的营销组合策略；五是针对市场需求及时进行旅游产品的更新换代，适时撤退或改造过时旅游产品以免遭受不应有的损失。根据以上对旅游产品市场生命周期的分析，针对旅游产品在不同市场生命周期阶段中的特点，必须根据旅游市场需求及时进行旅游产品的更新换代，适时开发旅游新产品或改造过时的旅游产品，才能保持旅游业持续、稳定的发展。

◆ **同步案例3-2** ◆

深圳锦绣中华主题公园旅游产品生命周期分析

背景与情境： 锦绣中华是深圳华侨城的一个旅游区，坐落在风光绮丽的深圳湾畔，是目前世界上面积最大、内容最丰富的实景微缩景区，占地450余亩，分为主点区和综合服务区两部分。82个景点的比例大部分按1∶15建造，整个园区犹如一幅巨大的中国地图。锦绣中华1990—1995年游客量分析表见表3-1。

表3-1　　　　　　　　　　**锦绣中华1990—1995年游客量分析表**[①]

年份	1990	1991	1992	1993	1994	1995
游客量（万人次）	323.73	291.58	314.57	274.99	159.89	122.34
增长率（%）	—	－9.9	7.9	－12.6	－41.9	－23.5

据世界之窗的抽样调查，深圳华侨城的游客构成中，国内游客约占九成，其中以广州省为主，广州省又以珠江三角洲为主。国内游客中广东游客占71.06%，湖南游客占4.21%，湖北游客占1.99%，北京游客占1.91%，其他省（自治区、直辖市）游客占20.83%。可见华侨城（含锦绣中华旅游区）的市场属区域性市场。

锦绣中华的商圈并不是很大，与黄山、故宫、长城等不可相提并论，由于强力促销，开业初期大量游客蜂拥而至，年接待游客量大大超过市场的增长速度，原始市场规模被迅速消耗，年接待量迅速下降，所以锦绣中华的生命周期较短。但是由于主题公园投入大，经营成本高（促销费用尤为突出），所以景区运营的门槛接待量较高，这又要求经营者必须强力促销，这是主题公园的主要矛盾，也是主题公园生命周期普遍不长的主要原因。当然，新景区的竞争和产品吸引力的降低也是锦绣中华生命周期短的重要原因。但是这不是主题公园的宿命。美国本土的迪士尼数十

① 保继刚. 旅游地生命周期理论与旅游规划［J］. 建筑师，1998（85）：41-50.

年不倒就说明主题公园并非都是短命的，关键是如何缓和矛盾，即尽量增强主题公园的吸引力、提高其知名度，同时又能尽可能降低投资、降低运营成本。迪士尼尽管投资额很大，运营成本也很高，但它的吸引力也非常强，已成为一个世界级的旅游区，而且定期更新项目、保持持久的吸引力，使原始市场规模足够大、客源市场增速与游客接待量非常接近，这样也能永葆青春。

（资料来源　保继刚. 深圳市主题公园的发展、客源市场及旅游者行为研究［J］. 建筑师，1996（70）. 经节选、压缩和改编）

问题： 新景区的竞争和产品吸引力的降低是锦绣中华生命周期短的重要原因吗？

3.4.2　现代旅游产品开发的原则

在现代旅游产品开发中，无论是对旅游景区景点、宾馆饭店、餐饮娱乐的开发，还是对旅游路线的组合，首先都要对市场需求、市场环境、投资风险、宏观政策等诸多因素进行深入分析，制订多个比较可行的旅游产品开发方案，再比较选择既符合市场需要又符合旅游目的地特点，且具有竞争力的开发方案。因此，在现代旅游产品开发中必须遵循以下开发原则。

1）市场导向原则

现代旅游产品的开发必须以市场为导向，牢固树立市场观念，以旅游市场需求作为旅游产品开发的出发点。没有旅游市场需求的产品开发，不仅不能形成有吸引力的旅游产品，而且还会造成对旅游资源的不良开发和对生态环境的破坏。

坚持市场导向原则，要根据社会经济发展及对外开放的实际状况，正确进行旅游市场定位，以确定客源市场的主体和重点，明确旅游产品开发的针对性，提高旅游产品开发的经济效益。同时还要根据市场定位，调查和分析市场需求和供给，把握目标市场的需求特点、规模、档次、水平及变化规律和趋势，从而开发出适销对路、具有竞争力的旅游产品，确保旅游产品的生命力经久不衰。

2）效益观念原则

旅游业是一项经济产业，因而必须始终把提高经济效益作为现代旅游产品开发的主要目标；同时，旅游业又是一项文化事业，要求在讲求经济效益的同时，还必须讲求社会效益和环境效益，也就是从整个旅游产品开发的总体考虑，谋求综合效益的提高。

坚持效益观念原则，一是要求不论是旅游地的开发，还是某条旅游线路的组合，或是某个旅游项目的投入，都必须先进行项目的科学论证，认真进行投资效益分析，不断提高旅游产品开发的经济效益。二是要讲求社会效益，在旅游产品开发中要充分考虑当地社会经济发展水平；要考虑政治、文化及地方习惯；要考虑人民群众的心理承受能力，形成健康文明的旅游活动，并促进地方精神文明的发展。三是要讲求生态环境效益，按照旅游产品开发的规律和自然环境的可承载力，以开发促进环境保护，以环境保护提高开发的综合效益，从而形成保护—开发—保护的良性循环，创造出和谐的生存环境。

3）产品形象原则

现代旅游产品是一种特殊商品，是以旅游资源为基础，对构成旅游活动的食、住、行、游、购、娱等各种要素进行有机组合，并按照客源市场需求和一定的旅游路线而设计的组合产品。因此，拥有旅游资源并不等于就拥有旅游产品，而旅游资源要开发成旅游产品，必须根据市场需求进行开发、加工和再创造，从而组合成特色鲜明、适销对路的旅游产品，树立良好的旅游产品形象。

坚持产品形象原则，要以市场为导向，根据客源市场的需求特点及变化，进行旅游产品的设计；要以旅游资源为基础，把旅游产品的各个要素有机结合起来进行设计和开发，特别是要注意在旅游产品设计中注入文化因素，增强旅游产品的吸引力；要充分考虑旅游产品的品位、质量及规模，突出旅游产品的特色，努力开发具有影响力的拳头产品和名牌产品；要随时跟踪分析和预测旅游产品的市场生命周期，根据不同时期旅游市场的变化和旅游需求，及时推出旅游新产品，不断改造和完善旅游老产品，从而保持旅游业的持续发展。

◆ 深度剖析 3-1 ◆

问题：如何理解旅游产品开发中坚持市场导向、效益观念、产品形象三大原则与旅游业可持续发展之间的关系？

3.4.3　现代旅游产品开发的内容

现代旅游产品开发内容主要是根据旅游市场需求，对旅游资源、旅游设施、旅游人力资源及旅游景点等进行规划、设计、开发和组合。其主要包括三方面内容：一是对单项旅游产品的开发；二是对组合旅游产品的开发；三是对旅游目的地产品的开发。

1）单项旅游产品开发

单项旅游产品开发，一般是指对某一旅游景点、旅游接待设施、旅游娱乐、旅游购物等单个项目的开发。其中，旅游景点的开发是单项旅游产品开发的重点。从旅游景点的开发看，其主要有以下几种形式：

（1）以自然旅游资源为主的开发

以自然旅游资源为主的开发，主要以保持自然风貌的原始状况为主，但需要进行道路、食宿、娱乐等配套旅游设施建设，进行环境绿化、景观保护等。这类形式的开发必须以严格控制建设量和建设密度，使人工造景建筑与自然环境协调一致，不冲淡和破坏自然景观为前提。

（2）以人文景观资源为主的开发

以人文景观资源为主的开发，主要凭借丰富的历史文化古迹和现代建设成就，进行维护、修缮、复原等工作，使其具有旅游功能，如有重要历史文化价值的古迹、遗址、园林、建筑形态等。这类形式的开发一般需要较大的投资和维修费用。

（3）以民族文化旅游资源为主的开发

以民族文化旅游资源为主的开发，主要围绕少数民族地方的民族风情、传统风俗、文化艺术等进行挖掘、整理、改造、加工和组合，并在此基础上开发成各种旅游产品。由于民族文化旅游资源较为广泛，因而对这类旅游资源的开发，需要与有关部门进行广泛的合作，统一规划、共同开发。

◆ 同步案例3-3 ◆

切尔诺贝利之行

背景与情境： 乌克兰两家旅行社推出了"切尔诺贝利游"，费用仅300美元，切尔诺贝利这一地区因核泄漏被污染而出名。组织者说，这是一次"极限和生态旅游"，旅游者可以穿着防核辐射的服装进入核污染地区，参观城市、沙漠中的学校、旅馆还有幼儿园，与隔离区的人们接触，还可以在核反应堆前留影。不过，要想看核放射的状况就要再交200美元，受污染地区的村民会带领旅游者到他们的村庄和家里参观。这里的核辐射率是允许范围的4倍以上。

这一旅游项目的负责人说："这种旅行是应一些企业家的要求而开发的，我们不需要遮遮掩掩，因为所有人都有权知道切尔诺贝利发生的事情，这已经不是什么国家机密了。"该负责人是反间谍机构的成员，这家旅行社是由乌克兰紧急状况部提供资金支持的。旅游的敏感性说明旅游很容易受到各种因素的影响，一旦环境或者社会政治因素发生了变化，旅游者人数和旅游收入就有可能出现大幅下降。但是对于危机和突发事件只要处理得当，危机有时候也可以成为促进旅游发展的一个利好因素，切尔诺贝利核电站的旅游开发就是一个很好的例子。因此在旅游发展过程中一定要正确看待危机和突发事件。

（资料来源　邱逊．欧洲旅游［EB/OL］．［2005-01-05］．http：//www.hexun.com.经节选、压缩和改编）

问题：

1）你如何看待"切尔诺贝利游"这一特殊的旅游产品？

2）结合案例，针对旅游产品开发所学知识，你能得出什么启示？

2）组合旅游产品开发

组合旅游产品开发，即旅游线路的开发。旅游线路开发，就是把旅游资源、旅游设施和旅游服务综合地联系起来，并与旅游者的期望相吻合，与旅游者的消费水平相适应。通常，旅游产品开发是否成功与旅游线路能否为旅游者所接受密切相关，因为旅游线路是旅游者消费并满足其旅游需求的具体体现。

从开发过程来看，旅游线路开发充分反映了旅游产品与物质产品在开发方式上的区别。一般物质产品是人们借助于劳动工具将劳动对象加工改造为特定的外貌和内质全然不同的符合人们新需求的有形产品；而旅游产品则是旅游从业人员凭借已开发的旅游资源和已建成的旅游设施和其他服务设施，组合成各种不同旅游线路，以满足旅游者多方面的旅游需求。

旅游线路开发的种类可以从不同角度进行划分。按旅游线路的性质，可划分为普通观光旅游线路和专项旅游线路两大类；按旅游线路的游程时间，可划分为一日游线路与多日游线路；按其使用的主要交通工具，可分为不同的交通工具旅游线路；按使用对象的不同性质，可分为团体旅游线路和散客旅游线路。

3）旅游目的地产品开发

旅游目的地是旅游产品的地域载体。旅游目的地产品开发是在旅游经济发展战略指导下，根据旅游市场需求和旅游产品特点，对某一区域的旅游资源进行开发，通过建造旅游吸引物、建设旅游基础设施、完善旅游服务，使之成为旅游者集散、停留、活动的目的地产品。根据对现代旅游经济发展的分析，旅游目的地开发通常有以下几种形式：

（1）在原有旅游产品基础上的创新开发

这种方式主要是利用原有旅游产品的声誉和比较优势，通过科学的规划和开发，进一步扩大和增添新的旅游项目和活动内容，突出特色，丰富内容，进一步提高旅游目的地的旅游形象，增强旅游产品的吸引力。

（2）应用高科技进行的旅游产品开发

这种方式是运用现代科学技术所取得的一系列成就，通过精心构思和设计，以新颖、奇幻的特点，融娱乐、游艺、刺激为一体，创造出颇具特色的旅游活动项目，丰富旅游活动的内容与形式，提高旅游目的地的吸引力，如"迪士尼乐园""未来世界""民族风情园（村）"等。

（3）实施 CS 战略的旅游名牌产品开发

这种方式是按照 CS 战略的特点和要求所开发的旅游产品。CS 是英文 Customer Satisfaction 的简写，CS 战略就是消费者满意战略。因此，任何旅游目的地的开发都必须从消费者需求出发，努力设计和开发能满足旅游者需求、使旅游者感到满意的旅游产品，从而增强旅游目的地的形象和吸引力，培育具有国际国内市场竞争力的名牌旅游产品。

◆◇ 同步案例3-4 ◆◇

大型会展旅游——2010年上海世博会

背景与情境：第 41 届世界博览会于 2010 年 5 月 1 日至 10 月 31 日在中国上海市举行，此次世博会也是由中国举办的首届世界综合型博览会。上海世博会总投资达 450 亿元人民币，创造了世界博览会史上最大规模纪录；参观人数超越 7 000 万人，创下了历届世博之最。它以"和谐城市"理念来表达"城市，让生活更美好"的世博会主题，副主题包括"城市多元文化的融合""城市经济的繁荣""城市科技的创新""城市社区的重塑""城市和乡村的互动"5 个部分。上海世博会是中国继北京奥运会后的最重大的一次节事会展活动，具有代表意义。随着中国经济实力的增强，将会有更多大型会展在中国举行。做好大型会展对举办地旅游形象的提升路径及效应分析研究，将直接有利于未来大型会展旅游的发展，有利于推动举办地旅游业的发展。

世博会提升了上海的知名度，从而提高了对国外旅游者的吸引力。上海在 2010 年 5 月至 10 月期间，入境游客达到一个高峰，且基本呈上升趋势。2011 年 5 月至 11 月上海入境游客人数明显多于 2009 年 5 月至 11 月的入境游客人数，同比增加 31.55%。此外，世博会的成功举办丰富了大型会展接待经验，建设了初具规模的

学习微平台

二维码资源
3-06

学习微平台

二维码资源
3-07

会展设施，提高了上海旅游接待能力。据统计，上海目前拥有上海国际展览中心、上海东亚展览馆、上海世贸商城、上海光大会展中心、上海展览中心、上海新国际博览中心、上海浦东展览馆、上海农展馆等多数大型会展场地。截至 2011 年 12 月，上海拥有 47 家五星级酒店、33 家四星级酒店、6 家三星级酒店和 7 天、汉庭、如家等知名经济型酒店，大大提高了上海旅游接待能力。综上所述，世博会提高了上海的知名度，积累了大型会展的丰富经验，完善了接待服务设施，有利于提升上海都市商务会展旅游形象。

（资料来源　应南茜，汪德根. 大型会展对举办地旅游形象的提升路径及效应分析——以上海世博会为例［J］. 资源开发与市场，2012（7）.经节选、压缩和改编）

问题：

（1）结合案例，你能找到旅游产品一般构成的哪些组成部分？

（2）结合实际，谈谈如何进行会展旅游产品的开发。

3.4.4　现代旅游产品开发的策略

现代旅游产品的开发是一项非常重要的工作，为了最有效地利用资源，最大限度地满足旅游者的旅游需求，在旅游产品开发规划的指导下，必须采取正确、合理的旅游产品开发的策略。常用的旅游产品开发策略主要有以下几种：

1）市场型组合策略

市场型组合策略，是针对某一特定旅游市场提供其所需要的产品。如旅行社专门为某一客源市场提供观光、修学、考古、购物等多种旅游产品；或者以青年市场为目标，开发探险、蜜月、修学等适合青年口味的产品。市场型组合策略有利于旅游企业集中力量对特定的目标市场进行调研，充分了解其各种需求，开发满足这些需求的多样化、多层次的旅游产品。但由于这种策略所选择的目标市场较单一，市场规模有限，会使旅游企业的旅游产品销售受到限制。

2）产品型组合策略

产品型组合策略，是指以某一种类型的旅游产品去满足多个目标旅游市场的同一类需求。如某旅行社主要开发观光旅游产品或生态旅游产品等，来满足所接待的各种各样的旅游者。采取这种策略，一方面旅游产品线路单一，旅行社经营成本较低，易于管理；另一方面可集中旅游企业，不断完善和开发某一种旅游产品，进行该旅游产品的深度加工，培育精品和名牌旅游产品，树立鲜明的旅游形象。但是，采取这种策略使旅游企业产品类型单一，增大了旅游企业的经营风险。

3）"市场-产品型"组合策略

"市场-产品型"组合策略，是指旅游企业开发、经营多种不同的旅游产品，同时或分批推向多个不同的旅游市场。如某实力雄厚的国际旅行社，同时经营观光旅游、度假旅游、探险旅游、会议旅游等多种旅游产品，既以国内的中高端旅游消费者作为目标市场，经营国内旅游和国际旅游；又以欧美市场、日本市场、东南亚市场、澳大利亚市场等多个旅游市场为目标市场，经营国际入境旅游。采取"市场-产品型"组合策略，可以满足不同旅游市场的需要，扩大市场占有份额，减少和分散经营风险等。当然，同时开发多种旅游产品，会使企业经营成本增加，也会对企业的人力资源等产生较高的需求。因此，要求旅游企业具备较强的实力，才能有效地采用"市场－产品型"组合策略，推进旅游产品的开发。

◆ **深度剖析 3-2**

　　近年来，一方面，国内许多中低档消费旅游市场需求不能有效满足；另一方面，高端旅游消费市场过剩从而造成供需倒挂。从"现代旅游产品开发"视角来看，这是什么问题？应如何解决？

✿ **本章概要**

✿ **主要概念**

　　从旅游市场角度定义的现代旅游产品　　从旅游者角度定义的现代旅游产品　从旅游经营者角度定义的现代旅游产品　旅游吸引物　旅游服务　基本旅游产品　非基本旅游产品　旅游资源　旅游设施

✿ **内容提要**

● 本章主要介绍了现代旅游产品与开发，包括：现代旅游产品的概念及特征、现代旅游产品的构成、现代旅游产品的类型、现代旅游产品的开发。

● 从不同的角度可以对现代旅游产品进行不同的定义。从旅游市场角度看，现代旅游产品是指旅游者和旅游经营者在市场上交换的、主要用于旅游活动中所消费的各种物质产品和服务的总和；从旅游者的角度来看，现代旅游产品是指旅游者花费一定的时间、精力和费用所获得的一段旅游经历和感受；从旅游经营者角度看，现代旅游产品是指旅游经营者凭借一定的旅游资源、旅游设施和其他媒体，向旅游者提供的、以满足旅游者需求为目的的物质产品和劳务的总和。

● 现代旅游产品的基本特征主要表现为：旅游产品的综合性、旅游产品的无形性、旅游产品的同一性、旅游产品的依赖性、旅游产品的固定性和旅游产品的敏感性。

● 现代旅游产品构成分为一般构成、需求构成和供给构成。一般构成包括旅游产品的核心部分、形式部分和延伸部分；需求构成包括旅游者需求程度和消费内容两方面；供给构成包括旅游资源、旅游设施、旅游服务、旅游购物品和旅游便捷性等多种要素。

● 现代旅游产品类型划分是多样的。按旅游产品组合形式可划分为观光旅游、度假旅游、文化旅游、公务旅游和生态旅游等；按旅游产品功能可划分为康体旅游、享受旅游、探险旅游、特种旅游等；按旅游产品开发程度可分为全新旅游产品、换代旅游产品、改进旅游产品等；按旅游产品销售方式可分为团体包价旅游、散客包价旅游、半包价旅游、小包价旅游、零包价旅游和自助旅游等。

● 现代旅游产品具有市场生命周期，即旅游产品从进入市场开始到最后退出市场的全部过程，这个过程大体要经历推出期、成长期、成熟期、衰退期四个阶段的生命周期变化，不同生命周期阶段具有不同的特点。

● 现代旅游产品开发，要遵循市场导向原则、效益观念原则、产品形象原则，根据旅游市场需求，对旅游资源、旅游设施、旅游人力资源及旅游景点等进行规划、设计、开发和组合,其主要包括三方面内容:一是对单项旅游产品的开发;二是对组合旅游产品的开发;三是对旅游目的地产品的开发。

现代旅游产品开发主要有市场型组合策略、产品型组合策略、"市场-产品型"组合策略。

✿　内容结构

本章内容结构如图3-2所示。

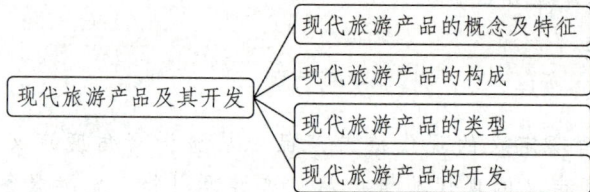

现代旅游产品及其开发
- 现代旅游产品的概念及特征
- 现代旅游产品的构成
- 现代旅游产品的类型
- 现代旅游产品的开发

图3-2　本章内容结构

✿　重要观点

观点3-1: 对自然环境资源依托性较强的旅游产品必须走高端路线。

常见质疑: 在大众化旅游到来的时代,旅游产品应该从内容与价格上去满足大众消费者的需要。

释疑: 旅游业具有较强的外部性特征,旅游产品的消费在带来积极的正效应的同时也会带来一定的负效应。依托自然环境资源开发的旅游产品在消费过程中首要的是不因旅游活动对环境造成破坏。因此,对自然环境资源依托性较强的旅游产品必须走高端路线,一是强调对旅游者进行教育使其成为负责任的高素质旅游者;二是通过价格杠杆提高一定的旅游活动门槛,以保证旅游目的地环境不因大量的旅游者的进入而遭到影响和破坏。

观点3-2: 旅游企业往往会通过提高产品数量和定价来实现利润最大化。

常见质疑: 增加产品数量可以为企业带来更多利润。

释疑: 在一般情况下,产品数量的多少直接影响企业的收入和利润水平。但是,企业向市场提供的产品数量或服务数量常常取决于成本和顾客的需求。只有当边际收益大于边际成本时,增加产品数量才能增加利润;而当边际收益小于边际成本时,降低产品数量才能增加利润。

✸　**单元训练**

✿　传承型训练

▲ 理论题

△ 简答题

1)简述旅游产品的概念及构成。

2)简述旅游产品的经济价值。

3)简述旅游产品的内涵与外延。

4)简述旅游产品的构成及供给要素。

△ 讨论题

1）如何认识旅游产品生命周期及特点？

2）如何深入认识旅游产品？

3）旅游资源等同于旅游吸引力吗？

▲ 实务题

△ 规则复习

1）简述旅游产品的分类方法及类型。

2）简述旅游产品开发原则。

3）简述现代旅游产品开发内容。

4）简述现代旅游产品开发策略。

△ 业务解析

1）在大众化旅游到来的时代，旅游产品如何从内容与价格上去满足大众消费者的需要？

2）对自然环境资源依托性较强的旅游产品必须走高端路线吗？

3）旅游产品开发中如何处理好市场导向、效益观念、产品形象三大原则与旅游业可持续发展之间的关系？

4）旅游企业可以通过提高产品数量和定价来实现利润最大化吗？

▲ 案例题

△ 案例分析

【训练目的】

见本章"学习目标"中"传承型学习"的"认知弹性"目标。

【教学方法】

同第 1 章本题型的"教学方法"。

【训练任务】

同第 1 章本题型的"训练任务"。

【相关案例】

工业旅游产品透视

背景与情境：走进钢花四溢的车间、流连酒香醉人的酿造房，这些都是近年来出现的"工业旅游"带给人们的特别体验。到工厂里看看生活中熟悉的物品是怎样制造出来的，不仅满足了人们的好奇心和求知欲，同时也有助于提升企业的形象。

工业旅游是以现有的工厂、企业、公司及在建工程等工业场所作为旅游客体的一种专项旅游。工业旅游通过让游客了解工业生产与工程操作等的全过程，使其获取科学知识，满足旅游者的精神需求和行、吃、住、游等基本旅游享受，并能提供集求知、购物、观光等多方面于一体的综合型旅游产品。

工业旅游起源于 20 世纪 50 年代法国的雪铁龙汽车制造公司。半个多世纪以来，工业旅游在一些发达国家方兴未艾，被誉为"朝阳中的朝阳"产业。工业旅游在中国崭露头角则可以从海尔开始算起。1999 年初，作为中国最大的家电企业，海尔集团提出工业旅游的概念，并为此专门成立了海尔国际旅行社，当年自身工旅游接待就已达到24万人次之多。海尔开展工业旅游主要是得益于海尔得天独厚的优势。首先，海尔有着品牌优势，消费者相信并忠于海尔品牌；其次，海尔具有丰富的旅游资源：海尔园区内，移步换景，处处蕴含着海尔文化；海尔样品室，展示着海尔最新、最受消费者喜爱的海尔家电；海尔大学更是将中国的传统文化与海尔文化相结合，寓意深远。

目前，工业旅游作为新兴的专项旅游项目，因其文化性、知识性、可参与性、现场性等特点备受游客青睐。随着国际旅游业的发展，工业旅游以其生产场景、高科技生产设施、厂区环境和企业文化等资源已越来越引起人们的关注，并展现了强大的发展动力。在发达国家，已经出现了一些非常成熟的工业旅游产品，把工业特色融于"吃、住、行、游、购、娱"旅游六要素中。如今，欧洲的"工业旅游"已相当红火，法国的"雷诺""雪铁龙"等汽车企业每年接待的游客都超过20万人次；美国造币厂每日吸引成千上万的游人，一张刚印制出来但经过特殊处理不能流通的钞票，成为一件特别热销的旅游纪念品；在德国奔驰公司，游人可以参观奔驰车的总装线，也可以穿上工作服拧几个螺丝钉，最后还可以直接把车买走，工业旅游也直接带动了汽车销售。

目前，我国已有103家工业旅游示范点正式挂牌，海尔、首钢、三精、天士力、蒙牛乳业、宝钢集团等都是其中的先行者。工业旅游示范点为社会各界提供了一个参观旅游、教学实践、科普教育、学术交流、休闲娱乐的旅游场所，更是彻底改变了工业企业在人们心目中的陈旧形象，在给工业企业带来良好社会效益的同时，也带来了较好的经济效益，不仅每年的门票收入比较可观，而且带动了相关产业，如餐饮、娱乐、住宿、交通等行业经济效益的增长，由此增加了就业岗位。

虽然工业旅游在中国的发展有了长足的进步，但总体来说仍属于初级阶段，工业旅游的发展还存在着这样那样的问题与障碍。从发展战略上讲，我国工业旅游缺少长远的规划。以参观通道为例，有的企业在当初建厂房时并无此考虑，现在补建，可行性和适游性就差了一些；从工业旅游的内容上讲，旅游过程主要局限在简单参观的基础上，游客亲和程度不高，停留时间短；从旅游效果和旅游产品来看，工业旅游缺少产品宣传、市场开发的主动性。这一方面表现为附加效益开发程度不够，缺少宣传载体，出售的旅游商品与企业生产结合程度不够；另一方面则表现为旅游产品的组合程度不高，不能完全融入本地整体旅游宣传的大盘中。除此以外，目前工业旅游服务的专业程度不足，游览讲解比较生硬、肤浅，接待服务不够到位，甚至内容编排和线路组织也存在不科学的地方。而这往往使得工业与旅游分离开来，失去了作为旅游的原始意义。

中国工业旅游未来的发展趋势应该更重视工业旅游经济效益的增长点，即工业旅游购物。在这方面主要是实现两种转化。第一种转化是把本单位的产品转化为旅游商品，即在原产品的基础上，在外包装、数量和服务上进行改进，形成旅游购物与普通购物的区别。第二种转化是把纪念品转化为企业宣传品，即在一般旅游纪念品上附加本企业标识，一个基本的要求是纪念品与本企业相关性要强，制作要精致，值得保存。例如，在三精制药"蓝色健康工业游"的活动中，很多游客在参观结束后就直接在厂家买药,这不仅实现了旅游产品的销售,同时也说明三精在这些游客的心目中建立起了诚信的形象,使他们从潜在的消费者迅速转变成了忠实的顾客。在一个地区内,有旅游价值的工业企业类型不尽相同,同类型的企业也只有最突出的才具有吸引力,并且旅游者在一个企业中停留时间也不会太长。这就需要在产品组合上形成"集聚效应",把几个互有差异、各具特色的工业旅游点组合起来形成"工业之旅"专项产品,纳入城市旅游线路,这就更容易形成吸引力。另外,工业旅游能够直接反映企业的形象,因此要把工业旅游纳入品牌战略中。这不仅是企业品牌战略的一种创新和延伸,还应该建立在企业品牌的基础上,反过来可以强化企业的品牌,形成一种良性的循环。除此以外,也要借鉴一下国外工业旅游成功的经验,如发展"怀旧"式工业旅游,把一些过时的行业甚至工厂遗址都用来开发形成工业旅游项目。因为在老工业区开展工业旅游,不仅可以满足人们追忆往昔的愿望,同时,人流带来信息流、资金流,对老工业区再开发和再创业也具有一定的积极意义。

总的来看,工业旅游已经发展成为旅游行业新的增长点,虽然处于起步阶段,但具有非常大的发展潜力。工业旅游是工业企业变无形资产为有形资产的一种手段,它的"神奇"效用就在于能让社会公众在参观游览中增长见识、了解企业、认同产品,从而达到城市、企业、产品"三赢"的目的。

(资料来源 佚名. 工业旅游产品透视[EB/OL]. [2005-11-25]. http://www.starwww.com. 经节选、压缩和改编)

问题:

1)该案例涉及了本章的哪些知识点?

2)工业旅游带来的旅游市场需求变化是否具有普遍性意义?

3)一个新兴工业旅游市场的出现对旅游市场竞争格局会产生怎样的影响?

4)工业旅游产品如何与其他产品进行组合?

【训练要求】

同第1章本题型的"训练要求"。

【成果形式】

1)训练课业:《"工业旅游产品透视"案例分析报告》。

2)课业要求:同第1章本题型的"课业要求"。

△ 善恶研判

【训练目的】

见本章"学习目标"中"传承型学习"的"认知弹性"目标。

【教学方法】

同第1章本题型的"教学方法"。

【训练准备】

同第1章本题型的"训练准备"。

【相关案例】

团购旅游是否会导致旅游行业过度削价竞争？

背景与情境： 由上海市旅游事业管理委员会和VNU欧洲展览集团主办的第八届上海世界旅游资源博览会（WTF）在上海展览中心举行。据悉，该展会经过7年的发展，已成功发展为国内最具影响力的旅游产品及线路的交易采购平台之一。

与以往明显不同的是，1元竞拍、团购、折扣产品秒杀等新兴消费模式均现身旅博会现场，使得近期有出游意向的游客为此省下一笔钱，如"市场价4 980元的中国台湾经济环岛游，打出了3 999元的团购价；原价2 280元的泰国5晚6日的精品之旅，团购价为1 750元；'锦SHOW巴厘岛'蜜月夫妻豪华海岛度假产品七折限量秒杀抢购；上海－菲律宾克拉克包机配套旅游产品5折现场限量团购；原价约7 500元的地中海邮轮幻想曲号船票1元起竞拍"等。

近年来电子商务跳跃式发展，团购概念喷薄而出，对于旅游业而言，可说是一次尝试改变经营思路、推广全新营销模式的良机。目前团购网站已经朝两大方向发展：承担旅游企业的在线销售业务；部分承担旅行社的业务，组织手中景区、酒店等资源，组合旅游线路进行销售。旅游市场上也逐渐出现了"团旅游"代替旅行社"组团游"的新动向。

全球首家、国内最大的旅游团购网团程网总经理翁祖福表示："未来，团程网将颠覆传统在线旅游分销模式，撼动中国旅游市场格局。"据悉，该团购网打出的产品折扣都在3到5折，并在本次旅游博览会现场推出了"百万现金大返利，0元抢购"促销返利活动。该返利活动最高返利金额为3 000元现金，最低赠10元邀请返利卡，返利金额可用来直接购买团程网上的任何产品。

另外，在此次博览会中参展的旅游团购网所提供的境外旅游产品的价格都低于市场价20%，国内旅游产品（旅行社产品）的价格则低于市场价40%，而酒店、景点门票类产品的价格低于市场价60%。

（资料来源　佚名. 团购旅游是否会导致旅游行业过度削价竞争？［EB/OL］.［2011-05-20］. http：www.cfi.cn.经节选、压缩和改编）

问题：

1）"团购旅游"这一新事物是否会导致旅游行业过度削价竞争？最终结果是有利于企业还是有利于旅游者？

2）试对上述问题做出你的道德研判。

3）说明你所做善恶研判的依据。

4）请从价值与价格关系的角度对旅游开发行为做出评价。

【训练要求】

同第1章本题型的"训练要求"。

【成果形式】

1）训练课业：《"团购旅游是否会导致旅游行业过度削价竞争"善恶研判报告》。

2）课业要求：同第1章本题型的"课业要求"。

✿ 创新型训练

▲ 决策设计

【训练目的】

见本章"学习目标"中"创新型学习"的"决策设计"目标。

【教学方法】

采用"学导教学法"、"案例教学法"、"项目教学法"和"创新教学法"。

【训练任务】

1）体验对"知识准备"所列知识的学习和运用。

2）体验对"附录三"附表3"解决问题"能力、"初级"各技能点"基本要求"和"参照规范与标准"的遵循。

3）体验在"相关案例"情境中的"创新学习"。

4）撰写《"决策设计-Ⅰ"训练报告》。

【训练准备】

知识准备：

学生自主学习如下知识：

1）本章理论与实务知识。

2）本教材"附录一"附表1"解决问题"（初级）各技能点的"知识准备参照范围"所列知识。

3）决策理论与方法的基本知识。

4）本教材附录三附表3"解决问题"能力、"初级"各技能点"基本要求"和"参照规范与标准"。

指导准备：

1）教师向学生阐明"训练目的"和"训练任务"。

2）教师指导学生结合本项目进行自主学习。

3）教师指导学生结合本项目进行决策设计。

【相关案例】

决策设计-Ⅰ

巴马长寿养生国际旅游区发展规划纲要

背景与情境：巴马长寿养生国际旅游区（以下简称旅游区）的行政区划包括巴马、东兰、凤山、天峨、都安、大化六县。旅游区聚居壮、瑶等少数民族，是世界长寿之乡、国家重点生态功能区和全国著名革命老区，长寿养生资源丰富，发展长寿养生旅游具有得天独厚的条件和十分广阔的前景。

为贯彻落实自治区政府决策，充分发挥旅游业的带动作用，推动旅游区长寿养生旅游业的发展，更好地促进旅游区的旅游开发和经济发展，自治区旅游局牵头编制了《巴马长寿养生国际旅游区发展规划纲要简介》（以下简称《简介》），明确了旅游区的发展目标、发展定位、发展重点和空间布局，提出将旅游区打造成为国际长寿养生健康旅游目的地、世界长寿养生科学研究中心、国际长寿养生健康文化交流与合作平台、国家生态旅游区和国家旅游扶贫示范基地。

关于巴马长寿养生国际旅游区的"特色旅游产品开发"，《简介》提出了如下指导性意见：

整合长寿旅游资源，提升山水生态旅游，深化民族风情旅游，丰富红色旅游文化，重点打造长寿养生旅游产品、山水生态旅游产品、民族风情旅游产品、红色文化旅游产品四大特色旅游产品。

1）长寿养生旅游产品开发

依托世界级的长寿旅游资源、优良的养生度假环境，以盘阳河流域为重点区域，以长寿养生文化为主题特色，以休闲养生、康体健身、文化体验为主要功能，大力发展长寿养生、休闲度假旅游产品，打造巴马百魔洞、龙洪、赐福湖；凤山三门海；建设东兰坡豪湖、红水河第一湾等大型长寿休闲养生度假旅游基地，举办国际性的长寿养生文化旅游论坛；依托盘阳河流域沿岸长寿村屯、月亮河等建设一批长寿文化村，开发长寿村屯旅游。

2）山水生态旅游产品开发

以凤山世界地质公园、大化七百弄国家地质公园、龙滩大峡谷国家森林公园、红水河山水风光等国际级的岩溶山水旅游资源为依托，在保护生态环境的基础上，挖掘文化内涵，深度开发山水观光旅游；依托优良的山水环境，高水平建设一批休闲度假基地，发展山水生态休闲、滨水休闲度假旅游产品，建设巴马盘阳河国家旅游度假区、红水河国家旅游度假区。

3）民族风情旅游产品开发

依托旅游区多彩的壮瑶风情，加强原生态民族村寨的保护，促进民族文化的传承与发展，高水平举办具有国际知名度的长寿养生文化旅游节庆，扶持布努瑶祝著节、壮族蚂拐节等一批具有地方特色的民族文化节庆活动，深度开发民族文化演艺旅游业态，打造融民族文化与自然山水于一体的大型实景演出和民族文化演艺精品项目，形成以民族村寨观光、民族文化体验、民族节庆活动为特色的民族风情旅游产品体系。

4）红色文化旅游产品开发

整合魁星楼、列宁岩、红七军二十一师师部旧址等东巴凤革命老区红色旅游资源，深入挖掘红色旅游文化内涵，拓展与其他产品的联动发展，延长旅游线路，提升红色旅游开发水平，建设东巴凤红色旅游区，开展东巴凤革命根据地游览、重走红军路、进行爱国主义教育、革命历史教育等红色旅游活动。

（资料来源　佚名. 巴马长寿养生国际旅游区发展规划纲要简介［EB/OL］［2013-07-15］. http://www.wm114.cn/wen/153/305790.html. 经节选、压缩和改编）

问题：

1）本案例涉及本章哪些知识点？

2）在案例提及的"四大特色旅游产品"中任选一种，以网上调研资料为依据，参照《简介》提出的指导性意见，运用相应策略，就其产品开发进行决策设计。

【设计要求】

1）形成性要求

（1）学生以小组为单位，研究本案例提出的问题，对案例情境进行多元表征。

（2）各组学习和应用"知识准备"中列示的"决策理论"与"决策方法"知识，拟出《"巴马长寿养生国际旅游区旅游产品开发"决策提纲》。

（3）各组讨论并展开《"巴马长寿养生国际旅游区旅游产品开发"决策提纲》，设计小组《"巴马长寿养生国际旅游区旅游产品开发"决策方案》。

（4）班级交流、相互点评和修订各组的《"巴马长寿养生国际旅游区旅游产品开发"决策方案》。

（5）小组总结本次训练，形成《"决策设计-I"训练报告》。

2）成果性要求

（1）训练课业：撰写《"决策设计-I"训练报告》。

（2）课业要求：

①《"决策设计-I"训练报告》的内容包括：训练团队成员与分工；训练过程；训练总结（包括对各项操作的成功与不足的简要分析说明）；附件。

②将《"巴马长寿养生国际旅游区旅游产品开发"决策提纲》和《"巴马长寿养生国际旅游区旅游产品开发"决策方案》作为《"决策设计-I"训练报告》的附件。

③结构、格式与体例要求：参照本教材"课业范例"的"范例-5"。

④在校园网的本课程平台上展示班级优秀《"决策设计-I"训练报告》，并将其纳入本课程的教学资源库。

❁　**建议阅读**

[1] 邢蕾，许夏鑫.乡村振兴视域下的旅游商品开发策略——评《旅游学研究》[J].热带作物学报，2020，41（12）：2612.

[2] 李博.黑龙江省冰雪体育旅游与文化传播[J].中国商论，2018（13）：126-127.

[3] 王淑芳，金媛媛.河南省"旅游+健康"产业融合的对策建议[J].现代商贸工业，2018，39（15）：11-14.

[4] 周玲强，黄祖辉.我国乡村旅游可持续发展问题与对策研究[J].经济地理，2004（4）：572-576.

[5] 苗学玲.旅游商品概念性定义与旅游纪念品的地方特色[J].旅游学刊，2004（1）：27-31.

[6] 吴文智，庄志民.体验经济时代下旅游产品的设计与创新——以古村落旅游产品体验化开发为例[J].旅游学刊，2003（6）：66-70.

[7] 汪德根，陆林，刘昌雪.体育旅游市场特征及产品开发[J].旅游学刊，2002（1）：49-53.

[8] 吴必虎，余青.中国民族文化旅游开发研究综述[J].民族研究，2000（4）：85-94，110.

[9] 古诗韵，保继刚.城市旅游研究进展[J].旅游学刊，1999（2）：15-20，78.

第4章
现代旅游需求与预测

▶ **学习目标**

▷ **传承型学习**

　　通过以下目标，建构以"现代旅游需求与预测"为阶段性内涵的"传承型"专业学力：

　　理论知识：学习和把握现代旅游需求的概念、特征、产生的主客观因素，影响旅游需求的因素，旅游需求量变化规律，旅游需求弹性的概念等陈述性知识；能用其指导本章"同步思考"、"深度思考"和相关题型的"单元训练"；体验"现代旅游需求预测"中"理论知识"的"传承型学习"及其迁移。

　　实务知识：学习和把握旅游需求的点、弧、价格、收入、交叉等弹性的计算，旅游者人数、旅游出游率与重游率、旅游消费支出等指标的计算，旅游需求调查的内容与方法，旅游需求预测的内容与方法，以及"业务链接"等程序性知识；能用其规范本章"深度剖析"、"教学互动"和相关题型的"单元训练"；体验"现代旅游需求预测"中"实务知识"的"传承型学习"及其迁移。

　　认知弹性：运用本章理论与实务知识研究相关案例，对本章"引例"、"同步案例"和"整合提升、创意引导——乡村旅游发展途径探讨"等案例情境进行多元表征，体验"现代旅游需求预测"中"结构不良知识"的"传承型学习"及其迁移；依照相关行为规范对"如何把游客当'上帝'"等案例进行善恶研判，促进健全职业人格的塑造。

　　实践操练：参加"'现代旅游需求衡量与预测'知识应用"的实践训练。在了解和把握本训练所及"道德领域"相关范畴"参照规范与标准"的基础上，通过对"知识准备"所列知识的运用，相关"参照规范与标准"的遵循，系列技能操作的实施，实践报告的准备、撰写、讨论与交流等有质量、有效率的活动，系统体验其诸多技能的"传承型学习"及其迁移；通过践行"职业道德"选项的行为规范，体验"职业道德"规范的"传承型学习"（顺从级）及其迁移，促进健全职业人格的塑造。

学习微平台

二维码资源
4-01

引例　2021年中国旅游业向何处去？

背景与情境： 2020年，突如其来的新冠肺炎疫情令社会流动近乎停滞，旅游业遭遇"冰封"时刻。下半年，随着疫情得到有效控制，中国旅游业逐步回暖，但出入境旅游依旧处于寒冬中。2021年中国旅游业向何处去？疫情防控常态下，旅游业如何发展？

纵观全球，旅游业是受疫情冲击最严重的行业之一。疫情发生以来，中国国内游和出境游出现断崖式下滑。数据显示，2020年上半年，中国国内游客约12亿人次，同比下降62%；而出境游客仅50万人次，同比跌幅达78%。以中国大型在线旅行服务公司携程为例，2020年初暴发新冠肺炎疫情之后，携程累计退订数千万份订单，涉及金额超310亿元（人民币，下同）。为了"挽救"携程，一向以理性、果断等形象示人的携程董事局主席、北京大学光华管理学院教授梁建章放弃西装革履，亲自下场cosplay成各路角色，直播带货。这让网民一度感叹"梁建章悲壮、旅游业艰难"。

在携程、去哪儿网等大型旅游服务平台勉强度日之际，已有很多中小型旅游企业倒在了行业的"寒冬"里，大量旅游业从业人员处于待业状态。好在中国用极短时间就取得了疫情防控的阶段性胜利。进入5月份，久违的人间烟火回归，更多民众选择出去走走，感受春暖花开。目前，中国国内旅游已基本恢复到疫情暴发前水平。但限于国外疫情持续蔓延及国内疫情防控需要，中国出入境旅游复苏尚待时日。截至10月份，2020年中国国内航线旅客数量达到4 800万人次，为2019年同期客流量的98%。中国旅游研究院预计，2020年下半年旅游业收入将达到2.12万亿元，较上半年增长231%。中国旅游业在2020年走出一个"V"形。梁建章向中新社记者表示，虽说出境业务受到很大影响，但是受疫情影响的一两年空缺，反而是国内旅游发展非常好的机遇。携程将深耕国内，心怀国际。"我们会做好准备，未来以更强势的姿态出现在国际旅行业舞台上。"

市场研究机构埃森哲针对全球旅游市场设定了"强劲复苏""疫市共存""市场低迷""至暗时刻"四种发展情境。考虑到中国国内旅游市场回暖，埃森哲预计，中国旅游业不会出现"至暗时刻"。对国内旅游业而言，未来更可能呈现"强劲复苏"或"疫市共存"。但由于疫情在全球范围尚未得到控制，国际旅游市场波动仍会持续。"原本高频出境游人群，会找一些国外目的地的替代品，这当然就是中高端有特色的度假型目的地。"梁建章向中新社记者分析，目前看，国内旅行将比往年更加亮眼。旅客省下的很多出境游机票费用，都可以花在酒店上，也可以花在更高端的旅游服务上。因此，旅游企业应该深耕产品、小而美的内容、供应链和服务。后疫情时代，中国旅游业新态势已经初显，这种转变将对旅游市场和旅游公司产生深远影响。

国内游将成为旅游行业主引擎。当前，中国民众消费信心已经回升。中国提出构建"国内国际双循环相互促进的新发展格局"，并着力拉动国内消费以推动未来经济增长。鉴于国外疫情仍在蔓延，未来国内游将在中国消费者支出中占据重要份额。"即兴游"转为"计划游"。出于疫情防控需要，当前很多国内旅游景点需要控制旅游人数，实行预约游览，这意味着"说走就走的旅行"越来越少。游客现在必须提前计划和预订，且需通过数字渠道完成。这在今年国庆假期已经显现。"自助游"和"免接触游"将走俏。后疫情时代，中国消费者对健康卫生更加重视。一项调查显示，近一半的中国游客在计划旅行时，将新冠肺炎疫情防控措施视为最重要的考量因素。和陌生人接触少的自助游、小团游、定制游将受到欢迎。

（资料来源　中国新闻网. 年终经济观察：2021年中国旅游业或现三大变化［EB/OL］.［2020-12-29］. https：//baijiahao.baidu.com/s？id=1687376579663300266&wfr=spider&for=pc. 经节选、压缩和改编）

从上述引例可以看到，旅游需求是现代旅游经济产生和发展的重要前提，旅游需求的变化引发了旅游经济活动的变化，没有旅游需求就没有现代旅游经济的发展。这个案例告诉我们，旅游需求是多层次、不断变化的，只有了解现代旅游需求产生的主观因素及客观条件，掌握现代旅游需求的各种影响因素及其在市场经济中的客观规律性，才能促进旅游经济活动的持续发展。

4.1　现代旅游需求的概念及特征

旅游需求和旅游需要是既有联系又相区别的不同概念。需要，是指人们在一定条件下对某种事物渴求满足的欲望，是产生人类一切行为的原动力，当人们产生休闲度假、游览观光等旅游欲望时，则意味着人们将产生旅游需要，由于人们的旅游欲望是随着生活水平提高而不断变化和增强的，因此人们的旅游需要是无限的。

4.1.1　现代旅游需求的概念

现代旅游需求，是指具有一定支付能力的人们为了满足不断变化和增强的旅游欲望，在一定的时间和价格条件下，可能购买的旅游产品数量。由于人们的旅游需求受到时间、价格和支付能力的制约，因此人们的旅游需求是有限的。为了更好地区别旅游需要与旅游需求，可以从以下几方面来正确理解旅游需求的概念：

1）旅游需求反映了旅游者的购买欲望

无论有没有购买能力，旅游需求首先必须是旅游者的一种主观愿望，首先反映为旅游者对旅游活动渴求满足的一种旅游需要，即对旅游产品的购买欲望或需要，这是激发旅游者的旅游动机及行为的内在动因。由于旅游需要只表现为人们对旅游产品的购买欲望，并不是实际购买的旅游产品数量，因此这种购买欲望或旅游需要能否转变为旅游需求，主要取决于旅游者的购买能力，旅游经营者提供旅游产品的数量，以及其他各种影响旅游需求的因素和条件。

2）旅游需求表现为旅游者的购买能力

旅游者的购买能力，一般指人们在其收入中用于旅游消费支出的能力，即旅游者的经济条件。旅游者的经济条件，通常用个人可支配收入来衡量。在其他条件不变的情况下，个人可支配收入越多，则人们对旅游产品的需求就越大。此外，一定的旅游产品价格也是影响旅游者购买能力的重要因素。因此，旅游者对旅游产品的购买能力，不仅表现为旅游者消费旅游产品的能力及水平，而且是旅游者的购买欲望转化为有效旅游需求的重要前提条件。

3）旅游需求表现为旅游市场中的一种有效需求

在旅游市场中，有效的旅游需求是指既有购买欲望，又有支付能力的需求，它反映了旅游市场的现实需求状况，因而是分析旅游市场变化和预测旅游需求趋势的重要依据，也是旅游经营者制订经营计划和营销策略的出发点。凡是只有旅游欲望而无支付能力，或者只有支付能力而无旅游欲望的需求均称为潜在需求。前一种潜在需求是不能引导的，只能随社会生产力发展和人们收入水平提高，才能逐渐转换为有效需求；而后一种潜在需求是可引导的，因而是旅游经营者开发的重点，即通过有效的市场营销策略，如广告、宣传、人员促销等，使其能够尽快转换为有效的旅游需求。

◆ 同步思考 4-1 ◆

问题：如何才能正确全面地理解旅游需求？

4.1.2　现代旅游需求的产生

马克思的劳动价值论认为：商品是在劳动过程中形成的能满足人们的某种需求，并能够用于市场交换的劳动产品，商品具有使用价值和价值。旅游产品之所以能成为商品，也是因为它和其他产品一样，具有一般商品所具有的基本属性，是使用价值与价值的统一。

现代旅游需求的产生是主观因素和客观条件相互结合的产物。从主观上看，旅游需求是由人们的生理和心理因素所决定的；从客观上讲，旅游需求是科学技术进步、生产力提高和社会经济发展的必然产物。

1）现代旅游需求产生的主观因素

现代心理学的研究表明：人的需要是在各种外在因素的刺激下产生的生理和心理的紧张状态，以及对缓和紧张状态的一种欲求。因此，旅游需求产生的主观因素，实质上是人们在各种外在因素和条件综合作用下，所反映出来的从生理和心理上对旅游的一种渴望。

（1）现代旅游需求产生的生理性因素

生理性需要是人们的先天性需要，是维持人的生命必不可少的基本因素。在社会生产力水平不高的情况下，人们的生理性需要主要是追求对食物、住所、穿着、安全等方面的满足。但是随着社会生产力的发展，人们的生理性需要在质量和水平方面都有了提高。例如，人们对新鲜的空气、洁净的水、高质量的食品、良好的环境、舒适的住所及健康的体质等方面的追求，促使人们产生了休闲、度假、疗养、健身、康乐等旅游需求和动机。因此，从生理因素看，现代旅游需求的产生实质上是人们追求物质生活质量提高的结果。

（2）现代旅游需求产生的心理性因素

人们的心理性需要是后天的，是人们在与自然、与社会、与人之间的相互交流和适应中所反映出来的主观心理状态。例如，学习、工作、社交、友情、荣誉、尊敬、价值观及消费意识等。正是由于人们对自然、社会、文化的感知、好奇和兴趣等，促使人们产生了求知、游览、观光、审美、交友、思乡、探秘、访古、朝拜等旅游需求和动机。因此，从心理因素看，现代旅游需求的产生实质上是人们对自然、社会和文化环境的一种反应和适应的过程。随着人类文明的进步和发展，现代旅游需求产生的心理因素日益发挥着重要的作用。

综上所述，现代旅游需求产生的主观因素是人们生理因素和心理因素相互联系、相互作用的结果，它影响着人们的旅游需求和动机，影响着人们对旅游产品的购买，影响着人们在旅游目的地旅游过程中的行为。

2）现代旅游需求产生的客观条件

在现代旅游经济发展中，人们可支配收入的提高、闲暇时间的增多及旅游的可进入性是影响旅游需求产生和变化的三个重要客观因素。

（1）人们可支配收入的提高是产生现代旅游需求的前提条件

可支配收入，是指人们从事社会经济活动而得到的个人收入扣除所得税后的余额，是人们可以任意决定其用途的收入。随着现代社会经济的发展，人们的收入日益增加、生活水平不断提高，消费意识和消费结构也发生很大的变化，导致旅游需求也日益增加。通常，在人们可支配收入一定的条件下，人们用于衣、食、住、行及其他方面的支出比例基本不变。但是，随着人们可支配收入的增加，人们用于衣、食、住、行等方面的支出就会相对减少，而用于其他方面的支出则相对增加。因此，人们可支配收入的提高不仅是产生现代旅游需求的前提，而且对旅游的出行距离及内容等也具有决定性影响。

（2）人们闲暇时间的增多是产生现代旅游需求的必要条件

旅游活动必须花费一定的时间，没有时间就不能形成旅游行为，因而闲暇时间是构成旅游活动的必要条件。随着社会生产力的发展和劳动生产率的提高，人们用于工作的时间相对减少，而闲暇时间则不断增多。特别是许多国家和企业推行"周五工作制"和"带薪假日"，使人们的闲暇时间越来越多。有的国家和地区年休假日每年多达140天。于是，人们不仅产生短期休闲旅游需求，以度过美好的周末，而且逐渐增加远程旅游及国际旅游，到风景名胜区休闲度假，到世界各地游览、观光。因此，闲暇时间的增加是产生现代旅游需求必不可少的条件。

（3）旅游的可进入性是现代旅游需求产生的基础条件

旅游的可进入性包括一定的交通通达性条件、可旅游区域范围的划定、签证便利性条件等。

任何旅游活动都离不开一定的交通运输条件，特别是远程旅游及国际旅游，更讲求交通运输条件的舒适和方便。现代科学技术的进步，为人类提供了便利的交通运输条件，从而促进了现代旅游需求的产生和国际旅游的发展。现代航空运输业的发展，极大地缩短了旅游的空间距离；大型民航飞机、高速公路、空调客车、高速列车等交通运输的现代化，使得旅游者在旅游活动过程中的空间移动更加舒适、方便和安全。这不仅有效地刺激了人们的旅游需求，"催化"人们的旅游行为，而且缩短了旅途时间，减少了途中的劳累及单调，又进一步加快了国际旅游的发展，使旅游业进入一种全球化发展的新趋势。

虽然旅游业在全球范围内日益兴起，但并不是任何国家和地区都是无条件开放旅游目的地的。尽管现代交通运输业飞速发展，但是，如果国家与国家之间互不开放旅游目的地，将会影响两国之间的旅游往来；反之，国家与国家之间相互开放旅游目的地，则可以全面推进国际旅游的发展。所以，可旅游区域范围的划定成为影响和制约一个国家或者一个地区旅游业发展的因素，也是影响旅游需求的重要基础条件。

此外，在一定区域范围内，国家之间签证的方便、快捷，也会极大地拉动旅游需求，促进该地区旅游业的发展。

◆ 同步思考4-2 ◆

问题： 如何才能正确全面地理解旅游需求产生的条件？

4.1.3　现代旅游需求的特征

现代旅游需求作为人类需求的重要组成部分，既有人类需求的一般特征，又有不同于人类其他需求的特殊性。由于现代旅游需求是人们消费需求中的一种高层次需求，因而现代旅游需求具有区别于人类其他需求的主要特征。

1）现代旅游需求是一种高层次的需求

美国心理学家马斯洛认为，人们的兴趣爱好及所处环境的差异，使人们产生各种各样的需求。马斯洛把人的需求分为生理需求、安全需求、社交需求、自尊需求和自我实现需求五个层次，他认为五个层次的需求总是由低级向高级逐渐得到满足的。随着低层次需求得到一定满足，人们就会追求更高层次的需求。现代旅游需求是人们的一种高层次需求，表现为人们追求更好的物质和精神享受方面的满足。人们为了满足高层次社交、自尊及自我实现的需求，就会产生旅游需求，如探亲访友、考察学习、疗养度假、旅行观光、探奇览胜等。

2）现代旅游需求是一种多样化的需求

旅游活动是指人们为了满足旅游需求，而暂时外出以改变生活方式和生活场所的一种形式。由于人们的需求是多种多样的，因而旅游需求也表现为一种多样性的需求。如人们可能为了好奇、学习而旅游；可能为了身体健康、治疗疾病而旅游；可能为了公务、经商、洽谈业务而旅游；可能为了减轻工作压力、恢复身心健康而旅游；也可能为了满足冒险、刺激、浪漫的心理而旅游，等等。总之，人们的个性差异、生活条件的不同、经济收入的差别，以及所处社会环境的影响不同，使人们往往因人而异，产生各种各样的旅游需求。

3）现代旅游需求是一种主动性的需求

旅游需求是在外部因素的刺激影响下，经过人的内在心理作用而产生的，是人类旅游行为发生的内在动力。旅游需求的产生虽然受旅游产品的吸引力作用，受经济、社会、政治、文化及环境等各种因素的影响，但最根本的还是由人的心理所决定。人们的价值观、生活方式、生活习惯、消费特点等都会直接决定和影响着旅游需求的产生和发展，因此现代旅游需求是人们的一种主动性需求，特别是随着人们收入的增加、生活水平的提高和生活质量的改善，现代旅游需求已成为人们积极主动追求的一种重要的消费需求。

4）现代旅游需求是一种复杂性的需求

旅游需求一方面受人的心理活动的复杂性所影响，即人们对购买和消费旅游产品的认知、态度、情绪、偏好及学习过程是复杂的，如有的旅游者喜欢高级宾馆，而有的旅游者更喜欢民居式住宿，有的旅游者喜欢刺激、冒险的旅游活动，而有的旅游者更喜欢安全性高的旅游项目；另一方面受旅游环境的复杂性所影响，通常旅游者的旅游活动是不断运动和变化的，随着旅游活动的进行和旅游环境的变化，必然对旅游者的心理和行为产生重要影响，从而导致旅游需求也处于动态的变化之中，并表现出复杂性的特点。

◆ 同步案例 4-1

旅游方式的多样化

背景与情境：当前旅游活动方式呈现多样化的趋势。

（1）乡村旅游：乡村旅游已成为 21 世纪旅游的一大特色，深受城镇居民的青睐。随着城市现代化建设的加快，人们更希望能返璞归真，回归大自然，乡村旅游能充分满足人们的这种需求。在这些追求的驱使下，城镇居民纷纷赶往农村，住农家，吃农家饭，既可观光又可亲身感受耕作的乐趣，同时还可以参加采摘、垂钓、骑马、划船、狩猎等活动，这些也充分体现了人们对于体验的热衷。

（2）工业旅游：以参观、学习为目的，以工业景观、生产流水线、工艺流程及劳动场面为主要的旅游吸引物，集知识性、科学性和教育性为一体的旅游活动。法国可以说是工业旅游的发祥地，早在 50 多年以前，雪铁龙汽车制造公司就组织客人参观生产流水线，取得了很好的社会效益，引起了许多厂家的仿效。工业旅游不仅可以满足人求知、求新、求奇的愿望，同时还可以创造新的经济增长点，提高企业的社会知名度。

（3）冰雪旅游：是体育旅游的一种，其特点是以休闲、健身、观战、刺激和竞技等不同方面来满足人们的旅游需要。其客源量大，普及性强，趣味性浓，同时兼有游览休闲与体育锻炼两大旅游功能，在国外已有百年的发展历史。拥有阿尔卑斯山冰雪旅游资源的法国、奥地利、瑞士都是冰雪旅游业发达的国家。近年来，随着我国人们生活水平的提高，尝试滑雪、喜欢滑雪的爱好者日益增多，冰雪旅游已成为我国冬季旅游的热点，在我国旅游市场上刮起了一股强烈的银色旋风。作为我国冰雪旅游发源地的黑龙江、吉林两省，冰雪旅游产品成了它们的金字招牌，得天独厚的条件带动了当地旅游经济的发展。

（4）野外拓展：野外拓展训练（Outward Bound）是指在自然地域（山川湖海）通过探险活动进行的情景体验式心理训练。其功能是提高个体的环境适应与发展能力，提高组织的环境适应与发展能力，同时，增进参与者之间的沟通和交流，培养互助互爱的团队合作精神。与传统的场地式训练不同，野外拓展训练依靠奇、秀、峻、险的自然地貌，很好地将拓展与旅游结合在一起，通过旅游的形式达到拓展训练的目的。拓展训练概念于 20 世纪 90 年代初引入中国，近几年来得到迅速的发展，不断受到企业推崇，逐渐被列入国家机关、外企、大中型企业和不少私营企业的培训日程。野外拓展旅游的需求日益旺盛。

（5）太空旅游：世界上第一位太空旅客蒂托乘坐的俄罗斯联盟号飞船安全而准确地返回地球，意味着对于普通公民来说，"九天揽月，上天摘星"将成为现实，同时标志着人类在太空飞行史上一个新时代的来临。航天技术的发展为人们带来了有关太空的信息，使人们对宇宙有了一定的了解，同时也增加了太空对人们的吸引力，而世界航天技术的发展为满足太空旅游需求提供了现实可能性，也许有一天太空旅游就像普通飞行一样普遍。太空旅游业具有很大的发展潜力，将来可能会成为新的经济增长点。

（资料来源　张辉，等. 中国旅游产业转型年度报告［M］. 北京：旅游教育出版社，2005：95-98. 经节选、压缩和改编）

问题：以上案例反映了旅游需求的什么特征？

4.2　现代旅游需求规律

4.2.1　现代旅游需求的影响因素

现代旅游需求除了受到旅游者的主观因素和收入水平、闲暇时间及交通条件的直接影响外，还是在政治、经济、文化、法律、自然、社会等各种外在因素影响下而形成的一种复杂的社会经济现象。因此，要很好地了解和掌握旅游需求规律，首先必须对影响旅游需求的各种因素进行分析和研究。通常，影响旅游需求的主要因素有人口、经济、社会文化、政治法律、旅游资源等。

◆ **同步思考 4-3**

问题：现代旅游需求受哪些因素的影响？

1）影响旅游需求的人口因素

人口是影响旅游需求的最基本因素之一，因为旅游本身就是人的一种行为。因此，人口的数量、素质、分布及构成对旅游需求产生着重要的影响，从而形成不同的旅游需求规模和结构。

人口的数量、素质及其变化影响着旅游需求量的变化。随着社会生产力的发展，人们的生活水平不断改善，参加旅游的人数也越来越多。从国际旅游比较中可以看出，一个国家人口数量越多，参与国际旅游的人数就更多，从而对旅游产品的需求量也相应增多。人口素质同旅游需求也密切相关。通常，旅游者的文化素养及受教育程度直接影响着旅游需求的变化。一方面，由于旅游产品是一种综合性的产品，要求旅游者必须具备一定的文化知识，才能够对各种旅游名胜、旅游方式、旅游内容做出合理选择；另一方面，受过教育且文化素养较高的人，一般社会地位都相对较高，因而他们对世界各地情况了解的愿望也更强烈，从而刺激他们产生更多的旅游需求。

人口分布的城乡状况也对旅游需求产生影响。一般来说，城市居民要求旅游的数量要比乡村居民多得多。这是因为城市居民收入一般比乡村居民高，具有产生旅游需求的经济基础；同时，城市人口较稠密，环境质量较差，迫使城市居民外出旅游以寻求环境的调节。此外，城市发达的交通条件、灵敏的信息及其他条件，也使城市居民的出游率远比乡村居民高得多。

人口的年龄、性别及职业构成也影响着旅游需求的产生及发展。从人口年龄构成看，不同年龄的人对旅游需求是不同的。一般青少年精力充沛，渴望外出旅游，但往往受经济收入不多的限制；中年人虽然也精力旺盛，具有工资收入及带薪假日，但又受家庭拖累；老年人既有经济收入，又无家庭拖累，也有时间保障，具有较多的旅游需求，但又常常受身体健康条件限制。从人口性别上看，在一般情况下，男性旅游者人数比女性旅游者要多。但随着社会经济发展，家务劳动社会化，许多经济发达国家的妇女出游率也在不断上升。从职业构成看，由于人们的工作性质不一样，就决定了人们的收入水平、闲暇时间及公务出访机会也不一样，从而产生不同的旅游需求。

◆ **深度思考4-1** ◆

问题：城市化发展程度对旅游需求有影响吗？

2）影响旅游需求的经济因素

经济条件是产生一切需求的基础，没有丰富的物质基础和良好的经济条件，旅游需求便不可能产生。因此，国民经济发展水平、人们收入分配、旅游产品价格、外汇汇率等都直接或间接地影响着旅游需求的规模及结构，如表4-1所示。

表4-1　　　　　德国出境旅游人数、支出及相关经济指标

年度	出境旅游人数（万人）	旅游支出总额（亿美元）	GDP（百万美元）	人均GDP（美元）	恩格尔系数	消费物价指数	汇率
1980	2 247.3	205.99	80 9850	14 150	0.23	—	1.96
1985	4 495.3	128.1	61 9293	10 560	0.21	—	2.46
1990	5 626	337.7	1 107 428	15 400	0.20	100	1.49
1991		342.5	1 193 461	20 060	0.14	100	1.52
1992	—	357	1 183 187	21 250	0.13	105	1.61
1993		363.5	1 501 488	22 720	0.13	110	1.73
1994	7 215.6	451.8	1 719 512	20 660	0.12	113	1.55
1995	7 445.1	520.9	1 969 455	23 360	0.12	115	1.43
1996	7 849.8	510.2	1 970 761	23 560	0.12	117	1.55
1997	7 991	463.2	2 045 991	25 580	0.12	119	1.79
1998	8 297.5	469.4	2 415 764	27 510	0.12	120	1.67
1999	7 340	481.6	2 353 510	28 870	0.12	120	—
2000	—	476.5	2 092 320	28 230	—	123	
2001	7 640	519.3	2 150 519	26 570		126	
2002	7 330	532	2 111 940	25 620		127	

（资料来源　世界银行数据库；国际统计年鉴（1996—2004）；中国旅游业发展重大课题调研成果（国家旅游局）；《国际金融统计年鉴》（2002））

　　国内生产总值（GDP），是指一个国家（或地区）在一定时期内所生产的最终产品和提供的劳务总量的货币表现，它反映了一个国家（或地区）在一定时期内整个社会物质财富的增加状况，是衡量经济发展水平的重要指标。从旅游经济角度看，如果旅游客源国的国内生产总值高，则旅游需求就会增加，旅游的规模和结构就相应提高；如果旅游接待国的国内生产总值高，则旅游设施及接待条件就相应较好，从而吸引旅游者及刺激旅游需求的能力就强。因此，不论是旅游客源国还是旅游接待国，国内生产总值的提高都会刺激旅游需求不断增加。

　　在现实社会经济中，人们的收入水平及可支配收入状况也影响着旅游需求的变化。一方面，旅游需求随着人们的收入变化而呈现出正相关变化。人们收入增加，旅游需求就上升；人们收入减少，旅游需求就会下降。因而，收入水平是影响旅游需求的数量因素。另一方面，在总收入不变的前提下，人们可支配收入的多少不仅影响旅游需求的数量，而且会影响旅游需求的结构，即随着旅游者用于旅游消费支出的增加，对某些旅游产品内容的需求会增加；而对另一些旅游产品的需求会减少。

　　从价格和汇率方面看，旅游需求与价格具有负相关关系。当旅游产品价格上升，旅游需求量就下降；当旅游价格下跌，旅游需求量就会上升。另外，在国际旅游中，汇率变化对旅游需求的影响表现在：当旅游接待国的货币升值，则前往该国的旅游者或旅游停留时间就会减少；反之，当旅游接待国的货币贬值，则前往该国的旅游者及停留时间就会增加。可见，汇率变化不一定会引起国际旅游总量增加或减少，但是会减少对货币升值的接待国家的旅游需求，而增加对货币贬值的接待国家的旅游需求。

　　3）影响旅游需求的社会文化因素

　　世界上不同国家、不同民族具有不同的文化背景，从而在价值观念、风俗习惯、语言文字、宗教信仰、美学和艺术等方面存在着差异，进而影响到对旅游产品的需求，旅游活动的感受也有较大的差异。因此，在研究旅游需求时，就必须注意分析旅游者所在不同国家或地区的社会文化差异性，分析不同民族及不同社会文化因素影响下所形成的消费习惯和需求心理，尽可能按照旅游客源地国家或民族的不同消费特点和习惯，适应不同旅游者的消费偏好和兴趣，有针对性地提供旅游产品和服务，才能有效地促进旅游需求的不断增加和扩大。

　　4）影响旅游需求的政治法律因素

　　政治稳定性是激发旅游需求、促使旅游需求不断增加的重要因素。不稳定的政治环境，往往使旅游者要承担各种风险，从而造成旅游者的心理压力而使旅游需求下降。因此，旅游接待国的政局稳定，则对该国旅游产品的需求量就多；反之，则对该国旅游产品的需求量就少。有时，在一个旅游圈内某一国家的政局不稳定，还会使周围国家及整个旅游圈的旅游需求普遍下降。此外，旅游接待国的有关法律、法规及执行情况，也对旅游需求产生着直接和间接的影响，尤其是国家对旅游出入境是鼓励还是限制、出入境手续是否方便快捷，都会对现代旅游需求的形成和发展产生重要的作用和影响。

◆ 同步案例4-2 ◆

担心曼谷围城 成都客退团赴泰游

背景与情境： 近日泰国局势再次紧张，昨日泰国反政府组织领导的"封锁曼谷"行动正式启动，大量曼谷市民生活受到不同程度影响。有业内人士预计，泰国1月份将减少40万外籍游客。泰国一直都是成都人出境旅游的热门目的地之一，《成都商报》记者走访市内部分旅行社了解到，各旅行社尚未取消赴泰旅游团，而航空公司也没有取消航班，但出现了个别游客退团和改签的情况。

一家旅行社10多名游客退团。昨日上午，在九眼桥附近一家旅行社，其员工小陈就接到了10多名游客退团的申请。"这些游客报的都是15号出发前往泰国曼谷+芭提雅的旅游团。"她告诉记者，受新旅游法的影响，泰国游价格上升，旅游产品相比去年不是很好卖，"但现在受泰国政局的影响，生意更差了。"她告诉记者，自己任职的这家旅行社每天包了泰航的30~40个机位，现在面临一定的销售压力，春节期间还有一些余位，但在去年这个时候早就满员了。"一些旅客订了团，但最近不想去泰国，我们尽量让这些游客延期，如果实在不行也只有退款了。"

非常假期旅行社每天都有曼谷的包机位，也有甲米的包机位，这几天泰国局势不稳也让老总樊云有些"压力山大"。昨日下午1时47分，他在微信上发布了目前曼谷市区部分没受影响的旅游景点，以及比较畅通的高速公路，还有一些游客在游览大皇宫。他告诉记者，春节期间泰国曼谷都还有一些机位没有收满，但从交通角度考虑，他建议游客远离泰国人聚集的区域，以免交通堵塞或行程推迟。

提前一周退团须承担20%费用。昨日，记者采访了不少业内人士后得知，泰国国民表达抗议的方式较为理性，包括大皇宫在内的几个景点都正常开放。"每天都有去泰国的团，当地政局动荡对外国游客的出行影响并不大。"四川上航假期副总张新民昨日也告诉记者："目前，从成都出发去曼谷、普吉岛以及清迈、甲米4大旅游线路中，曼谷所受的影响绝对是最大的，其他线路基本没受太大影响。"他昨日也接到了两个游客退团，他表示，泰国目前的局势可能影响泰皇宫周边一些景点，交通肯定不如以前顺畅，但是不影响其他线路。而且相比其他热门线路，前往曼谷的团费最近肯定会下调。

他表示，由于国家旅游局并未明令禁止泰国游，退团的费用将根据旅行社和游客签订的合同来协商进行，鉴于出国游在机票、酒店等费用上存在预付款，市民提出退团自己也要承担部分费用。

"如果游客在临出发前一周提出退团，须承担部分损失，大概是团费的20%。"光大成都旅行社副总吴亮表示，以春节期间曼谷游报价4 000多元来看，退团要支付近800元，同时提出退团要求的日期距离出发日越近，游客的损失可能越大。

问题： 你是如何理解游客退团原因的？

（资料来源 胡沛.担心曼谷围城，成都客退团赴泰游 [N]. 成都商报，2014-01-14.经节选、压缩和改编）

5）影响旅游需求的资源因素

旅游资源是吸引旅游者的旅游对象物，是一个国家或地区的自然风貌和社会发展的象征，体现着该国家或地区自然、社会、历史、文化及民族的特色，从而对生活在其他国家或地区的人们产生着吸引力。因此，根据现代人类多样化需求而发掘形成的旅游资源，正成为影响世界经济社会发展的新型战略性资源。首先，随着人们对资源认识和利用向深度及广度发展，各种各样的旅游资源正在被认识和发掘，极大地刺激了人们旅游需求的产生；其次，各种自然旅游资源及人文旅游资源直接或间接地转化为经济优势，并带来经济收入，则是在旅游进入现代生活之后才开始的，并随着旅游业的发展而释放出巨大的经济能量。可见，旅游资源与旅游需求相辅相成，旅游资源刺激旅游需求产生；而旅游需求则促使旅游资源转换成经济资源并形成经济优势，没有旅游需求，旅游资源的经济优势就不能凸显。所以旅游需求和旅游资源相辅相成，互相促进。

◆ **深度思考 4-2**

问题：产品质量会成为影响旅游需求的因素吗？

4.2.2　现代旅游需求量变化规律

旅游需求的产生和变化受多种因素的制约和影响，但对旅游需求量具有决定性影响的因素主要是旅游产品的价格、人们的收入状况及闲暇时间。因此，旅游需求量变化的规律性主要反映为旅游需求与价格、收入和闲暇时间的相关性和变动关系。

1）旅游需求量与旅游产品价格呈反向变化

旅游产品价格是决定和影响旅游需求量的基本因素，在影响旅游需求量的其他因素不变情况下，旅游需求量总是随旅游产品价格的涨落而发生相应的变化。当旅游产品价格上涨时，旅游需求量就会下降；当旅游产品价格下跌时，旅游需求量就会上升。根据旅游需求量与旅游产品价格的关系，可以在坐标图上绘出旅游需求价格曲线，如图 4-1 所示。

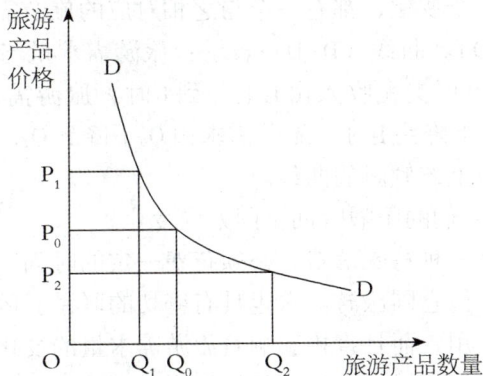

学习微平台

二维码资源
4-02

图 4-1　旅游需求价格曲线

在图 4-1 中，纵坐标代表旅游产品的价格，横坐标代表旅游产品的数量，在坐标图中旅游产品价格的任何一个变动，都有一个与之相对应的旅游需求量，从而形成了旅游需求价格曲线（D-D）。该曲线表示：旅游需求量与旅游产品价格呈反方向变化的规律性。当旅游产品价格从 P_0 下降到 P_2 时，旅游需求量从 Q_0 上升到 Q_2；当旅游产品价格从 P_0 上涨到 P_1 时，旅游需求量从 Q_0 下降到 Q_1，因而旅游需求价格曲线是一条自左上向右下倾斜的曲线。

2）旅游需求量与人们收入呈同方向变化

人们的可支配收入与旅游需求量也有着密切的联系。因为旅游需求是一种有效需求，而有效需求必须是具有支付能力的需求。如果人们仅有旅游欲望而无支付能力，是不可能形成有效需求的。通常，人们可支配收入越多，对旅游产品的需求量就越大；反之，人们可支配收入越少，对旅游产品的需求量就越小。因此，人们可支配收入同旅游需求量之间存在着正相关的关系，图 4-2 的旅游需求收入曲线，就反映了旅游需求量与人们的可支配收入呈同方向变化的客观规律性。

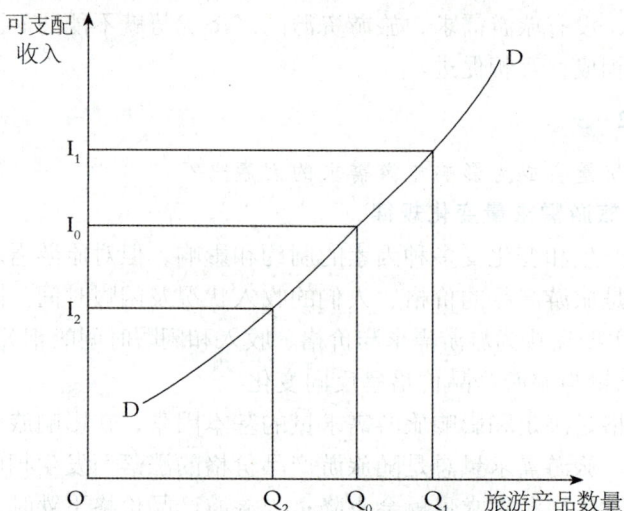

图 4-2　旅游需求收入曲线

在图 4-2 中，纵坐标代表人们的可支配收入，横坐标代表旅游产品的数量，人们的可支配收入的每一个变化，都有一个与之相对应的旅游需求量，从而形成了旅游需求收入曲线（D-D）。曲线（D-D）表示：旅游需求量与人们可支配收入呈正方向变化的规律性。当可支配收入由 I_0 上升到 I_1 时，旅游需求由 Q_0 上升到 Q_1；反之，当可支配收入由 I_0 下降到 I_2 时，旅游需求由 Q_0 下降到 Q_2，因而旅游需求收入曲线是一条自左下方向右上方倾斜的曲线。

3）旅游需求量与人们的闲暇时间呈同方向变化

旅游产品的消费是一种特殊消费，必须花费一定的时间。尽管人们的闲暇时间并不属于经济的范畴，但它同旅游需求也具有密切的联系。闲暇时间不仅对旅游需求的产生具有决定性作用，而且直接影响着旅游需求量的变化。当人们的闲暇时间增多时，旅游需求量就相应增加；当人们的闲暇时间减少时，旅游需求量就相应减少。因而旅游需求同闲暇时间的关系就像旅游需求与可支配收入的关系一样，也呈同方向变化。如果用坐标图来反映，则旅游需求闲暇时间曲线如图 4-3 所示。

在图 4-3 中，纵坐标代表人们的闲暇时间，横坐标代表旅游产品数量，人们的

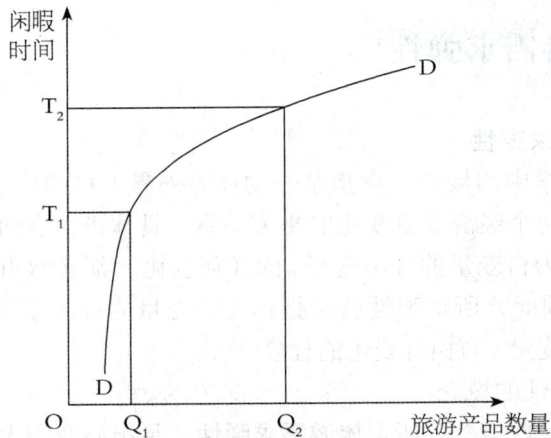

图 4-3　旅游需求闲暇时间曲线

闲暇时间的增加，必然有与之相对应的旅游需求量的增加，从而形成旅游需求闲暇时间曲线（D-D）。该曲线表示：当人们的闲暇时间较少，对旅游的需求也相应较少，即当闲暇时间为 T_1 时，旅游需求量为 Q_1；当人们的闲暇时间超过 T_1 时，旅游需求随时间的增加呈正向变化，即当闲暇时间为 T_2 时，旅游需求量为 Q_2，因此旅游需求闲暇时间曲线是一条向右上方递增倾斜的曲线。

4.2.3　现代旅游需求水平变化规律

旅游需求除了与旅游产品价格呈反向变化外，还受其他各种因素影响而变化。在旅游产品价格既定条件下，由于其他因素的变动而引起的旅游需求变化，称为旅游需求水平的变化。

例如，在图 4-4 中，当旅游产品的吸引力增强时，即使在旅游产品价格 P_0 不变情况下，也会增加旅游需求，从而引起旅游需求曲线 D_0-D_0 右移到 D_1-D_1，并使旅游需求量由 Q_0 增加到 Q_1；反之，当旅游环境受到污染时，即使在旅游产品价格 P_0 不变的情况下，也会减少旅游需求，从而引起旅游需求曲线 D_0-D_0 左移到 D_2-D_2，并使旅游需求量由 Q_0 下降到 Q_2，这种由于非价格因素引起的变化就称为旅游需求水平的变化，其变化因各种影响因素的不同而呈现出不同的规律性。

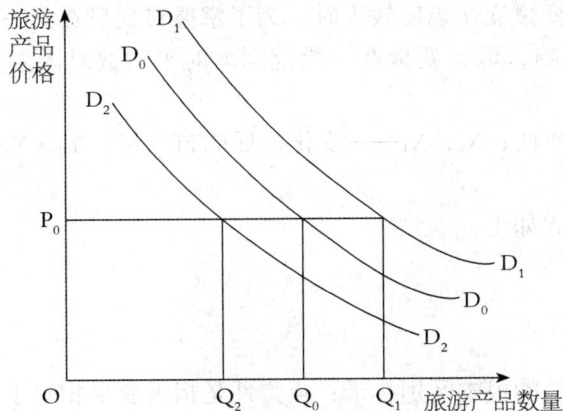

图 4-4　旅游需求曲线的变动

4.3   现代旅游需求弹性

4.3.1   旅游需求弹性

弹性原是物理学中的概念，意指某一物体对外界力量的反应力。在经济学中，弹性主要用来表明两个经济变量变化的相关关系。具体讲，当两个经济变量之间存在函数关系时，作为自变量的经济变量 x 的任何变化，都必然引起作为因变量的经济变量 y 的变化。因此，所谓弹性就是指作为因变量的经济变量 y 的相对变化对于作为自变量的经济变量 x 的相对变化的程度。

1）旅游需求弹性的概念

根据经济学的弹性概念，所谓**旅游需求弹性**，是指旅游需求对各种影响因素变化的敏感性，即旅游需求量随其影响因素的变化而相应变化的状况。由于旅游产品的价格、人们可支配收入和相关旅游产品价格是影响旅游需求的最基本因素，因此旅游需求弹性一般可划分为旅游需求价格弹性、旅游需求收入弹性和旅游需求交叉弹性。旅游需求价格弹性反映旅游需求量对价格变动的敏感程度；旅游需求收入弹性反映旅游需求量对收入变动的敏感程度；旅游需求交叉弹性则反映某一旅游产品需求量对另一旅游产品价格变动的敏感程度。

2）旅游需求点弹性

在经济学中，弹性一般可分为点弹性和弧弹性。点弹性是指当自变量变化幅度很小时（即在某一点上）而引起的因变量的相对变化，公式 4-1 实际上就是点弹性的计算公式。

设：E——弹性；Y——因变量；X——自变量；ΔY——因变量增量；ΔX——自变量增量。点弹性计算公式如下：

$$E = \frac{\dfrac{\Delta Y}{Y}}{\dfrac{\Delta X}{X}} \qquad\qquad (4-1)$$

3）旅游需求弧弹性

弧弹性是指自变量变化幅度较大时，为了掌握自变量在某一段范围内变动对因变量变动的相应影响，取自变量在一段范围内的平均数对因变量平均数的相对变化量。

设：E_a——弧弹性；X_0，X_1——变化前后的自变量；Y_0，Y_1——变化前后的因变量。

弧弹性计算公式如下：

$$E_a = \frac{\dfrac{Y_1 - Y_0}{(Y_1 + Y_0) \div 2}}{\dfrac{X_1 - X_0}{(X_1 + X_0) \div 2}} \qquad\qquad (4-2)$$

点弹性与弧弹性的根本区别在于：点弹性是指因变量相对于自变量某一点上的变化程度；而弧弹性则是指因变量相对于自变量某一区间上的变化程度。

4.3.2　旅游需求价格弹性

旅游需求价格弹性，是指旅游需求量对旅游产品价格的反应及变化关系。根据旅游需求规律，在其他条件不变情况下，不论旅游产品的价格是上涨还是下跌，旅游需求量都会出现相应的减少或增加。为了测量旅游需求量随旅游产品价格的变化而相应变化的程度，就必须正确计算旅游需求价格弹性系数。

旅游需求价格弹性系数，主要是指旅游需求量变化百分比与旅游产品价格变化百分比的比值。其计算公式如下：

设：Ed_P——旅游需求价格弹性系数；P_0，P_1——变化前后的旅游产品价格；Q_0，Q_1——变化前后的旅游需求量。旅游需求价格的点弹性计算公式如下：

$$Ed_P = \frac{\dfrac{Q_1 - Q_0}{Q_0}}{\dfrac{P_1 - P_0}{P_0}} \qquad\qquad (4-3)$$

旅游需求价格的弧弹性计算公式如下：

$$Ed_P = \frac{\dfrac{Q_1 - Q_0}{(Q_1 + Q_0) \div 2}}{\dfrac{P_1 - P_0}{(P_1 + P_0) \div 2}} \qquad\qquad (4-4)$$

由于旅游产品价格与旅游需求量呈反向关系，因而旅游需求价格弹性系数为负值。于是，根据旅游需求价格弹性系数 Ed_P 的绝对值大小，通常可区分为三种情况：

（1）当 $|Ed_P| > 1$ 时，表明旅游需求量变动的百分比大于旅游产品价格变动的百分比，这时称旅游需求富于弹性。如果旅游需求是富于弹性的，其需求曲线的斜率较大；在实际中则表明旅游产品价格提高，旅游产品需求量将减少，减少的百分比大于价格提高的百分比，从而使旅游总收益减少；相反，如果价格下降，则需求量增加，增加的百分比大于价格下降的百分比，从而使旅游总收益增加。

（2）当 $|Ed_P| < 1$ 时，表明旅游需求量变动的百分比小于旅游产品价格变动的百分比，因此称旅游需求弹性不足。如果旅游需求是弹性不足的，则其需求曲线的斜率就较小，在实际中则表明旅游产品价格提高，需求量将减少，但减少的百分比小于价格提高的百分比，从而使旅游总收益增加；相反，如果价格下降，需求量将增加，但增加的百分比小于价格下降的百分比，从而使旅游总收益减少。

（3）当 $|Ed_P| = 1$ 时，表明旅游需求变动的百分比与旅游产品价格变动的百分比相等，因此称这种旅游需求价格弹性为单位弹性。如果旅游产品的需求价格弹性属于单位弹性，则旅游需求价格的变化对旅游经营者的收益影响不大。

◆ **深度剖析 4-1** ◆

某景区对旅游团提供一定的游客数量折扣，当团队人数为20人时，门票价为30元；当团队人数达到30人时，门票价为20元。该景区的票价调整举措是否有效？

4.3.3 旅游需求收入弹性

旅游需求不仅对旅游价格的变化具有敏感性，而且对人们的可支配收入变化反应也很灵敏。**旅游需求收入弹性**，是指旅游需求量与人们可支配收入之间的反应及变化关系；而**旅游需求收入弹性系数**，则是指人们可支配收入变化的百分比与旅游需求量变化百分比的比值。

设：Ed_1——旅游需求收入弹性系数；Q_0，Q_1——变化前后的旅游需求量；I_0，I_1——变化前后的可支配收入。

旅游需求收入弹性计算公式如下：

$$Ed_1 = \frac{\dfrac{Q_1 - Q_0}{Q_0}}{\dfrac{I_1 - I_0}{I_0}} \tag{4-5}$$

由于旅游需求量随人们可支配收入的增减而相应增减，因而旅游需求收入弹性系数始终为正值，这一正值表明：当收入上升1%时引起需求量增加的百分比；或者，当收入下降1%时引起需求量下降的百分比，并且也可以区分为以下三种情况：

（1）当$Ed_1 > 1$时，表示旅游需求量变动的百分比大于人们可支配收入变动的百分比，说明旅游需求对收入变化的敏感性大，因此人们可支配收入发生一定的增减变化，会引起旅游需求量发生较大程度的增减变化。

（2）当$Ed_1 < 1$时，表示旅游需求量变动的百分比小于人们可支配收入变动的百分比，说明旅游需求对收入变化的敏感性小，因而人们可支配收入发生一定的增减变化，只能引起旅游需求量发生较小程度的增减变化。

（3）当$Ed_1 = 1$时，表示旅游需求量变动的百分比与人们可支配收入变动的百分比相等，因此旅游需求收入弹性为单位弹性，即旅游需求量与人们可支配收入按相同比例变化。

从经济学的角度看，通常高级消费品的需求收入弹性都较大，因为，随着社会生产力及人们收入水平的提高，人们用于低级的生活必需品的支出比重将逐渐下降，而用于高级生活消费品的支出比重将逐渐上升。旅游活动满足人们高层次生活的需求，并逐渐成为人们必不可少的生活消费品，所以旅游需求收入弹性一般都比较大。国际有关组织的研究表明：旅游需求收入弹性系数一般都在1.3~2.5之间，有的国家甚至高达3.0以上。

◆ **深度剖析4-2** ◆

某旅行社通过对旅游团队的旅游消费与旅游者收入的调查，得到以下基本关系：当旅游者月收入为4 000元时，旅游者每年出游2次；当旅游者月收入为6 000元时，旅游者每年出游4次。为何会出现这种现象？

4.3.4 旅游需求交叉弹性

旅游产品是一种由食、住、行、游、购、娱等要素所组成的综合性产品，它既表现为一个整体的产品，又表现为由若干产品组成的系列，即每一种要素都能构成独立的单项旅游产品。因此，从旅游需求的角度看，旅游产品既有替代性，又有互补性。

所谓旅游产品的替代性，就是指性质相同而类型不同的旅游产品在满足旅游消费需求之间具有相互替代的关系，例如宾馆、度假村、招待所、公寓、临时帐篷等都是为满足旅游者的住宿需求，而各种不同类型的住宿设施随着价格变化也可以互相替代。

所谓旅游产品的互补性，就是指旅游产品各部分的构成是互相补充和互相促进的，即某一部分的存在和发展必须以其他部分的存在和发展为前提，或者某一部分旅游产品作用的有效发挥，必须以其他部分的存在及配合为条件。例如，航运公司的旅客增加，必然使旅游饭店和旅游餐饮的人数也相应增加；但如果旅游饭店仅有住宿而没有餐饮，则旅游饭店的服务功能就不能有效地发挥。

正是由于旅游产品具有替代性和互补性的特点，因而某种旅游产品的需求量不仅对其自身的价格变化有反应，而且对其他旅游产品的价格变化也有反应。所以，**旅游需求的交叉弹性**就是指某一种旅游产品的需求量对其他旅游产品价格变化反应的敏感性，其计算公式是：

设：Ed_c——旅游需求交叉弹性系数；Qx_0, Qx_1——变化前后 x 旅游产品需求量；Py_0, Py_1——变化前后 y 旅游产品的价格。

旅游需求交叉弹性计算公式如下：

$$Ed_c = \frac{\dfrac{Qx_1 - Qx_0}{Qx_0}}{\dfrac{Py_1 - Py_0}{Py_0}} \tag{4-6}$$

根据旅游产品的替代性和互补性特点，计算出来的旅游需求交叉弹性系数一般具有以下两种基本情况：

（1）如果旅游产品 y 对旅游产品 x 具有替代性，那么旅游产品 y 价格下降必将引起对旅游产品 x 的需求量减少；反之，旅游产品 y 价格上涨则会引起对旅游产品 x 的需求量增加。因此，对于具有替代性的旅游产品而言，其旅游需求的交叉弹性系数 Ed_c 必然是正值。

（2）如果旅游产品 y 对旅游产品 x 具有互补性，那么旅游产品 y 价格下降必然引起对旅游产品 x 的需求增加；反之，旅游产品 y 价格上涨则引起对旅游产品 x 的需求减少。因此，对于具有互补性的旅游产品而言，其旅游需求的交叉弹性系数 Ed_c 必然是负值。

◆ **深度剖析 4-3**

某饭店上月将标准客房价格从每间 400 元提高到 450 元，在其他条件都没变的情况下，本月该饭店餐饮部就餐客人从每天 160 人减少到 120 人。为何会出现这种现象？

从旅游经济运行的实际看，旅游产品的替代性与互补性并不是绝对的。在一定条件下，两者之间可能出现互相转化，即原来相互替代的旅游产品转化为互补，原来是互补的旅游产品转化为替代。例如，航空、铁路、公路运输本是替代性的，但是，为了开拓国内外旅游市场而把它们组合起来，于是就从替代关系转化为互补关系；同理，旅游汽车公司与宾馆原来提供的服务是互补的，但如果宾馆建立相应的附属车队，以扩大服务内容，则旅游汽车公司与宾馆车队就由互补关系转化为替代关系。因此，旅游产品的替代性及互补性，不仅对旅游需求产生一定的影响，同时也是旅游经营者拓宽经营范围，实行资源优化配置，提高经济效益的重要途径。

4.4　现代旅游需求的衡量与预测

4.4.1　现代旅游需求的衡量

旅游需求的变化状况及水平，可通过旅游需求指标来反映和衡量。现代旅游需求指标，是旅游经济指标体系的有机组成部分，其主要通过一套经济指标来综合反映旅游需求的状况，并预测旅游需求的发展趋势，具体包括旅游者人数、旅游消费支出、旅游出游率等指标。

1）旅游者人数指标

旅游者人数指标是反映旅游需求总量的主要指标，通过该指标可以了解和掌握旅游需求的总规模及水平状况，还可以进一步分析旅游者的需求构成、需求内容、需求时间及需求趋势等。旅游者人数指标通常有两个，即旅游者出游人数指标和旅游者接待人数指标。

（1）旅游者出游人数指标

旅游者出游人数，是指旅游客源国（或地区）在一定时期内外出旅游的总人数，它直接反映了旅游客源市场上旅游需求的总规模和水平。通常，不同国家或地区的出游人数反映该地的市场需求规模和水平，而所有旅游客源国和地区出游人数的汇总数则反映整个旅游市场需求的总规模和水平。

设：D_I——旅游客源市场总需求；T_i——i国家（或地区）旅游者出游人数；n——国家（或地区）数。

旅游客源市场总需求计算公式如下：

$$D_I = \sum_{i=1}^{n} T_i \tag{4-7}$$

（2）旅游者接待人数指标

旅游者接待人数，是指旅游目的地国家（或地区）在一定时期内接待国内外旅游者的状况，它反映了在旅游目的地国家（或地区）的游客流量，从旅游接待市场上反映出旅游需求的规模和水平。通常，用于反映旅游接待人数的指标是接待旅游者人次数和接待旅游者人天数，前者反映了接待旅游者的总规模，后者反映了接待旅游者的总水平（反映停留天数）。

设：D_J——旅游接待市场总需求；T_j——j国家（或地区）接待旅游者人数；n——国家（或地区）数。

旅游接待市场总需求计算公式如下：

$$D_J = \sum_{j=1}^{n} T_j \qquad (4-8)$$

2）旅游出游率和旅游重游率指标

旅游出游率和旅游重游率，是从相对数角度来反映旅游客源国在一定时期内出游的旅游者人数的规模和水平，但两者在计算上又有各自不同的侧重点。

（1）旅游出游率指标

旅游出游率，是指一定时期内某一国家（或地区）外出旅游人数与其总人口数的比率，它反映了该国家（或地区）在一定时期内产生旅游需求的能力。其计算公式如下：

设：R_T——旅游出游率；P_T——外出旅游人数；TP——总人口数。

旅游出游率计算公式如下：

$$R_T = \frac{P_T}{TP} \times 100\% \qquad (4-9)$$

（2）旅游重游率指标

旅游重游率，是指一定时期内某一国家（或地区）外出旅游的人次数与外出旅游人数的比率，它反映了一个国家（或地区）人们外出旅游的频率及旅游需求的规模和能力。其计算公式如下：

设：R_{TC}——旅游重游率；P_t——外出旅游人次数。

旅游重游率计算公式如下：

$$R_{TC} = \frac{P_T}{P_t} \times 100\% \qquad (4-10)$$

3）旅游消费支出指标

旅游消费支出，是指旅游者在旅游活动过程中所支出的全部费用，是从价值形态来反映旅游需求的综合性指标。通常，旅游者在旅游目的地的旅游消费支出越多，则旅游目的地国家（或地区）的旅游收入就越多。反映旅游消费支出的指标主要有三个，即旅游消费总支出、人均旅游支出和旅游支出率。

（1）旅游消费总支出指标

旅游消费总支出，是指一定时期内旅游者在旅游目的地国家（或地区）旅游活动过程中所支出的货币总额。在计算时，一般不包括往返于旅游客源国和旅游接待国之间的交通费支出。

设：TE——旅游消费总支出；T_{Ei}——旅游地i企业接待旅游者的收入；T——旅游地接待旅游者总人数；$\bar{E}$——旅游者人均消费支出。

旅游消费总支出计算公式如下：

$$TE = \sum_{i=1}^{n} T_{Ei} \text{ 或 } TE = T\bar{E} \qquad (4-11)$$

（2）人均旅游支出指标

人均旅游支出，是指一定时期内在旅游目的地国家（或地区）的旅游活动中，平均每一个旅游者所支出的旅游消费额，它也是旅游者支出总额与旅游者人数之比。

设：Ē——旅游者人均消费支出；TE——旅游者支出总额；T——旅游地接待旅游者总人数。

人均旅游支出计算公式如下：

$$\bar{E} = \frac{TE}{T} \qquad\qquad (4-12)$$

（3）旅游支出率指标

旅游支出率，是指一定时期内一个国家（或地区）旅游支出总额同该国家（或地区）国民收入或国内生产总值的比率，它反映了一定时期内某一国家（或地区）对旅游需求的强度和消费水平。

设：R_{TZ}——旅游支出率；TE_0——旅游客源地旅游支出总额；GDP_0——旅游客源地国内生产总值。

旅游支出率计算公式如下：

$$R_{TZ} = \frac{TE_0}{GDP_0} \times 100\% \qquad\qquad (4-13)$$

教学互动4-1

问题：旅游需求可以通过哪些途径进行衡量？

4.4.2 现代旅游需求的调查

旅游需求调查，是通过对旅游客源国的综合性调查，了解和掌握旅游需求的产生及发展状况，为科学地进行旅游需求预测和分析提供依据。旅游需求调查是开拓旅游市场的前提，也是旅游业稳定、持续发展的关键。特别是在激烈的旅游市场竞争中，没有大量准确的旅游需求信息，就没有科学的旅游需求预测，就不可能正确掌握旅游市场的变化趋势、做出科学的决策，并在旅游市场竞争中占有有利的地位。因此，必须重视对旅游需求的调查。

1）旅游需求调查的内容

旅游需求调查的内容很多，既有对旅游需求产生的客观条件及环境的调查，又有对旅游需求产生的主观愿望的调查；既有对旅游活动开始前的旅游需求趋势的调查，又有对旅游活动开始后的旅游需求满足情况的调查；既有第一手资料的基础性旅游调查，又有对已有资料的分析性调查。而其中最重要的是对旅游客源国的旅游需求调查。通常，对旅游客源国的旅游需求调查主要包括三部分。

（1）旅游客源国概况调查

对旅游客源国概况的调查，主要是收集旅游客源国的政治、经济、地理、文化、社会历史等方面的情况和资料，从总体上了解和掌握旅游客源国的基本状况，分析影响旅游需求产生的各种因素，研究可能产生的旅游需求规模和水平等。例如，对一国的收入水平、物价状况及税收制度等方面的调查研究，有利于掌握该国旅游需求的规模和旅游者的流向及流量。

（2）旅游者的综合性调查

对旅游者的综合性调查，主要是对旅游者的国别、性别、年龄、收入、旅游目的、旅游方式、娱乐爱好、购物倾向、消费水平等方面的调查，以便更好地了解和掌握旅游需求的特点及变化趋势，为旅游市场的开拓和旅游产品的开发提供科学的依据。

（3）旅游经营信息调查

对旅游经营信息的调查，主要是通过对国内外旅游业的发展状况、旅游企业的经营状况及旅游合作情况的调查，了解和掌握国内外旅游者的旅游需求及满足状况，以便根据反馈的信息，及时调整经营策略、改进旅游产品、提高服务质量，更好地满足国内外旅游者的需求。

2）旅游需求调查的方法

旅游需求调查的方法很多，常用的有问卷调查、统计调查、专题调查、销售调查等方法，可根据具体情况灵活选用。旅游需求调查的信息来源主要有：国内外旅游业内部的旅游统计资料；各旅游客源国的社会经济统计资料；旅游部门和旅游企业与国外同行定期或不定期的情况交流；通过驻外大使馆或领事馆收集的有关旅游资料；各种出国考察、参加国际旅游展销会获得的信息；对国内外旅游者的问卷调查；等等。根据从不同渠道获得的信息和资料，进行科学的归类和分析，就可以了解和掌握旅游需求的状况，并为旅游需求预测提供充分的客观依据。

4.4.3　现代旅游需求的预测

旅游需求预测，是在旅游需求调查的基础上，运用科学的分析方法和手段对旅游需求的变化特点及趋势做出判断和推测。正确的旅游需求预测，可为旅游市场开拓指明方向，为旅游产品开发提供科学依据，避免错误的旅游决策，促进旅游业的健康发展。

1）旅游需求预测的内容

从预测的角度看，凡是影响旅游需求变化的因素都可纳入旅游需求预测的范围。但就旅游需求预测的时效性及可能性而言，通常主要对影响旅游需求的直接因素及重要相关因素进行分析和预测。

（1）旅游需求的变化趋势预测

对旅游需求的变化趋势预测，主要包括对旅游需求的发展规模、变化特点、出游方式、旅游目的、收入水平等方面进行分析和预测，以掌握旅游需求变化特点、总体水平和发展态势。

（2）旅游需求的构成变化预测

对旅游需求构成变化的预测，主要包括对旅游者的国别、性别、年龄构成的变化，旅游目的、旅游消费结构的变化，旅游方式及使用交通工具的变化等，以便为旅游供给进行数量和结构的调整提供科学依据。

（3）旅游需求的发展环境预测

对旅游需求发展环境的预测，包括对国际政治形势、经济格局的变化，各国社会经济发展状况的变化，各种自然环境和气候的变化，以及各种局部小环境变化对旅游需求影响的预测等，为科学地制定旅游发展的方针、政策及策略提供依据。

2）旅游需求预测的方法

正确的旅游需求预测离不开科学的预测方法。通常，可运用于旅游需求预测的

学习微平台

二维码资源
4-03

方法也很多，既有定性方法又有定量方法，既有短期预测方法又有长期预测方法，既有趋势预测方法又有结构预测方法，概括起来比较常用的旅游需求预测方法有以下三类：

（1）统计分析预测法

统计分析预测，主要是根据历史资料和相关数据，运用各种统计分析方法来分析和推断旅游需求发展变化趋势的方法。常用的统计分析方法有趋势外推法、指数平滑法、相关分析法、弹性分析法、主观概率法等。这种方法以历史数据为依据，对未来发展趋势进行分析和预测，方法简单、易于掌握、科学性强。

（2）问卷调查预测法

问卷调查预测，是通过对旅游者进行问卷调查，然后对问卷调查资料进行归类、整理和分析，从而预测旅游需求发展趋势的方法。这种方法使用简单、资料丰富、利用率高，而且定性方法和定量方法相结合，可靠性强，是旅游需求预测中常用的方法。

（3）数学模拟分析法

数学模拟分析，是对各种旅游数据资料进行数学分析，建立模型，运用现代电子计算机手段进行模拟分析、计算求解来预测旅游需求发展趋势的方法。这种方法预测准确性高，但建立模型和计算复杂，通常适用于专业化人员分析和使用。

✦ **本章概要**

✿ **主要概念**

现代旅游需求　旅游需求弹性　旅游需求价格弹性　旅游需求收入弹性　旅游需求收入弹性系数　旅游需求的交叉弹性

✿ **内容提要**

● 本章主要介绍了现代旅游需求与预测，包括现代旅游需求的概念及特征、现代旅游需求规律、现代旅游需求弹性、现代旅游需求的衡量与预测。

● 现代旅游需求指具有一定支付能力的人们为了满足不断变化和增强的旅游欲望，在一定的时间和价格条件下，可能购买的旅游产品数量。它是一种旅游市场中的有效旅游需求，反映了旅游市场上旅游者既有购买欲望，又有支付能力的现实需求。现代旅游需求具有高层次性、多样性、主动性和复杂性等基本特征。

● 现代旅游需求的产生，既有主观因素，也有客观条件。从主观上看，旅游需求是由人们的生理和心理因素所决定的；从客观上讲，旅游需求是科学技术进步、生产力提高和社会经济发展的必然产物。除此之外，影响现代旅游需求的主要因素还有人口因素、经济因素、社会文化因素、政治法律因素、旅游资源因素等。

● 旅游需求规律是指受旅游产品价格、人们可支配收入及闲暇时间所影响的旅游需求量和旅游需求水平变化的规律性。旅游需求量变化的规律性，主要反映为旅游需求与价格、收入和闲暇时间的相关性和变动关系，即旅游需求与旅游产品价格呈反向变化，与人们的可支配收入和闲暇时间呈正向变化的规律性；而旅游需求水平的变化，则是指在旅游产品价格既定条件下，由于其他因素的变动而引起的旅游需求变化。

· 旅游需求弹性指旅游需求对各种影响因素变化的敏感性，即旅游需求量随其影响因素的变化而相应变化的状况。由于旅游产品的价格、人们可支配收入和相关旅游产品价格是影响旅游需求的最基本因素，因此旅游需求弹性可分为旅游需求价格弹性，旅游需求收入弹性和旅游需求交叉弹性等。掌握各种旅游需求弹性的计算公式和方法，对于正确理解和运用旅游需求弹性是非常重要的。

· 衡量旅游需求的变化状况及水平，可用统计分析、问卷调查、数学分析模拟等方法，通过旅游者人数、旅游消费支出、旅游出游率等一系列旅游指标体系，对旅游需求的产生、发展和变化趋势进行调查分析和预测。

内容结构

本章内容结构如图4-5所示。

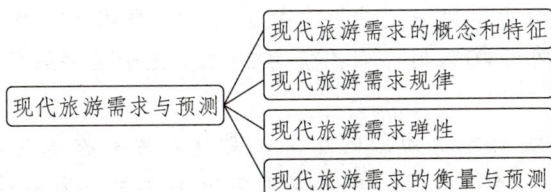

图4-5 本章内容结构

重要观点

观点4-1： 旅游需求是一把双刃剑。

常见质疑： 旅游需求能够带动地方发展。

释疑： 旅游业具有较强的外部性特征，旅游需求所带来的消费在带来积极的正效应的同时也会带来一定的负效应。只有将保护与开发并进，寻求经济效益、社会效益、生态效益的和谐统一，才能促进地方的可持续发展，使旅游活动产生正能量。

观点4-2： 旅游需求本身就是一种想象力。

常见质疑： 旅游需求与"想象力"之间有什么联系？

释疑： "想象力"是人的内心对某些事物、某种事物的期盼、渴求，"想象力"的发现，可以创造新的旅游需求。

单元训练

传承型训练

▲ 理论题

△ 简答题

1）简述旅游需求的概念与特征。

2）简述旅游需求产生的主客观因素。

3）简述旅游需求的影响因素。

△ 讨论题

1）旅游需求量与旅游产品价格有何关系？

2）旅游需求量与人们可支配收入有怎样的联系？

3）旅游需求量与人们闲暇时间的关系如何？

4）现代旅游需求水平变化有何规律？

▲ 实务题

△ 规则复习

1）简述旅游需求的点、弧、价格、收入、交叉等弹性的计算方法。

2）简述旅游者人数、旅游出游率、旅游重游率和旅游消费支出等指标的计算方法。

3）简述旅游需求调查的内容与方法。

4）简述旅游需求预测的内容与方法。

△ 业务解析

1）某景区对旅游团提供一定的游客数量折扣，当团队人数为25人时，门票价为30元；当团队人数为40人时，门票价为20元。该景区的票价举措是否有效？为什么？

2）某旅行社通过对旅游团队的旅游消费与旅游者收入的调查，得到以下关系：当旅游者收入为4 500元时，旅游者每年出游2次；当旅游者收入为7 000元时，旅游者每年出游4次。为何会出现这种现象？

3）某饭店上月将标准客房价格从每间450元提高到500元，在其他条件都不变的情况下，本月该饭店餐饮部就餐客人从每天160人减少到每天130人。为什么会出现这种现象？

▲ 案例题

△ 案例分析

【训练目的】

见本章"学习目标"中"传承型学习"的"认知弹性"目标。

【教学方法】

同第1章本题型的"教学方法"。

【训练任务】

同第1章本题型的"训练任务"。

【相关案例】

整合提升、创意引导——乡村旅游发展途径探讨

背景与情境： 现代旅游发展处于一个特殊的时代背景下：（1）阶段的变迁，社会的发展经历了"农业文明—工业文明—生态文明"的发展过程；人地关系经历了"顺应自然—征服自然—尊重自然"的发展过程；人际关系经历了"依附强权—依赖技术—和谐共生"的发展过程。现存旅游应该吸收农业文明和工业文明的长处，创造多元、综合、有活力的新型发展路径。（2）发展思维的变迁，从以工业文明为代表的现有城镇化向以追求生态文明为主的新型城镇化转变，新型城镇化强调的是效率与质量，强调的是多元化、综合化和特色化，需要摒弃的是标准化、单一化的老路，走出一条创新发展的新路。（3）旅游方式发生巨大改变，乡村旅游正在经历

从旅游到游憩的转变，特别是在像北京、上海这样的大城市周边，乡村旅游已经成为城市人生活不可分割的一个部分，这种旅游方式的转变唤起一个新的旅游时代——生活旅游时代的到来，这个时代的乡村旅游以泛体验—泛旅游—泛休闲需求为主要特征。

乡村旅游发展必须符合时代的需求。乡村生活的要义不仅仅是建设美丽乡村和开展乡村旅游，更加重要的是多管齐下，让城市人找到呼吸的空间、有机的食品、自然的灵魂；通过乡村旅游解决农民生产、生活等各个方面的问题，让乡村人过上体面、富裕的当代生活。

生活旅游时代的来临，强调了农村生产、生活等要素对构建旅游目的地的核心吸引物要素系统的重要作用，即旅游源于生活。田园村落即风景，山水即景观，社区即景区，农村生产生活即文化，地方产品即旅游商品，社区服务设施即旅游服务设施，交通方式即活动体验。

旅游对地方生产生活具有强大的带动作用，旅游高于生活。经过整理的田园村落即旅游风景，经过提升的山水即环境景观，富有活力的社区即景区，经过引导梳理的农村生产生活即文化展示，经过创意设计和引导的地方产品即旅游商品，高端设计的社区服务设施即旅游服务设施，具有特殊感受的交通方式即活动体验。

（资料来源　王珏.整合提升、创意引导——乡村旅游发展途径探讨 ［G］//第四届中国旅游产业发展年会，2015-01-14.经节选、压缩和改编）

问题：

1）该案例涉及了本章的哪些知识点？

2）中国乡村旅游需求背后显示了中国旅游业发展中的哪些问题？

3）与传统的旅游需求相比，未来我国乡村旅游需求将呈现哪些变化？

【训练要求】

同第1章本题型的"训练要求"。

【成果形式】

1）训练课业：《"整合提升、创意引导——乡村旅游发展途径探讨"案例分析报告》。

2）课业要求：同第1章本题型的"课业要求"。

△ 善恶研判

【训练目的】

见本章"学习目标"中"传承型学习"的"认知弹性"目标。

【教学方法】

同第1章本题型的"教学方法"。

【训练准备】

同第1章本题型的"训练准备"。

【相关案例】

如何把游客当"上帝"？

背景与情境：近些年来，游客们对于旅游景点的吐槽大都集中在票价高企、景区景点同质化严重，以及宰客现象等方面。例如，三亚旅游"天涯海角就几块石头"，井冈山景区"仨素菜加一份回锅肉300多元"，龙虎山旅客和经营商贩发生肢体冲突，等等。面对游客们有意无意的"千夫指"，景区方面唯一的选择是用"俯首甘为孺子牛"的谦卑来回应，比如海南当地的权威媒体再次回应网友吐槽三亚旅游"坑爹"事件；井冈山管理局坦诚地说"确实被宰了"，并表示会有所动作；龙虎山景区也在事发后表明"事情基本属实"，并立即取缔了涉事商铺。

　　深耕旅游市场的人都知道，把利润做到细水长流，吃回头客、做好口碑是唯一的捷径。而那些提高景区价格、把游客当猪宰的竭泽而渔，注定是一锤子买卖。可惜的是，某些景区背负着创收重任，而某些商铺只看现钱，造成比坏的奇葩现象时有发生，旅客也没有"上帝"的感觉。不过事情总是往好的一面发展，就好比海南媒体愿意用黄金版面来为几块石头说故事。说什么并不是最主要的，让游客增长知识才是关键。

　　（资料来源　佚名.如何把游客当"上帝"？［EB/OL］．［2014-10-05］．http：//www.gmw.cn.经节选、压缩和改编）

　　问题：

　　1）面对旅客的"洪水滔天"，当地部门使用"水来土掩"办法是否可取？

　　2）新修订的《中华人民共和国旅游法》的实施可否为满足游客需求提供最大保障？

　　3）试对上述问题做出你的道德研判。

　　4）说明你所做善恶研判的依据。

　　5）请从价值与价格关系的角度对旅游开发行为做出评价。

　　【训练要求】

　　同第1章本题型的"训练要求"。

　　【成果形式】

　　1）训练课业：《"如何把游客当'上帝'？"善恶研判报告》。

　　2）课业要求：同第1章本题型的"课业要求"。

　　▲ 实践操练

　　"现代旅游需求衡量与预测"知识应用。

　　【训练目的】

　　见本章"章名页"之"学习目标"中的"实践操练"目标。

　　【教学方法】

　　采用"项目教学法"和"实践教学法"。

　　【训练准备】

　　知识准备：

　　1）本章理论与实务知识。

　　2）表4-2中各技能点的"参照规范与标准"。

　　3）表4-3中各道德范畴的"参照规范与标准"。

　　指导准备：

1）教师向学生阐明"训练目的"和"训练内容"。

2）教师指导学生设计《实践计划》和《××企业未来两年旅游需求衡量与预测报告书》。

3）教师向学生说明本次实践应该注意的问题。

【训练内容】

专业能力训练：其"领域"、"技能点"、"名称"和"参照规范与标准"见表4-2。

表4-2　专业能力训练"领域"、"技能点"、"名称"和"参照规范与标准"

能力领域	技能点	名称	参照规范与标准
"现代旅游需求衡量与预测"知识应用	技能1	"现代旅游需求衡量"知识应用技能	1）能全面把握"现代旅游需求衡量"的理论与实务知识 2）能正确应用上述知识，高质量、高效率地进行以下操作： （1）识别旅游者人数、旅游消费支出、旅游出游率等指标的含义 （2）以旅游需求指标体系来全面衡量旅游需求 （3）在旅游企业进行市场开发时期，为企业进行未来市场预测做好准备
	技能2	"现代旅游需求调查内容"知识应用技能	1）能全面把握"现代旅游需求调查内容"的理论与实务知识 2）能正确应用上述知识，高质量、高效率地进行以下操作： （1）开展旅游客源国的综合性调查，了解和掌握旅游需求的产生及发展状况，为企业进行科学的旅游需求预测和分析提供依据 （2）依照"需求导向原则"，开展对旅游者的综合性调查，以便更好地了解和掌握旅游需求的特点及变化趋势，为旅游市场的开拓和旅游产品的开发提供科学的依据 （3）对旅游经营信息进行调查，以便企业及时调整经营策略、改进旅游产品、提高服务质量，更好地满足国内外旅游者的需求
	技能3	"旅游需求调查方法"知识应用技能	1）能全面把握"旅游需求调查方法"的理论与实务知识 2）能正确应用上述知识，高质量、高效率地进行以下操作： （1）采用问卷调查、统计调查、专题调查、销售调查等方法进行调查 （2）对从不同渠道获得的信息和资料进行科学的归类和分析，了解和掌握旅游需求的状况，并为企业进行旅游需求预测提供充分的客观依据
	技能4	"现代旅游需求预测"知识应用技能	1）能全面把握"现代旅游需求预测"的理论与实务知识 2）能正确应用上述知识，高质量、高效率地进行以下操作： （1）正确运用统计分析预测法、问卷调查预测法、数学模拟分析法等预测方法 （2）正确对旅游需求的变化趋势，包括发展规模、变化特点、出游方式、旅游目的、收入水平等方面进行分析和预测 （3）正确对旅游需求构成变化，包括对旅游者的国别、性别、年龄构成、旅游目的、旅游消费结构、旅游方式及使用交通工具的变化等进行预测，以便为旅游供给进行数量和结构的调整提供科学依据 （4）对旅游需求发展环境，包括国际政治形势、经济格局、各国社会经济发展状况、各种自然环境和气候的变化，以及各种局部小环境变化对旅游需求影响进行预测，为科学地制定旅游发展的方针、政策及策略提供依据

职业道德训练：其范畴、名称、等级、"参照规范与标准"与选项见表4-3。

表4-3　　　　　　　　　　　　职业道德训练选项表

道德领域	道德范畴	名称	等级	参照规范与标准	选项
职业道德	范畴1	职业观念	顺从级	同本教材"附录四"附表4的参照规范与标准	
	范畴2	职业情感	顺从级	同本教材"附录四"附表4的参照规范与标准	√
	范畴3	职业理想	顺从级	同本教材"附录四"附表4的参照规范与标准	
	范畴4	职业态度	顺从级	同本教材"附录四"附表4的参照规范与标准	√
	范畴5	职业良心	顺从级	同本教材"附录四"附表4的参照规范与标准	√
	范畴6	职业作风	顺从级	同本教材"附录四"附表4的参照规范与标准	√
	范畴7	职业守则	顺从级	同本教材"附录四"附表4的参照规范与标准	√

【组织形式】

将班级学生分成若干实践团队，根据训练内容和项目需要进行角色划分。

【训练任务】

1）对表4-2所列"专业能力领域"各技能点，依照其"参照规范与标准"实施阶段性基本训练。

2）对表4-3所列"职业道德"选项，依照本教材"附录四"附表4的"参照规范与标准"实施"顺从级"融入性训练。

【训练要求】

1）训练前，引导学生了解并熟记本实践的"训练目的""训练准备""训练内容""训练任务"，将其作为本实践的操练点和考核点来准备。

2）通过"训练步骤"，将"训练任务"所列的两种训练整合到本实践的"活动过程"与"成果形式"中。

3）系统体验"专业能力训练"各技能点和遵循"职业道德训练"所选范畴的"参照规范与标准"。

【情境设计】

将学生组成若干实践团队，结合实践训练项目，在本地分别选择一家旅游企业，应用"现代旅游需求衡量与预测"的理论与实务知识，为该企业进行未来两年的"旅游需求衡量与预测"，并将"顺从级"融入"职业道德"选项各种行为规范，分析总结此次实践活动的成功与不足，在此基础上撰写相应的实践报告。

【训练时间】

本章课堂教学内容结束后的双休日。

【训练步骤】

1）各团队结合"情境设计"分配任务，制订"'现代旅游需求衡量与预测'知识应用"实践计划。

2）各团队实施"'现代旅游需求衡量与预测'知识应用"实践计划，依照表

4-2 中"技能 1"—"技能 4"的"参照规范与标准"，应用相关知识，系统体验各项技能的系列操作。

3）各团队依据相关"参照规范与标准"，在上述各项技能的专业操作中将"顺从级"融入表 4-3 中选项的各种行为规范。

4）各团队总结本次实践的操作体验，分析其成功经验和存在问题，提出改进建议。

5）各团队在此基础上撰写作为"成果形式"的实践课业。

6）在班级讨论交流、相互点评与修订各团队的实践课业。

【成果形式】

1）实践课业："'××企业未来两年旅游需求衡量与预测'知识应用"实践报告。

2）课业要求：

（1）实践报告的内容包括：实训团队成员与分工；实训过程；实训总结（包括对"专业能力"各技能点、"基本训练"和"职业道德"各选项、"融入性训练"的成功与不足的分析说明）。

（2）将实践计划和《××企业未来两年旅游需求衡量与预测报告书》以"附件"形式附于实践报告之后。

（3）实践报告的结构与体例参照本教材"课业范例"的"范例-3"。

（4）在校园网的本课程平台上展示班级优秀实践报告，并将其纳入本课程的教学资源库。

⭐ **建议阅读**

[1] 宋瑞，史瑞应.京张体育文化旅游带建设——基于游客需求的分析［J］.北京体育大学学报，2021，44（04）：49-59.

[2] 禾子.加速大众旅游需求侧改革［N］.常州日报，2021-05-18（A05）.

[3] 范欣.从小长假旅游需求复苏看未来扩大内需仍有较大空间［N］.中国经营报，2021-04-12（A07）.

[4] 刘益，张旭梅，官子力.在线旅游平台混合销售模式下的需求信息共享策略研究［J］.管理工程学报，2021，35（03）：77-88.

[5] 蒋依依，刘祥艳，宋慧林.出境旅游需求的影响因素——兼论发展中经济体与发达经济体的异同［J］.旅游学刊，2017，32（1）：12-21.

[6] 杨勇.社会交往、旅游情境对旅游需求的影响研究——基于春节"黄金周"的实证分析［J］.旅游学刊，2016，31（10）：56-69.

[7] 唐晓莉，李山.区域间旅游需求溢出测度的缺口模型及其验证［J］.旅游学刊，2016，31（6）：17-37.

[8] 张郴，张捷.中国入境旅游需求预测的神经网络集成模型研究［J］.地理科学，2011，31（10）：1208-1212.

[9] 吕宛青，初晓恒.我国旅游市场"休闲"需求特征及关键要素构建探析

［J］. 思想战线，2010（6）：78-81

　　［10］张建辉，毕燕，张颖.中国城市居民旅游需求空间差异及变化研究［J］.旅游学刊，2010，25（2）：29-35.

　　［11］陶伟，倪明.中西方旅游需求预测对比研究：理论基础与模型［J］.旅游学刊，2010，25（8）：12-17.

　　［12］吴必虎，李咪咪，黄国平.中国世界遗产地保护与旅游需求关系［J］.地理研究，2002（5）：617-626.

　　［13］牛亚菲.旅游供给与需求的空间关系研究［J］.地理学报，1996（1）：80-87.

第5章
现代旅游供给与供求均衡

▶ **学习目标**

▷ **传承型学习**

通过以下目标，建构以"现代旅游供给与供求均衡"为阶段性内涵的"传承型"专业学力：

理论知识：学习和把握现代旅游供给的概念、特征与影响因素，现代旅游供给的规律、现代旅游供给弹性的概念，现代旅游供给与需求的矛盾与各种均衡，现代旅游供求规律等陈述性知识；能用其指导本章"同步思考"、"教学互动"和相关题型的"单元训练"；体验"现代旅游供给与供求均衡"中"理论知识"的"传承型学习"及其迁移。

实务知识：学习和把握现代旅游供给价格弹性和旅游价格预期弹性的计算及变化情况，现代旅游供求均衡的调控，以及"业务链接"等程序性知识；用其规范本章"深度剖析"和相关题型的"单元训练"；体验"现代旅游供求矛盾和均衡"中"实务知识"的"传承型学习"及其迁移。

认知弹性：运用本章理论与实务知识研究相关案例，对本章"引例"、"同步案例"和"竞争、合作、多赢"等案例情境进行多元表征，体验"现代旅游供给与供求均衡"中"结构不良知识"的"传承型学习"及其迁移；依照相关行为规范对"古村落旅游地开发中的'公地悲剧'"案例进行善恶研判，促进健全职业人格的塑造。

▷ **创新型学习**

通过以下目标，建构以"现代旅游供给与供求均衡"为阶段性内涵的"创新型"专业学力：

拓展创新：参加"拓展创新－Ⅱ"训练。通过学习和应用其"知识准备"所列知识，系列技能操作的实施，《本市旅游供求分析及发展思路研究》论文的讨论、撰写、交流、相互点评和修订，《"拓展创新－Ⅱ"训练报告》的撰写等活动，体验"现代旅游供给与供求均衡"中的"创新学习"（中级）及其迁移。

引例　20亿元文旅小镇为何失败？

背景与情境：古香古色的建筑，小桥流水的情景，苏州园林式风格，这是成都市民第一次见到在中心城区利用活水资源打造的特色街区。

2013年4月26日，被冠以"成都清明上河园""成都周庄"等头衔的成都龙潭水乡正式开业。据当时开发商统计，开业头三天保守估计涌入13万游人。当时媒体的报道这样描述：这几天，龙潭水乡里的商家，尤其是餐饮的商家们简直笑欢了。一家豆花店老板说，周日下午1点就已经卖光了所有食品。而另一家中餐酒楼的老板，面对满当当的大堂，忙得不可开交："生意太好，忙得没时间统计这几天的营业额了。"面对成都市民的热情，相关负责人呼吁："龙潭水乡天天开放，市民们不用着急打拥堂。"然而谁能想到，"不着急打拥堂"竟一语成谶。3年之后，龙潭水乡走向了另外一个极端。

龙潭水乡投资20亿元，经4年打造和建设，位于成都市成华区龙潭总部经济城核心区域，占地面积220亩，建筑面积16.1万平方米，其规模与周庄古镇旗鼓相当，是龙潭总部经济城最大的配套项目。如今成都龙潭水乡却风光不再，各商店关门闭户，只剩下凄冷的街道、腐烂不堪的船只，曾经的美食一条街只剩下几个空落落的小摊。短短3年，成都龙潭水乡便从风光的峰顶跌落到了清冷的低谷。龙潭水乡衰落的背后，有着怎样的深层次的原因，又是怎样的大环境导致如今的局面？

针对这一问题，业内专家纷纷提出见解：第一，龙潭水乡位于龙潭工业总部基地核心区，有类似刚需的市场支撑，可惜现在该区域还有待发展。第二，龙潭水乡主打的当然是成都及周边城市的周边游市场，可是现在除了建筑之外，文化上一片混乱，业态上一片空白，显然低估了成都人的需求。第三，龙潭水乡号称"清明上河园"，可惜看不到任何与之相关的内容，而龙潭水乡真正的文化灵魂是什么，估计投资人自己也说不清楚。第四，若要学习"宋城千古情"，则需要强大的市场支撑（外地游客、旅行社），且与本土发生关联（文化演出上的会客厅功能），而且需要投入巨大精力、财力打造演艺项目，难度也非常大，显然龙潭水乡走的也不是这个路子。第五，即使景区硬件再好，没有内容，一切也都是零，而现在的龙潭水乡确实没有任何内容。第六，一个在成都城市核心地带的重大项目，龙潭水乡与成都、四川乃至西南，到底有没有一点关系？

（资料来源　佚名.成都20亿元文旅小镇的失败案例，看看你是不是也犯了同样的错！[EB/OL]．[2018-04-16]．http://www.sohu.com/a/228387136_364974.经节选、压缩和改编）

从上述引例可以看到，旅游供给与旅游需求是相互依存和相互矛盾的。旅游供给源于旅游需求，但在旅游业发展到一定程度之后，旅游供给又能激发旅游需求。自然、社会等各种因素对旅游供给的影响，往往也就是对旅游需求的影响，会通过抑制旅游需求来限制旅游供给的发展。这个案例告诉我们，旅游供给的数量、质量和结构都要以旅游需求为前提，离开旅游需求所确定的旅游供给必然是盲目的。

5.1　现代旅游供给的概念及特征

在旅游市场中，旅游供给作为旅游企业向旅游市场所提供的旅游产品数量、品种和质量等内容，它与旅游需求存在着既相互矛盾，又相互统一和依存的关系。

5.1.1　现代旅游供给的概念

供给和需求是相互对应相互联系的一组经济概念。需求是针对消费者而言的，而供给则是针对生产经营者而言，指生产者在一定条件下愿意并且能够提供某种产品的数量。从旅游经济的角度看，**现代旅游供给**是指在一定条件和一定价格水平下，旅游经营者愿意并且能够向旅游市场提供的旅游产品数量。可从以下几方面来正确认识和理解现代旅游供给的基本概念。

1）现代旅游供给以满足人们的旅游需求为目的

现代旅游供给的前提条件是人们的旅游需求，即旅游企业必须以满足人们的旅游需求为其经营目标和目的，通过建立一套适应旅游需求的旅游供给体系，保证提供满足人们旅游需求的、高质量的旅游产品。旅游产品的提供不能脱离人们的旅游需求，因为人类的需求总是要以一定的物质作为基础的，现代旅游需求也不例外，所以旅游产品供给首先应包含旅游资源、旅游设施等满足人们旅游需求的物质基础。同时，旅游供给又是一种市场导向的社会生产活动，必须以旅游需求作为旅游供给的前提和依据，因此在提供旅游产品的时候，必须对现代旅游需求的内容、层次和变动趋势进行调查分析和预测，根据旅游需求来有效地制订旅游供给计划，科学地组织旅游产品的生产，以达到满足人们不断增长的旅游需求的目的。

2）现代旅游供给是旅游经营者愿意提供的旅游产品

虽然旅游需求决定着旅游供给的数量和质量，但在旅游市场上，真正决定旅游供给数量、质量和类型的关键在于旅游经营者是否愿意提供相应的旅游产品。这种旅游供给同旅游需求一样，是相对于旅游产品的价格而言的，即在一定的价格下，旅游经营者愿意提供一定数量的旅游产品，并随着旅游价格的增减变动而相应变动供给的数量。同时，从满足人们旅游需求的角度出发，旅游产品的供给不仅仅表现为旅游产品的数量，还必须综合地反映出旅游产品的品种、规格和质量。因此，在旅游供给过程中，要求旅游经营者既要重视抓好旅游产品的数量，更要重视提高旅游产品的质量，重视提高旅游服务质量和旅游设施水平，才能增加有效的旅游供给，更好地满足旅游市场上人们的旅游需求。

3）现代旅游供给是旅游经营者能够提供的旅游产品

旅游供给必须是一种有效供给，即旅游经营者愿意并且能够提供的旅游产品。这种有效供给取决于两方面，即基本旅游供给和辅助旅游供给。基本旅游供给，是指一切直接与旅游者发生联系，使旅游者在旅游过程中亲身接触和感受的旅游产品，它是由旅游资源、旅游设施、旅游服务和旅游购物等组合成的综合旅游产品，也是旅游供给的主要内容，其质量和水平决定了旅游目的地的吸引力和声誉。辅助旅游供给，是指为基本旅游供给体系提供配套服务的其他设施，也称旅游基础设施，包括交通运输、水电供应、供气供热、邮政通信、医疗系统和城市环境等各种公共产品和辅助设施。辅助旅游供给作为一种公共产品和辅助设施，其除了为旅游者提供直接和间接服务外，也为非旅游者提供服务。因此，只有当基本旅游供给和辅助旅游供给相互配合，并在数量、结构等方面相适应时，才能向旅游者提供有效的旅游产品。

5.1.2　现代旅游供给的特征

旅游产品是一种特殊的综合性产品，因而旅游供给也是一种特殊的供给。旅游供给除了具有一般产品的供给特征外，还具有不同于一般产品供给的特殊性。这种特殊性是由旅游产品的特点所决定的，主要表现在以下几方面：

1）旅游供给的计量差别性

旅游产品的综合性特点表明，旅游供给是由多种资源、设施与服务要素构成的，由于这些构成要素具有异质性的特点，因而旅游供给既不能用各种要素的累加来反映，也无法用综合旅游产品数量来测度，只能用旅游者数量来表征，也就是用可能接待旅游者的人数来反映旅游供给的数量及生产能力水平（容量）。因此，旅游供给的计量与一般工农业产品不同，它不是用提供的旅游产品来计量，而是用旅游供给的服务对象——旅游者作为旅游供给的计量单位。

2）旅游供给的产地消费性

在工农业物质产品的供给过程中，主要是通过流通环节，把产品从生产地运输到消费地进行消费，因此产品的生产和消费是可以分离的。但在旅游供给中，由于旅游产品的固定性和生产消费的同一性，旅游产品的消费主要是通过流通环节，将旅游者吸引到旅游产品生产地进行消费，发生空间移动、转移的是人而不是物。因此，在规划和进行工农业物质产品生产时，一般主要考虑产品和原料的交通运输问题，使运进运出的物质保持平衡；而在规划旅游产品的生产和供给时，除了要考虑旅游者的运输问题外，还要重点考虑旅游景点、景区的环境容量及旅游目的地的综合接待能力，因为其直接影响和决定着旅游供给的数量和水平。

3）旅游供给的可持续性

通常，工农业物质产品的供给主要通过再生产而连续不断地提供，如果再生产停止，则产品的生产与供给也就相应停止了。但旅游产品的供给不一样，无论是景区景点建设，还是宾馆饭店服务，一旦建成就能在较长一段时间内保持持续的供给，有的甚至可以永续利用。同样，生产一般工农业物质产品的设施和条件若受到破坏，则可以通过另建或恢复保持持续的供给；而旅游产品或旅游景点一旦遭受破坏，则可能使某种旅游产品的供给能力受到影响，乃至永久丧失供给能力。因此，在旅游产品的开发和销售中，必须重视对旅游对象物的保护和维护，以保障旅游供给的可持续性。

4）旅游供给的非贮存性

旅游供给的非贮存性是由旅游产品生产与消费的同一性所决定的。通常，工农业物质产品可利用产品储存作为调节供需矛盾的主要手段，来实现产品的供求平衡。但对旅游产品来讲，旅游产品生产、交换与消费的同一性，使旅游产品既不能先于消费而生产，也不可能通过旅游产品贮存来调节旅游供需矛盾，只能通过增加旅游者数量或相应提高旅游供给能力，努力实现旅游产品的供求平衡。

5）旅游供给的多样性

旅游产品的使用价值在于满足旅游者生理、心理和精神的需求，而旅游者的需求总是千差万别的，从而使旅游供给也必须具有多样化的特征，既要满足多数旅游者的需求，又要满足个别旅游者的需求。即使采用组团旅游的方式来提供旅游产品组合，也要注意满足团队中个别旅游者的特殊需求。因此，旅游供给较之工农业物质产品的供给具有多样性的特征，其对于满足旅游者的多样性需求是十分重要的。

◆ **同步思考 5-1** ◆

问题： 如何全面正确地理解现代旅游供给的特征？

5.1.3　现代旅游供给的影响因素

本书在前文中已介绍过旅游产品的构成包括旅游资源、旅游设施、旅游服务、旅游购物和旅游便捷性等基本要素。但是除了以上要素外，还有许多因素都会对旅游产品供给的数量、质量、规模和水平产生重要的影响，通常对旅游供给的影响因素主要有以下几方面：

1）旅游活动的环境容量

旅游供给的基本要素是旅游资源，而旅游资源是在特定的自然和社会条件下所形成的，是旅游经营者不能任意改变的。旅游经营者只能把旅游资源优势作为旅游供给和旅游经济增长的依托点，以市场为导向，通过对旅游资源的合理开发，向旅游市场提供具有特色的旅游对象物，实现旅游资源优势向经济优势转换。但是，旅游资源的开发不是无限的，它将受到旅游环境容量的限制。**旅游环境容量是指旅游目的地接待旅游者的最大数量。因此，旅游目的地环境容量在很大程度上决定和影响着旅游供给的规模和数量。**如果旅游者超过了旅游目的地的环境容量，不仅会造成对自然环境的破坏和污染，而且会引起当地居民的不满，甚至造成一系列社会问题，这样又会直接影响到旅游产品对旅游市场的吸引力。

2）旅游相关产品的价格

旅游供给不仅直接受旅游产品价格的影响，还会间接地受其他相关产品价格变化的影响。例如，对于国际旅游来讲，如果国际旅游的支出不变，当国际交通费涨价时，则会引起旅游目的地的旅游产品价格相对降低，从而使旅游目的地的收入和利润也随之减少，进一步引发旅游供给减少；反之，当国际旅游交通费降价，则会使旅游目的地的旅游产品价格相对提高，从而使旅游目的地的相对利润随之增加，进一步引发旅游供给增加。因此，无论旅游相关产品的价格是增加还是减少，都必然引起社会要素资源的重新配置，进而影响到整个旅游产品供给量的变化。

3）旅游生产要素的价格

旅游生产要素价格的高低直接关系到旅游产品的成本高低，尤其旅游产品是一个包含食、住、行、游、购、娱多种要素在内的综合性产品，各种要素价格的变化必然影响到旅游产品供给的变化。在旅游产品价格不变的情况下，若各种要素价格提高了，则必然使旅游产品的成本增加而利润减少，于是引起旅游产品供给量也随之减少；反之，若各种要素价格降低，则使旅游产品成本降低而利润增加，于是刺激旅游产品供给量随之增加。因此，旅游生产要素价格也直接对旅游供给产生着重要的影响。

4）社会经济发展水平

旅游业不仅是一项综合性经济产业，也是一项依赖性很强的产业。因为旅游业的健康发展离不开社会生产力的发展，它需要在社会现有的经济发展基础上为旅游业提供必需的物质条件，才能形成旅游的综合接待能力，才能提供一定数量和质量的旅游产品。如果社会经济发展水平低，不能保证旅游供给所需的各种物质条件，就不能提供有效的旅游接待能力。因此，社会经济发展的状况和水平不仅为旅游供给提供各种物质基础的保证，而且在一定程度上决定着旅游产品的供给数量和质量。

5）科学技术发展水平

科学技术是第一生产力，是推动社会经济发展的强大动力，也是影响旅游供给的重要因素之一。科学技术进步为旅游资源的有效开发提供科学的手段；为形成具有特色的旅游产品提供科学方法；为保护旅游资源，实现旅游资源的永续利用提供科学依据；为旅游者提供具有现代化水平的、完善的接待服务设施，为旅游经济发展提供科学的管理工具和手段，从而增加有效的旅游供给，加速旅游资金的周转，降低旅游产品成本，提高旅游经济效益。

6）旅游经济方针和政策

旅游目的地国家或地区有关旅游经济发展的方针和政策，也是影响旅游供给的重要因素之一。特别是有关旅游经济发展的战略与规划，扶持和鼓励旅游经济发展的各种税收政策、投资政策、信贷政策、价格政策、社会文化政策等，不仅对旅游经济发展具有重要的影响，而且直接影响到旅游供给的规模、数量、品种和质量。因此，旅游方针、政策是影响旅游供给的重要因素，是不断提高旅游综合接待能力的生命线，也是促进旅游经济发展的重要力量。

◆ **同步思考 5-2**

问题：在市场经济条件下，决定旅游供给变化的一般因素和主要因素有哪些？

◆ **同步案例 5-1**

埃及政局动荡旅游业遭重创

背景与情境：日前，埃及旅游部宣布，自从 2011 年 1 月份埃及局势动荡以来，作为埃及外汇主要来源的旅游业的损失已经超过 25 亿美元。根据埃及旅游部统计，2012 年，赴埃外国游客数量约 1 150 万人次，旅游业收入约为 100 亿美元。而在局势动荡之前的 2010 年，赴埃外国游客数量达到 1 470 万人次，旅游业收入达 125 亿美元。这说明埃及旅游业在经历两年动荡局势之后，仍在低谷徘徊，未能实现复苏的预期目标。埃及旅游官员表示，近期，埃及旅游部将开播新的直播频道，宣传本国旅游资源和旅游环境，让外国旅游者能够评估埃及的安全形势。与此同时，旅游部还将制作大量大型宣传节目屏，在不同的国家展示埃及的现实场景。近期埃及计划部公布的一系列经济数据中，对近段时期的旅游业发展做出了积极的评估。数据显示，2012 至 2013 财年上半年，埃及旅游业收入为 56 亿美元，外国游客数量为 630 万人次，同上一财年同期相比，分别增长了 10% 和 12%。

　　问题：如何理解现代旅游供给的影响因素？

　　（资料来源　胡英华.埃及政局动荡旅游业遭重创损失已超过 25 亿美元［N］.经济日报，2013-02-26.经节选、压缩和改编）

5.2　现代旅游供给规律与弹性

　　如前所述，旅游供给受多种因素的影响和制约，不同的因素对旅游供给的变化产生不同的影响。但是，在市场经济条件下，主要由旅游产品价格、生产要素价格、旅游供给能力等因素决定旅游供给的变化，这些因素与旅游供给之间的不同变化就形成了旅游供给规律。

◆ **同步思考 5-3**

　　问题：是否可以对旅游供给作分层划分？

5.2.1　现代旅游供给规律

1）旅游供给量变化的规律性

　　根据旅游供给和旅游产品价格的相互联系，在其他因素既定的情况下，旅游产品价格上涨，必然引起旅游供给量增加；旅游产品价格下跌，必然引起旅游供给量减少。也就是说，旅游供给量具有与旅游产品价格呈同方向变化的规律性。

　　设纵坐标代表旅游产品价格，横坐标代表旅游产品数量，S-S 代表旅游供给曲线。则在图 5-1 中，旅游产品价格的任一变动，都有一个与之相对应的旅游供给量，并形成旅游供给曲线 S-S。当旅游产品价格为 P_0 时，有相对应的旅游供给量 Q_0；当旅游产品价格从 P_0 上涨到 P_1 时，旅游供给量由 Q_0 上升到 Q_1；当旅游价格从 P_0 下跌到 P_2 时，旅游供给量由 Q_0 下降到 Q_2。因此，旅游供给曲线是一条自左下向右上倾斜的曲线，该曲线反映了旅游供给量与旅游产品价格同方向变化的客观规律性。

　　旅游供给量与旅游产品价格呈同方向变化的规律性，是由旅游经营者追求利润最大化目标所决定的。因为，在旅游产品生产技术和各种生产要素价格既定的情况下，如果旅游产品价格上升，就意味着利润增加，于是旅游经营者就会投入更多的生产要素来生产和经营旅游产品，从而使旅游产品的供给量增加；反之，在旅游产品生产技术和各种生产要素价格既定的情况下，如果旅游产品价格下降，就意味着利润减少，于是旅游经营者就会减少生产要素的投入，或者把生产要素转投入其他产品的生产，从而使旅游产品的供给量减少。

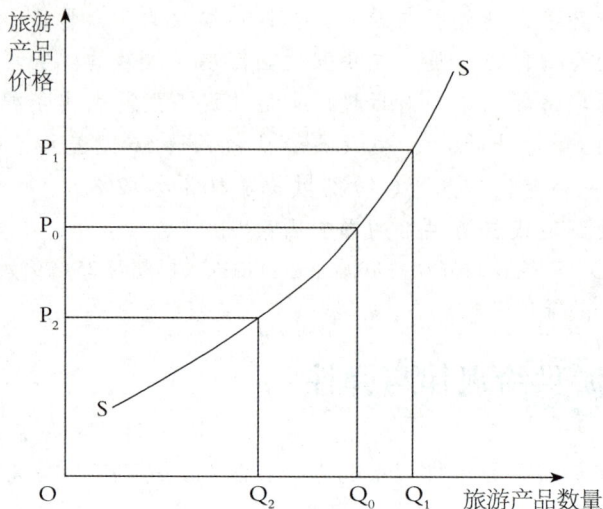

图 5-1   旅游供给价格曲线

教学互动 5-1

观点：旅游供给量与旅游产品价格呈同方向变化。

问题：在哪种情况下，旅游供给量与旅游产品价格呈同方向变化？

2）旅游供给能力的相对稳定性

旅游供给能力，是指在一定条件下（包括时间和空间等），旅游经营者能够提供的旅游产品的最大数量。由于旅游产品是一种以服务为主的综合性产品，因此旅游供给能力是以接待旅游者数量多少来反映的，而不像物质产品是以产品数量多少来反映的。根据旅游产品的特征，旅游供给能力具体可分为两种，即旅游综合接待能力和旅游环境承载能力。

旅游综合接待能力，是指旅游目的地国家或地区通过旅游资源开发、基础设施和接待设施的建设而形成的，能够接待旅游者的数量。它是一种现实的旅游生产力，体现了旅游目的地国家或地区旅游业发展的现实可能性。

旅游环境承载能力，是指旅游目的地国家或地区在一定时间内，在不影响生态环境和旅游者体验的前提下，能够保持一定水准接待旅游者的最大数量。它是一种潜在的旅游生产力，体现了旅游目的地国家和地区发展旅游业的最大可能性。

根据旅游供给能力的概念，结合旅游供给的特点及有关影响因素的作用，旅游供给量与旅游产品价格的同方向变化并非无限制的。事实上，旅游供给能力在一定条件下是既定的，从而决定了旅游供给量的变动也是有限的。特别是旅游供给受旅游环境承载能力的限制，决定了旅游供给在一定时间、一定空间条件下，其供给量必然受到旅游供给能力的制约。一旦达到旅游供给能力，即使旅游产品价格再高，旅游供给量也是既定不变的。

在图 5-2 中，当旅游供给小于 Q_c 时，旅游供给量将随旅游产品价格变化而同方向变化，即当旅游价格由 P_0 上升到 P_1 时，旅游供给量由 Q_0 上升到 Q_1；当旅游供给达到 Q_c，即达到最大旅游供给能力时，无论旅游产品价格如何变化，即当价格 P_2 提高时，旅游供给量仍不会发生变化。因此，旅游供给具有相对稳定性。

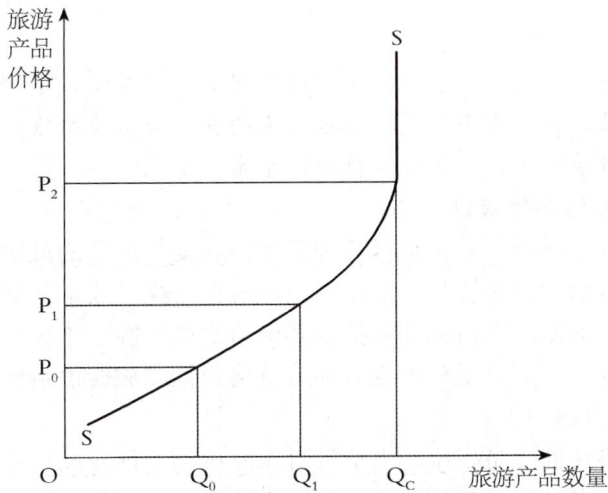

图5-2　限定的旅游供给价格曲线

◆ **教学互动5-2** ◆

观点：当旅游供给达到最大旅游供给能力时，无论旅游产品价格如何变化，旅游供给量都不会发生变化。

问题：在哪种情况下，无论旅游产品价格如何变化，旅游供给量仍不会发生变化？

3）旅游供给水平变化的规律性

旅游供给的变化不仅受旅游产品价格变动的影响，也受其他各种因素的影响和作用。在旅游产品价格既定条件下，由于其他因素的变动而引起的旅游供给的变动，称为旅游供给水平的变动。

在图5-3中，假定旅游产品的生产技术水平不变，旅游价格 P_0 为既定条件下，若生产要素价格下降，必然引起旅游产品成本下降，使旅游供给量增加，从而引起旅游供给曲线由S-S右移到 S_1-S_1；反之，若生产要素价格上升，必然引起旅游产品成本上升，使旅游供给量减少，从而引起旅游供给曲线由S-S左移到 S_2-S_2。这时，尽管旅游产品价格保持 P_0 不变，但旅游供给量已发生变化，分别由 Q_0 上升到 Q_1 或下降到 Q_2。

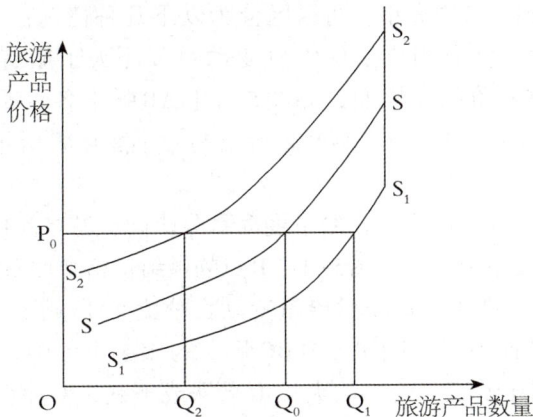

图5-3　旅游供给曲线的变动

◆ 教学互动 5-3 ◆

观点：旅游供给的变化不仅受旅游产品价格变动的影响，也受其他各种因素的影响。在旅游产品价格既定条件下，其他因素的变动会引起的旅游供给的变动。

问题：在哪种情况下，旅游供给量会产生水平变化？

5.2.2 现代旅游供给弹性

旅游供给弹性，<u>是指旅游供给对各种影响因素变化做出的反应。</u>由于旅游供给不仅受旅游产品价格的直接影响，还受到生产规模、生产成本和旅游环境容量等多种因素的影响，因而旅游供给弹性包括旅游供给价格弹性、旅游供给交叉弹性、旅游价格预期弹性等，下面着重分析旅游供给价格弹性和旅游价格预期弹性。

1）旅游供给价格弹性

旅游供给价格弹性，<u>是指旅游供给量对旅游价格的反应及二者的变化关系。根据旅游供给规律，在其他影响旅游供给的因素不变的情况下，旅游供给随旅游产品价格而同方向变化。</u>为了测定两者之间的变化程度，即旅游供给对价格的敏感性，就必须计算旅游供给价格弹性系数。所谓旅游供给价格弹性系数，是指旅游供给量变化的百分数与旅游产品价格变化的百分数之比。

设：E_{SP}——旅游供给价格弹性系数；P_0，P_1——变化前后的旅游产品价格；Q_0，Q_1——变化前后的旅游供给量。

则有旅游供给的点弹性计算公式如下：

$$E_{SP} = \frac{\dfrac{Q_1 - Q_0}{Q_0}}{\dfrac{P_1 - P_0}{P_0}} \tag{5-1}$$

旅游供给的弧弹性计算公式如下：

$$E_{SP} = \frac{\dfrac{Q_1 - Q_0}{(Q_1 + Q_0) \div 2}}{\dfrac{P_1 - P_0}{(P_1 + P_0) \div 2}} \tag{5-2}$$

由于旅游供给量与旅游产品价格同方向变化，因而其弹性系数为正值。根据旅游供给价格弹性系数 E_{SP} 值的大小，可以区分为以下几种情况：

（1）当 $E_{SP} > 1$ 时，则表明旅游供给量变动百分比大于旅游产品价格变动百分比，即旅游供给是富有价格弹性的，如图 5-4 中 AB 弧上各点即表明这一特点。若旅游供给是富有弹性的，则说明旅游产品价格的微小变化将引起旅游供给量的大幅度变化。

（2）当 $E_{SP} = 1$ 时，则表明旅游供给量变动百分比同旅游产品价格变动百分比是相等的，即旅游供给具有单位弹性，图 5-4 中 B 点的供给价格弹性系数就是单位弹性。

（3）当 $E_{SP} < 1$ 时，则表明旅游供给量变动百分比小于旅游产品价格变动的百分比，因而旅游供给弹性不足，图 5-4 中 BC 弧上的旅游供给弹性就表现为供给弹性不足，其实质上说明旅游产品价格的大幅度上涨或下跌，对旅游供给量变化的作用不大。

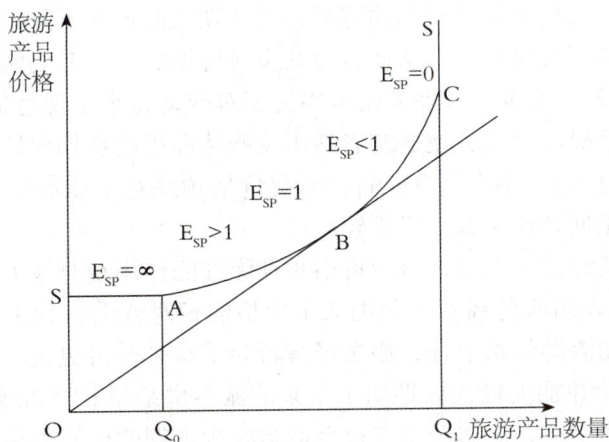

图 5-4　旅游供给价格弹性变化

（4）当 $E_{SP}=0$ 时，称旅游供给完全缺乏价格弹性，因而在图 5-4 中的旅游供给曲线是一条垂直于横轴的直线，即直线 SC，表明无论旅游产品价格怎样变动，旅游供给量基本保持不变。

（5）当 $E_{SP}=\infty$ 时，则称旅游供给是完全富有弹性的，或称旅游供给具有无限价格弹性，因而在图 5-4 中的旅游供给曲线 SA 是一条平行于横轴的直线，表明在旅游产品价格既定条件下旅游供给量可任意变化。

深度剖析 5-1

　　某旅游度假饭店对外提供家庭配菜（两荤两素），当每份收费 20 元时，每天销售量为 50 份；当每份收费 25 元时，每天销售量为 80 份。该饭店的家庭配菜收费多少钱合适？

　　2）旅游价格预期弹性

　　旅游价格预期弹性，是指未来旅游价格的相对变动与当前旅游价格相对变动之比。当前旅游价格相对变动，是指目前旅游市场上实际旅游价格相对于旅行社报价的变化；而未来旅游价格的相对变动，则是指未来旅游市场上旅游者预期实际价格相对于旅行社报价的变化。把未来旅游价格相对变化与现期旅游价格相对变化进行比较，即可计算旅游价格预期弹性系数。

　　设：E_f——旅游价格预期弹性系数；F——未来价格；P——现期价格。

　　旅游价格预期弹性的计算公式如下：

$$E_f = \frac{\dfrac{\Delta F}{F}}{\dfrac{\Delta P}{P}} \tag{5-3}$$

　　旅游价格预期弹性系数，不论对于旅游者还是旅游经营者来讲，都是一个重要的决策影响系数。

　　（1）对于旅游者来讲，旅游价格预期弹性的作用相对较小

　　当 $E_f>1$，则表明旅游者预期未来旅游价格的相对变动将大于现期旅游价格的相对变动。即当现期旅游价格上升，旅游者预期未来旅游价格上升的幅度可能更

大，于是就会增加对现期旅游产品的购买；当现期旅游价格下降，旅游者预期未来旅游价格下降的幅度可能更大，从而就会减少对现期旅游产品的购买。

当 $E_f < 1$，则表明旅游者预期未来价格的相对变动将小于现行价格的相对变动，于是现期旅游价格提高，就会使旅游者持币待购从而引起现期旅游需求减少。但由于旅游需求同时还受闲暇时间的影响，因而价格预期对于旅游需求的影响相对较小，即旅游价格预期弹性系数一般都较小。

（2）对于旅游经营者来讲，旅游价格预期弹性的作用相对较大

当 $E_f > 1$ 时，表明旅游经营者预期未来价格的相对变动将大于现行价格的相对变动。于是当现期旅游价格上升，旅游经营者为了将来获得更大的收益，就会减少现期的旅游供给，并加大投入以期增加未来的旅游供给量；当现期旅游价格下降，为了保持经营的稳定性，旅游经营者也会适当减少现期的旅游供给。

当 $E_f < 1$ 时，表明旅游经营者预期未来价格的相对变动将小于现行价格的相对变动，即旅游市场价格稳定，于是旅游经营者就会加大旅游宣传促销，以增加现期的旅游供给。

◆ 深度剖析 5-2

某旅行社推出一项特色旅游产品，对外报价为250元/人，但由于游客剧增而使实际价格上升到300元/人；根据预测，次年该特色旅游产品的需求将持续上升，故旅行社对外报价提高到320元/人，并预计价格将随着旅游市场供求变化而有25%的浮动。旅游经营者该增加旅游产品供给吗？

5.3　现代旅游供求矛盾和均衡

5.3.1　现代旅游供给与需求的矛盾

现代旅游供给与旅游需求是互相依存和矛盾的，它们通过旅游产品价格这一中介有机地结合起来，从而形成了现代旅游供给与旅游需求既相互依存，又相互矛盾的运动规律。

从现代旅游供给与旅游需求的相互依存关系看，一方面，旅游供给虽然受许多的影响因素制约，但归根结底最基本的影响来自旅游需求。旅游供给的数量、质量和结构都要以旅游需求为前提，离开旅游需求所确定的旅游供给必然是盲目的。此外，自然和社会等各种因素对旅游供给的影响，往往也就是对需求的影响，或者是通过抑制旅游需求来限制旅游供给的发展。另一方面，旅游供给又是旅游需求实现的保证，它提供满足旅游需求的具体活动内容。如果没有旅游供给的不断发展，旅游需求将永远停留在旅游的自然风光观赏水平上。从总体上看，旅游供给源于旅游需求，但在旅游业发展到一定程度之后，旅游供给又能激发旅游需求，产生旅游需求，促使人们的旅游需求内容不断扩大，水平不断提高，从而提高人们的生活质量。

从现代旅游供给与需求的矛盾关系看，其主要表现在数量、质量、时间、空间

和结构等方面的矛盾。

1）现代旅游供给与需求数量方面的矛盾

现代旅游供给与需求在数量方面的矛盾，主要表现为供给能力与实际旅游者人数之间的矛盾。旅游目的地国家或地区，根据自己的社会经济条件，适应国内外旅游者的旅游需求，通过有计划有步骤的建设而形成的旅游供给能力，在一定的时间内是有限的，并具有相对的稳定性。旅游需求则随着人们收入水平的提高、消费水平与消费结构的变化而不断上升；同时，受社会政治经济状况和社会环境的制约、气候季节交替的影响，旅游需求也会相应地改变。简言之，旅游需求量具有不稳定性和随机性的特点。因此，在一定时间内，必然出现旅游供给总量与旅游需求总量之间的不平衡，形成供不应求或供过于求的状况。

2）现代旅游供给与需求质量方面的矛盾

由于现代旅游供给的发展是以现代旅游需求为前提的，所以旅游供给的发展一般是滞后于旅游需求的。在一定的生产力水平上，与旅游资源相关联的旅游设施、服务形成之后，它们的水平也就相应确定了，而人们的需求内容、水平却在不断变化。旅游供给要跟上旅游需求内容、水平的变化，需要一定的资金投入和建设时间；此外，受社会价值准则和道德规范的限制，对于某些旅游需求，也不能提供相应的旅游供给。再加上旅游供给也有自己的生命周期，随着设施的磨损和老化，即使不断地局部更新，也难以阻止设施在整体上的衰老，这就使旅游供给的质量下降，而落后于旅游需求的要求。反之，旅游供给若不以旅游需求为前提，而是超需求水平发展，会使旅游供给在近期内的效益降低，而远期则因设施陈旧老化也达不到预期的效益目标。这些都表现为旅游供给与需求在质量方面的矛盾。

3）现代旅游供给与需求时间方面的矛盾

时间因素有时直接影响旅游供给能力的发挥，有时则通过抑制旅游需求而造成旅游供给与需求的冲突。例如春意盎然，秋高气爽的季节，可能引发人们大量出游，到各风景区游玩和观光；而隆冬季节，雪山风光、冰灯冰雕、滑雪冬泳则成为人们旅游需求的项目；至于炎炎夏日，避暑胜地又供不应求了；节假日又会使旅游区比其他时间迎来更多的游客。总之，，由于构成旅游产品的旅游设施和旅游服务，一旦相互配套而形成一定的供给能力，就具有常年同一性。因此，旅游供给的常年同一性与服务的季节性就形成了旅游供给与旅游需求在时间方面的矛盾。

4）现代旅游供给与需求空间方面的矛盾

旅游供给与需求在空间方面的冲突表现为旅游产品在位置上的固定性和容量的有限性与旅游需求变动性的矛盾。特别是那些在国内、国际上久负盛名的旅游景区、景点，在旅游旺季，往往游客如云，大大超过环境承载力；而有的风景区则因客运能力不配套，进得去、出不来，旅游者望而却步，游人寥寥无几。因此，积极开发各种自然景观，建设更多的高品位的景区、景点，是缓解旅游供给与需求空间方面矛盾的重要途径和手段。

5）现代旅游供给与需求结构方面的矛盾

由于旅游者的组成不同，旅游活动中的兴趣爱好各异，民族习惯、宗教信仰、

支付能力、消费水准等方面千差万别，就形成了旅游需求的复杂多样、灵活多变的特点。而一个地区，甚至一个国家的旅游供给，不管怎样周全规划和配备，总不可能面面俱到、一应俱全。因此，旅游供给的稳定性、固定性与旅游需求的复杂性、多样性之间的鲜明反差，就形成了旅游供给与需求在结构上的矛盾冲突。

◆ **同步思考5-4**

问题：如何全面正确地理解现代旅游供给与需求的矛盾？

5.3.2 现代旅游供给与需求的均衡

由于现代旅游供给和旅游需求具有以上五个方面的矛盾冲突，因而要实现现代旅游供给与需求的均衡，就必须把两者结合起来考察，以探寻现代旅游供给与需求均衡的客观规律性，以及它们在市场上的短期动态均衡和长期动态均衡。

1）现代旅游供给与需求的静态均衡

在市场经济条件下，旅游产品价格是决定旅游供给与需求的根本性因素。根据旅游供给规律和旅游需求规律，旅游产品价格越高，则旅游需求量越少，而旅游供给量越多；反之，旅游产品价格越低，则旅游需求量越多，而旅游供给量越少。因此，旅游产品价格决定着旅游供给和旅游需求的均衡产量，即在一定旅游产品价格下旅游供给数量等于旅游需求的产品数量；而旅游供给和旅游需求两种矛盾力量共同作用的结果，又形成旅游市场上的均衡价格，即旅游供给等于旅游需求时的旅游产品价格。

假如以横坐标表示旅游供求数量，以纵坐标表示旅游产品价格，把旅游需求价格曲线 D 和旅游供给价格曲线 S 在同一坐标图中绘出，如图5-5所示。旅游需求价格曲线 D 与旅游供给价格曲线 S 相交于 E 点。在 E 点，由于旅游供给量与旅游需求量相等，故称为旅游供求均衡，这时相对应的价格 P_0 称为均衡价格，相对应的旅游产品数量 Q_0 称为均衡产量。

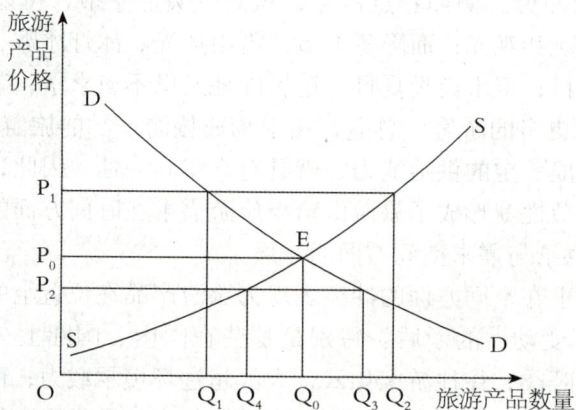

图5-5　旅游供给和旅游需求的均衡

如果旅游产品价格高于 P_0 并上升为 P_1，这时旅游需求量减少到 Q_1，而旅游供给量增加至 Q_2，旅游市场上出现供大于求（S>D），即 Q_2 Q_1；如果旅游产品价格由 P_0 降到 P_2，则旅游需求量增加至 Q_3，而旅游供给量减少至 Q_4，这时旅游市场上出现供不应求（D>S），即 $Q_4-Q_3=-(Q_3-Q_4)$。

2）现代旅游供给与需求的短期动态均衡

现代旅游供给与需求的均衡首先是短期动态均衡。虽然旅游供给一旦形成之后，使用周期较长，并具有相对稳定性，但在一定的旅游供给能力内仍然会随旅游产品价格的变化而变化。因此对于旅游供给和旅游需求之间的短期动态均衡，可依据供给曲线与需求曲线的变动来研究。为简单起见，我们假定供给曲线与需求曲线在移动时形态不变，旅游供给和旅游需求的短期动态均衡有以下几种情况：

（1）现代旅游需求变动引起的短期动态均衡

由于社会经济发展和消费水平变化，使人们的生活结构调整，工作日减少而休假日增加，会引起旅游需求曲线右移。在旅游供给水平不变情况下，旅游供求均衡点从 E_0 移到 E_1，并带动旅游供给量增加，使均衡价格也相应由 P_0 上升到 P_1，均衡产量由 Q_0 增加到 Q_1，如图5-6所示。

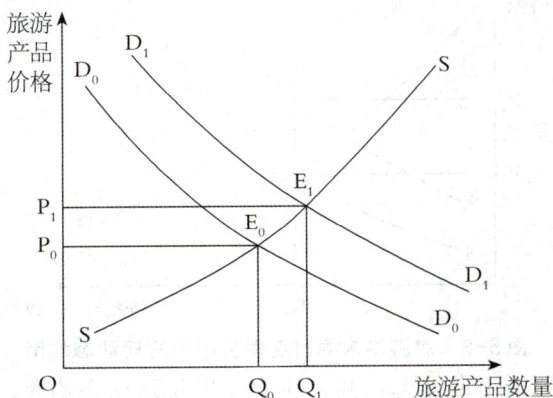

图5-6　旅游需求增加引起的短期动态均衡

（2）现代旅游供给变动引起的短期动态均衡

随着社会生产力水平的提高，必然引起经济结构的调整，如第一、第二产业因生产率的提高，冗余人员转入第三产业，而第三产业的迅速发展，使社会能提供更多的旅游供给，或者地区性的旅游业迅速发展，都会使旅游供给曲线右移。在旅游需求水平不变情况下，旅游供求均衡点从 E_0 移到 E_2，并带动旅游供给量增加，引起均衡产量由 Q_0 增加到 Q_2，而均衡价格由 P_0 下降到 P_2，如图5-7所示。

（3）现代旅游供给与需求同时变动引起的短期动态均衡

旅游供给和需求同时变动的情况较复杂，因为它们既可按同方向变动，也可按不同方向变动；既可按同比例变动，也可按不同比例变动。若旅游供给和需求同时增加，会引起供给曲线与需求曲线同时向上移动，使旅游供求均衡点由 E_0 上升到 E_3，并在旅游均衡产量 Q_0 不变的条件下，导致均衡价格由 P_0 上升到 P_3，如图5-8所示。

3）现代旅游供给和旅游需求的长期动态均衡

由于在现实的旅游经济活动中，旅游需求价格弹性和旅游供给价格弹性往往不一致，从而引起旅游供求具有不同的长期动态均衡变化。因此，在分析旅游供求动

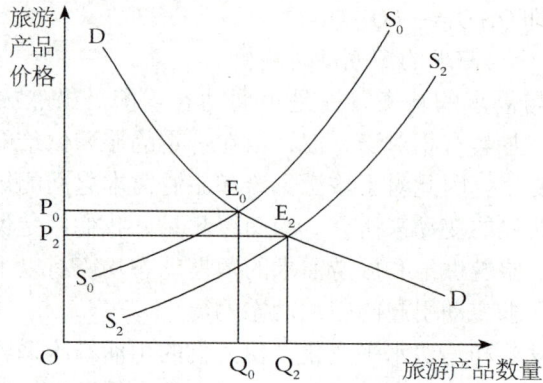

图5-7　旅游供给增加引起的短期动态均衡

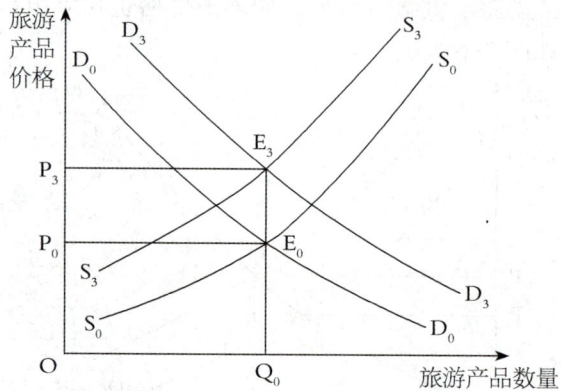

图5-8　旅游供求同时变动引起的短期动态均衡

态均衡时，不仅要分析短期动态均衡，还要分析长期动态均衡，才能全面掌握旅游经济的发展态势。

（1）旅游供求从非均衡状态向动态均衡状态发展

当旅游供给价格弹性小于旅游需求价格弹性时，表示旅游经营者对旅游价格的反应小于旅游者，于是在市场机制的作用下会使旅游供求从非均衡状态向动态均衡状态发展。如图5-9（A）所示，假定第一年旅游市场上的旅游需求为q_1，则由旅游需求曲线可得旅游产品价格为p_1，由于旅游价格高于均衡价格将使第二年的旅游供给量为q_2，而要使第二年q_2的旅游产品全部销售出去，由旅游需求曲线可知销售价格应为p_2，这样会使第三年的旅游供给量变为q_3并使旅游价格变为p_3，依次连续不断地变化下去，最终使旅游价格趋于均衡价格的动态均衡，如图5-9（B）所示。

（2）旅游供求从非均衡状态向更加非均衡状态发展

当旅游供给价格弹性大于旅游需求价格弹性时，表示旅游经营者对旅游价格的反应大于旅游者，于是在市场机制的作用下会使旅游供求从非均衡状态向更加非均衡状态发展，形成动态的非均衡状态。如图5-10（A）所示，假定第一年旅游市场上的旅游需求为q_1，由旅游需求曲线可得旅游价格为p_1，由于旅游价格高于均衡价格而使第二年的旅游供给为q_2，而要使第二年的全部旅游产品销售出去，则旅游价格必然下降为p_2，于是第三年的旅游供给变化为q_3，又会使旅游价格上升到p_3，依次连续不断地变化下去，将使旅游价格远远偏离均衡价格，而出现旅游供求长期非稳定性的动态均衡，如图5-10（B）所示。

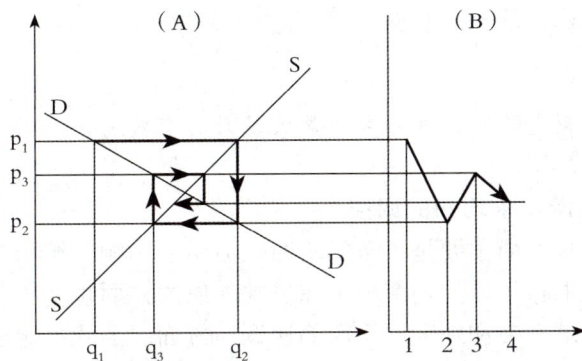

图5-9　旅游供求长期稳定性动态均衡

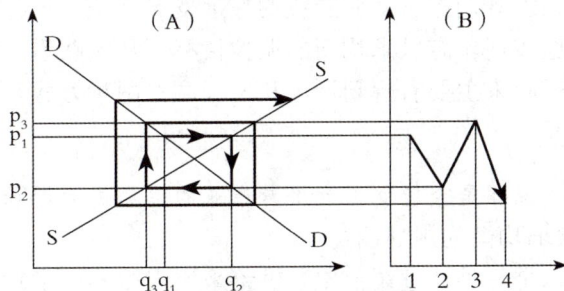

图5-10　旅游供求长期非稳定性动态均衡

◆ **同步思考5-5** ◆

问题： 如何全面正确地理解现代旅游供给与需求的均衡？

4）现代旅游供求规律

根据以上分析，可以把现代市场经济条件下旅游供求规律概括如下：

（1）旅游需求和旅游供给共同决定旅游产品价格，即旅游均衡价格就是旅游需求量等于旅游供给量时的价格；与旅游均衡价格相对应的旅游供求数量称为旅游均衡产量。

（2）旅游产品价格又影响和决定着旅游需求和旅游供给的数量，当旅游产品价格上涨时，旅游供给增加而旅游需求减少，于是旅游市场上出现供过于求；当旅游产品价格下跌时，旅游供给减少而旅游需求增加，于是旅游市场上出现供不应求。

（3）旅游均衡价格和均衡产量与旅游需求呈同方向变动，即旅游需求增加，则旅游均衡价格提高，旅游均衡产量增加；旅游需求减少，则旅游均衡价格降低，旅游均衡产量减少。

（4）旅游均衡价格与旅游供给呈反方向变动，而旅游均衡产量与旅游供给呈同方向变动，即旅游供给增加，则旅游均衡价格降低而旅游均衡产量增加；旅游供给减少，则旅游均衡价格提高而旅游均衡产量减少。

（5）旅游需求和旅游供给同时增加或同时减少，会引起旅游均衡产量同方向变动，而这时旅游均衡价格则有提高、降低或不变三种可能性。

（6）从长期看，旅游供求会因旅游供给弹性和旅游需求弹性的不一致而出现稳定的动态均衡和非稳定的动态均衡。

◆ **深度剖析 5-3**

　　问题：宏观政策是否可以成为乡村繁荣复兴的有效途径，同时影响现代旅游供求规律？

5.3.3　现代旅游供求均衡的调控

　　通常，旅游供求均衡主要是指量的均衡，但由于影响旅游供求数量的变化因素较多，因而旅游供求除了量的均衡外，在供求的质的方面也要相互适应，即表现在旅游供求构成、供求季节和地区不平衡的协调等方面。因此，旅游供求均衡与一般产品的供求均衡相比，具有均衡的相对性、不均衡的绝对性、供求均衡的随机性等特点，从而要求加强宏观调控，从旅游业的长远发展来确立调控目标，并采用一定的调控方式，有效地实现旅游供求均衡的调控目标。从实践看，旅游供求均衡的调控有多种方式，概括起来主要有规划调控和过程调控两种方式。

◆ **深度剖析 5-4**

　　问题：实施城乡统筹是否能够扩大旅游产业的边界进而增加旅游供给？

　　1）现代旅游供求均衡的规划调控

　　旅游规划调控，是一种通过调节旅游供给来实现旅游供求均衡的调控方式，是一种前馈控制。它对旅游供给的发展给出目标限定和范围，其内容包括旅游需求预测、旅游资源开发、供给规模确定、旅游区建设、旅游接待设施供给、相关旅游基础设施发展计划制订、人员培训和行业规范管理等方面。在制定旅游供给规划的时候，要遵循社会主义市场经济规律和国家的方针政策，从社会主义现代化建设的总目标出发，使旅游供给的发展规模和发展速度既适应社会主义经济发展的需要，又符合国家或本地区的经济实力。

　　2）现代旅游供求均衡的过程调控

　　旅游过程调控，是根据旅游市场上旅游供给和需求的变化来调控旅游供求均衡的调控方式，是一种过程调控，包括宏观调控和微观调控两个方面。在宏观层次，国家可以根据旅游经济发展的目标和旅游供求均衡的现实状况，通过政策对旅游供求变化进行引导或限制，促成旅游供求的均衡。在微观层次，主要通过市场机制对旅游供求均衡进行调控，即遵循旅游供求规律来调节旅游供给的数量。当旅游市场上出现供过于求时，迫使旅游产品价格下降，而使旅游供给减少；而当市场上出现供不应求时，旅游产品价格就会上扬，从而使旅游供给扩大。这就需要根据旅游需求发展的趋势，适时扩大旅游供给，增加旅游供给能力的储备，提高旅游供给随旅游需求从而实现动态均衡的主动性。

同步案例 5-2

中国景区门票全球最贵

背景与情境： 2010 年 7 月，中国国民党前副主席蒋孝严在广州指出，大陆景点观光费用非常高，所有的寺庙都收费，普陀山每个景点门票价格都在 40 元以上，而中国台湾地区没有一个寺庙要收费。"寺庙等历史景点是老祖先留下来的，不应该高收费。"他同时指出，如黄山、张家界、九寨沟等自然景区，都是自然创造的景色，是中华儿女共同享有的，不应收取价格高达 300 元的门票。

2010 年 7 月 19 日，国家发改委表态将遏制门票价格过快上涨。8 月 21 日时任国家旅游局局长邵琪伟在接受凤凰台记者采访时说：

"有些是为了保护这个古迹，通过向旅游者收取一定的费用来保护古迹，我认为应该理解。国外也有很多这种做法，你到意大利去，庞贝古城，它也征稽古城保护费，但是，我确实不主张大幅提价，因为在这阶段一些景区景点大幅提价，对整个社会的形象不好。"

"寺庙就又复杂了，一部分寺庙，历史上就是收门票的；一部分寺庙是历史上不收门票，后来加入旅游景区管理的概念之后又收门票；一部分相当于宗教场所，还是完全不收门票的，因此是分不同类型的。总之，适当时候可以收取门票，但价格不要太高。"

"杭州这个模式（指西湖不收门票），在一定的发达地区是可以借鉴的，但并不是所有的地区都能借鉴，中国的很多西部地区，旅游刚刚开始，它的旅游景区、旅游城市，还没有完成原始积累。因此，不能照办照套，我们肯定西湖模式，肯定杭州的做法，有条件的地方可以学习借鉴，但不推而广之。"

景区门票价格究竟高不高？

我国景点门票究竟高不高？有人认为"我国绝不是世界上旅游景区门票价格偏高的国家"。长期以来人们关注的景点门票价格偏高，不是指深圳欢乐谷、杭州宋城一类的新建主题公园，也不是指城市公园、郊野公园、博物馆和一般的风景旅游区，而是专指以国家风景名胜区、全国重点文物保护单位与世界遗产等公共资源为基础的旅游景点。这些景区中，像故宫、长城、明十三陵、颐和园、天坛和周口店北京猿人遗址等世界遗产景区的门票价格都在 60 元以下，这在全国是极少数。大多数此类景区门票价格都在百元以上，甚至高达二三百元。由此引出一个问题：以什么标准来判断景点门票是否合理？

判断一个以社会公共资源为基础的景点门票是否合理应放到多数民众的收入水平这个社会大背景中去，具体地说，应以一个国家、一个地区的职员人均收入与门票价格之比为标杆去衡量。

试以我国港台地区和其他几个国家的标志性景点门票为例：

台北故宫博物院：200 元新台币（约合人民币 44 元），以台湾地区中等收入职员的月薪 3 万元新台币测算，该门票价格约是其月薪的 0.67%。

香港海洋公园：185 港元，以香港地区中等收入职员的月薪 3 万港元测算，该门票价格约是其月薪的 0.6%。

印度泰姬陵：印度人 10 卢比（外国人 750 卢比，不到 2 美元），印度人均月国民收入 2 799 卢比，该门票价格约为人均月收入的 0.36%。

泰国皇宫和玉佛寺：泰国人的门票价格不详，外国游客 200 泰铢（约合 5.8 美元）。泰国国民人均月收入约 229 美元，以 200 泰铢测算，该门票价格约为人均月收入的 2.5%。

埃及金字塔：埃及人 1 埃镑（约 0.18 美元），外国人 20 埃镑（约 3.6 美元）。埃及年国民收入 1 390 美元，该门票价格约为月国民收入的 0.16%。

日本冲绳首里城（世界文化遗产）：800 日元（旺季），日本职员人均年薪 600 万日元，该门票价格为人均月薪的 0.16%。

英国白金汉宫：15 英镑，英国"全日制雇员平均周薪为 489 英镑"，该门票价格约为雇员月薪的 0.77%。

意大利古罗马斗兽场：6 欧元，意大利"家庭每月平均消费 2 500 欧元"，该门票价格为家庭每月平均消费的 0.24%。

法国巴黎凡尔赛宫：20 欧元，法国"最低标准工资每月 1 308.88 欧元"，该门票价格为月薪的 1.5%。

美国大峡谷/黄石公园：10 美元，美国"中等家庭年收入中位数为 61 355 美元"，该门票价格为中等家庭月收入的 0.2%。

俄罗斯克里姆林宫博物馆：本国人 100 卢布（约 3.6 美元），外国人 300 卢布（约 10.7 美元）。俄罗斯月人均名义工资为 17 112 卢布，该门票价格约为月人均名义工资的 0.58%。

上述引号内数据均出自中国外交部网站。

如此看来，上述地区与国家的标志性自然与人文景点的门票一般不超过其职员人均月收入的 1%。

再看看我们的情况。笔者曾在 2007 年 3 月，对全国大多数刚被批准为 5A 级景区的门票作过调查，其中门票 200 元以上的有 5 家，120～200 元的有 11 家，80～120 元的有 23 家，50～80 元的有 10 家，50 元以下的有 14 家，不收门票的有 1 家（杭州西湖国家重点风景名胜区），80 元以上的占 2/3 左右。时过 4 年，景区门票价格肯定又上了一个台阶。

国家统计局资料显示，2009 年全年农村居民人均纯收入为 5 153 元，城镇居民人均可支配收入为 17 175 元。由此测算，100 元的景区门票价格相当于农民月纯收入的 23.6%、城镇居民月可支配收入的 7%；150 元的景区门票价格相当于农民月纯收入的 34.9%、城镇居民月可支配收入的 10.5%。也就是说，一个 3 口之家游览一个门票价格 150 元的景区，仅门票支出就相当于一个农民一个月的纯收入、相当于一个职工 1/3 的可支配收入。

无独有偶，最近也出现了"中国电影票价何时能降"的呼声。《2010 中国电影产业报告》披露，"2009 年中国电影平均票价为 36.38 元，占城镇居民可支配月收入的 2.5%，远高于发达国家的 0.5%"。

我们的人均GDP、人均国民收入在世界排名百位之后，但以公共资源为基础的旅游景区门票为何远高于世界平均水平？为何国家发改委三令五申但门票涨价风屡刹不止？为何佛门圣地、道家仙境也广收门票？问题究竟出于哪里？

问题：景区"高门票"现象的背后反映出我国旅游业在供给方面存在哪些问题？

（资料来源　佚名.中国景区门票全球最贵［N］.中国旅游报，2010-11-02.经节选、压缩和改编）

✦ 本章概要

✿ 主要概念

现代旅游供给　旅游环境容量　旅游供给能力　旅游综合接待能力　旅游环境承载力　旅游供给弹性　旅游供给价格弹性　旅游供给价格弹性系数　旅游价格预期弹性

✿ 内容提要

● 本章主要介绍了现代旅游供给与供求均衡，包括现代旅游供给的概念及特征、现代旅游供给规律与弹性、现代旅游供求矛盾和均衡。

● 现代旅游供给，是指在一定条件和一定价格水平下，旅游经营者愿意并且能够向旅游市场提供的旅游产品数量。旅游供给是以满足旅游需求为目标的，但在旅游市场上决定旅游供给的关键，主要在于旅游经营者是否愿意提供相应的旅游产品，因此旅游供给是一种有效供给，即旅游经营者愿意并且可能提供的旅游产品。

● 旅游产品是一种特殊的综合性产品，因而旅游供给也是一种特殊的供给，其特殊性主要表现在旅游供给的计量差别性、产地消费性、供给可持续性、产品非贮存性和供给多样性等。

● 旅游供给的影响因素很多，包括旅游地的环境容量、旅游产品价格、生产要素价格、经济发展水平、科学技术发展及旅游政策等。但是，在市场经济条件下，决定旅游供给变化的主要因素是旅游产品价格、生产要素价格、旅游供给能力等，它们与旅游供给之间的不同变化就形成了旅游供给量变化、旅游供给水平变化等规律。

● 旅游供给不仅受旅游产品价格的直接影响，还受生产规模、生产成本和旅游环境容量等多种因素的影响，因此旅游供给弹性一般包括旅游供给价格弹性、旅游供给交叉弹性、旅游价格预期弹性等。

● 现代旅游供给与旅游需求是互相依存和相互矛盾地运动的，主要表现在旅游供求数量、质量、时间、空间和结果等方面。要实现旅游供给与需求的均衡，就必须把两者结合起来考察，以探寻旅游供给与需求均衡的客观规律性，并分析和考察它们在市场上的短期动态均衡和长期动态均衡的发展状况。

✿ 内容结构

本章内容结构如图5-11所示。

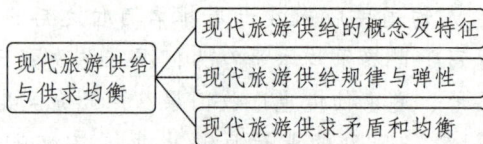

图 5-11　本章内容结构

重要观点

观点 5-1：旅游供给与旅游需求既互相矛盾又相互依存。

常见质疑：旅游需求决定了旅游供给，离开旅游需求，旅游供给无从谈起。

释疑：现代旅游供给与旅游需求既相互矛盾又互相依存，它们通过旅游产品价格这一中介有机地结合起来，从而形成了现代旅游供给与旅游需求既相互依存又相互矛盾的运动规律。一方面，旅游供给虽然受许多影响因素的制约，但归根结底最基本的影响来自旅游需求。旅游供给的数量、质量和结构都要以旅游需求为前提，离开旅游需求所确定的旅游供给必然是盲目的。此外，自然和社会等各种因素对旅游供给的影响，往往也就是对需求的影响，或者是通过抑制旅游需求来限制旅游供给的发展。另一方面，旅游供给又是旅游需求实现的保证，它提供旅游需求以具体的活动内容。如果没有旅游供给的不断发展，旅游需求将永远停留在旅游的自然风光观赏水平上。从总体上看，旅游供给源于旅游需求，但在旅游业发展到一定程度之后，旅游供给又能激发旅游需求，产生旅游需求，促使人们的旅游需求内容不断扩大、水平不断提高，从而改善人们的生活质量。

观点 5-2：政出多门的旅游行业政策，在很大程度上限制了旅游供给数量提高和质量提高。

常见质疑：来自不同部门的政策相互矛盾甚至发生冲突，直接影响到旅游供给。

释疑：由于旅游业发展涉及多个行业和多个部门，配套政策与行业管理较为滞后，而且由于政出多门，政策之间彼此缺乏协同，存在一定的盲区，甚至是存在冲突，系统性政策思考不够，适应新形势、富有创新性的政策手段不足，在很大程度上影响了旅游供给的产生，限制了旅游需求的扩大。

✹ 单元训练

传承型训练

▲ 理论题

△ 简答题

1) 简述旅游供给的概念与特征。

2) 简述旅游供给的规律。

3) 简述旅游供给与需求的矛盾。

4) 简述旅游供求规律。

△ 讨论题

1) 影响旅游供给的因素有哪些？

2）旅游供给弹性在旅游经济活动中有何作用？

3）为什么说旅游供给与旅游需求既互相矛盾又相互依存？

▲ 实务题

△ 规则复习

1）简述旅游供给价格弹性的计算方法及变化情况。

2）简述旅游价格预期弹性的计算方法及变化情况。

3）简述旅游供求均衡的调控。

△ 业务解析

1）某饭店提供外卖家庭配菜，当每份收费25元时，每天销售量为80份；当每份收费30元时，每天销售量为50份。该饭店的家庭配菜收费多少钱合适？为什么？

2）某旅行社推出一特色旅游产品，对外报价为300元/人，但由于游客剧增而使实际价格上升到350元/人；根据预测，下年该特色旅游产品的需求将持续上升，故旅行社将对外报价提高到380元/人，并预计价格将随着旅游市场供求变化而有15%的浮动。旅游经营者该增加旅游产品供给吗？为什么？

▲ 案例题

△ 案例分析

【训练目的】

见本章"学习目标"中"传承型学习"的"认知弹性"目标。

【教学方法】

同第1章本题型的"教学方法"。

【训练任务】

同第1章本题型的"训练任务"。

【相关案例】

竞争、合作、多赢

背景与情境： 运通酒店预订网（e-hotel）的开通运营，标志着酒店预订行业在我国的兴起，当时其规模是会员酒店350家，会员40万。在短短的6年间，e-hotel和webhotel得到了快速的发展，"酒店预订"已经成为一个行业，全国至少有3 000家订房公司。

然而"订房"市场也开始进入了"微利时代"，竞争异常激烈，基本形成了携程、艺龙两大海外上市公司（以下简称"两大公司"）独霸天下的竞争格局，中小订房中心已经明显处于竞争的劣势地位。

经营业态

很多中小订房中心依托于"两大公司"，掌控当地化的订房市场：由于"两大公司"的客服人员很难对顾客所需要的非常具体的信息给出满意的答复，他们往往需要当地订房中心的支持与协助，才能更好地为顾客提供信息、咨询和预订服务。

也有一些订房中心独立发展自己的客户群体。有的订房中心是在这样的环境下产生：已经有忠诚的机票预订客户群体，应他们出行的要求成立订房中心，把对老客户的机票预订服务延伸到订房业务领域中。

独立开发当地化的订房市场，也是部分中小订房中心的市场选择，它们针对酒店开展营销，使用"扫楼"等方式实现与酒店的签约合作，这种方式成本较高，但是会对酒店的情况有比较深入的掌握和了解。国外已经有类似的经营模式，如www.quikbook.com，它的员工会访问每一家成员酒店，对其进行评价，这样可以掌握足够的信息，消除顾客的很多疑虑，使顾客能够获得比较准确、可靠的酒店评价信息。

盈利模式

仅从顾客那里得到收益，如卖给顾客会员卡，与酒店并没有频繁的业务联系；仅以酒店返还的佣金作为收入，与酒店发生比较频繁的业务联系；两者兼而有之。

营销方式

无订金预订模式：提供网上直接预订—网上确认—网上支付；提供网上预订—网下确认—酒店前台支付；提供网下预订（免费电话，或非免费电话）—传真确认—酒店前台支付。

订金预订模式：顾客在预订酒店的房间时需要交纳一定的订金，这样使顾客、酒店、订房中心三方的利益都有比较好的保障，降低"noshow"率。国外多采用这种方式，因为中国市场发展的不成熟，所以需要有这样的约束提高顾客的诚信度，同时也使酒店对需求更明确，但订房中心和酒店也应该保证提供正确和准确的供顾客决策的信息。

发展现状

目前，全国订房中心有99%是中小规模的，靠很少的佣金生存，激烈的竞争已经使每间房每夜的利润变得非常少，同时顾客也变得更加成熟和挑剔，而订房中心每天的运营成本却居高不下，有时订房中心一个月才有几十元的收入，因此它们的生存环境不断恶化，迫切需要加强与中小酒店、订房同行的合作。中国订房联盟就是在这样的背景下产生的，其试图通过打造网络预订平台，收取服务费，来吸引中小订房中心和酒店加盟，但同时中小订房中心也担心最终被联盟所摒弃。国外已经出现这种趋势，在未来的几年，可能只有一家订房中心继续生存，而酒店开始强化自己的预订系统和营销力度。

竞争关系

订房中心之间对于客源的争夺，尤其是与"两大公司"的竞争，导致订房所带来的佣金在减少。例如，一些大的订房中心每间夜的佣金为40~70元不等，小的可能只有10~40元（业界某些人士大致的估计，没有经过详细的核实），因此只有维系一定的顾客规模，才能保证生存和发展，而散客的市场目前是个相对来说比较有限和确定的市场规模，订房中心在千方百计争取顾客的同时，顾客也在对订房中心的价格和服务进行比较，从客观上加剧了订房中心之间的竞争关系。

订房中心与酒店对于客源的争夺，酒店对于订房中心输送的顾客进行"二次开发"，把订房中心送去的客源争夺为自己的客源（通过提供比订房中心便宜的价格），导致部分客源从订房中心流失，对双方的合作造成比较大的影响。

合作关系

很多中小酒店都是单体运营，即使是连锁经营，规模也相对较小，自己的销售渠道有限，也很难成为定位于"三星"以上的"两大公司"的合作伙伴。它们希望通过实现与中小订房中心的合作，拓展销售渠道，增加顾客来源，提高"入住率"，降低营销成本。

从顾客角度考虑，他们从不同订房中心所得到的同一酒店的价格应该是差不多的，这样才不会导致订房中心之间的恶性价格竞争，因为价格竞争的结果往往是"殃及自身"，最终损害顾客和酒店的利益。因此从原则上讲，酒店与订房中心一旦有了合作关系，就应该保证价格的对外一致性：对订房中心要求同一卖价，使每个顾客享受同样的价格和服务。当然酒店可以根据订房中心销售量的多少确定所能给予的优惠的多少，甚至取消某家订房中心的代理销售资格。这样的做法同样也需要订房中心之间的默契与合作，才能形成"同质同价"的酒店产品提供给顾客，因为最终只有为顾客提供了其满意的价格和服务，各方才能谋求到应得的利益，否则只能是"两败俱伤"。

未来图景

比价搜索的冲击和机会：比价搜索就是提供专业的旅游信息比较搜索，通过定向采集经过人工筛选的目标旅游网站的产品数据，经过程序设定的规则对采集的信息进行归类整理，再按照用户指定的搜索条件和排列方式将相关信息呈现给搜索用户，并提供直达这些具体信息页面的链接。比价搜索让订房中心和酒店的价格更加透明，提高了顾客讨价还价的能力，因此客观上加剧了订房中心之间对客源的争夺，但是，如果订房中心和酒店能够很好定位自己的客户群体，这种新的搜索方式也不失为一种新的营销渠道，也会给订房中心和酒店提供更多的客源支持。

网络预订平台联盟：通过制定一定的加盟规则约束加盟平台的订房中心和酒店，建立相对标准化的价格和服务机制、后台由使用方自主维护的运营体系。但这种平台成功的关键是能够在网络上集聚足够数量的订房中心和酒店，"集散为整"，得到订房中心和酒店的鼎力支持，形成品牌效应。一旦这种网络平台发展成熟，会对"两大公司"产生比较大的冲击，该网络平台在给中小订房中心带来客户和利润的同时，也存在"去中间化"问题，即被酒店和联盟平台所摒弃。

部分新技术的发展，如基于电子地图或基于位置的预订服务，可以提供给顾客所需酒店位置等空间信息的支持。有了这些技术的广泛应用，会带来新的竞争和机会，需要订房中心根据自身的资源条件和发展需要来把握。

酒店作为订房产业所依托的经营实体和主体，在未来的竞争中起着关键的作用，需要做好和分好"蛋糕"；顾客是消费酒店产品的主体和核心，顾客的满意度和忠诚度是订房市场的核心问题，订房中心之间、订房中心与酒店之间只有在竞争的同时加强合作，才能更好地为顾客服务，留住老顾客，开拓新客源，保持合理的利润空间，实现多方的共赢。

中国的"酒店预订"市场是个庞大的市场，而不同地区的不同经济发展规模和水平、旅游电子商务的发展状况、酒店和订房中心发展的不平衡，导致很难形成一两家公司"掌控天下"的局面。随着"两大公司"经营模式的日渐成熟，在激烈的市场竞争中"站稳脚跟"的中小订房中心特有的市场定位，Cendant等国际知名旅游公司与国内旅游企业的合作，国外"订房"网站的可能介入，比价搜索、订房联盟平台等基于网络营销模式的成熟以及酒店自身营销能力的增强，会形成一个相对稳定的"多方"预订市场，在这个市场中，"多元化""共生共栖"的关系将成为主体，市场环境也将不断成熟、公平，最终形成订房中心、酒店、顾客之间的"多赢"格局。

（资料来源 佚名.竞争、合作、多赢［EB/OL］.［2012-07-20］. http://www.cnxz.cn.经节选、压缩和改编）

问题：

1）该案例涉及了本章的哪些知识点？

2）为什么会有订房服务的出现以及订房中心的发展？订房中心与酒店之间是否也是一种需求与供给之间的矛盾？为什么？

3）中小订房中心的发展还要克服哪些障碍？假如你是某中小订房中心的负责人，你会怎么做？

【训练要求】

同第1章本题型的"训练要求"。

【成果形式】

1）训练课业：《"竞争、合作、多赢"案例分析报告》。

2）课业要求：同第1章本题型的"课业要求"。

△善恶研判

【训练目的】

见本章"学习目标"中"传承型学习"的"认知弹性"目标。

【教学方法】

同第1章本题型的"教学方法"。

【训练准备】

同第1章本题型的"训练准备"。

【相关案例】

古村落旅游地开发中的"公地悲剧"

背景与情境：自2000年安徽宏村、西递申遗成功后，古村落旅游成为业界关注的热点，也成为旅游者的向往之地，对旅游者形成了极大的吸引力。但与此同时，旅游对古村落自身的演进、公共资源保护以及原住民利益等产生了重要影响，古村落旅游与保护之间的矛盾和问题随之而来。一方面，古村落景区化、遗产过度商用化、社区原住民利益边缘化等"公地悲剧"现象和问题凸显，与古村落遗产保护的要求相悖；另一方面，古村落"景区与社区叠置"的特点，使古村落又受到诸如保护、产权归属、产业发展等政策和体制的多重制约，不利于古村落"保护着发展"。

在中国目前，除了安徽宏村、西递之外，福建永宁古镇、云南丽江古城、山西平遥古城、江西婺源古村落、湖南凤凰古城等都面临着古村落旅游地开发中的公地悲剧问题。

（资料来源　根据网络资料整理）

问题：

1）古村落旅游地开发中的"公地悲剧"这一现象是否会导致旅游地旅游供给遭到根本性破坏性？最终结果的影响如何表现出来？

2）试对上述问题做出你的道德研判。

3）说明你所做善恶研判的依据。

4）请从旅游需求与旅游供给关系的角度对旅游开发和保护行为做出评价。

【训练要求】

同第 1 章本题型的"训练要求"。

【成果形式】

1）训练课业：《"古村落旅游地开发中的'公地悲剧'"善恶研判报告》。

2）课业要求：同第 1 章本题型的"课业要求"。

✿　创新型训练

▲ 拓展创新

拓展创新 - Ⅱ

【训练目的】

见本章"学习目标"中"创新型学习"的"拓展创新"目标。

【教学方法】

同第 2 章本题型的"教学方法"。

【知识准备】

学生通过院资料室、校图书馆和互联网等途径，自主学习如下知识：

1）列入本教材"附录一"附表 1 "能力领域"中"与人交流"、"与人合作"和"革新创新"能力"中级"各技能点"'知识准备'参照范围"的知识。

2）本教材"附录三"附表 3 "能力领域"中"与人交流"、"与人合作"和"革新创新"能力"中级"各技能点的"基本要求"和"参照规范与标准"。

【训练任务】

1）查阅关于"本市旅游供求分析及发展思路"的各种观点信息。

2）同第 2 章本题型的其他"训练任务"。

【训练要求】

1）体验将关于"本市旅游供求分析及发展思路研究"的各种观点信息中的诸多拓展性观念要素整合为一个内在一致、功能统一的新整体，形成一个带有原创性成分的《本市旅游供求分析及发展思路研究》的"知识创新"（中级）过程。

2）同第 2 章本题型的其他"训练要求"。

【训练时间】

本章课堂教学内容结束后的课余时间，为期一周。

【训练步骤】

1）各团队应用"知识准备"所列知识，并遵循相关"要求"和"参照规范与标准"，系统体验关于本项目的如下技能操作：

（1）通过队内分工与合作，收集和处理本训练项目中存有争议的关于"本市旅游供求分析及发展思路"的各种观点信息，分析研究、讨论与交流其各自所长与不足。

（2）将关于"本市旅游供求分析及发展思路"的各种观点信息中诸多拓展性观念要素整合为一个内在一致、功能统一的新整体，撰写带有原创性成分的《本市旅游供求分析及发展思路研究》论文。

（3）以相互质疑和答疑的方式，在班级讨论、交流、相互点评其《本市旅游供求分析及发展思路研究》论文。

（4）根据班级讨论交流结果，各团队修订和完善其《本市旅游供求分析及发展思路研究》论文。

2）同第 2 章本题型的其他"训练步骤"。

【成果形式】

1）训练课业：撰写《"拓展创新-Ⅱ"训练报告》。

2）课业要求：参照第 2 章本题型的"课业要求"。

✶ 建议阅读

［1］庞世明，孙梦阳，宋志伟. "资源诅咒"、旅游供给多样性与可持续旅游发展［J］. 旅游学刊，2021，36（05）：12-13.

［2］李波，薛华菊. 供给侧改革背景下拉萨市旅游供给游客感知价值研究［J］. 中国商论，2021（05）：49-51.

［3］廖淑凤，郭为. 旅游有效供给与供给侧改革：原因与路径［J］. 旅游论坛，2016，9（6）：10-16.

［4］刘军胜，马耀峰. 入境游客与社区居民旅游供给感知测评及差异分析——以北京市为例［J］. 资源科学，2016，38（8）：1476-1490.

［5］毛峰. 乡村旅游供给侧改革研究［J］. 改革与战略，2016，32（6）：58-60，112.

［6］陈国生，陈政，刘军林. 旅游供给侧改革中的信息化推动与产业博弈［J］. 湖南社会科学，2016（3）：126-130.

［7］保继刚，梁增贤. 基于层次与等级的城市旅游供给分析框架［J］. 人文地理，2011，26（6）：1-9.

［8］张祖群，蔡红. 旅游供给的二维组合态势与创新开发模式——我国西部 12 省（区）案例［J］. 地理与地理信息科学，2005（6）：86-90.

［9］刘书安，欧阳驹，林刚. 对旅游供给的深层认识——从服务学角度看旅游供给［J］. 市场周刊（管理探索），2005（1）：159-161.

［10］厉新建. 旅游供求理论再认识［J］. 北京第二外国语学院学报，2000（1）：23-27.

第6章
现代旅游市场与竞争

▶ **学习目标**

▷ **传承型学习**

通过以下目标，建构以"现代旅游市场与竞争"为阶段性内涵的"传承型"专业学力：

理论知识：学习和把握现代旅游市场的概念、特点与功能，现代旅游市场的类型与细分的意义，现代旅游市场竞争的必然性、影响因素、结构与内容，现代旅游市场机制的概念、内容与特征等陈述性知识；能用其指导本章"同步思考"、"深度思考"、"教学互动"和相关题型的"单元训练"；体验"现代旅游市场与竞争"中"理论知识"的"传承型学习"及其迁移。

实务知识：学习和把握现代旅游市场细分的方法，现代旅游市场的法治体系建设，旅游市场调查的类型与基本程序，旅游市场定性与定量预测，现代旅游市场开拓策略，以及"业务链接"等程序性知识；用其规范本章"深度剖析"和相关题型的"单元训练"；体验"现代旅游市场与竞争"中"实务知识"的"传承型学习"及其迁移。

认知弹性：运用本章理论与实务知识研究相关案例，对本章"引例"、"同步案例"和"在线旅游市场'烽烟四起'"等案例情境进行多元表征，体验"现代旅游市场与竞争"中"结构不良知识"的"传承型学习"及其迁移；依照相关行为规范对"反思：为什么中国人对世界旅游贡献大却遭遇讨厌？"案例进行善恶研判，促进健全职业人格的塑造。

实践操作：参加"'现代旅游市场开拓策略'知识应用"的实践训练。在了解和把握本训练所及"能力与道德领域"相关技能点的"参照规范与标准"的基础上，通过对"知识准备"所列知识的运用，相关"参照规范与标准"的遵循，系列技能操作的实施，实践报告的准备、撰写、讨论与交流等有质量、有效率的活动，系统体验其诸多技能的"传承型学习"及其迁移；通过践行"职业道德"选项的行为规范，体验"职业道德"规范的"传承型学习"（认同级）及其迁移，促进健全职业人格的塑造。

学习微平台

二维码资源
6-01

引例　热门博物馆"一票难求""冷热不均"仍需破解

背景与情境：2019年，我国人均GDP首次突破一万美元，随着物质生活更加富裕，人们的精神文化消费需求也快速提升。以博物馆为代表的公共文化消费快速增长，折射出大众精神文化需求的日益高涨。中国旅游研究院的调查显示，2019年春节期间参观博物馆、美术馆的游客比例分别达到40.5%和44.2%。2021年五一假期，各地旅游市场火爆，许多热门博物馆"一票难求"，故宫博物院假期五天的门票节前就已预订完毕。作为公共文化产品，节假日期间出现的博物馆热，既反映了新时期人们对高品质精神文化产品的追求，也反映了高品质文化产品供给不足导致的博物馆"冷热不均"现象。

博物馆参观的"冷热不均"反映出高品质公共文化供给的不足。五一假期所反映出的博物馆热多局限于各地最具影响力的博物馆中，故宫博物院、陕西历史博物馆、湖南省博物馆等，都是各地备受游客追捧的博物馆。相较于全国5 535家博物馆，"一票难求"仅是少数现象。从国家文物局公布的2019年全国博物馆接待数据看，83%的博物馆年接待游客量在30万人次及以下。对于绝大多数的博物馆而言，要成为热门博物馆，还需要持续创新，不断提升自身吸引力。

"博物馆热"所反映出的文化消费需求旺盛，以及以高品质博物馆为代表的公共文化供给的相对不足，是博物馆发展面临的重要问题。从长远发展看，博物馆可重点关注三方面的创新，以不断提升供给品质，提高大众关注度和参与度。

一是加强科技创新，打造"线上+线下"博物馆。常态化疫情防控期间，借助大数据、人工智能、虚拟现实等多种技术手段，打造线上博物馆，提供全景游、云看展等线上服务内容，成为博物馆线上创新的重要手段。此举不仅可以让更多无法到博物馆现场的观众通过线上平台了解中华优秀的文化遗产和文物资源，也可以满足那些无法在节假日预约参观的游客需求，还能以数字文化资源形式实现对博物馆文化宝藏的永续利用。同时，以科技赋能线下博物馆，利用新技术增强对现有文物的保护，增加文物的新展示形式，开发互动、体验型新产品和新服务。对于馆藏资源不够丰富的博物馆而言，线下互动、体验型产品的开发有助于其另辟蹊径，提升市场吸引力。

二是加强创意创新，打造更接地气的博物馆。应依托馆藏文物，开发文创商品，吸引年轻消费群体的关注。故宫加大馆藏文物开发力度，从书签、U盘到胶带系列文创商品，不仅活化了文物资源，唤起年轻一代对传统文化的兴趣，也拉近了故宫与普通消费者之间的距离。应创新营销方式，拓展新的文化传播形式。河南博物院、陕西历史博物馆等文博机构推出的"考古盲盒"，将文物仿品与当下大热的盲盒营销方式相结合，不仅激发了年轻人对文物的好奇心，也引发了社会的广泛关注。跨界合作，联合"出圈"也是博物馆创新营销的一种方式。故宫与网易联合开发《绘真·妙笔千山》游戏，将馆藏名画与游戏相结合；良渚博物院利用游戏《集合啦！动物森友会》开办线上展览，不仅将馆藏文物植入游戏，也利用游戏方式收获了一大波关注。总之，利用各种创意创新手段，博物馆不再"古板"和"高大上"，而是增加了和百姓生活、年轻人消费偏好之间的连接点，让博物馆更接地气。

三是加强运营创新，探索博物馆夜间开放。为满足人们日常下班后参观博物馆的需求，有必要延长运营时间，探索夜间博物馆运行方式。国家博物馆、广州博物馆等一批博物馆延长周五、周六等部分日期的运营时间，既为城市夜间经济发展赋能，也为市民和外来游客的夜间活动提供了更丰富的选择。此外，博物馆还可通过开发夜宿产品提升自身资源价值和时间价值。中国园林博物馆、中国古动物博物馆、长沙博物馆等通过开发夜宿博物馆产品，不仅为游客提供了深度了解博物馆展品的途径，也丰富了服务大众的形式。

（资料来源　中国旅游报.热门博物馆"一票难求""冷热不均"仍需破解［EB/OL］.［2021-05-07］. http://www.ctnews.com.cn/gdsy/content/2021-05-07/content_103590.html.经节选、压缩和改编）

6.1　现代旅游市场的特点及功能

在现代市场经济条件下，作为旅游产品交换的场所，旅游市场不仅是旅游经济运行的基础，也是反映旅游供给与旅游需求的相互关系和矛盾运动、实现旅游供求平衡的重要机制和场所。

6.1.1　现代旅游市场的概念

市场属于商品经济的范畴，哪里有商品生产和商品交换，哪里就有市场。列宁指出："商品经济出现时，国内市场就出现了，因为市场是由这种商品经济的发展造成的。"[①]早期的旅游活动并不是以商品形式出现的，而是一种社会现象。随着生产力的发展和社会分工的深化，商品经济迅速发展，旅游活动才逐渐变成商品并进入市场交换。随着旅游产品生产和交换的不断发展，旅游市场也随之扩大，并对旅游经济活动产生重要的影响。因此，必须从广义和狭义的角度全面认识和理解现代旅游市场的概念。

1）广义旅游市场概念

广义的旅游市场，是指在旅游产品交换过程中所反映出来的旅游者与旅游经营者之间各种经济行为和经济关系的总和。理解和掌握广义旅游市场概念，必须注意以下几点：一是必须有旅游市场的交换主体，即旅游者和旅游经营者，他们相互依存、相互对立，通过旅游市场的纽带而紧密地联系在一起。二是必须有供旅游市场交换的对象，即旅游产品，这种旅游产品必须能够满足旅游者的需求，并且是为了旅游市场交换而提供的旅游产品。三是必须具备有助于旅游产品交换的手段和媒介，如货币、广告、信息媒体、场所等，这是旅游产品交换和旅游市场存在的条件。

旅游者和旅游经营者之间通过旅游市场的交换活动而连接起来，并由此形成交换双方之间的经济行为和经济关系。随着现代旅游经济的发展和旅游市场规模的不断扩大，旅游者和旅游经营者之间的交换行为和交换关系也日益密切和复杂。

---

① 列宁. 列宁选集：第一卷［M］. 中共中央马克思恩格斯列宁斯大林著作编译局，编译. 北京：人民出版社，1965：189.

2）狭义旅游市场概念

狭义的旅游市场，是指在一定时间、一定地点和条件下对旅游产品具有支付能力的现实和潜在的旅游消费者群体，也就是一般所说的旅游需求市场或旅游客源市场。狭义旅游市场主要是由旅游者、旅游购买力、旅游购买欲望和旅游购买权利所构成。

（1）旅游者

旅游者是构成旅游市场主体的基本要素，旅游者数量的多少决定了旅游市场规模的大小。通常，如果一个国家或地区总人口多，则可能产生的旅游者就多，旅游市场规模就大，对旅游产品的需求基数就大；反之，如果一个国家或地区总人口少，则可能产生的旅游者就少，旅游市场规模就小，对旅游产品的需求基数就小。因此，一个国家或地区的总人口数量决定了旅游者的数量，而旅游者数量多少又反映了旅游市场规模的大小。

（2）旅游购买力

旅游市场大小不仅取决于人口数量及旅游者人数，还取决于旅游购买力。所谓**旅游购买力**，是指人们在其可支配收入中用于购买旅游产品的能力。通常，旅游购买力是由人们的收入水平所决定的，随着人们收入水平的提高，用于购买旅游产品的支出也会相应提高。如果没有较高的收入水平和足够强的支付能力，旅游者的旅游活动便无法进行，旅游市场也只是一种潜在市场。

（3）旅游购买欲望

旅游购买欲望，是反映旅游者购买旅游产品的主观愿望或需要、把旅游者潜在购买力变成现实购买力的重要条件。如果人们没有旅游购买欲望，即使有较高的收入和可支付能力，也不可能形成现实的旅游市场，旅游者也不会主动地选购各种旅游产品。因此，只有当旅游者既有旅游购买力，又有旅游购买欲望时，才能形成现实的旅游需求，才可能形成现实的旅游市场。

（4）旅游购买权利

旅游购买权利，是指允许消费者购买某种旅游产品的权利。在旅游市场上，尤其是在国际旅游中，会由于旅游目的地国或旅游客源国任何一方的政策限制等，导致人们有钱、有旅游愿望，但没有获得旅游购买权利，因而也不能到某些地区去旅游，从而无法形成旅游市场。因此，旅游购买权利也是形成旅游市场的基本要素之一。

◆ **同步思考6-1**

问题：如何才能正确全面地理解狭义旅游市场的构成？

6.1.2　现代旅游市场的特点

现代旅游市场作为旅游经济运行的基础，其与一般商品市场、服务市场和生产要素市场相比，既有一定的共性，又有不同于其他市场的多样性、季节性、波动性和全球性等特点。

1）现代旅游市场的多样性

现代旅游市场的主体是旅游者和旅游经营者，而旅游者的需求和旅游经营者所提供的产品是多种多样的，从而形成的现代旅游市场也是多样性的，这种多样性首先表现为旅游产品种类的多样性，即由于不同国家、不同地区的自然风光和人文景观的不同而形成的不同类型的旅游产品，可使旅游者从中获得不同的经历与感受。其次表现在旅游购买形式的多样性，即多种不同的旅游购买方式，如团体包价旅游、散客包价旅游、散客自助旅游、包价旅游与自助旅游等。最后表现在旅游交换关系的多样性，即旅游者和旅游经营者双方交换的旅游产品可以是单项旅游产品，也可以是组合（线路）旅游产品，甚至是综合性旅游产品（旅游地产品）等。

2）现代旅游市场的季节性

在现代旅游经济中，旅游者闲暇时间分布的不均衡和旅游目的地国家或地区自然条件、气候条件的差异，往往造成现代旅游市场具有突出的季节性特点。例如，某些利用带薪假日出游的旅游者，是造成旅游"淡旺季"的主要原因；某些与气候有关的旅游资源会因季节不同而产生"淡旺季"的差别；某些旅游目的地则直接受气候影响而具有明显的季节差异性，如海滨旅游、漂流旅游等。

因此，旅游目的地国家或地区应根据现代旅游市场"淡旺季"的不同特点而做出合理的安排，努力开发淡季旅游市场的需求，把大量的潜在旅游需求转化为现实的旅游需求；合理组织好旺季旅游市场的供给，以降低或消除季节性的影响，使旅游市场向淡旺季均衡化方向发展。

3）现代旅游市场的波动性

现代旅游需求是人们的一种高层次需求，而影响现代旅游需求的因素又是多种多样的，如物价、工资、汇率、通货膨胀、节假日分布、某一社会活动甚至旅游者自身心态的变化等，其中任何一个因素的变化都会引起旅游市场的变动，从而使旅游市场具有较强的波动性。

对于某个具体的旅游市场来说，任何意外事件或者重大活动都会在一段时间内改变其旅游客源的流向，从而使旅游市场呈现出较大的波动性。如海湾战争使中东旅游业一度下滑，而东南亚金融危机则直接影响该地区的旅游业发展。因此从长期考察来看，尽管旅游市场在持续发展，但这种发展并不是直线型发展，而是呈波动性向前发展的总趋势。

4）现代旅游市场的全球性

现代旅游市场是一个全球性的统一市场。自第二次世界大战以来，生产力的提高、交通条件的改善和社会经济的发展，使国际旅游市场经历了一个由国内向国外的发展过程，使旅游活动由一个国家扩展到多个国家，使区域性旅游市场发展成为世界旅游市场，促进了全球性旅游市场的形成和发展。

现代旅游市场的全球性主要体现在以下方面：一是旅游者的活动范围遍布世界各地，不仅人类居住的五大洲早已成为旅游者的目的地，就连无人居住的南极也留下了旅游者的足迹，随着航天科学的发展，旅游者的足迹已经开始涉足外太空。二

是在世界范围内的旅游市场开发进一步扩展，旅游者规模进一步扩大，旅游者的范围遍布世界各个地区和大部分国家。三是世界各国以及各地区都积极发展旅游业，并积极向其他国家和地区的消费者销售旅游产品，从而促进了世界各国旅游业的发展。

6.1.3　现代旅游市场的功能

现代旅游市场是社会经济发展的产物，是现代旅游经济赖以生存和发展的条件，现代旅游市场的功能健全对现代旅游经济活动的有效运行起着十分重要的作用。所谓旅游市场功能，是指旅游市场在旅游产品交换和旅游经济发展中所具有的各种能动性作用，其具体表现为以下几方面：

1）旅游产品交换功能

现代旅游市场是联结旅游产品供给者和需求者的纽带和场所，承担着实现旅游产品的价值和使用价值，保证旅游经济正常运行的重要任务。通常，旅游市场上总是存在着许多不同的旅游产品供给者和需求者，旅游产品供给者通过市场销售自己的旅游产品；而旅游产品需求者则通过市场选择并购买自己感兴趣的旅游产品。旅游市场通过旅游供求机制把旅游供给和旅游需求衔接起来，解决了供求之间的矛盾，从而更好地满足旅游者的需求，更充分地利用旅游供给接待能力，提供物美价廉的旅游产品，促进现代旅游经济的健康发展。

2）旅游资源配置功能

资源配置是指在社会经济活动中，如何把社会经济资源（人、财、物、信息等要素）进行有效分配，以充分利用稀缺资源生产出更多、更好的产品。因此，通过旅游市场的资源配置功能，可以促进整个旅游业中的食、住、行、游、购、娱按比例地均衡发展，实现社会经济资源的优化配置，并通过市场机制使旅游企业按照市场供求状况，及时调整所经营的旅游产品结构、投资结构，以适应旅游者需求和旅游市场的变化，不断提高旅游经济效益，实现旅游资源及要素的优化配置。

3）旅游信息反馈功能

在市场经济条件下，旅游供求的均衡离不开旅游信息，即有关旅游市场供求动态变化的信息。一方面，旅游企业通过市场将旅游产品信息及时传递给旅游者，以引导和调节旅游需求的变化；另一方面，旅游企业又根据市场反馈的旅游需求信息和市场供求变化状况，调整旅游产品的生产和供给，使本国、本企业的旅游产品开发和经营能及时适应旅游者的需求，适应世界旅游市场的发展变化趋势。因此，旅游市场通过信息传导和反馈功能，就形成了旅游经济活动的"晴雨表"，综合地反映着旅游市场的供求变化和旅游经济的发展状况。

4）旅游经济调节功能

旅游市场还是调节旅游经济活动和旅游供求平衡的重要杠杆。在旅游市场上，当旅游供求双方出现矛盾或不协调时，就会引起旅游市场竞争加剧和价格波动，影响到旅游经济活动的顺利进行。于是，就需要通过供求机制和价格机制的作用，调节旅游产品生产、销售和消费，从而使旅游供求重新趋于平衡。同时，还可通过旅游市场检验旅游企业的服务质量和经营管理水平，促进旅游企业不断地、及时地向旅游市场提供旅游者易于接受、乐于接受的旅游产品，提高整个旅游企业和旅游业的经济效益。

同步思考 6-2

问题：如何才能正确全面地理解现代旅游市场的功能？

6.2　现代旅游市场的类型与细分

6.2.1　现代旅游市场的类型

在全球旅游市场上，任何一个旅游供给者都没有足够的实力独占整个旅游市场，并满足所有旅游者的需要，因而必须对旅游市场进行分类和细分，以确定各个国家、各个地区或各个企业的目标市场，并针对目标市场采取合适的旅游市场开发策略。所谓旅游市场分类，就是依据地理、国境、消费、旅游目的、旅游组织形式等因素把旅游市场划分为不同的类型。

1）按地域划分的旅游市场类型

按地域划分旅游市场，是以现有及潜在的客源地和旅游目的地为出发点，根据对旅游者来源地或旅游目的地而划分旅游市场类型。世界旅游组织根据世界各地在地理、经济、文化、交通以及旅游者流向、流量等旅游发展情况和旅游者集中程度，将世界旅游市场划分为非洲、美洲、亚太、欧洲和中东五大地域类型，如表 6-1 所示。

表 6-1　　　　1950—2030 年世界各地区接待国际旅游者市场份额（%）

旅游地区	1950年	1960年	1970年	1980年	1990年	1995年	2000年	2005年	2011年	2020年	2030年
非洲地区	2.1	1.1	1.5	2.5	3.3	3.3	3.8	4.5	5	5.0	7
美洲地区	29.6	24.1	23.0	21.3	20.5	19.7	18.6	16.5	16	18.1	14
亚太地区	1.0	1.3	3.6	8.1	12.2	15.6	16.9	19.3	22	26.6	30
欧洲地区	66.4	72.5	70.5	66.0	62.4	59.4	57.8	54.9	51	45.9	41
中东地区	0.9	1.0	1.4	2.1	1.6	2.0	2.9	4.8	6	4.4	8
全世界	100.0	100.0	100.0	100.0	100.0	100.0	100.0	100.0	100.0	100.0	100.0

（资料来源　世界旅游组织（WTO）年度报告，1996 年，2001 年，2011 年）

注：2020 年、2030 年为预测数。

2）按国境划分的旅游市场类型

按国境划分旅游市场，一般分为境内旅游市场和境外旅游市场。前者是指一个国家国境线以内的市场，即主要是本国居民在国内各地进行旅游。后者又进一步可分为出境旅游市场、入境旅游市场和边境旅游市场。出境旅游市场是指组织本国居民到境外进行旅游的市场；入境旅游市场是指接待境外旅游者到本国各地旅游的市场。表 6-2 是 1995—2019 年我国入境旅游、出境旅游和国内旅游三大旅游市场的基本情况。

表6-2　　　　　三大旅游市场总体规模情况（1995—2019年）

年份	国内旅游市场		出境旅游市场		入境旅游市场		
	国内旅游人数（亿人次）	国内旅游收入（亿元）	中国公民出境人数（万人次）	增长率（%）	入境旅游者总人数（万人次）	过夜旅游者人数（万人次）	旅游外汇收入（亿美元）
1995	6.29	1 375.70	452.05		4 638.65	2 003.40	87.33
1996	6.40	1 638.4	506.07	12.0	5 112.75	2 276.50	102.00
1997	6.44	2 112.70	532.39	5.2	5 758.79	2 377.00	120.74
1998	6.95	2 391.18	842.56	58.3	6 347.84	2 507.29	126.02
1999	7.19	2 831.92	923.24	9.6	7 279.56	2 704.66	140.99
2000	7.44	3 175.54	1 047.26	8.3	8 344.39	3 122.88	162.24
2001	7.84	3 522.37	1 213.44	15.9	8 901.29	3 316.67	177.92
2002	8.78	3 878.36	1 660.23	36.8	9 790.83	3 680.26	203.85
2003	8.70	3 442.27	2 022.19	21.8	9 166.21	3 297.05	174.06
2004	11.02	4 710.71	2 885.00	42.7	10 904.00	4 176.14	257.39
2005	12.00	5 286.00	3 103.00	7.5	12 029.00	4 680.90	292.96
2006	13.94	6 229.74	3 452.36	11.3	12 494.21	4 991.34	339.49
2007	16.10	7 770.62	4 095.40	18.6	13 187.33	5 471.98	419.19
2008	17.12	8 749.30	4 584.44	11.9	13 002.74	5 304.92	408.43
2009	19.02	10 183.69	4 765.62	4.0	12 647.59	5 087.52	396.75
2010	21.03	12 579.77	5 738.65	20.4	13 376.22	5 566.45	458.14
2011	26.41	19 305.39	7 025.00	22.4	13 542.35	5 758.07	484.64
2012	29.57	22 706.22	8 318.27	18.4	13 240.53	5 772.49	500.28
2013	32.62	26 276.12	9 818.52	18.0	12 907.78	5 568.59	516.64
2014	36.11	30 311.87	10 700.00	9.2	12 849.83	5 562.20	1 053.80
2015	40.00	34 195.10	11 700.00	9.3	13 282.00	5 688.60	1 136.50
2016	44.40	39 400.00	12 200.00	4.3	13 800.00	5 927.00	1 200.00
2017	50.01	45 700.00	13 100.00	7.0	13 900.00	6 074.00	1 234.00
2018	55.39	51 278.00	14 972.00	14.7	14 120.00	—	—
2019	60.06	5 7251.00	15 463.00	3.3	14 531	—	—

（资料来源　历年《中国旅游统计年鉴》；中华人民共和国文化和旅游部官方网站资料）

注：自2013年《中华人民共和国旅游法》颁布起，按国境划分旅游市场时，将旅游市场划分为境内旅游市场、入境旅游市场、出境旅游市场、边境旅游市场；2018年后，文化和旅游部的公告数据中不再单列过夜旅游者人数和旅游外汇收入。

境内旅游市场、出境旅游市场、入境旅游市场、边境旅游市场对于一个国家和地区的经济具有不同的意义。通常，境内旅游市场作为一个消费市场，旅游者是本国居民，主要使用本国货币支付各种旅游开支，并自由地进行旅游而不受国界的限制，因而大力发展境内旅游不仅可以满足居民物质生活海外精神生活的需要，而且可以在促进境内商品流通、货币回笼等方面起到积极作用。可以说，居民的生活水平越高，这方面的作用就越明显。

　　出境旅游市场、入境旅游市场、边境旅游市场属于国家旅游市场范畴。在国际旅游市场上，入境旅游的旅游者是其他国家或地区的居民，使用其他国家的货币支付旅游开支，它会增加旅游目的地国家和地区的外汇收入，增强其国际支付能力。而出境旅游的旅游者是本国居民，出境旅游往往会导致旅游客源国外汇的流出。边境旅游的旅游者是双向的，边境旅游会导致旅游目的地国家和地区的外汇的双向流动，即边境旅游会使得旅游目的地国家和地区外汇收入增加，也会使得旅游目的地国家和地区外汇流出。一般来说，国际旅游往往涉及货币兑换、旅游证件和出国护照、进入旅游目的地国家的签证许可等问题，因而国际旅游市场与境内旅游市场相比要复杂得多。

　　3）按消费水平划分的旅游市场类型

　　在现实经济中，由于人们的收入水平、年龄、职业以及社会地位、经济地位的不同，其旅游需求和消费水平也不同，从而对旅游产品的质量要求也不一样。因此，根据旅游者的消费水平，一般可将旅游市场划分为豪华旅游市场、标准旅游市场和经济旅游市场。

　　通常，豪华旅游市场的市场主体是社会的上层阶层，他们有丰厚的收入，价格因素通常不是他们考虑的主要因素，而是更希望旅游活动能反映出他们的社会地位，能更多地满足他们的旅游需求，如高尔夫旅游、商务旅游、会议旅游等。尽管豪华旅游市场的规模有限，但是其高额的旅游支出常常对旅游目的地国家或地区产生极大的吸引力，从而促使它们加大对豪华旅游市场的开拓。

　　标准旅游市场的主体是大量的中产阶层，他们既注重旅游价格，又注重旅游活动的内容和质量。经济型旅游市场的主体则是那些收入水平较低或没有固定收入者，他们更多的是注重旅游价格的高低。

　　旅游经营者应根据其提供的旅游产品的等级，科学地进行市场定位，以选择合适的目标旅游市场，并努力增强对旅游市场的吸引力并不断提高市场占有率。

　　4）按旅游目的划分的旅游市场类型

　　旅游目的的变化与社会经济的发展和人们收入的增加有密切的联系。根据旅游目的的不同，旅游市场可以划分为不同的类型。在20世纪50年代以前，传统旅游市场通常被划分为观光旅游市场、文化旅游市场、商务旅游市场、会议旅游市场、度假旅游市场、宗教旅游市场等。自20世纪50年代以来，除了上述传统旅游市场外，又出现了一些新兴的旅游市场，如满足旅游者健康需求的康体旅游市场、疗养保健旅游市场和狩猎旅游市场等；满足旅游者业务发展需求的修学旅游市场、学艺旅游市场等；满足旅游者享受需求的豪华（游船、火车、汽车）旅游市场、美食旅游市场等；满足旅游者寻求心理刺激需求的探险旅游市场、秘境旅游市场、惊险游艺旅游市场等。

　　5）按旅游组织形式划分的旅游市场类型

　　在现代旅游活动中，团体旅游和散客旅游是两种最基本的旅游组织形式。因此，根据旅游的组织形式，可将旅游市场划分为团体旅游市场和散客旅游市场。

　　团体旅游市场，一般是指人数在15人以上的旅游团，其旅游形式以包价为主，

学习微平台

二维码资源
6-03

包价的内容通常包括旅游产品基本部分，如食、住、行、游、购、娱，也可以是基本部分中的某几个部分。团体包价旅游是旅游者在出发前就参加一个旅游团体，并向组团的旅行社交付该次旅游所需的费用，然后由旅行社负责安排旅游团在整个旅游过程中的全部活动。

散客旅游市场，主要指个人、家庭及少数人自行结伴的旅游活动。散客旅游者可以按照自己的意向自由安排活动内容，也可以委托旅行社购买单项旅游产品或旅游线路中的部分项目，因而比较灵活方便。

上述两大旅游市场在旅游业发展的不同阶段均显示出其利弊。随着现代旅游业的发展，散客旅游迅速增加，而团体旅游比重逐渐下降，散客旅游已成为国际旅游市场发展的一个新趋势。

6.2.2　现代旅游市场细分

现代旅游市场细分，是指根据旅游者的需求、偏好、购买行为等方面的差异，把一个整体旅游市场划分为若干个消费者群的市场分类过程，所划分出来的每一个消费者群就是一个细分市场。例如，根据旅游者外出旅游目的地的不同，将整个旅游市场划分为度假型、商务型、观光型、探亲访友型和度假观光型等多种细分市场，在每一个细分市场内部还可以作进一步细分。

1）旅游市场细分的意义

通过旅游市场细分，可以分析每种细分市场对某旅游产品的比较相似的需求和偏好，为选择目标市场提供科学依据，同时对制定正确的旅游市场营销策略、营销组合均具有十分重要的意义。

（1）旅游市场细分有利于确定目标市场

旅游企业为了分析、发掘新的旅游市场机会，开发新的、富有吸引力的目标市场，必须通过旅游市场细分，有效地了解各个消费者群的旅游需求满足和市场竞争状况。对消费需求满足水平低的市场，通常存在着极好的市场机会，企业可以结合目前实力，比较市场竞争状况，抓住需求潜力大、竞争少，并且可以利用本企业优势迅速占领的细分市场作为本企业的目标市场，并以此为出发点，设计出适宜的营销战略，以迅速取得市场优势地位，提高市场占有率。

（2）旅游市场细分有利于提高市场竞争力

旅游市场细分能增强旅游企业的适应能力和应变能力，把企业的人、财、物集中在几个细分市场上，有的放矢地开展针对性经营，增强旅游企业的市场竞争能力，避免在整体市场上分散使用力量，还易于掌握每一个细分市场上各个竞争者的优势与劣势，有利于企业确立自己的目标市场，发挥比较优势、增强竞争能力，促进旅游企业的经济效益和社会效益的不断提高。

（3）旅游市场细分有助于制定有针对性的旅游市场营销策略

旅游市场细分有助于企业有针对性地制定旅游市场营销策略，更好地满足不断变化的目标市场的需求。让更多的旅游企业能够针对各自的目标市场，尽可能满足旅游者的需求从而使旅游者能在市场上购买到自己称心如意的旅游产品；及时掌握消费需求的特点和变化，正确地规划和调整产品结构、产品价格、销售渠道和促销活动，使产品保持适销对路，并迅速送达目标市场，扩大销售。

◆ 同步思考6-3 ◆

问题：为何要进行旅游市场细分？

2）现代旅游市场细分的方法

现代旅游需求的差异性决定了旅游市场细分的依据是多重的，没有一个绝对化的方法或固定不变的模式来进行市场细分。通常，按照市场营销学的一般原理，可从地理位置、社会经济状况、旅游者购买行为和旅游者消费心理四个方面对旅游市场进行细分。

（1）按地理位置细分旅游市场

地理细分是指营销人员按照消费者所在的地理位置来细分市场。地理细分因素包括地区、国家、城市、乡村、气候、人口密度、空间距离等，根据上述细分因素，可将旅游市场分为不同的细分市场。如按照地域范围可以把国际旅游市场划分为欧洲、美洲、东亚及太平洋、非洲、中东和南亚等六大地域市场；按照接待国与客源国空间距离远近可划分为近程旅游市场和远程旅游市场，近程旅游市场泛指旅游接待国所在洲内或地区内的国际客源市场，远程旅游市场泛指旅游接待国所在洲或地区以外的国际客源市场；按照城乡地域差别可细分为城市旅游市场和乡村旅游市场等。总之，从地域角度细分旅游市场是一种传统的细分方法，对于企业制定宏观与微观营销策略具有十分重要的作用。

（2）按旅游者的社会经济状况细分旅游市场

影响人们进行旅游活动的社会经济因素包括年龄、家庭结构、生命周期、性别、种族、宗教、收入、国籍、职业、社会阶层、受教育程度、血缘关系等。按照年龄及家庭结构可把旅游市场划分为青少年旅游市场、成年人旅游市场、中年人旅游市场和老年人旅游市场等；按照职业与收入可以划分为豪华旅游市场、标准旅游市场、经济旅游市场等。通常，按照按旅游者的社会经济状况进行旅游市场细分的内容是比较多的，可以结合实际情况灵活选用不同的标准和细分参数。

（3）按旅游者的购买行为细分旅游市场

旅游者的购买行为包括购买目的与时机、追求的利益、购买状况、使用频率、对品牌的信赖程度、价格、服务及广告敏感程度等。由于购买行为体现了消费者对旅游营销活动的反应及态度等，因此按消费者购买行为细分市场被认为是旅游市场细分的最佳依据。如按照旅游者购买目的与时机，可以把旅游市场划分为观光旅游市场、度假旅游市场、娱乐旅游市场、探亲访友旅游市场、会议奖励旅游市场、商务旅游市场、康体旅游市场和生态旅游市场等；按旅游者追求的利益细分市场，把旅游者细分为地位追求者、享乐主义者、时髦人物、理性者、保守者和不随俗者等各种类型；按照旅游者购买旅游产品数量的多少和消费水平的高低，可以将旅游市场细分为较大规模市场、中等规模市场和较小规模市场等。

（4）按旅游者心理因素细分旅游市场

按旅游者心理因素细分旅游市场，主要按旅游者的生活方式和旅游者的个性特征进行细分。所谓生活方式是指一个人或集团对于消费、工作和娱乐活动的特定习惯倾向性方式，其与旅游者的社会经济地位、文化程度有十分密切的关系，因此旅游经营者应该全面了解旅游者购买本企业产品的心理动机，以便从旅游者的需求入手，更好地占领市场。同时，旅游者的性格特征是多种多样的，旅游企业可以按旅游者的性格特征来细分旅游市场，确定旅游企业的目标市场，如一个新、奇、特的旅游目的地对于那些自信、爱好旅游、喜欢新奇和冒险、追求独特体验的旅游者有着极大的吸引力。

6.3　现代旅游市场的竞争结构与内容

6.3.1　现代旅游市场竞争的必然性

在现代市场经济中，只要存在市场，就必然存在竞争。旅游市场竞争是旅游经济运行得以实现和向前发展的内在机制和根本动力，是旅游经济存在和发展的外部强制性因素，因此旅游市场竞争的存在具有客观必然性。

1）竞争是旅游市场上价值规律的客观要求和必然结果

价值规律是商品生产的基本经济规律，它要求商品的价值由生产该商品所耗费的社会必要劳动时间决定，商品以价值为基础实行等价交换。在价值规律的作用下，各企业为争取实现自己生产的商品价值的有利条件，必然会积极采用新技术，改善经营管理，提高工作效率和产品质量，降低成本，从而争取更有利的竞争地位，促进商品价值尽快地顺利实现。价值规律的存在是不以人的主观愿望为转移的客观必然性。

2）旅游市场的特性必然导致旅游企业之间的激烈竞争

在现代旅游经济中，旅游需求具有较高的变化性和可替代性。这些特性使得旅游企业在把握旅游市场的动态，更好地适应旅游者的需求等方面都面临着巨大挑战，因此，谁对旅游市场行情看得准，谁能更好满足旅游者需要，谁就能争取到更多的市场份额，这必然激化旅游企业之间的竞争。另外，旅游产品的无形性和不可储存性等特点，使得旅游企业对市场的依赖性比其他行业更强，而旅游市场又是比较敏感、波动的市场，因此旅游企业必然要为抓住稍纵即逝的机会而展开激烈的竞争。

3）各国旅游发展必然加剧国际旅游市场的竞争

在国际旅游市场上，大多数国家或地区，都在为尽可能地吸引国外游客而展开竞争。国际旅游市场的竞争主要表现在两个方面：一是国内各旅游企业之间在国际市场上为招徕客源而开展竞争。各国内旅游企业在旅游产品、目标市场、服务质量、价格水平等各方面具有更多的相似或共同点，它们之间是现实的、直接的竞争对手。二是与我国旅游企业拥有同一目标市场的其他国家或地区的旅游业开展竞争。这些国家或地区的旅游企业虽然提供的旅游产品与我国不同，但可能选择的是同一个国际市场，为吸引更多客源，彼此间必然开展激烈竞争。

◆ **深度思考 6-1** ◆

　　问题： 新媒体背景下国家形象会影响国际旅游市场竞争吗？

　　4）现代科学技术的普及与应用加剧了旅游市场的竞争

　　现代社会已经进入科学技术日新月异的时代，尤其是以计算机技术为代表的高新技术的迅速普及和应用，进一步加剧了旅游市场的竞争。如电子计算机预订系统的普及，首先运用于航空客运预订系统，再到饭店销售预订系统，最终广泛应用于旅行社的游客预订和组团，使所有旅游企业都无一例外地经历着"适者生存"法则的考验。又如互联网的发展，使得现代旅游市场成为统一的全球旅游市场，简便快捷的网上促销、网上订房、网上组团、网上购物，使任何旅游企业要想经营成功，都必须充分运用现代高新技术，才能在全球旅游市场竞争中占有一席之地。

　　总之，在市场经济条件下，竞争是不可避免的。而旅游市场的竞争，有利于不断提高旅游服务质量，有利于促进优质旅游产品的开发，有利于改善旅游企业的经营管理和提高经济效益，有利于促进旅游企业的优胜劣汰，从而促进旅游业的持续健康发展。

6.3.2　现代旅游市场竞争的影响因素

　　研究旅游市场竞争，首先要分析影响旅游市场竞争态势和竞争特性的主要因素，包括旅游者和旅游企业的数量、旅游产品的同质性、旅游信息的完全性、旅游市场进出的条件等。

　　1）旅游者和旅游企业的数量

　　旅游者和旅游企业的数量是影响旅游市场竞争的首要因素。对大多数旅游市场来讲，影响旅游市场竞争的关键是市场上旅游企业的数量。旅游市场中处于平等地位的旅游企业越多，则旅游市场的竞争就越激烈；旅游市场中存在一个或少数几个旅游企业处于支配地位时，旅游市场竞争程度就会减弱。

　　2）旅游产品的同质性

　　旅游产品的同质性指的是不同旅游企业销售的旅游产品在质量上是相同的，以至于旅游者无法辨别不同旅游企业所提供旅游产品的差别。但是，在现实中，大多数旅游企业提供的旅游产品都是有差别的。即使是同一个旅游企业提供的旅游产品，也会因为时间、季节、服务人员等各种自然的、心理的因素的影响而存在一定的差异性。因此在旅游市场竞争中，要促使旅游企业保持本企业所提供的旅游产品与其他旅游企业所生产的旅游产品存在一定的差异性，以提高旅游企业的市场竞争力。

　　3）旅游信息的完全性

　　在市场竞争中，获得充分完全的信息是一个相当严格的条件，它要求旅游者和旅游经营者能够充分了解旅游市场中有关旅游产品交易的全部信息。如果信息不完全或不畅通，旅游者就不可能充分了解旅游产品的情况并做出准确有效的购买决策，而旅游企业也不可能准确掌握旅游市场需求状况并及时提供旅游产品。因此，旅游信息的完全和畅通程度，直接决定着旅游市场竞争的程度，影响着旅游竞争机制作用的正常发挥。

4）旅游市场进出的条件

如果旅游企业进入或退出旅游市场十分容易，则旅游市场的竞争程度就会提高；反之，如果旅游企业进入或退出旅游市场受到阻碍和制约，则旅游市场的竞争程度就会减弱。因此，旅游市场进出的自由程度，直接影响和决定着旅游市场的竞争程度。如果旅游企业在进入某一旅游市场时受到阻碍，则意味着该旅游市场存在着进入障碍，或者该旅游市场进入壁垒较高。而进入壁垒较高的旅游市场，通常具有较强的市场垄断性。

◆同步思考6-4◆

问题： 低成本是否可以成为旅游企业进入市场的重要条件？

6.3.3　现代旅游市场竞争的结构

旅游市场竞争结构，是指旅游市场竞争的程度，根据参与竞争的旅游企业的数量多少、旅游产品之间的差异程度、旅游信息的完全程度和旅游市场进入的难易性等因素，可将旅游市场划分为四种竞争结构，即完全竞争旅游市场、完全垄断旅游市场、垄断竞争旅游市场和寡头垄断旅游市场。

1）完全竞争旅游市场

完全竞争旅游市场又称为纯粹竞争旅游市场，它是指不受任何阻碍和干扰的市场竞争状况，是一种由众多旅游者和旅游经营者所组成的旅游市场。

完全竞争旅游市场必须具备以下条件：一是旅游市场上存在许多彼此竞争的旅游者和旅游经营者，他们是各自独立的，每个旅游者和旅游经营者所买卖的旅游产品数量在整个市场上占有的份额都很小，以至于任何个人或企业都不能支配和主宰整个市场的交易；二是各旅游经营者生产经营的旅游产品是完全同质的、无差别的，因而每个旅游者不会对任何一个旅游经营者产生偏好，从而排除了旅游经营者的任何垄断因素；三是所有生产要素资源能够在各行业间完全自由流动，旅游经营者可以自由地进入和离开完全竞争的旅游市场；四是市场上每个旅游者和旅游经营者对不同的市场都具有充分的认识和了解，市场信息是畅通的；五是旅游经营者和旅游者在进入和离开完全竞争的旅游市场时，不受其他任何非经济因素的影响。只有具备以上条件，才能称为完全竞争的旅游市场，但是，由于现实中不存在同时具备以上五个条件的市场，因而完全竞争旅游市场实际上只是一种理论假设，主要供旅游经济理论分析使用。

2）完全垄断旅游市场

完全垄断旅游市场，是一种完全由一家旅游经营者控制旅游产品供给的旅游市场。完全垄断市场的条件为：一是该旅游经营者提供的旅游产品没有替代品，具有唯一性的特征；二是完全垄断旅游市场上旅游产品的价格和产量均是由旅游经营者控制的；三是完全垄断旅游市场具有市场壁垒，使其他任何旅游经营者无法进入。

特别是以某些独特的或唯一的旅游资源开发成的旅游产品，往往会形成垄断旅游产品，从而又形成完全垄断旅游市场。如中国北京的长城、云南的石林、陕西的兵马俑，国外埃及的金字塔、法国的凯旋门等，都具有世界上独一无二的特色，属少见的完全垄断旅游产品。

3）垄断竞争旅游市场

垄断竞争旅游市场是不完全竞争市场，是一种介于完全竞争和完全垄断之间，既有垄断又有竞争的旅游市场类型。它既包含竞争性因素，也包含垄断性因素。

垄断竞争旅游市场的竞争性主要表现在：一是同类旅游产品市场上拥有较多的旅游经营者，但他们对价格、数量的影响有限，每一个旅游经营者的产量在旅游市场总额中只占较小的比例，任一单独的旅游经营者都无法操纵市场，他们之间彼此竞争激烈；二是在市场经济条件下，旅游经营者进入或退出旅游市场一般比较容易，无太多的市场壁垒；三是不同的旅游经营者生产和经营的同类旅游产品存在着一定的差异性，即同类旅游产品在质量、服务、包装、商标、销售方式等方面均具有特色，从而使处于优势的旅游产品在价格竞争和市场份额的占有上优于其他旅游经营者。

垄断竞争旅游市场的垄断性主要表现在：一是每个国家或地区的旅游资源不可能是完全相同的，从而导致每一种旅游产品都有其个性，于是旅游产品间的差异性在一定程度上就形成了旅游产品的垄断性；二是政府对旅游产品开发的某些方针政策的限制，也会形成旅游产品的垄断；三是由于各种非经济因素的制约，旅游者不能完全自由选择旅游产品而进入任何旅游目的地，从而使某些旅游产品具有一定的垄断性。

4）寡头垄断旅游市场

寡头垄断旅游市场，是指为数不多的旅游经营者控制了行业绝大部分旅游供给，他们对价格、产量有很大影响，并且每个旅游经营者在行业中都占有相当大的份额，以致其中任何一家的产量或价格变动都会影响整个旅游产品的价格和其他旅游经营者的销售量，同时新的旅游经营者要进入该市场是不容易的。因此，这是介于完全垄断旅游市场和完全竞争旅游市场之间，并偏于完全垄断旅游市场的一种市场类型。

在现实市场经济中，寡头垄断旅游市场在某些方面比完全垄断旅游市场更典型，如对于有些特殊的或稀少的旅游资源，往往容易形成寡头垄断的旅游供给市场。

教学互动 6-1

观点： 当前，旅游市场不具备四种市场竞争结构。

问题： 用实例说明当前旅游市场为何不具备四种市场竞争结构。

6.3.4　现代旅游市场竞争的内容

旅游市场的竞争有买方市场竞争和卖方市场竞争之分。在买方市场竞争的条件下，旅游市场的竞争主要体现在旅游产品供应者之间的相互竞争。这种竞争或表现为国内旅游企业之间的竞争，或表现为不同国家旅游企业之间的国际竞争，它们都是围绕着提高旅游产品知名度，扩大旅游产品销售，争取更多的游客，提高市场占有率这一中心而展开的。旅游市场竞争的主要内容包括争夺旅游者、争夺旅游中间商和提高市场占有率三个方面。

1）争夺旅游者

旅游产品的消费对象是旅游者，客源就是财源。一个国家、一个地区、一个企业所吸引游客数量的多少及其消费能力，决定着该国、该地区和该企业的收入和利润，决定着旅游经营的成败。因此，争夺旅游者就成为现代旅游市场竞争的实质内容。

2）争夺旅游中间商

旅游中间商是代理旅游目的地国家和企业销售旅游产品的组织机构与个人，其中以旅行社为主，它们是旅游产品价值得以实现的中间渠道。在现代旅游活动中，通过旅游中间商销售的旅游产品占有相当的比重，从这个意义上说，争夺旅游中间商就是争夺旅游者，争夺到的旅游中间商越多，从旅游中间商那里得到的支持越大，就意味着旅游产品可能赢得的市场就越大，旅游产品的销售量就越多。因此，必须重视对旅游中间商的争夺，特别应重视与较大的、较有实力的旅游中间商的合作。

3）提高旅游市场占有率

旅游市场占有率，指旅游接待方在所处范围的旅游市场内的地位，即在旅游市场总量中所占的比重。旅游市场占有率分为绝对占有率和相对占有率。旅游市场绝对占有率指的是旅游接待方（一个企业、一个旅游点或一个国家或地区）在同一时间内所接待旅游者人数占一定范围内（地区、国家或整个世界）旅游市场所接待旅游者总人数的百分比。旅游市场相对占有率指的是一定时间内、一定范围内旅游接待方的市场绝对占有率与同期同范围内市场占有率比较高的其他旅游接待方市场绝对占有率的百分比。

提高旅游市场占有率是争夺旅游者的另一种形式。市场占有率的高低，决定了一个国家或地区的旅游业发达与否，因此，维持和提高旅游市场绝对占有率是旅游竞争的主要内容之一，而不断提高旅游市场相对占有率则是提高市场竞争力的重要内容。

◆ **教学互动 6-2**

观点：旅游市场竞争的主要内容之一是争夺旅游者。

问题：用实例说明当前的旅游市场竞争是围绕着争夺旅游者展开的。

6.4　现代旅游市场机制及法律体系

6.4.1　现代旅游市场机制的概念和内容

在市场经济条件下，旅游市场的功能作用是通过旅游市场机制来实现的。所谓旅游市场机制，是指旅游市场中的交换各方在交换活动中形成的相互影响、相互制约的内在联系形式，具体讲就是各旅游市场主体在旅游市场上进行旅游经济活动而形成的供求、价格、竞争、风险等要素有机结合、相互影响、相互制约的方式，其具体表现为供求机制、价格机制、竞争机制、风险机制的共同作用过程。

1）旅游供求机制

旅游供求机制，是指旅游供给和旅游需求之间通过竞争而形成的内在联系和作用形式，也就是旅游供求关系在旅游市场中的规律性反映。旅游供求机制不仅对旅游供求的均衡起着调节作用，而且对旅游者的合理流动也具有一定的引导作用。

旅游供求机制的作用主要表现在三方面：一是旅游供求机制及时、灵敏地反映旅游经济运行的内在矛盾，反映旅游市场上供求双方的变化及发展态势，从而为旅游者和旅游经营者提供信号和指示方向，调节旅游市场的供求平衡；二是旅游供求机制依靠其他机制的配合作用，有效实现合理配置社会经济资源的功能，从而调节旅游市场供求结构的总体平衡；三是国家通过旅游供求机制对旅游经济进行宏观调控，以全面促进旅游业的可持续发展。

2）旅游价格机制

旅游价格是旅游产品价值的货币表现，它既是旅游者与旅游经营者之间进行旅游产品交换的媒介，又是衡量旅游经营者生产和经营旅游产品的劳动耗费量的尺度。因此，旅游价格机制是旅游经济有效运行的重要机制，是旅游供求机制发挥作用的前提。

在市场经济条件下，旅游价格机制对旅游经济运行的作用是多方面的。对旅游者而言，旅游价格机制是调节旅游需求方向和需求规模的信号，即通过旅游价格的涨落，反映旅游供求的变化，影响旅游者的购买欲望，并调节旅游者的需求规模和需求结构。对旅游经营者而言，旅游价格机制是旅游市场竞争和旅游供给调节的重要工具，即旅游经营者通过价格变动来占领市场，调节旅游产品生产和供给的数量和结构。对政府宏观管理而言，通过旅游价格机制的作用，一方面为国家制定旅游政策，调节旅游经济的运行提供必需的信息；另一方面也自发地调节着旅游总供给和总需求的平衡。

3）旅游竞争机制

竞争是商品经济的产物，哪儿有商品生产和商品交换，哪儿就有竞争，"竞争的实质就是消费力对生产力的关系"[①]。因此，旅游竞争机制就是指在旅游市场中，各旅游经营者之间为了各自的利益而相互争夺客源，从而影响旅游供求及资源配置方向的运动过程。

旅游竞争机制作为市场机制的基本要素之一，其核心内容是争夺旅游者。因为争夺到的旅游者越多，越表明开发的旅游产品适销对路，旅游产品的销售量越大，为旅游目的地国家、地区或旅游企业带来的收入就越高，经济效益就会越好。同时，争夺旅游中间商，即对从事旅游产品销售，具有法人资格的旅行社或旅游经纪人的争夺，也是旅游竞争机制的重要内容。因为各种各样的旅行社和旅游经纪人，是销售旅游产品的重要分销渠道，争夺到的中间商越多，得到的支持越大，旅游产品销量就越多。争夺旅游者和中间商的目标又集中表现为提高旅游市场占有率，因为旅游市场占有率的高低变化对旅游供求和旅游价格产生着决定作用。因此，在市场经济条件下，旅游竞争机制是客观存在的，是同旅游供求机制和价格机制紧密结合并共同发生作用的。

4）旅游风险机制

在市场经济条件下，旅游经营者作为一个市场的经济主体，在市场经济活动中都会面临着盈利、亏损和破产的多种可能性，都必须承担相应的风险。因此，旅游风险机制就是指旅游经济活动同盈利、亏损和破产之间的相互联系及作用的运动形式。

旅游风险机制作为旅游市场机制的重要部分，是一种无形的市场强制力量，它促使每个旅游经营者承认市场竞争的权威，从而自觉地对市场信号做出灵敏的反应，形成适应旅游市场竞争的自我平衡能力。同时，旅游风险机制也利用市场利益动力和破产压力的双重作用，促使每个旅游经营者行为趋向合理化，并按照旅游需求提供适销对路、物美价廉的旅游产品。

◆ 同步思考6-5 ◆

问题： 在市场经济条件下，旅游市场的功能作用是如何实现的？

6.4.2　现代旅游市场机制的特征

作为产生旅游市场功能的旅游市场机制，它既有一般市场机制的基本特征，又有适合旅游市场特点的特殊性，具体表现为以下几个方面：

1）旅游市场机制的自动性

旅游市场机制的自动性，是指其发挥功能作用的条件是客观的。在具备一定的条件下，旅游市场机制会自然地发挥作用；而当条件不具备时，旅游市场机制的作用也就不能发挥。例如，旅游价格机制发挥作用的条件是旅游价格能够围绕旅游产品价值上下波动，从而自动地调节旅游需求和旅游供给，使之趋于平衡。但是，如果旅游价格不能自由变动，或者其变动形成刚性，即只涨不降或只降不涨，那么旅游价格机制就不能有效地发挥应有的调节作用。

2）旅游市场机制的互动性

旅游市场机制的作用既受一定的环境条件所影响，也与旅游市场机制的各种内在因素相联系，因而任何一种因素的变化都会引起其他方面的互动反应。例如，旅游供求状况的变化会引起旅游价格的涨落；而旅游价格的涨落则对旅游企业的利润产生影响；利润的变化又会加剧旅游市场竞争，引起旅游企业生存和竞争力的变化，进而引起经营者企业行为的选择，再进一步引起旅游供求的变化。依次产生连锁反应，并循环无穷。由于旅游市场机制的互动性，就要求旅游供求机制、旅游价格机制、旅游竞争机制、旅游风险机制相互协调、相互促进，才能发挥出整体的功能作用。

3）旅游市场机制的时滞性

旅游市场机制的作用过程和效果，有时是迂回的，有时是滞后的。特别是在旅游市场体系不完善，信号系统不健全的情况下，旅游市场机制的作用往往是滞后的，即旅游市场所反映出的旅游供求状况往往滞后于实际情况，而由此采取的对策和措施又有一定的时滞性。因此，要充分发挥旅游市场机制的作用，就要进一步完善旅游市场体系，健全市场信号系统，为旅游市场机制的有效运行和灵敏的反应创造良好的条件。

4）旅游市场机制的局限性

旅游市场机制的作用并不是万能的，其在发挥积极作用的同时，也会产生一定的消极作用，会出现市场失灵的情况。一方面，由于旅游市场机制作用具有一定的自发性和盲目性，在一定的情况下，其对旅游资源要素的配置也会出现盲目、浪费和破坏，无法实现旅游资源要素的最优配置；另一方面，在旅游市场体系不完善、价格信号不健全的情况下，过分依赖旅游市场机制的作用，有可能引起旅游市场运行的无序，从而对旅游业发展造成消极影响，甚至危及社会经济的发展。

6.4.3　现代旅游市场法律体系建设

在市场经济条件下，旅游市场机制的运行和旅游市场功能的有效发挥，离不开正常的旅游市场秩序，而正常的旅游市场秩序必须依靠旅游市场法治。所谓旅游市场法治，是指国家运用反映市场经济规律的法律手段来进行宏观调控，维护旅游市场的正常活动，使一切旅游经济活动都以法律为边界，按法定的原则和规范进行交易，形成旅游者和旅游经营者双方在市场交换中公平合理的关系。从我国目前旅游业的实际和未来发展要求出发，要保证旅游市场机制的有效运行并实现其功能，必须加快旅游市场法律体系的建设。

1）建立和完善规范旅游市场主体行为的法律体系

为了保证旅游经济活动中各经济主体的权利和义务，保障各经济主体在其权利受到侵犯时，能得到充分的法律保护，就必须建立和完善使旅游市场主体行为规范的法律体系。目前，我国已颁布了《中华人民共和国公司法》及有关旅行社、宾馆饭店、旅游景区（景点）、旅游车船等方面的法律和规章，对规范旅游企业行为起到了积极的作用。但是，由于对旅游市场主体行为规范的法律体系尚不完善，因而对旅游企业的行为规范和权利保证仍然十分薄弱，亟须建立和完善旅游市场法律体系，创造一种平等竞争的市场法治环境，以真正确立旅游企业自主经营、自负盈亏、自我发展的市场主体地位。

2）建立和完善规范旅游市场秩序的法律体系

在市场经济体制中，各旅游市场主体的活动及旅游市场机制的运行都要求具有正常化、规范性的旅游市场秩序，否则就会阻碍旅游市场机制的有效发挥。从目前看，亟须建立和完善的旅游市场秩序的法律体系主要包括三方面：一是有关旅游市场进出的法律，即对各旅游市场主体进出市场的审查、成立、管理、破产等法律、法规的建立，使所有旅游市场主体的全部活动都有规范性的法律依据。二是有关旅游市场竞争秩序的法律，即以市场活动为中心，制定有关旅游市场竞争的法律，规范旅游市场的竞争行为，维护公平的市场竞争秩序，促使各旅游市场主体平等地进行交易活动，公平地参与市场竞争。三是有关旅游市场交易秩序的法律，即通过制定有关法律，实现交易方式规范化、交易行为公平化、交易价格合理化，从而规范旅游市场的交易秩序，维护各旅游市场主体在交易中的权利。

3）建立和完善规范旅游宏观管理的法律体系

为了促进旅游业的可持续发展，必须把旅游业的宏观管理建立在充分运用法律手段的基础上。因此，应建立和完善有关旅游宏观管理的法律体系。一是要制定宏观调控的法律，促使价格、税收、外汇、信贷、开发建设等方面的法治化，既保证国家对旅游经济的宏观调控力度，又为旅游企业经营的规范性、灵活性、自主性提供保障。二是要进一步完善旅游涉外法规，促进旅游业的对外开放和国际性接轨，加大旅游业利用外资、引进技术、扩大交流和对外合作的步伐，使旅游业成为对外开放的先导产业。通过建立和完善旅游宏观管理的法律体系，有利于规范政府管理行为，使政企之间的职责以法律形式明确下来，提高国家对旅游业的宏观管理能力和水平。

6.5　现代旅游市场开拓与策略

6.5.1　现代旅游市场开拓的重要性

旅游市场开拓，是指为了实现旅游企业的战略目标，扩大旅游产品销售，实现旅游产品价值，提高旅游市场占有率而进行的一系列经营活动。随着国际国内旅游市场竞争的加剧，旅游市场的开拓成为一项重要的工作。

旅游市场的开拓，要求在明确旅游市场战略目标的前提下进行市场调研和预测，了解市场需求和竞争对手；在此基础上，分析旅游企业所处市场的宏观环境和微观环境，使企业经营活动适应市场环境的变化；然后在市场分类基础上，选择目标市场，针对目标市场确定合适的市场营销组合，最终实现旅游市场开拓的战略目标。

旅游市场的战略目标，是指在一定时期内旅游市场营销工作预期达到的目的，即旅游目的地国家、地区或旅游企业为其旅游发展和经营所确定的一定时期的奋斗目标。进行旅游市场开拓，首先要明确一定时期的任务和目标。对于旅游行业而言，其任务和目标表现为开发各种类型的客源市场，同时根据客源市场特点，合理开发本身所具有的旅游资源，形成高质量的旅游产品，并利用一切有利的条件，满足旅游市场的需求，最大限度地获取经济效益和社会效益。对于旅游企业而言，其任务和目标表现为确定企业的业务经营范围和领域，寻求和判断经营发展机会的活动空间和依据，并在企业目标确定后，把目标具体化为企业每一个管理层次的经营目标和任务，不断开拓客源市场和旅游产品。

旅游业自身的特点、旅游产品的特性，决定了旅游业对市场的依赖性较强。第一，旅游产品的特性决定了必须不断开拓市场。旅游业是一个服务行业，旅游产品具有不可转移性和不可储存性的特点，没有客源，就没有旅游企业的生存空间。因此，市场对于旅游业是时刻不可缺少的。第二，只有提高市场份额，才能确保旅游企业的生存和发展。对于旅游企业而言，要生存和发展，就不能安于现状，在激烈竞争的旅游市场上，企业若不积极进取，不在维持原有市场的基础上努力寻求开拓新的市场，那么，企业不仅发展问题解决不了，而且现有市场也难以维持。因此，企业必须积极挖掘市场潜力，扩大市场销售，提高市场占有率。第三，市场开拓能力是企业经营能力的重要标志。旅游市场是竞争激烈的买方市场，企业只有不断开发新产品，开拓新市场，才能满足旅游者的需要。僵化、保守、顽固不变必然要被激烈的市场竞争所淘汰。同时，正因为旅游市场处在不断变化之中，从而为旅游市场开拓提供了机会和可能。

6.5.2　现代旅游市场的调查与预测

确定旅游市场的战略目标，加快对旅游市场的开拓，首先必须搞好旅游市场调查和预测，掌握旅游市场的现状、特点及变化趋势，才能制定正确的旅游市场战略和旅游市场的开拓策略。现代旅游市场调查，是运用科学的方法和手段，系统地、有目的地对旅游经济活动中的旅游需求、旅游供给和旅游环境所进行的调查工作。旅游市场预测，是指运用各种定性和定量方法，对旅游市场未来发展变化做出的分析和推断。科学的旅游市场预测需要应用定量分析和定性分析方法，并且将两者有机结合起来运用。

1）旅游市场调查的类型及基本程序

（1）宏观旅游市场调查和微观旅游市场调查

宏观旅游市场调查，主要包括旅游市场总需求、总供给及旅游市场环境调查。旅游市场总需求，是指整个社会在一定时期内有支付能力的，对旅游产品的需求总量；旅游市场总供给，是指整个社会在一定时期内对旅游市场提供的可供交换的旅游产品的总量；旅游市场环境，是指影响旅游市场供求变化的经济、政治、社会、文化教育等状况。通过对宏观旅游市场的调查，主要为旅游目的地国家或地区制定旅游业发展战略确定旅游市场开拓策略提供科学的依据。

微观旅游市场调查，是指对旅游企业经营发展状况的市场调查，即旅游企业根据营销活动的需要而进行的特定调查，包括旅游者需求调查、旅游市场营销状况调查和旅游市场竞争调查等。旅游者需求调查主要包括旅游动机、旅游客源结构和游客开支状况调查；旅游市场营销状况调查包括对新老旅游产品质量、产品生命周期阶段、旅游价格及旅游促销等方面的调查；旅游市场竞争调查，主要调查旅游市场上的竞争对手、竞争状况及竞争态势等，即哪些是现实的竞争对手，哪些是潜在的竞争对手，竞争对手的资金实力、娱乐设施状况、接待服务质量、旅游产品价格水平等。通过以上调查，为旅游企业制定正确的市场营销策略，不断开拓客源市场提供依据。

（2）探索性调查、描述性调查和因果性调查

探索性调查，是指进行正式调查前的试探性调查，一般是通过研究第二手资料或召集专家开展询问调查。当市场调查的问题和范围较模糊时，可以采用探索性调查，找出主要原因后，才能做深入的正式调查。

描述性调查，主要是通过深入实际调查研究，收集和整理有关旅游经济活动的情况和资料，将旅游市场的有关客观情况如实地加以描述和反映，来说明事物之间的因果关系及内在联系的调查。描述性调查是提供问题中的各因素关联现象。

因果性调查，是把描述性研究中提出的变量作为自变量和因变量，进一步研究各自变量对因变量影响程度和大小。因果性调查是要找出问题的原因和结果，也就是专门研究"为什么"的问题。

（3）旅游市场调查的基本程序

旅游市场调查必须按照一定的程序进行，采取科学的方法来收集、分析、研究市场信息。通常，旅游市场调查主要分为调查准备、实地调查和结果处理三个阶段。

调查准备阶段是旅游市场调查的重要内容，其包括确定旅游市场调查的目的和要求，制订旅游市场调查计划，科学设计旅游市场调查问卷，组织旅游市场调查队伍等内容，调查准备工作越充分，调查的结果就越好。

实地调查阶段就是旅游市场调查的实施阶段。实地调查的主要内容是收集资料。资料的收集可分为原始资料和二手资料的收集。原始资料通常是由调查人员通过实地调查收集的资料；二手资料则是他人已收集并经过整理的资料。

结果处理阶段就是对调查收集的资料进行加工处理的过程。其内容是按照预定的目标，应用定量方法对各种调查资料进行科学的计算和处理，并结合定性分析和研究，得到旅游市场调查的结果，然后作为预测和决策的重要参考依据。

2）现代旅游市场预测

旅游市场预测，是指运用各种定性和定量方法，对旅游市场未来发展变化做出的分析和推断。科学的旅游市场预测需要应用定量分析和定性分析方法，并且将两者有机结合起来运用。

（1）旅游市场定性预测

旅游市场定性预测，是对旅游市场目标的性质以及可能估计到的发展趋势做出的分析。其一般包括旅游者意见法、经理人员判断法、营销人员估计法和专家预测法（又称德尔菲法）等。

旅游者意见法，是通过对旅游者进行调查或征询，来进行旅游市场预测的一种方法。其具体做法是：当面询问、电话征询、写信、要求填写调查表、意见簿、召开座谈会等。

经理人员判断法，是指旅游企业邀请企业内部各职能部门的主管人员根据自己的经验，对预测期的营业收入做出分析和估计，然后取其平均数作为预测估计数。此法简便易行，节省费用，对新企业而言是唯一可供选择的预测方法。

营销人员估计法，是由旅游企业内外的营销人员对市场做出预测。使用这种方法的旅游企业，要求每个推销员对今后的销售做出估计，营销经理再与各个推销员一起复审估计数字，并逐级上报预测数字和汇总。

专家意见法（德尔菲法），是由旅游企业聘请社会上或企业内部的专家进行市场预测，由各位专家对所预测的问题独立提出自己的估计和假设，以量化指标书面提交主持。经主持人审查、汇总之后，将每位专家的意见发回所有专家手中。这时，专家们根据前一轮预测的结果，可以修改自己的意见，也可以坚持自己的意见。这样又进行了新一轮预测。如此往复，直到各位专家不再修改自己的意见为止。这时，就以最后一轮预测的中位数作为预测结果。

（2）旅游市场定量预测

旅游市场定量预测，是运用数学和统计等方法，对较系统和完整的资料和数据进行分析，从而对旅游市场及其变化做出评估和推断的方法。用定量分析法预测旅游市场需求，一般使用统计方法和计量经济学方法，其中常用的方法有时间序列分析法和回归分析法。时间序列分析又包括简单平均法、移动平均法、指数平滑法、变动趋势预测法；回归分析法包括一元线性回归分析法和二元线性回归分析法等。

通过旅游市场调查和预测，旅游企业会获得大量市场信息，在分析各种影响因素的基础上，需要对旅游市场进行细分，选择适当的目标市场，并在一定时期内，有计划地综合运用各种可能的市场营销策略和手段，进行旅游市场的开拓。

◆ **同步业务 6-1** ◆

问题： 如何对旅游市场进行预测？

6.5.3　现代旅游市场开拓策略

旅游市场开拓策略，是指旅游企业为取得最佳经济效益，在分析各种影响因素的基础上，选定目标市场，并在一定时期内综合运用各种可能的市场营销策略和手段，进行旅游市场的开拓。旅游市场营销策略主要包括旅游目标市场开拓策略、旅游产品策略、旅游价格策略、旅游产品销售渠道策略和旅游促销策略。

1）旅游目标市场开拓策略

旅游目标市场开拓是在市场细分的基础上进行的，市场细分的目的是准确选择目标市场，进而有针对性地满足目标市场的需求。在选择目标市场时，企业通常采用以下三种策略：

（1）无差异型市场策略

无差异型市场策略又叫整体化市场营销策略，是指旅游企业以旅游市场整体为服务对象，采用单一的市场营销组合去满足整个市场的需求。

无差异型市场策略的优点表现在：可以大批量地生产和销售产品，降低成本；企业不需要细分市场，从而可以节约市场调研和广告宣传费；可以大规模销售，形成规模效益。

无差异型市场策略的缺点表现在：不能满足不同旅游者的差异性需求，因而对大多数企业是不适用的；小的细分市场容易被忽视，旅游者的多种需求得不到满足，销售受到限制，不利于吸引旅游者；采用该策略的企业必然要设法在整个市场中占有最大份额，因而会形成对整体市场的激烈竞争。

◆ **深度剖析 6-1** ◆

问题： 文化距离会影响旅游目标市场开拓吗？

（2）差异型市场策略

差异型市场策略也叫细分化市场策略，是指在细分市场的基础上，旅游企业针对不同细分市场的需求，设计不同的旅游产品，采取不同的营销组合方式，分别满足各种旅游需求的市场营销策略。

差异型市场策略的优点表现在：更能适应旅游者不断变化的需求；旅游企业同时在几个细分市场上占有优势，会提高企业声誉，提高旅游企业的竞争力和经济效益；有利于降低企业经营风险。

差异型市场策略的缺点表现在：差异型市场策略在增加产品品种的同时，会要求增加营销渠道，增加宣传促销，从而增加企业成本；旅游产品品种多、数量少，大批量销售会受到限制，产品经营难以做到规模经营；企业产品开发投资大、成本高，经营范围广，会给企业经营带来一定困难。

深度剖析 6-2

问题：企业如何通过差异型市场策略来影响市场结构？

（3）密集型市场策略

密集型市场策略是指在细分市场的基础上，只选择某一个或少量细分市场作为其目标市场，集中企业的人、财、物实行专业化生产和经营的策略。这一策略所追求的不是在整体市场上占有较小份额，而是力图在较小的细分市场上占有较大的市场份额。多数中小型企业采用的都是这种策略，它可使中小企业在较小的细分市场上争取拥有较高的市场占有率，并且，还能在特定市场取得有利地位，节省市场营销费用，提高产品与企业知名度，迅速扩大市场，获得较高的经济效益。

密集型市场策略的优点表现在：便于企业了解细分市场需要，获得较好的信誉，并占有较大市场份额，从而增加企业营业收入和利润；经营范围针对性强，容易形成产品与经营特色；有利于提高资源利用率。

密集型市场策略的缺点表现在：由于目标市场比较狭窄、集中，一旦市场情况发生突变，或出现较大的竞争者，整个企业就可能陷入困境，企业容易面对较高的风险。

2）旅游产品策略

旅游产品是吸引旅游者、开拓旅游市场的基础。在制定旅游产品策略时，首先必须准确把握市场需求，根据市场需求有针对性地开发旅游产品。其次，要大力开发具有民族特色、地方特色的旅游产品。中国具有丰富的旅游资源，这为我们开发特色旅游产品提供了有利条件。我们应当充分利用这个有利条件，开发更多更有吸引力的旅游产品。最后，旅游产品的形式要丰富多样。

在现代世界旅游市场上，各种形式的旅游产品不断涌现，已经不再局限于团体包价形式的、以观光为主的旅游产品。从我国情况看，目前以团体包价形式出现的观光旅游产品仍占主导地位。我们应当在继续经营团体包价旅游的同时，大力发展散客旅游、半包价旅游；在继续经营观光旅游的同时，大力开发度假旅游、会议旅游、商务旅游以及专项旅游，加大旅游产品开发的深度。

3）旅游价格策略

旅游价格制定得是否合理，直接关系到旅游产品的竞争力，影响旅游市场开拓的效果。在制定旅游价格时，首先，要明确定价目标，即根据旅游市场开拓的任务，根据旅游目标市场顾客群的实际情况以及竞争对手的价格，有针对性地确定自己的旅游价格，避免定价的盲目性，避免不顾市场情况的定价倾向。其次，要根据定价目标选择适当的定价方法和灵活的定价形式。要注意降低直观价格，尤其要注意价有所值，确保质量兑现。最后，要注意保持价格的相对稳定，频繁的价格变动将使市场无所适从，也不利于市场稳定。

应根据旅游产品的特性和旅游产品需求价格弹性的大小，结合行业竞争的状况制定价格策略，在一般情况下，通常采用以下价格策略：

一是低价策略，即尽可能给产品确定低价格，以图迅速占领市场，吸引更多的游客，并有效排斥竞争对手于目标市场之外。

二是高价策略，即尽可能给产品定高价，以期在短期内取得高额利润，尽快收回投资，通常，只要提价幅度能被旅游者所接受，不仅能保持一定的市场份额，而且可以增加企业的利润。

三是同价策略，即使自己的产品定价尽可能与竞争对手保持同一水平。

除此之外，还可采用成本价、门市价、批发价、季节价、优惠价、试营业期间的特殊价等价格策略。

4）旅游产品销售渠道策略

旅游产品必须通过一定的销售渠道才能实现交换。在旅游产品交换过程中，旅行社、饭店以及其他旅游企业均面临销售渠道的选择问题。毫无疑问，旅行社仍然是销售渠道的主体，旅游产品的销售主要是通过旅行社来实现的。就销售职能而言，可将旅行社分成两类，即旅游批发商和旅游零售商。旅游批发商的业务涉及旅游产品的重新组合、定价、促销和配售等，旅游零售商的主要业务是直接向旅游者销售旅游产品。

旅游产品销售渠道选择合适与否，直接影响着旅游产品的销售。中国现阶段以发展入境旅游为主，我国的客源市场在相当程度上要借助国外旅游批发商和零售商的支持来发展。我们应当选择那些与我国的目标游客群的要求相适应的旅行社，特别要注意发展与国外大型的、信誉较高的旅行社的业务关系，在价格、促销等方面给予对方必要的支持与合作，以发展和壮大我们的销售渠道网络。

5）旅游促销策略

旅游促销是促进旅游产品销售的多种手段的综合，如广告、宣传、公关、参加或举办各种旅游博览会等。促销已成为各国、各企业参与旅游市场竞争的重要手段，也是我国进一步开拓国际旅游市场亟待加强的战略重点。第一，要增加促销经费，促销经费不足是目前影响我国旅游市场竞争力的一个重要制约因素；第二，要加强促销的针对性，提高促销效果；第三，促销形式要多样化，突出中国的民族特色；第四，在继续加强统一的形象宣传的同时，还要进一步加强产品促销。要进一步调动各地方、各企业的积极性，动员和组织各地方和企业参加促销；第五，要增强促销的计划性和稳定性。

学习微平台

二维码资源
6-05

✲ 本章概要

✿ 主要概念

广义的旅游市场　狭义的旅游市场　旅游购买力　现代旅游市场细分　旅游市场占有率　旅游供求机制　旅游市场开拓

✿ 内容提要

● 本章主要介绍了现代旅游市场与竞争，包括现代旅游市场的特点及功能、现代旅游市场的类型与细分、现代旅游市场的竞争结构与内容、现代旅游市场机制及法律体系、现代旅游市场开拓与策略。

● 现代旅游市场作为旅游产品交换的场所，不仅是旅游经济运行的基础，也是旅游供给与旅游需求的相互关系和矛盾运动、实现旅游供求平衡的重要机制和场所。

● 现代旅游市场与一般商品市场、服务市场和生产要素市场相比，既有一定的共性，又有不同于其他市场的多样性、季节性、波动性和世界性等特点。现代旅游市场功能，主要体现在旅游产品交换功能、旅游资源配置功能、旅游信息反馈功能、旅游经济调节功能等方面。

● 依据地理、国境、消费、旅游目的地、旅游组织形式等因素可把旅游市场划分为不同的类型。旅游市场分类的重要方法就是旅游市场细分，其含义是根据旅游者的需求、偏好、购买行为等方面的差异性，把一个整体旅游市场划分为若干个消费者群的市场分类过程。

● 有市场就有竞争。旅游市场竞争是旅游经济运行得以实现和向前发展的内在机制和根本动力，是旅游经济存在和发展的外部强制性因素。旅游市场竞争结构划分为完全竞争旅游市场、垄断竞争旅游市场、寡头垄断旅游市场和完全垄断旅游市场。旅游市场的竞争有买方市场竞争和卖方市场竞争之分，在买方市场竞争的条件下，旅游市场的竞争主要体现在旅游产品供应者之间的相互竞争。

● 在市场经济条件下，旅游市场的功能作用是通过旅游市场机制来实现的。旅游市场机制具体表现为供求机制、价格机制、竞争机制、风险机制的共同作用过程。旅游市场机制的运行和旅游市场功能的有效发挥，离不开正常的旅游市场秩序，而正常的旅游市场秩序必须依靠旅游市场法治，才能形成旅游者和旅游经营者双方在市场交换中公平合理的关系。

● 加快对旅游市场的开拓，首先必须进行科学的旅游市场调查和预测，掌握旅游市场的现状、特点及变化趋势，才能制定正确的旅游市场战略和旅游市场的开拓策略。

● 为了确保一定时期内旅游市场目标的实现，需要制定一套与之协调的旅游市场营销策略。旅游市场营销策略主要包括旅游目标市场开拓策略、旅游产品策略、旅游价格策略、旅游产品销售渠道策略和旅游促销策略等。

✿ 内容结构

本章内容结构如图6-1所示。

现代旅游
市场与竞争
- 现代旅游市场的特点及功能
- 现代旅游市场的类型与细分
- 现代旅游市场的竞争结构与内容
- 现代旅游市场机制及法律法体
- 现代旅游市场开拓与策略

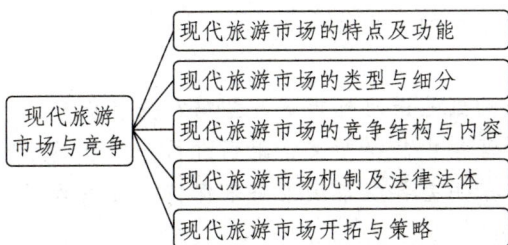

图 6-1　本章内容结构

重要观点

观点 6-1：正常的旅游市场秩序必须依靠旅游市场法治。

常见质疑：只有让旅游市场"自己说了算"，旅游市场机制才能得到有效发挥。

释疑：在市场经济条件下，旅游市场机制的运行和旅游市场功能的有效发挥，离不开正常的旅游市场秩序，而正常的旅游市场秩序必须依靠旅游市场法治。从我国目前旅游业的实际和未来发展要求出发，要保证旅游市场机制的有效运行并实现其功能，必须加快旅游市场法律体系的建设。

观点 6-2：入境游客数和出境游客数均可列入国际旅游竞争力的评价指标体系。

常见质疑：通常仅仅把入境游客数作为国际旅游竞争力的评价指标。

释疑：把入境游客数作为国际旅游竞争力的评价指标主要基于旅游目的地而言；把出境游客数作为国际旅游竞争力的评价指标主要基于旅游客源地而言。

单元训练

传承型训练

▲ 理论题

△ 简答题

1）简述旅游市场的概念、特点与功能。

2）简述现代旅游市场的类型与细分的意义。

3）简述旅游市场竞争的影响因素。

4）简述旅游市场的结构与内容。

5）简述现代旅游市场机制的概念、内容与特征。

△ 讨论题

1）为什么旅游市场会出现波动性？

2）为什么旅游市场会呈现全球性特征？

3）为什么会产生旅游市场竞争？

▲ 实务题

△ 规则复习

1）简述现代旅游市场细分的方法。

2）简述现代旅游市场的法律体系建设。

3）简述旅游市场调查的类型与基本程序。

4）如何对旅游市场进行定性与定量预测？

5）简述现代旅游市场的开拓策略。

△ 业务解析

1）文化距离会影响到旅游目标市场开拓吗？为什么？

2）旅游目标市场开拓中怎样对文化距离进行分析和运用？

3）旅游企业如何采用差异型市场策略来保持企业的市场占有率？

▲ 案例题

△ 案例分析

【训练目的】

同第1章本题型的"训练目的"。

【教学方法】

同第1章本题型的"教学方法"。

【训练任务】

同第1章本题型的"训练任务"。

【相关案例】

在线旅游市场"烽烟四起"

背景与情境：继"春节促销战"之后，在线旅游企业间的"火拼"热度丝毫不减。机票、酒店、旅游产品的促销比拼大有发展成日常营销手段的态势。其中，既有携程、艺龙等传统OTA（Online Travel Agent，在线旅行社）网站的誓死防守，也有淘宝旅行平台的横空搅局；既有上游酒店和航空公司直销试水，也有旅游垂直搜索网站的推波助澜。

如此"热闹"皆源于在线旅游市场的广阔前景。数据显示，国外60%的休闲旅游和40%的商业旅游都是通过线上预订的，而我国这个比例平均仅为5%。除此之外，较高的利润率也是不小的诱惑，诸多投行都对此表示出浓厚的兴趣。

一场在线旅游行业的激烈市场争夺战正迅速展开。越来越多的竞争者入局，它们玩法各异，传统市场格局也将逐一被打破。

关注一：平台之争

淘宝旅行的平台野心

"我们的国内机票出票量已经翻3倍，日均出票目前维持在15 000张左右。"2011年3月22日，淘宝旅行平台的公关负责人对《中国经营报》记者说。此时，距离淘宝旅行平台2010年5月上线不足一年。

淘宝旅行平台还涵盖了酒店预订和旅行度假产品。打开淘宝网主页面，旅行平台特价产品的蓝色推介广告赫然出现在页面最上方。背倚着潜力无限的在线旅游市场，淘宝旅行平台承载了淘宝的热切期待。

叫板携程

2010年8月25日，淘宝国际机票频道正式上线。此举标志着淘宝旅行平台四个业务框架的搭建已经基本完成：国内机票、国际机票、酒店、旅行。这不啻建立起一个小小的在线旅行帝国。

怎样为"初出茅庐"的旅行平台打好第一张牌？淘宝找到了一个最好的靶子

——携程网。后者是已经有超过 10 年历史的国内最大的在线旅游预订网站。

立好"靶子"之后，淘宝宣传将诉求集中在以下两点：第一，强调淘宝旅行平台的产品价格要远低于携程；第二，淘宝 2010 年年底出票量有望达到携程在线出票量的 1.5 倍，将"成为国内最大的机票在线销售平台"。

这样的"说辞"很快引来了携程的反击。携程反驳称，二者属于不同类型的服务机构，"举例来说，携程就像是一个专卖店，服务类别专业化，标准高度一致；而淘宝就是一个百货店，产品五花八门，多可谓多，但未必都精"。

携程还不留情面地指出，淘宝网上机票代理商质量参差不齐，预订服务流程的标准化程度以及客户体验水平，"与携程还有很大的差距"。淘宝则以携程不了解淘宝旅行平台的业务流程为由进行了回击。双方很快演化成一场激烈的"口水战"。

战火甚至波及业务层面。面对淘宝网对携程"价格垄断"的指责，携程在几天后甚至不惜推出一轮密集的机票特惠活动。而到了春节前后，双方的促销比拼一度达到顶峰。

平台野心

一位业内人士如此剖析携程和淘宝的此次"掐架"本质：携程相当于航空公司代理商和酒店分销商，直接面对消费者。一方面，携程要想办法尽可能在消费者身上赚得多一些；另一方面，携程要"挤压"航空公司和酒店利润空间。收入高一些，成本低一些，利润就来了。

而淘宝的竞争力是平台模式，就是让相关商家以网店形式销售，淘宝只提供交易平台和支付工具，同时收取少量服务费。这一模式对于航空公司和酒店来说是乐于接受的，因为可以直接面对消费者，获得的利益会更多，同时消费者享受的是更低的价格。"平台模式不会完全取代代理模式，毕竟不是所有的商家都希望涉足渠道。但是从根本上说，平台模式比代理模式更加契合市场的需求。"诸多业内人士均如此判断。

淘宝旅行平台随后的发展速度在某种程度上印证了这一观点。目前，东航、深航、联航、幸福航空等航空公司已经在淘宝旅行平台相继开设了官方旗舰店，而包括上海不夜城航空、重庆网逸航空、腾邦、深圳达志成等在内的 200 多家一线机票代理商也已纷纷入驻淘宝。

在淘宝旅行平台春节机票促销期间，重庆网逸航空在 2010 年 12 月 28 日通过淘宝旅行的单日出票近 4 000 张，"这一数目相当于一家专业旅游网站的出票量"，淘宝方面称。

在 DCCI 互联网数据中心主任胡延平看来，淘宝旅行平台对行业格局的颠覆作用不容小觑。

他认为，依托淘宝多年在商铺平台的运作经验以及积累的用户资源，淘宝旅行平台可以帮助那些票务代理公司以及有意试水直销的航空公司、酒店、旅行社等与巨大的在线旅行消费者的需求实现对接。

而成熟的平台、庞大的消费群体、多年的电商运作经验，这些都将帮助在线旅游供给方以更低的门槛进入网络销售市场，直面用户实现直销，"对供给方而言，这是具有较大吸引力的。"胡延平称，淘宝平台将过去存在于企业和消费者之间的信息隔阂逐渐打破了，平台上产品、服务的竞争将最终让信息扁平化，并让消费者获得更大的收益，"而用户的需求是最终决定市场成败的基础"。

"从技术上和生产力的角度而言，淘宝无疑值得看好。"但胡延平同时也指出，淘宝在这个领域同样也面临着挑战，比如在短期内如何优化、整合商家资源；如何引导改变在线旅行消费者对淘宝网的认知和消费习惯；如何帮助平台上的企业提高服务水平等都需要完善和加强。

关注二：直销趋势

上游吹响直销号角

直销与分销历来是在线旅游业争论不休的话题。而将这一话题推上顶峰的是东航董事长刘绍勇在2009年"两会"期间抛出的著名"携程打工论"。他当时面对媒体采访时如此"抱怨"：航空公司一直在给携程、艺龙打工，而忽略了自身的直销业务。

自此之后，业界对此的讨论可谓一浪高过一浪。一方面是航空公司、酒店站出来"控诉血泪史"，另一方面则是以携程为首的代理商的"无辜辩解"。然而，不管如何争论，旅游上游企业的直销决心已如雨后春笋，不可阻挡。

是趋势，不是时尚

主要的航空公司都开始着手完善电子机票官网预订系统，通过"常旅客""会员""积分"等一系列手段，来发展直销业务。南航很早就开始着手成立信息中心，并提出2010年机票直销比例达40%的目标；国航也斥资2 000多万元建设全球电话销售服务中心，随后又与网站"去哪儿"合作进行直销；海航、东航纷纷在淘宝开设旗舰店销售机票；2009年，春秋航空、中联航与支付宝的合作正式上线。

在2010年8月份举行的"2010中国互联网大会"上，国航副总裁张兰在谈到这一话题时透露，2010年国航通过网站和电话直销机票的总额将达到60亿元，占总销售额比例约10%。

除了机票市场，酒店也在寻求直销来摆脱渠道商的控制。

在2010年上海世博会期间，上海地区一些酒店就竞相展开了世博促销，参与"震撼世博开盘价"的酒店，订房价格比携程低了20%~60%。

高星级的品牌酒店也在积极推进直销。有数据显示，高星级酒店包括国际品牌酒店的直销额已经占到它们整个销售额的60%，虽然它们没有拒绝与酒店分销商的合作，但是显然它们不会轻易将自身的定价权拱手让与他人。

面对上游的直销热潮，代理商显然有些坐不住了。2010年上半年，艺龙网的业务拓展副总裁谢震就撰文提出"直销是时尚，不是目的"。他说，酒店要做到100%直销很容易，因为关掉分销渠道绝对比建立起分销渠道更容易。但直销不是目的，同样的资产获得更高的收益才是根本。

对此，艺龙的老对手携程亦随声附和。其副总裁庄宇翔称，酒店和航空公司盲目直销将不利于旅游产业的发展，这种"贻害行业，提升消费成本"的做法将伤害旅游产业。

以上两家说法固然不无中肯之处，但在行业人士看来，其主要原因仍在于携程、艺龙赖以生存的盈利模式受到了挑战。在线旅行网站去哪儿网副总裁张泽立即纠正，机票、酒店直销"是趋势，不是时尚"。他说，酒店建立自身的直销网络是势在必行的，而且这样做的核心目的正是要提升收益。他认为酒店方要做的正是去调整直销和分销的有效比例，分销比例从 20% 以上下调至 10% 以内，价格也就自然不会受到第三方分销渠道的控制。

未来或现井喷

技术壁垒、昂贵的前期成本投入，一度是酒店和航空公司试水直销的最大顾虑。不过，眼下淘宝旅行、去哪儿这类平台和中介的出现，正让这些问题变得不再棘手。

淘宝旅行平台的价值就在于它搭建起了一个开放的销售平台，在这里，航空公司、酒店、旅行社可以绕过代理商，直接向客户销售产品。而淘宝旅行平台则凭借自身品牌效应以及广泛的覆盖力将这些销售信息推广出去。这不啻大大降低了传统旅游服务进军电子商务的门槛，让这些上游企业除了自身官网销售途径以外，又多了一个直销渠道。

此外，去哪儿这类垂直搜索引擎的普及也加速了旅游产品的直销发展。在去哪儿网上，通过技术手段可以实时抓取海量的机票、酒店、旅游产品信息，并按照价格对同一产品进行排名。对于先天具有价格优势的直销企业来讲，这不啻为一种非常有效的推广方式。

去哪儿网副总裁张泽对《中国经营报》记者介绍，在过去几年间，酒店房间平均每个间夜支付给携程的成本为 75 元左右。而通过去哪儿网平台进行直销推广，无论是网上预订还是通过酒店直通车电话预订，都可为酒店节省高达 90% 的传统订房佣金。

另外，和发达国家相比，我国旅游行业的产品直销比例还很低。数据显示，发达国家的航空公司在线 B2C 直销比例在 30% 以上。

而在中国，2007 财年，航空公司在线 B2C 比例平均仅在 2%~3%，2009 财年，在线 B2C 比例达到 10%，有研究机构预计 2012 财年，航空公司在线 B2C 比例将达到 30%，接近发达国家水平。

"随着酒店客房、航班座位、旅游团名额、一系列旅游产品销售的电子普及、多元化电子商务渠道的发展，整个旅行行业的电子化水平会出现质的飞跃。"在线旅游网站同程网 CEO 吴志祥如此预测。而这，或将带来未来旅游行业的直销井喷。

（资料来源　李娟. 在线旅游市场"烽烟四起"[N]. 中国经营报，2011-03-26. 经节选、压缩和改编）

问题：

1）该案例涉及本章的哪些知识点？
2）中国旅游市场正在发生什么变化？
3）发展网络旅游市场的利弊有哪些？
4）面对日益发展的网络旅游市场，如何规范其发展？

【训练要求】

同第 1 章本题型的"训练要求"。

【成果形式】

1）训练课业：《"在线旅游市场'烽烟四起'"案例分析报告》。

2）课业要求：同第 1 章本题型的"课业要求"。

△ 善恶研判

【训练目的】

同第 1 章本题型的"训练目的"。

【教学方法】

同第 1 章本题型的"教学方法"。

【训练准备】

同第 1 章本题型的"训练准备"。

【相关案例】

反思：为什么中国人对世界旅游贡献大却遭遇讨厌？

背景与情境：2014 年中国出境旅游首次突破 1 亿人次大关，达到 1.17 亿人次，出境旅游市场规模不断扩大，成为世界上重要的旅游客源国，至 2014 年，中国公民出境旅游目的地国家和地区达 151 个。根据调查监测数据显示，中国内地公民出境旅游目的地的分布为：亚洲占 89.5%，其中中国港、澳、台占 70.4%；欧洲占 3.5%；非洲占 3.0%；美洲占 2.7%；大洋洲占 1.1%；其他占 0.2%。中国旅游研究院发布的《中国出境旅游发展年度报告 2014》也显示，中国内地公民出境旅游花费约 1 400 亿美元，同比增长 18%，购物也成为中国公民出境旅游的目的之一。中国出境旅游对世界国际旅游发展的贡献不言而喻。

然而，伴随着中国内地公民出境旅游人次的大幅度提高，我们却不断听到、看到中国内地公民到国外和中国港、澳、台旅游时被人鄙夷、轻看乃至被排斥的负面新闻，而且类似的负面新闻呈现出越来越多之势，由于不文明的行为导致的旅游涉外纠纷常有出现，真是叫人汗颜！

外国人认为中国内地公民素质差，比如：上车不排队，随地吐痰，公共场所大声喧哗；或蹲或站，形象无所顾忌，全然不顾是在境外异域；喜炫耀好摆阔，给人以暴发户形象；上厕所不冲马桶。在一些欧洲国家，厕所里一般都有明确的简体中文指引"排队""冲水""洗手"等。有人对世界上各个国家出境游客的印象做过一个调查，中国内地游客排在倒数第二（日本游客是正数第一）。

虽然以上行为仅仅是一部分人的行为，不能代表所有中国人的行为，但一向自诩有五千年文明的中国人，在他人心目中竟然是这样的形象，也足以值得所有的中国人反思！

（资料来源　根据调查资料整理）

问题：

1）面对中国内地游客在国外的"形象遭遇"，我们该如何去树立优良的旅游大国形象？

2）公民对本国形象的塑造应该承担怎样的责任和义务？

3）试对上述问题做出你的道德研判。

4）说明你所作善恶研判的依据。

5）请从旅游大国与旅游强国关系的角度对出境旅游市场开发行为做出评价。

【训练要求】

同第1章本题型的"训练要求"。

【成果形式】

1）训练课业：《"反思：为什么中国人对世界旅游贡献大却遭遇讨厌？"善恶研判报告》。

2）课业要求：同第1章本题型的"课业要求"。

▲ 实践操练

"现代旅游市场开拓策略"知识应用

【训练目的】

见本章"章名页"之"学习目标"中的"实践操练"目标。

【教学方法】

同第4章本题型的"教学方法"。

【训练准备】

知识准备：

1）本章理论与实务知识。

2）表6-3中各技能点的"参照规范与标准"。

3）表6-4中各道德范畴的"参照规范与标准"。

指导准备：

1）教师指导学生制订实践计划和《"旅游目标市场开拓"策划书》（或《"旅游产品策略"策划书》，或《"旅游产品销售渠道"策划书》，或《"旅游促销策略"策划书》）。

2）同第4章本题型的其他"指导准备"。

【训练内容】

专业能力训练：其"领域"、"技能点"、"名称"和"参照规范与标准"见表6-3。

表6-3　**专业能力训练"领域"、"技能点"、"名称"和"参照规范与标准"**

能力领域	技能点	名称	参照规范与标准
"现代旅游市场开拓策略"知识应用	技能1	"旅游目标市场开拓策略"知识应用技能	1）能全面把握"旅游目标市场开拓策略"知识 2）能正确应用上述知识，高质量、高效率地进行以下操作：依据旅游市场环境分析，结合旅游企业自身特点，在"无差异型市场策略"、"差异型市场策略"和"密集型市场策略"中选择其一，为企业进行"旅游目标市场开拓"策划
	技能2	"旅游产品策略"知识应用技能	1）能全面把握"旅游产品策略"知识 2）能正确应用上述知识，高质量、高效率地进行以下操作：根据旅游目标市场定位和市场需求，为企业进行特色鲜明、形式丰富多样的旅游产品策划
	技能3	"旅游价格策略"知识应用技能	1）能全面把握"旅游价格策略"知识 2）能正确应用上述知识，高质量、高效率地进行以下操作：根据旅游产品的特性和旅游产品需求价格弹性影响的大小，结合行业竞争的状况，在"低价策略"、"高价策略"和"同价策略"中进行合理取舍，为企业进行旅游产品价格策划

能力领域	技能点	名称	参照规范与标准
"现代旅游市场开拓策略"知识应用	技能4	"旅游产品销售渠道策略"知识应用技能	1）能全面把握"旅游产品销售渠道策略"知识 2）能正确应用上述知识，高质量、高效率地进行以下操作： 通过优选与"旅游目标市场定位"中的目标游客群要求相适应的旅行社，为企业进行"旅游产品销售渠道"策划
	技能5	"旅游促销策略"知识应用技能	1）能全面把握"旅游促销策略"知识 2）能正确应用上述知识，高质量、高效率地进行以下操作： 综合运用广告、宣传、公关等手段进行旅游促销。为企业进行针对性、形式多样性、计划性和稳定性俱佳的"旅游促销策略"策划

职业道德训练：其范畴、名称、等级、"参照规范与标准"与选项见表6-4。

表6-4   **职业道德训练选项表**

道德领域	道德范畴	名称	等级	参照规范与标准	选项
职业道德	范畴1	职业观念	认同级	同本教材"附录四"附表4的参照规范与标准	√
	范畴2	职业情感	认同级	同本教材"附录四"附表4的参照规范与标准	√
	范畴3	职业理想	认同级	同本教材"附录四"附表4的参照规范与标准	√
	范畴4	职业态度	认同级	同本教材"附录四"附表4的参照规范与标准	√
	范畴5	职业良心	认同级	同本教材"附录四"附表4的参照规范与标准	√
	范畴6	职业作风	认同级	同本教材"附录四"附表4的参照规范与标准	√
	范畴7	职业守则	认同级	同本教材"附录四"附表4的参照规范与标准	√

【组织形式】

同第4章本题型的"组织形式"。

【训练任务】

1）对表6-3所列专业能力领域各技能点，依照其"参照规范与标准"实施阶段性基本训练。

2）对表6-4所列"职业道德"选项，依照本教材"附录四"附表4的"参照规范与标准"实施"认同级"融入性训练。

【训练要求】

同第4章本题型的"训练要求"。

【情境设计】

将学生组成若干实践团队，结合实践训练项目，在本地选择一家旅游企业，应用"现代旅游市场开拓策略"知识，为该企业进行旅游市场开拓策划，撰写《"旅游目标市场开拓"策划书》（或《"旅游产品策略"策划书》，或《"旅游产品销售渠道"策划书》，或《"旅游促销策略"策划书》），并将"认同级"融入"职业道德"选项各种行为规范，分析总结此次实践活动的成功与不足，在此基础上撰写相应的《实践报告》。

【训练时间】

本章课堂教学内容结束后的双休日。

【训练步骤】

1）各团队在本地选择本地一家旅游企业，结合"情境设计"分配任务，制订《"'现代旅游市场开拓策略'知识应用"实践计划》。

2）各团队实施《"'现代旅游市场开拓策略'知识应用"实践计划》，分别依照表 6-3 中"技能 1"—"技能 4"的"参照规范与标准"，应用相关知识，为该企业撰写《"旅游目标市场开拓"策划书》（或《"旅游产品策略"策划书》，或《"旅游产品销售渠道"策划书》，或《"旅游促销策略"策划书》），系统体验其各项技能操作。

3）各团队依据相关"参照规范与标准"，在上述各项技能的专业操作中"内化级"融入表 6-4 中选项的各种行为规范。

4）各团队总结本次实践的操作体验，分析其成功经验和存在问题，提出改进建议。

5）各团队在此基础上撰写作为"成果形式"的实践课业。

6）在班级讨论交流、相互点评与修订各团队的实践课业。

【成果形式】

1）实践课业：《"'现代旅游市场开拓策略'知识应用"实践报告》。

2）课业要求：

（1）将实训计划和《"旅游目标市场开拓"策划书》（或《"旅游产品策略"策划书》，或《"旅游产品销售渠道"策划书》，或《"旅游促销策略"策划书》）全文以"附件"形式附于《实训报告》之后。

（2）其他要求：同第 4 章本题型的"课业要求"的（1）、（3）和（4）。

✿ 建议阅读

[1] 苏衍慧. 基于文献综述的入境旅游市场研究——以美国旅华市场为例 [J]. 中国商论，2021（09）：43-45.

[2] 高静. 品牌化：目的地应对未来旅游市场竞争的关键之举 [J]. 旅游学刊，2008（5）：10-11.

[3] 孙根年. 新世纪中国入境旅游市场竞争态分析 [J]. 经济地理，2005（1）：121-125.

[4] 孙根年，冯茂娥. 西部入境旅游市场竞争态与资源区位的关系 [J]. 西北大学学报（自然科学版），2003（4）：459-464.

[5] 李景宜，孙根年. 旅游市场竞争态模型及其应用研究 [J]. 资源科学，2002（6）：91-96.

[6] 李景宜. "黄金周"山地旅游市场竞争态及其转移研究 [J]. 山地学报，2002（5）：531-535.

[7] 申葆嘉. 市场经济机制与旅游市场竞争 [J]. 旅游学刊，1998（1）：18-20.

第7章
现代旅游消费及其效果

▶ **学习目标**

7.1　现代旅游消费的概念和特点

7.2　现代旅游消费结构

7.3　现代旅游消费效果

7.4　旅游者消费最大满足

▶ **本章概要**

▶ **单元训练**

▶ **建议阅读**

▶ 学习目标

▷ 传承型学习

通过以下目标，建构以"现代旅游消费及其效果"为阶段性内涵的"传承型"专业学力：

理论知识：学习和把握现代旅游消费的概念、特点与作用，现代旅游消费结构的分类和影响因素，现代旅游消费效果的含义与分类，以及旅游者消费最大满足的含义等陈述性知识；能用这些理论知识完成本章的"同步思考"、"深度思考"和相关题型的"单元训练"；体验"现代旅游消费及其效果"中"理论知识"的"传承型学习"及其迁移。

实务知识：学习和把握旅游消费合理化的内容、基本标准和应满足的基本要求，旅游者和旅游目的地旅游消费效果的衡量，旅游消费效果评价应重点考虑的内容，旅游者消费最大满足的分析方法，以及"业务链接"等程序性知识；用这些实务知识完成本章的"同步业务"、"深度剖析"、"教学互动"和相关题型的"单元训练"；体验"现代旅游消费及其效果"中"实务知识"的"传承型学习"及其迁移。

认知弹性：运用本章理论与实务知识研究相关案例，对本章"引例"、"同步案例"和"理性旅游消费者"等案例情境进行多元表征，体验"现代旅游消费及其效果"中"结构不良知识"的"传承型学习"及其迁移；依照相关行为规范对"花心机'穷游'者"案例进行善恶研判，促进健全职业人格的塑造。

▷ 创新型学习

通过以下目标，建构以"绪论"为阶段性内涵的"创新型"专业学力：

自主学习：参加"自主学习Ⅱ"训练。在制订和实施《团队自主学习计划》的基础上，阶段性学习和应用"附录一"中附表1"自主学习（中级）知识准备参照范围"所列知识，收集、整理与综合"现代旅游消费及其效果"的前沿知识，讨论、撰写和交流《"现代旅游消费及其效果"最新文献综述》，撰写《"自主学习Ⅱ"训练报告》等。通过这些活动体验"现代旅游消费及其效果"中的"自主学习"（中级）及其迁移。

引例 OTA决战旅游"白银时代"

背景与情境： 中国人口的自然增长率已经下降到5%以下，老龄化问题的严峻性越发凸显。梁建章博士曾表示，中国未来老龄化程度将超日本，前景令人担忧。统计预测显示，中国老年旅游市场规模或将达到近万亿元人民币，作为"人口红利"逐渐消失的产物，"白银时代"即将到来，旅游企业将不得不重新审视未来的银发市场，并进行布局。自2016年9月1日我国首个"银发族参团游"的国家级行业标准——《旅行社老年旅游服务规范》正式实施以来，OTA（线上旅行机构）纷纷加强了对老年游市场的相关布局，欲抢占"银发经济"先机。有业内人士认为，在竞争日趋激烈的中国市场，OTA想在老年旅游这个极为宝贵的商业"蓝海"中分得一杯羹，除了要抢占产品+服务这个未来的战略制高点，还需要加强与线下的相互融合。

1.OTA加紧布局老年游市场

近年来，随着老龄化社会到来、可支配收入逐年提高、闲暇时间较多、身体健康状况良好等，直接刺激了老年人旅游需求的增长，使老年旅游成为目前旅游客群细分市场中最具有潜力的"蓝海"市场。国家统计局数据显示，截至2015年年底，我国60岁以上的老人已经达到2.2亿人，占总人口的16%左右，老龄化速度比较快。而老年人口数量的增长预示着老年市场的逐渐兴起。来自全国老龄委的一项调查结果也显示，目前我国每年老年人旅游人数已占到全国旅游总人数的20%以上。此外，途牛旅游网监测数据显示，2015年60岁及以上出游人次增势迅猛，同比2014年增长252%。而同程旅游《中国中老年人旅游消费行为研究报告2016》数据显示，42.7%的中老年旅游者（有出游经历的中老年人）每年出游2次，每年出游3次及以上的占比20.2%，另有23.6%的受访者每年出游次数不确定。有业内研究专家认为，按照每位老人一年平均出游3次，每次旅游消费1 500元来算，中国老年旅游市场规模达到近10 000亿元。值得注意的是，由于老年人对价格比较敏感，在假期上限制性很小，银发族往往成为节后错峰游的主力，不仅形成了淡旺季市场的"互补"，也直接扩大了旅游业淡季业绩增长的空间。

2.在巨大的市场蛋糕面前，国内OTA纷纷加紧布局老年游市场

日前，同程旅游宣布成立"百旅会"中老年旅游会员俱乐部，同时，同程还发布了50条首发的老年游专属定制的VIP线路。此举也意味着致力于成为细分领域中最专业的旅游服务公司的同程旅游针对休闲旅游市场做出了一项重大的战略决策。同程方面表示，将会根据会员在活动中的活跃程度和需求，不断升级会员权益，并提供更多个性化服务。

近期，携程也在其官方网站和APP上推出"升级版"爸妈放心游品牌。据悉，这是在线旅游行业首个针对中老年人的跟团游品牌，由携程提供一站式服务。"升级版"老年人服务标准由携程旅游首个落地执行，切实解决老年人出游种种痛点。途牛旅游网的"乐开花爸妈游"也有众多"爸妈周末游"和"爸妈度假游"产品，产品将根据老年群体在旅游中的常见问题设计更多保障方案，为有需求的老年客户提供上门接送服务。值得关注的是，未来3年，"乐开花爸妈游"将打造涵盖爸妈周末游、爸妈度假游和爸妈疗养游的全系列产品线。驴妈妈也策划了一些专门针对

老年游客的产品，来满足银发一族的旅游需求。比如，"夕阳红"系列跟团游也已上线。

3. 银发族出境游将是重头戏

以往，老年游客更钟情于国内游。然而，近年来，随着出境游景点开始出现更多的中文服务以及众多国家推出免签及签证便利举措，不少身体状况较好、有钱有闲的老年游客，开始渐渐倾向于境外游。由于没有休假时间的限制，老年游客更偏向于在境外停留时间长的旅游产品，这样不仅可以让整个旅游行程变得更为宽松从而适应自己的体力，也可以用一次的飞行时间体验到更多的当地文化。业内统计数据显示，2015年，老年出境游同比增长217%，增速高于国内游（95%），老年游客较为青睐的境外目的地国家有日本、韩国、泰国、法国、意大利、瑞士、德国、美国、俄罗斯、越南。从这一排行榜可以看出，老年游客主要选择飞行时长较短的周边国家作为目的地，但也不排斥出境长线游，看更广阔的世界。

携程的《2016中国老年游市场报告》显示，2016年以来，通过携程预订跟团游、自由行、邮轮等产品的老年人中，国内游和出境游的比例基本持平，分别为52%和48%。其中，出境游增速更快。据《福布斯》报道，中国老年人拥有充裕的养老金，也许还仍在从事少量的房地产和股票交易。但与大多数有钱的中年游客不同，他们有足够的时间，行程不用那么匆忙，旅行时间可长达数周，而且也不用纠结于他人的看法。

（资料来源　品橙旅游. 老年游：近万亿市场规模　OTA决战"白银时代"［EB/OL］. ［2016-09-26］. http：//www.pinchain.com/article/92239. 经节选、压缩和改编）

从上述引例可以看出，旅游消费作为现代旅游经济的重要范畴之一，是人们的一种高级消费形式，是人们在衣、食、住、行等基本生活需求得到满足之后，伴随着收入提高和闲暇时间的增多而产生的消费需求。这个案例告诉我们，旅游消费是一个动态的发展过程，是一个从不合理状态向合理化状态不断发展的渐进过程。要实现旅游消费的合理化，要求旅游消费以适度的速度发展，有丰富多彩的内容、多种多样的方式，同时也要求消费水平逐步上升，消费结构不断优化，消费市场供求平衡和消费环境良性发展。

7.1　现代旅游消费的概念和特点

消费作为人类社会客观存在的经济现象，是指人们把生产出来的东西消耗掉或使用掉。马克思说："人从出现在地球舞台上的第一天起，每天都要消费，不管在他开始生产以前和生产期间都是一样。"[①]因此，消费和生产一样也是社会经济发展不可缺少的行为过程。

7.1.1　现代旅游消费的概念

现代旅游消费，从动态意义上讲，是指人们支付货币购买旅游产品以满足自身

---

① 马克思，恩格斯. 马克思恩格斯全集［M］. 中共中央马克思恩格斯列宁斯大林著作编译局，编译. 北京：人民出版社，1960.

旅游需求的行为过程；从静态意义上讲，是指由旅游者消费产品和服务的使用价值。因此，现代旅游消费是指人们在旅游过程中，为满足自身享受和发展需要而消费的各种物质产品和精神产品的总和，要正确理解旅游消费必须把握以下几点：

1）现代旅游消费是一种消费方式

现代旅游消费作为一种消费方式，主要由旅游消费意识、旅游消费习惯、旅游消费能力、旅游消费水平、旅游消费结构等要素构成。旅游消费意识及由此而形成的旅游消费习惯是旅游消费的基本动因；旅游消费能力和旅游消费水平是旅游消费的客观条件；旅游消费结构是旅游消费发展到一定时期的结果，反映了旅游者消费旅游产品的数量、质量及其比例关系。

2）现代旅游消费是一种个体性消费

现代旅游消费就其消费主体而言，属于个人消费范围。旅游者是否选择旅游消费活动、什么时候消费、消费什么旅游产品、消费层次与消费量是怎样的等诸多问题，都取决于旅游者个人的旅游消费意识和倾向、旅游消费习惯、旅游消费能力、旅游消费水平等，而且最终的旅游消费效果也是因人而异的。

3）现代旅游消费是一种高层次消费

人们的消费需要，包括基本生存消费、发展消费、享受消费三个层次。基本生存消费是指维持个人和家庭最低生活保障的生活资料和服务的消费，是劳动力再生产过程所必需的最低限度的消费标准。发展消费和享受消费则是人们为了提高自身的文化素质、陶冶情操、发展智力和体力，从而达到劳动力内涵扩大再生产的要求的消费。因此，现代旅游消费是人们在基本生活需要得到保障之后而产生的高层次的消费需求。

4）现代旅游消费是一种精神性消费

现代旅游消费作为一种个人消费，从内容上来看，包括精神和物质两方面，除了有形的以商品形式存在的物质产品和无形的以文化形式存在的精神消费品以外，还包括以此为依托的消费性服务。所以，现代旅游消费包括了人们在旅游中所获得的满足其享受和发展需要的物质产品、精神产品和以这些为依附的旅游服务三个方面内容。其中，物质形态旅游产品的消费只是一种外在的形式，是现代旅游消费中极少的一部分，旅游者真正所消费的是以物质形态旅游产品为依托的精神产品和服务产品。

◆ 同步思考 7-1 ◆

问题：如何才能正确全面地理解现代旅游消费？

7.1.2　现代旅游消费的特点

任何消费都是社会生产力发展的结果，是人们收入增加和生活水平提高的标志。旅游活动涉及政治、经济、文化等广泛的社会领域，因而旅游消费的内容包括食、住、行、游、购、娱等诸多方面。如果说一般传统产品的消费方式是把消费过程与再生产过程相对区分开来的话，那么作为现代消费方式的旅游则把消费过程与再生产的过程有机结合为一体。因此，现代旅游消费具有许多不同于一般传统产品

学习微平台

二维码资源
7-02

消费的特点。

1）现代旅游消费的综合性

现代旅游消费是一个连续的动态过程，贯穿于整个旅游活动之中，因而综合性是旅游消费最显著的特点。

首先，从旅游消费活动的构成看，旅游活动以游览为中心内容，但是为了实现旅游的目的，旅游者必须凭借某种交通工具，在旅途中必须购买一定的生活必需品和旅游纪念品，必须解决吃饭、住宿等问题。可见，旅游活动是集食、住、行、游、购、娱于一体的综合性消费活动。

其次，从旅游消费的对象看，旅游消费的对象就是旅游产品，旅游产品由旅游资源、旅游设施、旅游服务等多种要素构成，其中既包含物质因素，也包含精神因素；既有实物形态，又有活劳动形态。因此，旅游消费对象是多种要素、多类项目的综合体。

最后，从参与实现旅游消费的部门看，旅游消费是众多部门共同作用的结果，许多经济部门和非经济部门都参与了旅游消费的实现过程。前者包括餐饮业、旅馆业、交通业、商业、农业等，后者包括环保、园林、文物、邮政、海关等部门。这从另一个侧面也证明了旅游消费的综合性特点。

2）现代旅游消费的劳务性

这里所指的劳务即服务，服务是以劳务活动的形式存在的、可满足某种特殊需要的经济活动。在旅行游览过程中，旅游者必须首先满足基本的生理需要，因而必然要消费一定量的实物形态的产品。但从总体上看，服务消费占主导地位。旅游服务消费，不仅在量上占绝对优势，而且贯穿旅游者从常住地向旅游地移动、到旅游地参观游览、再返回居住地这一消费过程的始终。

旅游服务是由各种不同的服务组合成的总体，一般包括饭店服务、交通服务、导游服务、代办服务、文化娱乐服务、商业服务等。旅游服务一般不体现在物质产品中，也不凝结在无形的精神产品中，而是以劳务活动的形式存在着，从而构成旅游产品的特殊形式。这种产品只有被旅游者享用时，它的价值才得以实现。一旦旅游活动结束，旅游服务的使用价值就不复存在，从而决定了旅游消费与旅游产品相一致的特性。其主要表现在以下几方面：

（1）旅游消费的异地性

旅游消费的异地性，即旅游服务是无形的、不可转移的，因此，旅游者必须离开常住地，离开熟悉的基本生活环境，克服空间距离，才能实现旅游消费。

（2）旅游消费的同一性

旅游消费与旅游生产、交换的同一性，即一般物质产品的生产、交换和消费是三个独立的环节，但就旅游消费而言，服务的提供必须以旅游者的存在，即旅游者的实际购买为前提。为此，旅游消费和旅游生产、交换在时间和空间上是统一的。

（3）旅游消费的不可重复性

旅游消费的不可重复性，即旅游服务的使用价值对旅游者来说是暂时的，旅游者离去，旅游服务即告终止。这样随着服务的时间、场合及服务人员心情的变化，即使是同一服务员提供的服务，其标准和质量也会相差很多。因此，旅游者在一生中不可能消费完全相同的服务产品。

　　3）现代旅游消费的伸缩性

　　伸缩性，是指人们所需消费品的数量及品种之间的差异，以及这种差异随着影响消费诸因素的变化而变化，表现出扩大或紧缩的状态。所以，伸缩性一方面指人们对消费产品的品种、数量和质量的需求变化情况；另一方面指影响消费的因素引起的消费需求变化。旅游消费作为一种高层次的消费，是一种伸缩性很强的消费，具体表现在以下几方面：

　　（1）旅游消费是无限性消费

　　美国心理学家马斯洛曾把人的需要分为生理需要、安全需要、社会需要、自尊需要和自我实现需要。旅游消费是人们的基本需要即生理需要和安全需要得到一定满足后，为实现更高层次的需要而进行的高级消费活动，因而没有数量限制。随着社会经济的发展及人们消费水平的提高，旅游消费的增长是必然趋势。

　　（2）旅游消费是高弹性消费

　　一般来说，满足人们生存需要的消费弹性较小，而满足人们享受、发展需要的消费弹性较大，旅游消费属于后者。许多因素都会影响旅游消费的数量和质量。除了通常所说的价格、收入外，国际政治经济形势，旅游者的职业、年龄、性别、受教育程度、宗教信仰、兴趣爱好，以及旅游地的社会经济发展水平、风俗习惯等，都直接或间接地影响着旅游消费。

　　（3）旅游消费是季节性消费

　　这主要体现在两个方面：一是旅游消费需求集中在某些月份或季节，如德国人旅游集中在夏季三个月，巴黎人喜欢8月份外出旅游；二是某些月份或季节旅游消费的内容集中于某些特定的旅游消费对象，例如，夏季的海滨胜地游人如织，而一到冬季，出现在海滩上的游客则寥若晨星。

　　4）现代旅游消费的互补性和替代性

　　现代旅游消费的综合性，决定了构成旅游消费对象的各个部分既有互补性又有替代性的典型特征。

　　（1）旅游消费的互补性

　　现代旅游消费的互补性特点，要求有关单位必须互相配合、加强合作，以提高经济效益。例如，假设杭州中国国际旅行社接待了10名从桂林赴杭州的美国旅游者，这10名旅游者除了消费导游服务外，还要支付从桂林至杭州的交通费，以及在杭州的住宿费、餐饮费、购物费等。因此，一项旅游消费的实现必然伴随着众多其他旅游消费项目的产生。

　　（2）旅游消费的替代性

　　现代旅游消费的替代性，是指旅游消费对象每一构成部分之间相互替代的性质。例如，某旅游者从甲地到乙地乘了飞机，就不会再乘火车或轮船。到了乙地后，若青年旅行社安排他的旅游活动，他就不再会接受中旅或国旅提供的导游服务。若他住进了度假旅馆，一般就不会再入住其他旅馆。由此可见，旅游消费中的替代性是十分明显的。而旅游者在选定某种成分以后，势必舍弃其他成分，因而这种替代性加剧了旅游业的竞争。

5）旅游消费的不可重复性

现代旅游产品的不可转移性和时间性强的特点，决定了旅游消费者对旅游产品的消费是不可重复的。形成旅游产品的旅游吸引物、旅游设施和设备，以及在整个旅游过程中向旅游者提供的各种服务，与其他物质商品不同，它不能从甲地转移到乙地去销售，即在交换过程中不是旅游产品的转移，而是旅游消费者亲自到旅游产品的产地去消费。

旅游者在旅游过程中购买旅游产品并加以消费，如使用饭店中的客房、占用餐座、占用交通工具、游览娱乐场所和游览点等，其对旅游产品在时间上只具有暂时的使用权，而无长期的所有权，旅游活动结束后，旅游产品的使用价值对消费者来说即告消失。因此，旅游消费不同于一般物质产品购买后即拥有所有权，其不可以重复使用。

旅游产品中所包含的无形部分，即旅游过程中各环节所提供的各种服务，它的时间性更强，只有当旅游者消费这些服务时，服务才构成产品。旅游产品中的劳务和一般商品中的劳务不同，一般商品中的劳务是以物化形式存在于商品之中，可以储存起来，其价值和使用价值不会消失，消费者可以重复使用；而旅游产品中的服务则是随着旅游产品的消费而被消费的，旅游活动结束后，旅游者离去，旅游消费终止，旅游服务即告终止，它同样具有不可重复消费的特点。

◆ **同步案例 7-1**

春节旅行计划再泡汤，2021 年啥时候才能出去玩？

背景与情境： 在疫情中苦熬了一年后，旅游业本期盼着趁 2021 年春节假期打响翻身仗，却不料年前多地疫情反弹。"就地过年"的号召，给旅游业从业者们又浇上了一桶冷水。据悉，旅游行业不少人提前放假过年，有人甚至决定休假到 5 月再择良机而行。

疫情仍然是国内旅游市场最大的不确定因素

麦肯锡公司 2021 年 1 月的旅游出行信心调研显示，国内消费者对于旅游出行的安全性信心已经回落到了 2020 年国庆节的水平以下。但旅游行业人士也注意到，整体而言疫情在中国是可控的，这令很多人对旅游市场的长期发展仍然具有信心。"2020 年大家居家防疫很久，抑制和拖延了出行计划，2021 年应该会有较为良性的修复。"麦肯锡全球董事合伙人陈沆说。出境游和境外高端消费需求回流到国内，是国内市场一大确定性的增量所在。这一部分的需求，正在催生相匹配的供应——滑雪、潜水、内河游轮、奢侈品消费的玩家加速布局。有免税店从业者表示，为海南免税项目已经忙得人仰马翻，工作强度毫不亚于互联网行业。即便是大众市场，由于供过于求，产品和服务的提升也是必选项。"只能升级，否则等死。"去哪儿网 CEO 陈刚接受《财经》等媒体采访时表示，小商家应抓住这两年的窗口期，在低价基础上提供额外服务，探索多元化的收入来源。比如一间民宿，在做到客房干净舒适的基础上，布置一些能打动消费者的软装——甚至是养几只猫。"一家民宿有猫和没猫对于年轻消费者而言有很大差别。"

2021年出境游是否完全无望？

陈洸认为答案并非绝对的否定。随着疫苗的普及，出境游依然有望在下半年部分重启。欧亚一些国家已经开始探讨或确立旅行气泡机制（Travel Bubbles，一些疫情稳定的国家和地区之间达成协作，允许国民自由流动而不必强制隔离）。"对于澳门特别行政区、香港特别行政区、新加坡、泰国而言，旅游业是当地的重要经济支柱，它们希望推进跨境旅游，但这取决于各国防疫的效果和各方政府对防疫标准的共识和互信。"

高端旅游回流，催生高价产品

2021年2月1日，距离除夕还有10天，旅游从业者刘建斌在上海完成核酸检测之后飞往重庆。他观察到，上海和重庆的机场都空空荡荡，原先订的晚上9点的航班由于客座率太低而被取消，临时改签到晚上7点。重庆有刘建斌的新项目。为了回应高端旅游需求，这位曾经专注于海上邮轮业务的从业者正在向国内调转船头。他带着自己创办的邮轮产品分销平台"上船吧"，主要承销了长江上的"世纪游轮"，并且对这个游轮产品做了很大程度的改造。在以往，长江游轮的航程大多是三至五天，往返于重庆和湖北宜昌之间，主要看点就是三峡。"世纪游轮"推出了7天、9天、15天的长线航程。其中，15天的航程往返于上海和重庆，横穿七个省市，定价为18 880元。而在过去，中国游客体验的海上邮轮产品价格往往在5 000元以下，时长以五天四晚为主，奢侈型、长线的邮轮产品几乎从未在国内市场出现过。这个产品对标的是欧洲的中高端河轮——欧洲的多瑙河、莱茵河沿岸有许多历史名城，中国的长江沿岸也有不少名城和三峡等独特风景；欧洲8天至11天的中高端河轮定价为2万~3万元，世纪游轮15天的行程价格控制在2万元以内。对于原本打算去欧洲旅游的游客而言，目前困在国内，至少有个可替代产品。为了撑起"天价"，世纪游轮在服务、餐饮、住宿方面均做了升级。接机服务、行李运送、欧舒丹和爱马仕等世界知名品牌的洗漱用品；途经不同城市时，当地菜系的名厨登船烹制美食——这些服务都是在向境外的高端产品标准看齐。由于涉及防疫和出入境等棘手问题，从上海、天津等城市出发的海上邮轮业务仍处于停摆之中，复航遥遥无期。业内人士认为，除了长江，中国还有珠江等内河，以及沿海岸线航行的"内需"潜力，以此可承接原本以日韩为目的地的邮轮旅游需求。原本在刘建斌的计划中，"天价"游轮2021年3月就能起航，全年整体航次已经完成35%的预售；然而受局部疫情和"就地过年"政策的影响，起航时间推迟到了6月。刘建斌表示，已经完成的预售中，有一半客人表示可以等待，另一半还在犹豫。"目前资金方面压力不大，但是如果春节之后旅游市场依然不能恢复，那也会面临很大的压力，可能也要去卖货了。"刘建斌表示，2020年身边不少同行早已转行，卖货是一大选择，不少旅游从业者带着全公司一起干。原本做出境游的人员通过一些海外渠道代购免税品，也有人开始分销石斛这类和老本行完全无关的产品。

（资料来源　佚名. 春节旅行计划再泡汤，2021年啥时候才能出去玩？[EB/OL].［2021-02-03］. https://baijiahao.baidu.com/s?id=1690682238883845149&wfr=spider&for=pc.经节选、压缩和改编）

7.1.3　现代旅游消费的作用

旅游作为一种高级消费形式，对于促进人的全面发展、提高劳动力的素质、提高劳动生产率和促进经济发展等，都具有重要的作用。这主要表现在以下几个方面：

1）现代旅游消费是旅游经济运行的原动力

随着人们生活水平和生活质量的不断提高，旅游业在社会经济中的地位更为显著，并逐渐成为国民经济的重要产业。旅游业是否能够健康、稳定、协调、可持续地发展，取决于旅游经济运行过程中各个环节之间是否相互衔接、协调发展。旅游产品的生产、分配、交换、消费等环节虽然在时间和空间上具有同一性，但是旅游产品的生产和交换取决于旅游消费。在市场经济条件下旅游产品的生产也是以销定产，生产什么、什么时候生产、生产多少，均取决于旅游者想要消费什么、什么时候消费以及潜在的消费量。因此，旅游消费需求是旅游经济运行的原动力，旅游消费的规模和水平决定着旅游产品生产的方向、数量和质量。

2）现代旅游消费是满足旅游者需求的必要条件

人们的旅游消费活动有潜在消费和现实消费之分，在未来有可能成行，但目前尚不具备条件的旅游消费，被称为潜在旅游消费；在目前条件下能够或者已经实现的旅游消费，被称为现实旅游消费。要想将潜在旅游消费变成现实的旅游消费，一方面，要积极创造条件；另一方面，当条件具备时，潜在的旅游消费需求能否得到实现和满足，从而变成现实的旅游消费活动，关键就在于旅游者是否愿意参与旅游消费。所以，旅游企业应积极开发新产品投放市场，吸引和鼓励旅游者前来消费，从而拉动消费，刺激旅游经济的发展。

3）现代旅游消费引导和促进旅游产品的开发

生产取决于消费，消费决定着生产，消费需求和消费水平直接决定着生产的发展方向、速度和规模。旅游生产取决于旅游消费，旅游消费对旅游产品的开发方向、发展速度和规模都有着极大的推动作用和极强的导向作用。随着现代旅游经济的不断发展，人们在基本旅游消费得到满足之后，又会不断地提出和产生许多新的更高层次的旅游需求，而旅游产品的生产者和经营者也总是在不断地开发和组合新的旅游产品，以满足旅游者不断提高的旅游消费需求。

对旅游产品的生产者和经营者来说，必须把旅游者的消费需求放在第一位，因为旅游者的消费过程就是旅游产品的价值实现的过程，也是对旅游产品是否符合消费需求的最终检验。要使旅游产品能够被旅游者所接受，并产生良好的经济效益，就必须时刻注意洞察和捕捉旅游消费的新动向和新信息，及时主动地做出反应，适时、适量地开发和组合适应新的消费需求的旅游产品。否则如果新开发的旅游产品不符合旅游市场的需求，就会大量滞销，从而影响旅游产品的供给结构，造成大量的价值积压和浪费，影响旅游产业的持续运行和旅游经济的效益。

7.2　现代旅游消费结构

7.2.1　现代旅游消费结构的分类

现代旅游消费结构，是指旅游者在旅游过程中所消费的各种类型的旅游产品及相关消费资料的比例关系。

研究现代旅游消费结构的重要性在于：一是要通过对影响旅游消费的各种因素的探讨，预测出旅游消费结构的发展趋势，从而找出符合旅游者消费需要的最佳消费结构；二是有助于对与旅游经济发展有关的各生产部门的生产进行规划与决策，从而决定社会生产的方向、速度和比例关系；三是有助于制定旅游经济发展规划，建立旅游业内部的生产结构，确定各旅游企业的发展规模和速度，使旅游产品各大类的生产"成龙配套"，进而较好地满足旅游市场需求；四是有助于采取措施改进消费结构，实现旅游消费结构的优化，以提高旅游业的经济效益。

通常，旅游消费结构可从不同的角度进行分类。

1）按现代旅游消费层次分类

旅游消费按照旅游者的消费层次可分为生存消费、享受消费和发展消费。旅游者在旅游过程中的消费具体可分为餐饮、娱乐、游览、住宿、交通等方面的消费，其中食、住、行是满足旅游者生存需求的消费；而观赏、娱乐、学习等消费则是满足旅游者精神享受和智力发展需要的消费，如表7-1、表7-2、表7-3和表7-4所示。这两种消费相互交错，在旅游活动中很难划分它们之间的界线。在满足旅游者生存需要的消费中必须满足其享受和发展的消费，而在满足旅游者享受与发展的消费中又掺杂着其生存需要的满足。

表7-1　　　　　1998—2007年农村居民散客出游人均花费构成（%）

年份	长途交通				住宿	餐饮	游览	购物	娱乐	市内交通	邮政通信	其他
	飞机	火车	长途汽车	合计								
1998	—	—	—	27.9	—	—	—	42.5	—	—	—	—
1999	—	—	—	27.9	—	—	—	43.6	—	—	—	—
2000	3.3	7.1	11.2	21.9	10.7	15	4.1	11	2.1	4.8	12.8	9.0
2001	2.41	7.86	14.89	25.51	9.64	14.55	1.18	1.04	2.19	5.37	27.70	12.82
2002	2.2	8.9	16.6	28.1	7.3	12.2	4.5	26.5	0.9	2.4	1.1	16.9
2003	2.17	7.63	15.63	25.43	5.85	11.27	3.69	29.89	1.03	2.44	1.28	19.12
2004	1.38	8.07	17.13	26.59	6.32	11.72	4.23	26.62	1.2	2.45	1.35	19.51
2005	1.76	8.13	16.13	26.03	5.86	10.24	3.73	26.47	1.04	2.33	1.44	22.86
2006	1.85	9.29	18.47	29.61	6.03	10.7	3.59	26.3	1.2	2.63	1.86	18.07
2007	1.69	8.67	17.66	28.02	5.5	9.99	3.43	27.37	1.11	2.45	2.1	20.03

（资料来源　中国国内旅游抽样调查资料：1998—2007年）

学习微平台

二维码资源
7-04

表7-2　　　　　　　2007年农村居民散客出游人均花费构成比例（%）

（按旅游目的、旅游省数、停留夜数分组）

| | 人均花费 | 长途交通 | 其中 | | | | 住宿 | 餐饮 | 游览 | 购物 | 娱乐 | 市内交通 | 邮政通信 | 其他 |
			飞机	火车	长途汽车	轮船								
总平均	100	28.02	1.5	8.67	17.66	0.19	5.5	9.99	3.43	27.37	1.11	2.45	2.1	20.03
游览目的：														
观光游览	100	21.09	1.91	6.58	12.31	0.29	14.83	18.52	12.99	21.57	1.52	2.49	1.41	5.57
度假/休闲	100	27.09	0.73	9.8	16.48	0.08	9.75	14.67	6.81	25.61	2.46	2.91	2.43	8.27
探亲访友	100	34.28	1.45	10.5	22.1	0.23	1.81	7.01	2.37	33.4	1.22	2.74	2.4	14.78
商务	100	23.82	6.3	5.59	11.91	0.02	16.74	18.51	3.15	25.4	0.61	2.61	2.96	6.2
会议	100	20.47	3.41	2.39	14.64	0.04	18.67	21.16	2.16	25.96	2.54	1.72	1.48	5.83
文化/教育/科技交流	100	27.03		16.76	10.27	—	9.33	14.65	2.34	23.03	1.69	2.65	3.51	15.75
宗教/朝拜	100	21.27		0.74	20.52	—	10.12	10.51	17.8	26.03	—	1.98	0.5	11.79
健康医疗	100	5.99		1.22	4.72	0.06	5.41	7.28	0.41	8.74	0.17	1.02	0.66	70.33
其他	100	32.67	0.95	12.61	18.94	0.18	7.28	13.93	2.43	24.96	0.66	2.48	2.5	13.1
旅游省数：														
1个省、自治区、直辖市	100	25.27	1.08	7.21	16.83	0.15	5.25	9.98	3.43	28.44	1.11	2.47	2.08	21.97
2个省、自治区、直辖市	100	39.02	2.28	13.83	22.6	0.32	4.69	9.27	3.74	23.29	1.24	2.47	2.35	13.93
3个省、自治区、直辖市	100	40.83	7.01	16.51	16.92	0.4	12.1	12.35	2.91	22.61	0.7	1.99	1.7	4.8
4个省、自治区、直辖市	100	43.73	3.06	17.32	22.9	0.45	10.93	11.52	2.24	20.63	0.84	2.82	2.79	4.51
5个省、自治区、直辖市及以上	100	40.35	7.15	28.65	4.56	—	9.01	9.75	1.97	19.45	0.83	1.49	0.8	16.36
停留夜数：														
1夜	100	26.02	0.08	6.53	19.25	0.16	4.46	8.68	4.46	34.91	0.97	2.48	0.84	17.19
2夜	100	25.63	1.01	8.32	16.03	0.26	7.09	11.09	4.2	33.57	0.91	2.25	1.07	14.19
3夜	100	23.47	0.27	7.56	15.58	0.06	6.88	10.94	5.22	32.36	1.63	2.49	1.52	15.49
4夜	100	29.36	3.64	9.82	15.5	0.41	7.59	11.65	5.73	26.24	1.57	2.72	1.74	13.4
5夜	100	25.07	0.85	8.96	14.92	0.34	6.93	11.56	5.14	31.33	1.53	2.7	1.9	13.84
6夜	100	32.97	2.09	8.56	21.89	0.42	7.79	12.41	4.18	27.38	1.18	3.17	2.42	8.51
7夜	100	29.55	1.4	9.49	18.21	0.44	7.33	12.37	4.59	24.64	0.99	2.63	2.18	15.71
8夜及以上	100	29.5	1.91	9.08	18.4	0.11	4.27	8.97	2.08	23.55	0.99	2.35	2.71	25.59

（资料来源　根据国务院发展研究中心数据整理）

表7-3　2007年农村居民国内旅游者（过夜游客）人均花费情况

（按地区和停留夜数分组）　　　　　　　　单位：元/人

地区	人均花费	停留夜数							
		1夜	2夜	3夜	4夜	5夜	6夜	7夜	8夜以上
总平均	753.1	337.8	501.4	710.9	954.2	987.3	1 000	996.8	1 012.8
北京	1 834.7	560.3	764.4	3 017.3	1 596.7	3 928.6	—	6 120	1 860
天津	1 704.2	343.5	524.7	927.5	1 396.3	1 540	696	450	10 637.3
河北	696.8	292.6	343.9	674.7	677.9	799.2	607.1	378.9	1 716.2
山西	804.1	480	865.6	797.6	1 177.6	215	993.2	580	753.9
内蒙古	1 011.9	86.9	393.8	620.5	231.7	1 021.7	1 130	3 582	1 538.5
辽宁	804.3	341	367	898.4	295	1 633.2	1 211.7	1 180.8	961.6
吉林	412.7	110.8	196.5	455.3	731.4	444.3	128.7	640	945.8
黑龙江	663.5	273	459.9	460.3	249.3	7 130	220	300.8	1 593.5
上海	1 963.9	528.7	1 234.6	1 747	2 338	5 526.7	360	—	11 922.8
江苏	1 575.9	670.6	1 119.5	1 551.3	2 026.1	2 891.6	4 641	2 012.4	1 613.3
浙江	1 083.2	575.1	653.2	944.5	1 154.2	512.6	2 414.9	998.2	2 028.4
安徽	489.4	260.5	357.4	440.2	532.6	592.8	633.3	482.4	636.5
福建	843.3	331.1	633.7	528.6	1 081.3	889.1	1 682.9	1 275.2	1 246.3
江西	672.2	379.7	367.7	661.6	1 230.4	1 206.6	1 832.5	686.6	713
山东	1 022.1	518.7	749.5	932.7	1 740.8	1 983.9	1 576	1 919.1	907.4
河南	614.9	382.6	486.6	714.8	803.7	928.1	576.7	1 102.5	605.1
湖北	571.7	420.4	575	492.7	508.7	714.7	768	589.2	645.8
湖南	620.1	243.5	321.6	577.4	687.6	927.6	713.6	1 070.8	988.4
广东	778.1	390	564.1	761	1 354.9	695.5	977.4	607	775.8
广西	756.7	536.3	601.2	620.8	581.8	931.7	1 038.6	1 488.3	750.4
海南	479.3	273.4	392.3	409.1	756.9	1 104	318.1	394.7	647.9
重庆	759.4	288.1	599.4	584.4	705.6	536.2	615	777.1	1 411.3
四川	762.9	294.7	494.6	729.5	1 201.3	1 214.4	993.9	416.5	946.3
贵州	470.3	256.5	519.3	367	417.2	387.4	250	263.3	916.5
云南	521.2	314.9	390.2	506.1	395.7	865.3	820.3	303.1	781.1
陕西	523.2	120.9	236.8	747.4	663	540.1	542.3	1 248.5	624.7
甘肃	591.6	152.7	314.4	356	584.8	511.2	314	258	1 790.1
青海	589.3	124.4	208.9	154.9	255.7	486.6	388.4	447	1 510.2
宁夏	641.9	182.1	334.9	392.5	766.9	576.1	301.6	889.4	1 096.7
新疆	1 723.2	1 340.4	996.1	944.7	1 183	1 249	990	3 111.7	2 325.2

（资料来源　国研网数据中心）

表7-4 2009年城镇居民居民散客国内旅游人均花费及其构成

（按家庭月平均收入分组）

人均花费（元）	总花费	城市间交通费	其中					住宿	餐饮	市内交通	邮政通信	景区游览	文娱	购物	其他
			飞机	火车	长途汽车	自驾车	轮船								
总平均	642.8	135	44.1	34	24.3	28.9	1.2	51.5	114.1	15.5	6.2	41	18.7	159.9	101
按家庭月总收入分															
15 000元以上	1 122.4	268.3	130.8	45.1	29.5	62.5	0.4	104.3	174.6	17.6	8.4	67.5	29.4	256.8	194.7
10 000~14 999元	1 078.1	253.5	116.1	45.8	25.8	64.7	1.1	110.6	185.3	22.5	12.2	61.6	30.1	226.8	170
5 000~9 999元	687.5	138.2	39.3	37.1	23.3	37.5	1	57.1	131.1	15.9	6.9	45.6	21	169.4	99.5
2 500~4 999元	537	105.8	30.7	32	24.8	16.7	1.5	37.5	92.5	14.5	4.7	34.4	15.4	140.8	90.8
1 000~2 499元	419.8	77.6	24.3	20.8	22.8	8.4	1.3	25.5	71.4	12.6	4.3	27.3	11.3	121	64.7
999元以下	404.9	120.2	23.3	32	18.8	25.7	0	22.3	57.7	10.1	4	25.9	18.2	99.3	47
构成比例（%）															
总平均	100	21	6.9	5.3	3.8	4.5	0.2	8	17.7	2.4	1	6.4	2.9	24.9	15.7
按家庭月总收入分															
15 000元以上	100	24	11.7	4	2.6	5.6	0	9.3	15.6	1.6	0.7	6	2.6	22.9	17.4
10 000~14 999元	100	24	10.8	4.3	2.4	6	0.1	10.3	17.2	2.1	1.1	5.7	2.8	21	15.8
5 000~9 999元	100	20.5	5.7	5.4	3.4	5.5	0.1	8.3	19.1	2.3	1	6.6	3.1	24.6	14.5
2 500~4 999元	100	19.8	5.7	6	4.6	3.1	0.3	7	17.2	2.7	0.9	6.4	2.9	26.2	16.9
1 000~2 499元	100	19.4	5.8	5	5.4	2	0.3	6.1	17	3	1	6.5	2.7	28.8	15.4
999元以下	100	29.7	5.7	7.9	4.7	6.4	0	5.5	14.3	2.5	1	6.4	4.5	24.5	11.6

（资料来源 根据国务院发展研究中心数据整理）

2）按现代旅游消费形态分类

按照旅游者在旅游活动中的消费形态，一般可把旅游消费划分为物质消费和精神消费。物质消费，是指旅游者在旅游过程中所消耗的物质产品，如客房用品、食物、饮料和购买的纪念品、日用品等实物资料；精神消费，是指供旅游者观赏、娱乐的山水名胜、文物古迹、民俗风情等精神产品，包括在旅游活动的各环节中所享受到的一切服务性的精神产品。这一分类也具有相对性，物质消费如果满足了旅游者的需求，旅游者在精神上会感觉愉快；精神消费虽然主要是满足旅游者的精神需要，但其中不少是以物质形态存在的。

3）按现代旅游消费内容分类

按照旅游消费的内容，旅游消费一般可分为基本旅游消费和非基本旅游消费。基本旅游消费是指进行一次旅游活动所必需的而又基本稳定的消费，如旅游住宿、饮食、交通、游览等方面的消费；非基本旅游消费是指并非每次旅游活动都需要的并具有较大弹性的消费，如旅游购物、医疗、通信消费等。相对而言，基本旅游消费弹性较小，非基本旅游消费弹性较大。

4）按旅游消费资料分类

按照旅游消费资料的使用价值及旅游者消费的具体形式，可把旅游消费划分为食、住、行、游、购、娱等旅游消费。旅游者在其旅游消费的过程中，由于个人的旅游目的、兴趣爱好、可自由支配收入、闲暇时间等因素的影响和制约，在上述旅游消费的结构中表现出不同比例的饮食支出、客房支出、交通支出、游览支出、购物支出、娱乐支出等，从而形成不同的旅游消费形式。

7.2.2　现代旅游消费结构的影响因素

现代旅游消费不是人类生存的必要消费，它属于人类高级享受和发展需要的消费。因此，它的需求弹性较大，很多因素都会影响旅游消费的数量和质量。除了政治、经济、环境或气候变化等因素外，旅游者的收入水平、年龄、性别、职业和受教育程度以及风俗习惯、兴趣爱好等，都是影响旅游消费结构的因素。此外，旅游供给国或目的地服务范围、服务项目、服务质量、服务态度和旅游各部门的协调配合能力，以及社会治安等也都是影响旅游消费结构的因素。概括起来，影响现代旅游消费结构的主要因素有以下几个方面：

1）旅游客源地的经济发展水平

旅游客源地的经济发展水平，关系到旅游者的闲暇时间和收入水平，从而直接影响着旅游者的旅游需求和旅游消费水平。一般来说，国民经济的发展水平越高，人们所获得的可自由支配的收入和闲暇时间就越多，而这两个必要条件又会大大刺激旅游需求和旅游消费水平的提高，所以说客源地的经济发展水平是影响旅游消费结构最根本的因素。例如，经济发达国家的旅游者与经济欠发达国家的旅游者相比，其食、住、行、游、购、娱的比例结构会大相径庭。

2）旅游者的收入水平

现代旅游消费是满足人们高层次需求的消费。即使人们有了旅游需求，也只有当人们的收入在支付其生活费用之外，尚有一定数量的节余时，才能使旅游需求变为现实。旅游者的收入水平越高，购买旅游产品的经济基础就越好，因此收入水平决定着消费水平，也决定着需求的满足程度，从而决定着消费结构的变化。旅游者的收入水平越高，旅游需求就能满足得越充分，就越能促使旅游消费从低层次向高层次发展。如国际旅游者中的官员、商人、学者、医生的收入比较高，他们旅游时一般会住高级宾馆、吃美味餐食、乘飞机坐头等舱等。

3）旅游者的构成状况

不同年龄、性别、文化程度、职业的旅游者，以及旅游者不同的风俗习惯、兴趣爱好，都是影响旅游消费结构的因素。通常，青年人对饮食要求多而不精，而对游览娱乐的开支较大；老年人对住宿、饮食、交通的要求比较高；女性的旅游消费中购物消费所占比重最大；而政府官员、商人、参加会议的旅游者则要求现代化的旅游设施设备、高质量的饮食和服务。此外，旅游者的收入和带薪假日长短的不同，也影响着旅游者的停留天数和消费数量。旅游者的文化、习俗又影响着旅游者的爱好兴趣，致使旅游者对旅游产品的内容和质量要求各异。总之，旅游者构成的每一个因素，都不同程度地影响着现代旅游消费结构的变化。

4）旅游产品的结构

生产发展水平决定消费水平，产品结构从宏观上制约着消费结构。向旅游者提供住宿、餐饮、交通、游览、娱乐和购物等各类旅游产品的生产部门是否协调发展，旅游产品的内部结构是否比例恰当，都是影响旅游消费结构的因素。因此，旅游产品结构决定着旅游消费结构，决定着旅游者的消费水平。

在旅游经济结构中，向旅游业提供服务的各相关产业部门的结构如果搭配不合理，没有形成一个相互协调、平衡发展的产业网络，就会导致旅游产品比例失调、各构成要素发展不平衡，从而不仅不能满足旅游者需求，反而造成旅游供求失衡，破坏了旅游产品的整体性。例如，交通工具短缺、航线航班奇缺，会使游客进不来、出不去，或者进来了又离不开。而旅游设施设备不足、游娱网点过少，又会造成旅游者来了无住处，住下又无处游，或者旅游项目单调、枯燥，旅游资源缺乏吸引力等，这些情况都会使旅游产品在旅游市场上失去竞争力。

5）旅游产品的质量

发展旅游业不但需要一定数量的旅游产品，而且需要高质量的旅游产品。如果旅游产品的数量虽然符合旅游需求的总量，但质量差、生产效率低、使用价值小，则仍然不能满足旅游者的消费需求，并且必然要影响到旅游消费的数量和结构。旅游产品的质量包括三个方面：一是向旅游者提供物美价廉的旅游产品，即提供的旅游产品要达到适销、适量、适时和适价的要求；二是旅游服务效率高，对每一项旅游服务都要求做到熟练敏捷，为旅游者节约时间提供方便；三是旅游服务的态度好，即在旅游服务过程中要礼貌、热情、主动、周到。只有提高旅游产品质量，使旅游者获得物质与精神上的充分满足，提高他们的消费水平，才能使旅游消费结构日趋完善。

6）旅游产品的价格

旅游产品价格的变化影响着旅游者的消费数量和消费结构。由于旅游产品的需求弹性大，所以当旅游产品的价格上涨而其他条件不变时，人们就会转向其他替代商品的消费，使客源量受到很大影响。反之，当旅游产品价格下跌，或者旅游价格不变而增加了旅游产品的内容时，人们又会把用于其他商品的消费转向旅游消费。因此，旅游产品价格的变化不仅影响旅游消费结构，而且影响旅游需求量的变化。

　　7）旅游者的心理因素

　　旅游者的消费习惯、购买经验、周围环境等都会不同程度地影响旅游消费选择、旅游消费行为，从而影响旅游消费结构。消费方式的示范性及旅游者的从众心理，也影响着旅游者的支出投向。

7.2.3　现代旅游消费的合理化

　　旅游消费合理化是一个动态的发展过程，它是指旅游消费从不合理状态向合理化状态不断逼近的渐进过程。一般说来，在居民收入、闲暇时间一定的前提下，合理化的旅游消费内容和基本标准包括下面三层含义：一是旅游消费的发展速度要适度，要与旅游业和其他同旅游消费有关的经济部门的发展水平相适应；二是旅游消费的内容必须丰富多彩，方式要多种多样，切忌单调、乏味、刻板的旅游消费方式；三是旅游消费结构要优化，即食、住、行、游、购、娱之间及其各自的内部支出比例要恰当，要体现出旅游消费的经济性、文化性、精神享受性等特点，以最大限度地提高旅游消费的经济社会效益，促进消费者身心健康和全面发展。具体地说，要实现旅游消费的合理化，就应满足以下基本要求：

　　1）旅游消费水平逐步上升

　　现代旅游消费是人们文化生活的组成部分，是一种包含着较多精神内容的、高层次的生活方式。现代旅游消费的合理发展必须给旅游者以新颖、舒适、优美、健康的感受；能够激发人们热爱生活、追求理想、奋发向上、努力学习的情感和动机；能不断提高人们的思想、艺术、文化修养，防止和打击各种腐败和不健康的现象，用丰富多彩的旅游活动内容和服务项目来充实旅游者的精神世界。总之，人们用于满足物质文化需求的旅游产品和劳务的消费越多，则旅游消费的水平就越高，这是旅游消费方式合理化的必然规律。

　　2）旅游消费结构不断优化

　　要实现旅游消费的合理化，必须促使旅游消费结构不断优化。所谓旅游消费结构优化，是指旅游消费的内容、方法和形式必须丰富多彩、生动活泼。因为旅游就是人们花钱买享受，要使旅游者玩得痛快、充实、高尚且有益，这也是旅游消费合理化的基本要求。旅游消费内容和旅游活动方式的具体选择，必须既有利于旅游者消除疲劳、增进健康，又有利于旅游者增长知识、修身养性。由于旅游消费结构是反映旅游者在旅游过程中所消耗的各种消费资料（物质产品、精神产品、服务）的比例关系，因此，必须不断优化旅游消费的结构，使旅游者通过旅游活动达到开阔视野、培养和发展自己的良好兴趣和能力、提高自身精神文化素质的目的。

　　3）旅游消费市场供求平衡

　　旅游需求具有极大的变动性，而旅游供给则具有一定的稳定性。因此，合理的旅游消费，应保证在旅游"淡季"和旅游"温冷"地区仍有一定的旅游消费规模，以提高旅游设施、设备的利用率，充分发挥旅游消费对餐饮、宾馆、运输、邮政、金融、商业及娱乐等行业的带动和促进作用；同时要尽量保证在旅游"旺季"和旅游"热点"地区，旅游消费的水平和结构与旅游地的接待能力相适应，切实解决旅游"吃饭难""住宿难""乘车难"等问题，不断提高旅游消费的效果和水平。

　　4）旅游消费环境良性发展

　　良好的旅游环境是高品质旅游资源和高质量旅游产品的重要组成部分，是使旅游消费得以顺利有效进行的必备条件。人们出门旅游的主要动机是追求清新、舒适、宁静、安全的自然环境和社会环境，因此，合理的旅游消费首先必须有利于生态环境的保护，特别是某些特定的旅游活动，如狩猎、钓鱼、森林旅游等，必须以不损害自然界的生态平衡为限，严禁滥捕、滥猎和滥采。同时，合理的旅游消费结构还应该通过旅游活动的开展，增强人们对自然资源和历史文物的保护意识，激发旅游者主动维护和改善环境的意识和行为，积极筹集资金治理环境污染，促进旅游消费环境良性发展。

◆ 同步案例7-2

19岁女子晒非洲狩猎成果引四万人谴责

　　背景与情境：据《纽约每日新闻》2014年7月1日报道，美国得克萨斯州19岁的女子肯德尔·琼斯（Kendall Jones）近日在社交网站晒出了自己在非洲狩猎并与死去猎物合影的照片。照片中包括珍稀的犀牛、狮子、猎豹、大象和水牛等动物。琼斯上传的照片让动物保护主义人士愤怒不已。

　　报道称，肯德尔·琼斯是得克萨斯州理工大学的学生和啦啦队队长，同时也是一名狩猎爱好者。长相俊美的她在与猎豹、犀牛、狮子、大象和水牛等珍稀动物的尸体合影时露出灿烂笑容。

　　在一份要求琼斯删掉照片和禁止其再到非洲的网上请愿中，短短一周就征集到逾40 000个签名。有人谴责称："真应该把你赶到狮子窝中，看看没有枪的你该怎么办！"一名网友称："不管你如何看待这件事，看到人们在尸体旁边面露笑容总是让人不舒服。"

　　琼斯辩解称，猎杀大象能为当地村民提供足够的肉食。至于其他动物，她都是"出于保护目的才枪杀的"。琼斯称自己是环保主义者，并且她已经向非洲国家政府支付了打猎的费用。

　　问题：琼斯已经向非洲国家政府支付了打猎的费用，为何还会受到很多人的谴责？

　　（资料来源　佚名. 19岁女子猎杀狮子大象并与尸体合影遭谴责［EB/OL］.［2014-07-03］. http：//yn.xinhuanet.com/newscenter/2014-07/03/c_133456767.htm. 经节选、压缩和改编）

7.3　现代旅游消费效果

7.3.1　现代旅游消费效果的含义

　　在现代旅游消费中，要消耗一定量的物质产品与劳务，即旅游消费的"投入"；而通过旅游消费使人们的体力和智力得到恢复和发展、精神得到满足，即旅游消费的"产出"。在旅游者的消费过程中，投入与产出、消耗与成果、消费支出与达到消费目的之间的对比关系，就是旅游消费效果。通常，可以从不同的角度对旅游消费效果进行划分。

1）按旅游消费的研究对象划分

按照旅游消费的研究对象，旅游消费效果可划分为宏观旅游消费效果和微观旅游消费效果。宏观旅游消费效果，是把所有旅游消费作为一个整体，从社会角度研究旅游产品的价值和使用价值，分析旅游消费的状况、旅游者的满足程度、旅游消费对社会生产力发展的积极影响。微观旅游消费效果，是指旅游消费在旅游者物质上和精神上得到的反映，如旅游消费能否达到旅游者的预期效果、旅游者能否获得最大满足等。

2）按旅游消费的联系程度划分

按一定的消费投入与取得成果之间关系的密切程度划分，可将旅游消费效果分为直接旅游消费效果和间接旅游消费效果。直接旅游消费效果，是指一定的旅游消费投入直接取得的旅游消费成果，如旅游者花钱乘车实现了空间位移等；间接旅游消费效果，是指一定的旅游消费投入，其旅游消费效果并不直接显示，而是潜在地反映出来，如旅游陶冶情操、提高人们的素质，需要通过人们的工作生活实践，才能具体体现出来。

总之，旅游消费效果是一个内容丰富的范畴，需要从不同角度、不同方面进行比较分析，才能得出关于旅游消费活动的综合性效果。

7.3.2　现代旅游消费效果的衡量

对现代旅游的消费效果，一般从旅游供求两个方面进行衡量：一是对现代旅游需求方面的衡量，即对旅游者的旅游消费满足程度的衡量；二是对现代旅游供给方面的衡量，即对旅游目的地国家或地区向旅游者提供旅游产品消费后，得到的旅游收入的消费效果的衡量。

1）旅游者的旅游消费效果衡量

旅游消费效果最直接的体现，反映为旅游者消费的最大满足。所谓旅游者消费的最大满足，是指旅游者在支出一定时间和费用的条件下，通过旅游消费获得的精神上与物质上的最佳感受，即旅游者在旅游过程中实际感受与主观愿望的最大相符程度。从经济学观点看，旅游者对旅游产品的消费选择是理性的。一般来说，当人们的基本生理需要得到满足之后，就会将多余的收入用于提高文化生活水平的消费，以满足人们享受与发展的需要，或是储存起来留待日后消费。但无论怎样安排，一个理性的旅游者总要在收入水平限制和旅游产品价格既定的情况下，选择能使自己得到最大满足的消费方式。

◆　**深度剖析 7-1**　◆

某旅游者有 1 200 元可用于旅游消费，想进行一次舒适的旅游。在旅游活动中，每单位的旅游商品价格为 40 元，而游览景点每日平均花费 200 元。该旅游者在购买旅游商品和游览景点之间如何消费才能得到最大的满足？

2）旅游目的地的旅游消费效果衡量

在一定时期内，旅游者在旅游目的地的消费越多，则旅游目的地国家或地区的收入就越多。因此，可以通过分析旅游者在旅游目的地的消费支出，来衡量旅游目的地的旅游消费效果。通常，反映旅游者消费支出的指标主要有旅游消费总额、人均旅游消费额、旅游消费率和旅游消费构成等。

（1）旅游消费总额

旅游消费总额，是指一定时期内旅游者在旅游目的地国家或地区，进行旅游活动过程中所支出的货币总额。它从价值形态上反映了旅游者对旅游目的地的旅游产品消费的总量。由于旅游业是一个综合性产业，涉及交通、住宿、餐饮、娱乐、购物、游览等多方面行业，因此对旅游消费总额采用抽样调查和常规统计相结合的方法进行计算，即通过抽样调查得到人均旅游消费额，再同常规统计的旅游者人数相乘而得出。

（2）人均旅游消费额

人均旅游消费额，是指一定时期内旅游者在旅游目的地国家或地区的旅游过程中，平均每一个旅游者支出的货币金额。它反映了旅游者在某一旅游目的地的旅游消费水平，并为旅游经营者开拓旅游市场和开发产品提供重要的依据。人均旅游消费额一般是通过抽样调查得到的，但是在知道旅游消费总额的情况下，也可以根据旅游消费总额来计算。

（3）旅游消费率

旅游消费率，是指一定时期内，一个国家或地区旅游者消费支出同该国家或地区个人消费支出总额的比例，它从价值角度反映了一个国家或地区在一定时期内旅游者的旅游消费的强度和水平。

（4）旅游消费构成

旅游消费构成，是指旅游者在旅游活动过程中，在食、住、行、游、购、娱等方面的消费比例。旅游消费构成不仅反映了旅游者消费的状况和特点，而且为旅游目的地国家或地区配置旅游资源和要素、组合旅游产品提供了科学的依据。

同步业务 7-1

问题：如何对旅游消费效果进行衡量？

7.3.3 现代旅游消费效果的评价

现代旅游消费效果，不仅包含对旅游者物质需求的最大满足，还包含对旅游者精神需求的最大满足。旅游消费的特点决定了精神需求的满足也必须凭借物质资料通过人与人的相互交往来实现。因此，在旅游消费中，除了物质产品消费外，对旅游者进行的旅游服务、对旅游者的尊重和友谊等，都对旅游消费效果起着决定性的作用，从而影响对旅游消费效果的评价。对现代旅游消费效果的评价应重点考虑以下三个方面的内容：

1）旅游产品价值和使用价值的一致性

在市场经济条件下，旅游产品作为消费资料进入消费领域，并以商品形式满足人们的消费需要，在使用价值上必须使旅游者能够得到物质与精神上的享受；在价值上要符合社会必要劳动时间的客观要求，对于国际旅游者来说，旅游产品的价值还要符合国际社会必要劳动时间的要求。

旅游产品要在价格上正确反映其价值，指同等价格的旅游产品，在数量和质量上不仅应等同于国际上的旅游产品，而且要使旅游者得到与其支付的货币相应的物质产品和精神产品。只有这样才能实现旅游者消费的最大满足。

2）微观旅游消费效果与宏观旅游消费效果的一致性

宏观旅游消费效果以微观旅游消费效果为基础，而微观旅游消费效果则以宏观旅游消费效果为根据，两者之间既相互联系，又相互矛盾。

微观旅游消费效果反映的是个人的主观评价，它是由旅游者不同的个性特征（年龄、性别、习惯、文化程度、性格爱好和宗教信仰）所决定的。因此，要满足不同旅游者的消费要求，就要做好旅游市场的调研和预测，分析研究旅游者的心理倾向，因人而异地做好安排，通过旅游消费给旅游者以新颖、舒适、优美、健康的感受，激发人们热爱生活、追求理想、奋发向上、努力学习的情感。这样，不仅提高了旅游者的个人消费效果，吸引旅游者延长旅游日程和提高重游率，使旅游消费资料得以充分利用，而且通过旅游消费促进了人们精神修养和文化素质的提高，进一步提高了宏观旅游消费效果。

3）旅游消费效果与生产、社会效果的统一

旅游消费的对象往往就是生产成果，生产成果直接影响消费效果，考察消费效果也要兼顾生产消费资料的经济效果。如有些地区开发的旅游产品，其消费效果可能很好，但产生的经济效果却很差。因此，片面强调消费效果，完全抛开生产的经济效果，也是不科学的。

此外，由于旅游消费活动不仅是满足人们物质和精神需要的经济行为，同时也是一种社会行为，所以在评价旅游消费效果时还要注意对其社会效果的评价。例如旅游活动中某些博彩性项目，虽然其消费的生产经济效果可能很好，但这种消费不利于人们的身心健康，甚至会造成有害的社会影响，因而应坚决予以摒弃。

◆ **同步业务 7-2** ◆

问题： 如何对旅游消费效果进行评价？

◆ **深度剖析 7-2** ◆

问题： 是否需要建立"旅游影响评价制度"？

7.4　旅游者消费最大满足

7.4.1　旅游者消费最大满足的含义

旅游者消费最大满足，是指旅游者在支出一定时间和费用的条件下，通过旅游消费获得的精神上与物质上的最佳感受。同一种旅游活动给予不同旅游者的满足程度往往因人而异，这要根据每个旅游者的性别、年龄、职业、经历、习俗、心理等不同因素所反映的主观印象去评价，它取决于旅游者在旅游过程中的感受与主观愿望之间的比较。旅游者消费的最大满足，表现在旅游之前对旅游目的地选择的最大满足和在旅游过程中实际感受与主观愿望的最大相符。

当人们的基本生存需要得到满足后，就会将多余的收入用于提高物质文化生活水平的消费，以满足人们享受与发展的需求，或储存待用。但无论怎样安排，人们总要在自己有限的消费能力与众多的消费可能之间进行选择，使自身感到最大满足，这种满足的感受是以人们的主观效用感为依据的，因此必须要做出科学的选择。

深度思考 7-1

问题： 旅游二次营销对旅游消费的意义何在？

7.4.2 旅游者消费最大满足的科学选择

在现代旅游消费过程中，旅游者如何进行旅游消费最大满足的选择，一方面主要取决于旅游者的主观感觉和决策，另一方面也可以通过科学的经济分析进行比较。通常，可以通过边际效用分析法和无差异曲线分析法来分析和研究旅游者消费的最大满足。

1）边际效用分析

旅游产品效用，是指旅游者消费该旅游产品所感到的满足，它包括客观的物质属性和旅游者的主观感受。旅游产品总效用是指消费一定量的旅游产品所获得的总满足程度，其边际效用是指该旅游产品的消费量每增（减）一个单位所引起的总效用的增（减）量，即满足程度的增（减）量。旅游产品的总效用与边际效用的关系可以通过表 7-5 以及根据表 7-5 绘制的图 7-1 来表示。

表 7-5   旅游产品总效用与边际效用

某旅游产品的消费量	总效用	关系	边际效用
0	0		
1	4	>	4
2	7	>	3
3	9	>	2
4	10	>	1
5	10	>	0
6	8	>	-2

从表 7-5 和图 7-1 可以看出，随着旅游产品消费数量的增加，其边际效用曲线（Mu）开始呈递增趋势，总效用曲线（Tu）也随之上升，但是当某旅游产品的消费量达到一定程度时，再增加此种旅游产品的消费，其边际效用却是逐步递减的，这是由消费品的边际效用递减规律决定的。这一规律表明，当其他产品消费基本保持不变的情况下，随着旅游者对旅游产品的消费量的增加，其边际效用最终将趋于下降。当然，当边际效用降低到零的时候，其总效用也开始逐步下降。旅游产品的消费量、总效用、边际效用三者之间的关系如图 7-1 所示。

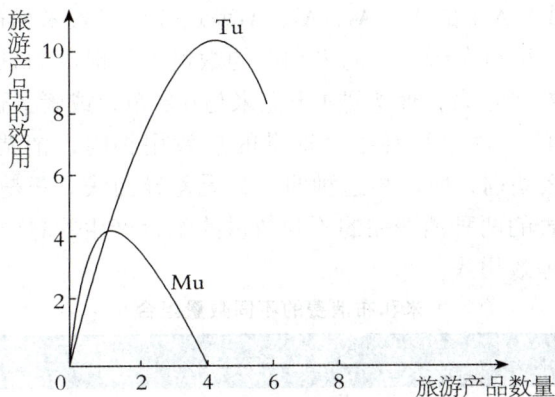

图7-1　旅游产品总效用曲线及边际效用曲线

所谓**边际效用递减规律**，是指随着人们所消费的某种产品的数量的增加，其总效用虽然也相应增加，但产品的边际效用随所消费产品数量的增加而有递减的趋势。总效用有可能达到一个最大值，一旦越过这一点，产品的边际效用就有可能等于零或变成负数。所谓边际效用为负数，是指对于某种产品的消费一旦超过一定量之后，不但不能增加消费者的满足和享受，反而会引起消费者对该消费品的反感。

旅游产品的消费也是如此。所以说，旅游者购买和消费旅游产品并非越多越好，而是要以合理的比例均衡购买和消费旅游产品，达到其最大效用均衡。

在该分析当中，旅游者消费最大满足的含义是，旅游消费者可自由支配的收入是稳定的，旅游市场上各种旅游产品的价格也是已知的，旅游者一定要使其购买的各种旅游产品的边际效用与其所支付的货币量成正比例关系，也就是说要使其支付每一单位货币，或者购买每个单位产品，所获得的边际效用都相等（最大）。旅游者消费最大满足的含义可以用下列等式来说明。

设 M 为总收入，P_a，P_b 分别为旅游产品 a 和 b 的价格，Q_a，Q_b 分别为旅游产品 a 和 b 的购买量，Mu_a，Mu_b 分别为旅游产品 a 和 b 的边际效用。

则有旅游者消费最大满足的等式（7-1）：

$$M = P_a \cdot Q_a + P_b \cdot Q_b$$

$$\frac{Mu_a}{P_a} = \frac{Mu_b}{P_b} \tag{7-1}$$

◆ **深度剖析7-3** ◆

问题：实施客户忠诚度计划与增加旅游消费之间有无直接关联？

2）无差异曲线分析

旅游者消费最大满足还可以通过无差异曲线和开支预算线的组合来进行分析和选择。

（1）无差异曲线

无差异曲线，是用来表示两种或两组产品的不同数量组合为消费者提供的效用是相同的。

举一个简单的例子，如图7-2所示，假设某消费者只消费米和布两种日用品，

A是一条无差异曲线，A上的A_1、A_2、A_3、A_4等点分别代表米和布不同数量的组合。如表7-6所示，每一种组合所包含的米和布的数量合计提供的总效用是相同的。也就是说，在这位消费者看来，他买进1千克米与6米布，或者买进2千克米与3米布……总效用是相同的。由于每种组合提供的总效用相同，消费者选择A_1还是A_2、A_3、A_4，并没有什么差别，所以称这种曲线为无差异曲线。正是由于一条无差异曲线上的每一点所代表的两种消费品的不同数量的组合产生的总效用是相等的，所以无差异曲线又称为等效用线。

表7-6　　　　　　　　　　　米和布消费的不同数量组合

无差异组合	米（千克）	布（米）
A_1	1	6
A_2	2	3
A_3	3	2
A_4	6	1

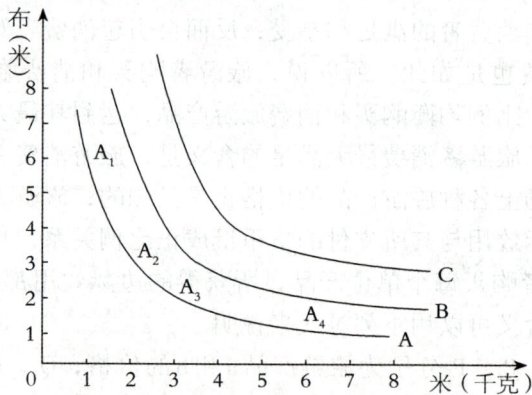

图7-2　无差异曲线图

同理，B、C分别表示另两条无差异曲线，同一条曲线上的任意一点代表米和布不同数量的组合所提供的效用都相同。假设一个人对于米和布这两种消费品有无限多的无差异曲线存在，由A、B、C……组合成的坐标图，就是无差异曲线图。每一条无差异曲线代表某一既定的总效用。

综上所述，无差异曲线有以下几个特点：①无差异曲线是一条凸向原点的曲线（边际替代率的绝对值有递减倾向）；②无差异曲线图上的许多无差异曲线中，离原点越远表示其效用越大，满足程度越高，即$U_A<U_B<U_C$（U表示效用）；③无差异曲线图上的任意两条无差异曲线不能相交；④无差异曲线是一条向右下方倾斜的曲线（边际替代率为负数，边际替代率$MRS_{xy}=\triangle y/\triangle x$）。

（2）开支预算线

无差异曲线只是表示消费者主观上对两种产品不同组合的偏好。边际替代率则表示消费者对这两种产品相互替代的能力的主观评价。要决定消费者对这两种产品的购买量，还必须知道与这个消费者购买行为有关的客观因素：产品的市场价格和消费者用于购买这两种产品的总支出。在研究旅游消费者行为时，依然假定消费的支出总额是既定不变的。开支预算线是指在收入和产品价格既定的情况下，消费者所能够购买到的各种产品数量的最大组合。

　　如图 7-3 所示，假定消费者收入为 12 元，1 米布的价格为 2 元，1 千克米的价格为 3 元，OA 表示把 12 元全部用来买布能够买到的布的数量为 6 米，OB 表示把 12 元全部用来买米能够买到的米的数量为 4 千克。连接 A、B 两点的一条直线 AB 被称为开支预算线（Budget Line）。在开支预算线下方，为开支预算允许的范围，上方为超出开支预算的范围。当价格不变而收入发生变化，开支预算线将作平行移动，如图 7-4 所示；当收入不变而价格发生变化时，开支预算线的变化如图 7-5 所示。

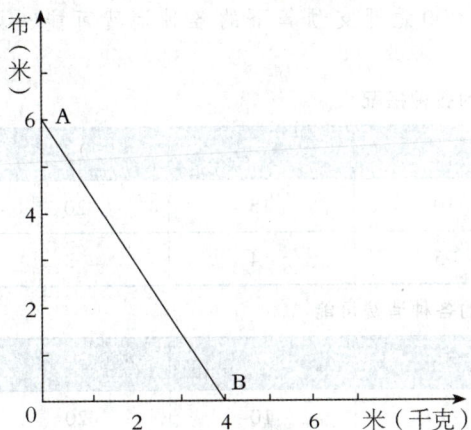

图 7-3　开支预算线

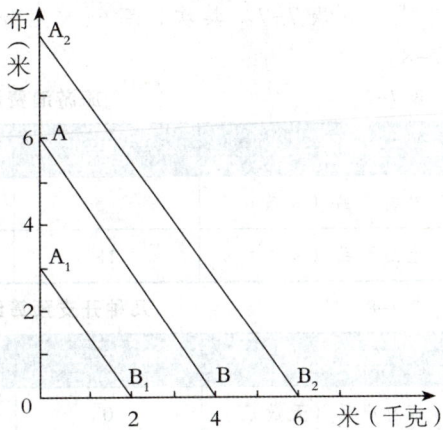

图 7-4　收入变化引起开支预算线平行移动

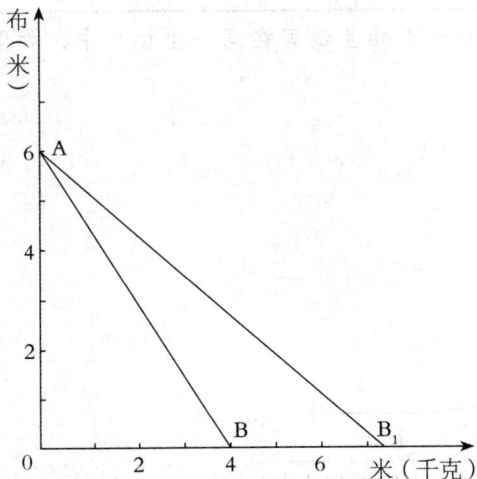

图 7-5　价格变化引起开支预算线的变化

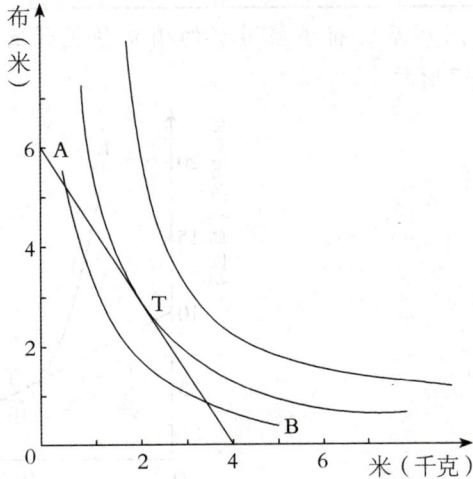

图 7-6　消费者最大效用均衡图

　　在无差异曲线分析中，消费均衡问题既要考虑到消费者的主观意愿，同时还要考虑到消费者的开支预算线的限制。如图 7-6 所示，消费者最大效用均衡是在无差异曲线与开支预算线的切点上，这一点所对应的产品（米）与产品（布）数量的组合既能满足消费者需求，又符合消费者的开支预算，此时消费者获得最大满足。

3）旅游消费者行为的无差异曲线分析

对旅游者的消费行为主要从以下两方面进行无差异曲线分析。

（1）旅游消费与其他产品的消费决策

旅游者在选择和搭配旅游消费和其他产品消费的过程中，如何才能获得最大满足？如下例所示：

某旅游者想以 2 000 元购买一部分生活用品，并外出旅游一次。购买一个单位的生活用品需要 200 元，国内旅游平均每天花费 100 元。该旅游者应该怎样决策呢？

具体分析如下：决策问题的实质就是该旅游者在购买生活用品和消费旅游产品之间如何达到均衡。首先，带领学生分析可以使旅游者获得旅游消费满足的几种搭配方式，见表 7-7。其次，带领学生分析 2 000 元开支预算下的各种消费可能，见表 7-8。

表 7-7　　　　　　　　　　旅游消费满足的各种搭配

搭配方式	甲	乙	丙	丁
旅游产品（天数）	5	10	15	20
生活用品（单位）	18	5	4	3

表 7-8　　　　　　　　　　几种开支预算线下的各种消费可能

组配方式	甲	乙	丙	丁
旅游产品（天数）	0	5	10	20
生活用品（单位）	10	7.5	5	0

然后，将该旅游者的消费预算开支线和无差异曲线画在同一坐标系中，如图 7-7 所示。

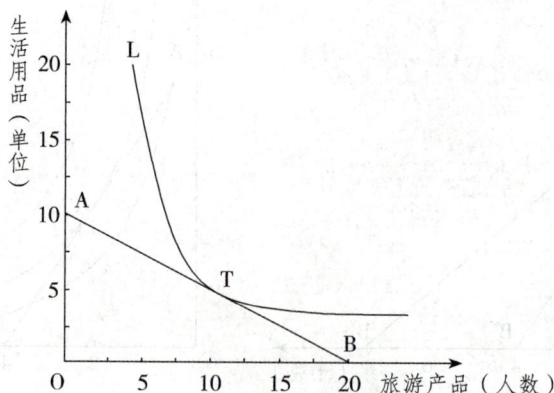

图 7-7　旅游者最大效用均衡图

无差异曲线 L 与消费预算线 AB 相切于 T 点，该点即为旅游者的消费均衡点，即用 10 天的时间进行旅游消费，同时购买 5 个单位的生活用品，这 2 000 元的开支才能实现其最大效用，该旅游者才能获得最大满足。

（2）旅游产品（旅游目的地、旅游线路）的选择决策

旅游者在选择旅游产品的过程中，如何才能获得最大消费效用？如下例所示：

某旅游者决定出国旅游，他预备开支8 000元用于旅游消费。旅游者到澳大利亚、新西兰旅游平均每人每天花费1 000元，而到新加坡、马来西亚、泰国旅游只需花费500元/人·天。该旅游者应如何对旅游产品（旅游目的地、旅游线路）做出选择呢？

具体分析如下：决策问题的实质就是该旅游者如何进行科学选择以实现消费最大满足。首先，带领学生分析旅游者对澳大利亚、新西兰和新加坡、马来西亚、泰国这两条旅游线路的旅游消费有几种组配方式，见表7-9。其次，带领学生分析8 000元开支预算下的各种消费可能，见表7-10。

表7-9　　　　某消费者获得同等程度满足的组配方式

组配方式	甲	乙	丙	丁
澳大利亚、新西兰（天数）	2	4	6	10
新加坡、马来西亚、泰国（天数）	16	8	6	5

表7-10　　　　开支预算线下的消费可能

组配方式	甲	乙	丙	丁
澳大利亚、新西兰（天数）	0	3	6	8
新加坡、马来西亚、泰国（天数）	16	10	4	0

根据以上数据可以绘制出图7-8。

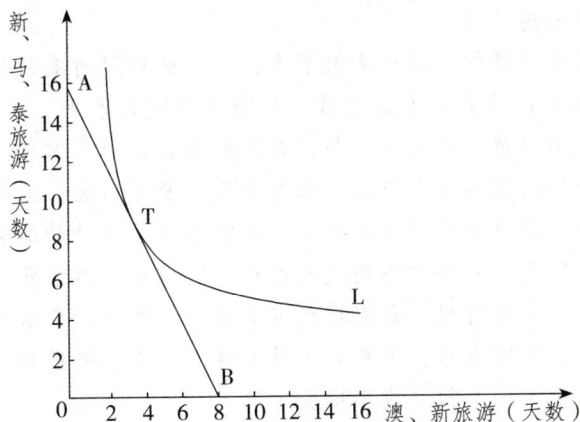

图7-8　旅游者最大效用均衡图

图7-8中无差异曲线L与开支预算控制线AB相切于T点，表示在这点上，澳大利亚、新西兰旅游4天，新加坡、马来西亚、泰国旅游8天，该旅游者获得了最大消费效用均衡。

　　在现实生活中，旅游消费者的抉择除了受到前面提到的旅游者本身的（可自由支配的）收入、假日闲暇时间、个人兴趣爱好等因素的影响，还受很多其他因素影响，如旅游资源的价值、旅游商品的价格、旅游目的地的生态环境、人文社会环境、政治环境等。总之，旅游消费者每做出一项旅游消费决策，都要将上述诸因素综合加以考虑。

◆ **教学互动 7-1** ◆

　　观点：可以通过建立旅游二次营销的业务工作目标来增加旅游消费。
　　问题：如何通过建立旅游二次营销的业务工作目标来增加旅游消费？

✦ **本章概要**

✿ 　**主要概念**

　　现代旅游消费　现代旅游消费结构　旅游消费效果　旅游者消费最大满足　旅游产品效用　边际效用递减规律

✿ 　**内容提要**

●本章主要介绍了现代旅游消费及效果，包括：现代旅游消费的概念和特点、现代旅游消费结构、现代旅游消费效果、现代旅游消费最大满足。

●现代旅游消费是指人们在旅游过程中，为满足自身享受和发展需要而消费的各种物质产品和精神资料的总和，是一种个体性消费、高层次消费和精神性消费，其具有综合性、劳务性、伸缩性、互补性、替代性和不可重复性的特点。

●从不同的角度可对现代旅游消费结构进行不同的分类：按照旅游者的消费层次可分为生存消费、享受消费和发展消费；按照旅游者在旅游活动中的消费形态可分为物质消费和精神消费；按照旅游消费的内容可分为基本旅游消费和非基本旅游消费；按照旅游消费资料的使用价值及旅游者消费的具体形式，可分为食、住、行、游、购、娱等旅游消费。

●影响现代旅游消费结构的因素有很多，从外部环境看有政治、经济、环境或气候变化等影响因素；从旅游者角度看，旅游者的收入水平、年龄、性别、职业、受教育程度以及风俗习惯、兴趣爱好等，都是影响旅游消费结构的因素；从旅游供给国看，旅游目的地的旅游服务范围、服务项目、服务质量、服务态度、旅游各部门的协调配合能力，以及社会治安等也都是影响旅游消费结构的重要因素。

●旅游消费合理化是一个动态的发展过程，它是指旅游消费从不合理状态向合理化状态不断逼近的渐进过程。要实现旅游消费的合理化，要求旅游消费的发展速度要适度，内容必须丰富多彩，方式要多种多样，消费水平逐步上升，消费结构不断优化，消费市场供求平衡和消费环境良性发展。

●现代旅游消费效果指在旅游者的消费过程中，投入与产出、消耗与成果、消费支出与达到消费目的之间的对比关系。对旅游消费效果的衡量，一是对旅游者的旅游消费满足程度的衡量；二是对旅游目的地国家或地区向旅游者提供旅游产品消费后，得到的旅游收入的消费效果的衡量。其评价的内容一般包括三方面，即旅游产品价值和使用价值的一致性，微观旅游消费效果与宏观旅游消费效果的一致性，旅游消费效果与生产、社会效果的统一性。

● 旅游者消费的最大满足，是指旅游者在支出一定时间和费用的条件下，通过旅游消费获得的精神上与物质上的最佳感受。对旅游者消费的最大满足，一般可以通过边际效用分析法和无差异曲线分析法来进行分析和研究。

☆ 内容结构

本章内容结构如图7-9所示。

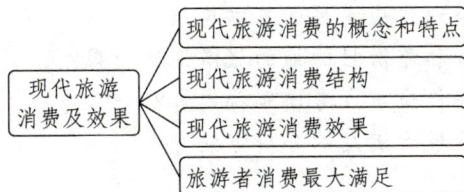

图7-9　本章内容结构

☆ 重要观点

观点7-1： 现代旅游消费必须合理、合法、合情。

常见质疑： 旅游消费只要合法就行。

释疑： 现代旅游消费效果，不仅包含对旅游者物质需求的最大满足，还包含对旅游者精神需求的最大满足。旅游消费的特点，决定了精神需求的满足也必须凭借物质资料通过人与人的相互交往来实现。在旅游消费中，除了物质产品消费外，对旅游者进行的旅游服务、对旅游者的尊重和友谊等，都对旅游消费效果起着决定性的作用。只有合理、合法、合情的现代旅游消费才能使旅游者获得最大的满足。

观点7-2： 旅游项目开发主体行为直接影响着旅游消费。

常见质疑： 旅游消费与旅游项目开发主体行为之间并无太密切的关联。

释疑： 企业是旅游发展的主体，项目是旅游发展的载体。旅游消费并不仅仅与旅游者有关联，旅游项目开发主体的开发行为及其行为优化，能很大程度上直接引导和影响旅游者的消费行为。建议从土地、金融、税收、规划等方面，鼓励、支持旅游消费企业及关联消费企业优先参与旅游项目的开发，可促进旅游消费水平的提高。

✹ **单元训练**

☆ 传承型训练

▲ 理论题

△ 简答题

1）简述现代旅游消费的概念与特点。

2）简述现代旅游消费结构的分类。

3）简述影响现代旅游消费结构的因素。

4）简述旅游消费效果的含义与类型。

5）简述旅游消费者最大满足的含义。

△ 讨论题

1）如何认识现代旅游消费的作用？

2）旅游二次营销对旅游消费的意义何在？

3）为什么现代旅游消费必须合理、合法、合情？

▲ 实务题

△ 规则复习

1）简述旅游消费合理化的内容和基本标准。

2）简述旅游消费合理化应满足的基本要求。

3）如何衡量旅游者和旅游目的地的旅游消费效果？

4）旅游消费效果评价应重点考虑哪些内容？

5）简述旅游者消费最大满足的分析方法。

△ 业务解析

1）实施客户忠诚度计划与增加旅游消费之间有无直接关联？

2）是否需要建立"旅游影响评价制度"？

3）如何通过建立旅游二次营销的业务工作目标来增加旅游消费？

▲ 案例题

△ 案例分析

【训练目的】

同第 1 章本题型的"训练目的"。

【教学方法】

同第 1 章本题型的"教学方法"。

【训练任务】

同第 1 章本题型的"训练任务"。

【相关案例】

理性旅游消费者

背景与情境："雀仔"与先生非常喜欢旅行，每年都会出境旅游，多年来在马尔代夫、迪拜、西班牙、澳大利亚等地都留下了足迹。由于夫妻双方收入比较稳定，因此对于每年的旅游都有一笔预算。"雀仔"对自己的旅程有独特的一番见解："旅游是一种休闲活动，每年仅有一周左右的年假时间，既然钱花出去了，肯定是想自己能省心和开心，而选择的线路也会各有特点。博览游显然不适合，自由行或者深度游更能满足我了解旅游国度当地风土人情或者历史文化的需求。"

其实，"80 后"群体中，人群年龄相差了 10 年，最大的已经 35 岁了，年轻的才 25 岁，代沟也已经很大，加上其中不同的人有不同的职业，拥有不同的消费力和消费欲望，所以消费观念上不能一概而论。不过可以说，个性突出的自由行是这代人最为追捧的，这是一个社会现象。"毕竟，我们同长辈们的观念不同，在体力上，在知识的需求上，在时间上，甚至在出行习惯上都有很大差异，所以'80 后'的出游习惯将会影响到旅行社未来的发展方向。"有丰富旅游经验的"雀仔"分析起旅游市场的发展也是头头是道。

"雀仔"认为在外旅游,当地的美食绝对不能错过,不管多贵,都要一试,毕竟难得来一次,也不知道有无下次,所以不能让自己留下遗憾。另外,当地的特产也一定要买。例如上一次去澳大利亚旅行,她就买了两双 UGG,与国内相比价钱便宜了一半,非常划算。在境外,可以多刷卡,一来不用带太多的现金,二来有银联的话更为方便。至于买旅游纪念品,如果是只有当地才能买到的一定要毫不犹豫地买下来,如果体积比较大、携带比较麻烦的话,可以回国后在网上购买,也是一种不错的选择。

(资料来源　蔡华锋. 80后能否成为旅游消费主力军?[N]. 南方日报,2011-02-23(6). 经节选、压缩和改编)

问题:

1) 该案例涉及了本章的哪些知识点?

2) 制约"80后"旅游消费市场发展的因素是什么?

3) "80后"旅游市场的出现对旅游市场竞争格局会产生怎样的影响?

4) 如何加强针对"80后"旅游消费市场供给体系的建设?

【训练要求】

同第1章本题型的"训练要求"。

【成果形式】

1) 训练课业:《"理性旅游消费者"案例分析报告》。

2) 课业要求:同第1章本题型的"课业要求"。

△ 善恶研判

【训练目的】

同第1章本题型的"训练目的"。

【教学方法】

同第1章本题型的"教学方法"。

【训练准备】

同第1章本题型的"训练准备"。

【相关案例】

花心机"穷游"者

背景与情境: 刚刚大学毕业踏入社会的小英子,对旅游充满着期待,每一次策划旅游,都花尽心思,以"省钱"为原则,以"好玩"为目的,以"长见识"为收获。一年前,为实现一次难忘的毕业旅行,她和同学们选定云南作为旅游目的地,做好预算后,全体人员分别去做不同的兼职,两个月后,终于攒够了经费。为了"省钱",除了飞机外,火车、船、摩托车甚至拖拉机、当地的牛车都成为他们的交通工具。他们事先预订好青年旅馆,几个人睡一间房,参加当地的一日游,每天跟着当地人的饮食习惯简单地填饱肚子。"这次旅程下来,每人花了不到1 500元,昆明、丽江都游遍了。"小英是主策划人,所以对自己的"代表作"感到非常自豪。"在考虑交通工具时,我们曾经想过从四川坐火车到云南,因为火车票只要27元,但因为时间不够,才没有选择这个方案。大家一起去玩,最重要的是一起商量,产生共鸣后再实施计划，不然，怎么会聚在一起呢？"而这种商量建立在自由行攻略书和论坛（如豆瓣）上相关旅游介绍的基础上。"要买自由行的攻略书，我们也会上网买，可以打6折。没办法，因为经济拮据，自己又喜欢玩，只能从各个方面考虑省钱的方式方法，不要忽略了积少成多的道理啊。"小英子对"省钱"之道可谓非常有心得。

小英子表示，出来工作后，每年都会计划一次远程旅游，但因为仍处于"赤贫"阶段，如果打算去泰国的话，就要存钱，如果有可能的话，还要做兼职赚点外快"帮补"。对于旅游的理解，小英子认为："与其说是旅游，还不如说是一次短期的生活体验。"小英子说，在她身边有不少刚出校园投入社会的"80后"工作一两年就"跳槽"，部分人就是因为不用提前N个月规划旅程，可以比较轻松地利用假期，有的甚至干脆辞职，背起背包就往外跑。这些"80"后旅游，家庭条件好的话就用老爸老妈的钱，怎么玩都可以，但如果经济条件不太好，就会有更多的考虑，不会这么潇洒。

（资料来源　蔡华锋. 80后能否成为旅游消费主力军？[N]. 南方日报，2011-02-23（6）. 经节选、压缩和改编）

问题：

1）旅游过程中的"穷游"是否表现出对他人的尊重和对自己的保护？

2）试对上述问题做出你的善恶研判。

3）说明你所做的善恶研判的依据。

4）"穷游"对旅游地的最终结果影响如何表现出来？

【训练要求】

同第1章本题型的"训练要求"。

【成果形式】

1）训练课业：《"花心机'穷游'者"善恶研判报告》。

2）课业要求：同第1章本题型的"课业要求"。

✿　创新型训练

▲　自主学习

自主学习-Ⅱ

【训练目的】

见本章"学习目标"中"创新型学习"的"自主学习"目标。

【教学方法】

同第1章本题型的"教学方法"。

【训练要求】

1）以班级小组为单位组建学生训练团队，各团队依照本教材"附录三"中附表3"自主学习"（中级）的"基本要求"和各技能点的"参照规范与标准"，制订《团队自主学习计划》。

2）各团队自主学习本教材"附录一"中附表1"自主学习"（中级）各技能点的"'知识准备'参照规范"所列知识。

3）各团队以自主学习获得的"学习原理"、"学习策略"与"学习方法"知识（中级）为指导，通过院资料室、校图书馆和互联网，查阅和整理近年以"现代旅游消费及其效果"为主题的国内外学术文献资料。

4）各团队以整理后的文献资料为基础，依照相关规范要求，讨论、撰写和交流《"现代旅游消费及其效果"最新文献综述》。

5）撰写作为"成果形式"的训练课业，总结如何自主学习和应用"学习原理"、"学习策略"与"学习方法"知识（初级），依照相关规范，准备、讨论、撰写和交流《"现代旅游消费及其效果"最新文献综述》的体验过程。

【成果形式】

1）训练课业：《"自主学习-Ⅱ"训练报告》。

2）课业要求：

（1）将《团队自主学习计划》和《"现代旅游消费及其效果"最新文献综述》作为《"自主学习-Ⅱ"训练报告》的"附件"。

（2）《"现代旅游消费及其效果"最新文献综述》应符合"文献综述"规范要求，做到事实清晰、论据充分、逻辑清晰，不少于3 000字。

（3）同第1章本题型的其他"课业要求"。

✦ 建议阅读

［1］管涛. 从"黄金周"旅游消费市场复苏看中国疫后经济重启［N］. 第一财经日报，2021-05-18（A11）.

［2］谈佳洁，刘新静. 社会信任重构对我国居民潜在旅游消费意愿的影响［J/OL］. 企业经济，2021（5）：94-102［2021-05-23］. https：//doi.org/10.13529/j.cnki.enterprise.economy.2021.05.011.

［3］董雪旺，等. 区域旅游业碳排放和旅游消费碳足迹研究述评［J］. 生态学报，2016，36（2）：554-568.

［4］余凤龙，黄震方，方叶林. 中国农村居民旅游消费特征与影响因素分析［J］. 地理研究，2013，32（8）：1565-1576.

［5］余凤龙，黄震方. 中国城镇化进程对农村居民旅游消费的影响［J］. 经济管理，2013，35（7）：125-134.

［6］周文丽. 西部典型区农村居民旅游消费特征及影响因素研究——以甘肃省农村居民为例［J］. 人文地理，2013，28（3）：148-153.

［7］汪侠，等. 基于结构方程模型的旅游消费券效用影响因素研究——以杭州市为例［J］. 地理研究，2012，31（3）：543-554.

［8］龙江智，李恒云. 中国城镇居民国内旅游消费模式［J］. 地理研究，2012，31（1）：155-168.

第8章
现代旅游经济运行与调控

▶ **学习目标**

8.1　现代旅游经济运行的基础、条件和过程

8.2　现代旅游经济核算

8.3　现代旅游经济宏观调控

▶ **本章概要**

▶ **单元训练**

▶ **建议阅读**

▶ **学习目标**

▷ **传承型学习**

通过以下目标，建构以"绪论"为阶段性内涵的"传承型"专业学力：

理论知识：学习和把握现代旅游经济运行的概念、内涵、基础与条件，现代旅游经济运行过程，现代旅游经济核算的概念与重要性，旅游卫星账户的概念，旅游经济宏观调控的必要性等陈述性知识；能用其指导本章"同步思考"、"深度思考"、"教学互动8-1"和相关题型的"单元训练"；体验"现代旅游经济运行与调控"中"理论知识"的"传承型学习"及其迁移。

实务知识：学习和把握现代旅游经济核算的指标体系，旅游卫星账户的内容与核算方法，旅游经济宏观调控的内容、方法和手段，以及"业务链接"等程序性知识；用其规范本章"深度剖析"、其他"教学互动"和相关题型的"单元训练"；体验"现代旅游经济运行与调控"中"实务知识"的"传承型学习"及其迁移。

认知弹性：运用本章理论与实务知识研究相关案例，对本章"引例"、"同步案例"和"土耳其旅游经济的宏观调控"等案例情境进行多元表征，体验"现代旅游经济运行与调控"中"结构不良知识"的"传承型学习"及其迁移；依照相关行为规范对"唯'门票经济'危害旅游业"案例进行善恶研判，促进健全职业人格的塑造。

▷ **创新型学习**

通过以下目标，建构以"绪论"为阶段性内涵的"创新型"专业学力：

拓展创新：参加"拓展创新-Ⅲ"训练。通过学习和应用其"知识准备"所列知识，系列技能操作的实施，《我国旅游经济统计核算方法现状及问题研究》论文的准备、撰写、讨论、交流与修订，《"拓展创新-Ⅲ"训练报告》的撰写等活动，体验"现代旅游经济运行与调控"中的"创新学习"（中级）及其迁移。

学习微平台

二维码资源
8-01

背景与情境： 2016 年 12 月 26 日，国务院印发了《"十三五"旅游业发展规划》，对中国旅游业在"十三五"期间的发展目标提出了要求。要求具体内容如下：

"十三五"期间，中国旅游经济应稳步增长。城乡居民出游人数年均增长 10% 左右，旅游总收入年均增长 11% 以上，旅游直接投资年均增长 14% 以上。到 2020年，旅游市场总规模达到 67 亿人次，旅游投资总额 2 万亿元，旅游业总收入达到 7 万亿元。

旅游综合效益应显著提升。旅游业对国民经济的综合贡献度达到 12%，对餐饮、住宿、民航、铁路客运业的综合贡献率达到 85% 以上，年均新增旅游就业人数 100 万人以上。

人民群众对旅游活动应更加满意。"厕所革命"取得显著成效，旅游交通更为便捷，旅游公共服务更加健全，带薪休假制度加快落实，市场秩序显著好转，文明旅游蔚然成风，旅游环境更加优美，国际影响力大幅提升，入境旅游持续增长，出境旅游健康发展，与旅游业发达国家的差距明显缩小，在全球旅游规则制定和国际旅游事务中的话语权与影响力明显提升。

（资料来源　佚名. 国务院关于印发"十三五"旅游业发展规划的通知［EB/OL］.［2016-12-26］. http://www.xinhuanet.com/politics/2016-12/26/c_1120191325.htm. 经节选、压缩和改编）

旅游经济活动不仅涉及微观旅游经济主体的经济行为和决策，还涉及整个宏观旅游经济的运行和调控。这个案例告诉我们，在对微观旅游经济活动进行分析的基础上，还必须对宏观旅游经济运行进行分析和研究，这样才能把握整个旅游经济运行的状况和特点，并对旅游经济进行适时的宏观调控。

8.1　现代旅游经济运行的基础、条件和过程

8.1.1　现代旅游经济运行的概念

现代旅游经济运行，是指一个国家（或地区）在一定时期内旅游总需求和旅游总供给的发展变化及均衡运动的过程，其不仅反映了一定时期内旅游产品的生产、交换、分配和消费的总运动过程，而且反映了一定时期旅游经济活动（流量）的状况和特征，反映了特定时点上旅游经济成果（存量）的数量和特点。为了正确掌握旅游经济运行的概念，必须对旅游总需求、旅游总供给和旅游总供求平衡的内容有正确的理解和把握。

1）旅游总需求

旅游总需求， 是指旅游经济消费主体在旅游经济运行中购买和消费的旅游产品和服务的总量。由于旅游产品具有生产和消费同一性特点，因此旅游总需求等同于旅游总消费，即各种旅游消费支出的总和。在现代市场经济条件下，整个旅游经济的消费主体一般可以划分为家庭（和个人）、厂商（或企业）、政府和国外四大部门，其消费总支出就形成了整个旅游总需求。

（1）家庭部门消费

家庭部门消费，通常是指所有个人、家庭和非营利组织对旅游产品的消费。其构成了旅游经济中的个人消费支出的内容。

（2）厂商部门消费

厂商部门消费，是指所有以追求利润为目的的企业对旅游产品和旅游生产要素的消费。其构成了旅游经济中的商务旅游支出及资本投资的一部分。

（3）政府部门消费

政府部门消费，包括了政府为保障个人和集体的旅游活动而发生的各种消费支出，以及政府机构直接用于旅游活动的消费支出等。其构成旅游经济中的政府消费支出。

（4）国外部门消费

国外部门消费，是指接待外国旅游者而直接获得的旅游消费收入和其他相应出口商品的收入（指外国旅游者的消费支出）。其构成了旅游经济中的旅游出口收入。

2）旅游总供给

旅游供给和旅游需求是旅游经济运行的两个不可分割的组成部分，与旅游总需求相对应的就是旅游总供给。所谓**旅游总供给**，就是指一个国家（或地区）在一定时期内，其所有旅游企业能够提供的旅游产品或服务的能力和水平。由于旅游产品具有不可转移性和依存性等特点，因此对旅游总供给必须从短期和长期两个方面进行分析和掌握。

（1）短期旅游总供给

从短期看，由于旅游产品开发一般在短期内不能实现，因此旅游行业的资本存量、技术水平、劳动就业等因素在短期内一般是既定不变的，从而决定了旅游总供给能力和水平在一定时期内是相对稳定的。尽管由于旅游价格的涨落，旅游总供给会在短期内出现供给量的一定变化，但这种变化往往是与短期内旅游总需求的变化相对应的，其对短期内旅游价格的涨落可以发生作用，不会引起整个旅游总供给的能力和水平的变化。

（2）长期旅游总供给

从长期看，随着社会经济发展和人们收入水平的不断提高，旅游总需求通常呈现出刚性发展的趋势，使旅游产品的开发和旅游接待设施的建设也会持续不断地进行，进而引起旅游行业中资本存量、技术水平、劳动就业等都发生相应的变化，决定了整个旅游总供给能力将逐步扩大，供给水平不断提高，导致整个旅游总供给规模的扩大。因此，旅游总供给在长期旅游经济发展中总是保持持续变化和不断发展的态势。

◆ **同步思考 8-1** ◆

问题：如何正确理解旅游总供给的重点？

3）旅游总供求平衡

在旅游经济活动中，旅游总需求的经常性变化和旅游总供给的相对固定性特点，使旅游总供求始终存在着从不平衡到平衡的动态变化过程。因此，从宏观经济角度对旅游总供求平衡进行分析，既是促进旅游市场上短期旅游供求均衡地发展，不断提高旅游经济效益的要求，又是在长期内实现旅游生产要素有效配置，促进旅游经济持续健康发展的关键。

对旅游总供求平衡的分析包括了对旅游总供求的平衡与变化分析，对旅游宏微观经济效益的分析，对旅游经济增长与发展及其影响因素的分析等。

对旅游总供求的平衡与变化分析，主要是分析决定旅游总需求的旅游消费和旅游收入的变化，分析决定旅游总供给的旅游投资和旅游经济结构的变化，从而掌握旅游经济活动的总体规模、发展结构和产出水平，探寻实现旅游总供求平衡发展的对策和措施等。

对旅游宏微观经济效益的分析，主要是对旅游经济活动的投入–产出状况和影响旅游经济效益的因素进行分析，以探寻不断提高旅游经济效益的途径和措施。

◆ **同步思考 8-2** ◆

问题： 如何对旅游经济增长和发展进行分析？

8.1.2　现代旅游经济的运行基础

现代旅游经济运行的基础，是一个国家（或地区）所拥有的国民财富即物质资料的总和，其包括自然旅游资源、人文旅游资源、国民财产、劳动力和科学技术等。通常，一个国家（或地区）的国民财富丰富，则旅游经济运行的基础条件好，旅游经济发展的潜力就大；反之，一个国家（或地区）的国民财富贫乏，则旅游经济运行的基础条件差，旅游经济发展的潜力就小。因此，国民财富即物质资料的总和，集中反映了一个国家（或地区）旅游经济的发展潜力和可能的发展水平。

1）自然旅游资源

自然旅游资源，是指一切可用于社会生产的天然资源，如土地、矿藏、森林、湖泊、气候等，由于其未经过人类劳动加工而未列入国民财产之内，却是构成国民财富的重要内容。通常，自然资源的丰瘠程度与国民经济的发展规模和速度具有密切的联系。旅游经济是以各种自然资源为对象的经济活动，尤其是观光旅游、度假旅游、探险旅游、生态旅游等都离不开丰富的自然资源和良好的自然环境，因此自然资源特别是自然旅游资源的丰瘠程度、质量高低直接决定和影响旅游经济的发展规模、产业结构和发展水平。

2）人文旅游资源

人文旅游资源又称人文景观旅游资源，是指由各种社会环境、人民生活、历史文物、文化艺术、民族风情和物质生产构成的人文景观，由于各具传统特色，而成为旅游者游览观赏的对象。它是人类历史文化的结晶，是民族风貌的集中反映，既含有人类历史长河中遗留的精神与物质财富，也包括当今人类社会的各个侧面。与自然风景旅游资源不同，人文景观旅游资源可被人们有意识地创造出来，可通过建造博物馆、美术馆、游乐园、文化宫、体育运动中心，以及组织文化节、戏剧节、电影节、音乐节和各种民间喜庆活动等别具特色的文化活动来丰富旅游内容，招徕远方游客，形成充满现代气息的人文旅游资源。

◆ **教学互动 8-1**

观点： 旅游资源是旅游经济运行的最基础条件。

问题： 自然旅游资源和人文旅游资源相比，哪个更重要？

3）国民财产

国民财产，是一个国家（或地区）社会生产成果历年积累的总和，其作为国民财富的主要组成部分，反映了一个国家（或地区）的经济实力和经济发展水平，是社会再生产的重要物质条件。国民财产一般包括生产性财产、非生产性财产和居民个人财产等。一个国家（或地区）国民财产拥有的规模、结构和水平状况，对旅游经济运行和旅游业发展具有决定性的作用和影响。

从旅游经济的角度看，生产性财产包括各种住宿接待设施，旅游景区景点、旅游交通工具、娱乐购物设施，邮政通信设施，以及旅游活动中消耗的各种原材料、辅助材料、一次性用品等；非生产性财产包括交通基础设施，城市公共设施，行政管理、医疗保健、教育培训等设施，以及各种文物古迹、特色建筑、大型工程及相应发生的各种流动性财产等；居民个人财产包括个人所拥有的不动产、耐用消费品、非耐用消费品及储蓄存款等。

4）劳动力

劳动力是社会生产过程的主体，是促进生产力发展的主要动力，尤其是劳动者的经验和技能，是构成国民财富的重要内容之一。马克思指出："人口的熟练程度却始终都是总生产的前提，因而是财富的主要积累，是以前劳动的被保存下来的最重要的结果，不过这种结果是存在于活劳动本身中的。"[①]

在旅游经济运行中，由于劳动者是整个旅游活动的经营管理和服务主体，因此对作为生产要素的劳动力的基本要求，一是要从数量上适应旅游经济发展的需要，不断提供满足旅游经济运行的合格劳动力数量，保障旅游再生产顺利有效地进行；二是要加强对旅游从业人员的教育培训，提高劳动者素质和业务技能，输送大量具有旅游专业知识和技能的高素质的劳动者，不断提高旅游服务的质量和经营管理水平；三是要积极应用现代科学技术，不断优化各种劳动工具和手段，充分发挥劳动工具和设备的使用功能，降低劳动消耗、提高劳动生产率，推动整个旅游生产力水平的发展。

5）科学技术

科学技术，是第一生产力，是先进生产力的集中体现和主要标志。[②]现代科学技术的突飞猛进，不仅给社会生产力和人类经济社会发展带来了极大的推动，而且也成为现代旅游经济运行和发展的重要基础。尤其是进入21世纪后，旅游业成为现代经济中的新兴产业，其核心就在于大量应用了现代科学技术成果。因此，必须大力推动科技进步和创新，不断用先进科技改造和提高整个旅游产业，不断提高景

① 马克思，恩格斯. 马克思恩格斯全集：26卷（Ⅱ）[M]. 中共中央马克思恩格斯列宁斯大林著作编译局，编译. 北京：人民出版社，2014：325.
② 参见江泽民在庆祝中国共产党成立八十周年大会上的讲话。

区景点、旅游商品开发、旅游交通运输、旅行社、旅游饭店、旅游教育等方面应用现代科技的能力和水平；不断推进旅游信息化发展，加快旅游网络促销、旅游电子商务、旅游远程教育及旅游行政管理现代化的步伐；努力提高旅游产业的科技内涵，增强旅游经济的发展后劲，把充分应用现代科技作为旅游经济发展的动力，促进旅游生产力的快速发展。

◆ **同步案例8-1** ◆

中国无人酒店与无接触

背景与情境： 2020年6月《日经亚洲评论》一篇题为《中国无人酒店乘上"无接触"东风》的文章，介绍了中国的无人酒店和无接触。新冠肺炎疫情让"无接触"成为商家的新流行语。从送餐机器人、无人驾驶消毒清洗车到无人智慧酒店等，各类服务正在中国蓬勃兴起。在无人智慧酒店，无论是在网上预订房间、刷脸入住，还是关灯、拉窗帘和设置空调，客人都能在不需要任何人帮助的情况下完成。他们甚至不需要接触房间内的其他物品。这些功能使担心感染疾病的顾客感到内心平静。这些新服务的提供归功于配备人工智能的机器人，以及物联网技术。电商巨头阿里巴巴2018年11月在杭州开办了一家采用人脸识别技术的无人酒店。该酒店的员工与客人的比率是0.5∶1，而常规酒店为2∶1，从而降低了成本。在另一家无人酒店，会员可以通过网络预订房间，刷脸入住，在机器人引导下到达房间。窗帘、空调、电视和灯光都能自动调整。高度自动化意味着每家此类酒店仅需一两名员工应对紧急问题，运营成本仅为传统酒店的60%。由于不需要接待大厅，节省的约25%的建筑成本可以使酒店将更多空间用于创收。

（资料来源　丁雨晴. 日媒：中国无人酒店乘上"无接触"东风[EB/OL].[2020-06-16].https：//baijiahao.baidu.com/s？id=1669621554920107780&wfr=spider&for=pc. 经节选、压缩和改编）

问题： 你是如何理解现代旅游经济的运行基础的？

8.1.3　现代旅游经济的运行条件

经济环境是旅游经济运行的重要条件，其反映了在一定的经济模式和经济运行机制条件下，旅游经济运行的基本内容和要求。按照社会主义市场经济体制的特点和经济运行机制的要求，旅游企业是旅游经济运行的微观基础，旅游市场是旅游经济运行的客观条件，政府宏观调控是旅游经济运行的重要保障。

1）旅游企业是旅游经济运行的微观基础

在现代市场经济条件下，旅游经济的总量活动是由各个微观单位的个别经济活动所构成的，因此在旅游经济运行中，旅游企业是构成旅游经济整体的细胞，是旅游经济运行的微观基础。

旅游企业是进行自主经营、自负盈亏、独立核算，并具有法人地位的经济组织，是为了实现一定的目标而组成的经济实体。旅游企业的目标包括利润最大化目标、职工收入增长目标和树立良好社会形象目标等，其中实现利润最大化是旅游企业最主要的目标。

教学互动8-2

观点：提升员工满意度是旅游企业实现利润最大化的重要保证。

问题：员工利益与顾客利益相比，哪个更重要？

旅游企业的目标从总体上是与旅游经济运行与发展的目标相一致的，但由于众多旅游企业之间存在发展规模、经营能力、管理水平等方面的差距，也会出现与旅游经济活动总目标不一致的情况。因此，必须使旅游企业形成自我约束机制，能够按照旅游经济运行目标的要求，自动约束自己的行为，这就是旅游经济运行的微观基础条件。

旅游企业行为的自我约束主要包括三个方面：一是预算约束，指旅游企业必须用自己的收入补偿支出，属于旅游企业内部的自我约束；二是市场约束，即企业在市场竞争中必须服从"优胜劣汰"的市场竞争规律，自动调整旅游企业的经营行为；三是规制约束，即旅游企业在整个经营活动中，必须服从政府对企业经营活动的规制要求，做到合法经营、依法纳税，符合整个旅游经济运行的要求。

2）旅游市场是旅游经济运行的客观条件

旅游产品的价值和使用价值必须通过市场来实现，旅游供求均衡必须以市场为前提条件，旅游经济宏观调控也必须依靠市场来进行，因此旅游市场是旅游经济运行的客观条件。要保障旅游经济有效地运行，就要不断完善旅游市场环境，创造灵活的市场机制条件。

完善旅游市场环境，必须建立健全有利于旅游经济运行的市场体系，加快商品市场、资金市场和劳动力市场的发展。

商品市场包括消费品市场、生产资料市场、技术市场、信息市场等，是现代市场体系的基础，其不仅是实现旅游经济过程中生活消费和生产消费的基本条件，而且是不断适应旅游经济发展的需要，有偿提供各种现代技术和信息，促进科学技术和信息迅速转化为旅游生产力的重要条件。

资金市场是各种货币资金和有价证券的交易场所，是整个市场体系的枢纽，其通过利率、汇率和股市价格变化，促进旅游企业讲求资金使用效果，引导社会资金在旅游行业中合理流动，调节旅游市场的供求平衡，实现政府宏观调控的目标和要求。

劳动力市场是市场体系不可缺少的重要组成部分，其不仅调节劳动力的供求平衡，满足旅游经济运行和发展的劳动力需求，而且促进劳动力的合理流动，实现旅游劳动力资源的有效配置并与生产资料形成最佳的结合，不断创造更多的物质文化财富。

旅游市场的功能作用是通过旅游市场机制来体现的，因此创造灵活的旅游市场机制[①]，利用供求机制、价格机制、利率机制、工资机制、竞争机制和风险机制等，对旅游经济主体的利益得失进行调节，规范和约束旅游企业的经济行为，才能实现政府宏观调控旅游经济的目标，保障旅游经济有效地运行和发展。

---

① 有关旅游市场机制的阐述，可参看第5章的相关内容。

◆ **教学互动 8-3** ◆

观点： 适度的员工流动率可促进旅游企业改善经营管理。

问题： 员工流动对旅游企业发展带来何种影响？

3）政府宏观调控是旅游经济运行的重要保障

在现代市场经济体制中，由于市场机制的内在局限性，如市场竞争的不全面性、信息获取的非充分性、市场机制作用的时滞性和市场调节的不确定性等，决定了无法完全依靠旅游市场的自动调节作用来保证旅游经济的有效运行，还必须通过政府部门的宏观调控来实现旅游总需求与总供给的平衡，促进旅游经济有效运行和健康发展。

政府部门作为宏观经济管理和调控的组织，其在旅游经济运行中主要通过提供以下职能，为旅游经济运行和发展创造良好的宏观环境和条件：

一是提供各种旅游公共产品和服务，包括提供各种交通基础设施、城市公共设施、公共医疗卫生、供水供电等公共产品和提供完善的法律体系和制度、维护社会治安与秩序、保护各类产权主体的合法权益等公共服务。

二是维护公平竞争的旅游市场秩序，即通过建立健全法律体系，规范各旅游经济主体的行为，强化旅游市场的整治，限制不正当的旅游竞争行为，创造公平、公开和公正的旅游竞争环境，促进旅游企业在竞争中优胜劣汰。

三是调节旅游收入分配，即政府通过调整旅游生产要素的价格，制定并实施各种所得和财产税收政策，实行转移支付制度等来调节旅游收入的分配和再分配，以缩小贫富差距，实现共同富裕。

四是制定旅游发展战略和规划，确定旅游经济运行和发展目标，采取各种宏观调控方法和手段，促进旅游经济健康地发展。

8.1.4　现代旅游经济的运行过程

1）现代旅游经济运行过程的含义

旅游经济运行过程，是指一个国家（或地区）在一定时期内旅游产品的生产、交换、分配和消费的总运动过程。为了揭示旅游经济运行过程，假定旅游经济是一个相对独立的封闭经济系统，那么在现代市场经济条件下，旅游经济运行通常表现为两种相对的运动过程：一种是旅游产品的实物运动过程；另一种是旅游产品的价值运动过程。两种运动始终处于对立统一，既分离又结合的运行之中，如图 8-1 所示。

从图 8-1 可以看出，旅游经济运行过程是一种周而复始的循环运动，但这种运动不是处于一个固定水平上，而是处于不断循环和扩大之中的。现代旅游经济运行过程具体表现为，在社会再生产过程中的循环和扩大，在社会总供求平衡过程中的循环和扩大，在国民经济流量和存量的转换过程中的循环和扩大，从而体现了现代旅游经济的不断增长与发展过程。

2）现代旅游经济的实物运动

现代旅游经济的实物运动，是指旅游产品的生产、交换和消费的运动过程，其反映了旅游产品在旅游经营者和旅游者之间的流动过程。现代旅游经济的实物运动通常经过以下三个环节来完成：

学习微平台

二维码资源
8-02

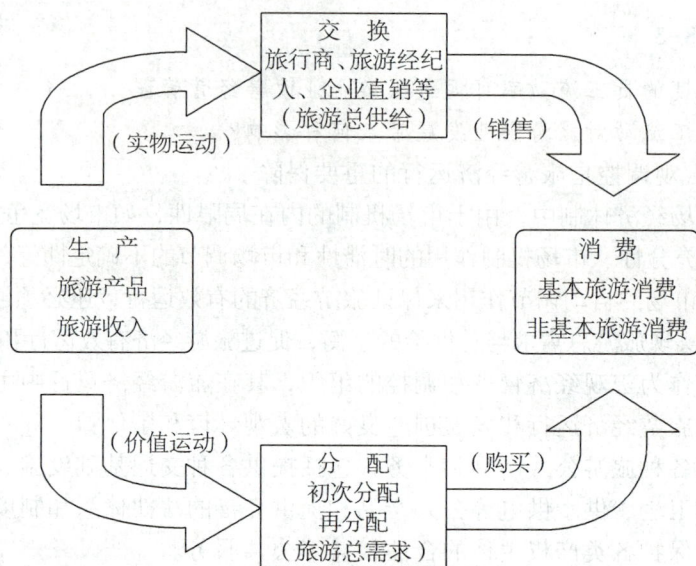

图 8-1　旅游经济的运行过程

一是以生产为主的旅游企业生产旅游产品的过程[①]，如旅游景区景点提供观光游览产品、旅游饭店提供住宿设施、旅游交通提供运输设施和服务、旅游购物场所提供购物品和相应服务等；

二是以销售为主的旅游企业销售旅游产品的过程，如旅行社、旅游经纪人或旅游企业直销等对各种单项或组合旅游产品进行销售，从总体上形成了旅游总供给而提供给旅游者购买和消费；

三是旅游者对旅游产品的购买、消费和评价过程。

因此，旅游经济的实物运动实质上就是旅游产品从生产开始，经过流通环节的交换，最后进入消费领域的全部运动过程。

3）现代旅游经济的价值运动

现代旅游经济的价值运动，是从价值角度反映旅游产品的生产、分配和消费的全部运行过程，其反映了旅游收入在各旅游经营者和各相关部门之间的分配和再分配过程。如果把旅游经济作为一个封闭的经济系统来考虑，则旅游经济的价值运动是和实物运动相伴随的，即全部旅游产品的价值形成旅游总收入，通过流通环节进行交换后，就形成旅游收入的初次分配和再分配，从总体上构成了旅游总需求，最终用于旅游产品的购买和消费。

由于现代旅游经济的实物运动形成旅游总供给，价值运动构成总需求，因此，在封闭经济系统中，总供给与总需求不仅在总量上是平衡的，而且在结构上也是平衡的，即在旅游市场上旅游者能够买其所需，而旅游经营者也能够卖其所有，实现了旅游总供求的平衡。

但是，由于现实中旅游经济是一个开放经济系统，旅游经济的实物运动和价值

---

① 由于旅游产品是服务性产品，具有生产和消费的同一性特点，因此旅游企业生产的旅游产品，实际反映的是旅游企业通过开发和建设而形成具备接待一定数量旅游者的规模和能力，这是旅游产品与一般物质产品的最大区别。

运动往往会出现不一致的情况，有时供不应求，有时供过于求，甚至出现结构失衡的情况，这必然产生旅游总需求和总供给在总量和结构上的矛盾和问题，于是就必须对旅游经济运行和发展进行宏观调控。

4）现代旅游经济的存量、流量及其关系

旅游经济存量，是反映旅游经济在某个特定时点上发展状态的变量，如在某个时点上旅游饭店客房数量、旅游景区景点数量、旅游交通运输能力、旅游职工数量、旅游固定资产数量等。旅游经济存量一般没有时间维度，只是反映了在一定时点上旅游经济发展的规模和水平状况，因此对其测量通常不涉及时间长度，取值不能相加，只是相对于某个时点才有意义。

旅游经济流量，是反映旅游经济随着时间变化而改变的变量，如接待旅游者的数量、旅游收入、旅游消费支出、旅游投资等。旅游经济流量是有时间维度的，其反映在一定的时间区间内旅游经济发展变化的状况，因此对其测量是以一定的时间区间为依据的，不同的时间区间的流量是可以相加的。

旅游经济存量和流量的关系是不断变化运动的。一方面，旅游经济存量和流量是完全不同的概念，如旅游者的出入境是流量，而在某一时刻的旅游者人数则是存量；旅游收入和消费支出是流量，而在某一时点上的旅游收入或消费支出则是存量；旅游投资是流量，而投资所形成的旅游饭店或景区景点则是存量。另一方面，旅游经济存量和流量又是不断变化的，即由存量转化为流量，如固定资产提取折旧、食品材料制成佳肴美味等；或者由流量转化为存量，如旅游收入用于补偿固定资产消耗、购买新的食品材料等。因此，旅游经济存量和流量始终是处于存量→流量→存量的变化和运动之中的。

同步案例8-2

三亚2015年春节黄金周旅游接待基本情况

背景与情境： 2015年春节黄金周，在各级政府的统一部署和强有力的指挥以及各部门的有效落实和通力协作下，围绕打好旅游市场秩序和舆论宣传两个主动仗，三亚旅游市场环境发生深刻变化，顺利实现"安全、质量、秩序、效益"四统一的目标，春节黄金周取得了良好的成绩。

（1）总体情况：接待游客79.04万人次，同比增长11.7%；旅游总收入为63.45亿元，同比增长16.1%。

（2）住宿业情况：旅游饭店客房平均出租率为73.96%。全市旅游饭店客房数量同比增长7.3%，春节前新增三亚湾红树林椰林酒店、太阳湾柏悦酒店、凤凰岛度假酒店、万科度假公寓、宁夏大厦等。

（3）旅游交通情况：凤凰国际机场进出港旅客44万人次，同比增长4.3%；进出港航班2 639架次，同比增长1.3%。三亚火车站进出站旅客达23.3万人次，同比增长6.96%。

（4）旅游消费情况：全市商品销售总额为5.13亿元，同比增长30.9%。据抽样调查，全市过夜游客平均消费为2 120.9元/人·天，人均停留4.35天；一日游游客平均消费 802.05 元/人。海棠湾免税购物中心接待游客 21.98 万人次，同比增长 74%；总营业收为入 2.36 亿元，同比增长 62.4%。

问题：不良旅游顽疾的存在是导致旅游市场秩序恶劣的根本原因吗？

（资料来源　根据三亚市旅游综合整治领导小组办公室文件整理）

8.2　现代旅游经济核算

8.2.1　现代旅游经济核算的概念

旅游经济是一种以服务为主的综合性经济，其产品内容和构成要素涉及众多行业和部门，其消费支出、旅游收入和旅游投资大多数反映在各行各业，因此到目前为止旅游经济尚未作为独立的经济产业部门列入国民经济核算体系中。为了正确反映旅游经济运行的状况，综合反映旅游经济对国民经济的贡献，反映旅游经济在社会经济中的地位和作用，就必须按照国民经济核算的原理和要求对旅游经济进行科学的核算、分析和评价。

国民经济核算体系，是在一定的经济理论指导下，综合应用统计、会计、计量经济等方法，以各种总量指标来计算和测定一个国家（或部门）在一定时期内的经济活动和经济成果所构成的相互联系的系统。其不仅综合反映了国民经济的结构和联系，反映了一定时期生产、分配、交换和消费的状况，而且是对整个经济运行和发展进行分析、预测和决策的重要依据。

现代旅游经济核算，是指以整个旅游经济为对象的宏观分析与核算，是对一个国家（或地区）在一定时期内的整个旅游经济运行及其经济成果进行全面的统计、计算和测定，目的是为一个国家（或地区）规划旅游经济发展、制定旅游经济政策、加强旅游经济宏观管理等提供准确的信息和科学的依据。

对旅游经济进行核算、分析和评价，首先，必须按照国民经济核算的要求，建立与国民经济核算相对应的旅游经济核算指标体系，综合地反映整个旅游经济运行状况和发展水平；其次，通过建立符合国民经济核算体系的旅游经济账户体系，计算和测定旅游经济活动的成果和效益，分析旅游经济成果的形成过程和结构关系，从总体上反映旅游经济的宏微观经济效益；最后，通过对旅游经济指标和旅游经济运行的核算、分析和比较，科学地反映旅游经济对国民经济的贡献，客观地评价旅游经济在社会经济中的地位和作用。

8.2.2　现代旅游经济核算的重要性

现代旅游经济是一个涉及众多部门和单位的综合性经济，各部门、各单位各司其职、各尽所能，既有投入，又有产出，构成一个有机整体。因此，为了从总体上综合反映和掌握现代旅游经济运行的状况，就必须加强旅游经济核算。具体来说，旅游经济核算的重要性主要表现在以下几个方面：

1）旅游经济核算反映了旅游经济运行的总体特征

在现代经济中，为了综合地反映整个国民经济的发展状况和特征，就必须研究国民经济的数量关系，由此形成了国民经济核算的理论和方法。旅游经济是国民经济的重要组成部分，因此旅游经济核算是建立在整个国民经济核算基础上的，即在国民经济核算理论和方法的指导下，对旅游经济运行和经济成果进行宏观分析和研究。旅游经济核算通过建立一套系统、全面、科学的旅游经济指标体系，对一定时期旅游经济运行状况和经济成果进行计算、测定和分析，不仅能够揭示旅游经济与国民经济之间的相互关系和内在联系，而且能综合地反映出整个旅游经济运行的总体特征，反映出旅游经济对国民经济的贡献，以及其在社会经济中的重要地位和作用。

2）旅游经济核算增强了旅游决策的科学性和正确性

任何经济决策的科学性，都离不开一套完善的经济指标体系和科学的数量分析。在传统缺乏旅游经济核算的情况下，人们只能根据对旅游经济发展的规模状况，依靠对旅游市场现象的感知或有限的分析来进行决策，这样的决策必然存在一定的盲目性和主观性。而旅游经济核算不仅要有一套旅游经济发展规模和质量的指标体系，而且需要建立一套反映旅游经济运行和经济成果的综合指标体系。通过对旅游经济综合指标体系的分析和研究，不仅能够深入揭示旅游经济的流量和结构关系，而且能够综合反映旅游经济效益及影响旅游经济效益变化的主要因素，有利于旅游企业和旅游目的地国家（或地区）科学地分析存在的差距和问题，正确地认识自己在旅游市场上的地位和竞争力，从而增强旅游企业经营决策和旅游经济宏观决策的科学性，促进旅游企业不断提高市场竞争力，促进旅游目的地国家（或地区）不断提升旅游经济综合素质和发展能力。

3）旅游经济核算推动旅游经济更快、更好地发展

旅游经济核算的基础是旅游企业的经济核算和分析，离开了科学的旅游企业经济核算，或者旅游企业经济核算不健全、不可靠，则旅游经济核算就不能正确地进行。因此，通过旅游经济核算能够加强旅游企业的经济核算，促进对旅游企业财务结构和经营水平进行分析，从而有利于加强旅游企业的经营管理，推进旅游企业的改革和发展。同时，通过对旅游企业经济指标的统计汇总和核算分析，不仅能够从总体上计算和测定一个国家（或地区）在一定时期内的旅游经济活动和经济成果，而且有利于从国家（或地区）层面加强对旅游经济的总量分析，针对不同时期旅游经济运行特点和发展趋势进行宏观调控，采取有效的旅游经济政策和手段，促进旅游经济更快、更好地发展。

8.2.3　现代旅游经济核算指标体系

通常，对一个国家（或地区）旅游经济发展状况和水平的衡量和分析，一般是用接待旅游者总人数、旅游总收入等发展规模指标来反映。但由于这些经济指标与国民经济指标之间缺乏内在联系，无法从国民经济方面综合反映旅游经济发展的状况和水平，也不能科学地评价旅游经济对国民经济的重要作用和影响，因此必须按照国民经济核算原理，遵循国民经济综合指标体系的要求，结合旅游经济自身的特点，从旅游总需求角度出发，建立一套能够反映旅游经济总体发展状况的综合指标体系。这套指标体系应该包括旅游总消费、旅游总需求、旅游总供给、旅游增加值和旅游总就业在内的旅游经济综合指标体系，以综合反映和评估旅游经济发展的状

况、水平及其在社会经济中的地位和作用。

1）旅游总消费指标

旅游总消费指标，是指一个国家（或地区）在一定时期内（通常为一年）所接待的旅游者直接消费全部旅游产品和服务的市场价值的总和，其从经济产业的需求方面反映了整个国家（或地区）旅游业发展的规模和水平。旅游总消费指标具体又分为个人旅游消费支出、商务旅游消费支出、政府支出（个人）和旅游出口等指标，是构成旅游总需求的基础部分。其中，个人旅游消费支出，是指旅游者购买旅游产品的消费支出；商务旅游消费支出，是指企业经营人员和政府官员在进行商务和公务活动之后所进行的、具有个人性质的各种旅游消费支出；政府支出（个人），主要指政府为保障个人旅游消费权益而发生的支出，如建设旅游景区景点、国家公园、文物馆和博物馆等方面的支出；旅游出口，是指旅游目的地国家（或地区）向国际旅游者提供旅游产品和服务所获得的旅游收入，即国际旅游者的消费支出。

2）旅游总需求指标

旅游总需求指标，是指一个国家（或地区）在一定时期内全部旅游经济活动对物质产品和服务消费的市场价值的总和，包括旅游者的直接旅游消费和为保证直接旅游消费而发生的各种间接消费，其从经济活动需求方面较全面地反映了整个旅游经济发展的总量和旅游消费支出的结构。在旅游总需求指标中，除了旅游总消费中的四个具体指标，还包括政府支出（集体）、资本投资和非旅游出口等指标，这些指标是为了满足旅游者直接旅游消费而发生的各种间接消费，如政府用于各种公共基础设施和社区利益所发生的支出，所有私人部门和公共部门为旅游者提供各种接待设施而发生的资本投资，为旅游者和旅游业服务而发生的其他非旅游产品的出口等。

3）旅游总供给指标

旅游总供给指标，是从旅游经济活动供给方面考虑，指一个国家（或地区）在一定时期内向旅游者和旅游经营者所提供的全部物质产品和服务的市场价值的总和，既包括向旅游者提供的各种直接旅游产品和服务，也包括向旅游经营者提供的政府支出（集体）、资本投资和非旅游出口等。旅游总供给也是全部旅游要素收入之和加上旅游进口的总值，具体包括劳动报酬、折旧、税收、利润和进口支出等。由于旅游总需求指标和旅游总供给指标是从不同角度反映整个旅游经济运行的状况，因此在旅游经济账户体系中旅游总需求和旅游总供给应该是相等的，故一般在旅游经济运行分析中，往往直接用旅游总需求反映整个旅游经济活动的总供给规模和水平。

4）旅游增加值指标

旅游增加值指标亦称为旅游国内生产总值（GDP），是指一个国家（或地区）在一定时期内全部最终旅游产品和服务的市场价值的总和，即整个旅游经济活动的新增价值。从旅游总需求的角度看，旅游增加值是旅游总需求减去旅游进口的余额；从旅游总供给的角度看，旅游增加值是全部旅游要素成本的收入，再加上旅游进口所构成的总和。因此，把旅游增加值指标与旅游总收入指标相比较，旅游增加值指标更能够综合反映旅游经济对国民经济的贡献，也更有利于认识和把握旅游经济在社会经济中的重要地位和作用。

◆ **同步思考 8-3**

问题： 旅游增加值等同于旅游总产值吗？

5）旅游总就业指标

旅游总就业指标，是指一个国家（或地区）在一定时期内，随着旅游经济发展而直接和间接吸收社会就业的总量。旅游业作为一个以提供服务为主的经济产业，也是一个提供就业岗位较多的行业。旅游总就业，既包括旅游业本身所吸收的就业人员，也包括为旅游业提供产品和服务的相关部门所吸收的就业人员；既包括整个旅游直接就业人员，也包括旅游间接就业人员。因此，正确地统计和计算旅游总就业指标，有利于分析和评价旅游经济对带动社会就业的重要作用，有利于全面认识旅游经济在社会经济发展中的重要地位。

8.2.4　旅游卫星账户体系

进行旅游经济核算，不仅要有一套科学的综合指标体系，还必须建立科学的核算体系。旅游经济内部构成的综合性和复杂性，以及其涉及产业的广泛性，导致目前在国内外仍然未将旅游经济整体纳入国民经济核算体系，因此就必须根据国民经济核算体系的特点和要求，建立旅游经济核算体系即旅游卫星账户，来综合反映整个旅游经济运行和经济成果的发展状况和水平。

1）旅游卫星账户的概念

所谓**旅游卫星账户**（Tourism Satellite Account，TSA），是指在国民经济账户之外设立一个模拟账户，按照国际统一的国民账户的分类和核算要求，将所有旅游消费部门和相关部门中由于旅游消费所引起的直接和间接的产出分离出来，统一纳入模拟账户中进行核算，以准确计算和测量旅游经济运行状况和发展水平，分析和评价旅游经济在国民经济中的地位和影响力。

为了较为客观地衡量各国的旅游活动，旅游发达国家经过探索和实践，于 2000 年由经合组织、世界旅游组织和欧洲委员会共同商议形成了《旅游卫星账户：建议的方法和框架》。2001 年温哥华会议上又明确"把旅游卫星账户作为在一个经济体中，相对于其他产业和其他经济活动衡量旅游直接经济效益的国际标准"。目前，已有一些国家相继采用了由世界旅游及旅行协会（WTTC）编制的旅游卫星账户对旅游经济在一国国民经济中的地位和影响力进行测算和预测（见表 8-1 和表 8-2）。

2）旅游卫星账户的特点和内容

旅游卫星账户的特点是将所有由游客消费引致的产出部分分离出来并列入这一虚拟账户。该账户相应包括以下三个主要方面的内容：

（1）旅游业消费的详细数据

从旅游消费的角度出发，说明旅游业是直接为旅游者旅行和旅游消费而生产和提供各种物质产品和服务的，其内容包括个人消费支出、商务旅游支出、政府支出（个人）、资本投资以及游客出口等部分的消费支出。

表8-1　　　　　　　　世界旅游及旅行协会（WTTC）编制的全球旅游
卫星账户的测算　　　　　　　金额单位：10亿元人民币

项目	2004 年			2013 年		
	数量	占总量百分比（%）	增长*	数量	占总量百分比（%）	增长**
个人旅游及旅行	2 294.6	10.1	4.8	3 862.3	10.8	3.7
商务旅行	5 248	—	4.8	871.7	—	3.7
政府支出	236.5	3.9	3.0	378.2	4.1	3.0
资本投资	730.9	9.6	3.9	1 308.6	10.1	4.3
游客出口	605.1	6.0	10.7	1 332.1	6.0	7.1
其他出口	535.2	5.3	8.9	1 187.0	5.4	7.2
旅游及旅行需求	4 926.8	—	5.7	8 939.7	—	4.6
旅游及旅行行业 GDP	1 374.8	3.7	4.8	2 279.2	3.8	3.6
旅游及旅行经济 GDP	3 787.2	10.3	4.8	6 461.4	10.8	3.9
旅游及旅行行业直接就业（千人）	69 737.8	2.7	3.4	83 893.6	2.8	2.2
旅游及旅行行业间接就业（千人）	200 967.0	7.7	3.3	247 205.0	8.4	2.4

注：*2004年除去通货膨胀之后的增长率（%）。

**2013年除去通货膨胀因素之后的年实际增长率（%）。

（资料来源　国家旅游局. 中国旅游业发展重大课题调研成果汇编［M］. 北京：中国旅游出版社，2006：65.）

表8-2　　　　　　　　世界旅游及旅行协会（WTTC）编制的中国旅游
卫星账户的测算　　　　　　　金额单位：10亿元人民币

项目	2004 年			2013 年		
	数量	占总量百分比（%）	增长*	数量	占总量百分比（%）	增长**
个人旅游及旅行	610.8	10.1	22.4	1 793.2	11.8	9.8
商务旅行	58.4	—	21.7	187.6	—	10.9
政府支出	69.6	3.8	8.9	179.0	4.0	7.1
资本投资	512.1	9.4	14.7	1 453.0	10.1	8.7
游客出口	124.3	3.1	105.8	525.3	3.4	22.4
其他出口	161.7	4.0	12.0	629.6	4.1	11.9
旅游及旅行需求	1 536.7	—	21.8	4 767.7	—	10.4
旅游及旅行行业 GDP	289.2	2.3	33.6	844.6	2.5	10.9
旅游及旅行经济 GDP	1 273.6	10.2	23.0	3 747.2	11.3	9.9
旅游及旅行行业直接就业（千人）	13 618.4	1.9	21.3	16 092.5	2.0	3.8
旅游及旅行行业间接就业（千人）	54 051.7	7.4	13.7	65 849.2	8.3	3.4

注：*2004年除去通货膨胀之后的增长率（%）。

**2013年除去通货膨胀因素之后的年实际增长率（%）。

（资料来源　国家旅游局. 中国旅游业发展重大课题调研成果汇编［M］. 北京：中国旅游出版社，2006：65.）

个人消费支出，既包括本地居民出游的个人服务消费和国内外旅游者对服务产品（包括住宿、餐饮、交通、娱乐、金融服务等）的购买和消费，也包括当地居民为提供旅游服务而对耐用品和非耐用品的购买，以及用于国内外旅游者消费的各种旅游商品（如工艺品、当地产品、礼品等）。

商务旅游支出，是指企业经营人员和政府官员在进行各种商务或公务活动之余所进行的，具有上述个人性质的各种旅行和旅游消费支出，包括交通、住宿、餐饮、娱乐、购物和其他产品和服务消费支出等。

政府支出（个人），是指政府的各种机构和部门为保障国内外旅游者的合法权益所进行的各种消费支出，如用于各种文化场馆（如博物馆、美术馆等）、国家或地方公园、旅游景区景点、海关、移民局等方面的消费支出。

旅游投资，是指为旅游者提供各种旅游设施的厂商（私人部门）和政府代理机构（公共部门）的投资，其不仅构成旅游需求的重要组成部分，也是保持旅游经济持续发展的必不可少的投入。

游客出口，是指国际游客在旅游接待国或地区购买各种旅游产品和旅游服务的消费支出，其形成旅游接待国或地区的旅游外汇收入。

（2）旅游业的详细生产账户

从旅游需求的角度出发，明确了旅游业不仅需要直接为旅游者消费提供各种物质产品和服务（即上述旅游业的内容），同时也需要间接为旅游业发展提供各种物质产品和服务。其内容具体包括以下几个方面：

①政府支出（集体），是指与旅游活动相关的各级政府部门和机构的消费支出，其绝大部分都是为了整个国家或地区的利益而发生的消费支出，如用于旅游促销、航空管理、旅游安全和医疗卫生设施及服务等方面的消费支出。

②资本投资，是指间接为旅游者提供各种旅游设施、设备和基础设施的厂商（私人部门）和政府代理机构（公共部门）的投资，其不仅构成旅游需求的重要组成部分，也是保持旅游经济持续发展的必不可少的投入。

③出口（非旅游），是指包括为旅游者提供的其他最终消费品（如服装、电器和汽油等）的出口和向旅游业服务的厂商所提供的各种资本品（如飞机和轮船）的出口等。

按照投入产出分析，对应于旅游总消费和旅游总需求，旅游卫星账户还能区分出"旅游业"产值和"旅游经济"产值，甚至能区分出旅游业的进口和旅游经济的进口。最后，旅游卫星账户从旅游总供给方面着手，即可分析旅游业的直接和间接的经济作用和影响力，旅游增加值及其各组成部分，包括工资（和薪金）、税收、利润、折旧和积累的有关情况等。

（3）旅游经济总量指标

通过旅游卫星账户，还可以明确地对旅游经济总量指标进行分析和计算。其具体包括游客消费总额、旅游消费所产生的旅游业增加值、旅游就业情况。

游客消费总额，是指一定时期内旅游者在旅游目的地国家或地区进行旅游活动过程中所支出的货币总额。它从价值形态上反映了旅游者对旅游目的地的旅游产品消费的总量。

按照《旅游卫星账户：推荐方法框架》中的定义，旅游消费所产生的旅游业增加值是指"由旅游产业和经济体的其他产业为响应境内旅游消费而产生的增加值"。它不包括向非旅游者提供服务所产生的那部分增加值。

旅游直接就业，通常包括直接面对旅游者提供各种服务的人员，如航空公司、旅游宾馆、出租车、餐馆、零售商店和娱乐场所等方面的服务工作人员等。

旅游间接就业，通常包括提供与旅游相关的辅助性服务工作的人员，如航空食品供应、洗涤服务、食品原料供应、批发销售、医疗卫生、金融保险等方面的服务工作人员等。

旅游业供给者的直接就业，通常包括政府代理机构、资本品制造业、建筑业和出口旅游商品等行业的就业人员。

旅游业供给者的间接就业，通常包括为旅游业供给者提供各种如钢材、木材、石油化工产品等生产资料行业的就业人员。

◆ **同步思考8-4** ◆

问题： 如何正确理解旅游经济总量？

3）旅游卫星账户核算方法

旅游卫星账户核算方法是参照国民账户方法进行的，其难点在于面对旅游业涉及众多经济行业的实际情况，如何正确地确定旅游需求和旅游供给的内容。因此，世界旅游组织在其提供的《基本旅游卫星账户体系》中，分别对旅游卫星账户的旅游需求和旅游供给的统计度量和分类标准做出了具体的规定。

（1）旅游需求方法

由于国民账户中没有对旅游消费的明确划分，因此必须定义旅游消费的概念和范围，具体包括以下几个方面的内容：首先，明确将旅游经济划分为入境旅游、出境旅游和国内旅游三种类型；其次，明确定义游客概念和范围，并将游客划分为入境游客、出境游客和国内游客，其中又进一步区分为过夜旅游者和一日游旅游者；再次，定义旅游消费的概念和范围，包括细化入境旅游消费、出境旅游消费和国内旅游消费的具体内容和范围；最后，按照国民账户核算方法统计旅游总消费（或总需求）。

（2）旅游供给方法

由于国民账户中未单独列出旅游业和旅游产品的内容，因此就需要对旅游业的组成和旅游产品的范围进行统计标准定义，具体包括以下几个方面的内容：

首先，确定旅游业所提供的旅游产品。按照世界旅游组织的规定，旅游产品是由两个方面所组成的：一是具有旅游性质的商品与服务，即如果没有旅游消费则对这类商品和服务的供给将明显减少；二是与旅游相关的商品和服务，即旅游者对这类商品和服务的消费占旅游者消费总支出的较大比例。

其次，参照国民账户标准产业分类方法确定旅游业。尽管有许多行业都可以生产和提供旅游产品，但只有那些真正在旅游中起重要作用的行业才能够纳入旅游业的范围，即纳入旅游业的行业必须是若没有旅游消费则其将停业，或者其生产规模将大幅度缩小。

最后，按照上述界定及国民账户核算方法统计旅游业的增加值和就业人数。

8.3　现代旅游经济宏观调控

8.3.1　现代旅游经济宏观调控的必要性

在现代市场经济条件下，旅游经济运行是建立在旅游市场和市场机制作用基础之上的，但由于旅游资源、产品特性和旅游市场失灵等因素，决定了不能完全依靠旅游市场的自发调节作用实现旅游经济运行的有效性，必须通过加强政府宏观调控来促进旅游经济的健康发展。从理论和实践两个方面分析，对旅游经济运行进行宏观调控的必要性是由以下几个方面的因素所决定的。

1）旅游资源的公共性

旅游资源是旅游经济活动的主要对象，但在现实经济中大多数旅游资源具有公共物品（Public Goods）的属性，不论是自然禀赋因素所形成的山水风光、森林草原、海滨沙滩、阳光气候等自然旅游资源，还是保留了人类劳动的古迹遗址、文化艺术、民族习俗等人文旅游资源，都属于全社会和人类所共有，任何个人或组织都不能把其据为己有。正是旅游资源的公共性特点，决定了旅游消费具有非竞争性和非排他性的典型特征。

（1）旅游消费的非竞争性

旅游消费的非竞争性，是指具有公共性特点的旅游资源一旦提供给人们消费，在可能的范围之内通常增加旅游者的边际成本为零，即不会因为每增加一个旅游者而相应增加成本，如一个容纳千人的旅游景点接待100个旅游者与接待500个旅游者的成本是相同的，从而形成了旅游消费的非竞争性特征。

（2）旅游消费的非排他性

旅游消费的非排他性，是指把具有公共性特点的旅游资源提供给人们消费时，其可以同时满足许多旅游者消费且不可能把任何旅游者排除在外，如一个旅游者在游览山水风光时并不排除其他旅游者同时欣赏山水风光的美景。

◆◆◆ 深度思考8-1

问题：旅游资源是否存在非经济性特征？

2）旅游产品的综合性

旅游产品是一种包括食、住、行、游、购、娱等多种要素集合的综合性产品，其要求各种要素必须相互配合、相互补充、有机结合，才能有效地满足旅游者的消费需求，获得良好的经济效益。在现实中，旅游产品的各组成要素是由不同旅游经营者进行生产和供给的，旅游资源的不同、旅游企业实力的差别、旅游信息的不充分、不同行业竞争的差异等因素，导致旅游市场作用的局限性，无法完全通过市场机制实现对旅游产品要素集合的最优调节，必须通过政府宏观调控才能保证旅游产品各要素综合协调地发展。

根据旅游产品综合性特点，政府对旅游产品生产和销售的宏观调控主要集中在以下几个方面：

一是对旅游资源开发的调控。现实中旅游资源的公共性和分布的广泛性，决定了对旅游资源的开发不能自行其是、各自为政，必须由政府制定统一的规划，科学组织旅游资源的开发，才能最有效地利用旅游资源。

二是对旅游产品生产的调控。由于旅游产品涉及众多要素和条件，在旅游信息不充分和不对称的情况下，单靠旅游市场机制无法实现旅游要素资源的最优配置，就需要政府通过掌握更多的旅游信息，把握旅游市场的发展趋势，集合各方面的财力，从宏观上引导和调控旅游产品的生产和销售，以获得更好的总体经济效益。

三是对旅游基础设施建设的调控。由于大多数旅游基础设施属于公共产品，不可能完全通过市场机制来调节旅游企业建设，只能由政府按照旅游发展规划分期投入建设，创造良好的旅游发展环境条件，引导其他旅游产品要素的发展。

四是对旅游宣传促销的调控。由于旅游产品不同于工农业物质产品和一般服务产品，其宣传促销既有对旅游目的地整体形象的宣传，又有对旅游企业的宣传；既有对旅游线路产品的促销，又有对单项旅游产品的促销。因此，旅游宣传促销不可能完全由旅游企业来进行，必须由政府牵头、企业参加，统一联合和分层次地进行旅游宣传促销。

3）旅游活动的外部性

外部性作为市场失灵的典型特征，是指个体经济活动所产生的额外收益和成本与社会收益和社会成本不一致的现象。当某个体经济活动使得其他经济主体获得额外收益时，称为外部正效应或外部经济；当某个体经济活动使得其他经济主体承担额外的成本时，称为外部负效应或外部不经济。现代旅游是一种涉及面广的经济活动，决定了旅游活动外部效应较为显著，既有外部经济，也有外部不经济。

（1）旅游活动的外部经济

旅游活动的外部经济，是指通过开展旅游活动除了获得直接经济效益外，还给旅游目的地国家（或地区）带来更多额外的经济社会效益。从现代旅游发展的实践看，一方面，依托旅游目的地的旅游资源优势和各种经济社会条件，发展旅游经济不仅可以直接获得经济收入，带动旅游目的地的经济社会发展。另一方面，发展旅游对于旅游目的地国家（或地区）来讲，可以提高其知名度和影响力，促进对外交流和合作；可以推动当地民族文化的发掘和整理，促进传统优秀民族文化的发展；可以推动地方城市建设和生态环境质量的改善，促进经济社会的可持续发展；可以推动当地社区精神文明建设，形成良好的道德风尚和社会治安环境等。

（2）旅游活动的外部不经济

旅游活动的外部不经济，是指在开展旅游活动过程中，除了直接成本的支付外，还会产生其他社会成本的支出。目前，旅游活动的外部不经济突出表现在大量的尤其是超过环境承载力的旅游活动，造成了旅游景区景点的拥挤、旅游设施的过度使用和生态环境的污染；外来文化对当地传统文化的冲击，引起地方优秀传统文化的消退和对文物古迹的磨损、破坏等；大量外来旅游者的进入对当地社区消费观念、消费习惯和社会治安的影响等。上述这些情况的产生，必然增加旅游目的地的社会成本的支出，从而形成旅游活动的外部不经济。

由于旅游活动的外部性存在于旅游市场之外，市场机制无法对其起到调节作用，再加上这些外部不经济的集中性、累积性、强制性和关联性等特点，使旅游要素无法通过市场机制作用实现帕累托最优，从而要求加强政府对旅游经济运行的宏观调控，采取有效的措施和方法，充分发挥旅游活动的外部正效应，尽量消除或减少旅游活动的外部不经济。

◆ 深度剖析 8-1

问题： 如何消除旅游活动带来的外部不经济？

4）旅游市场竞争的不完全性

在市场经济条件下，旅游市场竞争是实现旅游产品价值、促进旅游产品和旅游企业优胜劣汰的重要机制。但由于旅游市场上无法实现完全竞争，导致旅游市场失灵而出现垄断或不公平竞争，决定了政府必须通过制定法律法规，加强旅游宏观调控，维护市场竞争的公平性，规制旅游市场秩序，促进旅游经济运行的健康发展。

（1）旅游资源或产品的垄断性

旅游市场竞争的不完全性，首先表现在某些旅游资源或产品具有一定的垄断性，从而形成较强的市场垄断势力，排斥市场竞争并获取高额利润。由于较强的市场垄断势力限制旅游市场的竞争，降低整个旅游要素资源的有效配置，对整个旅游经济运行和社会福利都会造成损害，因此政府必须通过采取各种措施对垄断势力进行限制，维护旅游市场的公平竞争。例如，政府通过制定反垄断法、反不正当竞争法等法律法规来禁止或限制可能形成的垄断势力，保护和规制竞争性旅游经济，充分发挥市场竞争机制的作用。

（2）旅游信息的不完全性和不对称性

旅游市场竞争的不完全性，还表现为旅游信息的不完全性和不对称性，从而引起旅游市场竞争的不规范行为，甚至出现"劣质服务驱逐优质服务"的状况。

旅游信息的不完全性，是由于对旅游信息的收集和获取是需要成本的，而过高的旅游信息成本使旅游者或旅游经营者无法获得充分的旅游信息，通常只能在有限的旅游信息条件下做出决策。

旅游信息的不对称性，是指旅游者和旅游经营者对旅游信息了解和掌握情况的不一致，导致旅游市场机制不能正常发挥作用而使市场失灵。尤其是旅游经营者掌握的旅游信息通常要多于旅游者，在旅游市场失灵情况下，就会出现旅游市场上"劣质服务驱逐优质服务"的情况，造成旅游市场秩序的混乱。于是，政府必须通过加强旅游宏观调控，提供更多的旅游信息，规制旅游市场秩序，强化旅游市场主体的公平性行为，确保旅游经济运行健康发展。

8.3.2　现代旅游经济宏观调控的内容

在旅游经济运行中，市场机制和宏观调控是实现旅游要素资源配置的两种不同的手段。从上述分析中可以看出，不论是从旅游经济理论方面还是从旅游发展实践方面都表明，市场机制和宏观调控是相互补充、共同作用、缺一不可的。因此，在充分发挥旅游市场机制作用的基础上，必须进一步明确旅游经济运行调控的目标和内容。根据世界旅游组织对世界主要旅游发达国家的调查分析，结合中国旅游发展的实践，旅游经济宏观调控的目标和内容主要有以下几个方面：

　　1）满足人们不断增长的旅游需求

　　旅游经济运行调控的首要目标和内容，是满足人们不断增长的旅游需求，这既是保证人们休闲度假、旅行游览自由权利的实现，也是不断丰富人们物质文化生活、提高生活质量的客观要求。早在1980年世界旅游大会通过的《世界旅游宣言》（又称为《马尼拉宣言》）中就指出："只有人们得到休息、度假和自由旅行的机会，旅游业的发展才是可能的""休息的权利，特别是由于工作权利而带来的度假、旅行和游览自由的权利，都被《世界人权宣言》和许多国家的法律视为实现人类自我价值的一个重要方面"。特别是随着社会生产力的发展，人们可支配收入的增加，生活质量的不断提高，旅游不仅成为一种大众化的活动，而且成为人们物质文化生活的重要组成部分。

　　因此，保证人们休闲度假、旅行游览自由权利的实现，满足人们不断增长的旅游需求，丰富人们的物质文化生活，提高人们的生活质量，既是现代旅游经济发展的目标，也是旅游经济运行调控的首要目标和内容。

　　2）促进旅游经济的持续增长

　　旅游业作为现代经济中的新兴产业，在促进社会经济发展方面具有重要的地位和作用。因此，必须把促进旅游经济的持续增长作为旅游经济运行调控的目标和内容。

　　从对经济发达国家旅游业发展的实践分析，不仅在旅游业发展的初期及以后各个时期都加大政府宏观调控力度，推动旅游经济的快速发展，即使在旅游业发展达到较高水平之后，也仍旧不断加强政府对旅游经济的宏观调控，采取各种措施和方法推进旅游经济的发展。

　　对于发展中国家来说，尽管拥有丰富的旅游资源，但由于社会生产力和经济发展水平的局限，旅游业发展起步较晚、条件较差，更不可能完全依靠市场来自发推动旅游经济的发展，必须在充分发挥旅游市场机制作用的基础上，发挥政府在旅游经济发展中的主导作用，加强对旅游经济运行和发展的宏观调控，采取一切可能的措施和手段，促进旅游经济持续快速地增长，从而带动整个国家或地区社会经济的发展。

　　3）实现旅游经济的总量平衡

　　旅游经济的总量平衡，就是指旅游总需求和总供给的平衡。在市场经济条件下，由于旅游者和旅游企业的旅游经济活动是分散的，其决策是按照各自的利益和意愿来进行的，因此他们的旅游经济活动不可能完全与旅游经济运行的宏观目标相适应，导致旅游经济运行中出现旅游供求总量失衡和供求结构失衡的矛盾和问题。

　　旅游供求总量失衡，是指旅游总供给和旅游总需求之间出现差距，即出现供给过剩或需求不足，或者供给短缺或需求过旺。旅游供求结构失衡是旅游经济运行中不可回避的客观现实，其有多种表现形态，有旅游行业各部门供给均大于需求的"同向过剩结构失衡"，有旅游行业各部门供给均小于需求的"同向短缺结构失衡"，还有过剩与短缺并存的"异向结构失衡"等。

因此，旅游经济宏观调控的目标之一，就是要通过制订旅游经济发展计划和旅游经济政策，采取合理有效的旅游经济杠杆，实现旅游经济的总量平衡。一方面，要通过加强旅游需求和旅游供给管理，利用各种经济政策和经济杠杆来刺激或抑制旅游需求和旅游供给的变化，实现旅游总供求的数量平衡；另一方面，要通过旅游发展计划和各种经济杠杆，对旅游需求流量进行合理引导和分流，对旅游供给存量和流量进行投资引导和结构调整，实现旅游供求结构的合理化和高度化。

4）扩大旅游业的社会就业

不断增加社会就业岗位，实现充分就业是每个国家宏观经济政策和调控的重要目标。随着现代旅游经济的发展，旅游业已经成为吸纳社会就业的重要经济产业。根据世界旅游理事会的统计分析，2002 年全球旅游业提供就业岗位已经达到 1.98 亿个，占世界当年总就业人数的 7.8%，平均每 12.8 个就业人员中就有一人是从事旅游经济工作的。2002 年，我国就业人口中与旅游业直接和间接相关的劳动人口有 7 500 万人，旅游业的直接就业乘数达 3.77，旅游业在吸纳就业方面具有非常明显的优势和潜力。旅游业不仅为城市新增就业人员提供了大量就业岗位，而且为农村剩余劳动力的转移和失业职工提供了广泛的就业岗位。

5）有效地保护和利用旅游资源和生态环境

旅游资源和环境是旅游经济发展的重要生产要素。由于许多旅游资源是不可再生资源，旅游环境是旅游经济可持续发展的必要条件，因此必须坚持旅游资源保护与开发并举、旅游环境保护与利用并重的原则，把对旅游资源和环境的保护放在首位，在保护的前提下合理开发旅游资源，有效利用生态环境，提高对旅游资源和环境的利用效率，促进旅游经济的可持续发展，这是旅游经济宏观调控的重要目标之一。

有效保护和合理利用旅游资源和环境，首先，必须强化旅游经济可持续发展的观念，明确旅游资源和环境是旅游生产力存在与发展的基础，保护好旅游资源和生态环境就是保护旅游生产力，促进旅游资源的合理利用和生态环境的建设就是促进旅游生产力的发展，从而自觉地树立对旅游资源和环境的保护意识。其次，必须统筹规划和安排旅游资源的开发，建立旅游资源合理开发和有效利用的机制，实行旅游资源有偿开发和使用制度，有效遏制对旅游资源的低层次和重复性开发，推动旅游资源从粗放型开发方式向集约型开发方式转变，促进旅游资源的可持续利用。再次，要注重对生态环境的保护和利用，遏制对生态环境的破坏和污染，加强生态环境建设和管理，加大对生态环境的治理力度，不断改善和提高生态环境质量，创造良好的旅游生态环境，促进旅游经济的可持续发展。

深度剖析8-2

问题： 目前中国对旅游经济运行预警研究存在哪些问题？

8.3.3　现代旅游经济宏观调控方法和手段

对旅游经济进行宏观调控必须有科学的方法和手段。从社会主义市场经济发展的要求，结合旅游经济发展的客观规律性，旅游经济宏观调控的方法和手段主要有以下三个方面：

1）发展规划调控

在现代市场经济体制中，应用发展规划调控旅游经济是一种重要的必不可少的调控方法和手段。世界旅游组织明确提出，旅游规划是旅游业实现协调、有计划和可持续发展的基础。[①]旅游发展规划调控不同于传统的指令性计划，而是一种建立在市场经济规律基础上的，以指导性计划和中长期发展规划为主的调控手段。

应用发展规划调控旅游经济运行和发展有以下要求：一是要正确确定旅游经济发展的目标，这个目标必须综合平衡经济、社会和环境等各种因素，有利于政府从宏观上有计划、有控制地发展旅游业，指导旅游经济的健康运行和发展；二是旅游规划的制定和实施应该是综合性和跨行业的，广泛吸收各类政府机构、旅游企业、社会团体和个人参加，使各方面的利益都能够在规划中得到体现，保证发展规划制定的科学性和实施的可能性；三是发展规划的内容既要全面又要突出重点，规划内容要充分考虑旅游经济各个方面的协调发展，同时在不同时期或阶段应该有不同的重点，成为阶段性调控旅游经济运行的目标和内容；四是发展规划要有明确的量化指标和要求，以便定期进行检查和比较，并根据不同时期经济社会环境的变化而做出及时的调整。

2）经济杠杆调控

经济杠杆，是指对旅游经济运行具有调节和转化作用的各种手段和方法。在现实经济中，政府不可能也不必要对所有的旅游经济活动都进行宏观调控，可以通过制定各种旅游经济政策和利用经济杠杆调控旅游市场，充分发挥旅游市场机制的作用，对旅游企业的经营活动进行间接调控。

政府间接调控旅游经济的经济杠杆一般有财政杠杆、信贷杠杆、价格杠杆和对外经济杠杆等。

财政杠杆，主要是通过税收政策和税率变化调节旅游收入分配，合理安排财政转移支付以调节政府对旅游的支出等。

信贷杠杆，主要是通过利率机制和信贷政策，促进旅游资源开发和各旅游要素的协调发展，有效地调控旅游需求与供给的短期均衡，实现旅游总供给和总需求长期平衡协调地发展。

价格杠杆，是根据价值规律的要求，通过确定旅游产品的指导价格，规定最高限价或最低限价等，以规制和引导旅游企业的经营行为，保证旅游经济健康运行和发展。

对外经济杠杆的内容较多，包括利用汇率机制、签证政策、旅游购物退税政策、招商引资政策等，大量吸引入境旅游者，不断提高旅游者的消费支出，积极吸

---

①　WTO.Guide for Local Authorities Developing Sustainable Tourism，1998.

引国外投资或向外投资等，促进旅游经济的发展和壮大。

3）行为规制调控

行为规制，通常是指政府或社会为实现一定的经济社会目标，对旅游市场中的各经济主体做出的具有法律或准法律约束力的行为规范及相应的措施，简言之，就是政府或社会对各旅游经济主体及其行为进行限制、规范的具体行动和措施。在旅游经济运行中，行为规制按照调控实施的主体不同，一般分为政府规制、社会规制和行业规制等。

政府规制，是政府对旅游企业和旅游者行为采取的具有法律约束力的限制和规范，是针对旅游市场失灵而采取的治理行动和措施。其目的是维护良好的旅游市场秩序，限制市场垄断势力，提高市场配置资源的效率，保护旅游者和旅游经营者的利益不受侵犯。政府规制一般分为直接规制和间接规制，直接规制是政府部门直接对旅游经济主体行为实施的规制，包括对旅游企业进入或退出市场、旅游价格、服务质量、旅游安全以及投资、财务、会计等方面的活动进行规制；间接规制，是政府有关部门通过法律规定的程序而对旅游经济主体行为实施的规制，如对消费者权益保护、环境保护、文化遗产保护等方面的规制。

社会规制，通常是指市场机制对旅游经济主体行为的各种直接或间接的准法律的约束、限制和规范，以及社会为促进旅游经济主体行为而符合上述规制的各种行动和措施。社会规制调控作用的发挥通常是间接的，即政府将各种宏观调控意图转化为旅游市场秩序、市场环境和市场信号，通过旅游市场机制作用规制旅游企业的经营行为和活动，促进旅游企业在市场机制作用下自由竞争和优胜劣汰。此外，社会规制也会通过其他行为和措施，如新闻监督、民众意愿、社会团体督察等对旅游企业行为进行规制。

行业规制，是指由旅游行业协会自主地对旅游企业行为进行约束和规范的行动和措施，是一种旅游企业之间相互约定的自组织规制。旅游行业协会是旅游企业在自愿基础上组成的松散组织，其主要职能和任务是：开展旅游行业的调查研究，及时为旅游企业经营决策和旅游行政管理部门宏观调控提供依据和建议；协调旅游企业之间的关系，推动旅游企业之间的联合与协作；按照政府的授权和委托，进行旅游行业管理和规制；组织各种旅游信息和经验交流，开展各种旅游经济咨询服务；举办各种旅游培训、技术交流、旅游会展等活动。

学习微平台

二维码资源
8-05

⭐ **本章概要**

✿ **主要概念**

旅游总需求　旅游总供给　自然资源　人文旅游资源　旅游经济运行过程　现代旅游经济核算　旅游总消费指标　旅游总需求指标　旅游总供给指标　旅游增加值指标　旅游总就业指标　旅游卫星账户

✿ **内容提要**

● 本章主要介绍了现代旅游经济运行及调控，即一个国家（或地区）在一定时期内旅游总需求、旅游总供给平衡发展变化及旅游总供求均衡运动的过程。

● 现代旅游经济运行的基础，是一个国家（或地区）所拥有的国民财富即物质资料的总和，其包括自然资源、国民财产、劳动力和科学技术等。现代旅游经济运行的条件，反映了在一定的经济模式和经济运行机制条件下，旅游经济运行的基本内容和要求，其中旅游企业是旅游经济运行的微观基础，旅游市场是旅游经济运行的客观条件，政府宏观调控是旅游经济运行的重要保障。

● 现代旅游经济运行过程，是指一个国家或地区在一定时期内旅游产品的生产、交换、分配和消费的总运动过程。在现代市场经济条件下，旅游经济运行通常表现为两种相对的运动过程，一种是旅游产品的实物运动过程，另一种是旅游产品的价值运动过程。两种运动始终处于对立统一，既分离又结合的周而复始的不断循环和扩大运行中。

● 现代旅游经济核算，是对一个国家（或地区）在一定时期内的整个旅游经济运行及其经济成果进行全面的统计、计算和测定，是规划旅游经济发展、制定旅游经济政策、加强旅游经济宏观管理的重要依据。为了加强旅游经济核算，必须建立一套包括旅游总消费、旅游总需求、旅游总供给、旅游增加值和旅游总就业在内的旅游经济综合指标体系，以综合反映和评估旅游经济发展的状况、水平及其在社会经济中的地位和作用。

● 旅游卫星账户（TSA），是由世界旅游组织推荐的旅游经济核算账户，是指在国民经济账户之外设立一个模拟账户，按照国民经济账户统一的分类和核算要求，将所有旅游和相关部门中由于旅游消费所引起的直接和间接的产出分离出来，统一纳入模拟账户中进行核算，以准确计算和测量旅游经济运行状况和发展水平，分析和评价旅游经济在国民经济中的地位和影响力。

● 在现代市场经济条件下，旅游经济运行不能完全依靠旅游市场的自发调节作用实现，还必须通过加强政府宏观调控来促进旅游经济的健康发展。

● 旅游经济宏观调控的目标和内容主要有：满足人们不断增加的旅游需求，促进旅游经济的持续增长，调节旅游经济的供求总量平衡，不断增加社会就业岗位，有效地保护和利用旅游资源和生态环境。旅游经济宏观调控的方法和手段，主要有发展规划调控、经济杠杆调控和行为规制调控等。

✿ 内容结构

本章内容结构如图8-2所示。

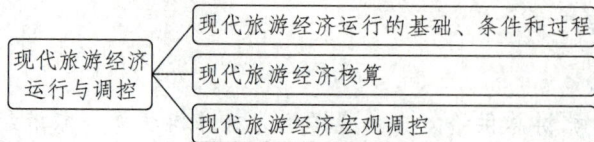

图8-2　本章内容结构

✿ 重要观点

观点8-1：旅游经济运行中必须强调旅游地的文明与公平发展。

常见质疑：在旅游活动中经常忽略了旅游地的文明与公平。

释疑：旅游开发必须保护旅游地居民的生活质量和旅游地的文明与公平。如果一个旅游区没有给当地居民带来好处，那么该地的旅游经济运行必然会遭遇发展障碍。

观点8-2： 在可预见的将来，我国旅游服务贸易的逆差将是一种新常态。

常见质疑： 存在靠行政的手段干预出境游市场的现象。

释疑： 在市场经济条件下，试图靠行政的手段干预出境游市场是极不明智的。出境游与国内游是两种消费，其消费相互替代性并不强。而且，出境游的民生效益、社会效益、政治效益、经济效益以及国际影响力收益，绝不能以虚妄的行业贸易平衡来衡量。

✦ 单元训练

☆ 传承型训练

▲ 理论题

△ 简答题

1）简述现代旅游经济运行的概念与内涵。

2）简述现代旅游经济运行的基础与条件。

3）简述现代旅游经济运行的过程。

4）简述现代旅游经济核算的概念与重要性。

5）简述旅游卫星账户的概念。

△ 讨论题

1）为什么要对现代旅游经济进行宏观调控？

2）旅游增加值与旅游总产值有何区别？

3）旅游资源是否存在着非经济性特征？

▲ 实务题

△ 规则复习

1）简述现代旅游经济核算的指标体系。

2）简述旅游卫星账户的内容

3）旅游卫星账户有哪些核算方法？

4）简述现代旅游经济宏观调控的内容、方法和手段。

△ 业务解析

1）用行政的手段干预出境游市场是否明智？

2）如何消除旅游活动带来的外部不经济？

3）目前中国对旅游经济运行预警研究存在哪些问题？

▲ 案例题

△ 案例分析

【训练目的】

见本章"学习目标"中"传承型学习"的"认知弹性"目标。

【教学方法】

同第1章本题型的"教学方法"。

【训练任务】

同第1章本题型的"训练任务"。

【相关案例】

土耳其旅游经济的宏观调控

背景与情境： 土耳其共和国成立以后，土耳其旅游业经历了最初的国家社会主义经济时期（1923—1950年）、民主党执政的保守自由主义经济时期（1950—1963年）和国家计划经济时期（1963—1983年），在长达半个多世纪的缓慢发展中，旅游业发展也从婴儿期步入调整和宣传期，但在国民经济中的地位和作用一直不甚显著。直到20世纪80年代，政府进行经济调整和私有化改革，才使旅游业发展步入了快车道。土耳其旅游收入急剧增长，大约每三年入境游客人数就翻一番。1980年，土耳其接待国际游客数量只有105万人次，而到2010年年底，土耳其接待的国际游客数量已达286万人次，年平均增长率达6.3%。随着国际游客数量和旅游收入的迅速增长，旅游业成为土耳其规模最大和增长最快的产业之一，并且成为重要的安置就业的部门。在土耳其，旅游业在国内生产总值中的比重也在逐年增加，2010年旅游收入占国内生产总值的7.2%、服务业收入的23.1%，每年提供61.8万个工作岗位。同时，旅游业也是土耳其政府财政收入的主要来源，每年贡献35亿美元的税收收入。无论是在创造国家旅游目的地形象方面，还是在旅游产品的开发方面，土耳其都已经进入世界旅游强国行列。2001年，土耳其被中国确定为中国公民的旅游目的地国。近年来，赴土耳其旅游的中国游客数量以20%左右的比率增长，2010年达到77 000人次。中国成为土耳其第三大贸易伙伴，2011年中土贸易额已达187.41亿美元，同比增长24%。

在土耳其经济中，旅游业的产业规模、产业结构、产业布局以及市场绩效一直与土耳其政治、社会和经济政策联系密切。在旅游业的重要发展阶段，政府政策和发展战略发挥了关键性的作用。1963年，土耳其在实施第一个五年规划期间，政府就确立了优先发展旅游业的战略，目的是获取国家经济发展急需的外汇和创造就业岗位。这项战略明确了旅游业在土耳其国民经济中的地位和作用，为旅游业发展指导方向。在之后土耳其的政局变动中，政府政策虽有调整，旅游产业政策的制定也由以官僚为中心的国家主导形式逐步演变为一个多部门共同参与的决策框架，但土耳其发展旅游业的战略从未动摇，政府旅游政策的持续性和连贯性以及国家明确的战略导向为旅游业的迅猛发展提供了保障。这主要表现在以下四个方面：

其一，用法律手段规范和指导旅游业的发展。1953年，政府颁布《旅游鼓励法》，对本国和外国投资者开放旅游市场，采取包括建立信贷系统和减免税收的激励措施。该法案第一次尝试在政策框架下，运用制度手段管理旅游业，并将"许可证体系"引入旅游设施投资和经营中。许可证体系要求旅游设施必须达到规模方可获得投资证书，旅游设施达到一定标准和质量要求，才能获得经营证书，这使得旅游设施建设在初始阶段就与国际行业标准接轨。一年后，政府颁布了《外资鼓励法》，降低了市场准入标准，且要求与《旅游鼓励法》共同实行，吸引外国资本进入旅游领域。1961年，土耳其宪法认可了政府具有征用并转让沿海土地的权力，随后土耳其沿海地区开始了大规模的旅游开发。在第一个五年规划中，政府首次提出要优先发展旅游业，大力发展大众旅游、滨海旅游，并扩大旅游投资规模。20世纪 70 年代，土耳其经济受石油危机和世界经济衰退的影响，旅游业发展缓慢。进入 20 世纪 80 年代，政府推行经济体制改革，实行对外开放和私有化政策，极大地促进了旅游业的发展。1980 年政府颁布了《鼓励旅游框架法令》，1982 年又颁布了新的《旅游鼓励法》（又称 "2634 法"）。该法案旨在鼓励企业家投资旅游业，开创旅游业发展的新局面。随后，政府将旅游业列为国家重点发展部门，实施了一系列产业激励措施，包括对旅游业免征进口税、建设税和房产税；给旅游基础设施项目的中长期投资提供内外币低息贷款，实行低税率；租赁公共土地的旅游项目可享有长达 49 年的低租金，并享有使用公共部门提供的用电、用水、道路和电信的优惠政策。一批新的旅游形式——博彩业、游艇业、餐饮中心以及综合娱乐项目获得了政府许可，旅游业由传统的消费服务业转变为生产性服务业，会展旅游、奖励旅游、体育旅游、探险旅游和豪华游轮，成为土耳其新的 "经济增长部门"。20 世纪 90 年代以后，土耳其进入快速工业化、城市化和人口增长发展阶段，环境问题日益突出。自 1993 年开始，政府开始在旅游开发中实行 "环境影响评估政策"。自此，旅游相关法规成为一套较为完整的法律体系，为旅游业的快速和可持续发展提供了良好的制度基础。随着制度的建立和完善，政府逐步退出旅游市场，私营部门由此成为旅游业发展的主要推动力。

其二，融资担保和财税政策为旅游业发展提供资金支持。1955 年，负责向国有旅游企业提供贷款的专业银行——土耳其旅游银行成立，目的是向有意建设和管理 "旅游项目" 的 "可能投资者" 提供信贷资金，并给私营旅游企业提供项目资金和技术支持。旅游银行购进了一些古建筑进行修复、改造和装修，然后再作为饭店、博物馆等旅游设施投入使用。政府还授权国家公职人员养老基金会在主要旅游城市建设高档饭店，满足国际游客的需求，同时，政府还吸引民营资本投资建设饭店设施。世界著名的康奈德希尔顿集团获得在伊斯坦布尔建设饭店的许可，开启了外资进入旅游设施建设的先河。1953—1960 年，旅游饭店床位数量增加了 7 倍，国际游客人数增加了 6 倍，旅游基础设施得到了极大改善。1962 年，在联合国国际开发署的支持帮助下，土耳其开发基金会成立，主要负责给旅游区内的公路、饭店、汽车旅馆提供担保和贷款。继而，政府开始实行宽松的货币政策、担保政策、税收补贴和投资政策，推动旅游产业规模和基础设施建设飞速增长。20 世纪 80 年代末，土耳其已经建立起以旅游部和旅游银行为主要机构的、高效的旅游发展激励体系，为旅游业的快速发展铺平了道路。

其三，推行旅游开发和土地环境政策。自 1960 年以来，优先发展旅游业的战略目标以及相应的金融政策和国有土地政策，使土耳其国内形成了旅游开发和旅游基础设施建设的热潮。1971 年，负责区域旅游规划和管理的中央项目委员会划归旅游部，开始编制第一个西部和南部的海岸带开发规划，填补了土耳其发展规划中没有空间开发规划项目的空白。1982 年，政府实施新的《旅游鼓励法》，简化了国有土地配置的手续和要求，减少了审批部门的数量，使旅游企业获取了最佳投资用地和进入"旅游开发区"和"旅游中心区"两个经济开发区的优先权，加强了对旅游稀缺资源的保护。1983—1997年，政府发布了18个有关国有土地的公告，推出了近12个国家旅游建设项目，纠正和调整土地及环境问题，有效规范和控制了土地的使用和开发。

其四，制定国际化导向及明确的战略目标。1996年，土耳其加入欧盟关税同盟，对成员国之间的商品贸易实行零关税，对外实行统一关税。这一进程极大地促进了土耳其与欧盟之间商品流动和人员流动，旅游业也迎来了全面发展时期。2005年，土耳其正式启动加入欧盟的谈判，并开始实行经济结构和社会结构调整，私营部门在旅游业和整个国家经济中的作用和地位日益提高。2007年，土耳其政府颁布了《2023年旅游发展战略》，规定其发展目标是，到2023年该国接待游客数量和旅游收入两项指标达到世界前五位，全面提升国家的旅游竞争力。土耳其还推出了《2007—2014年旅游发展实施条例》，规划和细化了旅游发展的具体方案和措施。其目标是：第一，在实现旅游收入稳步增长、满足国内和国际旅游者需求的同时，确保自然和文化遗产使用的连续性和代际性；第二，发展公共旅游设施，让国家旅游经济收益惠及全民；第三，旅游业要在土耳其加入欧盟、促进世界和平和发展方面以及在国际舞台上对国家形象重塑发挥更大的作用和影响。为了确保旅游业在世界旅游市场中所占份额保持增长，政府每年将旅游收入1%的资金用来开展国家形象的宣传和推广活动。另外，政府加大了对网络营销、电子商务、网上推广等对旅游业产生重要影响的新技术行业投入，由公共部门和私人部门共同出资，扩大和增强旅游电子商务市场份额。

（资料来源　魏敏. 土耳其旅游业浅析［J］. 西亚非洲，2012（3）. 经节选、压缩和改编）

问题：

1）该案例涉及了本章的哪些知识点？

2）分析旅游经济宏观调控的必要性表现在哪些方面。

3）旅游经济宏观调控对旅游市场竞争格局会产生怎样的影响？

4）在土耳其旅游经济发展中，土耳其政府宏观调控的成功经验给我国旅游业发展的管理带来什么启示？

【训练要求】

同第1章本题型的"训练要求"。

【成果形式】

1）训练课业：《"土耳其旅游经济的宏观调控"案例分析报告》。

2）课业要求：同第1章本题型的"课业要求"。

△ 善恶研判

【训练目的】

见本章"学习目标"中"传承型学习"的"认知弹性"目标。

【教学方法】

同第1章本题型的"教学方法"。

【训练准备】

同第1章本题型的"训练准备"。

【相关案例】

唯"门票经济"危害旅游业

背景与情境： 凡遇到黄金周来临，各地旅游文化景区门票涨价声四起。曾有细心的网友列出国内外景区门票价格对比清单，惊呼我国门票价格绝对是"世界领先"：一张张家界的门票，价格相当于法国卢浮宫门票的3倍；一张四川九寨沟的门票，如果用来参观美国黄石公园、印度泰姬陵、日本富士山，"都玩一遍还剩100多元"。

面对旅游文化资源的日益垄断化、商业化和经营化，面对景区的一阵阵涨价狂潮，面对普通民众发出的"玩不起""游不起"这样的无奈，不禁让人感慨、沉思。各地景区、景点这种竞相"抬高门槛"，越来越多的风景名胜对大众"一票当关"，说到底，这是一些地方政府以旅游立市，地方财政严重依赖旅游产业，片面追求操作简单、效益明显的"门票经济"的结果。

在美国，国家公园主要还是依靠政府的财政拨款，国会专门立法规定国家公园门票收费行为，哪些地方不能收费，收费的地方应遵循什么样的原则，都制定有详细标准，国家公园门票最高不能超过20美元，在自然公园里不允许重复收费，如大峡谷等世界自然遗产公园的门票每张10美元，16岁以下未成年人免费。巴黎是世界旅游收入最高的城市，但是法国政府非常看中人文景观的教育功能和社会效应，只要冠以"公园"名号的景区，一年四季免费开放，卢浮宫等几大博物馆门票价格普遍低廉，有的门票价格只有1欧元，以便让所有人都拥有受旅游教育和受文化熏陶的机会，并且大多数人文景观都对记者、教师、档案员、未成年人、残疾人、失业者等社会特殊群体免费开放。在意大利，最贵的景点门票价格也不足意大利人均月收入的1%，参观著名的古罗马斗兽场也只需6欧元。这真正体现了旅游文化的公益性、惠民性，大众的参与性，是旅游文化本质的最好体现。

因此，一些专家指出，景区票价要体现公益性，应建立合理的票价生成机制；而从长远来看，景区应摆脱"门票经济"的依赖，不应将旅游门票收入当成地方财政收入的摇钱树，门票的价格应当与人民的收入水平相适应，谋求向产业经济的转型升级。旅游景区作为国人共有的自然资源、文化资源，承担着社会职责和文化公益的角色。

（资料来源　许民彤. 唯"门票经济"危害旅游业［N］. 山西日报，2014-10-10. 经节选、压缩和改编）

问题：

1）景区应该承担的社会责任是什么？

2）试对上述问题做出你的善恶研判。

3）说明你所作善恶研判的依据。

4）景区是否应摆脱"门票经济"的依赖？如何去摆脱这种依赖？

【训练要求】

同第1章本题型的"训练要求"。

【成果形式】

1）训练课业：《"唯'门票经济'危害旅游业"善恶研判报告》。

2）课业要求：同第1章本题型的"课业要求"。

✿　创新型训练

▲ 自主学习

拓展创新-Ⅲ

【训练目的】

见本章"学习目标"中"创新型学习"的"拓展创新"目标。

【教学方法】

同第2章本题型的"教学方法"。

【知识准备】

同第5章本题型的"知识准备"。

【训练任务】

1）查阅关于"我国旅游经济统计核算方法现状及问题"的各种观点信息。

2）同第2章本题型的其他"训练任务"。

【训练要求】

1）体验将关于"本市旅游供求分析及发展思路研究"的各种观点信息中的诸多拓展性观念要素整合为一个内在一致、功能统一的新整体，形成一个带有原创性成分的《我国旅游经济统计核算方法现状及问题研究》的"知识创新"（中级）过程。

2）同第2章本题型的其他"训练要求"。

【训练时间】

本章课堂教学内容结束后的课余时间，为期一周。

【训练步骤】

1）各团队应用"知识准备"所列知识，并遵循相关"要求"和"参照规范与标准"，系统体验关于本项目的如下技能操作：

（1）通过队内分工与合作，收集和处理本训练项目中存有争议的关于"我国旅游经济统计核算方法现状及问题"的各种观点信息，分析研究、讨论与交流其各自所长与不足。

（2）将关于"我国旅游经济统计核算方法现状及问题"的各种观点信息中诸多拓展性观念要素整合为一个内在一致、功能统一的新整体，撰写带有原创性成分的《我国旅游经济统计核算方法现状及问题研究》论文。

（3）以相互质疑和答疑的方式，在班级讨论、交流、相互点评其《我国旅游经济统计核算方法现状及问题研究》论文。

（4）根据班级讨论交流结果，各团队修订和完善其《我国旅游经济统计核算方法现状及问题研究》论文。

2）同第2章本题型的其他"训练步骤"。

【成果形式】

训练课业：撰写《"拓展创新-Ⅲ"训练报告》

课业要求：参照第2章本题型的"课业要求"。

✿ 建议阅读

[1] 赵黎明，纪宁，赵志培．体育旅游产业发展与旅游经济增长系统运行的稳定性分析［J］．天津大学学报（社会科学版），2021，23（1）：2-10.

[2] 师梦珂．陕西省旅游经济运行预警研究［J］．现代营销（下旬刊），2020（12）：160-163.

[3] 戴斌，等．中国旅游经济运行监测与预警：模型构建与实证分析［J］．旅游学刊，2017，32（4）：10-19.

[4] 马晓龙．中国旅游经济运行的阶段判定与政策选择研究［J］．社会科学家，2014（2）：86-90.

[5] 陈旭．基于时差分析法的旅游经济运行预警指标筛选［J］．生态经济，2013（11）：87-89，105.

[6] 李仲广．旅游经济运行的景气监测与预测建议［J］．中国乡镇企业会计，2011（12）：243-244.

[7] 刘焕蕊．旅游经济运行中"行为人"利益的博弈研究［J］．商场现代化，2008（29）：71-72.

[8] 郭寻．旅游经济运行中政府规制初探［J］．东南亚纵横，2006（10）：73-77.

第9章
现代旅游投资与决策

▶ **学习目标**

9.1 现代旅游投资的概念和决策

9.2 现代旅游投资可行性研究

9.3 现代旅游投资的评价与方法

▶ **本章概要**

▶ **单元训练**

▶ **建议阅读**

▶ **学习目标**

▷ **传承型学习**

通过以下目标，建构以"绪论"为阶段性内涵的"传承型"专业学力：

理论知识：学习和把握现代旅游投资的概念、目的、内容与形式，现代旅游投资项目的分类及相关概念，旅游投资可行性研究的必要性，现代旅游投资的风险评价的相关概念等陈述性知识；能用其指导本章"同步思考"、"深度思考"和相关题型的"单元训练"；体验"现代旅游投资与决策"中"理论知识"的"传承型学习"及其迁移。

实务知识：学习和把握资金时间价值的计算方法，旅游投资可行性研究的原则、内容与类型，现代旅游投资宏观评价的数量指标及其计算方法，投资风险评价中期望利润、标准离差与标准离差率和风险价值的计算方法，旅游投资经济评价的主要方法，以及"业务链接"等程序性知识；用其规范本章"同步业务"、"深度剖析"、"教学互动"和相关题型的"单元训练"；体验"现代旅游投资与决策"中"实务知识"的"传承型学习"及其迁移。

认知弹性：运用本章理论与实务知识研究相关案例，对本章"引例"、"同步案例"和"中资投资海外酒店的意图何在？"等案例情境进行多元表征，体验"现代旅游投资与决策"中"结构不良知识"的"传承型学习"及其迁移；依照相关行为规范对"政策力量破坏了传统村落"案例进行善恶研判，促进健全职业人格的塑造。

▷ **创新型学习**

通过以下目标，建构以"绪论"为阶段性内涵的"创新型"专业学力：

决策设计：参加"决策设计-Ⅱ"训练。通过阶段性学习和应用其"知识准备"所列知识，对"未能获得的预期投资收益"案例情境的多元表征，《"燕山大峡谷旅游综合开发项目投资优化"决策提纲》的拟订，《"燕山大峡谷旅游综合开发项目投资优化"决策方案》的设计、交流、点评与修订，《"决策设计-Ⅱ"训练报告》的撰写等活动，体验"现代旅游投资与决策"中"结构不良知识"的"决策学习"（中级）及其迁移。

引例　我国旅游需求强力驱动，跨界投资速度加快

背景与情境：我国进入大众旅游时代，旅游消费已成为老百姓的刚需。2016年，全国国内旅游人数44.4亿人次，人均出游3.4次，旅游总收入4.69万亿元。我国继续保持世界最大的国内旅游消费市场、世界第一大出境旅游客源国和第四大入境旅游接待国地位。大量社会资本、民营企业快速转向投入旅游业，不仅为资本自身找到新商机，同时也进一步丰富了旅游产品，增加了旅游消费多样化选择；互联网时代到来，助推了大众化旅游消费快速发展。中国旅游集团、中青旅、携程、华侨城等众多旅游企业加快融合扩张，近6年来投资旅游业达1 500亿元。企业转型发展和跨界投资速度加快。互联网企业前10位中有9家投资旅游业，5年累计投资达350亿元，线上线下旅游企业渗透与融合加剧，传统旅游格局不断改写。房地产企业前5位全部投资旅游业，投资额达1.7万亿元。国美、苏宁、中粮等传统企业也纷纷试水旅游业。与此同时，国际品牌加快中国布局进程。全球458家国际酒店品牌中，253家在亚太地区建设，其中在华项目占58%。目前有迪士尼、环球影城、乐天世界、乐高乐园、东方好莱坞等8家世界主题公园在中国建设或规划。

（资料来源　品橙旅游. 国家旅游局：2016年全国旅游业投资报告全文［EB/OL］.［2017-05-24］. https：//425901.kuaizhan.com/66/12/p4330972380e39b. 经节选、压缩和改编）

旅游投资是旅游经济发展必不可少的前提条件，也是旅游业实现扩大再生产的重要物质基础。这个案例告诉我们，旅游需求的强力驱动，促使旅游投资增多。要发展旅游经济，就必须根据旅游需求、旅游消费特点和市场竞争态势，进行旅游产品的投资开发与建设，不断提供有市场竞争力的旅游产品。

9.1　现代旅游投资的概念和决策

9.1.1　现代旅游投资的概念

任何国家或地区要发展旅游业，都离不开一定的投入。旅游业的产业特征和旅游资源的性质，决定了旅游业的投入主要是资金、劳动力、土地及企业家才能，由于劳动力、土地及企业家才能的投入最终都要以货币来体现，因而旅游资金的投入就成为旅游投资决策的重点。因此，**现代旅游投资**就是指旅游目的地政府或旅游企业在一定时期内，根据旅游市场需求及发展趋势，把一定数量的资金投入某一旅游项目的开发建设，获取比投入资金数量更多的产出，以促进旅游业发展的经济活动。

现代旅游投资，既是旅游经济活动正常运行和发展必不可少的资金投放活动，以满足旅游经济发展具有足够的固定资产和流动资金的投入，实现旅游业的扩大再生产和促进旅游经济持续地发展，又是通过增量投入来优化旅游经济存量结构，提供更多的旅游产品和服务，以满足人们日益增长的旅游需求的重要经济活动。因此，正确把握旅游投资的概念，还必须明确现代旅游投资的目的、内容和方式。

◆▶ **同步思考9-1** ◀◆

问题：如何全面正确地把握旅游投资？

1）现代旅游投资的目的

现代旅游投资的目的对于旅游目的地政府和企业来讲是有差别的。

对于旅游目的地的政府来讲，现代旅游投资的目的是促进旅游业的发展，获取宏微观效益，即包括旅游经济效益、社会效益、生态效益在内的综合性效益。具体讲，是为了获取更多的包括外汇收入在内的旅游收入，促进社会经济的发展；是为了提供更多的就业机会，保证社会的安定；是为了更好地继承和发挥社会文化方面的作用，保护和弘扬优秀的传统文化；是为了更好地保护和改善生态环境，促进经济的可持续发展；是为了更好地消除地区经济发展的差距，实现区域经济的平衡发展。

对于旅游目的地的旅游企业来讲，由于旅游企业是直接从事旅游产品生产和供应的基本单位，因而旅游投资的目的是根据旅游市场供求状况和旅游消费特点，选择旅游投资项目并投入一定的资金，通过要素市场而购买各种生产要素，按一定的方式投入旅游生产过程，并组合为各种旅游产品销售给旅游者，以获取应有的经济效益。

◆ **深度思考 9-1** ◆

问题： 如何认识现代旅游投资的最终目的？

2）现代旅游投资的内容

旅游业是一个综合性的经济产业，旅游产品的供给包括了食、住、行、游、购、娱等多方面内容，因此现代旅游投资必须综合考虑上述各方面的配套建设，才能促进旅游业的协调发展。根据旅游业发展对旅游开发和旅游项目建设的要求，现代旅游投资项目主要有旅游景区景点项目、旅游餐饮项目、旅游娱乐项目、旅游商品项目、旅游交通项目、旅游教育和其他项目等方面。

（1）旅游景区景点项目

旅游景区景点项目，是指依托旅游目的地的旅游资源所进行的景区景点的开发，包括景区景点内的各种旅游吸引物、旅游住宿、旅游餐饮、游览道路、旅游商店、娱乐设施及旅游厕所、标志标牌等方面的开发和建设项目。

（2）旅游餐饮项目

旅游餐饮项目，是指以接待国内外旅游者住宿、餐饮为主的各种旅游宾馆、饭店、度假村、公寓、客栈及各类中高档餐馆、餐厅及各种餐饮和风味饮食的建设项目等。

（3）旅游娱乐项目

旅游娱乐项目，是指为国内外旅游者提供各种旅游娱乐活动及特种游乐活动的开发与建设项目，包括主题公园、娱乐场所、休闲活动及康体健身运动等各种旅游设施、设备等。

（4）旅游商品项目

旅游商品项目，是指为国内外旅游者提供各种旅游工艺品、旅游纪念品及各种土特产品的生产和销售建设项目，包括各种工艺品、纪念品、土特产品、日用消费品购物商店、旅游专卖店、旅游购物城等。

（5）旅游交通项目

旅游交通项目，主要指专门为国内外旅游者服务的各种航空、旅游车船、索道、旅游道路、码头等基础设施建设项目等。

（6）旅游教育和其他项目

旅游教育和其他项目，是指包括以培养、培训各类旅游专业人才为主的学校、旅游培训中心，以及提供游客咨询服务、医疗救援服务等旅游配套设施建设项目等。

◆ 同步思考 9-2 ◆

问题：对旅游教育和其他项目的投资主要集中在硬件方面吗？

3）现代旅游投资的形式

根据旅游业发展的需要和旅游产业的特点，按照对旅游项目的开发程度和建设情况，可以将现代旅游投资形式分为以下几种：

（1）新建旅游项目

新建旅游项目，是指旅游目的地国家（或地区）为了满足旅游者及旅游市场多样化的需求，以前尚未开发过而现在新开发的旅游项目。如开发建设新的旅游景区、景点；新建宾馆、饭店、旅游餐厅、娱乐设施等。这些新建旅游项目一般都是过去没有而新开发和建设的项目，或者是为提高经济效益而对原有旅游产品进行大幅度更新改造的建设项目等。

（2）改造旅游项目

改造旅游项目，是指在原有旅游产品规模上，对不适应旅游业发展需要的部分设施设备进行改造或增建的旅游投资项目。如对旅游饭店的客房、餐厅进行重新装修、装饰；对旅行社的预订电脑系统进行更新和提高；增添商务、汇兑、保健等旅游服务；增加部分旅游娱乐设施设备等。改造旅游项目的目的是提高旅游接待设施设备的档次和旅游服务水准，从而提高旅游产品的综合质量。

（3）维护旅游项目

维护旅游项目，是指对原有旅游产品进行恢复、保护的旅游投资项目。如对旅游景区景点的恢复和保护，对旅游饭店客房、餐厅及旅游娱乐设施的维修保养，对导游及其他旅游服务人员的培训，以保持一定的旅游经营规模和服务水平，提高旅游目的地国家和地区的旅游经济效益。

9.1.2　现代旅游投资决策

决策是指从多个可达到同一目的，并能相互替代的行动方案中选择最优方案的过程。决策贯穿于人类社会经济活动的各个方面，大至国家大政方针的决策，小至个人生活、工作的决策，尤其是经济部门和企业，在经济活动中更是面临大量的决策问题。

旅游业是一个经济文化产业，没有旅游投资和科学决策，就没有旅游项目的建设和旅游业的可持续发展。因此，**现代旅游投资决策**是为实现一定旅游投资目标，

学习微平台

二维码资源
9-02

而对有关旅游投资项目在资金投入上的多个方案比较中，选择和确定一个最优方案的过程。现代旅游投资决策有各种各样的类型，通常可按现代旅游投资主体和目的及现代旅游投资决策条件进行分类。

1）按现代旅游投资主体和目的分类

按现代旅游投资主体和目的分类，一般可把旅游投资决策分为企业性投资决策和政府性投资决策两种类型。

（1）企业性投资决策

旅游企业是旅游经济的基本单位，其投资的主要目的是获取超过投资成本的利润，并努力使利润最大化。因此，旅游企业的投资决策大多数是为获取经济和财务收益的决策，如对旅游饭店、旅游餐馆、旅游购物店的投资建设等。由于企业性投资决策比较注重经济效益，因而在评价企业性投资决策方案时，要重视对其社会效益和生态环境效益进行评价。

◆ 同步思考9-3 ◆

问题：如何理解企业性投资主体？

（2）政府性投资决策

政府对旅游业的投资，主要是改善旅游环境，为旅游业发展创造良好的条件。因此，政府性投资决策是紧紧围绕发展当地名牌旅游产品，促进旅游业发展，并使当地经济效益、社会效益、生态环境效益都得到综合性改善和提高而进行的。如改善和提升交通运输设施，为旅游者进入创造便捷的通行条件；开设免税商场和旅游购物中心，方便旅游者购物，同时增加旅游目的地的外汇收入；建设旅游院校或培训设施，以培养和训练旅游业发展所需要的各类人才等。

◆ 同步案例9-1 ◆

最聪明的人都开始进入餐饮业

背景与情境：调查发现，三个原因致使餐饮行业涌现创业潮。第一，自2013年以来，由于"八项规定"的出台，以及餐饮成本的加大，大量高端餐饮倒闭，导致大量厨师失业，他们会利用自身技术优势首选自己创业；第二，传统的服装等零售业受电商冲击，大量的从业老板转行做餐饮；第三，原先与政府、大型企业有合作项目的企业，由于受到各种冲击而不能继续开展原项目合作，因而转行做餐饮。再加之餐饮行业的进入壁垒较低，目前全民餐饮创业潮涌现，从整个市场来看，餐饮行业明显供大于求。

最大的挑战是互联网餐饮的出现，以黄太吉、雕爷牛腩、西少爷、人人湘为首的互联网餐饮受资本追捧，导致更多互联网企业和其他跨界人士从事餐饮。互联网平台虎视眈眈，掌握海量线上数据和入口，利用手机APP和年轻人使用手机预订、点菜、付款的习惯，变成餐饮行业唯一的入口，成为最大的没有门店、没有工人、没有环境、没有菜品的互联网餐厅MALL，所有餐饮品牌就会变成加工厂！

（资料来源　余奕宏. 餐饮业发展现状"七大"表现行业竞争危机四伏［EB/OL］.［2015-02-24］. http://news.winshang.com/news-448160.html. 经节选、压缩和改编）

问题：传统餐饮业的利润会被挤压吗？

2）按现代旅游决策条件分类

按现代旅游决策条件分类，一般可将旅游投资决策分为三种类型，即确定型决策、风险型决策和非确定型决策。

（1）确定型决策

确定型决策，是指旅游投资决策的条件和影响因素均处于确定情况下的决策。例如，某旅游企业有一笔资金，可以用来购买利率为 14% 的 5 年期的国库券，也可以用来投资年利润率为 20% 的旅游开发项目。由于这两种投资的预期收益都是确定的，而且不存在多少风险，因而旅游企业可根据自己的经营战略和目标，从中选择最优的方案，这就是旅游投资的确定型决策。

（2）非确定型决策

非确定型决策，是指旅游投资决策的条件和影响因素处于完全不确定情况下的决策。由于决策条件和因素既不确定也不能估计，所以只能在投资决策时先做出各种可行方案，然后对各种方案按照一定的原则进行比较，再择优进行决策。非确定型决策的原则很多，如乐观决策原则、悲观决策原则、折中决策原则等。在旅游投资决策中，可根据投资目的和决策条件进行合理的选择。

（3）风险型决策

风险型决策，是指旅游投资决策的条件和影响因素不仅不确定，而且会给企业和投资者带来风险和损失的决策，也叫统计型决策或随机型决策。但是，决策人员可以对不同方案在不同条件及因素作用下的损益值进行计算，并对各种条件及因素作用的概率进行估计，从而为旅游投资决策提供比较和决策的依据。因此，风险型决策的关键是计算损益值和估计影响因素作用的概率。

9.1.3　旅游投资决策中的相关概念

投资决策对旅游部门和企业来说是十分重要的，因为它关系到旅游开发建设和未来发展方向、发展速度和获利的可能性。为了保证投资决策的正确性，必须对有关投资决策的数据进行收集，为投资方案的比较和选择提供定量的依据。通常，涉及旅游投资决策数据的一些基本概念及其计算方法主要有以下几种：

1）资金时间价值

资金时间价值，是指在不考虑通货膨胀因素情况下，资金所有者放弃现在使用资金的机会，而把资金存入银行，并按存入资金时间的长短而获得的利息报酬。由于资金具有时间价值，因此在进行旅游投资决策时，所有投入的资金都必须考虑资金的时间价值，才能做出科学、正确的投资决策。通常，对资金时间价值计算的方法，主要有以下几种：

（1）单利计算法

单利计算法，是指只按本金计算利息的方法，即每期利息在下一期中不加入本金中增算利息，其计算公式如下。

设：S_n——终值，即本利和；P_v——现值，即本金；I——利息；i——利率；n——计息期数。

则有单利终值计算公式如下：

$$S_n = P_v + I = P_v（1+in）\tag{9-1}$$

其中：

$$I = inP_v$$

（2）复利计算法

复利计算法，是将上一期利息并入下一期本金中增算利息，逐期滚算、利上加利的计算方法。按复利计算法可以分为复利终值的计算和复利现值的计算。复利终值的计算，是本金以每年一定的利率来计算若干年后的本利和；复利现值的计算，与复利终值的计算正好相反，它是把若干年后预期的终值，按每年一定利率而折算成现在的本金。

复利终值计算公式如下：

$$S_n = P_v ×（1+i）^n\tag{9-2}$$

复利现值计算公式如下：

$$P_v = S_n × \frac{1}{（1+i）^n}\tag{9-3}$$

（3）年金计算法

年金，是指在一个特定的时期内，每隔一段相同的时间收入或支出相等金额的款项。年金按收支的时间不同可分为普通年金、预付年金、递延年金、永续年金等。普通年金终值，是一定时期内每期期末收付款项的复利终值之和，恰似零存整取的本利和；而普通年金现值与年金终值的计算正相反，它是每期等额款项收付的复利现值之和。

设：S_a——年金终值；P_{va}——年金现值；R——每期的年金；i——利率；n——年金的计息期数。

则有普通年金终值的计算公式如下：

$$S_a = R × \frac{（1+i）^n - 1}{i}\tag{9-4}$$

普通年金现值的计算公式如下：

$$P_{va} = R × \frac{1-（1+i）^{-n}}{i}\tag{9-5}$$

2）现金流量

现金流量，是指任何一项旅游投资项目在未来一定时期内的现金流出和现金流入的数量。为了正确评价各个旅游投资项目的经济效益大小，必须对旅游投资项目的现金流量进行科学的分析和预测，并计算出净现金流量，作为旅游投资项目评价的依据。

为了评估旅游投资项目，首先要估计旅游投资费用大小，即计算现金流出量。所谓现金流出量，是指确定一项旅游投资项目所发生的投资数量，包括建筑物和附属设施费用、家具与设备费用、经营设备费用、技术服务费用、开业前费用、流动资金等。

任何一项旅游投资项目，都有可能在未来若干年内每年获得一定的收益。因此，现金流入量是指在旅游投资决策中，通过旅游投资所带来的收益。它包括旅游投资项目完成后所带来的营业收入、每年的固定资产折旧等。

净现金流量，就是旅游投资项目完成投产后，每年现金流入量超过现金流出量的净值。用净现金流量来评价和衡量旅游投资项目，可通过运用净现值法、内含报酬率法、回收期法等对旅游投资决策方案进行比较而确定最佳方案。

3）机会成本

机会成本又称为择一成本，它是指对一项旅游投资项目若同时具有多个投资方案时，将资金投入到其中一个方案而放弃其他方案可能丧失的收益。例如，某旅游企业有一笔资金，它既可投资于餐厅的扩建，也可投入商场的扩建。如果不去投资商场的扩建而用于投资餐厅建设，那么投资于餐厅扩建的机会成本就是指放弃投资于商场扩建可能获得的收益。由于机会成本可以对不同方案进行比较，因此机会成本就为旅游投资决策提供了方案优选的重要依据。

◆ **教学互动 9-1**

观点：某旅游企业有一笔资金，它既可投资于餐厅的扩建，也可投入商场的扩建。

问题：究竟是选择投资于餐厅的扩建，还是选择投入商场的扩建？

4）投资风险

投资风险是指一项旅游投资所取得的结果和原期望结果的差异性。对大多数投资活动来说，都存在一个风险问题，只是风险程度不同而已。如果一个投资方案只有一个确定的结果，就称这种投资为确定性投资。

例如，某旅游企业投资购买政府国库券100万元，年利率10%，每年可得利息收入10万元，这种比较可靠的投资就属于确定性投资，确定性投资一般没有什么风险。

◆ **教学互动 9-2**

资料：某旅游企业投资购买政府国库券100万元，年利率10%，每年可得利息收入10万元。

问题：这种投资属于确定性投资，确定性投资有风险吗？

学习微平台

二维码资源
9-03

但是，旅游投资决策所涉及的问题都具有长期性，这些关系到未来旅游产品的需求、价格和成本等因素都具有不确定性，某些因素的变化往往会直接引起投资效果的变化，甚至某些在投资决策时认为可行的方案，投入实施以后也会由于某些因素的变化而变成不可行。由于任何一项旅游投资决策都会出现风险，因此在旅游投资决策中，就需要对投资风险做出正确的评判，并力求使这种风险降到最低限度。

9.2　现代旅游投资可行性研究

9.2.1　旅游投资可行性研究的必要性

现代旅游投资决策的重要依据之一，是对旅游投资项目进行可行性研究。所谓旅游投资项目的可行性研究，是在旅游投资项目建设之前，由旅游开发商、旅游投资者、旅游经营者委托项目可行性研究单位或人员，对旅游投资项目是否可行所进行的一系列分析性研究，其内容包括旅游投资项目在技术上是否可行、开发上是否可能、经济上是否优化等。

1）可行性研究是现代旅游投资必不可少的工作

任何旅游投资项目的开发和建设都包括三个主要的阶段，即投资建设前阶段、投资建设过程阶段和生产经营过程阶段，可行性研究属于旅游投资项目建设前阶段的主要工作内容。

为了保证旅游投资项目的有效实施，实现投资的基本目标，并且在生产经营过程中实现投资利润的最大化，就必须对旅游市场，包括竞争者市场进行研究分析，对旅游投资项目的选址和区域特点进行分析，对旅游生产经营过程中的各种要素资源的来源渠道、价格等进行分析，对旅游投资项目的建设总成本进行估算，对生产经营成本与收益进行分析，以确定旅游投资项目在技术上是否可行、开发上是否可能、经济上是否合理，从而为投资开发者提供决策的依据。因此，可行性研究是旅游投资必不可少的重要工作。

2）可行性研究是评估旅游投资的重要依据

可行性研究不仅是旅游投资项目建设中一项重要的前期工作，而且是旅游投资项目建设得以顺利进行的基础和必要环节。可行性研究的主要目的就是判断拟建的旅游投资项目能否使投资者获得预期的投资收益，而要达到或实现这一目的，就必须用科学的研究方法，对旅游投资项目进行多方案分析和评价，从中选择最佳投资方案，并编制旅游投资可行性研究报告，作为向审批部门申请审批该项目或投资者提供投资时对该旅游投资项目进行审查、评估和决策的重要依据。

3）可行性研究为筹集旅游投资的资金提供依据

旅游投资项目大多属于资金密集型项目，特别是建设初期往往需要注入大量的资金。因此，对于旅游项目开发单位而言，除自筹资金和国家少量预算内资金外，大部分需要向金融市场融资，其主要渠道就是向银行贷款。作为商业银行，为了保证或提高贷款质量，确保资金的按期收回，银行往往要实行贷前调查，并对旅游投资项目的可行性进行审查。因此，可行性研究报告可为银行或资金借贷机构的贷款决策提供参考依据，也为通过其他方式筹集旅游项目资金提供依据。

9.2.2　旅游投资可行性研究的原则

旅游投资可行性研究，作为对拟建的旅游投资项目提出建议，并论证其技术上、开发上和经济上是否可行的重要基础工作，在进行可行性分析论证时，必须坚持以下基本原则：

1）目的性原则

旅游投资项目不同于其他投资项目，因为各个旅游投资项目的背景情况千差万别，所以可行性研究并没有完全统一的模式，而必须根据旅游投资项目的具体要求进行研究。这就要求在可行性研究中，研究人员应根据旅游市场需求和旅游项目投资者的具体要求，科学地进行项目开发设计，合理地确定旅游投资规模和编制相应的财务计划等。

2）客观性原则

旅游投资可行性研究是供旅游投资者、开发商、经营者和有关部门进行决策的重要参考依据，因而可行性研究报告中的依据必须充分，论证过程必须全面，并明确提出可行性研究的结论和建议，才能为旅游投资的决策者提供充分依据，以便投资决策者进行正确合理的投资方案选择，不断提高旅游投资项目决策的水平。

3）科学性原则

在旅游投资可行性研究中，为了保证可行性研究的科学、可靠，应该把定量研究方法和定性分析方法相互结合，通过科学的方法和精确可靠的定量计算，使所得数据和结果能够有力地支持定性分析的结论，从而使旅游投资可行性研究更具科学性、准确性和可操作性。

4）公正性原则

旅游投资可行性研究是一项重要的工作，因而必须坚持实事求是和公正性。如果研究人员经过研究认为某一旅游投资项目无法取得预期的效益和目标，就应本着实事求是的态度，毫不迟疑地向投资者报告，而不应该牵强附会地做出一个并不可行的可行性报告，从而导致旅游投资项目实施后带来巨大损失。如果认为项目经过重新设计或调整后还可建设，也需要提出修改的建议和方案，并进行再次评价。

9.2.3　旅游投资可行性研究的内容

为了保证旅游投资可行性研究的准确性和可操作性，必须对旅游投资进行全面的分析和研究。通常，旅游投资可行性研究的规范性内容主要有以下几个方面：

1）旅游市场需求调查和预测

旅游市场需求是一切旅游经济活动的起点，因此对旅游投资进行可行性研究时，首先就要进行旅游市场需求调查和预测，即调查旅游者的消费特点，预测国内外旅游市场的需求变化和趋势，并以此为基础估计旅游投资项目投入后市场发展的前景，从而确定旅游投资项目的建设规模、建设质量、建设规格及相应的服务方式和服务水平等。

2）旅游投资项目的选址方案

对于旅游投资项目的选址，必须对本地区或邻近地区旅游市场特点和经济情况进行分析，对旅游投资项目的地理位置、地形、地质、水文条件及当地或邻近地区的相关情况进行分析，确定合适的旅游投资项目的选址方案，并为交通运输及供水、供电、供气、供热等市政公用设施条件设计提供依据，以确保旅游投资项目的可行性。

3）旅游投资项目工程方案研究

旅游投资项目工程方案研究，主要是研究旅游投资项目的工期安排、进展速度、建设内容、建设标准和要求、建设目标及主要设施布局，以及主要设备的选型及所能达到的技术经济指标等，并确定旅游投资项目所提供的旅游产品或服务的规格和要求等。

4）主要原材料、燃料、动力供应

这部分主要研究旅游投资项目建成后，有关原材料、动力、燃料及低值易耗品的供应渠道、供应价格、使用情况和维修条件等情况，以保证旅游投资项目建成后能够正常运转，确保能够正常提供旅游产品和服务。

5）劳动力的需求和供应

这部分主要研究旅游投资项目建设完成后的劳动力使用、来源、培训补充计划以及人员组织结构等方案，包括高中级管理人员、中初级服务人员的数量、结构等，以确保旅游投资项目建成后人力资源得到充分利用和正常补充。

6）投资额及资金筹措

这部分主要研究为保证旅游投资项目顺利完成所必需的投资总额、外汇数额、投资结构，以及固定资产和流动资金的需要量、资金来源结构、资金筹措方式及资金成本等，以便从资金上保证旅游投资项目建设的顺利进行。

7）综合效益分析和评价

这部分主要从经济效益、社会效益和环境效益三个方面研究旅游投资项目建成后的经济回报，以及对周围环境和社区所带来的影响和作用等，对可能产生的不良影响要做出预测性分析，并采取相应措施，尽力减少和避免其不利影响，确保旅游投资项目在获得较佳经济效益的同时也能带来较好的社会效益和环境效益。

9.2.4　旅游投资可行性研究的类型

从旅游投资的实际出发，按照现行基本建设的要求，旅游投资可行性研究又可分为投资机会研究、初步可行性研究和最终可行性研究三种类型。

1）投资机会研究

投资机会研究，是指在某一个旅游地区或企业内，在利用现有旅游资源的基础上所进行的寻找最有利的投资机会的研究。其主要目的是对旅游投资提出建议，旅游投资项目建议书就是在投资机会研究的基础上形成的。

投资机会研究比较粗略，主要是对旅游投资项目的效益可行性进行一些估计，并非进行详细的计算。但是，这种研究是必要的，因为每个项目都需要确定是否有必要进一步获取建设的详细资料。通常，投资机会的研究对总投资估算的误差一般要求控制在30%以内。

2）初步可行性研究

初步可行性研究是在投资机会研究的基础上，对拟议的旅游投资项目的可行性所进行的进一步研究。它主要是针对那些比较复杂的旅游投资项目而进行的，因为这类旅游投资项目仅凭投资机会研究还不能决定其取舍，必须进一步进行可行性分析。

初步可行性研究要解决的主要问题是：进一步论证投资机会是否有可能；进一步研究旅游投资项目建设中某些关键性问题，如旅游市场分析、项目建设选址等；分析是否有必要开展最终可行性研究。旅游投资项目初步可行性研究对总投资估算的误差一般要求控制在20%以内。

3）最终可行性研究

最终可行性研究是在上级主管部门批准立项后，对旅游投资项目所进行的全面的技术经济论证，它需要进行多种投资方案的比较。旅游投资项目越大，其研究内容就越复杂。最终可行性研究是确定旅游投资项目是否可行的最终依据，也是向有关管理部门和银行提供进一步审查和进行资金借贷的依据。通常，旅游投资项目最终可行性研究对总投资估算的误差一般要求控制在10%以内。

在旅游投资项目建设中，常常涉及旅游开发商、旅游经营者、资金借贷者、资产投资者和政府机构等，每一方面从各自的利益出发，都要对拟建的旅游投资项目进行可行性研究。因此，可行性研究往往又因为相关单位的要求不同，而分为投资前研究、经营研究、资金研究、资产投资研究和政府机构研究等内容。

◆ 深度剖析 9-1 ◆

问题： 可行性研究要解决哪些问题？

9.3 现代旅游投资的评价与方法

9.3.1 现代旅游投资的宏观评价

现代旅游投资除了进行可行性研究外，还必须从宏观角度进行评价，即分析旅游投资项目是否符合国家或地方政府的旅游政策及发展目标，是否属于政府重点发展的旅游建设项目，是否符合整个社会经济发展的要求。通常，对现代旅游投资进行宏观评价时，主要用一些代表性的数量指标来反映投资项目实现某一特定目标的程度，常用的数量指标主要有以下几种：

1）投资效果系数

投资是促进经济增长的重要因素，因此对旅游投资进行宏观评价，首先就必须分析旅游投资的经济效果。通常，评价旅游投资经济效果的主要指标之一就是投资效果系数。

投资效果系数，是指单位旅游投资所产生的国民收入或 GDP 的增量，其反映了百元旅游投资所产生的国民经济增量。通常，投资效果系数越大，则说明旅游投资的经济效果越好；反之，投资效果系数越小，则说明旅游投资的经济效果越差。

设：E_{TI}——投资效果系数；I_T——旅游投资额。

则有投资效果系数计算公式如下：

$$E_{TI} = \frac{\Delta GDP}{I_T} \times 100\% \tag{9-6}$$

投资系数是投资效果系数的倒数，其表示每单位国民经济增量所需要的旅游投资额。因此，投资系数是一个逆指标，即投资系数越大，则说明投资效果越差；反之，投资系数越小，则说明投资效果越好。

2）外汇收入指标

旅游业是一项重要的创汇产业，因而旅游投资项目的创汇能力是宏观评价的重要指标之一。通常，某项旅游投资项目建成后的外汇收入能力，反映了一定时期内所赚取的外汇净额与同期产生这一净额所需国内资金之间的比率关系。在国外，一定时期是指该项目投入建设期加上建成后 5 年的时间，而不是可行性研究要求的

20年。

设：A_{TF}——旅游投资项目外汇收入能力；F_R——旅游投资项目在一定时期内的旅游外汇收入；F_c——旅游投资项目在一定时期内的旅游外汇支出；M_c——旅游投资项目在一定时期内的本国货币支出。

则有外汇收入能力计算公式如下：

$$A_{TF} = \frac{F_R - F_c}{M_c} \tag{9-7}$$

在上式中，F_R 的数值仅是一种估计，是根据一定时期内旅游投资项目所接待的旅游者人次、旅游者平均停留时间和人均旅游消费数预测的结果。在实际分析中，F_R、F_c 和 M_c 三个数值必须用贴现率折算成现值后再进行计算。

3）提供就业指标

旅游业不仅是一个创汇产业，也是一个吸收社会劳动力就业较大的产业。某一旅游投资项目提供直接就业的能力，可以根据该项目直接招用的员工人数，或者以该项目向职工所付工资总额占总成本的比例来进行测算。

设：E_T——旅游投资项目的直接就业率；W_T——旅游投资项目预计年工资总额；TC——旅游投资项目预计年总成本。

则有直接就业率计算公式如下：

$$E_T = \frac{W_T}{TC} \times 100\% \tag{9-8}$$

根据直接就业率和旅游投资项目每年的实际总成本，就可以计算出每年实际应支付的工资总额，然后与人均工资相除，即可计算出每年实际提供的直接就业岗位数。

4）社会文化影响指标

旅游投资项目对社会文化的作用通常难以用数量表示，只能依靠主观判断。为了最大限度地减少主观判断的偏差，可组织有关专家对旅游投资项目可能给社会文化带来的影响进行各个方面的综合评价，并对起积极作用的用正数表示，起消极作用的用负数表示，最后通过计算加权平均数来判断和评价旅游投资项目的社会文化影响。

由于旅游投资项目对社会文化影响的方面很多，主要有：对恢复、保护和合理利用名胜古迹的影响；对传统艺术和文化遗产的作用；对人们思想与职业道德的影响；对当地居民消费方式的影响；对传统社会结构与家庭的影响；对国内旅游业的促进作用等。因此，社会文化影响指标值可能是正数，也可能是负数。如果社会文化影响指标值是正数，则表明旅游投资项目对社会文化有积极作用；反之，若社会文化影响指标值是负数，则表明旅游投资项目对社会文化产生消极作用，应尽量减少或避免。

5）综合效益指标

对旅游投资项目进行综合效益评价，首先应分别列出各投资项目综合效益的各个领域，并分别计算各领域的数值；其次，应根据国家或地方政府旅游规划和旅游政策所强调的重点对各个领域的数值进行加权，以确定各领域的相对重要性；最后，计算在同一离散范围内每一领域加权数值同基点的偏差，并以此为基础来比较各个方案的优劣。在具体计算中，根据不同的旅游投资项目，可以采取不同的综合效益计算方法。

◆ **深度剖析 9-2** ◆

问题： 是否每一项旅游投资项目都会带来积极的效应？

9.3.2　现代旅游投资的风险评价

任何投资都是既有收益又有风险的，旅游投资也同样存在着风险。伴随着旅游投资风险的加大，投资者对旅游投资的预期收益率也相应提高，以便用较高的收益率来补偿较大的风险。在一般情况下，现代旅游投资风险有系统风险和非系统风险两种。

系统风险又称市场风险，是旅游投资无法规避的风险，也是所有旅游投资项目都共同面临的风险，如物价上涨、经济不景气、高利率和自然灾害等。

非系统风险又称企业风险，是指由于旅游企业对旅游投资项目经营不善，或者管理不当等因素所引起的风险。对这类风险可以通过改善经营和加强管理等方式来抵消或减少，如采取投资多样化，就是分散和减少这类风险的最佳途径之一。

由于现代旅游投资具有一定的风险性，因此必须对旅游投资项目进行投资风险评价。评价旅游投资风险的大小，可以用投资风险率指标。所谓投资风险率，就是指标准离差率与风险价值系数的乘积。标准离差率是标准离差与期望利润之间的比率；而风险价值系数一般由投资者主观决定。当投资风险率计算出来后，与银行贷款利率相加，所得之和如果小于投资利润率，那么方案是可行的，否则是不可行的。

1）期望利润的计算

期望利润，是指旅游投资方案最可能实现的利润值。它是各个随机变量以其各自的概率进行加权平均后得到的平均数。

设：E_f——期望利润；X_i——第 i 种结果的利润；P_i——第 i 种结果发生的概率。

则有期望利润的计算公式如下：

$$E_f = \sum_{i=1}^{n} X_i P_i \tag{9-9}$$

2）标准离差与标准离差率的计算

标准离差是各种可能实现的利润与期望利润之间离差的平方根；标准离差率则是标准离差与期望利润之间的比率。

设：σ——标准离差；σ'——标准离差率。

则有标准离差计算公式如下：

$$\sigma = \sqrt{\sum_{i=1}^{n} (X_i - E)^2 \times P_i} \tag{9-10}$$

标准离差率计算公式如下：

$$\sigma' = \frac{\sigma}{E} \times 100\% \tag{9-11}$$

3）风险价值的计算与衡量

标准离差率计算出来后，就可计算投资风险率了。所谓投资风险率，是指标准离差率与风险价值系数的乘积。

设：δ——投资风险率；F——风险价值系数。

则有投资风险率计算公式如下：

$$\delta = \sigma'F \tag{9-12}$$

◆ **同步业务 9-1**

某星级旅游饭店对中餐厅进行改造，现有两个投资方案可供选择，两个方案的投资都是150万元，预测年利润额及可能实现的概率情况见表9-1，试对两方案进行投资风险评价。

表 9-1 　　　　　　　　　　　　　　**投资方案比较表**

可能的结果	甲方案		乙方案	
	利润（万元）	概率	利润（万元）	概率
较好	45	0.3	50	0.3
一般	35	0.5	35	0.5
较差	25	0.2	0	0.2

9.3.3 现代旅游投资的经济评价

任何旅游投资都必须以盈利为目标，即旅游投资不仅要收回投资成本，而且必须取得一定的利润。因此，对现代旅游投资的经济评价，就是以利润最大化为标准来确定投资方案的优劣。通常，旅游投资的常用评价方法主要有以下几种：

1）投资回收期法

投资回收期，是指收回某项旅游投资所需的时间（年数）。因此，投资回收期法就是根据某项旅游投资项目的回收期，来判断旅游投资项目是否可行的方法。这种方法主要是通过计算旅游投资项目未来产生的税后净利总量与最初的投资总量相等情况下，旅游投资项目所需要的回收期长短。如果每年的净现金流量相等，可用每年净现金流量除以旅游投资项目的投资额，即可得到回收期。如果每年的净现金流量不等，就需要用推算的方法求得回收期，一般可用年均净现金流量来推算。

设：T_{iv}——旅游项目投资回收期；IV——旅游投资项目的投资总量；NCF——旅游投资项目每年的净现金流量。

则有投资回收期计算公式如下：

$$T_{iv} = \frac{IV}{NCF} \tag{9-13}$$

◆ **同步业务 9-2**

已知某个旅游投资项目有三个可行方案，各个可行方案的净现金流量见表9-2，试找出最佳的旅游投资项目方案。

表9-2   **旅游投资项目方案的净现金流量表**

年份	投资方案		
	A方案（万元）	B方案（万元）	C方案（万元）
0（初始投资）	−1 000	−1 500	−2 000
1	1 200	500	1 000
2	200	500	600
3	400	300	400
4	400	200	1 000
5	400	200	—
6	500	1 000	—

注：表中的负值净现金流量是指旅游投资额，正值净现金流量是指税后净利润总量。

2）净现值法

净现值，是指某项投资方案未来预期总收益现值减去总投资额现值后的余额。通常，任何一项旅游投资都希望未来的收益比原投资额更多。因此，对未来收益按资金时间价值折算后再与总投资额现值比较，就可以评价和比较旅游投资项目的各个方案是否可行，并从中选择最佳方案。

设：NPV——旅游投资项目的净现值；C——旅游投资项目的投资总额；R_t——旅游投资项目在未来t年的净收益；i——旅游投资项目的资金成本率。

则有净现值的计算公式如下：

$$NPV = \sum_{t=1}^{n} \frac{R_t}{(1+i)^t} - C \qquad\qquad (9-14)$$

在净现值的计算公式中，若企业资金是从银行借贷的，则资金成本率为银行利息率；若资金来源于企业积累，则资金成本率为资金的机会成本；若资金来源于多种渠道，如银行借款、债券、股票、利润留成，则资金成本率等于各项资金的成本率与各项资金在资金总额中所占百分比乘积之和。

若净现值NPV为负值，则说明该方案不可行；如净现值NPV等于零，则意味着该方案的预期收益刚够还本付息；只有当净现值NPV为正值时，方案才可接受。在多方案比较中，若净现值NPV越大，则投资收益越多，该方案可行性就越强。

◆◆ **同步业务9-3**

某旅游企业计划投资一项旅游景点建设，该方案的总投资额为6 500万元（各年年末的净收益分别为：第一年1 000万元，第二年1 150万元，第三年1 300万元，第四年1 450万元，第五年1 700万元，第六年1 800万元，第七年1 900万元）；资金成本率为6%。试计算该项目的净现值是多少，并分析该旅游投资项目方案可否接受。

净现值法的优点是不仅考虑了资金的时间价值，能反映方案的盈亏程度，而且考虑了投资风险对资金成本的影响，有利于企业从长远和整体利益出发做出决策。该方法的不足之处是只反映了投资方案经济效益量的方面（即盈亏总额），而没有说明投资方案经济效益质的方面，即每单位资金投资的效率。这样容易促使决策者趋向于采取投资大、盈利多的方案，而忽视盈利总额较小，但投资更少/经济效益更好的方案。

3）内部投资回收率法

内部投资回收率，是指旅游投资方案的未来预期净收益与投资总额之差等于零时的资金成本率，也称为贴现率。所谓贴现率，就是在投资决策分析中，把未来值折算为现值的系数。如果贴现率定得高了，现值就小；贴现率定得低了，现值就大。所以，合理确定贴现率是正确计算内部投资回收率的关键。

通常，若计算出投资方案的内部投资回收率高于企业或主管部门规定的投资回收率，则投资方案可取；若计算出投资方案的内部投资回收率低于规定的投资回收率，则投资方案不可取。在实践中，通常把内部投资回收率同利息率进行比较，若内部投资回收率高于利息率，则旅游投资项目方案可行；反之，若内部投资回收率低于利息率，则旅游投资项目方案不可行。

设：C——旅游投资项目的投资总额；R_t——旅游投资项目在未来 t 年的净收益；r——旅游投资项目的内部投资回收率。

则有内部投资回收率计算公式如下：

$$\sum_{t=1}^{n} \frac{R_t}{(1+r)^t} - C = 0 \tag{9-15}$$

由于该公式是一个 t 次方程，要求出内部投资回收率 r 的值，靠笔算比较困难，因此可借助计算机计算。如果没有计算机，也可采用试算方法逐步测算。

◆ **同步业务 9-4** ◆

根据上例旅游企业对某旅游景点建设方案的有关数据，可分别按 $r_1 = 10\%$ 和 $r_2 = 12\%$ 进行试算（见表 9-3）。

表 9-3　　　　　　　　　　　　　　　**贴现率试算表**　　　　　　　　　　金额单位：万元

年份	净收益	$r_1 = 10\%$ 贴现率		$r_2 = 12\%$ 贴现率	
		现值系数	现值	现值系数	现值
（0）	（1）	（2）	（3）=（1）×（2）	（4）	（5）=（1）×（4）
1	1 000	0.909	909.00	0.893	893.00
2	1 150	0.826	949.90	0.797	916.55
3	1 300	0.751	976.30	0.712	925.60
4	1 450	0.683	990.35	0.636	922.20
5	1 700	0.621	1 055.70	0.567	963.90
6	1 800	0.564	1 015.20	0.507	912.60
7	1 900	0.513	974.70	0.452	858.80
净收益的总现值			6 871.15		6 392.65

从经济意义上说，内部投资回收率实质上是资金成本的加权平均数，其优点在于它为企业或主管部门评价旅游投资项目的经济效果提供了一个合理的衡量标准，这对加强旅游投资效果评价和旅游投资管理都具有十分重要的现实意义。

4）利润指数法

利润指数法是用单位投资所获得的净现金收益同投资费用进行比较，来评价投资方案经济效果的方法。

设：PI——旅游投资利润指数；C——旅游投资项目的投资总额；R_t——旅游投资项目在未来t年的净现金收益；i——旅游投资项目的资金成本率。

则有利润指数计算公式如下：

$$PI = \sum_{t=1}^{n} \frac{R_t}{(1+i)^t} \div C \tag{9-16}$$

根据公式计算，若利润指数PI>1，则该旅游投资项目方案会取得盈利，说明该旅游投资项目方案可接受；若利润指数PI<1，则该旅游投资项目方案会亏损，说明该旅游投资项目方案应该放弃。

✳ **本章概要**

☆ 主要概念

现代旅游投资　现代旅游投资决策　资金时间价值　现金流量　机会成本　投资风险　投资效果系数　系统风险　非系统风险　净现值　内部投资回收率　利润指数法

☆ 内容提要

● 本章主要介绍了现代旅游投资与决策，包括：旅游投资的概念、内容和决策，旅游投资可行性研究的必要性和可行性研究内容，以及现代旅游投资评价与方法。

● 现代旅游投资与决策是指旅游目的地政府或旅游企业在一定时期内，根据旅游市场需求及发展趋势，把一定数量的资金投入某一旅游项目的开发建设，获取比投入资金数量更多的产出，以促进旅游业发展的经济活动。旅游投资的目的是促进旅游业的发展，获取宏微观效益，即包括旅游经济效益、社会效益、生态效益在内的综合性效益；旅游投资的内容主要有旅游景区景点项目、旅游餐饮项目、旅游娱乐项目、旅游商品项目、旅游交通项目、旅游教育和其他项目等方面。

● 现代旅游投资决策有各种各样的类型，按投资主体和目的，可分为企业性投资决策和政府性投资决策；按旅游决策条件可分为确定型决策、非确定型决策和风险型决策。在旅游投资决策中，必须充分考虑资金时间价值、现金流量、机会成本和投资风险等有关因素。

● 旅游投资可行性研究，是在旅游投资项目建设之前，由旅游开发商、旅游投资者、旅游经营者委托项目可行性研究单位或人员，对旅游投资项目是否可行所进行的一系列分析性研究，其内容包括旅游投资项目在技术上是否可行、开发上是否可能、经济上是否优化等。

● 旅游投资可行性研究的内容包括旅游市场需求调查和预测，旅游投资项目的选址方案，旅游投资项目工程方案研究，主要原材料、燃料、动力供应，劳动力的需求和供应，投资额及资金筹措，综合效益分析和评价等。可行性研究的类型可分为投资机会研究、初步可行性研究和最终可行性研究三种类型。

● 现代旅游投资效果评价包括宏观评价、风险评价和经济评价。宏观评价，主要是分析旅游投资项目是否符合国家或地方政府的旅游政策及发展目标，是否属于政府重点发展的旅游建设项目，是否符合整个社会经济发展的要求。其评价指标一般有投资效果系数、外汇收入指标、提供就业指标、社会文化影响指标和综合效益指标等。旅游投资风险评价，一般是通过计算投资风险率并与投资利润率进行比较。旅游投资经济评价是旅游投资效果评价的核心内容。通常，对旅游投资经济评价，都是以利润最大化为标准来确定投资方案的优劣。旅游投资经济评价的常用方法主要有投资回收期法、净现值法、内部投资回收率法和利润指数法等。

✿ 内容结构

本章内容结构如图9-1所示。

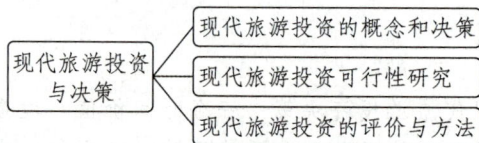

图9-1　本章内容结构

✿ 重要观点

观点9-1： 做旅游可行性研究报告与项目评估的主体是不同的。

常见质疑： 可能会混淆做旅游可行性研究报告与项目评估的主体。

释疑： 把做旅游可行性研究报告与项目评估的主体分割开来，其目的是有利于提高项目的科学性与准确性，克服局限性与盲目性。

观点9-2： 投资旅游项目必须同时考虑建设的可行性和可能性。

常见质疑： 项目投资常常考虑可行性，而忽略了可能性。

释疑： 从我国经济建设的历史来看，许多项目都是建在了不该建的地方或者建在了基本条件不具备、存在约束的地方，因此必须同时考虑建设的可行性和可能性。

✦ 单元训练

✿ 传承型训练

▲ 理论题

△ 简答题

1）简述现代旅游投资的概念、目的、内容与形式。

2）简述现代旅游投资项目的分类及相关概念。

3）简述现代旅游投资风险评价的相关概念。

△ 讨论题

1）如何认识现代旅游投资的最终目的？

2）为什么要对旅游投资项目进行可行性研究？

▲ 实务题

△ 规则复习

1）简述资金时间价值的计算方法。

2）简述旅游投资可行性研究的原则、内容与类型。

3）简述现代旅游投资宏观评价的数量指标及其计算方法。

4）简述投资风险评价中期望利润、标准离差与标准离差率和风险价值的计算方法。

5）简述旅游投资经济评价的主要方法。

△ 业务解析

1）旅游投资可行性研究要解决哪些问题？

2）投资旅游项目为什么要同时考虑建设的可行性和可能性？

3）如何认识旅游投资项目带来的效应？

▲ 案例题

△ 案例分析

【训练目的】

见本章"学习目标"中"传承型学习"的"认知弹性"目标。

【教学方法】

同第1章本题型的"教学方法"。

【训练任务】

同第1章本题型的"训练任务"。

【相关案例】

中资投资海外酒店的意图何在？

背景与情境： 中资企业海外投资购买酒店物业的热潮似乎还未退去。2015年2月7日，中国阳光保险集团促成酒店界2015年新年第一大单，同意以总价2.3亿美元的创世界纪录高价，购买位于纽约曼哈顿中城的全新酒店Baccarat，这家酒店的管理公司恰好为全球最大的酒店管理集团喜达屋，此前阳光保险也购买了该集团所管理的悉尼喜来登公园酒店。

无独有偶，纽约地标之一的华尔道夫酒店也在2014年10月被安邦保险以19.5亿美元收购。

近几年中国投资者海外收购酒店的势头非常迅猛，据《北京商报》记者统计，仅2014年就有5起大手笔的单体酒店买入，同时还有两家酒店集团被收入囊中。酒店的收购方均为中资大财团，而收购的酒店多为位于一线旅游城市的标志性酒店资产，同时这些酒店大多是由世界排名前列的喜达屋、希尔顿等国际酒店管理集团管理。

业内人士表示，去海外投资酒店业的中国企业主要分为两类：一类是本身做酒店集团的，以上海锦江国际为例，其本身有海外扩张需求，想把主营业务做大；另一类是像安邦保险和阳光保险这样的大型投资机构，它们看重的是物业的保值和增值。不难发现，两家保险公司不约而同地选择在纽约购买酒店资产，也是看重纽约物业的价值相对比较稳定，而且酒店市场相对比较稳定。

值得注意的是，在中资不断把目光投向国外五星级酒店的同时，国内五星级酒店也在纷纷谋求低价抛售，有的成交价甚至低于原价的50%，但接盘者不足一成。

为什么境外的高星级酒店频受中国资本青睐，国内的高星级酒店却无人问津呢？对此，华美酒店顾问有限公司首席知识管理专家赵焕焱认为，其关键还是在于供求关系，"中资是考虑优质资产的配置。酒店价值第一是地段，第二是物业品质。一线旅游城市的旅游资源和人口流动可以保证酒店的直接效益，同时选择国际酒店品牌意味着品牌传播力等无形资产。而随着中国出境游的快速发展，中国拥有足够的资源和游客规模，中资收购境外酒店也可以适应越来越多在世界各地旅行的中国游客"。

中国内地目前是全球唯一没有对投资新建酒店进行控制的地方，多年来的酒店扩容形成总体上供大于求，因此经营业绩下降，导致亏损、难以为继。而美国投资新建酒店有严格的控制，因此酒店经营的业绩更稳定。

（资料来源　程铭劼，刘晓雪. 中资买海外酒店背后意在布局出境游［N］. 北京商报，2015-02-09. 经节选、压缩和改编）

问题：

1）该案例涉及本章的哪些知识点？
2）未来旅游投资的主体将会发生哪些变化？
3）中国出境旅游的快速增长引起旅游投资呈现哪些特点？
4）中国企业境外投资如何拓宽旅游投融资渠道？

【训练要求】

同第1章本题型的"训练要求"。

【成果形式】

1）训练课业：《"中资投资海外酒店的意图何在？"案例分析报告》。
2）课业要求：同第1章本题型的"课业要求"。

△善恶研判

【训练目的】

见本章"学习目标"中"传承型学习"的"认知弹性"目标。

【教学方法】

同第1章本题型的"教学方法"。

【训练准备】

同第1章本题型的"训练准备"。

【相关案例】

政策力量破坏了传统村落

背景与情境：中国的一些部门从自身利益出发，忽略整体利益，致使一些政策的规定本身就存在问题，属于"一刀切"政策。例如，住建部和原国土资源部所提出的农村"一户一宅，拆旧建新"政策就存在问题。"一户一宅"是指每个农户只能有一个宅基地，整个政策的出发点可能是要保护用地、节约用地，但是大量的传统村落是旧的住宅，老百姓不喜欢住，或者想更新换代、建新房子时，就必须把旧房子拆掉，无形当中政策的力量便破坏了传统村落。

要"留住乡愁"，使市民在城市化后到乡村去能感受到纯朴的乡情，找到传统文化要素，如传统建筑、乡村景观、乡村的聚落、风水格局等，就必须从现在开始抢救保护一大批古村落，这也是在城乡统筹战略下着力发展乡村旅游的大背景。在对传统村落进行保护时，必须先出台相应的政策，把那些具有保护价值的旧村落、传统村落保护下来，即使农民盖了新房，也要把旧的村落作为集体财产保护下来。最近中央出台了新的土地改革政策：农村的建设用地可以以农民入股的方式与外来的资本进行合作，在把传统村落保护下来以后，农民能以土地入股的方式进入乡村度假经营、乡村休闲开发的过程中。

（资料来源　王露瑶．吴必虎：全国八九成景区"待客上门"并未达到最大承载量［EB/OL］．［2015-02-05］．http://travel.ifeng.com/news/china/detail_2015_02/05/40452651_0.shtml. 经节选、压缩和改编）

问题：

1）如何做才能兼顾文化、经济和社会效益三方效益？

2）试对上述问题做出你的善恶研判。

3）说明你所作善恶研判的依据。

4）请从资源保护与旅游开发关系的角度对旅游作为经济的市场推动力量做出评价。

【训练要求】

同第1章本题型的"训练要求"。

【成果形式】

1）训练课业：《"政策力量破坏了传统村落"善恶研判报告》。

2）课业要求：同第1章本题型的"课业要求"。

【相关案例】

未能获得的预期投资收益

背景与情境： 丰宁燕山大峡谷项目位于北京正北190千米的丰宁满族自治县的西南部，是一处集山水森林、奇峰异石、温泉峡谷于一体的自然景观，大峡谷景区内山、石、树、水、泉（温泉）皆美，资源品位很高。

2000—2004年，以温泉项目为中心的开发如火如荼，丰宁满族自治县内的银河旅游公司、县医院两个单位分别投资2 300万元、1 400万元建成银河温泉度假村和怡园山庄，县民政部门也引资400多万元对所属的温泉宾馆进行了改造。截至2004年年底，温泉景区已拥有室内游泳馆两座、室外泳池两个、各类不同标准房间300多间（套）、床位近600张，成为承德市规模最大、档次最高的温泉度假区，每年接待游客10余万人次。

在上述基础上，丰宁县政府决定大规模综合开发燕山大峡谷，使其成为继京北第一草原后又一热点旅游景区。2004年年底，丰宁满族自治县正式启动燕山大峡谷旅游综合开发项目，该项目囊括了道路交通、通信电力、狩猎滑雪、温泉休闲、汤河漂流等若干个子项目，计划总投资近4亿元。为推动这一项目的建设，县里成立了燕山大峡谷旅游开发办公室，主抓专门项目的资金争取和招商工作，并已投入资金100余万元用于路基建设，漂流项目也已启动。

2007年8月，丰宁县政府与北京中经汇丰旅游投资顾问有限公司签订了燕山大峡谷旅游园区开发协议，中经汇丰投资整体开发燕山大峡谷。根据中经汇丰公司提交的开发策划书，燕山大峡谷开发定位四大功能：一是要把峡谷建设成为"中国极限运动基地（滑雪）"；二是要把峡谷建设成"国际会议中心"；三是要把峡谷建设成全国知名的自然风光观光和休闲景区；四是要把峡谷建设成具有鲜明特色的满族民俗村。该项目在未来5年内计划总投资最低达到2亿元，其中当年投资不少于5 000万元，第二、第三、第四年度分别完成投资5 000万元。通过未来几年的开发建设，燕山大峡谷将成为开展极限运动的乐园、进行休闲避暑的胜地、举行会议活动的首选、展示满族民俗的窗口。

经过长期不懈的努力，丰宁燕山大峡谷客流量接近30万人次，已经取得了一定的效益，特别是银河温泉度假村和洪汤寺温泉取得了较好的经济效益。洪汤寺温泉与号称"小三峡"的汤河龙潭沟浑然一体，环境优美，景色宜人，温泉日溢48℃热水170吨，水质清澈透明，细软滑润，无色无味，含锶、钴、镉、铁等多种矿物质和微量元素。浴者感觉舒适，具有祛病健身之功效，对风湿、顽癣以及各种皮肤病及积劳成疾等慢性病有独特疗效。

但是，作为丰宁燕山大峡谷的整体开发商北京中经汇丰旅游投资顾问有限公司并未获得预期的投资收益，主要表现在三个方面：

（1）实际投资达到4亿多元，远超过计划投资的2亿元，投资成本没有得到有效控制。

（2）客流量和销售收入低于期望水平，未能恰当地估计市场的发展水平。

（3）休闲度假地产、养老地产、投资地产并未如期开发并创造收益。

在对该项目分析后发现，失败原因主要集中在以下方面：第一，对旅游市场理解不够深刻，在周边环境不成熟和交通基础设施不健全的情况下，客源未能达到预期水平。第二，没有把握好旅游资源开发和旅游地产开发之间的联动关系，偏重开发旅游资源，对旅游地产市场理解不足，未能开发出能够快速创造现金流的旅游地产。第三，没有通过购买或与政府签订协议的方式预先控制核心土地，使得远期更大的休闲度假地产、养老地产、投资地产的潜在收益未能得到保障。第四，规划设计院所规划的产品建设成本过高，产品不符合企业盈利需求，特别是规划投资较大的大量滑雪设施。第五，开发分期不当，前期投入大量资金用于不能创造现金流的道路、电力、供水、通信等基础设施建设，而未能形成能够创造现金流的经营性资产或可销售的地产，使得投资难以形成良性循环，增大后期投资压力。第六，企业家没有重视社会资本运营，仅靠自有资金运营，投资规模和力度不够，使得丰宁燕山大峡谷未能达到预期建设水平。

（资料来源　康福田，王先民．丰宁燕山大峡谷旅游投资案例研究［EB/OL］．［2012-04-02］．http：//blog.sina.com.cn/s/blog_60ca557001010d9x.html．经节选、压缩和改编）

问题：

1）上述案例涉及本章哪些知识点？

2）燕山大峡谷旅游综合开发项目为什么未能获得预期投资收益？

3）如果你是本案例中燕山大峡谷旅游综合开发项目的决策者，将如何优化本项目的投资决策？

【训练要求】

1）形成性要求

（1）参照第 2 章本题型的"形成性要求"。

（2）小组总结本次训练，形成《"决策设计-Ⅱ"训练报告》。

2）成果性要求

（1）训练课业：撰写《"决策设计-Ⅱ"训练报告》。

（2）课业要求：

①《"决策设计-Ⅱ"训练报告》重点总结对"知识准备"所列知识学习和运用的体验，以及对"附录三"附表 3"解决问题"能力"中级"各技能点"基本要求"和"参照规范与标准"遵循的体验。

②将《"燕山大峡谷旅游综合开发项目投资优化"决策提纲》和《"燕山大峡谷旅游综合开发项目投资优化"决策方案》作为《"决策设计-Ⅱ"训练报告》的附件。

③结构、格式与体例要求：参照本教材"课业范例"的"范例-5"。

④在校园网的本课程平台上展示班级优秀《"决策设计-Ⅱ"训练报告》，并将其纳入本课程的教学资源库。

☆ 创新型训练

▲ 决策设计

决策设计-Ⅱ

【训练目的】

见本章"学习目标"中"创新型学习"的"决策设计"目标。

【教学方法】

采用"学导教学法"、"案例教学法"、"项目教学法"和"创新教学法"。

【训练任务】

1）体验对"附录三"附表 3"解决问题"能力"中级"各技能点"基本要求"和"参照规范与标准"的遵循。

2）体验对"知识准备"所列知识的学习和运用。

3）体验对"附录三"附表 3"解决问题"能力"中级"各技能点"基本要求"和"参照规范与标准"的遵循。

4）体验在"相关案例"情境中"结构不良知识"的"创新学习"及其迁移。

5）撰写《"决策设计-Ⅱ"训练报告》。

【训练准备】

知识准备：

学生自主学习如下知识：

1）本章理论与实务知识。

2）本教材"附录一"附表1"解决问题"（中级）各技能点的"知识准备参照范围"所列知识。

3）"决策理论"与"决策方法"基本知识（中级）。

4）本教材"附录三"附表3"解决问题"能力"中级"各技能点"基本要求"和"参照规范与标准"。

指导准备：

1）教师向学生阐明"训练目的"和"训练任务"。

2）教师指导学生结合本项目进行自主学习。

3）教师指导学生结合本项目进行决策设计。

✦ 建议阅读

[1] 黄佳惠，王兰会. 乡村振兴背景下旅游投资对乡村旅游经济效益的影响 [J]. 北京林业大学学报（社会科学版），2021，20（01）：47-51.

[2] 朱东国，刘婷. 国内旅游投资与效益研究综述 [J]. 石家庄学院学报，2021，23（3）：75-81.

[3] 苏建军，孙根年. 中国旅游投资规模的动态演进与分布差异 [J]. 旅游科学，2017，31（1）：28-43.

[4] 苏建军，孙根年. 中国旅游投资与旅游经济发展的时空演变与差异分析 [J]. 干旱区资源与环境，2017，31（1）：185-191.

[5] 路琪，石艳. 生态文明视角下旅游投资效益评估体系的构建 [J]. 宏观经济研究，2013（7）：39-48，111.

[6] 柳应华，宗刚，杨柳青. 不确定条件下旅游投资决策分析方法的对比与应用 [J]. 数量经济技术经济研究，2013，30（5）：103-115.

[7] 王如东，诸大建. 基于投入产出分析的旅游投资对城市经济贡献的研究——以苏州市为例 [J]. 旅游学刊，2009，24（11）：20-24.

[8] 赵小芸. 旅游投资在西部旅游扶贫中的效用分析 [J]. 旅游学刊，2004（1）：16-20.

第10章
现代旅游收入与分配

▶ **学习目标**

▷ **传承型学习**

通过以下目标，建构以"绪论"为阶段性内涵的"传承型"专业学力：

理论知识：学习和把握现代旅游收入的概念与分类、旅游收入的影响因素、旅游收入各种指标的概念、国民收入的循环与分配、旅游收入分配的经济作用、旅游收入乘数的概念、旅游收入乘数理论的局限性、旅游收入漏损的概念与原因等陈述性知识；能用其指导本章"同步思考"、"深度思考"和相关题型的"单元训练"；体验"现代旅游收入与分配"中"理论知识"的"传承型学习"及其迁移。

实务知识：学习和把握旅游收入各种指标的计算、旅游收入的初次分配与再分配、旅游收入乘数效应的衡量、减少旅游收入漏损的对策，以及"业务链接"等程序性知识；能用其规范本章"同步业务"、"深度剖析"、"教学互动"和相关题型的"单元训练"；体验"现代旅游收入与分配"中"实务知识"的"传承型学习"及其迁移。

认知弹性：运用本章理论与实务知识研究相关案例，对本章"引例"、"同步案例"和"生态旅游地的收入与分配问题分析"等案例情境进行多元表征，体验"现代旅游收入与分配"中"结构不良知识"的"传承型学习"及其迁移；依照相关行为规范对"云南西双版纳'旅游协会'围堵旅行团引冲突"案例进行善恶研判，促进健全职业人格的塑造。

▷ **创新型学习**

通过以下目标，建构以"绪论"为阶段性内涵的"创新型"专业学力：

自主学习：参加"自主学习-Ⅲ"训练。在制订和实施《团队自主学习计划》的基础上，通过阶段性学习和应用"附录一"附表1"自主学习"（高级）"'知识准备'参照范围"所列知识，收集、整理与综合"现代旅游收入与分配"前沿知识，讨论、撰写和交流《"现代旅游收入与分配"最新文献综述》，撰写《"自主学习-Ⅲ"训练报告》等活动，体验"现代旅游收入与分配"中的"自主学习"（高级）及其迁移。

引例 全国旅游业对GDP贡献达9.94万亿元

背景与情境： 文化和旅游部发布的数据显示，2018年国内旅游人数达55.39亿人次，比上年同期增长10.8%；入出境旅游总人数达2.91亿人次，同比增长7.8%；全年实现旅游总收入5.97万亿元，同比增长10.5%。初步测算，全年全国旅游业对GDP的综合贡献为9.94万亿元，占GDP总量的11.04%。旅游直接就业人数2 826万人，旅游直接和间接就业人数7 991万人，占全国就业总人口的10.29%。

1. 国内旅游人数增长10.8%

根据国内旅游抽样调查结果，2018年国内旅游人数达55.39亿人次，比上年同期增长10.8%。其中，城镇居民41.19亿人次，同比增长12.0%；农村居民14.20亿人次，同比增长7.3%。国内旅游收入5.13万亿元，同比增长12.3%。其中，城镇居民花费4.26万亿元，同比增长13.1%；农村居民花费0.87万亿元，同比增长8.8%。

2. 外国人入境旅游人数和入境过夜旅游人数分别增长4.7%和5.2%

2018年入境旅游人数达14 120万人次，比上年同期增长1.2%。其中：外国人3 054万人次，同比增长4.7%；香港同胞7 937万人次，同比下降0.5%；澳门同胞2 515万人次，同比增长2.0%；台湾同胞614万人次，同比增长4.5%。入境旅游人数按照入境方式分，船舶占3.3%，飞机占17.3%，火车占1.4%，汽车占22.3%，徒步占55.7%。

2018年入境过夜旅游人数达6 290万人次，比上年同期增长3.6%。其中：外国人2 364万人次，同比增长5.2%；香港同胞2 820万人次，同比增长1.6%；澳门同胞553万人次，同比增长5.9%；台湾同胞553万人次，同比增长4.5%。

3. 国际旅游收入达1 271亿美元

2018年国际旅游收入达1 271亿美元，比上年同期增长3.0%。其中：外国人在华花费731亿美元，同比增长5.1%；香港同胞在内地花费291亿美元，同比下降3.3%；澳门同胞在内地花费87亿美元，同比增长5.0%；台湾同胞在大陆花费163亿美元，同比增长4.5%。

4. 入境外国游客中亚洲游客占比76.3%，以观光休闲为目的游客占33.5%

2018年入境外国游客人数4 795万人次（含相邻国家边民旅华人次），其中，亚洲游客占76.3%，美洲游客占7.9%，欧洲游客占12.5%，大洋洲游客占1.9%，非洲游客占1.4%。其中：按年龄分，15岁以下游客占3.4%，15~24岁游客占13.7%，25~44岁游客占49.9%，45~64岁游客占28.4%，64岁以上游客占4.6%；按性别分，男游客占59.6%，女游客占40.4%；按目的分，会议商务游客占12.8%，观光休闲游客占33.5%，探亲访友游客占2.8%，服务游客占15.5%，其他游客占35.3%。

按入境旅游人数排序，我国主要客源市场前17位国家如下：缅甸、越南、韩国、日本、美国、俄罗斯、蒙古国、马来西亚、菲律宾、新加坡、印度、加拿大、泰国、澳大利亚、印度尼西亚、德国、英国（其中缅甸、越南、俄罗斯、蒙古国、印度含边民旅华人数）。

5. 中国公民出境旅游人数达 14 972 万人次

2018 年中国公民出境旅游人数达 14 972 万人次，比上年同期增长 14.7%。

（资料来源　伍策，琬琰. 2018 年：旅游业对 GDP 贡献达 9.94 万亿元 [EB/OL]. [2019-02-13]. http://travel.china.com.cn/txt/2019-02/13/content_74460169.htm. 经节选、压缩和改编）

旅游收入是旅游经济活动的主要成果，也是国民收入的重要组成部分。这个案例告诉我们，旅游收入一方面反映了旅游部门和企业在旅游经济活动过程中所创造的价值，另一方面体现了旅游经济对国民经济发展的贡献。

10.1　现代旅游收入的概念及分类

10.1.1　现代旅游收入的概念

现代旅游收入，是指旅游目的地国家或地区在一定时期内（以年度、季度、月度为单位），通过向旅游者销售旅游产品及相关商品和服务所得到的全部货币收入的总和。旅游收入直接反映了某一旅游目的地国家（或地区）旅游经济的运行状况，是评价和衡量旅游经济活动效果的综合性指标，也是衡量某一国家（或地区）旅游业发达与否的重要标志。

同步思考 10-1

问题：如何正确完整地把握旅游收入的内涵？

1）旅游收入反映了旅游经济活动的成果

旅游收入作为已售旅游产品价值的货币表现，体现了旅游经济活动的成果。旅游收入的获得和增加，一方面反映了旅游产业和企业所提供的旅游产品价值得到实现，从而保证了旅游业能够不断进行简单再生产和扩大再生产，促进自身的不断发展；另一方面，旅游收入的增长不仅对旅游企业的积累和发展起着决定性作用，而且对国民经济和旅游业的持续发展起着举足轻重的作用。

通常，在旅游产品生产与经营成本不变的情况下，旅游收入的多少与旅游利润成正比。旅游收入越多，旅游利润就越大，旅游经济效益就越好；反之，旅游收入越少，旅游利润就越小，旅游经济效益就越差。同时，旅游收入的增加标志着流动资金周转的加速，而每一次旅游收入的取得，都标志着在一定时期内，一定量的流动资金所完成的一次周转。因此，在一定时期内，取得的旅游收入越多，意味着流动资金周转次数越多、速度越快，占用流动资金越少，旅游企业的经济效益就越好，从而综合地反映了旅游经济活动的成果。

2）旅游收入体现了旅游业对国民经济的贡献

发展旅游经济的目的是发展同全世界各国人民之间的友好往来，促进国际经济、文化、技术交流，满足国内外旅游者对旅游产品的需求。因此，旅游收入的多少，一方面体现了接待旅游者数量的增减、旅游服务质量的高低、旅游产品的畅销程度和旅游者旅游需求的满足程度；另一方面直接反映了旅游目的地国家或地区旅游经济的运行状况，是衡量旅游经济活动及其经济效益不可缺少的指标。

此外，旅游收入的多少还体现了旅游业对国家做出贡献的大小，以及旅游业对国民经济的促进和影响。通常，旅游收入与旅游利税成正比，旅游收入越多，则旅游利税越大；反之，旅游收入越少，则旅游利税越小。因此，在一定时期内，旅游收入的多少直接反映了旅游目的地国家（或地区）的旅游业对国民经济的贡献大小。

3）旅游收入体现了货币回笼和创汇的状况

旅游经济活动包括国内旅游和国际旅游两个部分。通过开展国内旅游业务，可引导人们进行合理消费，使人们在旅游活动中增长见识、丰富知识、开阔眼界，同时通过销售旅游产品和提供服务，完成回笼货币的任务。通过开展国际旅游业务，努力销售本国各类旅游产品，取得旅游外汇收入，这对减少国家外贸逆差、平衡外汇收支、增强国家外汇支付能力、增加国家外汇储备等方面都具有十分重要的作用。

10.1.2　现代旅游收入的分类

为了正确认识旅游收入的内涵，更好地分析旅游经济活动过程，促进旅游经济活动的开展，探索增加旅游收入的途径，切实搞好旅游收入的分配，可以从不同的角度对旅游收入的来源、利润和构成进行分类研究。

1）按旅游收入来源的不同可分为国际旅游收入和国内旅游收入

在旅游经济活动中，由于旅游者既有国际旅游者又有国内旅游者，其旅游消费支出就相应形成了不同的旅游收入来源，因此按照旅游收入来源的不同，旅游收入可分为国际旅游收入和国内旅游收入。

（1）国际旅游收入

国际旅游收入，是指旅游目的地国家（或地区）的旅游企业通过经营国际旅游业务，向国际旅游者提供旅游产品所取得的外国货币收入，通常被称为旅游外汇收入。国际旅游收入是国际旅游者在旅游目的地的旅游消费支出，也是旅游目的地国家（或地区）出口旅游产品所取得的收入，是另一种形式的对外贸易。旅游外汇收入扣除相应的旅游外汇支出，就是旅游净外汇收入，它属于旅游业为社会新创造的价值，是国内生产总值的一部分。因此，旅游净外汇收入的增加，意味着旅游目的地国家或地区国内生产总值的增长。旅游净外汇收入属于旅游收入的初次分配，体现了旅游客源国与旅游接待国之间所形成的国际经济关系。

（2）国内旅游收入

国内旅游收入，是指旅游目的地国家（或地区）通过经营国内旅游业务，向国内旅游者提供旅游产品而取得的本国货币收入。国内旅游收入来源于本国居民在本国境内的旅游消费支出，是本国物质生产部门劳动者新创造价值的转移，其增加一般不会导致一国财富总量的增加，属于国民收入的再分配。国内旅游收入体现了一个国家或地区经济发展的状况及水平，体现了国家与企业、企业与企业、企业与居民之间的经济分配关系。

（3）两者的区别

在分析和比较国际旅游收入和国内旅游收入时，不仅要把握其收入来源，还应注意区别以下两个问题：

第一，两者在旅游收入计算方法上的差别。通常，国内旅游收入与国内旅游消费支出在数量上是相等的，因此可以通过计算本国居民的旅游消费支出而得到国内旅游收入。但国际旅游收入与国际旅游者的旅游消费支出在数量上是不相等的，即旅游目的地国家（或地区）的国际旅游收入，只包括国际旅游者在旅游目的地国家（或地区）的食、住、行、游、购、娱等方面的花费，这只是国际旅游者全部旅游消费支出的一部分。除此之外，国际旅游消费支出的相当一部分用于支付国际交通费及国外旅游经营商的佣金等。

第二，两者在旅游收入计价货币上的差别。国内旅游收入以本国货币计算，国际旅游收入则以外国货币计算（多数以美元计算）。由于不同时期内各国外汇汇率的变化，同量的旅游外汇收入在不同时期用本国货币衡量会产生较大的差别，因此在计算一国的旅游收入或对不同时期的旅游收入进行比较时，要注意外汇汇率的变化。

同步思考 10-2

问题：现代旅游收入为何要分别从国内和国外两个方面来考量？

2）按旅游需求弹性的不同可分为基本旅游收入和非基本旅游收入

旅游者在旅游活动中的消费支出是多种多样的，涉及食、住、行、游、购、娱等方面，因此按照旅游需求弹性的不同，旅游收入可分为基本旅游收入和非基本旅游收入两大类。

（1）基本旅游收入

基本旅游收入，是指旅游目的地国家或地区向旅游者提供旅游交通、食宿、游览景点等旅游产品和服务所获得的货币收入的总和，是旅游者在旅游过程中基本的旅游消费支出。对每一个旅游者来说，基本旅游收入是缺乏弹性的，是一种固定性的旅游消费支出，因而基本旅游收入与接待旅游者人数、旅游者人均消费水平、旅游者停留时间成正比。在其他条件不变的情况下，接待旅游者人数越多，旅游者人均消费水平越高，旅游者停留时间越长，则旅游目的地国家（或地区）获得的基本旅游收入越多。

（2）非基本旅游收入

非基本旅游收入，是指在旅游活动中，旅游目的地国家（或地区）的旅游相关部门和企业，通过向旅游者提供医疗、电信、购物、美容、银行、保险、娱乐等服务所获得的货币收入的总称，是旅游者在旅游过程中可能发生的各种费用支出。由于旅游者的需求、支付能力、兴趣爱好和消费习惯不同，旅游者对这类消费支出具有较强的选择性和灵活性，因此这部分旅游收入的需求弹性较大，具有不稳定性。非基本旅游收入的增减变化，虽然也受接待旅游者人数、旅游者人均消费水平、旅游者停留时间的影响，但不像基本旅游收入那样呈明显的正比例变化，因此具有很大的随机性。

在旅游收入中，由于基本旅游收入的需求弹性较小，具有相对刚性，而非基本旅游收入的需求弹性较大，因此二者在旅游收入总量中所占比重的大小，就成为衡量一个国家（或地区）旅游业发展水平的重要指标之一。某一旅游目的地的非基本旅游收入所占比重越大，则该地区旅游业的发展水平越高，旅游收入的增长潜力越大；某一旅游目的地的非基本旅游收入所占比重较小，则说明该地区的旅游业尚处于初期发展阶段，在旅游产品结构、旅游项目开发、旅游经营方式等方面都有待进一步提高和发展。

深度思考10-1

问题：将现代旅游收入分为基本旅游收入和非基本旅游收入有何意义？

3）按旅游消费支出构成的不同可分为商品性旅游收入和劳务性旅游收入

从旅游统计的角度，按照旅游消费支出构成的不同，旅游收入可分为商品性旅游收入和劳务性旅游收入。

（1）商品性旅游收入

商品性旅游收入，是指为国内外旅游者提供物质形态的旅游产品而得到的收入，主要包括销售旅游商品和提供餐饮等所获得的收入。其中，旅游商品收入是指向国内外旅游者销售各种旅游商品而得到的收入，包括销售各种生活用品、工艺美术品、旅游纪念品、医药用品、土特产品、珠宝玉石、旅游书刊等所得到的收入。旅游餐饮收入是指为旅游者提供各种膳食、酒水、方便食品、地方小吃等所得到的收入。商品性旅游收入主要以有形旅游产品的交易为主，其成交表现为以物质产品的使用价值与价值所有权的长期转移为主要特征。

（2）劳务性旅游收入

劳务性旅游收入，是指为旅游者提供各种劳务性旅游服务而获得的收入，包括交通、住宿、游览、邮政通信、文化娱乐及其他服务性收入。其中，交通服务收入是指为旅游者提供包括飞机、火车、轮船、汽车等长途交通和市内交通运输服务而获得的收入；住宿收入是指为旅游者提供住宿服务而获得的收入；游览收入是指为旅游者提供景区、景点游览及导游服务而获得的收入；邮政通信收入是指为旅游者提供邮寄文件和包裹、长途电话等服务而获得的收入；文化娱乐收入是指为旅游者提供文化娱乐、文艺表演等各种娱乐性服务而获得的收入及其他收入等。劳务性旅游收入主要以无形旅游产品的交易为主，其成交表现为以劳务性产品使用价值和价值的暂时转移为主要特征。

从表10-1中可以看出中国旅游外汇收入构成的变化情况，分析这些变化有利于掌握旅游经济的发展情况。

10.1.3　现代旅游收入的影响因素

旅游业是一个综合性、关联性较强的行业。各种社会经济现象和经济关系等，都会使某一旅游目的地国家（或地区）在一定时期内的旅游收入出现不同程度的变化。可以说，旅游收入是一个受多种因素影响的函数。这些影响因素主要有以下几个方面：

表10-1

中国旅游外汇收入构成比较表

收入项目	1995年 收入额（百万美元）	1995年 比重（%）	2002年 收入额（百万美元）	2002年 比重（%）	2006年 收入额（百万美元）	2006年 比重（%）	2009年 收入额（百万美元）	2009年 比重（%）	2010年 收入额（百万美元）	2010年 比重（%）	2011年 收入额（百万美元）	2011年 比重（%）	2012年 收入额（百万美元）	2012年 比重（%）
总计	8 733	100.0	20 385	100.0	33 949	100.0	39 648	100.0	45 814	100.0	48 464	100.0	50 028	100.0
一、商品性收入														
1.商品销售	1 641	18.8	4 211	20.7	11 207	33.0	9 149	23.1	11 590	25.3	11 856	24.5	11 154	22.3
2.餐饮	1 658	19.0	1 660	8.1	3 512	10.3	3 614	9.1	4 115	9.0	3 598	7.4	3 747	7.5
小计	3 299	37.8	5 871	28.8	14 719	43.3	12 736	32.2	15 705	34.3	15 454	31.9	14 901	29.8
二、劳务性收入														
1.长途交通	2 017	23.1	5 260	25.8	7 376	21.7	11 741	29.6	13 091	28.6	15 117	31.2	17 278	34.5
民航	1 491	17.1	3 661	18.0	6 663	19.6	8 584	21.6	9 808	21.4	11 470	23.7	13 164	26.3
铁路	164	1.9	465	2.3	279	0.8	1 277	3.2	1 247	2.7	1 406	3.0	1 646	3.3
汽车	133	1.5	874	4.3	310	0.9	958	2.4	1 081	2.4	1 406	3.0	1 554	3.1
轮船	229	2.6	260	1.3	124	0.4	922	2.3	956	2.1	835	1.7	914	1.8
2.游览	358	4.2	1 431	7.0	986	2.9	2 080	5.2	2 107	4.6	2 532	5.2	2 555	5.1
3.住宿	1 832	21.0	2 565	12.6	4 897	14.4	4 434	11.2	5 195	11.3	5 098	10.5	5 211	10.4
4.娱乐	229	2.6	1 525	7.5	1 253	3.7	2 882	7.3	3 172	6.9	3 466	7.2	3 613	7.2
5.邮政通信	249	2.8	720	3.5	511	1.5	955	2.4	1 068	2.3	1 036	2.1	791	1.6
6.市内交通	283	3.2	882	4.3	1 201	3.5	1 329	3.4	1 460	3.2	1 619	3.3	1 610	3.2
7.其他服务	466	5.3	2 131	10.5	3 006	8.9	3 491	8.8	4 015	8.8	4 141	8.5	4 068	8.1
小计	5 434	62.2	14 514	71.2	19 230	56.7	26 912	67.9	30 108	65.7	33 009	68.1	35 126	70.2

（资料来源　根据历年《旅游统计年鉴》及相关资料整理）

1）接待旅游者人数多少

旅游目的地国家（或地区）接待旅游者人数的多少，直接影响旅游目的地国家（或地区）旅游收入的高低。在旅游者的旅游消费水平和消费支出变化不大的情况下，旅游收入与所接待的旅游者人数成正比。也就是说，接待旅游者人数越多，旅游收入就越多；反之，接待旅游者人数越少，旅游收入也越少。因此，接待旅游者人数多少是影响旅游收入变化的基本因素。

2）旅游者人均消费水平

在旅游接待人数既定的条件下，旅游者的支付能力和人均消费水平是决定旅游收入增减变化的另一个决定性因素。通常，旅游者的支付能力和人均消费水平与旅游目的地国家（或地区）的旅游收入呈正比例关系。旅游者的支付能力强，人均旅游消费水平高，则旅游目的地国家（或地区）的旅游收入必然增加；反之，旅游者的支付能力弱，人均旅游消费水平低，则旅游目的地国家（或地区）的旅游收入必然减少。旅游者的旅游消费水平又与旅游者的年龄、社会阶层、家庭状况、职业、个人可支配收入及消费偏好等因素有密切关系。

3）旅游者停留时间

在接待旅游者人数、旅游者人均消费水平既定的情况下，旅游者在旅游目的地的停留时间长短对旅游目的地国家（或地区）的旅游收入也有直接的影响。通常，旅游者停留时间与旅游收入之间存在正比例变化关系。也就是说，旅游者在旅游目的地的停留时间越长，其旅游花费支出就越多，则旅游目的地的旅游收入就越多；反之，旅游者在旅游目的地的停留时间越短，其旅游花费支出就越少，则旅游目的地的旅游收入就越少。

4）旅游产品吸引力

旅游资源和旅游产品的吸引力是吸引旅游者的重要因素，也是影响旅游收入的主要因素之一。旅游目的地国家（或地区）旅游资源的特色、规模及开发水平决定了旅游产品的特色和吸引力，这是激发人们旅游需求、动机的重要方面；旅游产品的品位高低和旅游服务的质量，则是刺激旅游者购买旅游产品的重要原因。因此，只有充分利用和开发旅游目的地国家（或地区）的旅游资源，不断提高旅游产品的吸引力，增加接待旅游者人数，提高旅游者消费支出，才能不断增加旅游收入。

5）旅游产品价格

旅游产品价格也是影响旅游收入的重要因素，因为旅游收入等于旅游产品价格与旅游产品数量（等于旅游者人数）的乘积，两者之间存在密切的依存关系。根据旅游需求规律，在其他条件不变的情况下，随着旅游产品价格的上涨或下跌，旅游者人数会出现相应的减少和增加。因此，必须正确计算旅游产品的需求价格弹性系数，并根据旅游产品需求价格弹性的大小，合理确定旅游产品价格，以吸引更多的旅游者，进而提高旅游目的地国家（或地区）的旅游收入。

6）外汇汇率变化

外汇汇率是各国不同货币之间的相互比价。由于目前世界各国普遍实行浮动汇率制，因此外汇汇率总是处于经常变化之中，外汇汇率变动对涉外旅游价格和旅游创汇有直接影响，从而对旅游收入也会产生一定的影响。一方面，在旅游目的地国家（或地区）旅游产品价格不变的情况下，旅游目的地国家相对旅游客源国的汇率降低或提高，会相应刺激或抑制旅游客源国的旅游需求，使旅游目的地国家的入境旅游人数增加或减少，进而使旅游外汇总收入增加或减少；另一方面，由于汇率的变化，会使同量的旅游外汇收入在不同时期换算的旅游收入出现较大差异。

7）旅游统计因素

旅游业是一个综合性产业，涉及若干直接旅游部门及相关部门。旅游收入有的来自直接旅游企业，有的来自间接旅游企业甚至非旅游企业，导致旅游统计常常会出现遗漏或重复统计的现象，从而使统计的旅游收入不能完全如实地反映旅游目的地国家（或地区）实际的旅游收入，如旅游部门与非旅游部门之间对旅游收入的重复统计；旅游者在旅游活动中支出的某些漏统计的费用；旅游者通过亲朋好友提供的免费食宿的漏统计等。因此，在计算和分析旅游收入时，还必须考虑上述统计方面的问题并进行合理修正，才能保证旅游收入统计的正确性和真实性。

◆◆◆ **业务链接 10-1**

美元上涨致美国人出境游创新高

BW CHINESE 中文网讯，欧元对美元汇率 2015 年 3 月 10 日跌至近 12 年最低点。欧洲央行（ECB）债券购买热潮引发的冲击波和有关美国将要加息的预期传遍全球金融市场。自 2015 年年初以来，欧元对美元汇率已下跌 13.1%，在 3 月 10 日的伦敦午后交易中跌破 1 欧元＝1.0700 美元的水平，带来了欧元与美元平价的前景。欧元对英镑汇率也跌至 1 欧元＝0.71 英镑以下，这是自 2007 年 12 月以来的最低水平。随着欧元对美元汇率跌至 12 年新低，越来越多的美国人选择赴欧洲旅游。欧盟旅游协会（ETB）的统计数据显示，2014 年赴欧洲旅游的美国游客人数达到 2 340 万人。该协会预计，2015 年，这一数字将增长 6.7%，并预测 2014—2019 年，美国赴欧洲旅游游客数量的年平均增长率为 5.3%。美国方面的数据亦表明，出国旅游的美国人数量正在增加。美国统计局的数据显示，2014 年出境旅游的美国人数量超过 6 800 万人，创历史新高。此外，2014 年也是最近 10 年内美国出境旅游人数年增长率首次超过 10% 的一年。

报道指出，美元上涨而欧元下跌，反映了大西洋两岸在货币政策上日益扩大的分化。欧洲央行本周启动了 1.1 万亿欧元的量化宽松计划，而上周公布的美国就业报告强于预期，助燃了人们对美联储（Fed）将在 2015 年年中加息的推测。但是分析师对欧元贬值的速度感到震惊。2014 年 12 月，英国《金融时报》（Financial Times）对 32 位欧元区经济学家进行调查时，仅有 1 位经济学家认为欧元将在 2015 年跌至与美元平价。然而，在过去几天里，一些人已经修改了自己的预测。已经对欧洲资本外流速度发出警告的德意志银行（Deutsche Bank）预测，

2015 年年底前，欧元不仅会与美元平价，而且会继续下跌，到 2016 年跌至 1 欧元 =0.90 美元，到 2017 年跌至 1 欧元 =0.85 美元。欧元对美元汇率下滑主要是因为美元走强而非欧元疲软。欧元和美元达到平价并非异想天开。欧元跌向与美元平价的水平将受到法兰克福的欢迎。欧洲央行的高级官员希望，欧元疲软将为欧元区出口企业提振。

（资料来源　佚名. 美元上涨致美国人出境游创新高［EB/OL］.［2015-03-13］. http：//wap. bwchinese.com/m/article/1068839.html. 经节选、压缩和改编）

10.2　现代旅游收入指标及其计算

10.2.1　现代旅游收入总量指标及其计算

旅游收入指标，是用货币单位计算和表示的，反映旅游经济发展的水平、规模、速度、结构及其他比例关系的指标。在旅游统计工作中，通常把旅游收入的衡量指标归纳为三大类：旅游收入总量指标、旅游收入平均指标和旅游收入比率指标。其中，旅游收入总量指标主要有以下几个指标：

1）国际旅游收入指标及其计算

国际旅游收入是外国旅游者入境后的全部消费支出总额。在中国，国际旅游收入又称旅游外汇收入，是指接待海外旅游者所获得的外国货币收入的总额。

国际旅游收入指标的计算，是先通过对外国旅游者进行抽样调查，得到旅游者人均消费支出和人均停留时间，再按以下公式计算：

设：R_f——国际旅游（或旅游外汇）收入；N——外国旅游者人次；E——外国旅游者人均消费支出；T——外国旅游者停留时间。

则有国际旅游收入计算公式如下：

$$R_f = N \cdot E \cdot T \tag{10-1}$$

2）国内旅游收入指标及其计算

国内旅游收入是国内旅游者在本国旅游的全部消费支出总额。国内旅游收入指标的计算方法与国际旅游收入指标的计算方法基本相同，即以国内旅游者人次、国内旅游者人均消费支出和人均停留时间相乘得到。

3）旅游总收入指标及其计算

旅游总收入是指在一定时期内，旅游目的地国家（或地区）向国内外旅游者出售旅游产品和相关服务所获得的、以本国货币计算的国际和国内旅游收入的总和，它综合反映了该国家（或地区）旅游业的总体规模和经营成果。旅游总收入指标的计算，是先把国际旅游收入按旅游目的地国家（或地区）当时的外汇汇率折算成本国货币收入，再与国内旅游收入加总即可。表 10-2 列出了 1985—2013 年中国旅游收入及增长率，由此可以看出中国旅游外汇收入、国内旅游收入和旅游总收入的增长规模及发展水平。

表 10-2　　　　　　1985—2013 年中国旅游收入及增长率

年份	外汇收入（百万美元）	年增长率（%）	国内旅游收入（亿元）	年增长率（%）	旅游业总收入（亿元）	年增长率（%）
1985	1 250.00	10.5	80.00	—	181.00	—
1986	1 530.85	22.5	106.00	32.5	①	28.8
1987	1 861.51	21.6	140.00	32.1	233.06	26.3
1988	2 246.83	20.7	187.06	33.5	294.51	27.2
1989	1 860.48	-17.2	150.00	-19.7	374.49	-18.7
1990	2 217.58	19.2	170.00	13.3	304.42	16.3
1991	2 844.97	28.3	200.00	17.6	354.06	23.2
1992	3 946.87	38.7	250.00	25.0	436.14	32.4
1993	4 683.17	18.7	864.00	②	577.59	—
1994	7 322.81	③	1 023.59	18.5	1 134.00	—
1995	8 732.77	19.3	1 375.70	34.4	—	—
1996	10 200.00	16.8	1 638.38	19.1	2 098.00	18.5
1997	12 074.14	18.4	2 112.70	29.0	2 487.04	25.1
1998	12 602.00	4.4	2 391.18	13.2	3 112.20	10.5
1999	14 099.00	11.9	2 831.92	18.4	3 438.60	16.4
2000	16 224.00	15.1	3 175.54	12.1	4 002.14	12.9
2001	17 792.00	9.7	3 522.36	10.9	4 519.00	10.5
2002	20 385.00	14.6	3 878.36	10.1	4 995.00	11.5
2003	17 406.00	-14.6	3 442.27	-11.2	5 570.30	—
2004	25 739.00	47.9	4 710.71	36.9	—	—
2005	29 296.00	13.8	5 285.86	12.2	6 840.00	12.4
2006	33 949.00	15.9	6 229.74	17.9	7 686.00	16.3
2007	41 919.00	23.5	7 770.62	24.7	8 935.00	22.6
2008	40 843.00	-2.6	8 749.30	12.6	10 957.00	5.9
2009	39 675.00	-2.9	10 183.69	16.4	11 600.00	11.3
2010	45 814.00	13.5	12 579.77	23.5	15 700.00	21.7
2011	48 464.00	5.8	19 305.39	23.6	22 500.00	20.1
2012	50 028.00	3.2	22 706.22	17.6	25 900.00	15.2
2013	51 664.00	3.3	26 276.12	15.7	29 500.00	14.0

（资料来源　根据国家旅游局网站资料整理）

注：①1986 年无旅游业总收入统计；

②从 1993 年开始国内旅游抽样调查，当年国内旅游收入与上年不可比；

③因数据调整而不可统计。

◆◆◆ **同步业务 10-1** ◆◆◆

　　问题： 衡量旅游收入的指标有哪些？

10.2.2　现代旅游收入平均指标及其计算

　　旅游收入平均指标，是指旅游目的地国家（或地区）在一定时间内，平均接待每一个旅游者所获得的收入，也是每个旅游者在旅游目的地国家（或地区）旅游过程中的平均消费支出额。这一指标既反映了旅游者在旅游目的地的平均消费水平，又反映了旅游目的地国家（或地区）平均向每个旅游者提供旅游产品和相关劳务获得的价值量。旅游收入平均指标一般分为人均旅游外汇收入指标、国内人均旅游花费指标和人均旅游收入指标。

1）人均旅游外汇收入指标及其计算

人均旅游外汇收入指标，是在一定时期内，旅游目的地国家（或地区）平均每接待一个外国旅游者所获得的旅游外汇收入额，它也是每一个外国旅游者在旅游目的地国家或地区境内的人均外币支出额。该指标主要用于分析和比较不同时期接待外国旅游者的外汇收入情况，其数值的高低与入境旅游者的构成、支付能力、在境内停留时间以及旅游目的地国家（或地区）的旅游接待能力有密切关系。

人均旅游外汇收入指标的计算，是用一定时期内该国家（或地区）的旅游外汇收入与其接待的外国旅游者人次相除；也可用外国旅游者人均每天旅游消费支出与平均停留时间相乘。

2）国内人均旅游花费指标及其计算

国内人均旅游花费指标，是在一定时期内，国内每个旅游者出游的平均花费。由于国内旅游收入与旅游消费支出是相等的，因此通过计算国内人均旅游花费指标，即可得到人均国内旅游收入指标。其计算方法既可用国内旅游总花费与国内旅游者人次相除；也可用国内旅游者人均每天旅游花费和平均出游天数相乘。例如，根据统计，2013年中国国内出游人次达32.62亿人次，国内旅游总花费为26 276.12亿元，其中城镇居民国内旅游花费为20 692.59亿元，农村居民国内旅游花费为5 583.53亿元；2013年全国人均旅游花费为805.5元，其中城镇居民人均旅游花费为946.6元，农村居民人均旅游花费为518.9元。

3）人均旅游收入指标及其计算

人均旅游收入指标，是在一定时期内，旅游目的地国家（或地区）平均接待每一个国内外旅游者所获得的旅游收入额，其反映了旅游目的地国家（或地区）接待国内外旅游者的平均收入水平。人均旅游收入指标的计算方法既可以用旅游总收入与接待的国内外旅游者总人次相除，也可以用人均旅游外汇收入和国内人均旅游花费进行加权。

■ 同步业务 10-2 ■

问题：衡量平均旅游收入的指标有哪些？

10.2.3 现代旅游收入比率指标及其计算

旅游收入比率指标，是通过对不同旅游收入指标的比较来反映旅游经济增长水平、发展状况及其在国民经济中的地位和作用的指标。通常使用的旅游收入比率指标有旅游收入增长率指标、旅游换汇率指标、旅游创汇率指标等。

1）旅游收入增长率指标及其计算

旅游收入增长率指标，是指不同时期旅游收入（或外汇收入）相互比较的比率，其反映了旅游收入在不同时期的平均增长水平。旅游收入增长率指标通常有三种表示方法：旅游收入定基增长率、旅游收入环比增长率和旅游收入平均增长率。

（1）旅游收入定基增长率

旅游收入定基增长率，是指以某年旅游收入为基数，然后以各年旅游收入同其进行比较而得到的增长率。旅游收入定基增长率反映了各年旅游收入与基期的比较情况。

设：r——旅游收入定基增长率；R_0——基期旅游收入；R_i——i 期旅游收入。

则旅游收入定基增长率计算公式如下：

$$r = \frac{R_i - R_0}{R_0} \times 100\% \tag{10-2}$$

（2）旅游收入环比增长率

旅游收入环比增长率，是用某期旅游收入同上一期旅游收入进行比较得出的比值。其计算公式可以参考旅游收入定基增长率公式，但要把 R_0 变为 R_{i-1}。

（3）旅游收入平均增长率

旅游收入平均增长率，是计算一段时期内的旅游收入年均增长率，以比较不同时段旅游收入的增长率水平。它既可根据旅游收入定基增长率计算，也可根据旅游收入环比增长率计算。

2）旅游换汇率指标及其计算

旅游换汇率指标，是指旅游目的地国家（或地区）向国际旅游者提供单位本国货币旅游产品所能获取外国货币的数量比例。由于外国游客到某一个目的地国家（或地区）旅游支付的是外国货币，因此其结算是以外币对本币的比价为依据的。通常，旅游换汇率与该国（或地区）同期的外汇汇率是一致的。在不同时期，外汇比价不同，旅游换汇率的数值也不同。

设：H_r——旅游换汇率；R_s——单位旅游产品本币价格；R_f——单位旅游产品外汇收入。

则旅游换汇率指标计算公式如下：

$$H_r = \frac{R_f}{R_s} \times 100\% \tag{10-3}$$

旅游换汇率指标反映了旅游外汇收入对一个国家（或地区）国际收支平衡作用的大小，是反映该国家（或地区）旅游创汇能力的综合性指标，常被用于同外贸商品出口收入和其他非贸易外汇收入换汇率进行比较，以说明一国国际旅游业在该国创汇收入中的地位和贡献。因此，旅游换汇率指标已越来越引起各个国家和地区，特别是发展中国家和地区的高度重视。

3）旅游创汇率指标及其计算

旅游创汇率指标，又称旅游外汇净收入率指标，是指在一定时期内，旅游目的地国家或地区经营国际旅游业务所取得的全部外汇收入扣除旅游业经营中必要的外汇支出后的余额，并与全部旅游外汇收入相除的比值。

设：C_r——旅游创汇率；R_f——旅游外汇收入；E_f——旅游外汇支出。

则旅游创汇率指标计算公式如下：

$$C_r = \frac{R_f - E_f}{R_f} \times 100\% \tag{10-4}$$

旅游业发展中既要通过销售旅游产品获取外汇，也会发生一定量的外汇支出用于购买旅游业发展所必需的国内短缺物资，如必要的旅游设施、设备、原材料，境外旅游宣传促销费用，偿付外商投资利息、利润分红和国外管理人员费用，以及从国外进口部分日用消费品的支出等。上述各方面的支出都会造成旅游外汇收入中的一部分再流向国外。因此，在最大限度地满足旅游者需要的前提下，在旅游外汇总收入既定的条件下，用于经营旅游业务所支出的外汇越少，旅游创汇率就越高。这一指标既反映了旅游目的地国家或地区增收节支、尽量减少外汇流失的水平状况，也反映了旅游目的地国家或地区旅游创汇的能力。

同步业务 10-3

问题：衡量旅游收入比例的指标有哪些？

10.3　现代旅游收入的分配

10.3.1　国民收入循环与分配

要分析旅游收入的分配，必须对国民收入循环和分配有一个基本的了解。根据现代西方经济学国民收入核算理论，整个国民经济体系可以概括为由家庭、企业、政府、外国四个部门和产品、要素、金融三个市场组成。图 10-1 反映了国民收入在四部门、三市场之间的流量循环和分配过程。

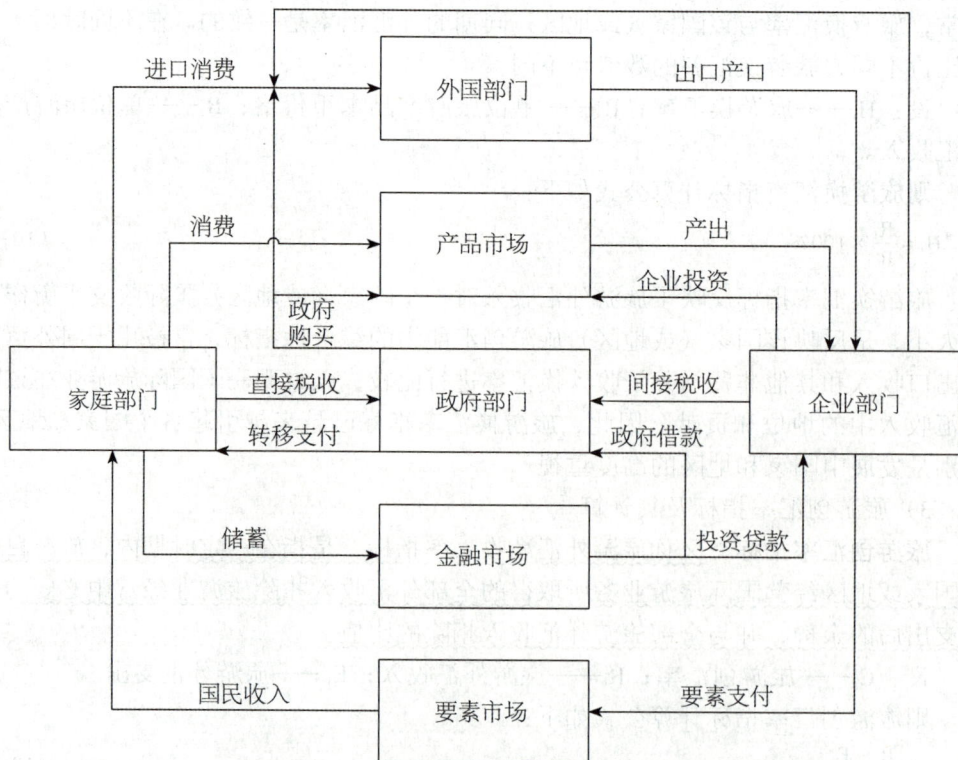

图 10-1　国民收入循环与分配过程图

家庭部门通过要素市场向企业部门提供生产要素并参与国民收入分配，同时又通过产品市场购买商品而形成家庭部门的消费支出；企业部门通过产品市场销售产品而获得企业收入，又通过要素市场购买生产要素而形成企业的要素支付。此外，家庭部门从要素市场获得的收入并不会完全用于消费支出，还会把其中一部分通过金融市场（银行或证券公司）储蓄起来；而金融市场则将储蓄存款转化为贷款提供给企业部门；企业部门用得到的贷款在产品市场中购买投资品，如厂房、设备、存货等，最终增加了产品的消费支出，从而促进了国民收入的循环和分配。

在现实经济中，还有政府部门和外国部门（即对外贸易）也参与国民收入的循环和分配。政府部门由各级政府机构所组成。政府部门通过税收和政府借款（即发行国债等）形成政府收入，又通过政府购买和转移支付形成政府支出。政府征税和借款会使消费支出减少，导致国民收入漏出；而政府购买和转移支付则使消费支出增加，形成注入。外国部门通过出口输出本国产品和劳务，获得外汇收入，使本国国民收入增加；又通过进口外国产品使本国国民收入减少。因此，政府和外国部门同样是国民收入循环和分配的重要参与者。

10.3.2　现代旅游收入的初次分配

旅游收入的分配与国民收入的分配一样，通常经过初次分配和再分配两个过程来完成。旅游目的地国家或地区在取得旅游收入后，首先应该在直接经营旅游业务的企业内部进行分配，这些行业和企业包括：旅行社、宾馆饭店、交通企业、餐饮企业、旅游景点、旅游用品和纪念品商店等。

1）旅游收入初次分配的内容

在一定时期内，旅游企业付出了物化劳动和活劳动，向旅游者提供满足他们需要的旅游产品，从而获得营业收入。但所获得的营业收入并不是全部参与初次分配，而应从中扣除当期为提供旅游产品而消耗的物质生产资料部分，如原材料消耗、设备设施折旧、固定资产折旧等。这部分价值属于转移价值，应从当期旅游企业出售旅游产品的收入中直接补偿，即通过营业成本核算转移到经营成本中去，从而使它们在价值上得到补偿，从实物形态上得到替换。

旅游收入初次分配的内容，通常是从旅游收入中扣除当年旅游产品生产中所消耗掉的生产资料价值后的旅游净收入。旅游净收入就是旅游从业人员所创造的新增价值，其在初次分配中可分解为职工工资、企业自留利润及政府税收三大部分，使国家、企业、旅游从业人员三方都得到了各自应得到的初始收入（如图10-2所示）。

（1）职工工资

职工工资，是指旅游企业根据按劳分配的原则，向旅游从业人员购买劳动力要素而支付的报酬，它是满足职工劳动力恢复和家庭生活需要的支付，也是维持劳动力再生产的必要条件。

（2）政府税收

政府税收，是旅游企业按照国家税收政策的规定向政府缴纳的各种税金，它成

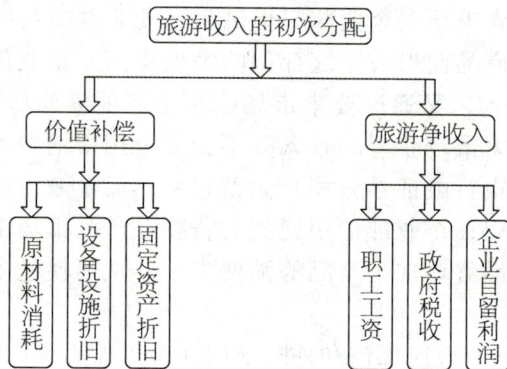

图10-2 旅游收入的初次分配

为政府财政预算收入的一部分，由政府统筹安排和使用。

（3）企业自留利润

企业自留利润，又称为企业净利润，是旅游企业支付职工工资、上缴税金及支付各种利息、租金之后的余额，它留归企业自行分配和使用。

2）包价旅游收入的初次分配

旅游收入的初次分配是在各旅游行业和企业中进行的。旅游业是一个综合性经济产业，旅行社、饭店、交通、购物商店、景点等都是构成旅游业的基本要素，它们在向旅游者提供产品时，必须协调一致，才能获得各自应得的利益。由于旅行社的特殊职能和地位，使它在旅游收入的初次分配中起着特殊的作用，因而包价旅游收入的初次分配也具有特殊的分配形式。

旅行社作为旅游业的"龙头"部门，不仅是从事旅游产品流通的企业，而且是整体旅游产品的生产者，是组织旅游产品、开展宣传促销、招徕和接待旅游者的经济组织。旅行社根据市场的需求，首先向经营旅游住宿、餐饮、交通、游览、娱乐的企业预订单项旅游产品，然后经过加工、组合形成不同的综合性旅游产品（即包价旅游），最后出售给旅游者，从而获得包价旅游收入。

旅行社的包价旅游收入首先表现为组团旅行社的营业总收入，在扣除了旅行社的经营费用和应得利润后，旅行社根据其他各旅游企业提供产品和服务的数量和质量，按照预定的收费标准，所签订的经济合同中列明的支付时间、支付方式和其他有关规定，将旅游收入分配给有关的旅游行业和企业。各旅游行业和企业获得营业收入后，再按照前述的分配方式进行旅游收入的初次分配（如图10-3所示）。从这个意义上说，旅行社首先参与旅游收入的初次分配，在旅游收入分配中又体现为旅游营业总收入转化为其他旅游部门和企业营业收入的过程。因而，旅行社的经营活动既是旅游营业收入的来源，又决定了旅游营业收入的分配，具有双重职能。因此，提高旅行社经营管理水平和市场竞争能力，对增加旅游收入是十分重要的。

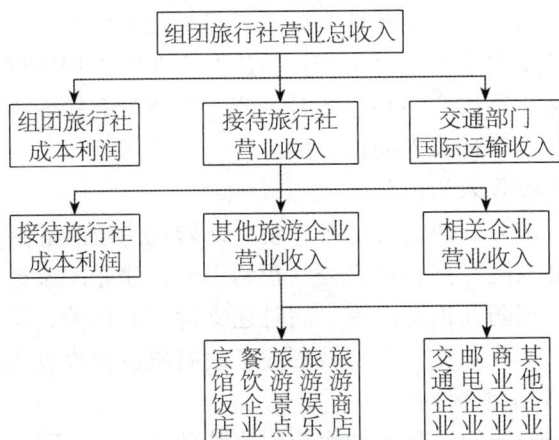

图 10-3　包价旅游收入的初次分配

深度剖析 10-1

问题：旅游收入的初次分配是如何展开的？

10.3.3　现代旅游收入的再分配

旅游收入的再分配，是指在旅游收入初次分配的基础上，按照价值规律和经济利益的原则，在旅游业外部即全社会范围内，进一步对旅游收入进行分配，以实现旅游收入的最终用途的过程。

旅游收入的再分配是在旅游业的外部，即在全社会经济范围中进行的。其分配的内容和渠道首先是旅游行业和企业为扩大再生产，向有关行业的企业购买各种物质产品和服务，从而使旅游部门和企业的盈利转换为相关行业部门的收入。其次，旅游部门和企业的职工，把所得工资的一部分用于购买他们所需要的物质文化生活产品和劳务，使相关部门企业获得了收入。最后，旅游部门和企业把旅游收入中的一部分用于支付各种税金等，从而转化为政府的财政预算，进而用于国家或地区的经济建设、公共福利事业和旅游产业的发展等。

1）旅游收入再分配的内容

旅游收入再分配的内容，是指旅游企业、旅游行业职工及旅游目的地政府用初次分配得到的旅游收入进行消费或投资，从而形成旅游收入在整个旅游目的地社会中的再分配。

（1）旅游企业收入的再分配

旅游企业收入的再分配，是为了满足旅游企业简单再生产和扩大再生产的需要，使消耗掉的原材料和物资设备等能得到补偿，并向有关行业的企业购买各种物质产品和服务，以满足自我发展、自我完善所必需的物质条件的需要，因此旅游企业的部分收入就转换为相关行业和企业的收入，从而形成旅游企业收入的再分配。

（2）职工工资收入的再分配

职工工资收入的再分配，是为了满足旅游企业职工的物质文化生活需求，以恢复和增强其体力和智力，持续不断地为旅游者提供优质服务；同时满足劳动者的家庭生活需要，促使劳动力不断地再生产。当旅游企业职工把所得工资的一部分用于购买他们所需要的文化物质产品和劳务时，职工工资就会转变为相关行业和企业的收入，从而形成了职工工资收入的再分配。

（3）政府旅游税收收入的再分配

旅游收入中的一部分，通过支付各种税金而转化为政府的财政收入，政府又通过财政预算用于发展国民经济和社会公共福利事业，建立国家社会各项储备基金和社会保险基金，用于国防建设支出等；同时还支付国家机关、文教卫生等行政事业单位的经费和工作人员的工资，于是就形成了政府旅游税收收入的再分配。

2）旅游收入再分配的流向

旅游收入再分配的流向，是在初次分配的基础上，按照职工工资、政府税收和企业利润的使用而流向不同的方面，最终形成消费基金和积累基金。其具体流向如下：

第一，旅游收入中上缴政府的各类税金构成政府的财政收入，政府又通过各种财政支出方式来实现旅游收入的再分配。政府的财政支出主要用于国家的经济建设、国防建设、公共事业和社会福利投资及国家的储备金。其中也会有一部分用于旅游基础设施建设和重点旅游项目开发返回到旅游业中来，以推动旅游业的发展。

第二，旅游收入中支付给旅游从业人员个人的报酬部分，其中大部分被用于购买他们所需要的生活用品和劳务产品，以满足他们对物质和文化生活的消费需要，这部分消费支出流向社会经济中各相关部门和企业。而旅游从业人员个人收入扣除消费之后剩下的部分，则用于购买保险、国库券及存入银行等，从而形成金融部门的收入并转化为金融贷款，成为国家社会经济建设资金的来源。

第三，旅游收入中的企业自留利润提取盈余公积。盈余公积主要用于旅游企业扩大再生产的追加投资，如购买新的设备和设施、新产品的研制、技术更新改造、开辟新的市场，以及弥补企业亏损等。因此，盈余公积的投资和消费支出，就流向直接或间接为旅游企业提供产品与服务的相关部门或企业。

第四，旅游收入中还有一部分流向其他部门，如支付贷款利息而构成金融部门的收入，支付保险金而构成保险部门的收入，支付房租或购买住宅而形成房地产部门的收入，租赁设施设备而形成租赁单位的收入等（如图10-4所示）。

综上所述，旅游收入经过初次分配和再分配的运动过程，实现了最终用途而形成两大部分：一部分形成消费基金；另一部分形成积累基金。因此，在旅游收入的分配过程中，应兼顾每个职工、企业的利益，但它们的利益应同整个国家的利益相一致。因为没有整个国家的利益，就没有整个旅游业的利益，就没有旅游企业职工、旅游企业及相关部门和企业的利益。所以，旅游收入的初次分配和再分配应始终把国家整体利益摆在第一位，把国家利益、企业利益、职工个人利益有机结合起来，正确处理好三者之间的关系，正确处理好眼前利益与长远利益的关系。

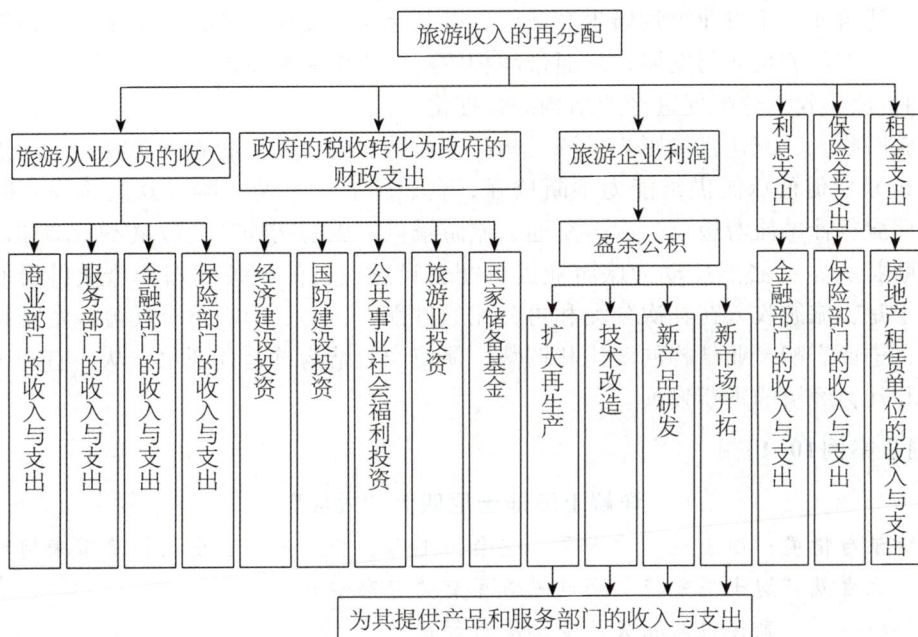

图 10-4　旅游收入的再分配

◆ 深度剖析 10-2 ◆

问题： 旅游收入的再分配是如何展开的？

10.4　现代旅游收入分配的作用

10.4.1　现代旅游收入分配的经济作用

旅游收入的初次分配和再分配，对旅游目的地国家或地区的社会经济发展具有十分积极的促进作用，其主要表现在以下几个方面：

1）旅游收入分配促进社会经济发展

旅游收入是国民收入的重要组成部分，经过初次分配与再分配后，就形成了积累基金和消费基金两大部分。其中，积累基金不仅可用于旅游业的扩大再生产，而且可用于社会经济的扩大再生产，从而为全社会的扩大再生产提供了前提条件。尤其是通过有计划地再投入到旅游建设中，开发旅游产品和旅游市场，能够促进旅游业的进一步发展。而其中消费基金部分投入消费以后，不仅为扩大劳动就业提供了良好条件，也为旅游业的发展输送了大量的劳动力，促进了社会劳动力资源的有效使用和合理流动。

2）旅游收入分配带动相关产业发展

根据现代经济学理论，旅游收入在初次分配和再分配过程中，其用于生产性消费和生活性消费的比例会随着每一次分配循环而不断增加，最终形成乘数效应而使国民收入总量增加。更重要的是，旅游业是一个综合性产业，通过旅游收入的初次分配和再分配，不仅会诱发对旅游业自身的投入及开发，还会带动交通运输业、商

贸业、建筑业、工农业等物质生产部门，以及金融、文化、教育、卫生、体育等非物质生产部门的投入与发展，从而带动相关产业的繁荣和发展。

3）旅游收入分配促进产业结构的合理化

旅游收入分配还直接影响投资结构与产业结构的变化。随着旅游收入的增加和分配，必然促使旅游供给能力不断增强，食、住、行、游、购、娱的规模不断扩大；而旅行社、旅游饭店、旅游交通、旅游景点、旅游购物等的数量不断增加，规模不断扩大，又必然拉动为旅游业提供配套设施设备的相关部门和企业供给的增加。于是，旅游收入在初次分配和再分配的过程中，必然影响整个社会投资结构的调整，进而影响产业结构的变化和调整，促使产业结构日趋合理化，从而有利于旅游业和社会经济的不断发展。

◀◀ 同步案例10-1

详解上海迪士尼四大"效应"

背景与情境：迪士尼真的来了，它会给上海、长三角乃至全国经济带来何种影响呢？记者就"迪士尼效应"问题采访了有关专家学者。

"效应一"：直接拉动相关产业和周边经济。

上海华东师范大学旅游系主任楼嘉军认为，迪士尼项目是世界级的主题公园，一旦项目正式投入运营，每年至少可以为当地吸引近千万人次的游客。这样规模的客源将为上海相关现代服务业带来新的发展机遇。项目能够增添上海都市旅游的新景点，带动宾馆、零售、餐饮、会展、娱乐、交通运输、金融保险、建筑等各行业的发展，提高上海的国际知名度和综合竞争力。

一些看上去并不直接与主题乐园相关的产业也同样出现"迪士尼效应"。不过也有经济专家提醒，要使迪士尼乐园这样投资巨大的旅游项目成为"财富"而不是"包袱"，还需要从一开始的设计阶段就坚持高起点和错位竞争。复旦大学旅游系副教授后智钢认为，有着悠久历史的迪士尼乐园必须学会如何在网络化时代继续"抓紧消费者的心"。

"效应二"：填补国内旅游产业空白。

参与上海迪士尼项目评审的上海财经大学旅游管理系主任何建民教授认为，目前我国每年到海外旅游的人数达到5 000万人次，其中绝大部分是自费旅游，这从一个侧面说明进入小康社会后，中国人的旅游消费需求在国内还远远没有得到满足。

统计数据显示，目前长三角地区游客接待量占全国近1/4，旅游收入占全国近1/3，但在旅游资源的优势上并不突出，尤其缺乏国际性的旅游资源或产品，如苏浙沪世界级景区（遗产）总共只有1.5处，占全国的4.28%。迪士尼项目的引入将填补长三角地区除山水旅游资源外无国际大型娱乐休闲主题公园的空白，这一方面有助于提升长三角旅游产业的现代化和国际化水平，另一方面也有助于打造长三角国际旅游精品和世界旅游名牌。

"效应三"：有助于刺激本土文化产业和旅游产业加速发展。

迪士尼乐园落户上海，最重要的自然是国内动漫等文化产业以及主题乐园类的旅游产业。但是记者在采访中发现，许多本土企业都已经做好了"同场竞技"的心理准备，并对通过不断创新赢得新的发展机遇充满信心。

国内主题乐园行业的领军企业华侨城不久前刚在上海松江区新开了一家"欢乐谷"。华侨城集团CEO兼总裁任克雷表示，迪士尼的进入，并没有阻碍其他主题公园的发展，反而会促进本土主题公园品牌和整个行业的发展，并且共同把市场"蛋糕"做大。

"效应四"：有助于上海和长三角地区的经济结构转型。

从地图上看，同样位于浦东新区的2010年上海世博园区与上海迪士尼乐园规划选址所在地的距离并不遥远，而这两个投资规模同样超过200亿元的重大项目，将在推动上海乃至长三角地区经济结构转型的过程中扮演着极为重要的角色。

何建民教授说，发达国家的娱乐业要占整个社会支出的6%～7%，而我国在这方面还有相当大的空间。在拥有上海世博园和迪士尼乐园的"双引擎"之后，无疑将极大增强上海和长三角地区的吸引力，吸引更多的商务会议、展览旅游活动到此举办，上海和长三角地区的现代服务业将会实现质的飞跃。

复旦大学经济学院副院长孙立坚教授提出了更为新颖的观点，米老鼠的魅力确实不小，它是实现收入水平良性再分配的有益方式。"我们看到，高收入确实高消费，譬如各种炒房团就是典型。但炒楼炒股在释放消费能力的同时也带来了负面效果，如房价上扬等。"孙立坚认为，迪士尼作为一个高端文化旅游品牌，必然受到全国高收入群体的追捧，而这种文化消费几乎没有任何"副产品"。不仅如此，迪士尼乐园在上海建成后，还能大量吸收当地的劳动力就业，为低收入群体增加收益。"从这个角度看，既扩大了内需，又保障了弱势群体的收入，良性地实现了社会收入的再分配。"孙立坚总结道，"通过消费来转移财富显然比高税收更为有效。"

"如果我们再站得高一点看，迪士尼也不失为一个间接平衡中美贸易的新途径。"孙立坚说，"解决美对华贸易逆差的措施不是限制自中国的进口，而是在积极发展双边贸易中促进平衡。"美国在文化消费领域大量向中国输出系列产品，也是一种间接平衡中美贸易的方式。"中国有这样的需求，有高端人才在基本满足物质需求后，对于文化娱乐的享乐需求。那美国有这样的品牌，有这样的产品，也有业已成熟的管理模式。"他表示，"两国在这一点上有战略合作的共同诉求。更为重要的是，通过合资经营的方式，中美可以共同承担经营收益和风险。"

（资料来源　季明，王蔚，许晓青. 详解上海迪士尼四大"效应"[EB/OL]. [2009-11-09]. http://news.xinhuanet.com/fortune/2009-11/04/content_12387429.htm. 经节选、压缩和改编）

问题： 如何客观发展地看待外资投资旅游业并参与旅游收入分配？

10.4.2　现代旅游收入乘数效应

旅游业是一个综合性产业，具有较强的关联效应和带动力，因而必须研究旅游收入的乘数效应，从定性和定量上考察和分析旅游业的发展对相关行业，乃至整个国民经济的带动和促进作用。

1）旅游收入乘数的概念

旅游收入乘数，是指通过旅游者的花费而对某一地区旅游经济的注入，从而引起国民收入的变化和经济影响。旅游收入乘数表明了旅游者在旅游目的地的消费支出，即对旅游业的注入所引起的该地区综合经济效益最终量的增加。例如，旅游者在饭店里食宿的花费可视为对某旅游目的地经济的一种注入，饭店职工从旅游者的花费中获得工资收入，再把工资收入的一部分用于生活支出，这种生活支出又注入本地经济，这样就使旅游者最初的消费支出经过初次分配和再分配多次循环周转，给旅游目的地国家或地区的社会经济发展带来增值效益和促进作用。

旅游收入乘数是衡量旅游业在国民经济中的地位和作用的重要定量指标。20世纪50年代以来，旅游业在世界各地发展迅速，并成为许多国家重要的经济部门之一。由于旅游业的存在和发展必须靠物质生产部门的支持，因此旅游业对其他经济部门和整个社会经济产生了较大的促进和带动作用。例如，旅游者的交通运输要依靠飞机和机车制造业，而这些制造业的发展又带动了钢铁和有色金属工业的发展；旅游者的住宿需要建筑业建造饭店，建造饭店又带动了建材业的发展；旅游者的膳食需要农业部门提供丰富多样的农副产品；旅游者的购物也要轻工业和手工业提供各种旅游商品。

可见，旅游业的发展必然会促进许多与旅游相关的间接部门的生产发展，从而带动整个国民经济的发展。由于旅游业的发展会对众多有关的部门产生影响和关联作用，因而旅游学术界在对经济学的乘数理论加以修正和发展的基础上，对旅游收入乘数效应进行了分析，形成了旅游乘数理论，用以说明旅游产业的重要关联作用。

2）旅游收入乘数效应的衡量

旅游收入乘数效应，是指一个国家或地区每增加一笔旅游投入相应会引起该地区国民收入总量的增加，并反映出国民收入的变化和经济影响力。旅游收入乘数效应的大小，可通过计算旅游收入乘数来判定。但应该指出，乘数效应的形成必须以一定的边际消费倾向为前提。因为无论是海外游客还是国内游客，他们在某一旅游目的地的消费都可视为对该地旅游业的注入。当这笔资金注入旅游目的地国家或地区的经济运行中时，就会对当地生产部门及服务性单位产生直接或间接影响，进而通过社会经济活动的连锁反应，使社会经济效益成倍增加。但是如果把这笔资金的全部或其中一部分储蓄起来或者用于购买进口物资，就会使资金离开当地经济运行过程或流失到国外，从而减少对本地区经济发展的注入和带动作用。因此，边际储蓄倾向和边际进口物资倾向越大，对本地区经济发展的乘数效应就会越小。

设：K——旅游收入乘数；MPC——边际消费倾向；MPS——边际储蓄倾向；MPM——边际进口物资倾向。

则有旅游收入乘数计算公式如下：

$$K = \frac{1}{1-MPC} = \frac{1}{MPS} 或 \frac{1}{MPS+MPM} \tag{10-5}$$

上述公式表明：旅游收入乘数与边际消费倾向成正比，与边际储蓄倾向和边际进口物资倾向成反比。边际消费倾向越大，乘数效应就越大；边际消费倾向越小，乘数效应就越小。边际储蓄倾向和边际进口物资倾向越大，乘数效应就越小；边际储蓄倾向和边际进口物资倾向越小，乘数效应就越大。

◆ **同步业务 10-4** ◆

　　某旅游目的地的旅游边际消费倾向为 70%，即表示在这个地区的旅游收入中，70% 的资金注入本地区的经济运行系统中，而余下 30% 的资金用于储蓄或购买进口物资，离开了本地区的经济运行，属于漏出。该地区的旅游收入在经过初次分配后，能够产生乘数效应吗？产生了什么样的经济效果？

◆ **同步业务 10-5** ◆

　　某旅游目的地把 60% 的旅游收入投入经济运行中，仅将 10% 的旅游收入用于储蓄，将 30% 的旅游收入用于购买进口物资。该地区的旅游收入在经过初次分配后，能够产生乘数效应吗？产生了什么样的经济效果？

　　3）旅游收入乘数理论的局限性

　　虽然旅游收入乘数理论被广泛地用来评估旅游业对旅游接待国或地区的经济影响，但其也存在以下局限性：

　　第一，旅游收入乘数理论未与旅游接待国或地区的产业结构、经济基础相联系。实际上，不同的经济背景可能产生不同性质和不同量值的乘数。如果接待国或地区经济实力较强，技术先进，生产门类齐全，经济上自给的程度很高，商品能够满足国内或地区内企业、居民及外来旅游者的需要，则接待国或地区对进口商品和服务的购买都会减少，那么便有可能使游客通过旅游消费所带来的收入尽可能多地留在国内或地区内，由此而带来的旅游乘数数值就越大，旅游乘数效应就越强。反之，如果接待国或地区经济落后，生产门类不全甚至单一化，不能满足人们对相关商品和服务的需要，那么该国或地区势必会在相应的经济领域过度依赖进口，旅游乘数效应必然很微弱。

　　第二，旅游乘数理论的前提条件之一是要有一定数量的闲置资源和存货可被利用，以保证需求扩张后，供给能力相应增长。然而，在实际中，由于需求过度膨胀或原有供给存量所剩无几，要满足需求的增长要求，就必须从其他经济活动中借用资源（从而减少其他活动的产出）或从外部进口产品或服务，否则乘数效应的发挥就会受阻。如果经济中不存在闲置资源和存货，或者"瓶颈"制约比较严重，那么旅游收入乘数理论将失效。假如交通业处于超饱和运输状态，不存在资源闲置现象，交通业这个制约旅游业增长的"瓶颈"，就会影响旅游收入乘数效应的充分发挥。

10.4.3　现代旅游收入漏损

　　旅游收入漏损，是指旅游目的地国家或地区为了维持和发展旅游经济而支付外汇或因其他原因造成的旅游外汇的流失。例如，为了发展国际旅游业务，把旅游收入用于购买进口商品和劳务，在国外进行旅游宣传促销，引进国外先进技术、管理人才，支付国外贷款利息等，都会导致旅游收入漏损。因此，必须分析旅游收入漏损的原因，才能有效控制旅游收入漏损。

1）旅游收入漏损的原因

旅游收入漏损通常表现为旅游外汇收入的流失。在旅游经济运行过程中，旅游收入漏损是客观存在的，因为任何一个国家或地区在经营国际旅游业务的时候，必然要将旅游收入的一部分用于正常的经营支出中，从而造成旅游收入的漏损。通常，造成旅游收入漏损的原因主要有以下几个方面：

（1）直接漏损

直接漏损是指旅游行业和企业因开展旅游业务而直接发生的外汇收入的流失。例如，购买旅游开发建设与经营运转所需要的各种进口物资的外汇支出，包括进口各种原材料、建筑和装饰材料、机械设备、食品饮料、高档消费品、燃料、陈设用品、运输工具等；为发展旅游业而向国外筹措资金的利息，合资或独资旅游企业中外国投资者所获利润的外流等；旅游企业雇用外国员工而支付的薪金和其他外籍人员的劳务费用，外方管理公司应得的管理费用等；政府旅游管理部门、各个旅游团体组织和旅游企业在国外进行旅游宣传促销所支付的各种费用等。

（2）间接漏损

间接漏损是指为配套旅游发展而产生的其他方面的外汇支出。例如，向旅游业供应各种物资和服务的相关企业，为满足旅游业的需要而从国外进口各种物品和劳务所造成的外汇流失；为发展旅游而使用进口物资或劳务程度较高的各种基础设施，以及由此引起耗用加大、进口增多而造成的外汇支出等。

（3）无形漏损

无形漏损是指由于旅游者增多而使旅游目的地的道路、桥梁、机场设施、排污系统等各种公共设施的磨损加剧，引起各种人造和自然旅游资源损坏和自然环境污染，使旅游目的地为此而进行修复、弥补和清除时，需要从国外进口某些物资造成的外汇流失。

（4）先期漏损

先期漏损是指旅游经营商向旅游者销售某一国家的旅游产品所获得的全部收入中未进入这一旅游目的地国家的那部分收入。造成这种先期漏损的因素包括旅游预订方式、旅行距离、使用的交通工具及交通工具的类别、旅游者进入旅游目的地国家的线路等。

（5）后续漏损

后续漏损亦称诱导性漏损，是指旅游从业人员个人生活消费中涉及的外汇流失。例如，直接和间接从旅游企业获得工资收入的各类从业人员，因为自己的生活需要，有时也要用工资收入购买各种进口物品，旅游目的地国家为这些进口物品所支付的外汇便形成了旅游外汇后续漏损。

2）减少旅游收入漏损的对策

旅游收入漏损会使旅游外汇收入大量流失，影响旅游收入乘数效应的发挥，不利于旅游目的地国家的经济发展，因此必须采取各种措施减少旅游收入漏损。

第一，不断提高本国产品的质量，尽量使用本国产品和设备。对引进技术和先进设备，要组织人员攻关、研究，就地消化，在符合质量标准的前提下尽快投入生产。

第二，积极培养旅游管理专门人才，学习现代管理方法，使用高效管理手段，树立现代市场经营观念，逐步减少外方管理人员数量。

第三，着力开发低漏损旅游产品，如生态旅游、自然旅游、探险旅游、游客主动参与式旅游等。

第四，加强对旅游外汇收支的宏观控制，完善税收机制，形成公平竞争的环境，避免低税企业削价竞争。例如，对各种只用于满足外国游客的消费品，尤其是法国葡萄酒及各种高级饮料之类的高档消费品征收较高的关税和其他税收，抑制这类进口物品的需求和消费，即使仍然发生这类物品的消费，也应使从中获得的旅游收入最大限度地留在旅游目的地国家之内。

第五，制定和完善经济法规和外汇管理方法，对违法经营、干扰市场环境的行为要给予必要的行政与法律制裁，以建立良好的市场秩序。

✦ 本章概要

❖ 主要概念

现代旅游收入　国际旅游收入　国内旅游收入　基本旅游收入　非基本旅游收入　商品性旅游收入　劳务性旅游收入　旅游收入指标　旅游收入平均指标　人均旅游外汇收入指标　国内人均旅游花费指标　人均旅游收入指标　旅游收入增长率指标　旅游换汇率指标　旅游创汇率指标　旅游收入乘数　旅游收入乘数效应　旅游收入漏损

❖ 内容提要

● 本章主要介绍了现代旅游收入与分配，包括：现代旅游收入的概念及分类、现代旅游收入指标及其计算、现代旅游收入的分配、现代旅游收入分配的作用。旅游收入按来源的不同可分为国际旅游收入和国内旅游收入，按需求弹性的不同可分为基本旅游收入和非基本旅游收入，按旅游者消费支出构成的不同可分为商品性旅游收入和劳务性旅游收入。由于旅游业是一个综合性、关联性较强的行业，因此各种社会经济因素如接待旅游者人数、旅游者人均消费水平、旅游者停留时间等都会影响旅游收入的变化。

● 旅游收入分配包括初次分配和再分配。旅游收入初次分配主要是从旅游营业收入中扣除当年旅游产品生产中所消耗掉的生产资料价值后的旅游净收入。旅游净收入在初次分配后形成职工工资、政府税收及企业自留利润三大部分。

● 在旅游收入初次分配的基础上，按照价值规律和经济利益的原则，还必须在旅游业外部即全社会范围内，进一步对旅游收入进行再分配，以实现旅游收入的最终用途的过程。其分配渠道首先是旅游行业和企业为扩大再生产，向有关行业和企业购买各种物质产品和服务，从而使旅游部门和企业的盈利转换为相关行业部门的收入；其次，旅游部门和企业的职工把所得工资的一部分用于购买他们所需要的物质文化生活产品和劳务，使相关部门企业获得了收入；最后，旅游部门和企业把旅

学习微平台

二维码资源
10-04

游收入中的一部分用于支付各种税金等，从而转化为政府的财政预算，进而用于国家或地区的经济建设、公共福利事业和旅游产业的发展等。

- 旅游收入的初次分配和再分配，既促进了社会经济发展，又带动了相关产业发展，更优化了旅游产业结构。
- 旅游收入乘数反映了旅游者在旅游目的地的消费支出，即对旅游业的注入所引起的该地区综合经济效益最终量的增加。旅游收入乘数效应反映了一个国家或地区每增加一笔旅游投入所引起的该地区国民收入总量的增加，以及旅游收入对国民收入产生的变化和经济影响力。
- 旅游目的地国家或地区为了维持和发展旅游经济而支付外汇或因其他原因造成的旅游外汇的流失叫旅游收入漏损。通常，造成旅游收入漏损的具体原因主要有直接漏损、间接漏损、无形漏损、先期漏损、后续漏损等。要采取各种措施尽量减少旅游收入漏损。

✿ 内容结构

本章内容结构如图10-5所示。

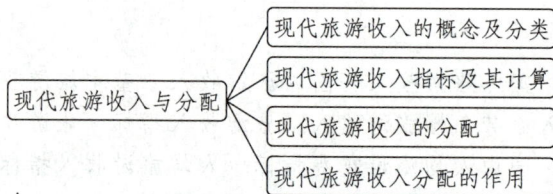

图 10-5 本章内容结构

✿ 重要观点

观点 10-1：旅游收入乘数理论存在着一定的局限性。

常见质疑：旅游收入乘数理论被广泛地用来评估旅游业对旅游接待国或地区的经济影响。

释疑：乘数理论被广泛地用于评估旅游业对旅游接待国或地区的经济影响，但其也存在以下几个方面的局限性：第一，旅游乘数理论未与旅游接待国或地区的产业结构、经济基础相联系。实际上，不同的经济背景可能产生不同性质和不同量值的乘数。第二，旅游乘数理论的前提条件之一是要有一定数量的闲置资源和存货可被利用，以保证需求扩张后供给能力相应增长。

观点 10-2：必须采取措施减少旅游收入漏损。

常见质疑：旅游收入漏损是客观存在的，任何一个国家或地区在经营国际旅游业务的时候，必然要将旅游收入的一部分用于正常的经营支出，从而造成旅游收入的漏损。

释疑：旅游收入漏损会使旅游外汇收入大量流失，影响旅游收入乘数效应的发挥，不利于旅游目的地国家或地区的经济发展，因此必须采取各种措施减少旅游收入漏损。

✿　**单元训练**

✾　*传承型训练*

▲ 理论题

△ 简答题

1）简述旅游收入的概念与分类。

2）影响旅游收入的因素有哪些？

3）旅游收入有哪些指标？

4）简述旅游收入分配的经济作用。

5）简述旅游收入乘数理论的局限性。

△ 讨论题

1）为什么要研究旅游收入分配？

2）旅游收入乘数有何重要意义？

3）为什么会发生旅游收入漏损？

▲ 实务题

△ 规则复习

1）简述旅游收入各种指标的计算方法。

2）简述旅游收入的初次分配与再分配。

3）怎样衡量旅游收入的乘数效应？

4）减少旅游收入漏损有哪些对策？

△ 业务解析

1）旅游收入的初次分配是如何展开的？

2）旅游收入的再次分配是如何展开的？

3）为什么必须采取措施减少旅游收入漏损？

▲ 案例题

△ 案例分析

【训练目的】

同第 1 章本题型的"训练目的"。

【教学方法】

同第 1 章本题型的"教学方法"。

【训练任务】

同第 1 章本题型的"训练任务"。

【相关案例】

生态旅游地的收入与分配问题分析

背景与情境：

1）生态旅游地的旅游收入、分配构成

（1）生态旅游地的旅游收入来源

生态旅游地的旅游收入来源一般由以下几个部分构成：①旅游区门票收入；

②政府拨款；③社会捐赠投资；④旅游区内旅游企业上缴的税金及特许经营费；⑤旅游产品收入和专利使用收入。

（2）生态旅游地的旅游收入分配

生态旅游地的旅游收入通常通过以下几种途径在主体间分配：①上缴上级政府机关；②经营者提取利润；③社区居民收入；④用于景区的进一步开发建设；⑤用于景区的资源环境保护。

旅游者带来的所有花费构成了生态旅游地的直接旅游收入，直接旅游收入扣除漏损（如区外人力资源工资、区外产品引进费用等）后剩下的旅游收入，称为二次旅游收入。只有这一部分收入才可能在旅游地内进行分配，进一步产生旅游间接收入和旅游累加收入。

2）生态旅游地的旅游收入、分配障碍

（1）生态旅游地的旅游收入障碍

生态旅游地的旅游收入障碍有以下几种：①经济与环境的矛盾。这集中体现在门票收入与可容纳游客量的矛盾上，大量旅游者的介入必然会对旅游地的生态环境造成威胁，控制游人数量又使经济效益受限。②经济水平和产业结构的局限。在经济发达地区，旅游业促使其他行业部门产生的间接经济效益远远大于旅游直接收入，而生态旅游地通常位于生态条件优越、人工干扰程度低的地区，这些地区大多经济落后、交通不便，生态旅游地由于受经济发展水平和地区产业结构的局限，对于旅游的强拉动力的反馈水平低，最终导致间接收入较低。③旅游收入漏损。由于旅游地的经济体系和产业结构不完善，对旅游经营所需产品的数量、质量供给能力不足，需要大量向外购买产品和服务，致使旅游供给市场为区外经济实体控制。世界上优秀的生态旅游地多位于发展中国家和地区，而发展中国家和地区由于自身的局限，旅游收入漏损的现象尤其普遍。

（2）生态旅游地的分配障碍

生态旅游地的诸多收入障碍必然导致分配障碍，造成各利益主体间的矛盾。任何一方的利益得不到保障都会带来负面影响：①对经营者、服务者分配不足，会导致决策不合规范、服务质量下降、欺诈宰客行为增加，败坏旅游地的形象等；②对景区分配不足，会造成资源环境保护得不到物质保障，进一步开发建设无法实施；③对社区居民参与分配不足，旅游地将达不到预期的经济发展目标，而旅游者进入旅游地对生态的干扰，又会造成居民与旅游者之间的矛盾纠纷增加。此外，由于生态旅游地居民生活水平低，可能出现伐木、偷猎等现象，从而对旅游资源环境造成压力。

3）生态旅游地旅游收入、分配优化

（1）资源导向的定价原则

大众旅游产品的定价通常是市场导向或消费导向的，生态旅游产品由于其特殊的生态环境背景与脆弱易损的特性，必须遵从供给导向或资源导向的定价原则，参照资源环境的承载能力，确定所能承受的最大游客量，并根据季节性进行必要的调整和引导。

（2）门票的梯度收费制

梯度收费制为生态旅游地的环境保护提供了经济支持。提高团队门票价格，可以限制过多的旅游者在同一时刻涌入旅游区，避免因客流超载而对生态环境造成损害。降低本地居民门票，可以减少资源利用上的冲突和矛盾。

（3）政策倾向，减少漏损

为了避免收入大量流出区域经济系统，应该树立强烈的品牌意识和专利意识，对当地产业给予政策优惠或经济扶持，逐渐完善旅游目的地和旅游依托地的服务经济体系和旅游产业结构，真正实现以旅游发展带动整个地区经济发展的目标。

（4）收入途径的多元化

大力发展特色旅游商品，尤其是知识含量高和有地方特色的商品。以相关产品和服务扩大收入来源，生态旅游者一般对住宿、餐饮、娱乐等要求不高，他们更注重精神上的追求和提高，开发配套的产品和服务既满足了消费需求，又增加了收入来源。

（5）资源环境保护费用单独列项

资源环境保护费用不能过分依赖门票收入，以免资源环境保护工作受到经济收入的冲击而无法持续和系统地进行。资源环境保护费用应单独列项，从稳定收入中单独划拨。

（6）扩大居民的参与分配额

通过为居民创造就业机会，提高居民对旅游的参与程度，增加他们对旅游收入的分配额，提高其生活水平。具体可行的参与途径有：为旅游者提供向导服务、停留场所、特色食品、手工工艺品和旅游纪念物，以及种植地区特有的花卉、药材、食用菌类等。

（资料来源　孙春华，何佳梅. 生态旅游地收入分配问题初探［J］. 热点研究与解析，2003（3）.）

问题：

1）该案例涉及本章的哪些知识点？

2）在生态旅游地中，约束居民参与分配的因素是什么？

3）生态旅游地各利益主体间的矛盾表现在哪些方面？

【训练要求】

同第 1 章本题型的"训练要求"。

【成果形式】

1）训练课业：《"生态旅游地的收入与分配问题分析"案例分析报告》。

2）课业要求：同第 1 章本题型的"课业要求"。

△ 善恶研判

【训练目的】

同第 1 章本题型的"训练目的"。

【教学方法】

同第 1 章本题型的"教学方法"。

【训练准备】

同第1章本题型的"训练准备"。

【相关案例】

云南西双版纳"旅游协会"围堵旅行团引冲突

背景与情境： 2014年10月20日中午12时许，3辆载有93人的旅游大巴相继驶出了西双版纳野象谷景区。这是一群来自重庆的游客，他们乘坐了景洪旭荣汽车租赁行的客车，游览完野象谷正准备回市区。大巴车司机吴朝回忆，当3辆旅游大巴驶出野象谷景区时，先是五六个穿着便服的人，开着一辆牌照是云KT7715的车挡在了路中央，叫他们不能靠前，随后对方人越聚越多，干脆坐在了大巴车前的路面上。

拦车的人，脖子上挂着"西双版纳州旅游行业联合自律"检查牌，他们统一身着蓝色短袖。相继，旅游局、运政、派出所、交警等部门执法人员也赶到现场。"执法人员让旅游协会的人让开，他们就是不让。"吴朝说。相反，旅游协会的人员要求执法人员扣押眼前的大巴车，指称其是"黑车"。这一僵持，使93名游客在景区门口滞留了约4个小时。据了解，旅游协会是在民政局注册的一个民间组织，主管单位是民政局，旅游局是业务指导单位。据西双版纳旅游市场的经营者们反映，他们有正规的工商营业执照，要入会就得按照他们的规定，用他们的旅游车辆，去他们的景点，去指定的购物店，还得抽取人头费，这就是入会门槛，而像旅游汽车这一块，根本不让入会。"其他的都没有资质，实际上真正自愿入会的没有几家，实在没办法生存才跟着加入，敢怒不敢言，也没人敢管。"其中一名旅行社负责人说。

记者分别从旅游局、旅游协会处获悉，在西双版纳具有旅游服务资质的客车，只有西双版纳旅游客运汽车有限公司的458辆车和西双版纳吉迈斯旅游汽车有限公司的20辆车。当地业内人士胡兵则称，这些能光明正大载游客的400多辆车，正是西双版纳州旅游协会会员单位的车子，其余一律是"黑车"。

事件发生后，西双版纳州公安、旅游、运政等部门赶到现场处置。旅游、运政部门在对事件进行调查后，对使用无资质车辆和导游的旅行社和超范围经营的汽车租赁公司，进行了停业整顿和罚款的处罚。公安机关对在10月20日冲突中涉嫌打人的人员进行了传唤询问，目前正在作进一步调查，固定相关证据。市场监督管理部门对一些旅游组织"抱团经营"的行为是否涉嫌行业垄断正在做进一步核查。目前，由西双版纳州旅游、市场监督管理、交通等部门组成的联合执法组，将进一步加大对旅游线路和景区的执法力度。西双版纳州人民政府同时通报，没有授予西双版纳州旅游协会任何执法权，任何组织和个人若涉嫌行业垄断，州人民政府将责成市场监督管理等部门进行严肃查处。

（资料来源　佚名. 云南西双版纳"旅游协会"围堵旅行团引冲突［EB/OL］. ［2014-11-22］. http：//news.sohu.com/20141122/n406266403.shtml. 经节选、压缩和改编）

问题：

1）为什么会产生这样的冲突？

2）试对上述问题做出你的善恶研判。

3）说明你所作善恶研判的依据。

4）请从旅游收入分配的角度谈谈如何避免冲突的发生。

【训练要求】

同第1章本题型的"训练要求"。

【成果形式】

1）训练课业：《"云南西双版纳'旅游协会'围堵旅行团引冲突"善恶研判报告》。

2）课业要求：同第1章本题型的"课业要求"。

✿　创新型训练

▲ 自主学习

自主学习-Ⅲ

【训练目的】

见本章"学习目标"中"创新型学习"的"自主学习"目标。

【教学方法】

同第1章本题型的"教学方法"。

【训练要求】

1）以班级小组为单位组建学生训练团队，各团队依照本教材"附录三"的附表3"自主学习"（高级）的"基本要求"和各技能点的"参照规范与标准"，制定《团队自主学习计划》。

2）各团队自主学习本教材"附录一"的附表1"自主学习"（高级）各技能点的"知识准备参照规范"所列知识。

3）各团队以自主学习获得的学习原理、学习策略与学习方法知识（高级）为指导，通过院资料室、校图书馆和互联网，查阅和整理近年以"现代旅游收入与分配"为主题的国内外学术文献资料。

4）各团队以整理后的文献资料为基础，依照相关规范要求，讨论、撰写和交流《"现代旅游收入与分配"最新文献综述》。

5）撰写作为"成果形式"的训练课业，总结自主学习和应用"学习原理"、"学习策略"与"学习方法"知识（高级），依照相关规范，准备、讨论、撰写和交流《"现代旅游收入与分配"最新文献综述》的体验过程。

【成果形式】

1）训练课业：《"自主学习-Ⅲ"训练报告》

2）课业要求：

（1）将《团队自主学习计划》和《"现代旅游收入与分配"最新文献综述》作为《"自主学习-Ⅲ"训练报告》的"附件"。

（2）《"现代旅游收入与分配"最新文献综述》应符合文献综述规范要求，做到事实清晰、论据充分、逻辑清晰，不少于3 000字。

（3）同第1章本题型的其他"课业要求"。

✿ **建议阅读**

［1］简玉峰．旅游产业发展、收入分配失衡及其社会福利效应［J］．湖南商学院学报，2014，21（4）：75-82.

［2］隋建利，刘金全，闫超．中国旅游经济增长动态路径的阶段性变迁识别——基于马尔科夫区制转移模型的实证分析［J］．旅游学刊，2013（7）：22-32.

［3］王昌海，吴云超，温亚利．少数民族地区旅游收入农户间分配实证研究——以湘西州苗寨景区德夯村为例［J］．林业经济问题，2011，31（1）：41-46.

［4］郭文．乡村居民参与旅游开发的轮流制模式及社区增权效能研究——云南香格里拉雨崩社区个案［J］．旅游学刊，2010，25（3）：76-83.

［5］黎洁．西部生态旅游发展中农村社区就业与旅游收入分配的实证研究——以陕西太白山国家森林公园周边农村社区为例［J］．旅游学刊，2005（3）：18-22.

［6］孙春华，何佳梅．生态旅游地收入分配问题初探［J］．山东省农业管理干部学院学报，2001（4）：87-88.

第 11 章
现代旅游经济结构及其优化

▶ 学习目标

▷ 传承型学习

通过以下目标，建构以"现代旅游经济结构及其优化"为阶段性内涵的"传承型"专业学力：

理论知识： 学习和把握现代旅游经济结构的概念与特征，影响现代旅游经济结构的因素，现代市场结构的概念与内容，现代产品结构的概念与内容，现代旅游产业结构的概念与内容，现代旅游区域结构的概念与内容，现代旅游投资结构的概念与内容，现代旅游经济管理结构的概念与内容，现代旅游经济结构优化的意义等陈述性知识；能用其指导本章"同步思考"、"深度思考"和相关题型的"单元训练"；体验"现代旅游经济结构及其优化"中"理论知识"的"传承型学习"及其迁移。

实务知识： 学习和把握现代旅游经济结构优化的标准，现代旅游产品结构优化的措施，现代旅游产业结构优化的对策与措施，现代旅游区域结构优化的措施，以及"业务链接"等程序性知识；用其规范本章"深度剖析"、"教学互动"和相关题型的"单元训练"；体验"现代旅游经济结构及其优化"中"实务知识"的"传承型学习"及其迁移。

认知弹性： 运用本章理论与实务知识研究相关案例，对本章"引例"、"同步案例"和"海南调整优化经济结构，提升产业水平"等案例情境进行多元表征，体验"现代旅游经济结构及其优化"中"结构不良知识"的"传承型学习"及其迁移；依照相关行为规范进行"对合资旅行社试水出境游业务的期待与担心"这一案例的善恶研判，促进健全职业人格的塑造。

▷ 创新型学习

通过以下目标，建构以"现代旅游经济结构及其优化"为阶段性内涵的"创新型"专业学力：

拓展创新： 参加"拓展创新-IV"训练。通过学习和应用其"知识准备"所列知识，系列技能操作的实施，《现代旅游产品结构优化研究》论文的准备、撰写、讨论与交流和《"拓展创新-IV"训练报告》的撰写等活动，体验"现代旅游经济结构及其优化"中的"创新学习"（高级）及其迁移。

引例   旅游共享经济助推旅游业供给侧改革

背景与情境：共享经济最早于 2008 年在美国兴起，主要是利用闲置的房源、车辆、技能服务等资源进行共享，进而产生经济附加值。共享经济从微观层面自下而上推动着经济制度和结构变革，改变了传统商业模式，提升了经济运行效率。

旅游业是对共享经济最早和最快做出反应的产业之一，其中以旅游交通业的 Uber 和旅游住宿业的 Airbnb 最具代表性。事实表明，在"互联网+"背景下，旅游业是最为适合发展共享经济的产业之一。共享经济通过互联网等信息技术手段，可以整合旅游业的过剩产能和配置闲置资源，创新旅游设施和服务供应形式，激发和引领旅游消费需求，倒逼旅游产业进行结构性调整，提高旅游业的有效供给和资源配置效率，实现旅游产业的集约化发展。这恰好与我国旅游业供给侧结构性改革所强调的从供给侧发力、以低成本和高效率扩大有效供给的主旨相一致。可见，共享经济与旅游业供给侧结构性改革具有天然的契合性，是我国旅游产业可持续发展的必由之路。

我国旅游共享经济近年来发展迅速，2016 年在线旅游投资超过 1 000 亿元，同比增长 7 倍多。具体来看，旅游共享经济对旅游业供给侧结构性改革的影响广泛而深入地体现在"食、住、行、游、购、娱"这六大传统旅游产业要素方面：(1) 食方面，推动餐饮行业结构性调整；(2) 住方面，带来全新旅游住宿体验；(3) 行方面，增强旅游交通共享融合度；(4) 游方面，优化景区（点）资源的配置效率；(5) 购方面，提升旅游购物的人性化和便捷性；(6) 娱方面，变革旅游娱乐产业运营模式。

共享经济与旅游业的结合可谓珠联璧合，并集中体现了旅游业供给侧结构性改革的必然要求。共享经济的发展对构成旅游业的食、住、行、游、购、娱六大传统要素均产生了深刻影响，涉及交通出行、住宿地产、导游陪同、旅游咨询、餐饮服务、健康娱乐、物流与购物、资金募集等各个领域。未来，随着科技的发展和网络的普及，旅游共享经济作为旅游业未来发展的主要趋势之一，其领域将会进一步拓展，并催生更多融合业态和增值服务，在不断丰富旅游者旅游体验的同时为旅游业创造更多价值。

（资料来源   任朝旺，邢慧斌. 旅游共享经济助推旅游业供给侧结构性改革 [EB/OL]. [2018-02-28]. http://finance.huanqiu.com/cjrd/2018-02/11630102.html. 经节选、压缩和改编）

旅游经济总量的增长和旅游经济结构的合理化是现代旅游经济发展的决定性因素。这个案例告诉我们，现代旅游经济结构不是各组成要素的简单相加，而是根据旅游业整体发展的需要，按照各要素之间相互联系、相互作用的特点和规律，形成合理的数量比例及构成状况，这样才能发挥出现代旅游经济的综合性功能。

11.1   现代旅游经济结构的特征

11.1.1   现代经济结构的概念

结构，是指事物（或系统）各组成部分的比例及构成的状况。凡有系统，必有结构，结构和系统是相互联系、相互区别的概念。结构存在于系统之中，系统由结构所组成，结构的性质特征及运行规律决定系统的功能及特点。

国民经济是一个大系统，其内部又包括若干子系统和组成部分，因此经济结构就是国民经济系统各组成部分的构成状况、数量比例及其相互联系、相互作用的内在形式。现代经济结构通常有狭义和广义之分，理解经济结构的狭义和广义概念，有利于从国民经济系统的内在特征，动态地考察国民经济的运行过程和状态，从而揭示国民经济运行的客观规律和发展趋势。

狭义的经济结构一般是指生产关系，马克思指出："人们在自己生活的社会生产中发生一定的、必然的、不以他们的意志为转移的关系，即同他们的物质生产力的一定发展阶段相适合的生产关系。这些生产关系的总和构成社会的经济结构。"[①]马克思所下的这个定义，是从生产力和生产关系相互作用方面，着重研究作为生产关系总和的经济结构。

广义的经济结构，则是把生产力和生产关系统一起来的社会经济结构。马克思指出："生产的承担者对自然的关系以及他们互相之间的关系，他们借以进行生产的各种关系的总和，就是从社会经济结构方面来看的社会。"显然，马克思在这里讲的经济结构，既包括生产关系，又包括生产力。因此，广义的经济结构反映国民经济系统在总体上由哪些部门构成，具有哪些层次、要素和特点；反映各部门、各层次、各要素之间是如何相互关联地组成一个有机整体；反映国民经济系统内部及整体运动和变化的形式、规律及内在动力等。

◆ **同步思考11-1**

问题： 如何完整、正确地认识经济结构的概念？

11.1.2　现代旅游经济结构的特征

现代旅游经济作为社会经济大系统中的一个子系统，具有其自身的经济结构。所谓**现代旅游经济结构，是指旅游产业内部各组成部分的数量比例关系及其相互联系、相互作用的形式。**同国民经济大系统和其他经济子系统相比较，现代旅游经济结构既有一般经济结构所具有的共同特征，又有不同于其他经济结构的典型特征，具体可概括为以下几个方面：

1）现代旅游经济结构的整体性

旅游业是一个综合性的经济产业，由食、住、行、游、购、娱等要素组成，每种要素都体现了旅游业的一个部分或方面，并从属于旅游业这个整体。各组成要素的性质和特点，使任何一个组成要素都不能取代由它们共同组成的旅游经济结构。因此，现代旅游经济结构不是各组成要素的简单相加，而是根据旅游业整体发展的需要，按照各要素之间相互联系、相互作用的特点和规律，形成合理的数量比例及构成状况，从而发挥现代旅游经济的综合性功能。

2）现代旅游经济结构的功能性

结构和功能是密切相关的，经济结构决定经济功能，经济功能又促进经济结构的变化。因此，不同的旅游经济结构必然产生不同的旅游经济功能和旅游经济效

学习微平台

二维码资源
11-02

---

① 马克思，恩格斯．马克思恩格斯选集：3卷［M］．中共中央马克思恩格斯列宁斯大林著作编译局，编译．北京：人民出版社，1972：82.

益。例如，我国传统的旅游经济结构是以观光型旅游为主的，因此其功能及效益也是同观光型旅游相联系的。随着社会经济的发展，人们的旅游需求有了新的变化，从观光型旅游向度假、娱乐型旅游发展，必然要求对旅游经济结构进行调整，以提供能满足人们旅游需求的新功能。

因此，判别旅游经济结构功能好坏的标准，就是看这种旅游经济结构能否有效地提供新功能从而满足人们不断变化的旅游需求，能否形成一种自我协调、自我适应、具有活力的旅游经济机制，从而促进旅游业的快速发展和社会生产力的不断提高。

3）现代旅游经济结构的动态性

由于旅游经济系统各要素、各部门及其相互关系是不断变化的，因此旅游经济结构也是不断发展变化的。现代旅游经济结构的变化不仅有量的变化，而且有质的变化。其量的变化一方面表现为旅游经济规模的增长，另一方面表现为旅游经济各种比例关系的变化。因此，通过对旅游经济结构量的分析，可以把握旅游经济结构在旅游经济发展规模和速度方面的适应性。

旅游经济结构质的变化表现在旅游经济的效益和水平上，并通过各种量的指标反映出来；但旅游经济结构的情况表现为旅游业的综合发展水平和不断提高的经济效益。由于旅游经济结构的变动是十分复杂的，因此必须注意分析影响其结构变动的各种因素，适时进行调整，才能提高旅游经济结构的动态适应性。

4）现代旅游经济结构的关联性

旅游经济结构与其他产业或部门经济结构的最大差别就在于关联性较强。从旅游业食、住、行、游、购、娱六大要素来看，任何一个要素的有效供给都离不开其他相关要素的配合；从旅游产业中的旅行社、旅游饭店、旅游交通、旅游景点、旅游购物等行业来看，任何一个行业的发展都必须以其他行业的发展为条件，都离不开其他行业的密切配合。总之，现代旅游经济结构的较强关联性，使组成旅游经济结构的各行业、各要素的协调发展成为旅游经济结构协调的重要内容。其中任何一方面的不协调，都会影响旅游经济产业整体发展的规模、效益和水平。

◆▶ **同步思考 11-2**

问题： 如何正确地把握旅游经济结构的特征？

11.1.3 现代旅游经济结构的影响因素

现代旅游经济结构的特征，决定了影响旅游经济结构的因素也是很复杂的。通常，现代旅游经济结构的影响因素主要有以下几个方面：

1）旅游资源因素

旅游资源对旅游经济结构的影响是至关重要的。传统观点认为，旅游资源主要是自然旅游资源和人文旅游资源。而现代观点认为，旅游资源还应包括人才、信息、智力、资金等。旅游资源是旅游业赖以生存和发展的物质基础，其所具有的数量和质量不仅决定着旅游业的发展规模及水平，而且决定着旅游经济结构的功能和属性。因此，正确认识和分析旅游资源的品位、特点、分类及规模，是建立合理的旅游经济结构的重要途径之一。通常，分析旅游资源对旅游经济结构的决定和影响，应重点考虑以下几个方面：

（1）旅游资源的状况

旅游资源是旅游业发展的基础，一个国家所拥有的自然旅游资源和人文旅游资源的规模、品位及特点，直接决定着该国旅游业发展的规模和水平。因此，必须首先分析旅游资源的规模、品位及特点，以开发具有特色和优势的旅游资源，形成独具特点的旅游产品和旅游区，不断提高旅游资源的吸引力。

（2）资金和劳动力的状况

旅游业是一个高投入、高产出的经济产业，必须投入大量的资金进行旅游产品的开发和建设。同时，旅游业又是以服务为主的产业，劳动力素质的高低直接影响着服务水平的高低。因此，在研究旅游经济结构的影响因素时，不仅要分析资金和劳动力的拥有量对旅游经济结构的影响，还要分析资金有效运用和劳动力质量对旅游经济结构的影响，不断提高资金、劳动力资源要素的投入产出效果。

（3）智力资源和信息资源的状况

旅游是一种满足人们身心需求的高层次活动，因而智力资源的开发不仅能更广泛地利用自然与人文旅游资源，还能创造出新的资源，组合成颇具吸引力的旅游产品。智力资源开发得越好，则旅游产品的形象就越好，吸引力就越大。而要有效地开发智力资源，就离不开充分的信息资源。特别是在瞬息万变的国际旅游市场中，及时、准确地掌握市场信息及相关信息，不仅对形成合理的旅游经济结构具有重要的影响，而且对旅游经济的良性循环发展也是非常重要的。

2）旅游市场因素

市场经济作为社会经济运行方式和社会资源配置方式，要求一切经济活动都必须以市场为基础，按照市场经济规律对社会经济活动进行调节和控制。现代旅游经济是一种以市场为导向的外向型经济，因而其整个经济运行都必须围绕市场来进行。

（1）从旅游市场需求角度分析

从旅游市场需求角度看，旅游者的旅游需求是决定和影响旅游经济结构的关键因素。因为一个国家或地区旅游业发展的规模和水平，主要表现在对旅游客源市场的拥有程度上。而旅游客源地的数量、旅游客源地的社会经济发展水平、旅游客源地的出游人数等，又决定着旅游目的地国家或地区的旅游经济结构及旅游业的发展速度和规模。因此，分析旅游经济结构时，要重点考虑不同地区、不同发展阶段旅游客源市场的对象、范围及变化趋势，从而为旅游经济结构的调整和合理化提供依据。

（2）从旅游市场供给角度分析

从旅游市场供给角度看，一个地区旅游市场的大小还取决于其旅游产品供给及旅游服务水平，它不仅决定着该地区旅游市场接待规模，也决定着旅游市场的发育及旅游经济效益的水平。而旅游供给规模受旅游投资结构的决定和影响，因而必须根据旅游需求，合理进行旅游资源的开发，形成合理的旅游产品供给规模和合理的旅游产业结构与区域结构，以促进旅游供给结构的合理化。

◆ **教学互动 11-1**

　　情境：某个偏僻的乡村正在开发旅游业，旅游投资者想要增加旅游吸引力、提升旅游服务档次，正在考虑是否在当地建一座超豪华的五星级酒店。

　　问题：如果你是投资者，你会在当地建一座超豪华的五星级酒店吗？为什么？

　　3）科技进步因素

　　科技进步是现代经济发展的主要推动力。特别是对于旅游业来讲，科技进步因素对旅游经济结构的重要影响主要表现在以下三个方面：

　　（1）科技进步影响旅游经济结构的变动

　　科技进步直接决定和影响旅游经济结构的变动及发展，如技术进步改变了对旅游资源开发和利用的具体方式和效果；促进了交通工具和通信手段的发展，为旅游活动的有效进行提供了先进的工具和手段；加快了旅游设施的建设并提高了旅游服务的质量，丰富了旅游活动的内容；提高了旅游产出的经济效益，从而直接对旅游产业结构产生影响。

　　（2）科技进步影响人们需求结构的变化

　　科技进步促进生活资料和人们生活水平的变化和发展，不仅刺激着人们需求结构的变化，而且对旅游消费需求和投资需求也产生重要影响；同时增强了对旅游经济结构的拉动力，促使现代旅游经济在科技进步的基础上实现质的飞跃。因此，必须充分有效地利用现代科学技术，不断改善和提高旅游供给的结构和水平，才能充分有效地满足人们不断变化的旅游消费需求。

　　（3）科技进步影响旅游业的经营和管理

　　科技进步还表现在现代组织管理水平的提高，从而促进现代旅游经济组织管理等"软"技术的改善和提高。特别是在我国经济体制的转轨时期，各种旅游"硬"技术逐渐完善的条件下，旅游经营管理和组织等"软"技术将在旅游经济结构的优化中发挥着十分重要的作用。

　　4）社会经济因素

　　一个地区社会经济发展水平及其为旅游业发展所提供的有利条件或限制因素，直接影响该地区旅游经济结构及旅游业的发展。

　　通常，发达的经济条件更容易为旅游经济发展提供各种基础设施、交通运输手段及财力资源，并且往往具有较高的旅游服务和管理水平，从而增强了旅游目的地的吸引力，促进旅游业经济效益和社会效益的提高。如我国东部沿海地区及大多数中心城市，社会经济比较发达，从而也成为旅游经济较发达的地区。而经济欠发达地区，虽然拥有丰富的旅游资源，但缺乏开发能力及相配套的社会经济条件，因此无法尽快把资源优势转化为经济优势，从而使旅游业发展也相对较为缓慢。

　　因此，在考虑旅游业发展和旅游经济结构调整时，除了考虑旅游资源、科技进步及旅游市场因素，也要充分重视不同地区社会经济的发展水平，适度超前发展旅游业。通过旅游业带动地方经济发展，同时又根据不同发展阶段的社会经济状况，合理地进行旅游产业组织和旅游区域布局，使旅游经济与社会经济发展和谐统一。

5）政策和法律因素

经济政策和法律、法规是政府部门的重要调控手段。运用经济政策和法律、法规，不仅能加快旅游资源的优化配置，促进旅游经济在数量扩张、结构转换和水平提高等方面同时发展，实现旅游经济的良性循环，而且有利于促进旅游经济结构的合理化，减少地区间经济差异，实现总体效率与空间的统一。因此，在考虑旅游经济结构合理化时，应充分考虑政策、法律和体制三方面的因素。

（1）政策因素的影响

从政策角度讲，国家对旅游产业的重视程度和相应的经济政策及规定，不仅对旅游经济的发展具有促进或制约作用，同时也对旅游经济结构的变动及发展具有影响和调控作用。特别是目前国家按照经济发展与经济结构演进规律所制定的一系列政策，对大力发展旅游业、推进旅游经济结构的优化等，都具有十分重要的影响和促进作用。

（2）法律因素的影响

从法律方面看，要根据旅游经济总体发展的需要，制定有利于现代旅游经济结构优化的法律、法规，促进旅游经济结构按照市场经济的要求，进行合理的调整；同时还要根据已有的法律、法规，合理地调整旅游产业结构和区域旅游布局，以促进现代旅游经济健康、持续发展。

教学互动11-2

情境：澳门的赌场世界闻名，某投资者在澳门旅游后，发现澳门赌场的生意很好，而中国的其他地区则没有知名的赌场。于是，他想到中国内地开设一家赌场。

问题：你认为可行吗？

（3）体制因素的影响

从体制角度看，虽然我国旅游业的发展较早地涉及国际旅游市场，在经营方式和管理模式上也借鉴了国外的成功经验，但传统计划经济体制的弊端仍然影响到旅游经济结构的调整及现代旅游经济的发展。因此，加快旅游经济体制的改革，实现旅游经济结构的优化，对旅游经济持续稳定发展具有十分重要的作用。

同步思考11-3

问题：现代旅游经济结构受到哪些因素的影响？

11.2 现代旅游经济结构的内容

11.2.1 现代旅游市场结构

旅游市场结构是指旅游产品供给与需求结构，以及各种旅游客源市场之间的比例关系。因此，对旅游市场结构的研究，重点是分析旅游需求结构、旅游供给结构及旅游供求适应结构。

1）旅游需求结构

旅游需求是旅游者对旅游产品具有支付能力的需求总和。由于旅游者收入、闲暇时间、爱好、职业、年龄、修养等方面的差别，旅游者的需求也各不相同。因此，从旅游需求结构看，要着重研究国际旅游市场和国内旅游市场的构成及分布状况；着重研究不同性别、年龄、阶层和职业的旅游者构成及需求状况；着重研究不同季节、不同旅游方式（如团队、散客）的需求结构状况等，从而使旅游经营者可以开发和提供多种类型的旅游产品，以满足旅游者多样化的需求。

2）旅游供给结构

旅游供给是旅游经营者在一定时期内向旅游者提供的各种旅游产品的总和，包括各种旅游住宿、旅游交通、旅游餐饮、旅游景观、旅游购物、旅游娱乐等在内的综合性服务。因此，从旅游供给结构看，要着重研究旅游资源的类别和性质，以开发出具有特色的旅游景观；要研究各种旅游设施的规模、水平和比例，以形成有效的综合接待能力；要研究各种旅游服务的质量及内容，以不断提高服务水平，更好地满足旅游者的需求。

3）旅游供求适应结构

旅游需求与旅游供给都有一定的时空变化，因而旅游供给和旅游需求一旦在数量、规模和比例上相互适应，就实现了旅游市场结构的协调，促进了旅游经济的发展。由于受旅游需求的变动性、旅游资源分布的不均衡性，以及旅游活动的季节性等因素影响，旅游供给和需求在数量、规模、层次及时间和空间比例上往往难以相互适应。因此，为了提高旅游经济效益，避免旅游资源浪费或供给不足，就必须根据实际情况对旅游市场结构中出现的不协调现象进行适当的调整，以满足旅游经济发展对旅游市场结构的新要求。

从旅游供给与需求相适应的情况看，要研究在完全竞争、完全垄断及垄断竞争等不同市场结构下，市场供求变化及竞争的特点，针对旅游市场供需变化，为形成供求匹配的市场结构，探寻宏观管理的政策及微观经营的对策、策略提供科学的依据。

同步思考11-4

问题：现代旅游市场结构包括哪些内容？

11.2.2　现代旅游产品结构

旅游产品是指为旅游者开展旅游活动提供的各种物质产品和服务的总和，它是由各种要素所组成的综合性旅游产品，包括各种旅游景观、旅游交通、旅游娱乐、旅游餐饮、住宿及旅游购物等。此外，组合性的旅游线路产品也有不同的规模、不同的日程等，这些不同旅游产品及要素之间的各种组合关系就构成了旅游产品结构。由于旅游产品具有不同于一般物质产品和服务产品的特点，因而研究旅游产品结构也应从不同的方面来进行。

1）旅游产品消费结构

旅游产品消费结构，是指旅游者在旅游过程中所消费的各种类型的旅游产品及相关消费资料的比例关系，以及旅游者的不同消费层次及水平的比例关系。不同旅游产品及其要素的消费类型主要包括食、住、行、游、购、娱等方面的消费；而不同消费层次及水平的消费类型则主要包括高档消费、中档消费、低档消费或舒适型消费、经济型消费等。因此，研究旅游产品消费结构对进行旅游产品结构调整，以便有的放矢地开发适销对路的旅游产品具有十分重要的意义。

2）旅游产品要素结构

旅游产品是一种综合性产品，包含食、住、行、游、购、娱等多种要素。因此要从要素结构入手，研究旅游景观、旅游设施、旅游服务及旅游购物等各自的规模、数量、水平及结构状况，从而把握各种要素的特点及供给能力，为开发旅游产品奠定基础。研究旅游产品要素结构，还要研究各旅游要素的组合状况，即以旅游景观为基础的各种自然旅游资源和人文旅游资源的组合状况，各种旅游设施和旅游服务的配备比例，从而组合成综合性的旅游产品，满足旅游者的需求。

3）旅游产品组合结构

旅游产品组合结构，是指根据一定的旅游需求和旅游供给条件，把各种单项旅游产品有机组合起来，形成一定区域内旅游活动的消费行为层次结构。因此，从旅游产品组合结构入手，研究各种旅游线路的设计与旅游产品的组合，把各个区域旅游产品及一些专项旅游（如会议、探险、考察、体育等）有机结合起来，向旅游者提供具有吸引力的综合性旅游产品，就成为旅游产品组合结构的重要内容。

同步思考11-5

问题：现代旅游产品结构包括哪些内容？

11.2.3　现代旅游产业结构

旅游产业结构，是指以食、住、行、游、购、娱为核心的旅游业内部各行业间的经济技术联系与比例关系，也就是旅游业的部门结构。由于旅游经济具有综合性的特点，从而决定了旅游产业结构具有多元化的性质。一般来讲，旅游业主要包括旅游交通、旅游饭店和旅行社，它们被誉为旅游业的三大支柱。但是，从旅游业的六大要素看，旅游产业还应包括旅游娱乐业、旅游商品业、旅游景点开发与管理等。从更广泛的角度来看，旅游产业还应包括旅游教育培训部门、旅游研究和设计规划部门等。只有从大旅游观的角度来认识旅游产业结构，才能提高对旅游经济重要性的认识，从而确立旅游业在国民经济中应有的地位。

1）旅行社业

旅行社是依法成立，专门从事招徕、接待国内外旅游者，组织旅游活动，收取一定费用佣金，实行自负盈亏、独立核算的旅游企业。旅行社作为旅游业的"龙头"，不仅是旅游产品的设计、组合者，同时也是旅游产品的营销者，在旅游经济活动中发挥着极为重要的作用。因此，旅行社发展的规模、经营水平及其在旅游产业结构中的比重，直接对旅游经济发展产生重要影响。

2）旅游饭店业

旅游饭店是为旅游者提供食宿的基地，也是一个国家或地区发展旅游业必不可少的物质基础。旅游饭店数量、饭店客房数和床位数的多少标志着其旅游接待能力的强弱；而旅游饭店的管理水平高低、服务质量好坏、卫生状况及环境的优劣，则反映了旅游业的综合服务水准。因此，对于任何国家或地区而言，没有发达的、高水平的旅游饭店业，就不可能有发达的旅游业。

3）旅游交通业

旅游业离不开交通运输业，没有发达的交通运输业就没有发达的旅游业。旅游交通作为社会客运体系的重要组成部分，不仅满足旅游产业发展的要求，同时又促进社会交通运输的发展。特别是旅游交通运输要满足旅游者安全、方便、快捷、舒适、价廉等方面的需求，就要求旅游交通不仅具有一般交通运输的功能，还要具有满足旅游需求的功能，从而要求在交通工具、运输方式、服务特点等方面都形成旅游交通运输业的特色。

4）旅游资源开发

旅游资源开发，是指对各种自然旅游资源与人文旅游资源的开发及利用，并形成一定的旅游景观、旅游景区及各种旅游产品和组合。目前，虽然我国各地已形成了一批在国际上有一定知名度和吸引力的旅游景点、旅游景区（包括旅游风景区、度假区等）和旅游线路，但从整体上我国还未把旅游资源开发作为旅游产业结构的一个重要的组成部分来看待，不仅在旅游资源的开发上没有专门、统一的规划和建设，而且在行业管理上多头管理，缺乏统一的宏观协调和管理，从而使旅游景区、景点的建设滞后。因此，要加快旅游业的发展，就必须把旅游资源开发纳入旅游产业结构体系中，加快开发和建设。

5）旅游娱乐业

旅游是一种以休闲为主的观光、度假及娱乐活动，因而丰富的旅游娱乐不仅是旅游活动中的重要组成部分，也是增强旅游目的地吸引力，提高旅游经济效益的重要手段。随着现代科技的发展，旅游娱乐业在旅游产业结构中的地位正日益上升，旅游娱乐业在丰富旅游产品内容、增强旅游产品吸引力、促进旅游经济发展等方面的作用也在不断提高。

6）旅游购物业

旅游购物是旅游活动的重要内容之一，也是在旅游接待规模既定情况下，提高旅游经济综合效益的重要手段。随着现代旅游经济的发展，各种旅游工艺品、纪念品、日用消费品的生产和销售正不断发展，形成了商业、轻工、旅游相结合的产销系统和大量的旅游商品网点，不仅促进了旅游经济的发展，也相应带动了地方民族工业、土特产品轻工业、传统手工业的发展，从而促进了地方社会经济的繁荣。

11.2.4 现代旅游区域结构

一个国家的经济发展及产业布局总是离不开一定的地域空间。只有对各个产业和企业在地域空间上进行合理的配置和布局，才能实现生产力的合理组织，最终实现经济的效率目标与空间平等目标的和谐统一。因此，所谓**现代旅游区域结构**，是指在一定范围内旅游业各要素的空间组合关系，即从地域角度所反映的旅游市场、旅游区的形成、数量、规模及相互联系和比例关系，也称为现代旅游业的生产力布局。

1）合理布局旅游生产力的意义

研究区域旅游结构，合理布局旅游生产力，不仅对各地旅游经济的协调发展具有重要意义，而且对制定合理的区域旅游经济发展政策也具有十分重要的意义。其主要表现在以下几个方面：

第一，合理布局旅游生产力，有利于充分有效地利用各区域的旅游资源、经济资源和劳动力资源，发挥资源优势和比较优势，调动各区域的积极性，促进区域旅游经济的发展，增强旅游业的发展后劲。

第二，合理布局旅游生产力，有利于以有限的资金投入，促进旅游经济的最佳地域组合，促进旅游区域的联合与协作，从而提高旅游经济的综合效益，带动少数民族地区和经济不发达地区的社会、经济和文化的发展，促进空间经济均衡发展和平等化。

第三，合理布局旅游生产力，有利于保护环境和生态平衡，保障城乡居民生活环境和生活质量，保护旅游业赖以生存和发展的自然物质基础，保证旅游经济与生态环境有机协调，以旅游开发促进环境保护，以环境保护促进旅游发展，真正形成旅游经济发展与环境保护的良性循环，实现旅游经济的可持续发展。

第四，合理布局旅游生产力，还有利于在建设社会主义市场经济体制中，充分发挥政府宏观调控的主体作用，通过制定旅游区域经济政策，为不同地区、不同阶段的旅游经济发展提供政策依据及指导，使不同地区从旅游市场出发，结合自身的资源优势，制定旅游业发展规划，促进旅游经济的发展。

◆ **深度思考 11-1** ◆

问题：为何要对旅游生产力进行布局？

2）旅游区域结构的类型

旅游区域结构一般包括各旅游要素的区域结构和综合旅游经济区域结构。旅游要素区域结构包括旅行社区域结构、旅游饭店区域结构、旅游交通区域结构、旅游商品区域结构、旅游市场区域结构、旅游流区域结构、旅游投资区域结构、旅游资源区域结构等。它反映的是旅游要素的空间分布与布局、功能分区以及要素与地区间的空间联系状态等。

旅行社区域结构是指旅行社在不同地区的配置情况，包括不同数量、规模、性质的旅行社在不同地区的布局特点以及区域内各旅行社的协作发展关系。

旅游饭店区域结构是指根据旅游资源的分布及旅游市场需求特点而形成的地区分布格局，其中旅游资源集聚地的分布特点对旅游饭店区域结构具有决定性的影响，因为大多数旅游者总是投宿到距离旅游景区较近的旅游饭店。

旅游交通的地区差异同时受旅游资源与旅游客源分布的影响，一般在旅游景观附近的分布密度较大，从而决定了旅游交通的运力、规模及水平。

旅游商品的地区分布不仅和旅游资源的分布相关联，而且同各地区其他产品生产，特别是名特土产品相关，从而形成不同地区旅游商品的分布特色。

旅游市场和旅游流的区域结构反映了旅游者的分布及其变化特征，它对各旅游供给因素特别是旅行社、旅游饭店、旅游交通的合理布局具有很大的引导作用。

旅游投资区域结构是指资金在各旅游区域的流动及分布关系，它取决于不同地区经济的发展速度、资源特征、经济政策等区域特点。旅游投资必须以有限的资金取得较高的综合经济效益，因而提高资金利用效率对旅游投资区域结构具有重要的意义。

旅游资源区域结构是以旅游资源的自然属性为主得出的旅游资源空间分布状况及特色，它是以自然资源本身的性质、特点、数量、质量为依据划分的，是综合旅游经济区域结构的基础。

3）旅游区域结构研究的内容

现代旅游业的发展总是在一定地域空间上实现的，因此旅游区域结构的状况及变化，是进一步分析和认识旅游经济发展的重要依据。从旅游经济角度看，旅游区域结构应着重研究以下几个方面内容：

一是要研究旅游区域的市场结构，即对国际和国内不同区域的旅游市场需求和供给进行研究，研究不同区域市场的需求特点、需求规模及水平，以便有针对性地提供合适的旅游产品。

二是要研究旅游区域特点与构成，通过运用区划理论分析各旅游区的特色与发展方向，明确各旅游区开发重点与旅游形象塑造，探讨旅游区的总体构成及相互之间的联系和互补关系，形成既有层次又浑然一体的旅游总体形象。

三是要研究旅游产业布局，通过对旅游区的研究，掌握旅游产业布局的原则，分析旅游区域布局的影响因素，探寻旅游业合理布局的内容和方法，促进旅游产业布局的合理化。

◆ **深度剖析 11-1** ◆

问题：如何对旅游区域结构进行分析？

11.2.5　现代旅游投资结构

现代旅游投资结构，是指投资额在不同旅游建设项目之间、不同旅游目的地之间的比例关系，其对于旅游市场结构、旅游产品结构、旅游产业结构、旅游区域结构等都会产生不同程度的影响。

旅游建设项目从不同角度可分为不同的类型。从建设内容可分为旅游基础设施项目、景区项目、旅游饭店项目、旅游教育项目、旅游交通项目、旅游购物开发项目、旅游环境保护项目等；从项目规模可分为大型、中型、小型项目；从建设项目的性质可分为新建项目、改建项目、续建项目、扩建项目；从地区分布可分为旅游业发达地区、欠发达地区、不发达地区；从旅游投资来源可分为国家投资、地方政府投资和旅游企业投资等。

由于旅游投资的目的、方式、途径各不相同，因此不同投资来源也导致旅游投资结构不同。从中国的实际状况看，旅游投资一般来源于国家投资、利用外资、银行贷款和自筹资金四个方面。国家投资一般是指纳入各级政府财政预算的旅游投资，其主要用于旅游基础设施建设。利用外资是指利用外国政府、银行、国际金融组织、各种国外基金组织的资金和外商直接投资等，其既可用于旅游基础设施建设，又可用于经营性投资。银行贷款是有偿向银行借用的资金，大多数是作为流动资金使用，但也可用于旅游基础设施、接待设施等方面的建设。自筹资金是由地方政府或旅游企业自行筹集的不属于以上范围的资金，其使用比较灵活。

总之，由于旅游投资结构对其他结构有重要影响，因而必须充分考虑旅游市场需求及各种影响因素，并从旅游业发展的战略高度进行综合分析，才能最终确定合理的旅游投资结构。

11.2.6　现代旅游经济管理结构

旅游经济结构不仅包括生产力方面的结构，也包括生产关系方面的结构。因此，所谓**旅游经济管理结构**，是从生产关系角度研究旅游经济的所有制结构、企业规模结构和相应的管理体制结构等。

1）旅游经济所有制结构

旅游经济所有制结构，反映了旅游业所有制关系的构成及比例。在社会主义市场经济中，发展以公有制为主体的多种所有制结构是客观趋势。因此，分析旅游经济所有制结构的特点、运行状况及发展趋势，既有利于坚持社会主义方向，充分发挥公有制主体的作用，又有利于不断改革探索，促进非公有制经济的发展，增强旅游经济的内在活力和外在动力，从而进一步加快旅游经济的发展。

2）旅游企业规模结构

旅游企业规模结构，反映了大、中、小旅游企业的结构比例和旅游企业集团化发展的状况。从国际旅游业发展的情况看，一方面，大、中、小旅游企业的规模结构是由客观条件所决定的，是在市场竞争中，通过竞争淘汰、新建而逐步形成相对稳定的大、中、小企业规模结构；另一方面，旅游企业遵循规模经济和聚集经济的市场竞争要求，逐步形成一些紧密型与松散型相结合的大企业集团，如饭店管理公司、旅游集团公司等，有利于增强旅游企业的竞争力和提高经济效益。

3）旅游管理体制结构

旅游管理体制结构，是从宏观角度表现的有关旅游行业的政策保障体系、行业管理体制及实施手段体系的状况。随着中国经济体制改革从计划经济体制向市场经济体制转变，经济增长方式从数量扩展型向综合效益型转变，以及旅游经济的快速发展，中国旅游业正逐步形成以行业管理为主，集旅游政策保障体系、旅游法律法规体系和旅游宏观调控体系为一体的旅游管理体制结构，充分反映了中国以政府主导性为主的旅游经济发展模式。

深度剖析 11-2

问题：如何对旅游经济管理结构进行分析？

11.3　现代旅游经济结构的优化

11.3.1　现代旅游经济结构优化的意义

现代旅游经济结构优化，是指通过对旅游经济结构的调整，使整个旅游经济结构合理化、高度化，从而保持旅游经济协调发展，不断满足社会日益增长的旅游需求的过程。

旅游经济结构的合理化，是指在现有经济技术基础上，旅游经济内部各种结构保持较强的互补性和协调性，具有符合现代旅游经济发展要求的比例关系，从而实现整个旅游经济的持续稳定发展。

旅游经济结构的高度化，是指在旅游经济合理化的基础上，充分应用现代科学技术成果，有效利用社会分工的优势，不断提高旅游业的技术构成和旅游生产要素的综合利用率，促进旅游产出向高附加值方向发展，不断提高旅游经济的综合效益。

现代旅游经济的持续发展取决于旅游经济结构的优化，而旅游经济结构的优化不仅是现代旅游经济发展的战略目标，而且是旅游生产力体系形成的要求，是旅游经济实现良性循环发展的根本保证。

1）旅游经济结构优化是旅游业发展的战略

在传统的经济体制下，人们往往把经济发展的总量增长和速度加快作为经济发展目标，因而在讲到旅游经济发展战略时，也往往过分强调经济指标和增长速度，忽略了旅游经济结构和效益。事实上，旅游经济总量的增减和发展速度的快慢不一定反映生产力水平的高低，而旅游经济结构的优劣则明显反映生产力水平的升降和经济效益的好坏。因此，数量扩展型的旅游经济增长未必带来经济效益的提高，相反，如果引起投入量的增加和结构失衡，将最终使整个旅游经济发展不协调；而质量效益型的旅游经济增长依赖于技术进步和结构优化，旅游经济结构合理了，既有速度，又有效益，就能实现旅游经济长期、持续、协调发展。

因此，必须把旅游经济结构的优化作为旅游经济发展的战略目标，通过经济结构的优化来求速度、要效益，才能促进旅游经济持续协调发展。

2）旅游经济结构优化是旅游生产力体系形成的要求

生产力经济学认为："生产力是由相互联系、相互依存、相互制约的各种因素所构成的有机整体，各个因素必须质量相适应，数量成比例，序列有秩序，才能形成合理的生产力结构，才能有效地实现人与自然之间的物质变换过程。否则，就不能形成合理的结构，不能构成有效的生产能力。"[1]旅游业是一个综合性的经济产业，旅游经济各部门、各要素的发展规模、速度和水平，如果不能相互适应，形成一定的数量比例和合理的序列结构，就不能形成旅游生产力体系，不能发挥出应有的功能。因此，要促进旅游经济的发展，就必须形成有效的旅游生产力体系；而有效旅游生产力体系的形成，需要旅游经济结构的优化。

3）旅游经济结构优化是旅游经济良性发展的保障

现代旅游经济的良性发展通常表现为旅游经济各部门、各要素比例协调发展。如果比例不协调，经济发展大起大落，则是不良循环的反映。纵观改革开放以来中国旅游经济的发展，在总体呈现高速增长的情况下，也一度出现大起大落的状况。

---

① 蔡建华. 生产力经济学教程［M］. 长春：吉林人民出版社，1985.

国家虽然通过宏观调控的手段可以使旅游经济比例关系暂时协调，但随着旅游经济的继续增长，又会出现新的比例失调。因此，要解决旅游经济的平衡协调发展问题，还是要从旅游经济结构优化入手。只有从根本上实现了旅游经济结构的优化，才能使旅游经济发展实现速度适当、效益良好，最终进入持续协调发展的良性循环中。

4）旅游经济结构优化是提高旅游综合效益的手段

旅游经济结构优化的根本目的是使旅游资源得到合理的开发利用，旅游供给体系趋于完善，形成旅游区域结构新格局，使旅游产业外部和内部各种重要比例不断趋于协调，并向高度化方向发展，从而充分有效地发挥旅游业的产业功能和经济优势，全面提高旅游经济的综合效益。旅游经济结构优化的目标和内容，包括旅游经济各种结构都必须处在合理化和高度化的发展状态，而且各种结构之间的相互作用、相互制约的关系必须有利于各种结构保持合理化发展的状态。其中旅游产品结构、旅游市场结构、旅游产业结构和旅游区域结构的优化又在整个旅游经济结构的合理化中居于重要地位。

◆▶ **同步案例11-1**

乐陵"生态旅游"渐成经济增长点

背景与情境："久居闹市，难得有这么新鲜的空气，一下车就喜欢上这了。"山东乐陵市枣林游览区内，来自外地的一位游客一边游玩一边拍照，被这浑然天成的生态美景深深吸引住了。

乐陵市在"转方式，调结构，加快发展"的大背景下，积极转变旅游业发展方式，促进旅游产业优化升级，在打造新型工业游、生态旅游、新农村游、古文化游、康体健身游五大旅游品牌的同时，依托50万亩千年原生态枣树森林等丰富的生态资源优势，大力发展生态旅游业，打造生态旅游品牌，使之成为乐陵市经济新的增长点。

枣林游览区内森林覆盖率达95%以上，空气中富含负氧离子，堪称"天然氧吧"。依托这一丰厚的生态旅游资源，乐陵市积极推进生态旅游项目开发建设（如枣林旅游欢乐大世界、红色旅游片区、乐福洲乡村休闲区、湿地公园、观光河道等），以枣林生态游乐、枣林文化体验、枣乡民俗参与、枣园保健休闲度假为主打产品，突出生态、高效、可持续等亮点，以崭新的内容和独特的意境演绎符合生态旅游发展趋势的特色生态游。

生态旅游已逐渐成为乐陵市的一种新的经济增长方式，在推动该市经济发展方式转变等方面发挥着越来越重要的作用。据了解，由于旅游方式的转变，乐陵市客源市场逐渐由周边地区向全国辐射，尤其是进入夏秋时枣林生态旅游的黄金季节，四面八方的游客纷至沓来。据乐陵市旅游局统计，截至2012年11月底，其共接待游客105万人次，综合收入达4.8亿元。

（资料来源　佚名. 乐陵"生态旅游"渐成经济增长点［EB/OL］.［2012-12-09］. http：//finance.china.com.cn/roll/20121209/1178672.shtml. 经节选、压缩和改编）

问题：结合案例，讨论进行旅游产业结构优化的意义是什么。

11.3.2   现代旅游经济结构优化的标志

现代旅游经济结构优化并不是一个抽象的概念，而是有具体评价标准的。因各个国家旅游经济发展水平、旅游经济结构形成的历史背景方面的差异，导致各国旅游经济结构优化的标准存在差异；但旅游经济结构作为一种客观经济活动的实体，却有着普遍意义的优化标准，具体表现在以下几个方面：

1）资源配置的有效性

合理的旅游经济结构应能够充分、有效地利用本国旅游资源及人、财、物力；能够较好地利用国际分工的好处，发挥自身的优势，实现资源的最佳配置；能够促进旅游资源的保护和适度开放，尽量保持旅游资源的有效使用和永续利用。

2）产业结构的协调性

合理的旅游经济结构应能够使旅游经济的各产业、各部门保持合理的比例关系及协调发展，能够有效地促进旅游生产、流通、分配及消费的顺利进行，从而使旅游的供给和需求处于协调发展的状态。

3）产业布局的合理性

合理的旅游经济结构应能够遵循旅游经济发展的客观要求，形成合理的旅游区和旅游产业布局，从而提高整个国家或地区旅游经济的整体形象和综合生产能力，提高整个旅游业的综合经济效益。

4）旅游经济发展的持续性

合理的旅游经济结构应能促进旅游经济持续稳定发展，促进社会经济效益的不断提高，促进生态环境的保护，使国家经济实力不断增强。

5）生态环境的融合性

合理的旅游经济结构应能够促进生态环境的保护和改善，随着旅游经济的发展，不仅可以保护自然旅游资源和人文旅游资源不受破坏，而且可以进一步美化和改善生态环境，使旅游业发展与生态环境的保护有机融为一体，实现经济、资源和环境的良性循环。

总之，旅游经济结构优化必须从各国、各地区的实际情况出发，在研究本国国情或本地区实际状况的基础上，建立一个既符合本国或本地区实际状况，又有利于进入国际旅游市场，参与国际竞争，以使旅游经济健康发展的旅游经济结构。同时，要制定有利于旅游经济结构合理化的方针、政策，为旅游经济结构的合理化创造一个适宜的环境。同时，要处理好宏观调控与市场调节的关系，使宏观调控内容、方向、力度与市场的需求保持协调关系，市场的调节也要有利于旅游经济结构宏观目标的实现。

11.3.3   现代旅游产品结构的优化

现代旅游产品结构的优化，是指各种旅游产品之间在规模、数量、类型、层次等各种指标的比例方面形成一种协调的组合关系，其包括各种旅游产品之间要保持合理的数量比例关系，同种旅游产品在不同消费者类型之间要保持合理的数量比例关系等。为了实现旅游产品结构的优化，必须采取以下有效措施：

学习微平台

二维码资源
11-03

1）加强旅游产品开发

大多数旅游产品都是由单项旅游产品组合而成的，任何单项旅游产品的缺少、不足或过多都对旅游产品整体结构的优化产生影响。因而必须对各种单项旅游产品的开发都给以重视，不能因收益回报少而忽视对某些单项旅游产品的开发，也不能因某种单项旅游产品的收益大而一哄而上。有些单项旅游产品特别是旅游景区、景点，一旦经过开发引导，就成为旅游产品结构中不可缺少的、重要的一环，若开发不足势必降低旅游产品的吸引力。因此，必须加快各类单项旅游产品的开发，才能不断完善旅游产品结构，形成完整的旅游产品体系。

2）优化旅游产品结构

旅游产品结构不是静止的，而是在不断运动和变化的。随着旅游者需求的提高和多样化，会对旅游产品类型和产品层次提出新的要求。如旅游者的旅游需求由观光型转变为度假型；对交通工具的需求由普通型转变为高级型等。因此，要求旅游经营者时刻跟踪旅游需求的变化，及时对旅游需求结构做出准确的预测，以适时调整现有旅游产品结构。此外，为延长现有旅游产品的生命周期，也要注意对现有旅游产品的挖潜更新和提高工作，进行深层次开发，创造出新的价值，在满足旅游需求的同时，保持旅游产品结构的优化。

3）培育名牌旅游产品

名牌旅游产品是旅游特色产品的核心，也是使旅游活动具有吸引力的基础，其在旅游产品结构中占有举足轻重的地位。因此，在旅游资源开发中既要重视对具有特色及吸引力强的旅游资源的开发建设，又要注意丰富旅游资源的类型和数量。通过优化旅游资源的开发及其内部结构，促进整个旅游产品结构的优化，从而在对特色旅游资源的开发带动下，能通过开发丰富多彩的一般旅游资源来增加环境容量，通过培育名牌旅游产品来吸引游客，实现既增加旅游经济效益，又能促进生态环境保护的目的。

11.3.4　现代旅游产业结构的优化

现代旅游产业结构的优化，是指旅游业内部各行业之间形成协调的组合关系。其包括旅游产业在类型、规模、发展水平等各方面结构的合理化。为了实现旅游产业结构的优化，必须采取以下对策和措施：

1）坚持宏观调控与市场调节相结合

在旅游产业结构优化进程中，宏观调控与市场调节分别具有不同的优越性。从宏观上看，国家对旅游经济结构中的不合理状况，可以通过行政手段、财政预算投资及价格、利率、税收等宏观调控措施强制性地、及时地进行调整，从而避免市场失效和市场调节的滞后性。但市场的复杂性及其运行的规律性又决定了市场调节也具有重要地位和作用，特别是在社会主义市场经济中，旅游行业的供给结构总是受市场需求的引导。因此，宏观调控与市场调节在旅游经济结构优化过程中各有特点，但又不能互相代替。只有充分发挥二者的作用，协调好二者的关系，才能促进旅游产业结构的优化。

2）使主导行业与关联行业相适应

在旅游产业结构中，旅行社在各行业中处于中心地位，起主导作用，它是联系各行业的纽带。因此，要充分发挥它的"龙头"作用，并与其他行业形成合理的比例关系。同时，也要深入研究旅游市场的发展趋势，根据旅游市场需求变化特点，分析和研究不同旅游行业的变化趋势，着重解决"瓶颈"行业的制约，及时调整相关行业的供给及运行状态，保持整个旅游产业结构的合理性，以适应旅游业发展的要求。

3）加快旅游企业的集团化发展

加快旅游企业集团化发展是旅游产业结构高度化的重要目标。国际经验表明：专业化明确、综合性强的企业集团是增强旅游竞争力的重要手段，它能够发挥规模经济的优势，降低市场风险，是旅游产业类型结构合理化和高度化的重要措施之一。加快旅游企业集团化发展有如下方法：一是组建大型旅游集团，形成开发、经营、管理的一体化；二是促进所有制结构调整，实现旅游产业所有制结构的合理化；三是加强旅游集团的科学管理和现代化管理，向管理要效益，并且促进旅游企业经营管理的国际化。

◆ **同步案例11-2**

桂林发展特色动漫产业基地　将动漫产业与旅游经济相结合

背景与情境：据中国之声《央广新闻》报道，中国之声青年编辑记者"广西走转改采访团"今天（29日）到达桂林动漫产业基地采访，随着文化产业的发展成熟，桂林逐渐摆脱单独依靠"旅游"发展的老路子。

桂林国家高新七星区作为桂林动漫文化企业发展根据地位于桂林市区漓江东畔，总面积约83平方千米。桂林的高新七星区也是全国5个自治区中首个国家级的高新区。在文化产业方面，目前桂林高新七星区文化产业企业已达260多家，年产值近40亿元，对城区生产总值贡献率超过10%，已经成为当地的主导产业之一。

桂林的特色动漫产业"山水旅游动漫产业"让旅游经济与动漫产业互相结合，通过"桂林山水甲天下"的市场吸引力，结合当地企业的形象宣传来做大做强当地的文化产业。为此，从2009年开始桂林举办"中国·桂林创新创意文化节"活动。到如今，文化节已经举办了四届，数据显示，前三届文化节共引进45个投资项目落地，投资金额达92亿元，第四届文化节的签约金额更是达到68.4亿元，同时吸引了迪士尼互动娱乐公司等一批国外知名企业入驻，高新七星区也成为中国创意产业与国际前沿"无缝对接"的重要桥梁。

问题：你如何看待动漫产业与旅游经济发展的结合？

（资料来源　孙稳. 桂林发展特色动漫产业基地　将动漫产业与旅游经济相结合［EB/OL］.［2012-11-29］. http：//www.foods1.com/content/1898343/. 经节选、压缩和改编）

11.3.5　现代旅游区域结构的优化

从中国区域旅游经济不平衡发展的现状，以及不同地区旅游资源和社会经济发展的差异性出发，实现旅游区域结构优化应抓好以下几个方面：

1）突出重点发展的原则

改革开放以来，中国旅游业经过多年的高速发展，已初步形成了一部分旅游经济的重点区域。因此，旅游区域布局应按照区域经济发展理论，遵循突出重点的原则，加强对重点旅游区、旅游城市及旅游路线的建设和发展。目前及今后一段时间，应重点加快对当前在国际上已具有一定知名度的旅游区的配套建设及旅游度假区的开发，通过重点建设一批融观光、度假及文化娱乐为一体的旅游区，尽快形成具有相当产业规模的综合接待能力，增强对国内外游客的吸引力。应加快对重点旅游城市的配套建设，特别是对改革开放以来形成的旅游中心城市，进一步深度开发，提高综合接待能力，充分发挥旅游中心城市的作用，增强对邻近地区和全国的辐射功能，成为全国旅游创汇的基地。要重点扶持和建设一批具有发展潜力，经济效益好的旅游路线，开展多种专项旅游，丰富旅游的内容，增强旅游产业发展的后劲。

2）遵循"点-轴"发展的规律

所谓旅游"点-轴"发展规律，就是以建设国际化旅游城市为依托，形成"增长点"，再以"点"带"面"，经过辐射扩散作用，发展旅游区，带动整个区域旅游经济的发展。按照"点-轴"发展规律的要求，首先要加快重点旅游区和国际化旅游城市的建设，在目前的重点旅游区和旅游城市中，有选择地建设一批具有国际化标准和功能的旅游城市和旅游景区，形成旅游经济发展的"增长点"。然后，依托这些"增长点"的辐射扩散作用，不断向周围地区扩散，并形成旅游网络，带动相应地区旅游经济跳跃式发展，从而促进全国旅游经济网络的形成和旅游业的大发展。

3）强调合理分工、互相补充

从地域间旅游经济的发展看，中国旅游经济的发展不仅在区域间有差别，而且各区域之间在发展阶段、发展规模及水平上也存在差距。因此，旅游区域布局必须遵循合理分工、突出特色、互相补充的原则，根据各区域间旅游经济的发展水平及区位状况，进行合理的分工和布局。一方面，各地区应根据自身的旅游资源优势和区位条件，根据市场需求开发与经济发展相适应的旅游产品，并和相关地区形成合理的分工和布局；另一方面，在注意突出各自的优势和特色时，要强调互补互济，形成各地区之间资源互补、市场互补、产品互补、优势互补，从而促进生产要素的流动和有效利用，提高旅游经济的整体效益。

4）积极发展国内外区域的合作

旅游业是一个开放型的经济产业，封闭是不能发展的，因而必须加快对外开放，积极发展国际国内的旅游合作。一是要按照旅游经济的内在联系，以区域经济理论为指导，加强各地区之间的联合和协作，逐步形成具有一定规模、一定水平和各具特色的区域旅游网，提高区域旅游的整体竞争能力。二是要积极发展国际区域合作，参与国际市场竞争。特别是要顺应目前国际经济区域一体化的趋势，打破边界约束，寻求更大范围内的区域旅游合作，增强中国旅游业在国际旅游市场上的旅游竞争能力，为中国进一步开拓国际旅游市场拓展新的途径。

学习微平台

二维码资源
11-04

✴ **本章概要**

✿ 主要概念

　　经济结构　现代旅游经济结构　旅游市场结构　旅游产品消费结构　旅游产品组合结构　旅游产业结构　现代旅游区域结构　现代旅游投资结构　旅游经济管理结构

✿ 内容提要

• 本章主要介绍了现代旅游经济结构与优化，包括：现代旅游经济结构的特征、现代旅游经济结构的内容、现代旅游经济结构的优化。

• 现代旅游经济结构，是指旅游产业内部各组成部分的数量比例关系及其相互联系、相互作用的形式。现代旅游经济结构既有一般经济结构所具有的共同特征，又有不同于其他经济结构的典型特征，主要表现在现代旅游经济结构的整体性、功能性、动态性和关联性方面。现代旅游经济结构的影响因素主要有以下几个方面：旅游资源因素、旅游市场因素、科技进步因素、社会经济因素、政治和法律因素等。

• 现代旅游经济结构的内容包括旅游市场结构、旅游产品结构、旅游产业结构、旅游区域结构和旅游经济管理结构等。

• 旅游市场结构，是指旅游产品在供应和需求之间的规模、比例关系，反映各种旅游客源市场之间所形成的比例关系，其包括旅游需求结构、旅游供给结构及旅游供求相适应的结构状态等方面。

• 旅游产品结构，是指为旅游者开展旅游活动提供的各种旅游产品的规模、数量和比例关系。其包括旅游者对各种旅游景观、旅游交通、旅游娱乐、旅游餐饮、住宿及旅游购物等旅游产品的消费结构，旅游产品的食、住、行、游、购、娱等要素结构，以及旅游产品组合结构等。

• 旅游产业结构，是指旅游业内部各行业间的经济技术联系与比例关系，也就是旅游业的部门结构。通常旅游产业结构主要指旅游交通、旅游饭店和旅行社等旅游业的"三大支柱"，但从旅游经济的六大要素看，旅游产业还应包括旅游娱乐业、旅游商品业、旅游景点开发与管理，以及旅游教育培训部门、旅游研究和设计规划部门等。

• 旅游区域结构，是指在一定范围内旅游业各要素的空间组合关系，即从地域角度所反映的旅游市场、旅游区的形成、数量、规模及相互联系和比例关系，也称为旅游业的生产力布局，其不仅包括生产力方面的结构，也包括生产关系方面的结构。研究旅游区域结构，不仅对旅游经济的协调发展具有十分重要的意义，而且对制定合理的区域旅游经济发展政策也具有重要的意义。

• 旅游投资结构，是指投资额在不同旅游建设项目之间、不同旅游目的地之间的比例关系，其对于旅游市场结构、旅游产品结构、旅游产业结构、旅游区域结构等都会产生不同程度的影响。

● 旅游经济管理结构，是从生产关系角度研究旅游经济的所有制结构、企业规模结构和相应的管理体制结构等。

● 现代旅游经济结构优化，是指通过对旅游经济结构的调整，使整个旅游经济结构实现合理化和高度化，从而保持旅游经济协调发展，不断满足社会日益增长的旅游需求的过程。旅游经济结构优化，就是要通过旅游经济结构的合理化和高度化，实现旅游市场结构、旅游产品结构、旅游产业结构、旅游区域结构和旅游经济管理结构的优化。

✿　内容结构

本章内容结构如图 11-1 所示。

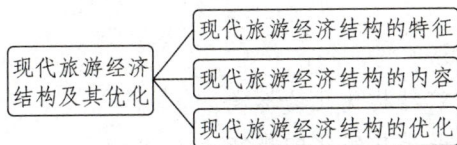

图 11-1　本章内容结构

✿　重要观点

观点 11-1：旅游经济结构优化是旅游业发展的战略。

常见质疑：旅游经济发展应特别强调经济指标和增长速度。

释疑：在传统的经济体制下，人们往往把经济发展的总量增长和速度加快作为经济发展目标，因而在制定旅游经济发展战略时，往往过分强调经济指标和增长速度，忽略了旅游经济结构和效益。事实上，旅游经济总量的增减和发展速度的快慢不一定反映生产力水平的高低，而旅游经济结构的优劣则明显反映出生产力水平的升降和经济效益的好坏。因此，数量扩展型的旅游经济增长未必带来经济效益的提高，相反，可能会引起投入量的增加和结构失衡，最终使整个旅游经济发展不协调；而质量效益型的旅游经济增长依赖于技术进步和结构优化，旅游经济结构合理了，既有速度，又有效益，就能实现旅游经济长期、持续、协调发展。

观点 11-2：现代旅游产业结构的优化必须坚持宏观调控与市场调节相结合的原则。

常见质疑：现代旅游产业结构的优化主要靠宏观调控。

释疑：在旅游产业结构优化进程中，宏观调控与市场调节分别具有不同的优越性。宏观调控与市场调节在旅游经济结构优化过程中各有特点，但不能互相代替。只有充分发挥二者的作用，协调好二者的关系，才能促进旅游产业结构的优化。

✪　**单元训练**

✿　传承型训练

▲ 理论题

△ 简答题

1）简述现代旅游经济结构的概念与特征。

2）简述现代市场结构的概念与内容。

3）简述现代产品结构的概念与内容。

4）简述现代旅游产业结构的概念与内容。

5）简述现代旅游区域结构的概念与内容。

6）简述现代旅游投资结构的概念与内容。

7）简述现代旅游经济管理结构的概念与内容。

8）简述现代旅游经济结构优化的意义。

△ 讨论题

1）现代旅游经济结构受到哪些因素的影响？

2）为何要对旅游生产力进行布局？

▲实务题

△ 规则复习

1）简述现代旅游经济结构优化的标准。

2）简述现代旅游产品结构优化的措施。

3）简述现代旅游产业结构优化的对策与措施。

4）简述现代旅游区域结构优化的措施。

△ 业务解析

1）是否应当把旅游经济结构优化作为旅游业发展的战略？为什么？

2）为什么现代旅游产业结构的优化必须坚持宏观调控与市场调节相结合的原则？

▲案例题

△案例分析

【训练目的】

见本章"学习目标"中"传承型学习"的"认知弹性"目标。

【教学方法】

同第1章本题型的"教学方法"。

【训练任务】

同第1章本题型的"训练任务"。

【相关案例】

海南调整优化经济结构　提升产业水平

背景与情境：海南着力调整优化经济结构，热带滨海旅游业正在加速转型升级，热带特色现代农业快速发展，新型工业迅速崛起，产业基础进一步夯实。

旅游业是海南的优势产业。借助建设国际旅游岛的政策效应，海南不断创新和丰富旅游产品，加快旅游业转型升级步伐。国家海岸海棠湾已有16家五星级以上酒店动工建设，2家国际顶级酒店开业，具有购物、娱乐、医疗等多功能的国际旅游度假区初具规模。同时，龙沐湾、棋子湾等高水准旅游度假区及一批风情小镇建设加快推进，邮轮、游艇、高尔夫、房车、中医养生等旅游新产品蓄势待发。

另外，加强游客到访中心、公共咨询服务系统、旅游标志牌等旅游公共服务体系建设。海南相继出台了《海南经济特区旅行社管理规定》《海南经济特区导游人员管理规定》等文件，建立起依法依规的旅游管理长效机制。

着力发展热带特色现代农业，海南正逐步成为国家热带现代农业基地。目前，海南冬季瓜菜种植面积达 263 万亩，比上年增加 24 万亩，出岛瓜菜有望突破 300 万吨，将极大地丰富全国人民的冬季菜篮子。立足于建立完善的农产品市场监管、质量检测和冷藏运销保障体系，全省 13 个瓜菜田头综合服务站已建成投入使用；新增预冷库容量 3 万吨，农产品保鲜能力达到 320 万吨；建成环渤海（海南）热带农产品交易物流中心等流通网络，并与河北、天津等 15 个省区市开展合作，建立起南菜北运的稳定渠道。去年，海南瓜菜、水果、畜牧业、渔业等优势产业的产值占农业总产值的比重提高到 72%。

积极培育和发展战略性新兴产业是海南优化产业结构、转变发展方式的着力点。未来 5 年，总投资 400 亿元、3 000 兆瓦的太阳能电池项目将落户海南，建成后将形成全球最大的光伏产业基地；国内首个生物柴油项目在东方市建成投产；海南生态软件园入园企业达 131 家，三亚创意产业园签约项目 16 个，灵狮海南国际创意港已引入国内外高端设计企业及机构 56 家。这些新能源、新材料、电子信息等产业的崛起，将为海南绿色、低碳、可持续发展打下重要的产业基础。

海南还及时出台了优化产业结构的扶持政策，2010 年下达了重点产业振兴和技术改造以及中小型工业企业技术改造中央资金约 1 亿元，扶持重点产业和企业进行结构调整。采取财政贴息方式，安排 4 500 万元中小企业发展专项资金，撬动中小企业担保贷款 16.5 亿元。同时，海南大力淘汰落后产能，当年淘汰小钢铁产能 40 万吨、小水泥产能 171 万吨，关闭了 2 个煤电机组。

（资料来源　佚名. 海南调整优化经济结构　提升产业水平［EB/OL］.［2011-01-27］. http：//news.xinhuanet.com/fortune/2011-01-27/c_121031723.htm. 经节选、压缩和改编）

问题：

1）该案例涉及了本章的哪些知识点？

2）海南在建设国际旅游岛的同时在哪些方面优化了旅游经济结构？

3）如何通过优化旅游经济结构带动其他产业的发展？

【训练要求】

同第 1 章本题型的"训练要求"。

【成果形式】

1）训练课业：撰写《"海南调整优化经济结构　提升产业水平"案例分析报告》。

2）课业要求：同第 1 章本题型的"课业要求"。

△善恶研判

【训练目的】

见本章"学习目标"中"传承型学习"的"认知弹性"目标。

【教学方法】

同第 1 章本题型的"教学方法"。

【训练准备】

同第 1 章本题型的"训练准备"。

【相关案例】

对合资旅行社试水出境游业务的期待与担心

背景与情境：日前，国家旅游局与商务部公布了《中外合资经营旅行社试点经营出境旅游业务监管暂行办法》。期待已久的外资旅行社经营中国内地居民出境旅游业务，即将在试点的基础上逐步推开。开放入境旅游——开放外资投资与经营饭店——开放内地居民出境旅游——开放外资旅行社经营入境旅游业务——开放外商投资旅行社出境旅游业务，中国旅游业经历了30多年的对外开放进程，现在又迈出了重大的一步。

笔者自退休以来与家人经常出境旅游，真切地享受到自费观光休闲的乐趣，这与带着工作任务考察旅行的心境大不一样。为了省心、省力，大多选择著名的旅行社出境游。亲身经历告诉我，出境旅游的操作与国内旅行社相比，总体上是比较规范的，旅游品质比较高。但是，降低旅游品质的低价竞争、领队与导游在明码小费外的种种隐蔽的生财之道也并不少见。国内旅游市场上的种种顽症正在出境旅游中蔓延，并从我国港澳和东南亚旅游向东北亚、欧洲、非洲旅游扩散。我一直期待，何时能直接参加由外国品牌旅行社组团与接待的境外旅游，体会一下"洋"旅行社带团的滋味。

作为一个游客，我期待"试点旅行社"改变目前出境旅游产品比较单一的状况。目前，各出境游组团社推出的旅游线路大同小异，如同一个模子中"克隆"出来的，我多次经历"拼团"出游，来自不同地区、不同组团社、不同团费的团友"拼"在一起，就是这种单一产品的结果。期待"试点旅行社"能"八仙过海"，展现各家特长，向内地游客提供多种游线、多种类型、多种档次的观光、休闲、度假、购物、康体、娱乐、文化观察等旅游产品，使游客有多种选择，使不同群体的游客得到适合自己需求的产品。

作为一个游客，期待试点旅行社能改变目前出境旅游中常遇到的让人不顺心、不放心的现象：有些领队与境外导游没有基本工资与带团报酬，有的甚至要向组团社或接团社交"人头费"；增加合同外游览项目向团员加收过高的"汽油费""劳务津贴"；用远高出实际票价的演出、夜游、游船观光等"自费项目"向团员收取不合理的"服务费"；用种种诱导手法向团友"推荐"商品，与购物商店配合，诱导旅游者购买质价不符的商品，甚至索性在旅游车上兜售商品；"相当于×星级"的含糊承诺、餐饮标准高低不一、随意性操作；对老年人与儿童加收几百元的"附加费"；远程旅游团中出发与回国的两天甚至三天全在飞机上或机场转机，境外导游未提供任何服务，但照收那几天的"小费"等。有经验的游客对领队与导游的"猫腻"心知肚明，但无可奈何。

作为一个旅游研究者，期待外商旅行社出境旅游业务开放尽快从试点过渡到普遍，从只允许中外合资旅行社经营进一步过渡到外资独资旅行社经营出境旅游，使外资独资旅行社、合资旅行社经营内地出境旅游走向常态化，从而激励、促进内地旅行社，尤其是国有旅行社的改制转型，加快旅行社市场从无序走向有序、从混乱走向规范。

作为一个旅游研究者，对开放外商旅行社出境旅游业务也不无担心。许多事实表明，"洋"种子种到我们这块"土壤"上，有的"水土不服"，有的"基因变异"。在适应"土壤""气候"的过程中，会不会被"同化"？何况，旅游行业界的有些"病症"甚至"顽疾"并非我们独有，有的也不是我们独创，甚至也是从外面"传染"来的。国家旅游局与商务部颁布的《中外合资经营旅行社试点经营出境旅游业务监管暂行办法》只允许中外合资经营旅行社试点，不允许外商独资旅行社试点。这种"中外混血"的旅行社中，中方的"血统"根深蒂固，它们有熟谙国土民情的优势，也有多年积存的弊端，"中外嫁接"有可能结出佳果，也有可能"南橘北枳"，能否尽快让外商独资旅行社也试点经营出境旅游业务，与中外合资旅行社的试点经营比较一下，又会如何？近日，温总理在天津达沃斯论坛上承诺，"在中国境内注册的外资企业都享受国民待遇"，旅游业当然也不例外。

30多年来外资投资饭店与经营饭店推动了内地饭店业的发展、规范并与国际接轨的经验证明："狼来了"并不可怕，可怕的是对"狼来了"的恐惧心理；只有"与狼共舞"才能"与狼赛跑"。用拒"狼"于国门之外的畏避做法，其结果不是"保护"了国有企业，而是耽误了内地旅行社行业的改革图强进程。只有开放才能促进改革，封闭、半封闭只会扼制改革，或使改革半途而废。向境外旅行社开放出境旅游业务之举，正是改善内地旅游市场秩序、推进内地旅行社业更好、更强、更大、更快发展的必由之举。

（资料来源　佚名. 对合资旅行社试水出境游业务的期待与担心［N］. 中国旅游报，2010-09-27.）

问题：

1）外资旅行社经营中国内地居民出境旅游业务能够良性发展吗？

2）试对上述问题做出你的善恶研判。

3）说明你所做善恶研判的依据。

4）请从旅游产业结构优化的角度对外资旅行社经营中国内地居民出境旅游业务做出评价。

【训练要求】

同第1章本题型的"训练要求"。

【成果形式】

1）训练课业：撰写《"对合资旅行社试水出境游业务的期待与担心"善恶研判报告》。

2）课业要求：同第1章本题型的"课业要求"。

☆　创新型训练

拓展创新-Ⅳ

【训练目的】

见本章"学习目标"中"创新型学习"的"拓展创新"目标。

【教学方法】

同第2章本题型的"教学方法"。

【知识准备】

学生通过学校资料室、图书馆和互联网等途径，自主学习如下知识：

1）列入本教材"附录一"附表1"能力领域"中"与人交流"、"与人合作"和"革新创新"能力"高级"各技能点"'知识准备'参照范围"的知识。

2）本教材"附录三"附表3"能力领域"中"与人交流"、"与人合作"和"革新创新"能力"高级"各技能点的"基本要求"和"参照规范与标准"。

【训练任务】

1）查阅关于"现代旅游产品结构优化"的各种观点信息。

2）同第2章本题型的其他"训练任务"。

【训练要求】

1）体验将关于"现代旅游产品结构优化"的各种观点信息中的诸多拓展性观念要素整合为一个内在一致、功能统一的新整体，形成一个带有原创性成分的《现代旅游产品结构优化研究》的"知识创新"（高级）过程。

2）同第2章本题型的其他"训练要求"。

【训练时间】

本章课堂教学内容结束后的课余时间，为期一周。

【训练步骤】

1）各团队应用"知识准备"所列知识，并遵循相关"要求"和"参照规范与标准"，系统体验关于本项目的如下技能操作：

（1）通过团队内分工与合作，收集和处理本训练项目中存有争议的关于"现代旅游产品结构优化"的各种观点信息，分析、研究、讨论、交流其各自所长与不足。

（2）将关于"现代旅游产品结构优化"的各种观点信息中诸多拓展性观念要素整合为一个内在一致、功能统一的新整体，撰写带有原创性成分的《现代旅游产品结构优化研究》论文。

（3）以相互质疑和答疑的方式，在班级讨论、交流、相互点评其《现代旅游产品结构优化研究》论文。

（4）根据班级讨论交流结果，各团队修订和完善其《现代旅游产品结构优化研究》论文。

2）同第2章本题型的其他"训练步骤"。

【成果形式】

1）训练课业：撰写《"拓展创新-IV"训练报告》。

2）课业要求：参照第2章本题型的"课业要求"。

⭐ **建议阅读**

[1] 左冰，杨艺.旅游产业关联结构及其经济贡献研究——以广东省为例[J].旅游学刊，2021，36（4）：14-30.

[2] 龙祖坤，李绪茂.县域旅游经济结构演变与发展模式研究——以湖南省

20个贫困县为例［J］．中南林业科技大学学报（社会科学版），2017，11（3）：33-39.

　［3］刘宏盈，蒙小蓉，张娟．山东入境旅游经济结构分析及优化研究［J］．商业研究，2012（11）：184-189.

　［4］田纪鹏．旅游经济结构内涵、特征与内在机理研究［J］．现代管理科学，2011（5）：74-76.

　［5］冒宇晨，王腊春．长三角城市群旅游经济结构的分散化和均质化趋势［J］．地理科学，2009，29（5）：641-645.

　［6］高万辉，杨建伟．论地方旅游经济结构系统的优化与调整——以山西泽州县为例［J］．理论导刊，2008（2）：102-104.

　［7］王志凯．江苏旅游经济结构调整战略构想［J］．经济地理，1999（4）：95-98.

第12章
现代旅游经济效益及其评价

▶ **学习目标**

12.1　现代旅游经济效益特点及评价内容

12.2　现代旅游微观经济效益及其评价

12.3　现代旅游宏观经济效益及其评价

▶ **本章概要**

▶ **单元训练**

▶ **建议阅读**

▶ **学习目标**

▷ **传承型学习**

通过以下目标，建构以"现代旅游经济效益及其评价"为阶段性内涵的"传承型"专业学力：

理论知识：学习和把握现代旅游经济效益的概念与特点，旅游经济效益的影响因素，现代旅游微观经济效益的概念与内涵，现代旅游宏观经济效益的概念与内涵等陈述性知识；能用其指导本章"同步思考"、"深度思考"和相关题型的"单元训练"；体验"现代旅游经济效益及其评价"中"理论知识"的"传承型学习"及其迁移。

实务知识：学习和把握现代旅游经济效益评价的内容，现代旅游微观经济效益评价的指标及其计算方法，现代旅游微观经济效益的评价方法，提高现代旅游微观经济效益的途径，提高现代旅游宏观经济效益的途径，以及"业务链接"等程序性知识；用其规范本章"同步业务"、"深度剖析"和相关题型的"单元训练"；体验"现代旅游经济效益及其评价"中"实务知识"的"传承型学习"及其迁移。

认知弹性：运用本章理论与实务知识研究相关案例，对本章"引例"、"同步案例"和"安徽旅游业发展成就卓越　旅游经济效益越发明显"等案例情境进行多元表征，体验"现代旅游经济效益及其评价"中"结构不良知识"的"传承型学习"及其迁移；依照相关行为规范对"洛阳：'1元门票'搅热旅游市场"案例进行善恶研判，促进健全职业人格的塑造。

▷ **创新型学习**

通过以下目标，建构以"现代旅游经济效益及其评价"为阶段性内涵的"创新型"专业学力：

自主学习：参加"自主学习-IV"训练。在制订和实施《团队自主学习计划》的基础上，通过阶段性学习和应用"附录一"附表1"自主学习"（高级）"'知识准备'参照范围"所列知识，收集、整理与综合"现代旅游经济效益及其评价"前沿知识，讨论、撰写、交流和修订《"现代旅游经济效益及其评价"最新文献综述》，撰写《"自主学习-IV"训练报告》等活动，体验"现代旅游经济效益及其评价"中的"自主学习"（高级）及其迁移。

引例　"一部手机游云南"助力云南旅游创造更大经济效益

背景与情境：2018年3月1日，"一部手机游云南"上线试运行，云南旅游即将全面跨入智慧时代。3月2日，上线试运行产品推介会在北京举行，云南省政府和深圳腾讯计算机系统有限公司向全球推介说明"一部手机游云南"是互联网和旅游相结合的产物，走在了时代前沿。"一部手机游云南"依托"互联网+旅游服务"，通过游云南APP、微信公众号和微信小程序，全面覆盖游客在云南的游前、游中、游后的各项需求，满足和提升游客吃、住、行、游、娱、购的需求和体验，并通过诚信体系、投诉平台的建设，让游客全流程省心、安心、放心。

1）"一部手机游云南"全速推进

"一部手机游云南"上线试运行距离提出这一设想仅仅半年多的时间。2017年8月16日，云南省省长阮成发在政府工作会议上提出要打造"一部手机游云南"平台，为全省旅游产业转型升级注入新动力。

2017年9月，云南省旅游发展委员会牵头启动了"一部手机游云南"项目建设工作。云南省"一部手机游云南"工作领导小组成立，云南省省长阮成发担任组长，常务副省长宗国英，副省长董华、陈舜担任副组长；云南省人民政府副秘书长和丽贵，云南省旅游发展委员会党组书记、主任余繁担任办公室主任。全省有关36个部门全面参与，成为"一部手机游云南"工作领导小组成员单位。在近半年的项目前期建设中，云南省针对当前旅游市场的新形势、新变化，充分调研论证，科学构架"一部手机游云南"框架；按工作进度，制定下发了第一批"一部手机游云南"的工作任务、技术标准；细化分工，明确责任，在全省范围内狠抓项目落实，按时按质推进各项工作任务。

2）持续优化升级，云南旅游未来可期

"一部手机游云南"的终极目标是：向游客提供最全面、最权威、最方便的服务，让游客感到"旅游体验自由自在"；满足游客需求，及时有效地处理涉旅突发事件，让游客感到"政府管理服务无处不在"。为此，值得社会重点关注的是，"一部手机游云南"重点强化了"诚信体系"和"一键投诉"两大核心功能，即按照"诚信经营一路畅通、失信违法寸步难行"的原则，构建了对企业经营管理的诚信评价指数体系；按照"一键投诉、及时响应、分级受理、联动处置、实时反馈"的要求，健全完善了投诉案件分类分级处理机制和横向部门联动机制。

"一部手机游云南"借助互联网助力了智慧旅游的开展。下一步，"一部手机游云南"将进一步完善丰富场景建设，在旅游要素齐全、功能布局合理、发展态势较好的重点旅游区域开展试点工作。同时，根据试运行期间的反馈情况，对项目内容进行优化升级，提升产品功能；扩大覆盖范围，在全省16个州市3A级以上景区及部分条件成熟的非A级景区接入平台，助力全域旅游发展。在诚信经营方面，云南将通过"一部手机游云南"平台建设，不断吸纳诚信的市场主体和从业人员进入平台，为游客提供优质服务，促进云南旅游市场秩序整治和旅游产业转型升级，使云南旅游产生更大的经济效益。

（资料来源　佚名."一部手机游云南"　云南旅游即将全面跨入智慧时代［EB/OL］.［2018-

03-07]．http：//travel.people.com.cn/n1/2018/0307/c41570-29854165.html．经节选、压缩和改编）

在社会主义市场经济条件下，旅游活动必须遵循经济规律的客观要求，在增进社会效益的同时，也要积极地追求经济效益，以保证旅游活动的不断进行。这个案例告诉我们，提高经济效益是人们从事旅游经济活动的基本准则，也是旅游业持续发展的客观要求，遵循经济规律客观要求的旅游活动才能不断前行。

12.1　现代旅游经济效益概念、特点及评价内容

12.1.1　现代旅游经济效益概念

现代旅游经济效益，是指旅游经济活动的有效成果与劳动占用和消耗之间的比较，简言之，即从事旅游经济活动的投入与产出的比值。提高旅游经济效益，就是在从事旅游经济活动时，要以尽可能少的劳动占用和消耗，产出尽可能多的、符合社会需要的有效成果（包括产品、服务和收益）。

旅游经济活动的有效成果，是指旅游经济活动的最终产出。由于旅游经济活动是集经济、技术、社会、文化等多种因素于一体的活动，因而其有效成果也是多方面的：既包括向旅游者提供旅游产品和服务，从而满足他们多样化的旅游消费需求；又包括通过旅游经济活动获取应有的利润和税收，从而为企业发展和国家经济建设积累资金；还包括促进人们生活水平的提高和生态环境的改善等。

旅游经济活动的劳动占用和消耗，是指旅游企业和管理部门在规划组织旅游活动，向旅游者提供旅游产品和服务过程中所占用和耗费的各种物化劳动和活劳动消耗，即旅游企业、管理部门和相关方面的各种成本和费用支出等。在一定的劳动占用和耗费情况下，旅游者在旅游活动中的满足程度越高，旅游企业、管理部门和相关方面的旅游收益越高，表明旅游经济效益越好，从而为企业发展和国家经济建设积累的资金就越多，对社会、生态环境的改善就越有利，旅游综合经济效益就越好。

通常，旅游经济效益可用下列简单公式来表示，其反映了旅游经济活动的有效成果与旅游经济活动中占用和消耗劳动的比较关系，从而综合地反映了旅游经济活动的效益。

$$旅游经济效益 = \frac{旅游有效成果}{旅游劳动占有和消耗} \qquad (12-1)$$

同步思考 12-1

问题：如何理解旅游经济活动的有效成果？

12.1.2　现代旅游经济效益的特点

旅游经济作为国民经济的组成部分，有其自身的特点和运行规律。因此，要正确把握旅游经济效益的概念及评价标准，分析影响旅游经济效益的各种因素，探寻提高旅游经济效益的途径和措施，还必须掌握旅游经济效益的特点。从旅游经济发展的实践看，旅游经济效益既有和一切经济活动相同的基本特征，又有区别于其他经济活动的不同特点，具体表现在以下几个方面：

1）现代旅游经济效益是宏观效益与微观效益的统一

旅游经济活动通常由旅行、餐饮、住宿、交通、观赏、娱乐等多种活动组成，因而旅游经济效益实质上是食、住、行、游、购、娱等多种要素活动综合作用的结果，该结果必须体现在微观经济效益上。此外，旅游经济活动的结果还必须体现在整个旅游产业的宏观经济效益上，通过旅游经济活动及其较强的产业带动效应，把旅游经济活动所产生的经济辐射作用渗透到其他产业和部门，带动更大范围的社会经济的发展。因此，现代旅游经济效益是宏观经济效益与微观经济效益的统一。

◆ **同步思考 12-2** ◆

问题：为何说现代旅游经济效益是宏观效益与微观效益的统一？

2）现代旅游经济效益具有质和量的规定性

现代旅游经济效益同其他经济活动的效益一样，是质和量的统一，不仅具有质的规定性，而且也有量的规定性。旅游经济效益的质的规定性，主要表现为取得旅游经济效益的途径和方法必须在国家有关法律、法规和政策的范围内，通过技术进步、管理强化和服务质量的改善来实现。旅游经济效益的量的规定性，是指旅游经济效益不仅能用量化的指标来反映，而且还能通过对指标体系的比较分析，发现旅游经济活动中存在的问题，从而寻求提高旅游经济效益的途径和方法。

现代旅游经济效益的质和量的规定性是有机统一的整体，离开了质的规定而片面追求量的目标，就会偏离社会主义旅游经济发展的宗旨和方向，甚至成为不良社会行为生长的土壤；反之，若只考虑旅游经济效益的质的规定性，而没有量的追求，就没有积极开拓的进取精神和科学的经营管理，最终无法保证旅游经济效益的实现。因此，只有把旅游经济效益的质和量有机统一起来，才能保证旅游经济活动健康、正常的开展，促进旅游经济效益的不断提高。

◆ **同步思考 12-3** ◆

问题：为何现代旅游经济效益具有质和量的规定性？

3）现代旅游经济效益的衡量标准是多方面的

在社会主义市场经济条件下，旅游经济活动必须面向市场，以旅游者为中心。这就要求旅游经营部门和企业在组织旅游活动时，必须树立为旅游者服务的经营思想和观念，从旅游者的消费需求考虑，尽可能提供适销对路、物美价廉的旅游产品和服务，这是获取经济效益的前提。在充分满足人们旅游消费需求的基础上，取得合理的经济收入和利润，不断提高旅游业的宏观与微观经济效益。因此，从以上两方面来衡量旅游经济效益，可采用多种指标进行综合分析和评价，如接待游客人数、游客逗留天数、旅游收入、旅游外汇收入、旅游利润和税收、客房预订率、游客人均消费、游客投诉率、资金利润率、成本利润率以及服务质量等多项指标。

12.1.3　现代旅游经济效益的影响因素

影响旅游经济效益的因素是多方面的，既有旅游经营者因素，又有旅游者自身因素；既有主观因素，又有客观因素；既有宏观因素，又有微观因素；既有经济、技术因素，又有政策、法律因素；既有国内因素，又有国际因素，等等。因此，为了有效地提高旅游经济效益，就必须对影响旅游经济效益的主要因素进行科学的分析和研究。

1）旅游者数量及构成

在旅游经济活动中，旅游者是旅游经济活动的主体和旅游服务的对象，也是旅游经济活动产生的前提。旅游者数量及构成对旅游经济效益的影响具体表现在两个方面：一方面，旅游经济活动中旅游者数量的增加，必然相应增加旅游收入，从而提高旅游产品和旅游服务的利用效率，增加旅游经济效益；另一方面，旅游经济活动中的劳动占用和耗费，特别是固定费用部分（如基本工资、折旧、管理费用等），在一定范围内会随旅游者数量的增加而相对减少，于是在其他条件不变的情况下，旅游者数量越多，每一个旅游者所花费的成本费用就越低，相应地，旅游经济效益越高。

此外，在旅游者数量既定的情况下，旅游者在目的地逗留时间越长，所需旅游服务项目越多，每个旅游者的平均消费支出就越大，于是旅游目的地的经济效益就越高。那些具有较高参与性和体验性、技术含量高、价值含量高、品位高的旅游产品，往往会对旅游者产生较强吸引力并使其积极购买，这会使旅游目的地及相关企业和旅游经营者取得良好的收益。因此，不仅旅游者的数量规模大小对旅游经济效益具有直接的影响，而且旅游者的结构状况也对旅游经济效益产生直接的影响。

深度思考 12-1

问题：为何旅游者的数量和构成会对现代旅游经济效益产生影响？

2）旅游物质技术基础及其利用率

旅游物质技术基础是对各种旅游景观、旅游接待设施、旅游交通和通信、旅游辅助设施的总称。在旅游经济活动中，各种旅游物质技术基础与旅游经济效益有直接的关系。通常，旅游物质技术基础条件好，吸引的旅游者就多，从而使旅游收入增多，使劳动占用和耗费相对减少。

因此，要提高旅游经济效益，就要适度超前地发展各种旅游基础设施和接待设施，尽可能配备现代化程度较高的物质技术设备，为旅游者提供优美的游览景点、舒适的食宿条件和良好的旅游环境，并不断提高旅游企业以及旅游经营者的劳动生产率，减少劳动耗费，提高整个旅游业的经济效益。同时，还要加强对旅游企业经营管理和旅游行业的宏观调控和管理，不断提高旅游物质技术设施的利用率。因为提高旅游物质技术设施利用率，就能在已有的旅游接待条件下接待更多的旅游者，这意味着花费在每一个旅游者身上的劳动占用和耗费减少，从而有利于降低旅游成本，提高旅游经济效益。

3）旅游活动的组织和安排

旅游活动全过程涉及旅游者的食、住、行、游、购、娱等多方面的需求，这些需求是相互联系、衔接配套的。因此，在旅游活动中能否有效地提供旅游产品和服务，能否高质量地组织和安排好旅游者的旅游活动，会直接影响到旅游经济效益。例如，在其他条件既定情况下，若旅游时间超过了计划安排，势必增加旅游成本而减少旅游利润；若旅游活动组织得单一、重复、枯燥，则可能产生负面影响，导致消费支出受限，客源减少，效益下降；若旅游服务质量不高，不能较好地满足旅游者的需求，也就不能刺激旅游者增加旅游消费，从而也就无法增加更多的经济效益。

综上所述，在旅游活动的组织和安排中，一定要针对不同旅游者的类型、需求特点、消费习惯等，有目的地规划和组织好旅游活动。尽可能在旅游时间安排上张弛有度，留有余地，保证旅游时间有效利用；在旅行线路上尽可能安排紧凑、内容丰富、生动有趣，提高旅游者的兴致，使其得到最大的需求满足；在旅游服务质量上，要礼貌谦和、服务周到，使旅游者高兴而来，满意而归，最终促进旅游经济效益的不断提高。

◆ **深度剖析 12-1** ◆

问题： 为何旅游活动的组织和安排会对现代旅游经济效益产生影响？

4）旅游业的科学管理

旅游经济效益的提高，最根本的是劳动生产率的提高，而劳动生产率的提高与现代科学管理的有效应用紧密相关。因此，旅游行业必须科学地组织劳动分工与协作，把食、住、行、游、购、娱等方面衔接配套好，才能有效地提高劳动生产率。另外，劳动者是生产力诸要素中最活跃的因素，也是决定劳动生产率能否提高的关键，因而要积极培训员工，提高员工的业务技术水平，充分调动员工的劳动积极性和创造性，在规范化、标准化的基础上，强调个性化、特色化的管理和服务，为提高劳动生产率创造良好的条件，进一步提高旅游经济效益。

5）旅游收入的漏损和防范

从一定意义上来说，旅游业本质上是开放性的行业，旅游目的地要与客源地以及其他地区建立一定的联系。在此过程中，必然有部分旅游目的地的收入由于当地居民储蓄纳税以及旅游经营者进口物资等活动而流出旅游目的地，在事实上会造成旅游目的地旅游收入的漏损，从而削减了应有的旅游经济效益，客观上会影响旅游目的地国家或地区的国民收入和国民经济的发展。

一般来说，经济发展相对落后、产业结构不完善、技术力量较为薄弱的旅游目的地，旅游收入漏损的情况就较为突出。因而，旅游目的地政府要加强宏观调控，积极发展与旅游业相关的产业和部门，使当地的旅游乘数效应尽可能保持在较高的水平。同时，广大旅游企业以及旅游经营者要不断改进生产经营技术，努力提高自给能力，完善管理方法和技术，尽可能避免削价竞争，科学地应用先进的促销手段，减少在异地大量的宣传促销费用。此外，在旅游项目投资上要广开渠道，立足自身力量，尽量使用本地的替代产品，以避免不必要的旅游收入漏损，增加有效的旅游成果，确保旅游经济效益的实现。

◆ 同步思考 12-4 ◆

问题：现代旅游经济效益的影响因素有哪些？

12.1.4　现代旅游经济效益评价内容

要提高旅游经济效益，就必须在旅游经济活动中以尽可能少的投入，获取尽可能多的产出，这也是评价旅游经济效益的重要标准。通常，对旅游经济效益的评价必须重视对以下方面的比较分析。

1）旅游经济活动的有效成果同社会需要的比较

旅游产品作为旅游者在旅游活动过程中所购买的物质产品、精神产品和服务的总和，同样具有价值和使用价值。只有当旅游产品能够有效地满足旅游者的需求时，才能实现其价值；否则，不仅不能体现旅游产品的价值和使用价值，满足旅游者和经营者的物质需求，而且会因旅游者的负面宣传而使旅游产品失去更多的客源，使旅游经营单位遭受损失。因此，只有把旅游经济活动的有效成果同社会需求相比较，努力生产和提供旅游者满意而又物美价廉的旅游产品，才能促进旅游经济效益的不断提高。

2）旅游经济活动的有效成果同劳动消耗和占用的比较

作为旅游企业和经营单位，为了向旅游者提供旅游产品，必然要耗费社会劳动，占用资金，从而形成旅游经济活动的成本和费用。如果旅游经济活动只考虑满足社会需求，而不计成本高低，则是违背客观经济规律的。因此，要讲求经济效益就必须把旅游经济活动的有效成果（主要是利润和税金）同劳动占用和消耗进行比较，以评价旅游经济活动的合理性和旅游经济效益的高低。

3）旅游经济活动的有效成果同旅游资源利用的比较

旅游经济活动必须以旅游资源为基础，以市场为导向，充分有效地利用各种资源。通过把旅游经济活动的有效成果同旅游资源的利用相比较，可以揭示利用旅游资源的程度和水平，从而寻找充分利用旅游资源的途径和方法。

另外，在利用旅游资源时，还要考虑对旅游资源的保护。因为旅游资源是一种特殊的资源，不论是自然景观还是人文风情，对其保护就是保持旅游产品的质量，保持旅游业发展的前提条件。如果自然生态环境恶化，人文风情遭受破坏，就直接表现为旅游产品质量的下降，不仅不能带来旅游收入和经济效益，而且直接影响旅游业的可持续发展。

4）旅游经济活动的宏观效益与微观效益的比较

任何一项旅游经济活动都必然涉及和影响到旅游业的宏观效益和微观效益。旅游经济活动的微观效益主要指旅游企业以及旅游经营者的经济效益，其表现为旅游经营收入与成本之间的比较。对于微观效益的追求将导致旅游企业、旅游经营者把追求利润作为其行为目标。

旅游经济活动的宏观效益是指整个旅游产业的整体效益，不仅要讲求自身的经济效益，同时还要考虑对社会经济所做的贡献以及对生态环境的保护和改善。如果旅游经济活动只考虑旅游企业以及旅游经营者的经济效益，而不顾旅游业整体的宏观效益，则旅游企业以及旅游经营者的持续经济效益将缺乏有力的支持和保障。

因此，讲求旅游经济效益必须把旅游经济活动的微观效益同宏观效益统一起来，才能保证旅游经济效益有效实现和不断提高。

12.2　现代旅游微观经济效益及其评价

学习微平台

二维码资源
12-04

12.2.1　现代旅游微观经济效益概念

现代旅游微观经济效益，是指在旅游经济活动中，旅游企业向旅游者提供旅游产品和服务而花费的物化劳动和活劳动同取得的经营收益的比较，也就是旅游经营收益同成本的比较。旅游微观经济效益的好坏，不仅决定着旅游企业的生存和发展，而且是整个旅游宏观经济效益的基础。因此，必须对旅游微观经济效益进行科学的考察和分析，以采取有效措施，不断地提高旅游微观经济效益。

1）旅游经营成本

旅游经营成本，是指旅游企业在生产经营旅游产品或提供旅游服务时所耗费的物化劳动和活劳动的价值形态，也就是提供物质产品和服务时所支出的全部费用。从不同的角度，可对旅游经营成本进行划分。

（1）按旅游成本费用分类

按照旅游成本费用类别，可将旅游成本划分为营业成本、管理费用和财务费用三大类，这种分类方法能够准确地了解旅游成本费用发生的范围和数量，以便加强成本控制和管理，提高旅游微观经济效益。

营业成本，是指旅游企业从事经营活动所支出的全部直接费用，由于旅游企业涉及很多不同的服务部门，各部门营业成本有着不同的内容。例如，旅行社营业成本包括住宿费、餐费、车费、陪同费、邮政费、劳务费和其他费用等；旅游饭店营业成本包括住宿成本、餐饮成本、商品成本、洗涤成本及其他成本等。

管理费用，是指旅游企业在经营管理中所发生的费用，也就是不能直接计入营业成本的其他支出，包括行政办公经费、工会经费、职工培训费、劳动保险费、外事费、租赁费、咨询费、审计费、诉讼费、土地使用费、无形资产摊销、开办费摊销、坏账损失、上级管理费用以及其他管理费用等。

财务费用，是指旅游企业为筹集经营资金所发生的各种费用，包括利息支出、汇兑损失、金融机构手续费及筹资发生的其他费用等。

（2）按照旅游成本性质分类

按照旅游成本性质，可将旅游成本划分为固定成本和变动成本两部分，这种分类方法有利于把旅游成本和业务量结合起来考察，为旅游企业及旅游经营者进行经营决策提供科学的依据。

固定成本，是指在一定的业务范围内不随业务量的增减变化而变化、固定不变的成本。其主要包括固定资产折旧、修理费、租赁费、行政办公费、管理人员工资等。尽管固定成本总额不随业务量增减而发生变化，但是随着业务量的增加，分摊到单位旅游产品或服务上的固定成本却会相对减少。因此，在一定的条件下（即固定成本总额不变），努力提高旅游设施的利用率，提高劳动生产率，必然会降低单位旅游产品或服务的成本，增加旅游企业以及旅游经营者的盈利。

变动成本，是指随着业务量增减变化而发生相应变化的成本。其主要包括各种原材料的消耗、水电费、燃料费、低值易耗品费用、服务人员的工资和奖金等。由于变动成本总是随业务量的增加而增加，因此降低单位旅游产品和服务的变动成本，就能使单位成本和总成本都得到降低，从而提高企业以及旅游经营者的经济效益。

（3）按照管理责任分类

按照管理责任，可将旅游成本划分可控成本与不可控成本，其目的是明确各责任单位的职责，更有效地控制成本费用的支出。

可控成本，是指在一个会计期间内某个责任单位有权确定开支的成本。如部门经理对本部门所生产的旅游产品的成本、工资费用等就可以施加影响，并有权做出决定，那么这些成本费用对该部门经理来说就是可控成本。

不可控成本，是指在一个会计期间内某个责任单位对其发生无法控制的成本，如折旧费对于上述部门经理来说就是不可控的。

2）旅游经营收益

旅游经营收益，是指旅游企业从事旅游经济活动所创造的利润和税收，它是通过出售旅游产品或提供旅游服务所取得的营业收入，在补偿了旅游产品或服务成本以后的余额。旅游经营收益是分析旅游企业经营状况和评价其经济效益的重要指标。在市场经济条件下，要取得理想的经营收益，必须严格控制好经营成本，强化销售工作，争取更多的顾客，才能使旅游企业的利润水平不断地提高。2009年全国五星级饭店的人均效益如表12-1所示。

表 12-1   2009年全国五星级饭店的人均效益

地区	全员劳动 （万元/人）	人均实现利润 （万元/人）	人均实现税金 （万元/人）	人均占用固定资产 原值 （万元/人）	年末从业 人员 （人）
合计	16.61	0.7	1.9	53.57	259 875
北京	20.92	−0.26	0.94	79.41	36 453
天津	17.01	−0.15	1.28	21.11	3 851
河北	9.43	−0.92	0.17	64.45	4 001
山西	22.17	2.72	4.11	43.56	1 710
内蒙古	12.34	−0.32	0.21	32.32	3 689
辽宁	14.95	1.28	2.54	53.13	8 566
吉林	17.91	1.27	2.08	58.42	2 847
黑龙江	11.38	1.75	2.41	58.05	2 575

续表

地区	全员劳动 （万元/人）	人均实现利润 （万元/人）	人均实现税金 （万元/人）	人均占用固定资产 原值 （万元/人）	年末从业 人员 （人）
上海	26.65	2.33	3.78	65.28	25 090
江苏	16.82	0	0.9	41.82	22 456
浙江	16.95	2.23	3.12	46.36	19 374
安徽	24.6	0.95	1.64	26.82	1 982
福建	12.47	0.2	1.17	43.28	8 291
江西	11.82	−0.65	0.08	58.08	2 070
山东	22.34	0.32	1.34	41.42	10 482
河南	16.85	−0.49	0.32	193.81	2 833
湖北	13.39	0.58	1.57	54.24	5 821
湖南	10.8	0.53	1.17	39.83	9 382
广东	10.95	0.17	2.48	38.88	40 634
广西	11.99	−0.66	−0.07	44.25	7 459
海南	18.32	4.02	4.93	73.8	10 766
重庆	17.25	0.96	1.57	35.69	6 486
四川	16.24	1.56	2.65	51.37	7 766
贵州	11.89	0.01	0.41	33.22	958
云南	17.81	−0.58	0.42	54.17	3 694
西藏	0	0	0	0	0
陕西	15.54	−1.18	−0.77	75.98	2 009
甘肃	8.42	−0.84	−0.32	37.91	1 329
青海	8.14	−0.44	0.02	13.3	1 107
宁夏	0	0	0	0	0
新疆	7.9	0.14	0.78	41.7	6 194

（资料来源　根据国务院发展研究中心资料整理）

（1）旅游经营利润

旅游经营利润，是指旅游企业从事旅游经营活动所获得的旅游收入，扣除全部旅游成本支出的余额，其通常由营业利润、投资净收益和营业外收支净额三部分组成。

营业利润，是指旅游企业以及旅游经营者销售旅游产品或提供旅游服务等获得的营业收入，扣除经营过程中所发生的各项直接和间接成本支出的余额。也就是在旅游会计核算中，从旅游企业的营业收入中减去营业成本、管理费用和财务费用后的余额，其反映了旅游企业从事旅游经营活动所获得的收益水平。

投资净收益，是指旅游企业的投资收益扣除投资损失后的余额。投资收益，一般包括旅游企业向外进行投资而获得的利息、股息、投资回收及转让款项高于账面投资净值的差额。投资损失，则是指旅游企业向外进行投资，到期所回收的投资额及转让款项低于账面投资净值的部分。

营业外收支净额，是指旅游企业的营业外收入减去营业外支出的余额。营业外收入，一般包括旅游企业的固定资产盘盈或变卖的净收益、无法支付的应付款、礼品作价收入、罚款收入及其他收入等。营业外支出，主要包括固定资产盘亏或报废的净损失、违约金、赔偿金、罚款支出、公益性捐赠及其他非常损失等。

（2）旅游经营税收

旅游经营税收，是指旅游企业以及旅游经营者从事旅游经营活动而依法向国家缴纳的增值税、所得税及各种附加税等。旅游经营税收也是旅游企业所创造的新增价值，并以税收方式而形成国家的财政收入，因此可视为旅游企业经营收益的一部分。

12.2.2　现代旅游微观经济效益评价指标

现代旅游微观经济效益评价，是通过分析旅游企业以及旅游经营者的收入、成本、利润的实现，以及它们之间的比较来体现的。因此，要分析现代旅游微观经济效益，首先应掌握好各主要旅游经济指标的经济含义和计算方法。

1）旅游营业收入

旅游营业收入，是指旅游企业在出售旅游产品或提供旅游服务时所实现的收入，其包括基本业务收入和其他业务收入。营业收入的高低，不仅反映了旅游企业经营规模的大小，而且反映了旅游企业经营水平的高低。例如，通过旅游营业收入同企业员工人数的比较，就可以得知旅游企业劳动生产率的水平。

设：S——人均旅游营业收入；TS——年旅游营业总收入；P——年职工平均人数。

则有人均旅游营业收入计算公式如下：

$$S = \frac{TS}{P} \qquad (12-2)$$

2）旅游经营成本

旅游经营成本，是旅游企业从事旅游经济活动所耗费的全部成本费用之和，也是旅游企业的固定成本与变动成本之和。

设：TC——旅游经营成本；C_O——营业成本；C_M——管理费用；C_A——财务费用；C_F——固定成本；C_V——变动成本。

则有旅游经营成本计算公式如下：

$$TC = C_O + C_M + C_A \qquad (12-3)$$

$$或 \quad TC = C_F + C_V \qquad (12-4)$$

分析旅游企业经营成本，一方面要分析成本的发生及构成情况，从而有利于加强对成本的控制及管理；另一方面要把经营成本同所拥有的员工人数进行比较，从而反映旅游企业以及其他旅游经营者的成本水平。

设：TC——旅游经营成本；P——年职工平均人数；C——人均经营成本。

则有人均经营成本计算公式如下：

$$C = \frac{TC}{P} \tag{12-5}$$

3）旅游经营利润

旅游经营利润，是指旅游企业的全部收入减去全部成本，并缴纳税金后的余额，其包括营业利润、投资净收益和营业外收支净额。旅游经营利润指标，集中反映了旅游企业从事旅游经济活动的全部成果，体现了旅游企业的经营管理水平和市场竞争力。

设：P——旅游企业营业利润；T——旅游企业税金及附加；TP——旅游企业经营总利润；I_P——旅游企业投资净收益；D_s——旅游企业营业外收入；D_c——旅游企业营业外支出；TS——年旅游营业总收入。

则有旅游经营利润计算公式如下：

$$P = TS - C_0 - T - C_M - C_A \tag{12-6}$$

$$TP = P + I_P + (D_s - D_c) \tag{12-7}$$

12.2.3　现代旅游微观经济效益评价方法

根据现代旅游微观经济效益评价指标，运用不同的评价方法就可以对现代旅游企业经济效益进行评价。常用的评价方法主要有利润率分析法、盈亏平衡分析方法、边际分析方法等。

1）利润率分析法

利润率，反映了一定时期内旅游企业的经营利润同经营收入、劳动消耗和劳动占用之间的相互关系，通常有资金利润率、成本利润率和销售利润率三个利润率指标，它们从不同角度反映了旅游企业以及旅游经营者的经济效益状况。

资金利润率，反映了旅游经营利润与资金占用的关系，说明旅游企业以及旅游经营者劳动占用的经济效益。

成本利润率，反映了旅游经营利润与成本之间的关系，说明了劳动耗费所取得的经济效益。

销售利润率，反映了旅游企业以及旅游经营者在一定时期内利润与收入之间的关系，说明其经营规模的效益水平。

通过以上三项指标的分析，可从总体上基本反映出旅游企业以及旅游经营者的经济效益状况。

设：R_m——资金利润率；R_c——成本利润率；R_s——销售利润率；M_g——固定资金；M_f——流动资金；TP——旅游企业经营总利润；TC——旅游经营成本；TS——年旅游营业总收入。

则有利润率计算公式如下：

$$R_m = \frac{TP}{M_g + M_f} \times 100\% \tag{12-8}$$

$$R_c = \frac{TP}{TC} \times 100\% \tag{12-9}$$

$$R_s = \frac{TP}{TS} \times 100\% \tag{12-10}$$

◆ **同步业务 12-1** ◆

某旅游饭店的固定资金为 5 000 万元，流动资金为 400 万元，预计今年该旅游饭店的营业收入是 3 500 万元，经营成本为 2 700 万元，经营利润为 600 万元，预计今年全行业的资金利润率、销售利润率和成本利润率的平均水平分别为 10%、15% 和 25%。该旅游饭店的资金利润率、销售利润率和成本利润率是多少？

2）盈亏平衡分析方法

盈亏平衡分析方法，是对旅游企业的成本、收入和利润三者的关系进行综合分析，从而确定旅游企业的保本点营业收入，并分析和预测在一定营业收入水平下可能实现的利润水平。通常，影响旅游企业利润高低的因素有两个，即营业收入和经营成本。按照成本性质划分，经营成本又可分为固定成本和变动成本。于是，可以根据以下公式计算出旅游企业的保本点业务量或收入额，并且可以根据公式的变换，对旅游企业的目标利润和目标收入进行科学的分析和预测。

设：TP——利润；C_v——单位变动成本；W——单价；r_s——税率；Q——业务量；TF——固定总成本。

则有利润计算公式如下：

$$TP = Q \cdot W \times (1 - r_s) - Q \cdot C_v - TF \tag{12-11}$$

若令：$Q = Q_0$，TP = 0

并设：S_0 为保本点收入额；Q_0 为保本点业务量。

则有保本点计算公式如下：

$$Q_0 = \frac{TF}{W \times (1 - r_s) - C_v} \tag{12-12}$$

$$S_0 = W \cdot Q_0$$

◆ **同步业务 12-2** ◆

某旅游饭店拥有标准客房 180 间，每间客房平均销售价格为 120 元，平均变动成本为 35 元，全年固定总成本为 120 万元，税率为 5%。该旅游饭店保本点销售量和销售收入是多少？若该旅游饭店预计当年实现利润 200 万元，试预测该旅游饭店当年应完成销售量和销售收入多少？若每年以 360 天计算，试计算平均每天应实现的销售量、销售收入和客房出租率（预计同行业的客房出租率为 60%）。

3）边际分析方法

边际分析方法又称最大利润分析法，即引进边际收入和边际成本概念，通过比较边际收入与边际成本来分析旅游企业实现最大利润的经营规模的方法。

边际收入（MR），是指每增加一个游客（或销售一个单位旅游产品）而使总收入相应增加的部分，即增加单位游客（或产品）而带来的营业收入。边际成本（MC），是指每增加一个游客（或销售一个单位旅游产品）而引起总成本相应增加的部分，即增加单位游客（或产品）而必须支出的成本费用。比较边际收入和边际成本有以下三种情况：

（1）当 MR>MC 时，说明增加一个游客（或出售单位产品）时，所增加的收入大于成本，因而还能增加利润，从而使旅游企业以及旅游经营者的总利润扩大。因此，当MR>MC时，可以继续扩大接待人数，以获取更多经济收益（见图12-1中Ⅰ区域）。

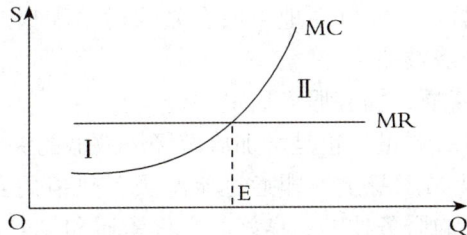

图12-1　旅游微观经济效益边际分析示意图

（2）当MR<MC时，说明每增加一个游客（或出售单位产品）时，所增加的收入小于支出，即产生亏损，从而会使旅游企业以及旅游经营者的总利润减少。因此，当MR<MC时，旅游企业以及旅游经营者应减少接待人数，以保证企业的经济收益（见图12-1中Ⅱ区域）。

（3）当MR=MC时，说明每增加一个游客（或出售单位产品）时，所增加的收入与支出相等，即增加单位游客的利润为零。在这种情况下，旅游企业以及旅游经营者的总利润既不会增加，也不会减少，因而是旅游企业以及旅游经营者实现最大利润的经营规模（见图12-1中E点）。

12.2.4　提高现代旅游微观经济效益的途径

提高现代旅游微观经济效益的主要途径，一是提高旅游收入，二是降低旅游销售成本。旅游收入和旅游成本的差距越大，则旅游企业以及旅游经营者的经济效益越好。因此，为了提高旅游经营收入和不断降低旅游成本，必须切实抓好以下几方面工作：

1）开拓旅游市场，扩大旅游客源

旅游客源是旅游业赖以生存和发展的前提条件，也是增加旅游营业收入的重要途径。因此，必须随时掌握旅游客源市场的变化，对现有客源的流向，潜在客源的状况，以及主要客源国的政治经济现状及发展趋势进行调查、研究和分析，以便有针对性地进行旅游宣传和促销，不断开拓旅游市场，扩大旅游客源，并提供合适的旅游产品和服务，增加旅游企业的经营收入，不断提高旅游经济效益。

2）提高劳动生产率，降低旅游成本

提高旅游企业的劳动生产率，降低旅游产品成本，是提高旅游企业经济效益的重要途径之一。提高劳动生产率，就要提高旅游从业人员的素质，加强劳动的分工与协作，提高劳动组织的科学性，尽可能实现以较少的劳动投入完成同样的接待任务，或者以同样的投入完成更多的接待任务，以节约资金占用、减少人财物力的消耗；同时，提高劳动生产率还有利于充分利用现有设施，提高旅游设施设备的利用率，不断扩大营业收入，降低旅游产品成本，达到提高旅游经济效益的目的。

3）加强经济核算，提高经济效益

经济核算是经济管理不可缺少的重要工作之一。旅游经济核算，是旅游企业借助货币形式，通过记账、算账、财务分析等方法，对旅游经济活动过程及其劳动占用和耗费进行反映和监督，为旅游企业加强管理、获取良好的经济效益奠定必要的基础。加强旅游经济核算，有利于发现旅游经济活动中的薄弱环节和问题，分析其产生的原因和影响因素，有针对性地采取有效的对策和措施，开源节流，挖掘潜力，减少消耗，提高经济效益。

4）提高旅游员工素质，提高服务质量

改善和提高旅游服务质量，也是增加旅游经济效益的关键。旅游服务质量的好坏主要体现在旅游从业员工身上，即通过旅游员工热情周到、诚挚友好的服务态度、整洁的仪表、娴熟的服务技能、良好的文化素质和修养，使旅游者真正享受到"宾至如归"的感受。因此，提高旅游员工的政治素质、专业知识、业务技能和道德修养，不断改善和提高服务质量，才能更好地满足旅游者的需求，促使他们增加逗留时间，增加旅游消费支出，从而相应提高旅游企业的经济效益。

5）加强管理基础工作，改善经营管理

良好的管理基础工作，不仅是改善旅游企业经营管理的前提，也是创造良好经济效益的重要途径。加强旅游管理基础工作，一是要加强标准化工作，促使各项活动都能纳入标准化、规范化和程序化的轨道，建立良好的工作秩序；二是要加强定额工作，制定先进合理的定额水平和严密的定额管理制度，充分发挥定额管理的积极作用；三是要加强信息和计量工作，通过及时、准确、全面的信息交流和反馈，不断改善和提高服务质量；四是要加强规章制度的制定和实施，严格各种工作制度、经济责任制度和奖惩制度，规范员工行为，促进经营管理的改善和提高。

12.3　现代旅游宏观经济效益及其评价

12.3.1　现代旅游宏观经济效益概念

旅游宏观经济效益，是指在旅游经济活动中，以尽可能少的劳动和资源的占用和耗费，而为全社会带来的综合成果和收益，即通过对旅游宏观成本和宏观收益进行比较，而获得尽可能多的经济效益、社会效益和生态环境效益。现代旅游宏观经济效益不仅体现了旅游业自身的直接效益，而且体现了由旅游业的带动而引发的国民经济中相关产业部门以及社会经济发展和生态环境改善的间接效益等。因此，研究现代旅游宏观经济效益不能孤立地研究旅游产业，还必须对相关的社会经济和生态环境进行分析和研究。

1）旅游宏观成本

旅游宏观成本，是指为开展旅游经济活动而形成的整个社会的耗费和支出，即旅游的社会总成本。除了旅游企业以及其他旅游经营者所发生的旅游经营成本以外，旅游宏观成本还包括为发展旅游业而投入的其他宏观经济支出，以及为保证旅游业持续发展而对有关社会秩序、环境污染、生态保护等投入的支出，其一般分为有形成本和无形成本两大部分。

（1）有形成本

有形成本，是指为开展旅游经济活动而必须付出的直接成本，主要体现在经济上的支出。有形成本具体包括：对发展旅游业必需的有关道路、机场、水电、排污、码头等基础设施的投资，国家、地方、集体、个人对旅游景点、接待设施等方面的投资，引进国外的旅游设备、设施及购买原材料的支出等，国家各级旅游组织及相关机构用于旅游方面的市场调研、宣传促销、考察交流、外联、科研等方面的支出等。

（2）无形成本

无形成本，是指为发展旅游业而导致对社会、经济和生态环境等方面产生负面影响所导致的成本，即间接支付的成本。事实上，旅游业并非无污染的产业。随着旅游业的发展及过量旅游者的涌入，一是会对旅游目的地的环境造成一定的负面影响，如疾病的流传、环境的污染、生态平衡的破坏，从而使良好的自然景观受到影响；二是会造成对传统文化、艺术及各种文物古迹的破坏和影响，对旅游目的地国家或地区的地方文化、道德观念及社会生活等带来消极作用；三是可能会引起旅游目的地的消费超前增长，从而在一定程度上导致通货膨胀、物价上涨，对社会经济增长和经济结构产生一定的负面效应。总之，旅游经济活动的消极影响往往为人们所忽略，而要解决这些问题需投入大量的成本费用，这些成本费用构成了旅游宏观成本的重要组成部分。

2）旅游宏观收益

旅游宏观收益，反映了旅游业发展为全社会带来的成果和收益。它不仅包含旅游业自身所获得的经济收益，也包括对相关产业及部门发展的带动作用、对社会文化的促进作用以及对整个社会经济所产生的积极作用等。具体讲，旅游宏观收益也可分为有形收益和无形收益两大部分。

（1）有形收益

有形收益，是指发展旅游业而给社会带来的直接经济收益，包括各类旅游企业以及旅游经营者依法缴纳的税金；通过旅游经济活动而创造的外汇收入；围绕旅游经济活动而提供的劳动就业人数；随着旅游业的发展而带动其他经济部门、文化、教育、科技、卫生等方面的发展；对旅游资源的开发利用促进了社会经济的繁荣等。旅游业发展所带来的有形收益是非常明显的，因此当今世界许多国家或地区都把旅游业作为重点产业而予以优先发展。

（2）无形收益

无形收益，是指发展旅游业给旅游目的地国家或地区的社会经济带来的无法量化的收益。如通过旅游经济活动，促进国家的对外开放，增进了国家之间、民族之间、人民之间的相互了解和友谊；通过旅游资源的开发，增强了人们对自然环境、各种民族文化、历史遗产的保护意识，弘扬了优秀的民族文化传统，促进了社会经济的可持续发展；通过旅游活动的开展，还带来了广泛的经济、科技和文化信息，有利于吸引外来的投资，促进旅游目的地国家或地区社会经济的发展，带动边疆少数民族贫困地区脱贫致富；此外，旅游活动还有利于陶冶人们的情操，增强人们的爱国主义精神，促进精神文明与物质文明的共同建设和发展。

12.3.2　旅游宏观经济效益评价指标

旅游宏观经济效益涉及面很广，内容丰富，通常要求从多方面、用多种指标进行分析和评价。分析旅游宏观经济效益的指标主要有以下几个：

1）旅游创汇收入和旅游总收入

旅游创汇收入指标，反映了旅游目的地国家或地区通过发展国际旅游，直接从国际旅游者的旅游消费支出中所得到的外汇收入。由于外汇收入在一国的国际收支平衡中有着重要的意义，而旅游业一般又是除了货物出口外最主要的创汇产业，因此旅游创汇收入指标在旅游宏观经济效益的评价中就占有十分重要的位置。

旅游总收入指标，是指旅游目的地国家或地区通过开展旅游经济活动从国际、国内旅游者的支出中所得到的全部收入，包括旅游外汇收入和国内旅游收入，反映了旅游产业发展的总规模收益，是评价旅游宏观经济效益的主要指标之一。

2）旅游就业人数

旅游就业人数指标，反映了旅游产业发展过程中，为社会提供的劳动就业人数的总量。旅游业是一个以服务为主的综合性产业，具有对劳动力的高容纳性特点，可以为与旅游业发展密切相关的不同的工种、不同的部门提供大量的就业机会。据世界旅游组织统计，全世界每年新增的劳动就业人数中，每10个人中就有1人是从事旅游业工作的。因此，旅游业就业人数的多少，反映了旅游业自身发展的规模及其对社会经济发展的贡献和带动作用。

3）旅游投资效果系数

旅游投资效果系数指标，是指旅游投资项目所获得的盈利总额同投资总额的比值，是反映旅游投资效益的重要指标。旅游投资效果系数指标，通常分为静态指标和动态指标。静态指标不考虑资金时间价值，而动态指标则是考虑了资金时间价值以后，通过贴现计算每年的平均现金净流量，因此动态指标通常略低于静态指标，但更符合旅游经济活动的实际。

根据旅游投资效果系数指标，就可以评价旅游投资项目的效益好坏，通常旅游投资效果系数越大，则表明旅游投资效益越好。旅游投资效果系数计算公式如下：

设：E_i——旅游投资效果系数；TS——旅游投资总收入；TC——旅游投资总成本；T_i——旅游投资总额；F——年平均现金净流量。

则有旅游投资效果系数静态指标计算公式如下：

$$E_i = \frac{TS - TC}{T_i} \tag{12-13}$$

旅游投资效果系数动态指标计算公式如下：

$$E_i = \frac{F}{T_i} \tag{12-14}$$

4）旅游投资回收期

旅游投资回收期，是指一项旅游投资项目回收的年限，是投资效果系数的倒数，也是反映旅游投资效益的重要指标之一。通常，旅游投资回收期数值小，说明旅游投资的回收时间短，投资效益好；反之，旅游投资回收期数值大，则投资的回收时间长，投资效益就差。

设：T_b——投资回收期；TS——旅游投资总收入；TC——旅游投资总成本；F——年平均现金净流量。

则有旅游投资回收期静态指标计算公式如下：

$$T_b = \frac{T_i}{TS - TC} \tag{12-15}$$

旅游投资回收期动态指标计算公式如下：

$$T_b = \frac{T_i}{F} \tag{12-16}$$

5）旅游带动系数

旅游带动系数，是指旅游直接收入的增加对国民经济各部门收入增加的促进作用。根据国外有关研究，每1美元的直接旅游收入可带动相关产业增加2.5美元的间接收入；旅游业每增加1名直接就业人员，可带动相关产业增加2.5个人就业。

12.3.3　现代旅游宏观经济效益评价内容

对旅游宏观经济效益的评价，主要是评价旅游产业的发展对整个国民经济发展的贡献。它可从以下三方面进行综合评价。

1）对旅游产业自身经济效益的评价

对旅游产业自身经济效益的评价，是旅游宏观经济效益评价的主要内容，即通过分析旅游业满足社会需要的程度，同发展旅游业所消耗的社会总劳动量间的比较来评价旅游业的宏观经济效益。

旅游业满足社会需要的程度，主要指通过对旅游业及相关产业的投资，最大限度地满足旅游市场需求的状况，通常用接待旅游者数量、旅游收入、接待设施规模等指标来体现。发展旅游业所消耗的社会总劳动量，主要指用于提供食、住、行、游、购、娱等多种旅游产品要素而在基础设施、接待设施、游乐设施及旅游服务等方面所花费的全部物化劳动和活劳动消耗，通常用旅游投资及经营成本来反映。

分析旅游产业投资经济效益就是对投入和产出进行比较，具体就是用单位接待能力投资额、劳动生产率、资金利润率、投资效果系数及投资回收期等主要指标来反映旅游业自身的经济效益状况和水平。

2）对旅游产业社会经济效益的评价

旅游业是一个综合性的经济产业，同国民经济的其他许多部门有着紧密的联系，因此对旅游业的社会经济效益评价，主要是分析和评价其对相关产业的带动及对整个社会经济的促进作用。

对国民经济相关产业的带动，一般是通过计算旅游产业同其他相关产业的关联性、带动系数等指标来反映旅游业的重要作用。计算旅游业的关联性及带动系数，通常是以投入产出表为基础，计算旅游业的影响系数和诱导系数，然后分析其对相关产业的带动力。对社会经济的促进作用，则可以通过分析旅游创汇收入、增加就业机会，以及提高人们收入水平等指标来反映。另外，还可通过建立旅游卫星账户等方法来进行测算。

通过对上述两方面的分析比较和评价，就可以评价旅游业关联带动功能的强弱。尤其对于旅游资源丰富，具备发展旅游业的条件及关联带动功能较强的地区，可通过大力发展旅游业，带动相关产业的发展，从而促进整个国民经济的发展。

3）对旅游产业社会非经济效益的评价

旅游业对社会经济的影响效果不仅体现在经济效益方面，还体现在非经济效益方面，如对生态环境的保护、优秀传统文化的弘扬、精神文明的建设等。但是，由于旅游业对社会文化、环境保护、生态平衡、污染治理等的影响难以用准确的量化数据来反映，因此只能根据某些主观判断来评价。为了在主观评价中增强评价的科学性，尽量减少主观偏差，通常采用专家意见法等方法，运用德尔菲法的评价程序进行评价，使评价结果尽可能接近实际状况。

◆ **同步案例12-1**

旅游产业里的文化传承

背景与情境：在北宫彩叶节上，几位老手工艺人展示的非物质文化遗产，着实吸引了众多游客的眼球，无论是细腻生动的风筝，还是巧妙独特的影雕，都引得游人兴致盎然。但令人尴尬的是，除了吹糖人的摊位吸引了不少孩子争相购买，能够成交的实在寥寥。手工艺人也是满腹遗憾：没有市场的支撑，自己的手艺也面临着后继无人的窘境。祖辈相传的民间手工艺，决定了它不可能大规模生产，只能是手工作坊式的；其商品特点又决定了它不是针对大众市场，而是针对小众市场的特征。比较而言，文化的传承才是这类产品所承载的最大诉求。在这种情况下，如果强行将其推向市场，只能是勉为其难。对此，老手工艺人也心知肚明，对他们来说，自己的产品能卖多少钱他们并不在意，最担心的是手艺的失传。传统的销售方式显然不是民间手工艺品的归宿。把它们融入体验式旅游的项目里，用另一种方式走向市场，应该是一条重要的生存之道。这种在国外已经很成熟的方式，在北京也已经悄然兴起，如慕田峪脚下国际村里观看体验吹玻璃、自己动手的玻璃店，又如密云云峰山上游客参与制作薰衣草精油，虽然这样的地方还太少，游客的接受程度还不高，但随着休闲旅游的兴起和普及，以及人们外出旅游的脚步逐渐"慢"下来，不再为多看几个景点而奔波，而是更愿意静下心来放松享受，相信这样的体验式旅游方式市场会越来越大。而我们这些有着浓厚历史文化底蕴的民间手工艺，则正是体验式旅游最好的载体。北京的旅游产业发展提出了旅游资源多样化、旅游服务便利化、旅游管理精细化和旅游市场国际化的目标，把有生命力的传统文化融入旅游，正是实现这一目标的最佳途径。而对于像北宫这样的新兴游客休闲之地，对于非物质文化遗产不仅可以在节庆活动上展示给大家，如果再能扩大一些空间，让游客可以参与进来自己动手制作，一方面形成自己的特色，另一方面让这些非物质文化遗产换种方式实现增值，不论是从文化传承的角度，还是从旅游产业发展的角度，都会是一篇好文章。

（资料来源　孙伟业. 旅游产业里的文化传承［EB/OL］.［2011-11-02］. http：//www.epaper.
jinghua.cn/html/2011-11/02/content_725378.htm. 经节选、压缩和改编）

问题： 在本例中，旅游业对什么产生了影响？

12.3.4　提高现代旅游宏观经济效益的途径

旅游业的宏观经济效益涉及多方面因素，因此提高旅游业宏观经济效益也涉及许多方针政策、法律法规及相关部门。从大旅游、大产业、大市场、大服务的角度出发，提高旅游宏观经济效益应该重点搞好以下方面的工作。

1）改善宏观调控，完善旅游产业政策

旅游业与国民经济中的许多行业和部门是密切相关的，旅游经济活动的顺利开展必须得到其他相关部门和行业的支持与配合；同时，旅游产品和服务又是由多个旅游部门和企业共同完成的，客观上也需要这些部门和企业达到最优化的配合。因此，要提高旅游宏观经济效益，就要求国家不断改善和加强宏观调控，对整个旅游产业的发展做出统一、科学、合理的规划，制定和完善旅游产业政策，充分利用和发挥经济、行政、法律等调控手段，调动社会各方面的积极性，促进整个旅游产业的发展。

另外，由于我国现代旅游业起步较晚，基础薄弱，因此为了促使旅游业适度超前发展，不断提高经济效益，在完善旅游产业政策时，必须抓好以下几方面工作：一是要确立和完善旅游产业结构政策，明确旅游产业的发展重点及优先顺序，制定保证实现旅游产业发展重点的政策措施；二是要制定旅游产业布局政策，运用区域经济理论推动旅游资源的区域开发，并从空间上对旅游业及其产业结构进行科学、合理的布局；三是要健全旅游产业组织政策，建立反对垄断、促进竞争的政策和机制，推动旅游产业的规模化经营，实现优胜劣汰；四是要倡导旅游产业技术政策，强化现代科学技术进步对旅游发展的促进意义，制定推动旅游业科技进步的政策和具体措施，促进旅游业科技含量的不断提高。

2）改革旅游管理体制，建立现代企业制度

提高旅游宏观经济效益，还必须对传统经济管理体制进行改革，按照市场经济的要求，建立适应社会主义市场经济的现代企业制度和旅游经济管理体制。

首先，在旅游经济宏观管理中，要做到政企分离，明确划分旅游行政管理部门和企业的权利和责任，充分调动旅游企业以及旅游经营者的积极性，提高旅游企业以及旅游经营者的经济效益。

其次，要改善旅游行业管理，促进行业管理的规范化和科学化，减少行政管理部门对旅游企业经营活动的干预，促进旅游企业以及旅游经营者面向市场，在国家宏观调控下自主经营、自负盈亏地从事各种旅游经济活动。

再次，要改变单纯依靠国家投资的做法，建立能充分调动各方积极性的旅游投资机制，形成国家、集体、个人及外资等多渠道投资的格局，加快旅游产品的开发和旅游基础设施的建设，促进旅游业的发展。

最后，必须加快对国有旅游企业的制度改革，建立适应社会主义市场经济要求的现代企业制度，明确界定国有旅游企业的产权结构，促进企业行为规范化，建立合理的利益动力机制，以不断提高旅游经济效益。

3）加快旅游设施建设，提高旅游服务质量

旅游业的发展和旅游宏观经济效益的提高，离不开旅游"硬件"建设和"软件"建设。所谓旅游"硬件"，就是指旅游产业的基础设施和接待设施等方面。一方面，要对构成旅游经济活动的基本条件，如水、电、交通、通信等基础设施进行适度超前建设，为旅游者安全、快速地抵达和退出旅游目的地创造良好的条件，满足旅游活动"安全、舒适、方便"的要求；另一方面，要抓好旅游产品的开发，在搞好生态环境保护的前提下，加快旅游景点、景区的建设，不断完善各种旅游接待配套设施，努力开发对国内外旅游者具有吸引力的旅游产品，增强旅游目的地的市场竞争力。

旅游"软件"，就是指旅游服务质量，即旅游行业职工的服务态度、服务技能和服务水平。旅游服务质量是旅游业的生命线，是旅游事业发展过程中永恒的主题。因此，强调质量意识，抓好管理监督，不断提高服务质量，是改善旅游形象、增强竞争能力的关键。此外，还要对旅游目的地的社会治安、环境卫生、市容市貌等进行综合治理和改善，创造一个良好的旅游环境和氛围，促进旅游业长期持续稳定地发展，为旅游经济效益的提高奠定基础。

4）抓好旅游市场管理，加强法治建设

针对旅游市场建设和发展中存在的问题，一方面，必须加快旅游业的法治化建设，建立健全旅游法规，使旅游业的发展有法可依、执法必严、违法必究，促进旅游业健康持续地发展；另一方面，要依法规范旅游市场主体行为，提高旅游市场管理水平，严厉打击各种违法经营行为，制止各种不正当竞争手段，使旅游行业管理逐步实现法治化、规范化和国际化，加快与国际旅游市场的接轨，促进旅游服务质量和旅游经济效益的不断提高。

◆ 同步案例12-2 ◆

旅游业要向质量要效益

背景与情境： 尽管经历了国际金融危机和一系列自然灾害、突发事件的严重影响，2012年上半年我国旅游业仍交出了一份漂亮的"成绩单"。统计数字显示：2012年上半年，国内旅游人数达10.97亿人次，比上年同期增长8.6%；国内旅游收入6 055亿元，同比增长20.6%；旅游总收入7 500亿元，同比增长19%。在日前举行的全国旅游局长研讨班上，各地旅游业管理者认识到：繁荣的背后，尚存在许多问题，加快转变旅游业发展方式，提高发展质量和效益迫在眉睫。

1）转变发展方式唱主角

目前全国旅游业增加值已占到GDP的4%以上，与旅游相关的行业超过110个；旅游消费对住宿业的贡献率超过90%，对民航和铁路客运的贡献率超过80%；旅游业从业人数超过1 000万人。国务院研究室综合司司长宋大伟认为，发展服务业是转变经济发展方式的重大战略方向，而旅游业又在现代服务业中占据着龙头的位置。随着《国务院关于加快发展旅游业的意见》的出台，越来越多的省市提升了旅游业工作地位，让旅游业成为经济发展方式转变的"主角"。河北把旅游业作为全省调结构、转方式的重要切入点和突破口加快发展，旅游产业发展资金由上年的2 000多万元一跃增至2亿元。旅游大省山东响亮地提出"转方式调结构旅游先行"，港中旅、深圳华强集团等一批国内旅游大企业先后到山东投资。山东枣庄市是国家确定的第二批资源枯竭型试点城市，在转方式调结构中，该市将旅游业作为城市转型的支柱产业，举全市之力主推"两日游"产品，走出一条政府培育市场、市场配置资源的路子。枣庄的"两日游"市场不仅异常火爆，而且由于游客集中，对城市旅游基础设施和旅游要素建设形成一种倒逼机制，形成了巨大的消费市场，各类投资纷沓而来，引发了旅游投资的高潮。

2）优化消费环境提质量

旅游业的本质是服务性行业，没有好的服务质量，就不可能有好的发展效益，发展速度也就失去了意义。"旅游服务中存在许多问题还没有得到很好解决，零负团费、强迫或变相强迫购物等情况依然存在，离'人民群众更加满意'的要求还有不小的差距。"原国家旅游局局长邵琪伟坦言，必须克服一流资源、二流开发、三流服务的积弊，更加重视旅游服务的规范化、便利化和现代化建设。以游客满意为目标，优化旅游消费环境。云南推行旅游接待服务"六定"工作，加快推进导游、旅游车司机薪酬制度，佣金返还"公对公"制度。浙江推广旅游绿色产业法规与标准，推出"浙江饭店业'低碳积分计划'"，在全国率先开展绿色饭店创建活动。上海以举办世博会为契机，完善入境游、国内游团队管理系统，积极推进住宿统计和旅游预报预警系统建设，提高应急能力。海南以建设国际旅游岛为契机，全面推进旅游基础设施建设和旅游服务与国际接轨，鼓励国内外有实力的旅游投资商来海南投资旅游业，更好地融入国际市场。在邵琪伟看来，受到国际金融危机"冲击"的不仅是旅游业的发展速度，更重要的是旅游业的产业结构和发展方式。在山东，一方面，高星级饭店在超常规发展中出现过剩苗头；另一方面，3 000多千米海岸线上至今还没有一处符合国际度假标准的滨海度假酒店。"旅游业同一产、二产一样，同样存在着竞争力低、效益低、科技含量低的外延式、粗放型发展的问题。"山东省旅游局局长于冲说。"吉林旅游还存在着资源有效整合不足、发展方式粗放、基础设施滞后、服务水平不高等问题。"吉林省旅游局局长安桂说，吉林省正在通过抓项目，促资源优势转化，解决产业链条"短"的问题；抓融合，促产业转型，解决产品结构"窄"的问题；抓服务，促管理升级，解决经营方式"粗"的问题；抓整合，促一体化发展，解决资源"散"的问题。

（资料来源　吕宛青. 旅游经济学［M］. 北京：高等教育出版社，2012. 经节选、压缩和改编）

问题：

1）衡量旅游经济效益的高低要考虑哪些评价指标？

2）除了传统的评价指标外，旅游经济效益的提高还要考虑哪些因素？

3）综合衡量旅游效益高低要考虑哪些方面？

✤ **本章概要**

✿ **主要概念**

现代旅游经济效益　现代旅游微观经济效益　旅游宏观经济效益　旅游宏观收益　有形收益　无形收益　旅游带动系数

✿ **内容提要**

● 本章主要介绍了现代旅游经济效益与评价，包括现代旅游经济效益概念、特点和评价内容。

● 现代旅游经济效益，是指旅游经济活动的有效成果与劳动占用和消耗之间的比较。提高旅游经济效益，要求在从事旅游经济活动时，以尽可能少的劳动占用和消耗，产出尽可能多的、符合社会需要的有用成果（产品、服务和收益）。

● 现代旅游经济效益的特点，主要表现在宏观效益与微观效益的统一，具有质和量的规定性，其衡量标准也是多方面的。因此，对旅游经济效益的评价必须重视对以下方面的比较分析：旅游经济活动的有效成果同社会需要的比较，旅游经济活动的有效成果同劳动消耗和占用的比较，旅游经济活动的有效成果同旅游资源利用的比较，旅游经济宏观效益与微观效益的比较。

● 现代旅游微观经济效益，是指在旅游经济活动中，旅游企业向旅游者提供旅游产品和服务而花费的物化劳动和活劳动同取得的经营收益的比较，也就是旅游经营收益同成本的比较。旅游微观经济效益是整个旅游宏观经济效益的基础。

● 现代旅游微观经济效益评价，是通过分析旅游企业以及旅游经营者的收入、成本、利润的实现，以及它们之间的比较来体现的。用不同的评价方法就可以对旅游企业经济效益进行评价。旅游微观经济效益常用评价方法主要有利润率分析法、盈亏平衡分析方法、边际分析法等。

● 现代旅游宏观经济效益，是指在旅游经济活动中，以尽可能少的劳动和资源的占用和耗费，为全社会带来的综合成果和收益，即通过对旅游宏观成本和宏观收益进行比较，而获得尽可能多的经济效益、社会效益和生态环境效益。旅游宏观经济效益不仅体现了旅游业自身的直接效益，而且体现了由旅游业的带动而引发的国民经济中相关产业部门以及社会经济发展和生态环境改善的间接效益等。

● 现代旅游宏观经济效益涉及面很广，内容丰富，通常要求从多方面、用多种指标进行分析和评价。对旅游宏观经济效益的评价，主要是评价旅游产业的发展对整个国民经济发展的贡献，具体可从以下三方面进行综合评价：一是对旅游产业自身经济效益的评价，二是对旅游产业的社会经济效益的评价，三是对旅游产业的社会非经济效益的评价。

● 提高旅游宏观经济效益涉及许多方针政策、法律法规及相关部门。因此，从大旅游、大产业、大市场、大服务的角度出发，提高旅游宏观经济效益应该重点搞好以下方面的工作：一是改善宏观调控，完善旅游产业政策；二是改革旅游管理体制，建立现代企业制度；三是加快旅游设施建设，提高旅游服务质量；四是抓好旅游市场管理，加强旅游法治建设。

✿　内容结构

本章内容结构如图 12-2 所示。

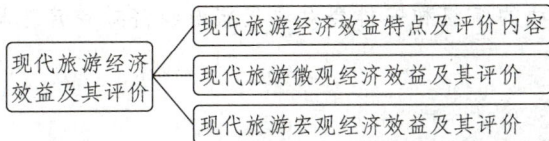

图 12-2　本章内容结构

✿　重要观点

观点 12-1： 现代旅游经济效益是宏观效益与微观效益的统一。

常见质疑： 旅游经济效益只要微观效益良好即可。

释疑： 旅游经济活动涉及面广，具有较强的产业带动效应，旅游经济效益是宏观经济效益与微观经济效益的统一。

观点 12-2： 现代旅游经济效益是质和量的统一。

常见质疑： 旅游经济效益应追求量的增加。

释疑： 现代旅游经济效益质和量的规定性是有机统一的整体，离开了质的规定而片面追求量的目标，就会偏离社会主义旅游经济发展的宗旨和方向，甚至成为不良社会行为生长的土壤；反之，若只考虑旅游经济效益的质的规定性，而没有量的追求，就没有积极开拓的进取精神和科学的经营管理，最终无法保证旅游经济效益的实现。

❋　**单元训练**

✿　传承型训练

▲ 理论题

△ 简答题

1）简述现代旅游经济效益的概念与特点。

2）简述旅游经济效益的影响因素。

3）简述现代旅游微观经济效益的概念与内涵。

4）简述现代旅游宏观经济效益的概念与内涵。

△ 讨论题

1）为什么说现代旅游经济效益是宏观效益与微观效益的统一？

2）为什么说现代旅游经济效益是质和量的统一？

3）旅游者的数量和构成为何会对现代旅游经济效益产生影响？

▲ 实务题

△ 规则复习

1）简述现代旅游经济效益评价的内容。

2）简述现代旅游微观经济效益评价的指标及其计算方法。

3）简述现代旅游微观经济效益的评价方法。

△ 业务解析

1）提高现代旅游微观经济效益有哪些途径？

2）提高现代旅游宏观经济效益有哪些途径？

3）为何旅游活动的组织和安排会对现代旅游经济效益产生影响？

▲ 案例题

△ 案例分析

【训练目的】

见本章"学习目标"中"传承型学习"的"认知弹性"目标。

【教学方法】

同第1章本题型的"教学方法"。

【训练任务】

同第1章本题型的"训练任务"。

【相关案例】

安徽旅游业发展成就卓越　旅游经济效益越发明显

背景与情境： 决定酒店价值的首先是地段，其次是物业品质。一线旅游城市的旅游资源和人口流动可以保证酒店的直接效益，同时选择国际酒店品牌意味着品牌传播力等无形资产。而在国家旅游发展政策的指导下，在省委、省政府的关怀支持下，安徽旅游人锐意创新、拼搏进取，经过30多年的发展，安徽旅游发展取得了令人瞩目的成就，逐步成为安徽国民经济中的支柱产业之一，成为现代服务业的重要组成部分，在扩大内需、对外开放，促进产业结构调整中扮演着越来越重要的角色。

旅游经济效益越发明显： 2009年安徽省旅游总收入达到908.90亿元，同比增长23.30%。相当于全省地区生产总值的9.04%，比上年增加0.73%，为安徽省经济社会平稳较快发展做出了突出贡献。

旅游产业形象日渐鲜明： 经过30多年跨越式的发展，安徽旅游如同一颗耀眼的新星，受人瞩目，各项对外宣传工作有序推进。2007年，安徽省旅游局面向全社会开展了安徽旅游形象标识与主题口号征集活动，由此揭开了安徽省旅游形象设计的序幕。从安徽旅游整体形象到三大板块区域形象，到各地市别具特色的地方形象，从"山水含韵，逐梦安徽"到"徽风皖韵，魅力安徽"，再到"旅游难忘安徽"，安徽旅游形象日益深入人心，吹响了产业大发展的号角。

旅游产业规模不断扩大： 在40多年的旅游发展历程中，旅游企业数量不断增多，旅游从业人群不断壮大，新的旅游景点不断涌现，三大板块的旅游大格局已经形成。据统计，2008年年底安徽省A级旅游景点达295处，旅游星级饭店470家，旅行社850家，成为经济发展的又一重要载体。

旅游产业地位日益提高： 邓小平同志的黄山谈话标志着安徽省旅游快速发展的开端。30多年来，旅游产业由弱到强，省委、省政府对旅游的重视由低到高，旅游对国民经济的作用从小到大。2007年4月召开以"建设旅游大省"为主题的安徽省旅游发展大会，提出建成旅游产业大省乃至旅游经济强省的奋斗目标，正式确立了旅游业在安徽的支柱产业地位。

（资料来源 佚名. 安徽旅游业发展成就卓越 旅游经济效益越发明显［EB/OL］.［2010-06-23］. http://www.china.com.cn/travel/txt/2010-06/23/content_20323325.htm. 经节选、压缩和改编）

问题：

1）该案例涉及本章的哪些知识点？

2）安徽旅游业发展取得了哪些效益？

3）如何评价安徽所取得的旅游经济效益？

4）如果只单纯考虑旅游经济效益可以吗？为什么？还需考虑哪些效益？

【训练要求】

同第1章本题型的"训练要求"。

【成果形式】

1）训练课业：《"安徽旅游业发展成就卓越 旅游经济效益越发明显"案例分析报告》。

2）课业要求：同第1章本题型的"课业要求"。

△ 善恶研判

【训练目的】

见本章"学习目标"中"传承型学习"的"认知弹性"目标。

【教学方法】

同第1章本题型的"教学方法"。

【训练准备】

同第1章本题型的"训练准备"。

【相关案例】

洛阳："1元门票"搅热旅游市场

背景与情境：1元游武夷山、1元游世园会、1元逛动物园……近期，各种"1元门票"旅游促销产品吸引了不少人的关注。目前多个旅游网站推出了这样的"1元门票"，而且确实可以使用。业内人士表示，"1元门票"其实是景区与网站联手开展的一种促销，旨在吸引消费者关注。在旅游电商的推动下，景区门票让利有望常态化。

1）"1元门票"搅热旅游市场

2014年中秋小长假，市民王雅媛计划和朋友一起到福建武夷山游玩。在网上购票的时候，她看到有网站推出"1元门票"促销，原价280元的双人票只需2元便能拿下。王雅媛的心里虽有疑惑，但想着既然只需2元钱，即便损失了也无所谓，便抢下了这个特价票。到了现场，她凭借身份证和手机短信，在售票处兑换到了门票，才确定这个活动是货真价实的。景区的门票价格，向来受到游客的关注。2014年暑期以来，包括携程网、同程网、去哪儿网等在内的旅游网站纷纷推出"1元门票"，覆盖国内不少知名景区的门票，其中包括福建武夷山、秦皇岛山海关、西安华清池等热门景区。有的原价一两百元的门票，也以1元低价销售。与以往的低价促销不同，除限时限量"秒杀"的1元票外，有的景区还推出不限数量的推广活动，即在一段规定的活动时间内都可以购买到1元票，而这个"规定时间"有的为1周，更长的为1个月。

2）景区赚"眼球"　游客得实惠

门票从几十元甚至上百元骤降到1元，景区可谓做赔本买卖。那么，景区为什么愿意以极少的门票收入参与到"1元门票"的活动中？据了解，除可以借力电商推广品牌外，看重游客的二次消费是另一大原因。2014年中秋小长假，洛阳栾川县龙峪湾景区参与了同程网的中秋门票1元优惠活动。该景区工作人员表示，从活动效果看，景区游客量较去年同期有明显攀升，且游客在景区内的二次消费也有所增加，主要集中在餐饮、旅游商品的购买等方面。业内人士表示，随着旅游消费从线下转移到互联网，景区对旅游电子商务也越来越重视，这是促成各大旅游电商发起"1元门票"的关键。随着景区门票让利的活动越来越多，对游客的吸引力将越来越大，景区可以采取"吃、住、行、游、娱、购"费用打包的模式，促传统的"门票经济"向"产业经济"转型。也有一些景区的负责人表示，不少热门景点在旺季本就客流量很高，若是超过最大承载量接待客人，容易造成意外。"从推广景区品牌的角度来看，那些知名度较高的景区本身已经具有强大的品牌优势，不需要采用这种'大甩卖'的推广方式；而知名度较低的景区不论是为了增加客流量还是影响力，搭上电商的'快车'都能收获事半功倍的效果。"河南科技大学旅游管理系副教授仝红星表示，对旅游企业、景区来说，"1元门票"虽然能带来较大的话题作用，但参加活动之前，仍需考虑各方面安排，以免引来游客后造成反效果。

3）选低价门票需留意细节

尽管"1元门票"十分火爆，但一些旅游网站推出的"1元门票"在使用时有附加要求，比如，有的旅游网站上销售的超低价格门票未注明是成人票还是儿童票，门票存在有效期，部分在线旅游网站甚至不接受退款。除此之外，一些低价票是"拼团票"，到景区后要等散客拼团成功后才能使用，如拼团不成，要么加钱买全票，要么就一直等下去。另外，一些不法经营者会通过假冒网站、虚假链接出售假冒电子门票。业内人士提醒游客，在线购买景区门票时，应选择到运营规范、信誉度高、具备第三方交易平台的网站购买；应在详细了解了景区门票的使用要求、取票方式、有效期限、退款条件等信息后，再购买预订。

（资料来源　中国国家旅游局. 洛阳："1元门票"搅热旅游市场［EB/OL］.［2014-09-16］. http：//www.cnta.gov.cn/html/2014-9/2014-9-16-15-49-89855.html. 经节选、压缩和改编）

问题：

1）结合我国门票价格居高不下的现实，以上案例给我国其他景区景点门票的定价有哪些启发？

2）试对上述问题做出你的善恶研判。

3）说明你所做善恶研判的依据。

4）请从经济效益评价的角度对"1元门票"的定价做出评价。

【训练要求】

同第1章本题型的"训练要求"。

【成果形式】

1）训练课业：《"洛阳：'1元门票'搅热旅游市场"善恶研判报告》。

2）课业要求：同第1章本题型的"课业要求"。

☆ 创新型训练

▲ 自主学习

自主学习-Ⅳ

【训练目的】

见本章"学习目标"中"创新型学习"的"自主学习"目标。

【教学方法】

同第1章本题型的"教学方法"。

【训练要求】

1）各团队以自主学习获得的"学习原理"、"学习策略"与"学习方法"知识（高级）为指导，通过院资料室、校图书馆和互联网，查阅和整理近年以"现代旅游经济效益及其评价"为主题的国内外学术文献资料。

2）各团队以整理后的文献资料为基础，依照相关规范要求，讨论、撰写和交流《"现代旅游经济效益及其评价"最新文献综述》。

3）同第10章本题型的其他"训练要求"。

【成果形式】

1）训练课业：《"自主学习-Ⅳ"训练报告》

2）课业要求：

（1）将《团队自主学习计划》和《"现代旅游经济效益及其评价"最新文献综述》作为《"自主学习-Ⅳ"训练报告》的"附件"。

（2）《"现代旅游经济效益及其评价"最新文献综述》应符合"文献综述"规范要求，做到事实清晰，论据充分，逻辑清晰，不少于3 000字。

（3）同第1章本题型的其他"课业要求"。

✺ 建议阅读

［1］黄佳惠，王兰会.乡村振兴背景下旅游投资对乡村旅游经济效益的影响［J］.北京林业大学学报（社会科学版），2021，20（1）：47-51

［2］苏婵.探究旅游产业结构变迁对旅游经济效益的影响［J］.老字号品牌营销，2020（11）：64-65.

［3］李日曼，甘永萍，吴娟.广州市旅游经济效益分析［J］.资源开发与市场，2015，31（5）：638-640.

［4］张晓明.论旅游经济效益及评价［J］.合作经济与科技，2013（17）：21-22.

［5］施晓虹.浅析提高旅游经济效益的有效途径［J］.统计与咨询，2010（5）：60-61.

［6］周武生.广西滨海旅游经济效益分析［J］.人民论坛，2010（20）：

162-163.

[7] 王艳平. 温泉旅游经济效益四圈层结构研究——以辽宁省弓长岭温泉为例 [J]. 旅游学刊，2009，24（1）：33-36.

[8] 郭伟，张丽峰，汲学俭. 中国省际旅游经济效益的聚类分析 [J]. 技术经济，2003（2）：60-61.

第 13 章
现代旅游经济可持续发展

▶ **学习目标**

▷ **传承型学习**

通过以下目标，建构以"现代旅游经济可持续发展"为阶段性内涵的"传承型"专业学力：

理论知识：学习和把握现代旅游经济增长的概念及内涵，现代旅游经济发展的内涵，现代旅游经济发展的各种模式及其概念，现代旅游经济可持续发展的概念、意义、特点和规律，现代旅游经济可持续发展的观念等陈述性知识；能用其指导本章"同步思考"、"深度思考"、"教学互动"和相关题型的"单元训练"；体验"现代旅游经济可持续发展"中"理论知识"的"传承型学习"及其迁移。

实务知识：学习和把握现代旅游经济可持续发展的职责、重点，以及"业务链接"等程序性知识；用其规范本章"深度剖析"、"教学互动"和相关题型的"单元训练"；体验"现代旅游经济可持续发展"中"实务知识"的"传承型学习"及其迁移。

认知弹性：运用本章理论与实务知识研究相关案例，对"引例"、"同步案例"和"绿色旅游成可持续发展新话题"等案例情境进行多元表征，体验"现代旅游经济可持续发展"中"结构不良知识"的"传承型学习"及其迁移；依照相关行为规范对"九寨沟为何变成'死胡同'？"案例进行善恶研判，促进健全职业人格的塑造。

▷ **创新型学习**

通过以下目标，建构以"现代旅游经济可持续发展"为阶段性内涵的"创新型"专业学力：

自主学习：参加"自主学习-V"训练。在制订和实施《团队自主学习计划》的基础上，通过阶段性学习和应用"附录一"附表 1"自主学习"（高级）"'知识准备'参照范围"所列知识，收集、整理与综合"现代旅游经济可持续发展"前沿知识，讨论、撰写、交流和修订《"现代旅游经济可持续发展"最新文献综述》，撰写《"自主学习-V"训练报告》等活动，体验"现代旅游经济可持续发展"中的"自主学习"（高级）及其迁移。

引例 我国旅游业变化持续进行

背景与情境： 2017 年，中国旅游业的国内旅游人次和收入双双保持了两位数增长的势头，旅游业日益成为经济转型的新动能、消费升级的新引擎、供给侧结构性改革的新抓手。这一年，旅游被认为是"最好的投资"以及"人类唯一昂贵的精神需求"，新的热点不断凸显，行业变化持续进行。越来越多旅企将投身定制游市场，为游客提供深度个性化旅游产品，定制游将拓展现有旅游模式，促进旅游行业轻量化。

打通旅游行业供应链，是旅游行业轻量化的核心与关键。资金变现问题一直都是各大 B2B 平台所面对的难题，面对之前 O2O 烧钱的玩法冲击，旅游 B2B 平台烧钱和刷单问题也是见怪不怪、屡见不鲜了，对于旅游行业来说，不局限于传统的广告、流量变现方法，做到真正打通供应链，让企业、平台服务越做越"轻"是至关重要的，也是企业价值和资金变现的重要方式。事实上，打通供应链也是一个至关重要的元素。缺乏灵感激发、不考虑用户的认知程度以及信息技术在传统旅行社中的普及与推广，最终结果只能是把旅游 B2B 的"小白"们挤走。要考虑技术应用辐射到用户，同时需要用户传统习惯的转变。

国际旅游平台是旅游行业解决方案专家，提供领先的旅游行业应用系统技术和服务，致力于为旅行社、批发商、吃住行游购娱相关旅游企业和群体提供信息、协作和资源的共享与便利，最终实现旅游全产业链共融共享式高效发展。微叮从旅游供应链思维与角度出发，以连接用户为基础，以技术服务为核心，以资源共享为使命，以期实现全旅游供应链效率的优化。国际旅游平台指出，未来系统收费可能只占一小部分，并不是最核心的部分，而在增值服务方面，比如旅游供应链、公司内外部的沟通交流、精准营销等会占收入的大头，不过这块目前来说难以估算。特别是供应链的打通，将会是一项重要而长远的工作。

为解决以上问题，现今国际旅游平台已实现了三大创新：（1）旅游模式的创新，由传统的旅行社组团出行，变为自主购票，自由出行，随时预订，一键出行。（2）旅游营销模式的创新，砍掉中间差价，散客也可以得到跟团优惠，供应商能自主寻找行业资源。（3）商业模式的创新，全网渠道联通，随时随地查询最新优惠，一站实现全程路线计划，省心、省钱又省时。在"粉丝"经济时代，国际旅游平台通过不断更新行业资讯，发布优质的旅游信息，已收获不少忠诚用户，构建专属的"粉丝"经济圈，相信在不久的将来，国际旅游平台将会带动全民旅游风潮。

（资料来源 佚名. 前瞻：2018 年旅游行业趋势预测［EB/OL］.［2017-11-22］. http://baijiahao.baidu.com/s?id=1584756627559965939&wfr=spider&for=pc. 经节选、压缩和改编）

现代旅游经济的发展，既对社会经济发展产生积极的作用，也会对资源、环境及社会文化带来一系列负面影响。这个案例告诉我们，在现代市场经济条件下，旅游经济增长受旅游资源开发及利用程度、旅游投资增长率和效率、劳动力供给数量和质量、科技进步及应用、经济体制及管理水平、对外开放的条件和水平等许多因素的作用和影响，这些因素直接影响旅游生产要素的增加和要素生产率的提高。

13.1　现代旅游经济增长与发展

13.1.1　现代旅游经济增长

现代旅游经济增长，是指一个国家或地区在一定时期内，旅游经济在数量上的增加和规模上的扩大，具体表现为旅游接待规模的扩大和旅游经济总产出数量的增加，反映了一个国家或地区旅游经济总量的变化状况。目前，国内外通行的衡量旅游经济增长的指标主要是旅游总收入增长率。但是，由于旅游总收入指标中不仅包含新增价值，还包含转移价值，不能完全反映旅游经济新增总量的变化状况，因此必须采用旅游经济的国民（内）生产总值（GNP或GDP）增长率来反映旅游经济增长变化状况。

要正确把握旅游经济增长的概念，还必须对这些影响因素进行分析和研究。

1）旅游资源开发及利用程度

旅游资源作为旅游活动的对象是客观存在的，其禀赋状况不仅决定了一个国家或地区能否开发和发展旅游业，而且直接影响到旅游经济的增长。通常，拥有丰富的旅游资源可开发出优质的旅游产品，吸引众多的国内外旅游者，促进旅游经济的增长；反之，旅游资源贫乏则制约旅游经济的增长，因此旅游资源的禀赋状况决定着旅游经济的增长与发展。

但是，实践证明拥有丰富的旅游资源并不一定都能使旅游经济增长，而只是提供了旅游经济增长的条件，要真正实现旅游经济的增长，还必须对旅游资源进行科学有效的开发和利用，才能使旅游资源优势转化为经济优势，促进旅游经济的增长与发展。

2）旅游投资增长率和效率

旅游投资是旅游经济活动投入的各种要素的价值体现，是实现旅游经济增长的基本前提条件。通常，旅游经济的增长离不开旅游投资的推动，在其他条件不变的情况下，旅游经济增长率一般与旅游投资增长率和效率成正相关关系。

但在现实旅游经济中，由于旅游投资的增加受各种因素的限制，如生产力发展水平、旅游市场供求变化、宏观经济调控等的制约，使旅游经济增长不可能完全依赖旅游投资的推动，从而要求必须提高旅游投资效率，充分利用有限的旅游投资增量激活旅游经济的存量，实现旅游经济的持续增长。

3）旅游就业数量和质量

劳动力不仅是主要生产要素，也是推动旅游经济增长的重要因素，因为在其他条件不变的情况下，国内生产总值就是一定时期内劳动就业量与社会平均劳动生产率的乘积[①]，因此旅游就业人数的数量和质量直接对旅游经济增长产生影响。

但是，旅游就业数量的增长取决于旅游需求量和旅游投资量的增长。在已有旅游设施设备未充分利用的情况下，旅游需求量的增长必然拉动旅游就业量的增加，

---

① 谷书堂，宋则行.政治经济学：社会主义部分［M］.西安：陕西人民出版社，1998.

从而促进旅游经济的增长；在已有旅游设施设备已经充分利用的情况下，为了适应旅游需求量的增长就必须增加旅游投资，从而带动旅游就业增加和旅游经济增长。

此外，旅游就业的质量和结构也会影响旅游经济的增长，尤其是高素质的劳动力投入必然促进劳动生产率的提高，进而促进整个旅游经济的增长。

4）旅游科技进步和应用

在现代科学技术发展日新月异的情况下，旅游经济能否实现持续的增长还取决于对科学技术的应用。旅游业是一个以现代科技应用为核心内容的新兴产业，不论是包括食、住、行、游、购、娱在内的旅游产品的开发，还是整个旅游活动过程的组织和管理都离不开对现代科学技术的广泛应用。

随着以信息技术为核心的现代高新技术的发展，要提高旅游产品的吸引力，增强旅游目的地在旅游市场上的竞争力，都越来越依靠科技进步和应用，同时大量的旅游就业人员也必须掌握现代科技和管理知识，才能不断提高劳动生产率。因此，现代科技进步和其在旅游业的广泛应用，已成为现代旅游经济持续增长的重要动力，并在旅游经济增长与发展中起到越来越重要的作用。

5）旅游业对外开放水平

现代旅游活动已经发展成一种全球性的经济活动，决定了旅游经济必然是一种开放型经济，离不开国家之间的交流和往来，因此旅游经济增长必然受到一个国家或地区对外开放条件和水平的作用和影响。大量的外国旅游者进入和消费，必然对旅游接待国的旅游经济增长起到促进作用。

因此，创造良好的对外开放条件，积极参与国际旅游市场的分工与竞争，吸引和招徕大量的外国旅游者，是促进本国旅游经济增长的重要途径之一。同时，利用对外开放的条件，输出旅游人才、旅游商品、旅游技术和管理等，不仅可以促进旅游经济的增长，而且可以有效提高本国旅游产品的利用效率，带动本国旅游经济和整个国民经济的发展。

6）旅游经济体制及管理

旅游经济体制，是社会生产关系的具体形式，即旅游经济运行关系。其一般包括两方面内容：一是旅游经济形式的安排，包括所有制形式、产权制度和经营方式等；二是旅游经济管理体制，包括有关旅游经济运行和发展计划、信贷、价格、工资、税收及企业的管理体制等。

旅游经济体制也是影响旅游经济增长的重要因素，尤其是我国从计划经济体制向市场经济体制的转型过程中，旅游经济体制改革和制度创新不仅对现实旅游经济增长具有直接的推动作用，而且在未来较长时期内仍将成为推动旅游经济增长的重要因素。

此外，加强旅游经济的管理，包括微观旅游企业的现代化管理和整个旅游经济的宏观管理，既是提高整个旅游经济效益的重要途径，也是实现旅游经济持续增长的重要因素。

◆ **同步思考13-1** ◆

问题：现代旅游经济增长受到哪些因素的影响？

◆ **深度思考13-1** ◆

问题：为何旅游资源的开发及利用会直接影响旅游经济的增长？

13.1.2 现代旅游经济发展

现代旅游经济发展是一个内容丰富、内涵广泛的概念，涉及旅游服务水平提升、旅游经济结构优化、旅游资源有效利用、旅游生态环境改善、旅游经济效益提高和人们生活质量不断改善等方面，与旅游经济增长、旅游经济结构优化、旅游资源利用、自然生态环境改善、人们生活质量提高有着密切的联系。

1）旅游经济发展与旅游经济增长

旅游经济发展与旅游经济增长是密不可分的。旅游经济增长是推动旅游经济发展的首要因素，并为旅游经济发展奠定必要的物质条件和经济基础。因此，没有旅游经济增长就没有旅游经济发展，旅游经济增长是旅游经济发展的前提条件。

然而，旅游经济增长却不同于旅游经济发展，由于旅游经济增长通常只是数量上的增长和规模上的扩大，因此单纯强调旅游经济增长，在现实中可能出现只增长不发展的状况。如在有的国家或地区，尤其是旅游经济发展的初期，由于没有长期发展的规划而只是盲目追求增长速度，尽管短期内旅游经济增长率很高，却造成旅游经济结构失调，甚至出现旅游资源受到严重破坏的状况，从而不仅阻碍旅游经济长期持续地增长，而且严重影响旅游经济的可持续发展。因此，必须正确处理好旅游经济增长和旅游经济发展的关系，以保证整个旅游经济的有效增长和持续发展。

◆ **深度思考13-2** ◆

问题：为什么会出现旅游经济只增长不发展的状况？

2）旅游经济发展与旅游经济结构优化

旅游经济发展既离不开旅游经济总量的增长，又离不开旅游经济结构的合理化和高度化。旅游经济结构通常包括旅游产品结构、市场结构、消费结构、产业结构、区域结构、管理结构等，在旅游经济发展过程中旅游经济结构合理与否，直接关系到旅游经济增长的速度和旅游经济发展的质量。

旅游经济的发展必须与旅游经济结构的优化达到协同发展，即实现旅游经济结构的合理化和高度化。优化旅游结构的根本目的，是使旅游资源得到合理的开发利用，使旅游供给体系不断完善和提高，使旅游产业结构更加合理和优化，使旅游产业外部和内部各种重要比例关系不断趋于协调，并不断向高级化方向发展，从而充分有效地发挥旅游经济的产业功能和经济优势，全面提高旅游业的综合经济效益，促进旅游经济快速地增长和持续地发展。

◆ **同步思考13-2** ◆

问题：现代旅游经济结构包括哪些内容？

3）旅游经济发展与旅游资源合理利用

旅游资源是能够为旅游业所利用的一切自然资源和人文资源的集合，其丰裕程度仅仅意味着自然和社会所赋予的资源优势，但还不能完全视为社会财富。要使旅游资源优势转化为经济优势并形成社会财富，就必须开发和利用旅游资源。因此，从旅游资源的角度看，旅游经济发展是指人们以经济效益为目的，以满足旅游者需求为重点，为了充分发挥旅游资源的吸引力，而围绕旅游资源所进行的一系列开发和建设的活动。

旅游经济发展与旅游资源合理利用有密切的关系。旅游资源开发合理得当，会使旅游资源得到有效利用，不仅满足当代人的旅游需求，而且能够持续造福于子孙。但是，如果对旅游资源的开发利用和管理不当，就会破坏和毁损旅游资源，从而危及旅游经济的持续发展。因此，必须正确处理好旅游资源和旅游经济发展的关系，通过对旅游资源的有效开发和利用，使旅游资源的价值真正得以充分体现，才能不断促进旅游经济发展。

4）旅游经济发展与自然生态环境和谐

旅游经济发展与生态环境是紧密联系在一起的。一方面，良好的生态环境是旅游经济发展的前提和基础，因为任何旅游活动都是人类与周围环境进行物质和能量交换的过程，没有良好的生态环境就没有旅游；另一方面，旅游经济发展的实质就是利用优美的自然环境条件，按照人们的要求进行一定的改善和提高，形成各种各样的风景旅游区和良好的旅游环境，满足人们不断增长的旅游需求。

但是，如果在旅游经济发展中不重视生态环境保护，就可能对生态环境造成破坏，最终影响和制约旅游经济的可持续发展。因此，正确处理好生态环境与旅游经济发展的关系，提高人们的生态环境保护意识，促使人们无论是在旅游开发还是经济发展中，都把生态环境保护放在重要的位置，以加强环境保护，为旅游开发创造良好的条件，以旅游开发促进生态环境的保护，实现旅游经济与生态环境保护的协调发展和良性循环。

5）旅游经济发展与人们生活质量提高

旅游经济发展与人们的生活质量存在密切的关系。一方面，现代旅游活动是一种以文化和精神消费为主的活动，其不仅满足了人们高层次的文化与精神消费需求，而且对人们的身体健康也有益无害。随着人们收入水平的提高和生活质量的改善，人们对高层次精神文化的消费需求也会提高，这必然会增加对旅游产品的消费支出，从而促进旅游经济的不断发展。另一方面，旅游经济发展将不断创造出新的物质文化消费方式，同时为人们的高层次文化与精神消费提供了丰富的内容，从而不断改善和提高人们的生活质量。

◆ 深度剖析13-1

问题：现代旅游经济发展应处理好哪些关系？如何处理？

13.1.3　现代旅游经济发展模式

现代旅游经济发展模式，是指旅游经济发展的基本运行方式和管理体制。具体来讲，旅游经济发展模式是以旅游经济发展的主要内容为目标，在一定的社会经济条件下所形成的旅游经济运行方式和管理体制。由于旅游经济发展是与社会经济的发达程度及发展水平密切联系的，因此世界各国地理位置、资源条件以及政治、经济、文化等方面的差异，必然使各国旅游经济发展的目的、条件、经营管理方式也不尽相同，从而形成不同国家和地区具有不同的旅游经济发展模式。

从世界各国旅游经济发展实践看，旅游经济的产生和发展通常与国土面积、社会经济发展和人们生活质量密切相关。因此，可以根据国土面积、经济发展水平和生活质量等因素对旅游经济发展模式进行比较。

1）旅游经济发展的常规模式和非常规模式

根据社会经济发展水平和人们提高生活质量的要求，旅游经济发展模式一般可分为常规发展模式和非常规发展模式两种。

（1）旅游经济发展的常规模式

旅游经济发展的常规模式，即先发展国内旅游再逐步向国际旅游延伸发展的旅游经济发展模式。西方经济发达国家的旅游通常是先发展国内旅游，在国内旅游广泛发展的基础上，出现了邻国之间的跨境出国旅游，并由近及远而形成远距离的国际旅游，与此同时也接待外国人入境旅游，并逐步形成完整的旅游经济体系。

从旅游经济发展的条件及运行方式看，旅游经济发展常规模式实质上是一种依托发达的经济基础和旅游设施条件，以国内旅游充分发展为基础的发展模式。在充分满足国内居民旅游需求的基础上，伴随着国际入境旅游者的增长，原先用于本国居民的旅游资源和旅游设施，逐渐被用于接待外国旅游者，从而促进了入境旅游的发展，并使出境旅游与入境旅游、国际旅游与国内旅游呈现出协调发展的局面。从其管理体制看，大多数是以旅游企业为主导，以旅游市场为基础，采取半官方或非官方的旅游管理体制。

同步思考13-3

问题：为何西方经济发达国家的旅游发展模式是常规模式？

（2）旅游经济发展的非常规模式

旅游经济发展的非常规模式，是发展中国家普遍采取的旅游发展模式，是以发展国际旅游作为先导，然后由国际旅游向国内旅游延伸的旅游经济发展模式。通过对大多数发展中国家旅游经济发展规律的分析和研究可知，非常规模式是先发展入境旅游，通过接待和满足外国旅游者的需求，来全面带动国内旅游资源的开发和旅游设施的建设，逐渐形成国际旅游接待服务体系；然后随着本国社会经济的发展和人民生活水平的提高，带动国内旅游并促进出境旅游的发展，最终形成国内旅游与国际旅游的协调发展。

大多数发展中国家之所以采用旅游经济发展非常规模式主要由于经济发展相对落后，人们的旅游消费水平较低，国内旅游尚不发达，因此只好先发展入境旅游来赚取外汇，加快旅游资源开发，创造更好的旅游设施和接待条件，带动国内旅游和出境旅游的发展，从而促进旅游规模的扩大和旅游经济的发展。所以，旅游经济发展非常规模式是在特定的社会经济条件下形成的，不仅与一定的社会生产力发展水平相适应，而且形成了不同的旅游经济运行方式和旅游管理体制。

◆ 同步思考13-4

问题： 为何发展中国家的旅游发展模式常采用非常规模式？

2）旅游经济发展的大国模式和小国模式

从旅游地理的角度看，旅游的空间移动具有十分重要的作用和影响，因此按照国土面积的大小，可以将旅游经济发展模式分为大国模式和小国模式两种。

（1）旅游经济发展的大国模式

旅游经济发展的大国模式，主要是指国土面积较大的国家，包括经济发达国家和发展中国家，其旅游经济发展呈现出一种非均衡发展的典型特征，主要特点表现为以下几方面：

一是旅游资源丰富而分布广泛，具有发展大规模旅游的资源优势和潜力，尤其是国内各地区旅游资源具有不同的特色和比较优势，使大国旅游具有广泛的吸引力，可以吸引多种层次的旅游者，并不断推出新的旅游产品和旅游目的地。

二是经济发展的不平衡决定了大国中各地区旅游设施状况、旅游服务水平及其他发展旅游的条件差异较大，从而使这些国家的旅游经济发展存在着较大的区域差异和非均衡发展。

三是大国人口众多的特点，决定了其本身就是一个庞大的旅游客源市场，国内旅游发展规模和潜力都较国际旅游大，因此大力发展国内旅游是所有大国的重要目标。

四是大国国际旅游的非均衡发展，决定了在不同国家、不同地区、不同发展阶段国际旅游发展的模式也有很大差异性。

（2）旅游经济发展的小国模式

旅游经济发展的小国模式，包括国土面积较小的经济发达国家和发展中国家在内，是一种以丰富的旅游资源和发达的国际旅游为基本特征的旅游经济发展模式，其主要特点有以下几方面：

一是拥有丰富独特的旅游资源和发展国际旅游的良好条件，而且一般地理位置比较优越，大多靠近主要客源国或地处交通要冲，有便利的交通条件，又与西方发达国家在政治、经济、文化等方面存在着长期紧密的联系，有着比较充裕的旅游客源市场。

二是拥有较发达的经济基础和条件，旅游基础设施与接待设施较完善，社会福利条件较好，再加上与大多数国际旅游客源国相毗邻，使旅游业成为国民经济的支柱产业，即使是部分经济欠发达的小国家，也由于旅游资源丰富独特，不仅成为著名的国际旅游胜地，旅游业也是其国民经济的重要支柱。

三是旅游经济运行方式和管理体制各具特色，有的旅游行政管理机构在政府的地位比较高，权限比较大，而且大多由国家首脑和政府要员直接管辖；有的国家是以大旅游公司发挥重要作用，特别是旅馆业中的旅游饭店连锁集团、饭店管理公司发挥着重要的作用等。

◆ **教学互动13-1** ◆

情境： 一个拥有丰富独特的旅游资源、地理位置比较优越、有较发达的经济基础和条件的国家正在进行旅游发展模式的选择。

问题： 究竟是应该选择大国模式还是选择小国模式呢？

3）政府主导型旅游发展模式

从旅游经济发展的政府行为和市场行为考察，可以看出旅游经济发展具有政府主导型和市场主导型两种发展模式，其中许多国家的旅游经济发展是采取政府主导型发展模式。根据对政府主导型发展模式的分析和考察可知，其本质特征是把政府行为和市场导向有机结合起来，根据旅游市场发展趋势，通过政府强有力的行政干预，推进旅游经济的发展。具体讲，该模式有以下主要特点：

（1）设置强有力的旅游行政管理部门

采取政府主导型发展模式的国家，一般都在中央和地方设置强有力的旅游行政管理部门，如旅游部、旅游局或旅游管理委员会等，并由中央旅游主管部门对地方旅游业实行垂直领导，以加强对旅游业的管理。各级旅游行政管理部门下设多个机构，如研究与规划发展、投资与建设、宣传促销、人力资源开发、执法监察等部门负责不同的旅游管理职能。许多国家还成立一些相应的行业组织，辅助政府促进旅游业的发展。

（2）制定鼓励旅游业优先发展的产业政策

这些政策主要包括以下几方面：一是鼓励旅游业开发的政策，如建立和开发旅游景区、吸引国内外旅游投资、购置旅游设施设备的优惠政策等；二是鼓励旅游经营的政策，包括建立旅游企业、引进外国旅游管理公司、招徕国际游客的优惠政策等；三是吸引国际旅游者的政策，包括落地签证、限时免签、购物退税、外汇兑换等方面的优惠政策；四是改善旅游环境的政策，包括建立旅游警察部队、加强旅游执法监督、制定旅游行业标准、加强旅游人才培训、提高旅游服务水平等方面的促进政策，以形成良好的旅游环境。

（3）多方筹集资金，加大对旅游开发和建设的投入

实行政府主导型发展模式的国家，大多数都从中央和地方财政收入中集中一定的资金，投入旅游基础设施、景区景点、接待设施等方面的开发和建设。同时，积极引进外资和鼓励社会各种资金投入旅游开发和从事旅游经营活动。有的国家还专门建立旅游发展基金，用于旅游业的开发与建设、旅游促销和游客招徕、旅游人才培养、旅游市场与行业管理等。

（4）加强对旅游行业的宏观管理

在政府主导型发展模式中，大多数国家旅游行政管理部门的主要职能有：制定旅游业发展规划和计划；审议和制定旅游业发展的法律法规和政策；全面负责旅游促销和游客的招徕；促进旅游景区景点和旅游接待设施的建设和完善；加强旅游人力资源的开发；负责旅游行业的宏观管理和调控等。许多非政府组织也积极配合政

府部门，加强对旅游业的协调和管理。

　　从世界范围来看，许多经济不发达国家都采用政府主导型旅游发展模式，不断地加大旅游目的地建设，在很大程度上促进了现代旅游经济的发展。中国就是这样一个典型的代表，如表13-1所示。

表13-1 1980—2008年中国入境过夜旅游者人数和国际旅游（外汇）收入的世界排名

年份	过夜旅游者人数（万人次）	世界排名	国际旅游（外汇）收入（亿美元）	世界排名
1980	350	18	6.17	34
1981	376.7	17	7.85	34
1982	392.4	16	8.43	29
1983	379.1	16	9.41	26
1984	514.1	14	11.31	21
1985	713.3	13	12.5	21
1986	900.1	12	15.31	22
1987	1 076	12	18.62	26
1988	1 236.1	10	22.47	26
1989	936.1	12	18.6	27
1990	1 048.4	11	22.18	25
1991	1 246.4	12	28.45	21
1992	1 651.2	9	39.47	17
1993	1 898.2	7	46.83	15
1994	2 107	6	73.23	10
1995	2 003.4	8	87.33	10
1996	2 276.5	6	102	9
1997	2 377	6	120.74	8
1998	2 507.29	6	126.02	7
1999	2 704.66	5	140.99	7
2000	3 122.88	5	162.24	7
2001	3 316.67	5	177.92	5
2002	3 680.26	5	203.85	5
2003	3 297.05	5	174.06	7
2004	4 176.14	4	257.39	7
2005	4 680.9	4	292.96	6
2006	4 991.34	4	339.49	5
2007	5 471.98	4	419.19	5
2008	5 304.92	4	408.43	5

（资料来源　世界旅游组织）

深度剖析 13-2

问题： 如何根据旅游市场发展趋势，通过政府强有力的行政干预，推进旅游经济的发展？

13.2　现代旅游经济可持续发展的特点和规律

13.2.1　现代旅游经济可持续发展的重要性

现代旅游经济可持续发展，是指在充分考虑旅游与自然资源、社会文化和生态环境相互作用和影响的前提下，把旅游开发建立在生态环境承受能力之上，努力谋求旅游业与自然、文化和人类生存环境协调发展，并福及子孙后代的一种经济发展模式，其目的在于为旅游者提供高质量的感受和体验，提高旅游目的地人民的收入水平和生活质量，并切实维护旅游者和旅游目的地人民共同依赖的环境质量。

现代旅游经济可持续发展作为一种新的旅游经济发展模式，其对现代旅游经济和社会经济的发展都具有十分重要的意义。

1）可持续发展有利于对旅游资源的保护和持续利用

旅游资源作为旅游业存在和发展的基础，开发和利用的种类越多，级别越高，对旅游者的吸引力就越大。但是，由于旅游资源的构成十分复杂，其中有许多为不可再生的旅游资源，如珍稀濒危动植物、奇山异水、历史文化古迹等。对这些旅游资源进行开发、利用的同时会伴随着资源受到破坏乃至消亡的危险，尤其在市场经济条件下，经济利益的驱动会促使各地纷纷把这些不可再生旅游资源作为重点开发对象，无限制地利用；加之开发利用的技术较差、层次较低、保护不当，往往会导致这些旅游资源的毁损及特色的丧失。

因此，实施旅游经济可持续发展战略有利于在做好保护工作的前提下，有计划、有重点地开发和利用对旅游者有足够吸引力的资源，并不断挖掘潜力，使有限的资源得到长久持续的利用，为今后的深入开发留下一定的空间和条件。

2）可持续发展有利于促进经济与社会、环境协调发展

可持续发展是一种综合、系统的发展观，包含社会经济结构的进化和环境发展目标的实现。因此，通过旅游经济的可持续发展，强调以旅游资源为基础，与生态环境承载能力相协调，通过必要的经济手段、技术措施和政府的引导，努力降低自然资源的衰耗速度，维护良好的生态环境及和谐的人与人、人与自然的关系，保证每个人都享有清洁、安全、舒适的生活质量，都享有健康发展的各种环境条件，有利于实现旅游与自然、文化和人类生存环境融为一体，最终实现旅游经济与社会、生态环境的协调发展。

3）可持续发展有利于旅游市场的繁荣和稳定

旅游市场是旅游业得以存在和发展的前提。旅游市场的繁荣、发展将使得旅游经济的活动范围不断扩大、实力不断增强。但是，旅游市场又往往是不断波动发展的，当波动过大时，有可能导致资源配置发生较大的、不必要的损失。因此，实施

旅游经济可持续发展有利于减少使旅游市场波动的不利因素，鼓励和维持旅游市场的稳定和繁荣。特别是各级政府把旅游经济可持续发展作为社会经济发展的重要问题而予以重视和考虑，通过采取积极的政策和措施，来制止和反对旅游市场中不利于资源利用和环境保护的行为，把政府、企业和社会各方面力量有机结合起来，促使旅游市场主体的竞争行为趋于合理化，就会使旅游市场的波动减小，从而促进旅游市场繁荣、稳定而有序地发展。

4）可持续发展有利于促进旅游经济增长方式的转变

旅游业发展的重要前提之一就是要有充裕的客源市场，因而旅游者人数的多少在一定程度上决定着旅游目的地的旅游业发展水平。但是，追求接待旅游者规模的扩大并不是无限度的。由于受到交通、食宿等旅游要素供给能力的限制，旅游目的地接待的旅游者总是有一定限度的，若超过了这个限度，则在市场供求关系上就表现为供不应求，就会引起旅游服务质量的下降，旅游者的投诉增加，并使旅游目的地的形象受到损害，最终制约旅游业健康、稳步地发展。

因此，坚持旅游经济可持续发展，将促使旅游业转变增长方式，由单一地追求接待旅游者人数的目标转向追求旅游者规模、质量、效益等综合发展的目标，通过对旅游资源的深度开发和有机组合，丰富旅游活动的内容，提高旅游服务质量，扩大旅游活动范围，增强旅游目的地对旅游者的吸引力，达到使旅游者在旅游目的地滞留时间延长，消费水平提高，进而提高旅游经济综合效益的目的。

5）可持续发展有利于促进贫困地区尽快脱贫致富

旅游开发扶贫是以旅游资源为基础，以生态环境为条件，对贫困地区进行开发扶贫的特殊形式。通过旅游资源开发而促进贫困地区脱贫致富，提高生活质量是可持续发展的重要内容。因而对具有丰富旅游资源和一定开发条件的贫困地区，有计划地进行旅游开发，不仅能带动贫困地区人民脱贫致富，加快贫困地区经济发展，缩小贫困地区与发达地区差距；而且可以促使贫困地区的干部和群众认识到保护环境的重要性，自觉地保护生态环境，有效地利用资源，实现社会经济的可持续发展。

13.2.2　现代旅游经济可持续发展的特点

现代旅游经济可持续发展包括经济、生态及社会文化的可持续发展。经济的可持续性是指旅游业发展应使资源得到有效的利用和管理，并获得应有的经济效益；生态的可持续性是指旅游业发展要有利于对生物资源的保护，并促进生物多样性发展；社会文化的可持续性，则指旅游业发展要提高人们对其生活的控制能力，并与人们的文化与价值观相协调。因此，旅游经济可持续发展与传统旅游业发展相比，具有以下特点：

1）旅游经济可持续发展的目标是满足人们的多样化需求

现代旅游经济的发展应满足人类持续发展的多样化需求，因为人类需求一般包括物质生活的需求、精神文化生活的需求和良好生态环境的需求。尤其是随着社会经济的发展，人们对无污染的空气、洁净的水和食品、优美的居住环境及自然景观的追求将日益迫切。

　　旅游是一种愉悦的旅行和游览活动，是一种以满足人类对精神文化需求和生态环境需求为目的的高层次消费活动，因而旅游经济的可持续发展必然以满足人类的多样化需求为根本目标。特别是要积极倡导那些有利于环境和文化的旅游活动；要积极为人们，特别是老人、妇女、儿童和后代人提供健康、安全的旅游环境和条件；要改变目前的消费模式，减少或避免那些对环境和文化造成危害的旅游活动，尽可能增加有利于持续发展的旅游项目，以充分满足人们不断发展的多样化需求。

　　2）现代旅游经济可持续发展的重点是保护资源和环境

　　现代旅游经济可持续发展的实质，是谋求旅游与自然、文化和人类生存环境融合为一个和谐的整体，因此对资源和环境的保护就成为旅游经济可持续发展的基本出发点。这一出发点要求旅游业的发展必须在生态环境的承载能力之内，避免对自然资源、生物多样性和生态环境造成负面影响；要求旅游业的发展能够有效地维护地方特色、文化和旅游胜地的特色，避免对当地文化遗产、传统习惯和社会活动造成负面的影响。因为丰富多样的自然资源和文化遗产既是旅游业赖以生存和发展的基础，也是旅游产品具有较强吸引力和特色的根本所在。一旦破坏了这些资源和环境，就破坏了旅游业赖以发展的基础条件，就破坏了旅游产品特有的魅力，旅游经济就不可能持续地发展，甚至还会给后代带来不可弥补的损失。

同步案例13-1

重庆武隆开创旅游脱贫致富新模式

　　背景与情境：武隆，一个隶属重庆的小县城，依托当地丰富的旅游资源优势，因地制宜地走"旅游富民，工业强县"的路子，并通过一系列的全民营销与市场化运作，使武隆县一跃成为重庆旅游的一大名片、名副其实的全国旅游大县。对于一个国家级贫困县而言，武隆创造了一个脱贫致富的新样板。

依托山水传承民族文化

　　武隆的旅游资源和风景名胜独具特色。其喀斯特地貌已经在2007年6月的第31届世界遗产大会上被列入《世界遗产名录》，同时武隆也是国家5A级景区。2012年凭借实景山水演出《印象武隆》，其被评为重庆市非物质文化遗产传承基地。如何发挥资源优势更好地发展武隆的旅游产业？武隆显然找到了正确的答案。以即将消逝的非物质文化遗产——川江号子为主题，充分结合武隆独特的"U"形峡谷自然景观特点打造《印象武隆》，并大获成功。《印象武隆》作为文化创意产业项目，在推动非物质文化遗产的传承和带动武隆县旅游发展方面起到了积极的作用，目前已形成"票房销售—带动旅游—辐射增值—商贸服务—拉动就业—品牌效应—吸引投资—股份升值"的产业链条。

要耐得住GDP增速的寂寞

　　"用时最短的国家5A级景区"，国家旅游局这样评价重庆武隆旅游发展的实力。其实，武隆的旅游资源开发比较晚，起步于20世纪90年代中期以后，真正开发是在2006年。短短时间却坐拥世界自然遗产、国家5A级景区两块金字招牌，武隆旅游业发展的速度和成绩可见一斑，也一度引发了人们的好奇。一时间，"取经者"

纷至沓来。刘新宇说，要么书记，要么县长带队，去年武隆县接待了全国县一级党政代表团300多个。对"取经者"，刘新宇直言道："做旅游，要耐得住GDP的寂寞，在现在的考核方式下，很多人是做不到的。因为做旅游GDP不会很大，而做工业GDP一下就上去了。"发展旅游，刘新宇笑称自己不是当官，是做"大服务员"。武隆每年要投入10亿～20亿元来发展旅游，这就意味着要放弃对其他一些产业的投入。在有得有失面前，需要上下统一"全民抓旅游"这个思想认识。而另一方面，上面对当政者的考核有若干条线，只抓旅游一条线，也需要承受住来自各个方面的压力……这都是当政者面临的现实考验。

文化创意产业提升竞争力

武隆旅游发展起步晚，在文化品牌打造方面与国内外成熟的景区相比还有很大差距。刘新宇直言不讳地指出，武隆的旅游资源很丰富，但整个旅游业态比较单一，造成旅游过程中游客留下来的时间比较短，不能像丽江、凤凰古城等地方使游客留下来住一段时间。"我们正在打造国家级的旅游度假区，开发有创意的文化产业，把文化、旅游融合在一起，这是业态上大的改变。"刘新宇说，未来还有文化体育产业，目前比较成功的是每年一次的"中国武隆国际山地户外运动公开赛"，其是世界山地户外运动的第一品牌。除此之外，每年还有龙舟赛、冰雪节、露营音乐节。与此同时，武隆是少数民族和汉族交界的聚集地，以汉族为主，少数民族有土家族、苗族、仡佬族等13个民族，地方文化非常丰富，独特的文化也有待进一步发掘。

旅游业催生更大"武隆梦"

"旅游撑起了武隆县域经济的'半边天'。"刘新宇在接受《中国产经新闻》记者采访时说。2012年，武隆实现地区生产总值98.4亿元，接待游客1 610万人次，旅游综合收入突破81亿元，旅游增加值达28.1亿元，旅游对全县经济增长的贡献率达48.7%，拉动全县经济增长6.8个百分点。"《印象武隆》不仅带动了全县旅游，更重要的是带动了老百姓增收致富。"武隆要走"旅游富民，工业强县"的路子，要发展生态的工业，即没有任何污染的工业。卓著的旅游业发展成效，更加坚定了武隆县抓旅游的信心和决心。刘新宇还道出了一个更大的"武隆梦"——"中国武隆公园"，即用20～30年，把武隆区打造成类似于美国黄石公园和非洲大裂谷、欧洲小镇的综合一体的大公园。

问题： 武隆是如何一跃成为重庆旅游的一大名片、名副其实的全国旅游大县的？

（资料来源　陈文丽.重庆武隆开创旅游脱贫致富新模式［N］.中国产经新闻，2013-05-06.经节选、压缩和改编）

3）现代旅游经济可持续发展的前提是合理规划和开发

合理的规划和开发是旅游经济实现可持续发展的前提条件，是保护资源和环境的重要手段。为了消除长期以来缺乏规划或不合理规划的旅游业发展带来的种种危害，各级政府、企业及有关单位必须高度重视旅游规划和开发问题。要充分认识合理规划对旅游经济可持续发展的重要意义，从而在旅游业发展中认真、科学地制定好旅游业总体发展规划和旅游资源开发规划，尽可能使规划与可持续发展的目标一致；要通过合理的旅游开发，切实保护旅游资源和环境，使旅游资源可以永续利用，不仅为当代人的生存和发展提供机会和条件，而且也能为后代留下持续发展的可能性。要认真评价和鼓励那些有利于环境和文化的旅游需求的发展，合理地开发和提供各种旅游产品，促进旅游供给多样化，提高旅游供给的质量。

4）现代旅游经济可持续发展的保障是加强旅游行业管理

加强对旅游行业的管理与合理的旅游规划和开发是同等重要的，从旅游经济可持续发展的角度看，甚至比旅游规划和开发更为重要。因为许多旅游目的地不经规划就进行开发，或者在旅游开发中不按规划进行，其根本问题就在于旅游行业的管理薄弱。特别是目前中国市场经济深化改革的过程中，加强对旅游业的管理不仅直接影响到旅游业的发展，而且更是旅游业可持续发展的重要保障。

加强对旅游行业的管理，要求建立一个高效有力的旅游管理机构来实施政府的职能，通过政府的主导作用和各种行业协会的配合来提高旅游者和旅游企业对环境保护重要性的认识；要求建立一个旅游信息系统来为旅游市场营销、旅游资源开发和旅游业运行监督提供信息，及时开展科学研究、传播可持续发展的知识和环境保护方面的技术等；要通过对旅游业发展政策、旅游规划和旅游开发是否符合可持续发展要求的评价和检查，加强对旅游经济运行的监督与管理，及时进行引导或调整，以保证旅游经济的可持续发展。

◆ **同步案例13-2** ◆

黑龙江省五重拳治理旅游市场秩序

背景与情境： 将全面规范旅游市场秩序作为黑龙江省今年提升旅游发展环境的突破口，省旅游局制定下发了《黑龙江省2015年依法治理旅游市场秩序行动方案》，年内将重点组织开展"秩序""治黑""清网""督查""规范"5个专项行动，通过依法治旅，明显遏制旅游市场乱象，实现市场有序、竞争有序、管理有序、出游有序的目标。

据介绍，依法治理旅游市场秩序是2015年黑龙江省旅游行业监管工作的重点，按照"政府主导、属地管理、部门联动、行业自律、各司其职、齐抓共管"的原则，省旅游局将围绕当前旅游市场秩序和游客反应强烈的突出问题，重点治理旅游市场欺行霸市、垄断市场、虚假广告、价格欺诈、偷税漏税、非法经营、欺客宰客、强迫消费等违法行为。

具体行动计划包括开展以"出境游秩序"为重点的旅游市场综合整治行动（3月至5月），重点整治旅游市场欺行霸市、垄断市场、虚假广告、价格欺诈、非法经营、欺客宰客、强迫消费等行为。开展以"治黑"为重点的旅游市场综合整治行动（3月至5月），重点整治"黑社""黑导""黑车""黑店""违法一日游"等问题，端掉一批非法窝点，铲除非法经营旅游业务的生存土壤。开展在线旅游经营、导游服务、"旅游合同"等违规行为专项整治行动（6月至8月），重点整治在线企业恶性低价竞争，以及"黑网站"、媒体等非法从事旅游经营并发布虚假旅游广告或不实旅游产品信息等问题；开展导游违法违规行为专项整治活动，重点检查导游擅自增减项目和变更行程，提高导游IC卡检查覆盖率。开展以规范景区和旅行社、酒店经营服务为主要内容的交叉执法检查、督查行动（9月至10月），重点检查旅游景区通过增加另行付费项目、捆绑销售等方式变相涨价行为，旅游购物、演艺、食宿等场所价格欺诈、偷税漏税等行为和旅行社超低价团费、超经营范围经营行为及团队电子行程单使用情况。开展以规范服务、诚信经营为主要内容的专项整治行动（11月至12月），重点整治旅行社、旅游星级饭店、旅游景区等旅游经营单位违反旅游合同、违反劳动合同、"买团卖团"、不依法足额支付导游领队报酬等行为。

问题：治理市场秩序与旅游经济的可持续发展有必然的联系吗？为什么？

（资料来源　佚名.黑龙江省五重拳治理旅游市场秩序［EB/OL］.［2015-03-24］. http：//www.chinadaily.com.cn/dfpd/hlj/2015-03/23/content_19879422.htm. 经节选、压缩和改编）

13.2.3　现代旅游经济可持续发展的规律

旅游经济可持续发展要求经济、社会、环境发展的统一，要求旅游者与旅游目的地的统一，要求旅游管理与旅游行为的统一，因而旅游经济可持续发展并非完全是人们的主观行为，在其发展中也具有多方面可遵循的规律性。

1）环境保护超前规律

旅游资源和环境的破坏，往往不易引起人们的重视和注意。只有当旅游业发展对资源和环境的破坏程度超过一定的界限，甚至持续一段时间，使人们的视觉消费受阻，难以享受到外界的美感，才会普遍产生社会性的旅游环境保护意识和行为。因此，环境保护必须超前于旅游资源开发，这是旅游经济可持续发展的客观规律性。按照环境保护超前规律的要求，在旅游资源开发和旅游经济发展中，必须重视以下方面：

首先要树立良好的旅游环境保护意识，特别是各级旅游决策者和旅游管理者必须转变观念，由单一的追求旅游经济效益转为经济效益与社会、生态效益并重，形成由上到下、由下到上，全民环境保护超前的浓厚风气。

其次要抓好旅游资源开发和旅游业发展中的环保立法与执法工作，根据旅游活动和旅游业发展的特点，制定切实有效的旅游环保法规，建立、健全相应的环保执法机构，依靠法律的强制力量和社会道德规范来保障旅游环境保护工作超前于旅游项目建设。

最后要增大对旅游环境保护的投入，建立良性循环的机制，除政府在旅游环境保护宣传、司法等方面的先期性投入外，各旅游建设项目法人和施工单位也要承担旅游环境保护、设施、人员等经费的投入，在消费支出中也应依法交纳一定的旅游环境保护费用。

2）环境承载力规律

所谓环境承载力，原是指一定的草场能稳定地支持畜群规模的大小，以保证牧草的再生能力。这一概念的引用和延伸，把生态环境与人口规模结合起来，研究人口规模在何等程度时能保证生态环境的持续性。旅游活动是以旅游者为主要对象的社会、经济、文化等复合型活动，旅游者的消费首先体现在旅游活动与自然、文化等环境条件有机、和谐的结合中，并从视觉感受和物质消费感受中体验旅游吸引物和周围环境的优美与舒适。因此，旅游环境承载力就是指旅游活动中，旅游目的地最大限度所能容纳旅游者的数量。

根据旅游环境承载力概念，旅游环境承载力规律是指旅游经济的可持续发展必须以不超过旅游目的地环境承载能力为前提，并以此作为旅游业各方面发展的依据。旅游环境承载力规律，揭示出旅游经济发展是一个动态的过程。若旅游环境承载力降低，则旅游经济发展就会受到限制；若旅游环境承载力提高则旅游经济就有着较大的发展余地。从此意义上来说，要加快旅游经济的发展，就一定要努力提高旅游环境的承载力，保障旅游资源的持续利用，保护好旅游环境。

3）综合协调发展规律

旅游经济发展牵涉面广，与其他行业或部门的融合度较高，从而要求旅游经济的发展必须获得其他相关行业或部门的支持，而旅游经济发展的结果又要体现出多方面的效益和积极的结果，使支持旅游业发展的其他行业或部门也获得应有的经济效益及相应发展机会等。因此，旅游经济可持续发展要求的是综合协调的发展，而不能只单纯追求某一方面的发展，即旅游经济发展要遵循综合协调发展的规律，以旅游活动各环节或各要素为纽带，在统一管理、统一协调的前提下，谋求旅游业与其他行业或部门以及旅游业内部各方利益的最大一致化。

实现旅游经济综合协调发展，最重要的是坚持旅游经济发展的统一管理和协调。一方面，要努力使与旅游经济发展相关的各方参与到旅游建设中来，以聚集多方资源于旅游业，使旅游可持续发展顺利进行；另一方面，要形成统一管理的协调机制，按照旅游可持续发展的目标，对不同时期、不同地区和不同条件下旅游经济发展的薄弱环节，加大投资平衡与协调，带动全局实现新的质的变化，实现更佳的经济效益。

4）创新发展规律

旅游经济可持续发展实质上是动态的综合发展，发展的过程既要体现出旅游业实力的不断增强和经济效益的不断提高，又要体现出社会、资源、环境等方面质量的不断提高。要实现这一辩证的发展过程，就必须在发展的要素上寻求内在的动力。根据马克思主义的思想，可持续发展是旅游活动内部矛盾运动的结果，即旅游活动内部矛盾转化的创新冲动所致。因此，**创新发展规律**就是旅游活动中有关环节或要素在内外因素的作用下，减少了旅游活动内部矛盾，并促使旅游活动呈现出更高级的特征，提高了旅游经济的运行质量和效果，从而带动旅游经济健康、持续地发展。

创新发展规律从创新构成内容上分析，主要包括观念创新、技术创新和制度创新三个部分。

就观念创新而言，主要指旅游经济发展中要树立和坚持可持续发展的思想观念，从全社会发展的大局出发考虑旅游业的发展，在旅游经济的增长方式上确立集约化思想，在旅游资源开发上树立环境保护超前的观念，在旅游业效益的体现上明确经济效益、社会效益和生态效益并重的意识等。

就技术创新而言，要把旅游生产经营的技术进步作为旅游可持续发展的关键，按照"科学技术是第一生产力"的指导思想，推动旅游业的技术进步，切实提高旅游经济的科技含量。

就制度创新而言，旅游可持续发展要求在市场经济条件下，将旅游资源和环境作为新的生产要素，按照有偿使用原则，通过市场机制，将环境成本纳入旅游经济分析和决策过程，从全局利益出发选择更有利于旅游资源和环境保护的生产经营方式。同时也改变过去无偿使用旅游资源和环境，将环境成本转嫁给社会的做法，实现旅游经济、社会和生态环境的协调发展。

学习微平台

二维码资源
13-04

13.3 现代旅游经济可持续发展观念、职责和重点

13.3.1 现代旅游经济可持续发展观念

发展旅游经济必须走可持续发展的道路，而要促进旅游经济可持续发展，就必须统一思想，提高认识，树立可持续发展的观念，才能切实保证旅游经济可持续发展战略的实施。旅游经济可持续发展的观念主要有系统观、资源观、市场观、产业观和效益观等。

1）旅游经济可持续发展的系统观

旅游经济可持续发展的系统观，是把自然圈、生物圈和社会圈视为一个完整的生态系统，其核心是强调人与自然、人与环境、人与社会相互依赖、相互和谐的共生共存关系。在传统经济发展中，人类对自然界进行全面的索取和开发，却忽略了对自然界的付出。于是，随着人类文明的发展，自然界也给予人类一系列的报复，如水土流失、土地沙漠化、全球气候变暖、水资源减少等，直接威胁着人类的生存和发展。

在旅游经济可持续发展的环境中，强调人类与自然、环境的协调发展，促使人类在向自然索取的同时，保护自然、保护环境，尽快转变传统追求产值、追求增长，无视社会效益和生态效益的价值观，确立强调综合效益和增长质量的发展观念。通过旅游经济的可持续发展，实现自然圈、生物圈和社会圈的有机统一和协调，进而促使整个人类社会可持续发展。

2）旅游经济可持续发展的资源观

旅游业作为一种以观光、休闲为主的产业，旅游资源是其发展的基础和条件，损坏旅游资源就是损坏旅游经济的发展基础。因此旅游经济要实现可持续发展，就必须确立新的资源观念。

新的资源观引入了可持续发展的理念，强调自然资源与环境的有价性，并将自然资源和环境视为旅游活动的资本，将其价值计入旅游活动的成本中，以期从旅游收入中给予补偿，从而实现自然资源和环境的永续利用。这种新的资源观还强调旅游资源的有限性，即无论是再生性旅游资源还是非再生性旅游资源，对其利用都是有限的。一旦人类对旅游资源的利用超过了一定的承载量，必然会破坏旅游经济可持续发展的基础和条件，最终必然制约旅游业的发展。因此，对旅游资源的利用必须保持在资源与环境的承载力范围之内。

3）旅游经济可持续发展的市场观

没有市场需求的旅游资源开发及各种旅游设施建设，不仅不能形成有吸引力的旅游产品和旅游目的地，而且还会造成对旅游资源的浪费和生态环境的破坏。特别是在旅游市场竞争日趋激烈的情况下，必须树立旅游可持续发展的市场观念，根据旅游市场的需求特点、规模、档次、水平及变化规律和趋势，对现有旅游产品进行组合包装，推陈出新；同时积极开拓新的旅游产品，适应国际旅游市场需求多样化和市场群体细分化的要求；大力开发游客参与性强的旅游产品，增强旅游产品的吸引力，不断提高市场竞争力，促进旅游经济的可持续发展。

4）旅游经济可持续发展的产业观

从产业经济的角度看，任何经济发展的过程都可以看成是某些支柱产业形成和充分发挥其作用的过程。纵观世界，当代旅游业在国际经济中的产业地位已跃居第一；在一些国家或地区，旅游业已成为国民经济的重要支柱产业。因此，必须树立产业观念，加快旅游资源的开发，积极培育和发展旅游支柱产业。要制定正确、合理的旅游产业政策，指导旅游产业综合协调地发展；要按照支柱产业形成的规律性，利用旅游业"增长点"的扩散和关联效应，形成规模，提高聚集效益，带动整个旅游经济的全面发展；要讲求投入产出效率，吸引更多的生产要素投入旅游业，加快旅游产品的开发和旅游景区景点的建设，实现旅游经济的可持续发展。

5）旅游经济可持续发展的效益观

提高效益，促进生产力水平的提高是社会经济发展的根本目标。旅游业作为一项经济产业，在其发展中应始终把提高经济效益、社会效益和环境效益作为主要的目标，推动整个社会生产力的发展。因此，必须树立旅游经济可持续发展的效益观念，在旅游资源和旅游产品开发中，既要讲求经济效益，又要讲求社会效益和生态环境效益，按照旅游资源和旅游产品开发的原则，遵循自然环境承载力规律，以开发促进保护，以保护推动开发，不断提高旅游资源和旅游产品开发的经济效益、社会效益和生态环境效益，形成健康文明的旅游活动，并创造出和谐环境。

◆ **教学互动 13-2** ◆

情境：模拟关于现代旅游经济可持续发展观念的焦点小组座谈。

问题：旅游经济可持续发展应包括哪些观念？

13.3.2　现代旅游经济可持续发展的职责

实施旅游经济可持续发展，既是一项跨世纪的宏伟工程，也是一项涉及各个产业和部门的系统工程，需要各有关方面的支持与合作。因此，必须明确政府、非政府组织、旅游企业和旅游者在推进和支持旅游经济可持续发展中应承担何种职责和义务。

1）政府部门的职责

政府，包括国家、省（州）、地、县及乡镇的各级政府，是推进旅游经济可持续发展的主体力量。其主要职责和义务：一是通过制定旅游经济发展规划，来体现政府对旅游业可持续发展的支持。二是通过制定各种法律、法规来保护各种自然和文化遗产，制止对各种历史文物的倒卖和交易，避免对自然和文化的美学价值的损害，减少或消除对生态环境的破坏等。三是通过各种公共活动对公众进行教育，以提高其对旅游经济可持续发展的认识；通过各种宣传媒介向有关政府部门或企业介绍旅游业可持续发展的计划，以确保旅游业的综合经济效益等。四是通过组建各种旅游咨询机构，以吸引各方面的人才参与旅游业可持续发展的决策和相关活动等。

2）非政府组织的职责

非政府组织，是指那些代表和保护公众利益的社团机构，它们的积极参与将对旅游业的可持续发展提供有力的支持。它们在推进旅游业可持续发展中，所承担的责任和义务主要有：一是通过参加政府的各种活动，对旅游开发项目进行评估，对旅游环境进行评价，以促使政府支持合适的可持续发展的旅游开发项目；二是通过非官方的活动，组织有关人士参与旅游业可持续发展的研究，并监督旅游经济发展对环境文化的影响，监督其他行业部门活动是否有利于旅游经济的可持续发展；三是组织和参与各种教育公关的活动，以促使人们认识旅游经济可持续发展的社会意义及生态环境意义，提高人们对实施旅游经济可持续发展的支持。

3）旅游企业的职责

旅游企业是可持续发展的直接受益者，同时也是可持续发展的主要参与者和执行者。它们在推进旅游经济可持续发展中所承担的主要职责和义务有：一是在旅游开发和经营中，尽量保证对土地、森林、水资源的可持续使用，努力减少废气、废水、废物对环境的污染破坏；二是积极开发和经营对旅游者身心健康有利的活动，尽量减少和避免对旅游者身心健康造成威胁的活动和环境，必要时应对趋于恶化的环境进行修复或改善；三是定期对旅游环境进行评价，并确保环境价值在管理决策中得到体现，要通过发展旅游来促进保护，通过保护提高旅游经营的效益；四是保证向旅游者、政府及其他组织提供完整、准确、可靠的信息，确保旅游者在旅游活动中的舒适、愉悦和安全；五是积极支持有利于环境改善的旅游项目建设，积极倡导与环境和谐的旅游活动和绿色营销等。

4）旅游者的职责

旅游者也是旅游经济可持续发展的直接受益者，他们对环境质量的敏感性愈来愈强，但他们的旅游行为不当也会对环境造成一定的负面影响。因此，在推进旅游经济可持续发展中，旅游者也应承担必要的责任和义务：一是旅游者应积极支持旅游目的地的资源与环境保护活动，尽可能地了解和尊重目的地的人文和自然遗产，如各种文物古迹和民族文化等；二是旅游者要抱着对自然环境和文化遗产高度负责的态度进行旅游活动，并且要有效防止和制止那些对旅游目的地造成不良影响，破坏生态环境的不正当的行为；三是旅游者要尊重旅游目的地国家或地方的政策、法规，尽量不买或不使用危害当地生态环境和文化的各种产品和服务，并在旅游中尽量选择具有良好声誉和对环境负责的旅游企业。

5）旅游社区居民的职责

旅游社区是旅游业发展的平台和载体，旅游社区也是旅游经济可持续发展的直接受益者，因此旅游业发展要和社区发展结合起来。旅游社区的居民在推进旅游经济可持续发展中承担着一系列的主要职责和义务：一是社区居民应积极主动地支持旅游目的地的资源与环境保护活动，积极地维护旅游目的地的人文和自然遗产，如各种地理、历史、古迹和民族文化等；二是社区居民要充分认识到社区旅游要实现旅游经济可持续发展的模式，要努力参与到社区的管理、服务过程中；三是社区居民应该通过多种手段和途径学习各种旅游服务知识和技能，进一步提高自身素质，成为旅游经济可持续发展的推动者。

13.3.3 现代旅游经济可持续发展的重点

长期以来，由于人们认识上的局限，在旅游开发中，存在着种种片面的倾向。在强调发展旅游经济、加快旅游开发时，往往容易忽视对旅游资源和生态环境的保护和管理；当强调要重视旅游资源和环境保护时，又极力否定对资源和环境的合理开发和利用。这些片面倾向既违背了生态环境规律，又违背了客观经济规律。因此，旅游经济可持续发展的重点是：在尊重自然生态环境及旅游资源形成规律的基础上，把合理利用旅游资源和保护旅游环境相结合，把近期利益与长期利益相衔接，努力谋取旅游经济效益、社会效益和生态效益的协调发展。

1）有效开发和合理利用旅游资源

开发旅游资源的目的是利用，但客观上对某些旅游资源的开发本身就意味着破坏，因而必须根据不同的旅游资源采取不同的利用原则。一般来讲，旅游资源可分为恒定性资源、再生性资源和非再生性资源三种类型。

（1）恒定性旅游资源

恒定性旅游资源，是指在地球的形成和运动中产生的，其数量丰富和稳定，不会因为利用而枯竭的旅游资源，如气候、阳光、海水、河流、高山等。因此，对这些恒定性的旅游资源要积极开发和充分利用，使其更好地服务于旅游业。

（2）再生性旅游资源

再生性旅游资源主要指森林、草原、动物、植物等生物资源，其对于人类来讲是有限的，在合适条件下，是可以再生的，但若超过其再生阈值就会面临资源的衰退和枯竭。因而对再生性旅游资源应合理开发，永续利用，使其永远为旅游业及人类社会的发展服务。

（3）非再生性旅游资源

非再生性旅游资源是指一旦耗损就不可能再度产生的旅游资源，如文物古迹、历史文化、珍稀动植物等。由于这些旅游资源的特殊性及不可再生性，在其开发利用中，必须妥善保护，节约使用，以保持其长期有效的价值。

因此，对旅游资源的保护不同于对一般资源的保护。一般资源的保护重点在于有效持续地利用，而旅游资源的保护重点是保护其特色。旅游资源的价值在于其本身的品位及特点，这是对旅游者产生吸引力的关键，因而合理利用旅游资源就必须保护好其独特的个性特征。

2）重视和加强旅游环境的保护

发展旅游经济能促进人们对环境的保护，不断提高人们的生活质量；但若开发不当也会对环境造成危害。因此，必须把环境保护贯穿于旅游开发和旅游经济发展的始终，使旅游业发展建立在生态环境的承受能力之上，符合旅游目的地的社会经济发展实际，才能保证旅游经济的可持续发展，这就要在旅游开发中切实采取一切有效的环境保护措施。

第一，旅游目的地向旅游者提供各种景点、公园及景观时，不能损害当地的生态环境和社会经济环境，必须使旅游活动与自然环境、社会文化形成一个和谐、有机的整体，形成一个符合人类愿望的、可持续发展的旅游业。

第二，各旅游目的地在接待旅游者时，不能超过旅游景区、景点的承载能力；要加强对各种固体垃圾及污水排放的处理、尽量减少和控制噪声污染源，以切实保证旅游者和当地居民有一个良好的生活环境。

第三，围绕旅游景区、景点和旅游地的开发建设，发展适当的交通系统，重点放在公共交通工具和无污染的交通手段上；并对游客流向及旅游景点客流分布作认真的规划和管理，限制生态环境敏感地点的游客量，控制游客的不当行为，以尽可能减少和避免旅游者对环境造成的破坏及污染。

第四，尽可能保护地方文化的本质特征及真实性，维护各种历史文物古迹，保持独具特色的地方建筑风格，严格控制和制止吸毒、酗酒、犯罪等行为，加强对当地居民的教育，尽量使旅游者了解地方风俗习惯，从而使旅游地适应和有选择地吸收外来文化的有益方面，切实保持地方文化的精髓，增强旅游目的地的吸引力。

3）加大对旅游经济可持续发展的资金投入

旅游业是一个高投入、高产出、高创汇的产业，特别是旅游业发展之初，在基础设施建设、旅游资源开发等方面往往需要一定的先行资本投入，旅游投资主体多元化是旅游业快速发展的基础。因此，坚持旅游经济的可持续发展，应继续贯彻执行利用内资和引进外资相结合，国家、地方、部门、集体、个人一起上的方针，广辟财源，多方集资，加大对旅游经济可持续发展的资金投入。

（1）积极争取国家各种专项建设资金的扶持

通过结合各地方社会经济发展的要求，广泛争取交通、通信、水电设施、城乡建设、环境保护与治理、扶贫救济等各项专项资金的投入，形成多渠道筹措资金、全社会大办旅游的态势。

（2）建立各级政府的旅游发展专项基金

建立各级政府的旅游发展专项基金，主要用于旅游资源开发建设、环境保护和旅游业的发展，从而解决旅游经济可持续发展中的资金短缺问题，加强政府对旅游产业发展的宏观调控能力。旅游发展基金可由以下几部分组成：由地方财政预算出一定比例，作为政府扶持旅游业发展的投入；从其他经济效益好的行业中拿出一定的资金；对旅游经营单位收取一定的专项费用等。

（3）积极利用国际资金

利用外资是经济发展中解决资金短缺问题的一条途径，也是许多国家发展旅游业的基本经验之一。可积极创造条件，改善投资环境；利用外资进行各项基础设施的配套建设；利用外资进行各个旅游资源项目的开发；利用外资参加各个旅游开发区、旅游度假区及旅游重点目的地的建设；利用外资对一些宾馆饭店、旅游公司、旅游景点等进行改善和再开发；利用外资来加强对旅游资源的有效利用和环境保护等方面。

（4）多形式多渠道筹集社会资金

采取多种形式和优惠政策，通过股份制集资、发行公司债券、发展非公有制经济等，动员各种社会力量，多渠道地筹集资金，加快旅游经济的可持续发展。

4）加快旅游经济可持续发展所需人才的培养

旅游业是一项国际化较强的产业，对人才的素质水平要求较高；同时，旅游业又是一项综合性经济产业，需要各种类型的专业人才及复合型的管理和服务人才。

旅游开发中仅仅注重对"硬件"的开发而忽略对"软件"的建设，将会导致旅游经济的不健康发展。特别是高层次的旅游规划设计和管理人才的短缺，导致旅游资源开发规划和项目设计往往雷同，缺乏特色和创新；旅游产品设计较多为模仿，缺乏创新和优化组合；旅游管理水平层次较低，不适应旅游经济发展的需要；旅游资源的有效利用和自然环境的保护缺乏有力的措施与管理。因此，加快旅游人才的培养不仅是旅游资源开发、建设和保护的客观需要，也是大力促进旅游经济可持续发展的现实要求。

5）制定促进旅游经济可持续发展的政策

坚持旅游经济可持续发展，不仅要统一思想、提高认识、加强组织、落实资金投入和加快人才培养，更需要从宏观上提供必要的政策保障。如果没有政局稳定和社会安全的政治条件，没有改革开放的主导性政策条件，没有经济体制的合理性及有效性条件，没有各种健全的法律、法规及有效执行的法治条件，旅游经济是不可能健康持续地发展的。因此，必须紧紧围绕旅游经济可持续发展的战略和目标，由宏观主管部门协调各相关部门制定各种相互配合、协调一致的扶持政策。

第一，遵循各种经济关系相互作用的规律性，运用各种财政、金融、税收、价格政策及手段调节旅游经济活动，促进旅游资源的开发和环境保护，保证旅游经济的可持续发展。

第二，积极采取行政政策和行政手段进行调控。行政性政策和手段，是依靠政府行政组织运用计划、命令、指示、规定等政策性手段，对旅游经济活动进行调节和管理的方法。特别是目前，我国尚处于经济体制转型期，行政政策和手段仍然是重要的宏观调控手段之一。

第三，我国旅游业起步晚，发展速度快，因此加强旅游法治建设和法律政策研究，努力运用旅游法规和法律政策来调控和管理各种旅游经济活动，才能使整个旅游业做到有法可依、有法必依、执法必严、违法必究，从而把旅游经济的发展纳入法治的轨道，使旅游经济能在法治化的轨道上健康发展。

总之，旅游经济的可持续发展涉及城建、环保、交通、邮政、文化、宾馆、公共传播、艺术等方面，使旅游经济的发展具有广泛的、多层次的社会联系。因此，旅游经济可持续发展不能完全由市场过程来完成，还必须通过政府的综合协调政策，即依靠经济、行政、法律等多种政策和手段的综合运用进行总体协调和控制。

在综合协调中，要做到在旅游经济发展目标上，各部门政策协调一致、相互配合、前呼后应；在支持旅游业发展力度上，各部门强弱兼之、互为补充、各尽其力；在促进旅游资源开发和环境保护上各部门先后有序、协调一致、共同扶持，从而形成合理的政策保障体系，促进旅游经济的可持续发展。

✦ 本章概要

✿ 主要概念

现代旅游经济增长　现代旅游经济发展模式　旅游经济发展的常规模式　旅游经济发展的非常规模式　现代旅游经济可持续发展　创新发展规律　恒定性旅游资源　再生性旅游资源　非再生性旅游资源

✿ 内容提要

● 本章主要介绍了现代旅游经济可持续发展，包括旅游经济可持续发展的概念、特点、规律、观念和重点。

● 现代旅游经济增长，是指一个国家或地区在一定时期内，旅游经济在数量上的增加和规模上的扩大，具体表现为旅游接待规模上的扩大和旅游经济总产出数量的增加，其反映了一个国家或地区旅游经济总量的变化状况。旅游经济增长受许多因素的作用和影响，主要因素有旅游资源开发及利用程度，旅游投资增长率和效率，劳动力供给数量和质量，科技进步及应用，经济体制及管理水平，对外开放的条件和水平等。

● 现代旅游经济发展是与旅游经济增长既密切联系，又不完全相同的概念。旅游经济发展不仅包括旅游经济总量的增长，还包括旅游服务水平提升、旅游经济结构优化、旅游资源有效利用、旅游生态环境改善、旅游经济效益提高和人们生活质量不断改善等，即整个旅游经济质的变化和提升。正确理解旅游经济发展的概念，必须进一步分析和掌握旅游经济增长、旅游经济结构、旅游资源利用、自然生态环境、人们生活质量和旅游发展的相互关系和内在联系。

● 现代旅游经济发展模式，是以旅游经济发展的主要内容为目标，在一定的社会经济条件下所形成的旅游经济运行方式和管理体制。世界各国地理位置、资源条件以及政治、经济、文化等方面的差异，必然使各国旅游经济发展的目的、条件、经营管理方式也不尽相同，从而形成不同国家和地区具有不同的旅游经济发展模式。从世界各国旅游经济发展实践看，旅游经济发展模式可分为常规模式和非常规模式、大国模式和小国模式、政府主导型发展模式和市场主导型发展模式等。

● 现代旅游经济可持续发展，是指在充分考虑旅游与自然资源、社会文化和生态环境相互作用和影响的前提下，把旅游开发建立在生态环境承受能力之上，努力谋求旅游业与自然、文化和人类生存环境协调发展，并福及子孙后代的一种经济发展模式，其目的在于为旅游者提供高质量的感受和体验，提高旅游目的地人民的收入水平和生活质量，并切实维护旅游者和旅游目的地人民共同依赖的环境质量。

● 现代旅游经济可持续发展包括经济、生态及社会文化的可持续发展。经济的可持续性是指旅游业发展应使资源得到有效的利用和管理，并获得应有的经济效益；生态的可持续性是指旅游业发展要有利于对生物资源的保护，并促进生物多样性发展；社会文化的可持续性，则指旅游业发展要提高人们对其生活的控制能力，并与人们的文化与价值观相协调。

- 现代旅游经济可持续发展与传统旅游业发展相比，具有以下不同的特点：现代旅游经济可持续发展的目标是满足人们的多样化需求；现代旅游经济可持续发展的重点是保护资源和环境；现代旅游经济可持续发展的前提是合理的规划和开发；现代旅游经济可持续发展的保障是加强旅游行业管理。

- 现代旅游经济可持续发展要求经济、社会、环境发展的统一，要求旅游者与旅游目的地需求的统一，要求旅游宏观管理与旅游企业行为的统一，因而旅游经济可持续发展中也具有多方面可遵循的规律性，包括环境保护超前规律、环境承载力规律、综合协调发展规律和创新发展规律等。

- 旅游经济可持续发展的观念主要有系统观、资源观、市场观、产业观和效益观等。同时，还必须明确政府、非政府组织、旅游企业和旅游者在推进和支持旅游经济可持续发展中应承担何种职责和义务。

- 现代旅游经济可持续发展的重点，是在尊重自然生态环境及旅游资源形成规律的基础上，把合理利用旅游资源和保护旅游环境相结合，把近期利益与长期利益相衔接，努力谋取旅游经济效益、社会效益和生态效益的协调发展。具体要求是：有效开发和合理利用旅游资源，重视并加强旅游环境的保护，加大对旅游经济可持续发展的资金投入，加快旅游经济可持续发展所需人才的培养，制定促进旅游经济可持续发展的政策等。

☆　内容结构

本章内容结构如图 13-1 所示。

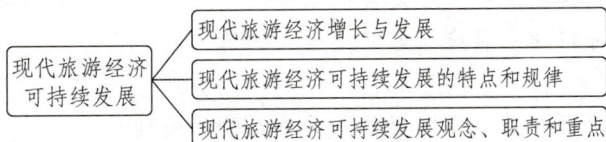

图 13-1　本章内容结构

☆　重要观点

观点 13-1：旅游经济发展不仅仅包括旅游经济总量的增长。

常见质疑：旅游经济的增长就是旅游经济发展。

释疑：现代旅游经济发展是与旅游经济增长既密切联系，又不完全相同的概念。旅游经济发展不仅包括旅游经济总量的增长，还包括旅游服务水平提升、旅游经济结构优化、旅游资源有效利用、旅游生态环境改善、旅游经济效益提高和人们生活质量不断改善等，即整个旅游经济质的变化和提升。正确理解旅游经济发展的概念，必须进一步分析和掌握旅游经济增长、旅游经济结构、旅游资源利用、自然生态环境、人们生活质量和旅游发展的相互关系和内在联系。

观点 13-2：现代旅游经济可持续发展的实质，是谋求旅游与自然、文化和人类生存环境融合为一个和谐的整体。

常见质疑：游客越多，旅游经济发展得越好。

释疑：丰富多样的自然资源和文化遗产既是旅游业赖以生存和发展的基础，也是旅游产品具有较强吸引力和特色的根本所在。旅游业的发展必须在生态环境的承载能力之内，避免对自然资源、生物多样性和生态环境造成负面影响；要求旅游业的发展能够有效地维护地方特色、文化和旅游胜地的特色，避免对当地文化遗产、传统习惯和社会活动造成负面的影响。

✿ 单元训练

✿ 传承型训练

▲ 理论题

△ 简答题

1）简述现代旅游经济增长的概念及内涵。

2）简述现代旅游经济发展的内涵。

3）简述现代旅游经济发展的各种模式及其概念。

4）简述现代旅游经济可持续发展的概念和特点。

5）简述现代旅游经济可持续发展的观念。

△ 讨论题

1）如何正确理解旅游经济增长与旅游经济发展？

2）旅游经济可持续发展有什么意义？

3）如何认识旅游经济可持续发展的规律性？

▲ 实务题

△ 规则复习

1）简述现代旅游经济可持续发展的职责。

2）旅游经济可持续发展应抓好哪些重点内容？

△ 业务解析

1）现代旅游经济发展应处理好哪些关系？如何处理？

2）如何根据旅游市场发展趋势，通过政府强有力的行政干预，推进旅游经济的发展？

▲ 案例题

【训练目的】

见本章"学习目标"中"传承型学习"的"认知弹性"目标。

【教学方法】

同第1章本题型的"教学方法"。

【训练任务】

同第1章本题型的"训练任务"。

【相关案例】

绿色旅游成可持续发展新话题

背景与情境：2010世界旅游日全球主会场庆典暨中国广东国际旅游文化节在

广州召开，同时，关于"生物多样性与旅游的可持续发展"话题也成为社会热议的焦点。

生物多样性是旅游业的重要资本

旅游业是目前全球最大的产业和发展最快的新兴产业之一。世界旅游业理事会主席兼首席执行官让克洛德·鲍姆加藤表示，旅游业有能力在2011—2020年，以每年超过4%的速度增长。鲍姆加藤先生还特别强调，生物多样性是旅游业的重要资本，是维持旅游业持续增长的基础，是确保旅游业可持续发展与未来成功的关键，是保持环境、经济与社会三者平衡的关键。

让旅游尽可能低碳环保

安栋梁强调，让旅游和旅行尽可能低碳环保。安栋梁表示，保护宝贵的天然绿色财富，就需要每个企业均制订社会责任计划。

以有效方式协调旅游和生物多样性之间的关系

生物多样性的破坏主要是因为人类活动所造成的，因此怎样保护生物多样性以应对气候变化带来的挑战是现在面临的主要问题。

世界旅游组织旅游可持续发展项目主任路易吉·卡布利尼表示，旅游业实际上跟生物多样性是并不冲突的，两者是互补的。

生物多样性和旅游可持续发展紧密结合

中山大学校长助理保继刚则认为旅游业是保护生物多样性、保护生态环境、发展区域经济、提高生活品质的重要发展途径之一。

旅游生物多样性和可持续发展相结合的例子比比皆是。如我国第一个自然保护区鼎湖山，在旅游开发过程中，人们根据鼎湖山的生物多样性、植被保护状况、人文景观分布等将旅游区划分为核心自然保护区和旅游开放区。在核心自然保护区，主要保护鼎湖山特殊、珍稀的动植物资源，开展仅供科学研究的观测活动。在旅游开放区，主要满足民众旅游休闲、生态观光的需要，鼎湖山有野生高等植物1 856种，其中珍稀濒危的国家重点保护植物有23种，以鼎湖山为原生地的植物有30种，鸟类有178种，兽类有38种，其中国家保护动物有15种，被誉为华南生物种类的"基因储存库"和"活的自然博物馆"。

（资料来源　吕宛青.旅游经济学［M］.北京：高等教育出版社，2012.经节选、压缩和改编）

问题：

1）该案例涉及本章的哪些知识点？

2）结合案例，试述旅游经济增长与旅游经济可持续发展的关系。

3）有观点认为"过分注重旅游经济效益增长会带来企业经营者的短视行为，从而对旅游经济的可持续发展带来消极影响"，你同意这种观点吗？为什么？

4）在发展绿色旅游时如何实现可持续发展？

【训练要求】

同第1章本题型的"训练要求"。

【成果形式】

1）训练课业：《"绿色旅游成可持续发展新话题"案例分析报告》。

2）课业要求：同第1章本题型的"课业要求"。

△ 善恶研判

【训练目的】

见本章"学习目标"中"传承型学习"的"认知弹性"目标。

【教学方法】

同第1章本题型的"教学方法"。

【训练准备】

同第1章本题型的"训练准备"。

【相关案例】

九寨沟为何变成"死胡同"？
——四川九寨沟数千游客滞留事件追踪

背景与情境： 2013年10月2日，驰名中外的四川九寨沟景区发生大规模游客滞留事件，上下山通道陷入瘫痪，甚至出现游客"攻陷"售票处的传闻。长假期间，作为世界自然遗产和国家5A级旅游景区的九寨沟，为何变成"上不去、下不来"的"死胡同"？游客、景区应如何"理性"对待长假旅游高峰？

交通线路瘫痪　数千游客滞留

10月2日下午，有游客在网上发帖反映九寨沟景区有数千名游客滞留，现场情况混乱，游客情绪激动。据目击者称，当时九寨沟景区上下山通道已经陷入瘫痪，许多游客滞留于景区内的公交车站点，其中有老人、小孩，最小的孩子仅9个月。

网上广泛传播的几张现场照片显示，在犀牛海、诺日朗等景点处，道路上挤满了情绪激动的游客，几辆公交车完全陷入"人海"中寸步难行，不少游客席地而坐，或是爬上车顶休息，甚至有人在路边搭起灶台做饭。

据九寨沟管理局介绍，2013年10月2日17时许，景区道路逐渐通畅，公交车通行恢复正常，游客陆续下山。但入夜后景区道路再次堵塞，不少游客开始往售票处聚集，要求退票和赔偿，现场一度陷入混乱。截至2013年10月2日22时许，滞留游客全部安全疏散。

九寨沟管理局旅游营销处处长罗斌表示，2013年10月2日13时以后就基本没有游客入园，但中午时段游客比较密集，公交车站点间距离比较远，在犀牛海站附近，部分游客可能由于没有赶上公交车，逗留时间过长，情绪激动，甚至将道路堵住，导致整个交通线路瘫痪，拥堵数千米长。

景区管理局公开致歉已退票1万多张

2013年10月3日，九寨沟管理局公开向广大游客发表致歉书。

致歉书中说：10月2日九寨沟景区迎来进沟高峰。为保障景区运转正常，景区95%的人员均到一线维护秩序，所有观光车投入运行，负责运送游客。中午12时许，由于少数游客在正常候车时间内，急于赶车，不听从管理人员指挥，强行拦车，导致部分站点观光车辆受阻，无法正常运行，造成运营车辆整体无法循环运转、大量游客无法正常乘车。由于候车或步行时间较长，部分游客心生怨气，不听劝阻，翻越栈道，导致整个客运系统几乎瘫痪。截至19时许，景区共滞留客人

4 000余人。

　　九寨沟管理局旅游营销处处长罗斌表示，从2013年10月2日晚11时起，在景区售票处开始组织退票，到次日凌晨3点已经退票8 000余张，部分游客情绪略显激动，但没有出现"打砸攻陷售票处"的情况。3日早上6时许，管理部门在景区旁边的荷叶迎宾馆开设了7个退票专柜，截至当日上午11时已退票1.1万余张。

　　针对有网友认为景区超负荷接待游客的情况，罗斌说："2013年10月2日13时后进入景区的游客已经很少，当日共接待游客4万人，在景区可承受范围之内。九寨沟景区的车辆调配是环线循环式的，车辆最初受阻是在犀牛海景点，这是进入景区的第七个景点，此后发生连锁反应，由于交通受阻，越来越多的车辆在此无法前行。"

旅游业淡旺季明显　长假旅游目的地、游客都须"理性"

　　为维护旅游秩序、保障游客权益的《中华人民共和国旅游法》10月1日刚实施，次日就发生了此类典型事件。虽然游客已经得到安全疏散，九寨沟管理局也就滞留事件公开道歉，但事件折射出长期困扰我国旅游业的深层问题。

　　中国大部分旅游景点的淡旺季十分明显，旺季往往集中在十几天甚至几天里，淡季长达几个月。国庆长假成为游客最为集中的选择，所有景区都几乎瞬时超出其饱和量，造成人多车多、景区拥堵的局面。

　　2013年10月2日，各大景区游客量出现大幅增长，不少景区游人如织，拥挤明显。统计数据显示，故宫2013年10月2日接待游客17.5万人，超过预计游客量上限一倍多。

　　专家指出，各景区、景点必须科学、"理性"论证自身的接待能力，探索人性化的管理方式。如在此次九寨沟游客滞留事件后，管理局须就站点设置、车辆调配、应急疏导等问题进行反思，力求做到合情、合理、合法，同时彻查事件原委、核实当日接待人数，调查矛盾激化前因后果，杜绝此类事件再次发生。

　　专家建议，针对我国旅游业现状，各景区可借鉴国外预约的做法，在游客到达之前就做好准备，进行疏导；对景区游客人数、交通住宿条件等信息及时公布；一旦发现游客超过饱和量，就要进行调节，延长景区开放时间、科学组织游客买票进入、适时限流都是可取的措施。

　　同时，一些专家也指出，一些游客以自我为中心，不守秩序、违反规定、因堵生急、因急生事，成为造成景点拥堵、游客滞留的重要原因之一，建议游客应更加"理性"地选择出游的时间和地点，在游览过程中更加"理性"地对待交通不便、人多拥挤等实际困难，别一有不顺就让自己成为拦车、堵路、打人的不讲理"游霸"。

　　（资料来源　佚名.九寨沟为何变成"死胡同"？——四川九寨沟数千游客滞留事件追踪[EB/OL].［2013-10-03］.http：//news.xinhuanet.com/local/2013-10/03/c_117591713.htm.经节选、压缩和改编）

　　问题：

　　1）如何做才能保障旅游经济的可持续发展？

　　2）试对上述问题做出你的善恶研判。

3）说明你所作善恶研判的依据。

4）请从旅游经济可持续发展的角度对旅游景区的环境承载力做出评价。

【训练要求】

同第1章本题型的"训练要求"。

【成果形式】

1）训练课业：《"九寨沟为何变成'死胡同'？"善恶研判报告》。

2）课业要求：同第1章本题型的"课业要求"。

❄ 创新型训练

▲ 自主学习

自主学习-Ⅴ

【训练目的】

见本章"学习目标"中"创新型学习"的"自主学习"目标。

【教学方法】

同第1章本题型的"教学方法"。

【训练要求】

1）各团队以自主学习获得的"学习原理"、"学习策略"与"学习方法"知识（高级）为指导，通过院资料室、校图书馆和互联网，查阅和整理近年以"现代旅游经济可持续发展"为主题的国内外学术文献资料。

2）各团队以整理后的文献资料为基础，依照相关规范要求，讨论、撰写和交流和修订《"现代旅游经济可持续发展"最新文献综述》。

3）同第10章本题型的其他"训练要求"。

【成果形式】

训练课业：《"自主学习-Ⅴ"训练报告》

课业要求：

1）将《团队自主学习计划》和《"现代旅游经济可持续发展"最新文献综述》作为《"自主学习-Ⅴ"训练报告》的"附件"。

2）《"现代旅游经济可持续发展"最新文献综述》应符合"文献综述"规范要求，做到事实清晰，论据充分，逻辑清晰，不少于3 000字。

3）同第1章本题型的其他"课业要求"。

✸ 建议阅读

[1] 杨喜鹏.关于生态旅游经济可持续发展问题的研究［J］. 生态经济，2014，30（1）：148-149.

［2］朱晶佳.中国旅游经济可持续发展存在的问题及其对策［J］. 中国商贸，2011（34）：186-187.

［3］刘志友.生态旅游经济可持续发展研究［J］. 中国商贸，2011（33）：138-139.

［4］许峰，等.真实性视角下乡村旅游经济可持续开发研究［J］. 旅游科学，

2011，25（1）：26-34.

　　［5］李敏.旅游经济可持续发展存在的问题与对策分析［J］.经济师，2008（10）：243，252.

　　［6］王引兰，高会宗.旅游经济可持续发展的道德支持［J］.山西师大学报（社会科学版），2003（2）：50-54.

课业范例

范例-1

△ **案例分析**

【训练目的】

运用本书的理论与实务知识对"旅游，既是民生事业又是民生产业"案例进行多元表征，体验"旅游的双重属性"中"结构不良知识"的"传承型学习"及其迁移。

【教学方法】

采用"案例教学法"。

【训练任务】

同第1章本题型的"训练任务"。

【相关案例】

旅游，既是民生事业又是民生产业

背景与情境： 党的十七届五中全会提出，"更加注重以人为本，更加注重保障和改善民生，促进社会公平正义"。在保障和改善民生成为治国执政第一要务的背景下，有必要对旅游业的性质进行再思考、再认识。

改革开放之前的旅游，对外宾是外事工作的一部分，对港澳台与华侨同胞是统战工作的一部分。接待设施由国家拨款建设，接待工作由政府有关部门安排，接待人员是国家工作人员，接待活动基本不讲经济回报，属于政府管理的一种社会事业。

邓小平说："搞旅游要千方百计地增加收入。既然搞这个行业，就要看看怎样有利可图。"从此，旅游业从事业转型为行业，成了一个产业，走上了市场经济的轨道。旅游接待与消费成为一种市场行为，旅游服务成为商品，旅游接待单位成为企业。市场化的改革使中国旅游业突飞猛进、昂然崛起，中国也成了世界旅游大国，社会各界对旅游的经济性质、产业性质达成了共识。

今天，为什么又要再提旅游也是一种社会事业呢？

40多年前，国民经济濒临崩溃的边缘，大部分百姓的温饱亟待解决。在这种背景下，经济建设成为压倒一切的中心课题，发展旅游就是为了发展经济，而且主要是为了赚取外汇。邓小平说的旅游要成为一个"综合性的行业"，很快被人们接

受，旅游外汇收入从 1978 年的 2.6 亿美元增加到 1996 年的 102 亿美元、2002 年的 204 亿美元、2006 年的 339 亿美元、2007 年的 419 亿美元。对一个缺少外汇、进口乏力的大国来说，邓小平"旅游赚钱多，来得快"的讲话，自然使旅游成为被看好的经济产业。

今天，我们已经从以经济建设为中心走向经济、社会、民主、文化、生态建设同步推进，从一部分人先富起来转向全体人民共同富裕，共享改革开放、经济建设成果；越来越多的民众走出家门、国门踏上旅途，旅游已成为某些人生活的一部分。国家和地方发展旅游的成果，民众参与旅游的收获，旅游与民生息息相关的特性，都清楚地说明旅游不仅具有突出的经济功能，还有显著的社会、文化与生态功能。旅游既是民生产业，同时也是民生事业的双重特征越来越清晰了。

如果把视野放到世界，当代国际社会早就公认休闲是人的一种生活方式，休闲权与劳动权、教育权、医疗权、居住权一样成为基本人权的组成部分。1948 年 12 月联合国《世界人权宣言》指出："任何人都有休息、休闲的权利，尤其是享有合理的工作时间和定期带薪休假的权利。"1970 年联合国劳工组织通过《休闲宪章》指出，"闲暇时间是一种自由的时间，在这个时间里，人们能掌握人和作为社会的有意义的成员的价值""休闲与娱乐为人们要求丰富当代生活方式创造了许多条件，更为重要的是它通过身体放松、竞技、欣赏艺术/科学和大自然，为丰富生活提供了可能性"。保障公民的休闲权已成为一种普世价值观。

旅游是人们离开日常居住地去其他地方的休闲方式，是一种十分流行、普遍、民众化的休闲方式。旅游能使人身心愉悦、健全体魄、丰富阅历、开阔视野，促进人的自由、全面、健康发展。深刻认识休闲与旅游的人文价值与社会功能，休闲与旅游不仅是国民的福利，更是国民的权利。发展休闲与旅游不仅是刺激消费、拉动内需的应时举措，更是实现"改善民生"的战略举措。改善物质生活与提升文化享受、丰富精神生活同是"改善民生"题中的应有之义。休闲旅游经济无疑是一种造福于民的民享经济、民生经济。

正如文化、体育既是事业又是产业一样，肯定旅游是民生事业，并不是贬低或否定它的产业性质。构成旅游产品的要素具有多种类型与属性，大致可分为三类：第一类是公共产品，如城市公园、公共广场、图书馆、博物馆、公共电视频道、公共体育场馆等，此类产品不以营利为目的，由或主要由政府公共财政提供。第二类是私人产品，如影视、演艺、娱乐、美容、美食、高尔夫、游船邮轮、民航、房车等，此类产品由市场提供、企业经营。第三类是准公共产品，如风景名胜区、国家森林公园、地质公园、红色旅游点及公共交通、游客中心、信息中心等，其资源是公共性质的，但在很长的历史时期内难以完全由政府财政承揽全部保护、建设与运行经费，以准公共产品的方式运营，在政府监控下以市场方式向国民提供。

在市场经济环境下，无论是公共产品还是私人产品、准公共产品，凡是为国民休闲旅游提供物质与精神服务的产品，都有投入产出的经营核算，都应列入国民经济的序列之内。社会物质文明、政治文明、精神文明与生态文明程度越高，人的闲暇时间越多，国民的休闲旅游需求就越旺盛、越广泛、越精致，由社会供给的旅游休闲事业与由市场供给的旅游休闲产业就越发展。

事业—产业—事业+产业，对旅游业性质认识的这种嬗变，也许是"否定之否定"认识规律的一个新案例。探讨这个问题，在民生成为社会主题的今天，对全面把握旅游发展规律、科学谋划旅游发展之道，或许有所启示。"在政府引导下发挥市场机制的积极作用"，既充分发挥政府的宏观调控作用，又广泛发挥市场的调节作用，灵活使用"有形之手"与"无形之手"壮大旅游民生事业与民生产业，旅游发展之道将更加宽广、前景将更加绚丽。

（资料来源　王兴斌.深化对旅游业双重特性的认识［N］.中国旅游报，2010-11-15.经节选、压缩和改编）

问题：

1）该案例涉及第1章的哪些知识点？

2）旅游可以被看作一个产业吗？

3）在社会日益关注民生的今天，如何理解旅游业既是民生事业又是民生产业？

4）"十三五"期间，该如何重视和发挥旅游业的民生功能？

【训练要求】

同第1章本题型的"训练要求"。

【成果形式】

1）训练课业：《"旅游，既是民生事业又是民生产业"案例分析报告》。

2）课业要求：同第1章本题型的"课业要求"。

"旅游，既是民生事业又是民生产业"案例分析报告

案例分析人＿＿＿＿＿＿＿（＿＿＿＿＿级＿＿＿＿＿专业＿＿＿＿＿＿＿班）

指导教师＿＿＿＿＿＿＿（＿＿＿＿＿＿＿大学＿＿＿＿＿＿＿＿＿＿学院）

1）案例综述

旅游业发展对国民经济具有重要的作用。本案例从旅游产业双重属性的角度，研究了旅游既是民生事业又是民生产业的属性特征，以期更好地指导旅游产业的健康发展。

2）关于本案例涉及旅游经济学"知识点"的分析

本案例主要涉及现代旅游经济活动性质、旅游产业化标志、旅游业在国民经济中的作用、旅游的科学发展等方面的知识点。

3）关于"旅游业的双重属性"的分析

国家和地方旅游业发展的成果显示，发展旅游不仅能够刺激消费、拉动内需，具有突出的经济功能，还具有显著的社会、文化与生态功能，是"改善民生"的战略举措。因此可以从旅游具有民生产业，同时也是民生事业的双重属性方面进行分析。

4）关于"如何体现旅游业的双重功能"的分析

在分析旅游业的双重属性的基础上，探讨如何体现旅游业的双重功能，可以从以下几个方面进行考虑：（1）通过某些旅游产品的公共性来体现旅游业的事业功能。（2）通过某些旅游产品的私人性来体现旅游业的产业功能。（3）通过某些旅游产品的准公共性来体现旅游业的事业+产业功能。（4）通过对"在政府引导下发挥市场机制的积极作用"的分析，来体现旅游业既离不开政府的宏观调控作用，又离

不开市场的调节作用，以彰显旅游事业与产业的双重属性。

附范 1-1

"旅游，既是民生事业又是民生产业"案例分析提纲

1）关于"知识点"分析

（1）小组成员分别分析研究旅游是不是一个产业。

（2）小组讨论各成员收集的本案例涉及"知识点"，由组长汇总。

（3）小组讨论：本案例是如何涉及知识点的。

（4）组长汇总讨论"1)"的阶段性成果。

2）关于"旅游业的属性"分析

（1）小组成员应用本案例相关"知识点"知识，小组成员搜索"旅游业的属性"相关资料，逐一分析"旅游业的属性"。

（2）小组讨论各成员分析的"旅游业的属性"，由组长汇总。

3）关于"旅游业既是民生事业又是民生产业"分析

（1）收集相关资料，加深对旅游业既是民生事业又是民生产业的理解，研究"旅游业的双重属性"。

（2）小组讨论各成员设计的"旅游业的属性及其表现"，由组长汇总。

4）关于"既重视发挥旅游业的民生事业功能又重视发挥旅游业的民生产业功能"的分析

（1）从旅游经济对国民经济的影响方面分析如何发挥旅游业的民生产业功能。

（2）从人民群众的旅游需要出发，分析如何发挥旅游业的民生事业功能。

（3）小组讨论各成员设计的"如何体现旅游业的双重功能"，由组长汇总。

5）撰写、讨论与交流《分析报告》

（1）组长组织组员，综合以上阶段性成果，形成《分析报告》。

（2）在班级讨论、交流各组的《分析报告》。

（3）小组修改《分析报告》，提交教师点评。

范例-2

▲ 善恶研判

【训练目的】

依照相关行为规范对"旅游收益增加背景下的'相对被剥夺'"案例进行善恶研判，促进健全职业人格的塑造。

【教学方法】

同第1章本题型的"教学方法"。

【相关案例】

旅游收益增加背景下的"相对被剥夺"

背景与情境：束河古镇位于云南丽江古城北4千米处，是丽江古城世界文化遗产的组成部分之一。束河古镇拥有纯净的自然风光，古朴的民俗风情和深厚的文化底蕴，为其旅游业的迅速发展奠定了良好的基础。但直到2003年5月12日，昆明鼎

业集团巨额投资正式启动"丽江束河古镇保护与发展项目",实行"政府引导,企业参与,市场运作,农户受益"的发展模式,束河古镇旅游发展的春天才真正到来。

束河古镇旅游业的快速发展调整了当地的产业结构,迅速并大幅度地提高了当地居民的经济收入。根据调查,2002年束河劳动力共有2 041人,其中,从事农业劳动的人数为1 918人,占94%,从事其他产业的人数为123人,占6%;到2006年,束河劳动力共有2 269人,其中从事农业劳动的人数为929人,占41%,从事建筑和旅游的人数为1 340人,占59%。居民人均年收入从2003年的800多元增加到2009年的5 000多元。

然而,在旅游发展过程中,束河古镇也出现了许多旅游地普遍存在的问题,如不少外来人员涌入束河古镇,抢占当地居民的就业机会;利益分配不均问题开始出现;当地居民作为弱势群体被"挤出",社会矛盾冲突加剧;由于外来资本的大量进入,利益漏损凸显;大量游客慕名而至对束河古镇的生态环境和生活环境造成了不良影响,等等。古镇居民相继产生了"相对被剥夺感"。"相对被剥夺感"的出现和存在使束河古镇经济利益冲突、社会利益冲突、心理冲突问题成为不可回避的重要问题。

（资料来源　根据社会调查资料整理）

问题:

1）旅游收益增加背景下的"相对被剥夺"是否会导致旅游地社会矛盾加剧?最终会对哪些主体产生影响?

2）试对上述问题做出你的善恶研判。

3）说明你所作善恶研判的依据。

4）请从利益相关者的角度对束河古镇旅游开发及其管理行为做出评价。

【训练准备】

同第1章本题型的"训练准备"。

【训练要求】

同第1章本题型的"训练要求"。

【成果形式】

1）训练课业:《"旅游收益增加背景下的'相对被剥夺'"善恶研判报告》。

2）课业要求:同第1章本题型的"课业要求"。

"旅游收益增加背景下的'相对被剥夺'"善恶研判报告

1）案例综述

案例反映了在旅游业快速发展、旅游经济收益增加的背景下,多种经济力量介入之后,由于未能兼顾多方利益,导致当地居民作为弱势群体被"挤出"现象凸显,古镇当地居民"相对被剥夺感"产生,引发了社会矛盾冲突,干扰了旅游地社会秩序,进而影响到了景区的可持续发展和生命周期。

本案例中的行为违背了最基本的旅游业开发需以兼顾当地居民利益为前提的道德标准。

2）关于"善恶研判"分析

（1）在旅游发展愿望和旅游开发行为的推动下,景区开发主体包括外来开发商、本地开发商、当地居民、政府及管理部门、各行业部门等。在各种力量中，当地居民无疑处于弱势地位。束河古镇在旅游发展过程中出现的问题，也是许多旅游地普遍存在的问题。

（2）伴随着旅游业的快速发展，在旅游收入增加的同时，应动态性地、有比例地提高当地居民的经济收入。同时还要注意保护当地的生态环境和社会环境。

3）关于"作善恶研判所依据的行业规范"分析

（1）由于社区旅游的资源基础是社区居民在长期生活过程中创造的，在某种意义上具有唯一性、真实性和不可替代性，对其开发利用可获得较高的收益。因此居民对其有当然的收益权和分配权。

（2）旅游开发离不开各类资本的投入，物质资本、社会资本、文化资本等均是不可缺少的资本要素，它们都应该获得收益权利。

4）关于"旅游收益增加背景下的'相对被剥夺'"分析

（1）该善恶研判对我们有很好的教育启示意义。

（2）该案例对法律、社会学、管理学、经济学、旅游学等相关知识提出了较高的要求，需要我们具备相关专业背景知识。

（3）社区旅游资源具有独特性、综合性、不可替代性，而且是最珍贵的资源。社区旅游开发必须以保护当地社会文化资源为前提，不能为了眼前利益、局部利益和个体利益而牺牲长远利益与整体利益。

（4）社区旅游开发还必须兼顾当地居民的切身利益，因为他们是社区旅游的重要资源和重要参与者。要动态性地考虑居民的需要。

附范 2-1

"旅游收益增加背景下的'相对被剥夺'"研判提纲

（项目组组长：_____项目组成员：_____）

1）关于"道德伦理问题"分析

（1）小组成员分别分析研究本案例中"相对被剥夺"的伦理问题。

（2）小组讨论各成员收集来的本案例中"相对被剥夺"所涉及的职业道德伦理问题。

（3）小组讨论：目前"相对被剥夺"的行为表现，一是当地居民的就业机会被抢占；二是利益分配不均问题开始出现；三是外来资本的大量进入，利益漏损凸显；四是古镇的生态环境和生活环境受到影响。

（4）组长汇总讨论"1）"的分析内容，形成阶段性成果。

2）关于"善恶研判"分析

（1）小组成员根据当地居民作为弱势群体被"挤出"情况，逐一进行"善恶研判"。

（2）小组讨论各成员分析的"善恶研判"，对于"挤出"引发的社会矛盾冲突加剧进行批判。

（3）组长汇总讨论"2）"的分析内容，形成阶段性成果。

3）关于"作善恶研判所依据的行业规范"分析

（1）小组成员分别通过网络及图书馆查找资料，研究"作善恶研判所依据的行业规范"。

（2）小组讨论社区旅游开发中的职业操守。

（3）组长汇总讨论"3）"的分析内容，形成阶段性成果。

4）关于"旅游收益增加背景下的'相对被剥夺'"分析

（1）小组成员分别对"旅游收益增加背景下的'相对被剥夺'"案例进行评价。

（2）小组讨论各成员对"旅游收益增加背景下的'相对被剥夺'"的评价。

（3）组长汇总讨论"4）"的分析内容，形成阶段性成果。

5）撰写、讨论与交流《"旅游收益增加背景下的'相对被剥夺'"善恶研判报告》

（1）组长组织组员，综合以上阶段性成果，形成《"旅游收益增加背景下的'相对被剥夺'"善恶研判报告》。

（2）在班级讨论、交流各组的《"旅游收益增加背景下的'相对被剥夺'"善恶研判报告》。

（3）小组修改《"旅游收益增加背景下的'相对被剥夺'"善恶研判报告》，提交教师点评。

范例-3

▲ 实践操练

"现代旅游产品开发"知识应用

【训练目的】

参加"'现代旅游产品开发'知识应用"的实践训练。在了解和把握本训练所涉及能力与道德领域相关技能点的"参照规范与标准"基础上，通过对"知识准备"所列知识的运用，相关"参照规范与标准"的遵循，系列技能操作的实施，《实践报告》的准备、撰写、讨论与交流等有质量、有效率的活动，系统体验相关技能的"传承型学习"及其迁移；通过"顺从级"践行"职业道德"选项的行为规范，体验"职业道德"规范的"传承型学习"及其迁移，促进健全职业人格的塑造。

【教学方法】

采用"项目教学法""实践教学法"。

【训练准备】

知识准备：

1）本章理论与实务知识。

2）表范3-1中各技能点的"参照规范与标准"。

3）表范3-2所列选项的"参照规范与标准"。

4）本教材"附录四"附表4"职业道德领域"选项的"参照规范与标准"。

指导准备：

1）教师向学生阐明"训练目的"和"训练内容"。

2）教师指导学生设计《实训计划》和《策划书》。

3）教师向学生说明本次实践应该注意的问题。

【训练内容】

专业能力训练：其"领域"、"技能点"、"名称"和"参照规范与标准"见表范3-1。

表范 3-1　　　　**专业能力训练领域、技能点、名称及其参照规范与标准**

能力领域	技能点	名称	参照规范与标准
"现代旅游产品开发"知识应用	技能 1	"现代旅游产品的市场生命周期"知识应用技能	1）能全面把握"现代旅游产品的市场生命周期"的理论与实务知识 2）能正确应用上述知识，高质量、高效率地进行以下操作： （1）在旅游产品推出期，为旅游景区做好广告、试销和促销等业务的策划，使旅游者充分了解和认识旅游产品 （2）在旅游产品成长期，为景区做好减少广告费用，降低销售成本，扩大利润，主动推出特色组合产品等策划 （3）在旅游产品成熟期，为景区做好两方面策划：一方面审时度势，分析和发现新市场需求，采取有效措施延长旅游产品生命周期；另一方面将差异化作为旅游市场竞争的核心，及时研发和推出有竞争力的旅游新产品 （4）在旅游产品衰退期，为景区做好适时撤退或改造过时旅游产品，以减少损失的策划
	技能 2	"现代旅游产品开发原则"知识应用技能	1）能全面把握"现代旅游产品开发原则"的理论与实务知识 2）能正确应用上述知识，高质量、高效率地进行以下操作： （1）依照"市场导向原则"，为景区做好旅游市场定位和适销对路的旅游产品开发等策划 （2）依照"效益观念原则"，为景区做好经济效益、社会效益和生态环境效益俱佳的旅游项目策划 （3）依照"产品形象原则"，为景区做好形象鲜明的特色旅游产品设计
	技能 3	"现代旅游产品开发内容"知识应用技能	1）能全面把握"现代旅游产品开发内容"的理论与实务知识 2）能正确应用上述知识，高质量、高效率地进行以下操作： （1）为景区做好针对某一旅游景点、旅游接待设施、旅游娱乐或旅游购物的单个项目开发策划 （2）为景区做好与旅游者期望吻合、消费水平适应的旅游组合产品开发策划 （3）为景区做好多种形式的旅游目的地开发策划
	技能 4	"现代旅游产品开发策略"知识应用技能	1）能全面把握"现代旅游产品开发策略"的理论与实务知识 2）能正确应用上述知识，高质量、高效率地进行以下操作： （1）能正确应用"市场型组合策略"，为景区做好针对某一特定旅游市场的产品策划 （2）能正确应用"产品型组合策略"，为景区做好以某一类型旅游产品满足多个目标旅游市场同类需求的产品策划 （3）能正确应用"市场-产品型组合策略"，为景区做好能同时或分批向多个不同旅游市场提供多种不同旅游产品的策划

　　职业道德训练：其"范畴"、"名称"、"等级"、"参照规范与标准"以及"选项"见表范 3-2。

表范 3-2 **职业道德训练选项表**

道德领域	道德范畴	名称	等级	参照规范与标准	选项
职业 道德	范畴 1	职业观念	顺从级	同本教材"附录四"附表 4 的参照规范与标准	
	范畴 2	职业情感	顺从级	同本教材"附录四"附表 4 的参照规范与标准	√
	范畴 3	职业理想	顺从级	同本教材"附录四"附表 4 的参照规范与标准	
	范畴 4	职业态度	顺从级	同本教材"附录四"附表 4 的参照规范与标准	√
	范畴 5	职业良心	顺从级	同本教材"附录四"附表 4 的参照规范与标准	√
	范畴 6	职业作风	顺从级	同本教材"附录四"附表 4 的参照规范与标准	√
	范畴 7	职业守则	顺从级	同本教材"附录四"附表 4 的参照规范与标准	√

【组织形式】

将班级学生分成若干实践团队，根据训练内容和项目需要进行角色划分。

【训练任务】

1）对表范 3-1 所列专业能力领域各技能点，依照其"参照规范与标准"实施阶段性基本训练。

2）对表范 3-2 所列职业道德选项，依照本教材"附录四"附表 4 的"参照规范与标准"实施"顺从级"融入性训练。

【训练要求】

1）训练前，引导学生了解并熟记本实践的"训练目的""训练准备""训练内容""训练任务"，将其作为本实践的操练点和考核点来准备。

2）通过"训练步骤"，将"训练任务"所列两种训练整合到本实践的"活动过程"与"成果形式"中。

3）系统体验"专业能力训练"各技能点和"职业道德训练"所选范畴"参照规范与标准"的遵循。

【情境设计】

将学生组成若干实践团队，结合实践训练项目，在本省（自治区、直辖市）选择一个景区，应用"现代旅游产品开发"的理论与实务知识，对其"旅游产品开发"现状进行调查研究，为该景区进行"旅游产品开发"策划，系统体验相关技能点的操作与"职业道德"选项的融入，分析总结此次策划实践活动的成功与不足，在此基础上撰写相应《实践报告》。

【训练时间】

本章课堂教学内容结束后的双休日。

【训练步骤】

1）根据本项目需要，将班级学生组成若干个实践团队，每个团队确定1~2人负责。

2）各团队在本省（自治区、直辖市）分别选择一个旅游景区，结合"情境设计"进行角色分工，制订本次《实践计划》。

3）各团队实施《实践计划》，应用"现代旅游产品开发"的理论与实务知识，系统体验并记录如下技能操作：

（1）依照"技能点1"的"参照规范与标准"，体验"'现代旅游产品的市场生命周期'知识应用"的各项技能操作。

（2）依照"技能点2"的"参照规范与标准"，体验"'现代旅游产品开发原则'知识应用"的各项技能操作。

（3）依照"技能点3"的"参照规范与标准"，体验"'现代旅游产品开发内容'知识应用"的各项技能操作。

（4）依照"技能点4"的"参照规范与标准"，体验"'现代旅游产品开发策略'知识应用"的各项技能操作。

（5）总结以上操作体验，撰写《现代旅游产品开发策划书》。

4）在"'现代旅游产品开发'知识应用"之"专业能力"的上述基本训练中，"顺从级"融入表范3-2"职业道德"选项的训练。

5）各团队在此基础上撰写、讨论和交流作为成果形式的《实践报告》。

【成果形式】

实践课业：《"'现代旅游产品开发'知识应用"实践报告》

课业要求：

（1）《实践报告》的内容包括：实训团队成员与分工；实训过程；实训总结（包括对"专业能力"各技能点"基本训练"和"职业道德"各选项"融入性训练"的成功与不足之分析说明）。

（2）将《实训计划》和《现代旅游产品开发策划书》全文以"附件"形式附于《实训报告》之后。

（3）在校园网的本课程平台上展示班级优秀《实践报告》，并将其纳入本课程的教学资源库。

"'旅游产品开发'知识应用"实践报告

按照"实践题"要求，我团队以"'丽江金稞生态庄园旅游产品开发'实践训练团队"为名，到丽江市"丽江金稞生态庄园"实际调研收集并整理开发该庄园的区位条件、自然环境条件、旅游发展条件、市场状况、庄园旅游接待状况等方面的相关资料，现将具体实践操作说明如下：

1）实践团队成员分工

（1）团队名称

本实践小组根据工作任务情况，将团队命名为"丽江金稞生态庄园"调研小组。设小组长1人，小组成员8人，共计9人。

（2）角色分工

实训小组组长由孔燕云同学担任，孔燕云同学理论知识比较扎实，又是学生干部，具有较强的组织能力和沟通能力。根据分工，实践小组组长就是实践组织人，主要负责安排实践进度、组织研讨及实践报告的撰写工作；张帆同学主要负责"区位条件"部分的调研及资料整理、加工和计算工作；田静同学负责"自然环境条件"部分实地调研资料的整理、加工和计算工作；石慧同学和陆景阳同学主要负责"旅游发展条件"部分资料的整理、加工和计算工作；李玉洁同学和唐维正同学主要负责"市场状况"部分的调研及资料整理、加工和计算工作；万小飞同学和王赞东同学负责"庄园旅游接待状况"部分的调研及资料整理、加工和计算工作。

2）实践过程

（1）实地调研和计算

本实践团队成员根据"角色分工"，分别针对丽江金稞生态庄园区位条件、自然环境条件、旅游发展条件、市场状况、庄园旅游接待状况等方面进行深入调查，为实践报告提供基础资料。

①区位条件。

调查、收集在一定时间条件下，能够保障旅游活动开展和旅游者安全进入的地理和交通区位条件、资源区位条件、经济区位条件。

②自然环境条件。

调查与收集在一定时间条件下，能够保障旅游活动开展和旅游者安全进入的气候条件、动植物特色。

③旅游发展条件。

调查与收集在一定时间空间条件下，能够保障旅游活动开展和旅游者安全的旅游资源基础、旅游发展基础。

④市场状况。

调查与收集在一定时间条件下，庄园所在地丽江市国民经济及旅游发展现状，分析丽江市客源市场，确定金稞生态庄园未来目标市场。

⑤庄园旅游接待状况。

调查与收集在一定时间条件下，在保障生态环境不遭到破坏的前提下，能够保证旅游者在旅游活动过程中最基本需求所需要的旅游餐饮、住宿、娱乐设施，服务项目的数量、质量和类型结构状况，旅游工艺品、特色食品等商品的数量、质量和类型结构状况。

（2）实施"融入性"职业道德训练

我团队在实施上述"专业操练"的过程中，按照"实践要求"，依照表范3-2中列示的"职业核心能力"和"职业道德"选项，进行了相关等级的融入性训练。

3）实训总结

（1）关于"'旅游产品开发'知识应用"的专业能力训练

①通过对庄园旅游的实际调研，我团队加深了对社区"旅游产品开发"相关知

识的理解，基本掌握了旅游产品开发的一般程序。

②通过对"旅游产品开发"知识的综合应用，系统体验了表范3-1中的各项技能操作，提升了"理论与实践相结合"的相关专业能力。

（2）关于"职业道德"选项的"融入性"训练

实践前，我实践团队重温了列入本"实践题"表范3-2"职业道德训练选项表"中"参照规范与标准"，这对于我们实施"融入性训练"是十分必要的，有助于克服实践过程中相关操作的盲目性。在实践过程中，我们在准备和实施"'旅游产品开发'知识应用"的全方位训练的同时，在团队分工与合作中，习惯性（顺从级）地融入了"职业良心"、"职业情感"、"职业态度"、"职业作风"和"职业守则"等"职业道德"的训练，强化了我们"职业道德素质"。这对于实现本课程"健全职业人格"建构的目标来说，是必不可少的。

应当说明的是：本次实践操练对"职业道德"融入性训练的等级要求不高，只是"顺从级"，即把各选项的"道德规范"当作"他律"。我们期待在本课程后续"实践操练"中，体验这种"融入性训练"的等级向"认同级"和"内化级"提升。

附范3-1
"'旅游产品开发'知识应用"实践计划

为了高质量完成丽江金稞生态庄园的旅游产品与开发任务，特制订本次实践计划：

1）关于"'旅游产品开发'知识应用"的专业训练

（1）首先进行团队实践任务的动员，并在教师的指导下，明确实践内容，根据实践任务需要进行角色分工，指定相关成员按照实践要求和需要，分别对丽江金稞生态庄园的区位条件、自然环境条件、旅游发展条件、市场状况等方面进行实际调研和资料收集。

（2）实践调研开始，选择丽江金稞生态庄园景区，在特定的时间段，调查该庄园旅游基础设施的数量和质量；通过对区位条件、自然环境条件、旅游发展条件、市场状况等方面的调查，掌握该庄园市场环境。

（3）继续开展该庄园旅游发展的实际调研。选择某一特定的时间段，调查该庄园旅游发展在经济方面给当地居民带来的影响；调查该庄园旅游发展在社会环境方面给当地居民带来的影响；调查该庄园旅游发展在自然环境方面给当地居民带来的影响。每一类影响都包含积极方面和消极方面。

（4）团队成员根据收集到的调研数据，分析旅游产品与开发，最后由组长总纂《实践报告》。

2）关于"职业道德"的融入性训练

组织全体成员，重温附范3-2"职业道德训练选项表"的各选项的"参照规范与标准"，要求各成员将"职业道德"各范畴行为的"参照规范与标准""顺从级"融入专业训练的全部过程中。

附范 3-2

"丽江市金稞生态休闲农庄旅游产品开发"策划书

一、金稞生态庄园开发条件分析

1.区位条件

1）地理、交通区位条件

丽江地处云南省西北部云贵高原与青藏高原的连接部位，总面积 20 600 平方千米。辖古城区、玉龙纳西族自治县、永胜县、华坪县、宁蒗彝族自治县，总人口120 余万人。

丽江现代交通区位承东启西、南接北连，是联结滇川藏的中心地。丽江市的交通区位优势为大具乡金稞生态庄园成为重要旅游目的地奠定了良好的基础。

大具乡金稞生态庄园位于有着"高原姑苏"之称的云南省丽江市，处在国家 5A级风景名胜区玉龙雪山腹地，由丽江古城区到大具乡金稞生态庄园可从玉龙雪山景区穿过；另一条从丽江玉龙雪山脚下的甘海子直通大具乡金稞生态庄园的 2 级公路已在建设中，该条公路将大大提升游客从丽江古城区至大具乡金稞生态庄园的可进入性。

2）资源区位条件

丽江境内自然、人文旅游资源丰富，拥有列入世界文化遗产名录的丽江古城、列入世界自然遗产的三江并流、列入世界记忆遗产的纳西族东巴古籍，以及玉龙雪山、泸沽湖等国内外知名的旅游资源，是纳西民族的聚居地、纳西东巴文化的发祥地。

3）经济区位条件

金稞生态庄园位于大具乡头台村，全村耕地面积达 5 397.40 亩，林地达 26 429亩。2007 年全村经济总收入 477.15 万元，农民人均纯收入 1 951 元。该村属于贫困村，农民收入主要以烟草、制种、养殖为主。经济区位条件较差。

2.自然环境条件

1）气候条件

金稞三面临山，植被覆盖率高，年平均降水量 1 200~1 600 毫米，空气湿度大，适合生态作物的生长。总体来说，金稞生态庄园所在区域内的温度适宜，光照充足，空气湿润，气候舒适。

2）动植物特色

金稞生态庄园动植物特色主要体现在三个方面：一是当地原生态的动植物资源独特丰富；二是结合自身条件人工培育的动植物资源可观赏度和食用性高，形成一定的吸引力；三是旅游目的地正在进行动植物资源的培育。总体来说，区域整体的原生态和引入的动植物资源都极其丰富珍贵。区内珍稀动物、高山花卉和名贵树木资源十分丰富，周围野生动物和天然林的点缀，使金稞生态庄园独具魅力。

3.旅游发展条件

1）旅游资源基础

金稞庄园毗邻集三项世界遗产于一身的丽江，西靠国家 5A 级景区、国家地质公园——玉龙雪山，向东有公路通往摩梭人的故乡、4A 级景区——泸沽湖，旅游资源优势明显。所在区域是纳西族聚居地，保留了纳西族特有的民族文化，文化资源特色显著。同时金稞庄园集乡村、森林、田园、湖泊、溪流、丘地、草场、丛林等人文和自然景观资源于一体，具有良好的资源条件。

2）旅游发展基础

根据丽江市政府公布的统计数据，2013年丽江全年接待国内游客达2 079.58万人次，旅游业总收入超过278亿元人民币。旅游业为推进丽江市的经济发展起到了举足轻重的作用，是丽江国民经济中当之无愧的支柱产业和先导产业。

二、开发原则与定位

遵循丽江市大力发展旅游产业的战略性工作思路，依托金稞农庄现已形成的农业发展条件和农村生产经营格局，按照"通过现代产业融合提升农业（以种植业和养殖业为主）为旅游业服务的空间，并用具有高科技性、文化性、民族性、趣味性、竞技性并保证安全的文化体育项目来满足和激发旅游业的需求，用现代旅游消费理念引领农业"的产业融合发展工作思路，进行农业与旅游业互动发展的规划。

1.指导思想

脚踏实地，因地制宜，紧抓特色，滚动发展。充分利用本地资源物产，吸引互补型的优良资金，坚持生态、经济、社区效益相统一，打造极具民族气息的体验型、文化型、运动型、竞技型、安全型的特色休闲度假产品。

2.开发原则

"面向未来，因地制宜，合理布局，产业融合，注重特色"。

1）因地制宜，综合规划设计

充分考虑原有农业生产的资源基础和云南高原农业特色，因地制宜，搞好基础设施建设。同时结合丽江的旅游条件、文化与人文景观，开发出具有当地农业和旅游文化特色的农副产品和旅游精品，服务社会。

2）培植精品，营造主题形象

金稞生态庄园建设项目开发应以生态农业感知、特色餐宿体验、文体活动参与作为农庄的整体城郊休闲旅游布局方式，培植面向未来的具有生命力的生态旅游型观光、体验农业庄园，形成产品特色，打造"休闲、生态、竞技"旅游主题形象。

3）产业融合，体现和谐旅农

强调旅游产品项目的参与性、娱乐性和文化性的紧密结合，让游客广泛参与庄园生产、生活的方方面面，通过畜牧业新技术的植入、农业生产操作及参与农村生活的情趣体验，使游客享受到源于乡村又高于乡村的旅游文化氛围。

4）效益兼顾，实现可持续发展

采用生态环境手段、畜牧业技术和现代旅游经济管理机制，使整个农庄形成一个良性循环的乡村农业旅游生态系统。以生态环境的设计实现其生态效益；以现代有机农业栽培模式、高科技畜牧培育技术的应用实现庄园的经济效益；以精品农业与旅游业的互动融合实现它的社会文化效益。经济、生态、社会文化效益三者相统一，建立可持续发展的现代生态文化体育旅游农庄。

3.开发理念

依托景区，构建平台。依托丽江以及玉龙雪山景区的区位、硬件、品牌、影响力，搭建四大平台：高原山村旅游活动平台、有机农产品销售平台、精品畜牧业展示平台、城郊健康休闲娱乐平台。

汇集精品，延伸品牌。连接玉龙雪山与泸沽湖，成为两地之间的重要节点，延伸传统丽江旅游产品。

优化服务，提升品牌。提高现代旅游与农业融合的服务管理职能，打造以精品农业畜牧业科技示范平台为基础的文化体育、特色餐宿、生态农业的旅游领域新典范。

多元融合，健康生活。融入多功能：文体活动、健康饮食、休闲度假、旅游观光等。健康生活选择：绿色空间、有机饮食、阳光文体、趣味农事、积极休闲、贴近自然等。

4.开发模式

金稞生态庄园应按照以下模式进行开发：科学规划、依托资源、政府扶持、企业主导、社区融入、农户参与、产业融合、网络营销、强农富企、合作共赢。

5.开发步骤

先易后难，逐步构建以文体竞技、特色餐宿、生态农业、民俗体验四大旅游产品为重点，以山林观光、野外拓展为辅助的旅游产品体系，满足目标市场多样化的旅游需求。

盈利重点：森林民宿、生态餐饮、文体竞技、自驾营地、特色产品销售。

盈利辅助：农俗体验、户外休闲。

三、市场分析

1. 丽江市国民经济及旅游发展现状

1）丽江市人口现状

截至2013年年末，丽江市常住人口为126.9万人，人口自然增长率为4.34‰。在2010年第六次全国人口普查中，丽江市居住在城镇的人口为346 046人，占总人口的27.8%；居住在乡村的人口为898 724人，占总人口的72.2%。同2000年第五次全国人口普查相比，城镇人口占总人口的比重上升了11.45个百分点。城镇化进程加快，大量农村劳动力转移到城镇地区，在使他们增加收入的同时也促进了城镇地区社会经济的发展。

2）丽江市国民经济发展现状

2013年，丽江市全年完成生产总值（GDP）2 488 114万元，按可比价格计算，较上年增长14.2%，分别高于全国、全省6.5、2.1个百分点。其中，第三产业增加值为949 814万元，同比增长7.7%。全市城镇居民人均可支配收入为21 229元，较上年增加2 609元，同比增长14.0%。农村居民人均纯收入为6 037元，较上年增加943元，同比增长18.5%。全年物价指数温和上涨，居民消费价格指数较上年上涨2.7%。

3）丽江市旅游业发展现状

旅游业作为丽江的支柱产业和先导产业，近十几年来一如既往地保持着良好的增长势头。官方统计数据表明，丽江市 2013 年共接待国内外游客 2 079.6 万人次，实现旅游综合收入 278.7 亿元，同比分别增长 30.05% 和 31.63%。丽江市 2007—2013 年旅游业发展一览表见表范 3-3。

表范 3-3　　　　　　　丽江市2007—2013年旅游业发展一览表

指标 / 年度	2007	2008	2009	2010	2011	2012	2013
接待总量（万人次）	530.97	634.48	758.19	909.94	1 184.05	1 599.1	2 079.58
接待总量增长率	15.4%	17.8%	21.2%	20%	30.12%	35.05%	30.05%
国内游客（万人次）	490.9	587.9	705.6	848.8	1 107.93	1 514.4	1 979.91
国内游客增长率	14.4%	17.9%	21.9%	20.3%	30.52%	36.69%	30.74%
海外游客（万人次）	40.07	46.58	52.59	61.14	76.12	84.7	99.67
海外游客增长率	29.8%	16.3%	12.9%	16.3%	24.5%	11.2%	17.68%
旅游综合收入（亿元人民币）	58.2	69.5	88.7	112.5	152.2	211.73	278.7
旅游综合收入增长率	25.8%	19.4%	27.5%	26.9%	35.36%	36.62%	31.63%
外汇收入（万美元）	11 900	14 831	17 084	20 223	25 368	28 886	35 800
外汇收入增长率	34.9%	24.6%	15.2%	18.7%	25.44%	13.13%	23.83%
海外游客所占比例	7.55%	7.34%	6.94%	6.72%	6.43%	5.3%	4.79%

由此可见，随着丽江旅游业的持续发展，在未来相当长的一段时间内，丽江旅游市场还将保持较为旺盛的增长。

2. 丽江市客源市场分析

1）国内客源市场空间结构

2013 年，丽江接待游客人数已突破 2 000 万人次大关。从空间分布看，云南本省及邻近丽江的四川、重庆，以自助游方式来丽江的游客较多。同时已经开通直航航线的城市有 39 个（数据截至 2014 年 1 月），成为其一级客源市场；开通直航城市所在或邻近的省份如河北、江苏、浙江、陕西、湖北、湖南、福建、广东以及东北三省等地成为其二级客源市场；国内其余省份成为其三级客源市场。

2）海外客源市场分析

丽江国际客源市场份额分布（按国家）如图范3-1所示。

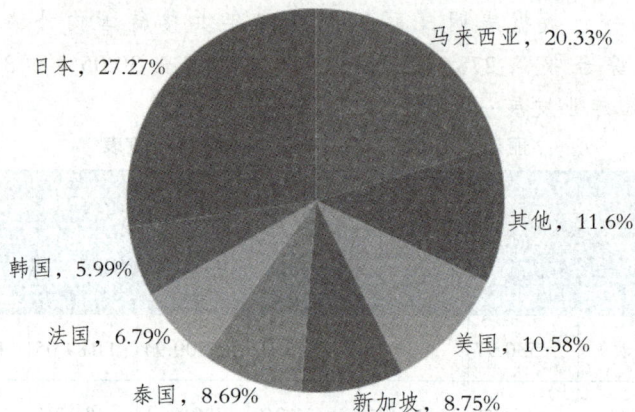

图范3-1　丽江国际客源市场份额分布（按国家）

丽江国际客源市场份额分布（按地区）如图范3-2所示。

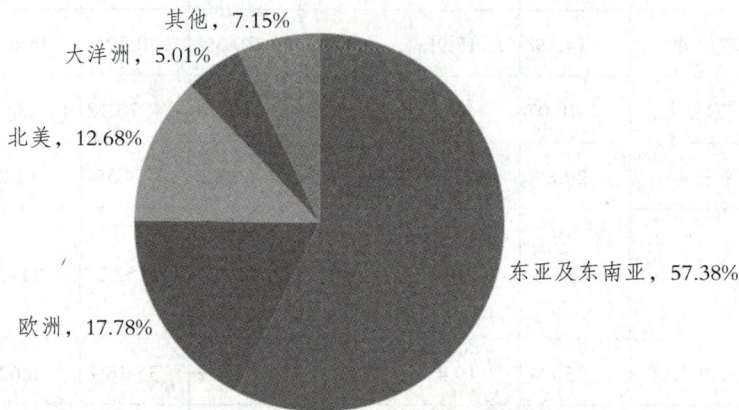

图范3-2　丽江国际客源市场份额分布（按地区）

丽江的国际客源市场主要是东亚、东南亚、欧洲、北美及大洋洲。其中马来西亚、日本、新加坡、泰国和韩国等东亚、东南亚国家的游客所占比重最大（57.38%），是其国际一级客源市场。以法国、美国为代表的欧洲、北美及大洋洲发达国家客源市场消费潜力巨大，文化体验需求旺盛，可作为其国际二级客源市场（35.47%）。其他地区可作为其国际三级客源市场。

3）金稞生态庄园未来目标市场

金稞生态庄园第一层次目标市场：丽江本地及周边的居民。

金稞生态庄园第二层次目标市场：赴丽江的自助游和团队游客。

金稞生态庄园第三层次目标市场：通过丽江前往宁蒗泸沽湖的国内外游客。

四、产品功能分区与游憩项目设置

产品功能分区与游憩项目设置见表范3-4。

表范 3-4　　　　　　　　　产品功能分区与游憩项目设置

功能区划	主要功能	核心项目	游憩活动
综合服务区	游客集散 餐饮住宿	游客接待中心、停车场、娱乐中心、酒窖、农庄小栈等	停车、休憩、用餐、品酒、棋牌、KTV 等
农事体验区	农事体验 民俗娱乐	生态农场、大棚种植基地、蓝莓园、兰花基地、篝火广场、BBQ 中心等	种植、采摘、加工、观赏、品尝、DIY 烧烤、篝火晚会（打跳）
景观游憩区	山地观光 农园游赏	山顶观景台、游憩栈道、人工湖、草场花海等	观景、赏花、摄影等
户外拓展区	户外运动 野营露宿	野营地、野战对抗中心、垂钓中心	野营、野战对抗、垂钓等
生态保育区	物种繁殖 生态保育	梅花鹿及黑山羊繁育中心、杜鹃林、森林保育区	观赏、认养、物种保育等
自驾车营地区	自助服务 自驾乐趣	宿营车位、房车宿营	帐篷营区、小木屋营区、自驾车营区、驴友营区等

可将园区划分为综合服务区、农事体验区、景观游憩区、户外拓展区、生态保育区、自驾车营地区 6 个旅游功能区。各功能区块之间并没有严格的界线，它们是部分重叠交叉的，进行分区是为了分析起来更加明晰。在各个功能区的项目设计中，始终围绕"因地制宜、紧抓特色"的指导思想。所有房屋一律采用传统纳西民居建筑样式，房屋顶盖则覆以茅草、杉树皮、小青瓦，景观营造多采用茅屋、夯土、原木、砌石、陶器、马灯等乡土符号。

五、产品规划

1.产品开发思路

从国际、国内旅游市场需求发展趋势出发，针对目前丽江旅游业发展和现有产品结构现状，结合金稞生态庄园基础条件和资源禀赋，确定该生态庄园的旅游产品体系建设目标是：以金稞庄园的农业资源、山林土地、田园风光、生态环境、绿色产品等主体旅游资源为基础，以积极休闲为理念，做精文体竞技、特色餐宿、生态农业、民俗体验四大旅游产品，做响玉龙雪山北部自驾旅游、户外拓展品牌，构建金稞生态庄园多元化、复合型的旅农产品体系。

2.旅游产品总目标定位：丽江领先的山地纳西文体农俗体验地

依托高原特有的自然风貌气候，以及名动四方的"动植物王国"美誉，充分利用地缘、资源、产业、技术四大优势开拓八方市场，"四轮"驱动提升金稞庄园地位，成为展示云南高原种植养殖农业的生态园和示范园。围绕自身发展特点，结合旅游市场的新需求，以农业种植、养殖示范展示为突破口，衔接梅花鹿等动物养殖技术，全面拓展延伸农业产业链，引入文体活动和健康休闲理念，实现旅农融合，带领金稞庄园及其周边农户实现由单纯农业向文化体育、旅游产业和现代农业的华丽转身。

3.产品功能定位

通过科学规划设计，金稞庄园成为一个具备多种功能的丽江特色高原生态农庄、生态农业示范园、观光农业旅游园、绿色食品生产园以及健康娱乐竞技园，从而实现生态效益、经济效益和社会效益三者的统一。

1）丽江特色高原生态农庄

通过在金稞庄园内建设特色精品农业展示馆和展示园等，对游客和中小学生开展现代农业博览和科普教育，同时应当前中国农业发展及农业结构调整的需要，把庄园规划成丽江农业技术交流中心和培训基地，体现精品农业科技示范园的云南特色和旅游科普功能，进一步营造城郊农庄的精品形象。

2）生态农业示范园

金稞生态庄园设计采用多种生态农业模式进行布局，通过生态学原理和方法，在庄园内建立起一个能合理利用自然资源、保持生态稳定和持续高效的农业生态系统，提高农业生产力，获得更多的农产品，实现可持续的生态农业，并对丽江的农业结构调整和产业化发展进行示范，体现生态农业特色。

3）观光农业旅游园

金稞生态庄园规划将紧紧围绕农业生产，充分利用田园景观、当地的民族风情和乡土文化，在体现自然生态美的基础上，运用美学和园艺核心技术，开发具有高原特色的农副产品及旅游产品，以供游客进行观光、游览、品尝、购物、野营、参与农作、休闲、度假等多项活动，形成具有特色的"观光农业旅游园"。

4）绿色食品生产园

在"绿色消费"已成为世界总体消费的大趋势下，庄园的规划应进一步加强有机绿色农产品生产区的规划，在有机栽培模式下采用洁净生产方式生产有机农产品，并注意将有机农产品转化为有机食品，形成金稞品牌。

5）健康娱乐竞技园

金稞生态庄园规划将紧紧围绕现代人积极向上的追求和需要，开发出可最大限度地发挥个人和集体在体力、智力和运动能力等方面的潜力、创造优异运动成绩而进行的训练和竞赛项目，形成具有特色的"健康娱乐竞技园"。

4.产品开发定量目标

按照旅游休闲用地的规模，金稞生态庄园的接待目标为：

近期：项目启动初期，主要以推介休闲型旅游产品为主，在2015年年底实现50人次/日~100人次/日的接待规模；在2017年形成300人次/日的接待能力，力争达到平均200人次/日的接待规模。

中期：随着互补型优良资金的加入，旅游产品将逐步由休闲型向休闲度假并重转变，2019年形成500人次/日的接待能力，力争达到平均300人次/日的接待规模，并不断进行景观建设提升，申报为AA级旅游景区。

后期：结合市场需求进一步进行产品更新和转型，成为丽江市北郊独一无二的生态化、体验式、智能化的休闲乡村旅游目的地，2025年申报为AAA级旅游景区。

5.游览线路设计与组织

1）内部线路

内部线路设计侧重于利用园内各功能区、各游憩活动"留"住游客，尽可能延长逗留时间。

规划区域内，修建景观大门，环形徒步线路（栈道）及观景台，景观水渠、垂钓观光水面，帐篷营地，汽车营地，梅花鹿保育中心，生态农场采摘体验区，大棚绿色农作物种植基地，烧烤区及道路标识和示意图等。

在此基础上设计了短程一日游及中远程两日游线路。

● 农庄一日游线路：

农庄接待中心（9：30）→梅花鹿保育中心→生态农场→大棚种植基地→山顶观景台→返回接待中心，午餐（12：00，品尝特色菜品、品酒）→栈道徒步→湖畔垂钓→DIY烧烤场，篝火晚会，晚餐→返回（19：30）。

● 农庄两日游线路：

农庄接待中心（9：30）→梅花鹿保育中心→山顶观景台→返回接待中心，午餐（12：00，品尝特色菜品、品酒）→生态农场农事体验（或湖畔垂钓）→篝火晚会，晚餐（19：00）→露营营地休息（或住农庄小栈）→早餐后野战对抗（或定向越野）→午餐小憩后返回（次日15：00）。

2）外部线路

由于本庄园地处丽江市区至玉龙雪山、泸沽湖的主要交通线上，因此外部线路应注重与这两个景区的联系。在丽鸣公路沿线设置广告宣传牌及道路标识。

根据游客的游览行为习惯，制定了针对雪山和泸沽湖方向游客的游览线路。

● 雪山游客线路：

雪山牦牛坪索道口（17：00）→农庄接待中心→DIY烧烤（19：00），纳西打跳篝火晚会，晚餐→露营营地休息（或住农庄小栈）→早餐后梅花鹿保育中心→生态农场采摘园→午餐小憩后返回（次日15：00）。

● 泸沽湖游客线路：

泸沽湖→农庄接待中心，午餐（12：00）→KTV或棋牌室→DIY烧烤（19：00），纳西打跳篝火晚会，晚餐→露营营地休息（或住农庄小栈）→早餐后梅花鹿保育中心→生态农场采摘园→午餐小憩后返回（次日15：00）。

范例-4

▲ 自主学习

自主学习-范

【训练目的】

参加"自主学习-范"训练。在制订和实施《团队自主学习计划》的基础上，通过阶段性学习和应用其"知识准备"所列知识，收集、整理与综合"现代旅游需求衡量与预测"前沿知识，撰写、讨论和交流《"现代旅游需求衡量与预测"研究最新文献综述报告》等活动，体验"学习原理、学习策略与学习方法知识"（初级）的"自主学习"及其迁移。

【教学方法】

同第1章本题型的"教学方法"。

【训练要求】

1）以班级小组为单位组建学生训练团队，各团队依照本教材"附录三"附表3"自主学习"（初级）的"基本要求"和各技能点的"参照规范与标准"，制订《团队自主学习计划》。

2）各团队自主学习本教材"附录一"附表1"自主学习"（初级）各技能点的"知识准备参照范围"所列知识。

3）各团队以自主学习获得的学习原理、学习策略与学习方法知识（初级）为指导，通过院资料室、校图书馆和互联网，查阅和整理近年以"现代旅游需求衡量与预测"为主题的国内外学术文献资料。

4）各团队以整理后的文献资料为基础，依照相关规范要求撰写《"现代旅游需求衡量与预测"研究最新文献综述报告》。

5）撰写作为"成果形式"的训练课业，总结对"学习原理、学习策略与学习方法知识"（初级）自主学习与应用的体验过程。

【成果形式】

训练课业：《"自主学习-范"训练报告》。

课业要求：

1）将《团队自主学习计划》、《"现代旅游需求衡量与预测"研究最新文献综述提纲》和《"现代旅游需求衡量与预测"研究最新文献综述报告》作为《"自主学习-范"训练报告》的"附件"。

2）《"现代旅游需求衡量与预测"研究最新文献综述报告》应符合"文献综述"规范要求，做到事实清晰，论据充分，逻辑清晰，不少于3 000字。

3）同第1章本题型的其他"课业要求"。

"自主学习-范"训练报告

一、团队成员与分工

1.团队构成

本小组设小组长1人，小组成员7人，共计8人。

2.任务分工

小组长主要负责训练阶段及时间进度安排，定期小组讨论的组织及主持，阶段成果汇总，文献综述成果统合、整理及汇报；A同学负责国内现代旅游需求相关学术文献的收集整理工作，旅游需求概念内涵相关文献的综述撰写及汇报工作；B同学负责国外现代旅游需求相关学术文献的收集整理工作，旅游需求概念内涵相关文献的综述撰写及汇报工作；C同学负责国内旅游者人数、旅游消费支出、旅游出游率等指标含义的识别和相关文献的收集整理工作，以及相关文献的综述撰写及汇报工作；D同学负责国外旅游者人数、旅游消费支出、旅游出游率等指标含义的识别和相关文献的收集整理工作，以及相关文献的综述撰写及汇报工作；E同学负责国内旅游需求指标体系衡量相关文献的收集整理工作，以及相关文献的综述撰写及汇报工作；F同学负责国外旅游需求指标体系衡量相关文献的收集整理工作，以及相关文献的综述撰写及汇报工作；G同学负责旅游需求的变化趋势，包括发展规模、变化特点、出游方式、旅游目的、收入水平等方面分析和预测相关文献的收集整理工作，以及相关文献的综述撰写及汇报工作。

二、训练过程

1.时间及进度安排

本训练为期三周。第一周完成"训练要求"中第"1）"和"2）"项要求规定的任务；第二周完成"训练要求"中第"3）"和"4）"项要求规定的任务；第三周完成"训练要求"中第"5）"项要求规定的任务。

2.训练实施

（1）训练第一周

在教师指导下，由组长组织团队成员自主学习本教材"附录一"附表1"自主学习"（初级）各技能点"'知识准备'参照范围"所列知识和"文献综述"相关规范知识，制定《团队自主学习目标》和《团队自主学习计划》，完成"训练要求"中第"1）"和"2）"项要求规定的任务。

（2）训练第二周

在教师指导下，团队成员实施《团队自主学习计划》，应用本教材"附录一"附表1"自主学习"（初级）各技能点"'知识准备'参照范围"所列知识和"文献综述"相关规范知识，完成"训练要求"中第"3）"和"4）"项要求规定的任务。

首先，团队小组成员根据各自分工的旅游需求及其预测研究内容进行文献梳理和综述撰写工作。经小组总结得出：现代旅游需求，是指人们为了满足不断变化和增强的旅游欲望，在一定的时间和价格条件下，具有一定支付能力的可能购买的旅游产品数量。由于人们的旅游需求受到时间、价格和支付能力的制约，因此人们的旅游需求是有限的。旅游需求既反映了旅游者的购买欲望，又表现为旅游者的购买能力，同时旅游需求还表现为旅游市场中的一种有效需求。现代旅游需求的产生是主观因素和客观条件相互结合的产物。从主观上看，旅游需求是由人们的生理和心理因素所决定的；从客观上讲，旅游需求是科学技术进步、生产力提高和社会经济发展的必然产物。在以上认识的基础上，经小组讨论，形成对各部分研究综述的修改和意见的完善。

其次，团队成员修改完善相关研究内容的综述撰写工作。针对旅游需求概念内涵研究，补充有关旅游需求特征方面的相关研究成果；针对旅游需求影响因素研究，补充国内学者关于旅游需求影响因素的研究成果，包括人口因素、经济因素、社会文化因素、政治法律因素、资源因素等；针对旅游需求衡量研究，补充国内外学者关于衡量旅游需求的一系列指标，包括旅游者人数、旅游消费支出、旅游出游率等指标；针对旅游需求预测研究，补充国内外学者关于旅游需求的预测内容，包括旅游需求的变化趋势预测、旅游需求的构成变化预测、旅游需求的发展环境预测。组长就修改后的各部分综述进行统合，形成《"现代旅游需求衡量与预测"研究最新文献综述报告》，于本周末组织小组讨论，组长就最终综述成果进行汇报，各组员就本次训练进行经验交流和问题总结。

（3）训练第三周

组长组织团队成员，总结对落实"训练要求"中第"1）"、"2）"、"3）"和"4）"各项要求的体验，撰写作为最终成果形式的《"自主学习-范"训练报告》。

三、训练总结

1.关于文献收集

团队成员能够在较短时间内掌握运用校内网络平台查找国内外学术文献的方法，在国内外学术期刊上成功收集到旅游需求和预测相关的学术文献，但在国外学术文献查找方面存在资源有限、错查漏查、学习效果有待提高等问题，需进一步加强针对国外学术文献的阅读能力和查找能力的培训。

2.关于文献分类整理

团队成员能够按发表时间、期刊种类、研究内容对海量文献进行分类整理，并从中总结相关研究的发展特征和趋势，但在学术期刊等级、类别的判断方面存在混淆，需进一步提升对国内外学术期刊背景信息的了解程度，能够辨识在旅游学术研究中具有较大影响力的国内外学术期刊。

3.关于文献综述撰写

团队成员能够在文献收集和整理的基础上，就自己所负责研究内容的相关研究成果进行综述撰写，并予以评述，但在对具体研究内容的归纳以及有代表性、影响力的学术成果的甄别方面存在不足，需进一步培养学术语言表达能力、归纳能力，培养对重要学术成果的甄别能力。

4.关于"自主学习"融入性训练

《"现代旅游需求衡量与预测"研究最新文献综述报告》从资料收集、讨论、撰写到交流和修订，始终是在融入"自主学习"这一"通能"之"强化训练"的过程中进行的。

团队成员认识到"自主学习"是"21世纪学习"所倡导的新学习方式，与传统"接受学习"或"他主学习"相对应。在"不少学科知识更新周期已缩短至2～3年"的今日（详见本书"总序"中"应对'知识流变性'"和"课程结构组织取向"小节），相当多在校学习的知识毕业后已经过时。只有在"授之以鱼"的同时"授之以渔"，即通过"学会学习"，导入关于"学习理论"、"学习方法"与"学习策略"的"自主学习"机制，才能赋予自身以应对"从学校到生涯"的"知识流变"之无限潜力。

附范4-1

团队自主学习计划

➤ 学习时间

××××年××月××日—××××年××月××日，为期三周。

➢学习小组成员

李莎莎同学、贾珍同学、黄昊同学、黎明同学、文悦同学、李刚同学、王强同学（组长），共计7人。

➢学习目标

自主学习激发学习动力的方法，学习的基本原理和认知策略，确定目标的原则和方法，编写学习计划的基本原则，取得他人帮助和支持的方法和技巧。

自主学习学术文献综述撰写知识与规范。

能够自觉应用上述知识，对国内外"现代旅游需求衡量与预测"的文献进行较为规范的整理、分类、评述与综合。

➢学习阶段

共分三阶段，每阶段为期一周。第一阶段完成"训练要求"中第"1)"和"2)"项要求规定的任务；第二阶段完成"训练要求"中第"3)"和"4)"项要求规定的任务；第三阶段完成"训练要求"中第"5)"项要求规定的任务。

➢学习计划实施

①三个阶段学习。第一周完成"训练要求"中第"1)"和"2)"项要求规定的任务；第二周完成"训练要求"中第"3)"和"4)"项要求规定的任务，即完成应用"知识准备"所列知识，进行相关文献收集及分类整理与"文献综述"撰写和修改工作；第三周完成"训练要求"中第"5)"项要求规定的任务，并完成《"自主学习-范"训练报告》的撰写工作。

②四次小组讨论。第一次小组会：组长组织小组讨论，明确训练目标、计划及任务分工。第二次小组讨论：组长于第一周周末组织小组讨论，各成员进行成果汇报，组长整合各成员成果。第三次小组讨论：组长于第二周周末组织小组讨论，各成员就撰写内容进行汇报，小组讨论后由组长提出修改及完善意见。第四次小组讨论：组长在第三周周末组织小组成员讨论，汇报最终综述成果，各组员就本次训练进行经验交流和问题总结。

➢学习进度检查

通过每阶段末的小组会，适时检查各小组成员学习进度。通过第一阶段末的小组会，检查"训练要求"中第"1)"和"2)"项要求的落实情况；通过第二阶段末的小组会，检查"训练要求"中第"3)"和"4)"项要求的落实情况，即各成员"知识准备"所列知识的应用、文献收集及整理和《文献综述》初稿撰写情况；通过第三阶段末的小组会，检查"训练要求"中第"5)"项要求的落实情况，即本次训练的问题交流和经验总结情况。

附范4-2

"现代旅游需求衡量与预测"研究最新文献综述提纲

1) 文献收集

(1) 小组成员分别收集以"旅游需求衡量"和"旅游需求预测"为主题、篇名和关键词的文献。

（2）小组讨论各成员收集来的"现代旅游需求衡量与预测"相关文献，由组长汇总。

2）文献整理

（1）小组成员应用收集到的旅游流文献，分析"现代旅游需求衡量与预测"研究的现状和进展。

（2）小组讨论各成员分析的"现代旅游需求衡量与预测"，由组长汇总。

3）文献综述撰写与汇报

（1）组长组织组员，综合以上成果，形成《"现代旅游需求衡量与预测"研究最新文献综述报告》。

（2）小组长在班级以PPT形式交流、汇报并讨论各组的《"现代旅游需求衡量与预测"研究最新文献综述报告》。

（3）小组修改《"现代旅游需求衡量与预测"研究最新文献综述报告》，提交教师点评。

附范4-3

"现代旅游需求衡量与预测"研究最新文献综述报告

（项目组组长：　　　　　项目组成员：　　　　　　　　　　　　　　　　　）

1）文献收集及整理

对国外文献的整理主要以Elsevier Science Direct数据库为基础，分别以"tourism demand"和"tourist forecasting"为"摘要、篇名和关键词"（Abstract，Title，Keywords）；对国内文献的整理是以中国知网数据库、万方数据库、维普资讯网为基础，以"旅游需求"分别为"关键词"、"篇名"和"主题"，对1983—2014年的旅游需求文献进行搜索，共搜索到文献6 305篇（不同数据库存在重复收集）。经整理后发现：

（1）国内外分布：国外关于旅游需求研究的文献共有754篇，国内关于旅游需求研究的文献共有5 500篇，国内成果相对较多。

（2）时间分布：从1983年的第一篇关于旅游需求研究的论文开始，我国学者陆续开始进行旅游需求及其预测的研究。从20世纪整个80年代不到20篇的相关文献，到2014年的238篇文献，中国旅游需求相关研究呈现出井喷的态势，如图范4-1所示。

对1983—1990年、1991—1999年、2000—2004年、2005—2009年、2010—2014年这5个时间段进行划分，搜索到的文献数量情况见表范4-1。从表中可以发现，无论是国内还是国外研究，总体上均呈现出上升趋势，2008年后的增长尤为快速。

表范4-1　　　　　　　　　国内外"旅游需求及预测"研究数量分析

	检索词	检索项	1983—1990	1991—1999	2000—2004	2005—2009	2010—2014
国外	tourism demand	Abstract, Title, Keywords	12	34	45	126	144
	tourist forecasting		10	42	55	121	165
国内	旅游需求	关键词	77	234	308	608	908
		篇名	60	185	256	548	789
		主题	54	130	228	496	670

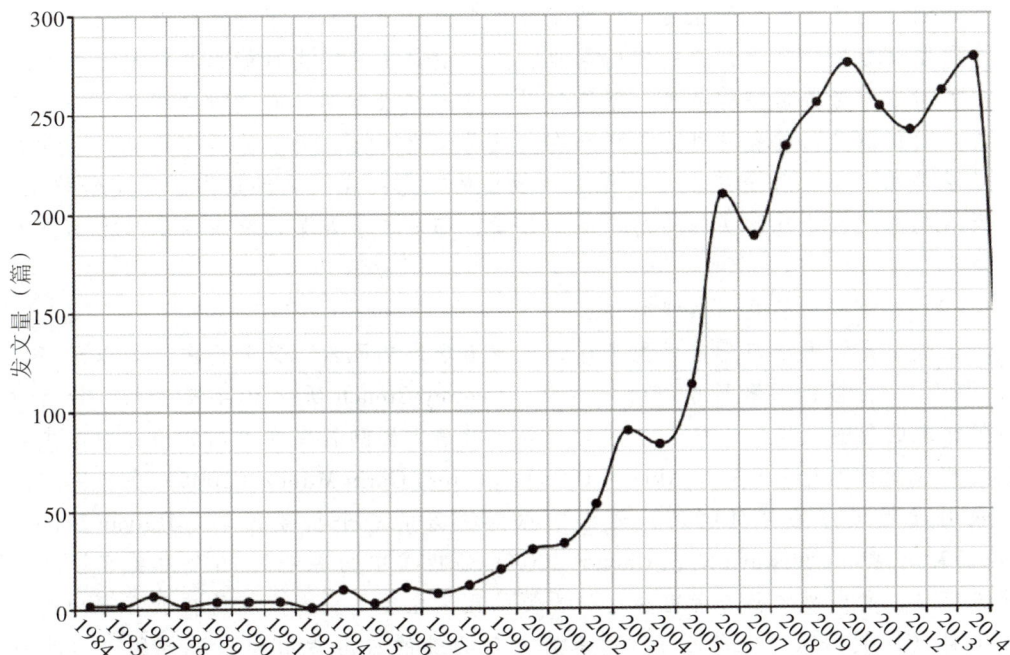

图范4-1　1984—2014年国内旅游研究情况

（3）期刊分布：国外关于"旅游需求"的文章集中出现在 Annals of Tourism Research、Tourism Management 上，占国外所有"旅游需求"研究的57%左右；国内关于"旅游需求"的文章集中出现在《旅游学刊》《人文地理》《经济地理》《地理学报》《地理研究》上，占国内所有"旅游需求"研究的50%以上。在各大数据库收录的文献中，以刊登在《旅游学刊》上的论文居多。

2）文献综述成果

纵观国内外"旅游流"研究进程可以发现，当前"旅游流"研究主要集中在"旅游需求"概念内涵、旅游需求影响因素、旅游需求预测模型几个研究方面。现针对这几个方面的研究现状分别进行阐述：

（1）旅游需求概念研究

西方旅游学者对于旅游需求的研究始于20世纪60年代，主要侧重于对旅游需求模型和旅游需求预测的理论探索与案例研究。我国对旅游需求的研究开始于20世纪80年代，这时期的旅游需求研究以理论研究为主，研究重点在于对西方经济学在旅游学中的阐述以及对国外计量研究成果的介绍。进入20世纪90年代，相关研究开始丰富并逐步深化。就旅游需求的概念而言，国内外对什么是旅游需求并无统一的界定。斯蒂芬·L.史密斯曾指出，需求有多种解释，旅游分析者所用的定义至少有四个。最传统的定义是新古典主义经济学的定义，需求是以不同的具体价格进行消费的商品和服务的数量一览表；需求也指实际消费；需求是指潜在需求，即潜在消费水平同观察消费水平之差量，这种差量可能是由于供给不足、价格过高、安排不当或其他障碍所引起的；需求也用来指未来消费预测，从未来参与这一意义来讲，需求可以被看作许多变量的功能，而不仅仅是价格。

目前，国内所引用的旅游需求的定义主要有以下三种：第一种是北京第二外国语学院张辉教授的观点：在一定时间里，旅游者具备一定支付能力和余暇时间所表现出的对旅游劳务需要的数量。第二种是东北财经大学谢彦君教授的观点：一定时期内核心旅游产品的各种可能价格和在这些价格水平上，潜在旅游者愿意并能购买的数量关系。第三种是中山大学保继刚教授的观点：在一定时期内、一定价格上，旅游者愿意而且能够购买的旅游产品的数量，即旅游者对某一旅游目的地所需求的数量。

（2）旅游需求影响因素研究

国外主要运用旅游需求模型来探讨旅游需求影响因素，其分析主要是以经济因素（收入、价格、汇率等）为研究对象。Geofrey Crouch 研究 30 年来收入、价格对国际旅游的影响，发现价格、收入对国际旅游需求影响程度在不同的研究对象中会有大相径庭的结论。Sevgin Akls（1998）、Teresa Garin Munoz（2005）在研究旅游需求时发现经济条件（收入）是影响旅游决策的一个重要因素。Haiyan Song，Kevin K. F. Wong 和 Kaye K. S. Chon（2003）分析了中国香港的 16 个主要客源地的旅游需求，发现影响旅游者需求的最重要的因素主要是旅游产品价格、客源地的经济条件（以收入水平来衡量）、竞争旅游目的地的旅游费用和旅游者的"自我宣传"效应。

在国内，岳祚苇（1987）认为，当前旅游研究的一个特点是多数着眼于宏观的、经济的分析，而较少对旅游的主体——旅游者产生旅游行为的内部原因进行研究。这种状况势必影响人们发展旅游业的主动努力，使其难以获得充分的主动性。谢彦君（1999）和林南枝、陶汉军（2000）将影响旅游需求的因素分为影响因素和障碍因素。其将经济因子和心理偏好作为影响因子，将非经济因子即空间距离、时间约束、文化社会责任及身心障碍作为障碍因子。朱湖英（2006）对不同收入城市居民的需求差异进行分析，得出的结论是：不同收入城市居民对文化旅游地的环境、旅游地游乐项目、住宿环境和场所的选择等方面差异不大，受到收入的影响很小；但在旅游价格、季节、停留时间等方面存在很大的差异，很大程度上受到收入高低的制约。汪鸿（2015）从经济因素、社会因素、心理因素三方面分析其对旅游需求和旅游消费的影响，并进一步从旅游的经济因素、环境因素、社会和文化因素三方面分析其对旅游效果、旅游结果和旅游消费的影响。

（3）旅游需求预测模型的研究

国外对旅游需求的预测主要以定量分析为主，分析方法包括德尔菲法、逻辑推断法、回归模型法、时间序列法、计量经济学模型等。Greenidge 使用 STM 模型（Structural Time Series Model）对加勒比海地区的阿鲁巴岛进行国际游憩需求预测。Christine Lima 和 Michael Mc Aleer（2000）使用 ARIMA 法对澳大利亚在亚洲的三个主要客源地：中国香港、马来西亚、新加坡进行旅游需求预测。Allen and Fildes（2001）通过对计量经济预测与外推预测的比较发现在大多数案例中计量经济预测更为精确。在国内，赵西萍、王娟、曾昊、滕丽、肖智等对此进行了探索和分析。

滕丽等（2004）利用人工神经网络的 Kohonen 网络对中国 39 个城市居民的旅游需求进行分类，并在考虑收入、旅游消费占收入的比例、区域旅游供给强度和交通条件 4 个因素的基础上对各个类型的城市居民旅游需求特征信息进行了进一步的分析。谢慧明等（2014）基于停留时间内生的旅行成本模型，在考虑游客动态出游行为的情形下，使用中国 39 个城市 2000—2007 年国内旅游抽样调查数据，采用广义矩估计方法对中国居民旅游需求函数进行了估计。梁昌勇、马银超（2015）分析了著名风景区黄山 2010 年旅游旺季（4—10 月）相关日数据的特征，在此基础上建立 SVR-ARMA 组合模型，先用 SVR 模型对原始非线性数据预测，再对 SVR 模型预测所产生的线性残差用 ARMA 模型预测，将两部分预测值几何相加得到最终的预测值。

　　3）文献综述结论

　　综上所述，可以发现国内外对旅游需求预测的研究具有以下特点：

　　①从研究内容来看，我国对旅游需求的研究已趋于体系化，研究内容日益丰富，对旅游需求的研究主要集中在对影响旅游者需求因素的研究和旅游需求调查的研究上，近年来也对旅游需求的预测方法进行了探讨。相比而言，目前国外则更多侧重于对旅游需求预测及模型的探讨与应用上。

　　②从研究方法来看，国外在对旅游需求的分析过程中偏重定量研究方法的使用和探索，同时注重定量与定性方法相结合。国内也已开始注重旅游需求的定量分析，主观的、经验性的研究正逐渐减少。

　　③从研究角度来看，国内外学者都是从经济学的角度对旅游需求及预测进行研究，尚未有人从其他角度进行探讨，比如从地理、伦理学的角度对其进行研究。

　　④从研究结果来看，国内主要是通过对某一具体的消费者群或旅游目的地的实证分析为旅游目的地政策制定者提供一些参考，研究结论不具备普遍指导意义。国外对旅游需求的研究则更为深入和广泛，注重研究结果的应用价值，所运用的预测方法正由单一化逐渐向综合化方向发展，研究结果更为精确。由此看来，国内外对旅游需求的研究无论是对基础理论的探讨，还是对具体案例的分析与应用，都已经日趋成熟。大量的研究使用了定量分析方法，预测模型的研究和使用最为广泛。但无论是理论的研究还是具体案例的分析都是为旅游业各方面的发展提供可借鉴和参考的依据。旅游企业究竟如何才能很好地预测旅游需求，鉴别旅游者的需求，并在旅游活动中如何适应和引导旅游者的需求仍是研究者们亟待探索和研究的问题。

[参考文献]

　　[1] 史密斯. 旅游决策与分析方法 [M]. 南开大学旅游学系，译. 北京：中国旅游出版社，1991.

　　[2] 张辉. 旅游经济学 [M]. 西安：陕西旅游出版社，1991：89-100.

　　[3] 谢彦君. 基础旅游学 [M]. 北京：中国旅游出版社，1999：101-123.

　　[4] 保继刚，楚义芳，彭华. 旅游地理学 [M]. 北京：高等教育出版社，1993：33-51.

　　[5] 陶伟，黎碧茵. 国外游憩需求研究 20 年——《Annals of Tourism Research》

所反映的学术态势［J］.热带地理，2005，25（2）：128–137.

［6］SEVGIN AKLS. A compact econometric model of tourism demand for Turkey［J］.Tourism Management，1998，19（1）：99–102.

［7］GARIN T.German demand for tourism in Spain［J］.Tourism Management，2007（28）：12–22.

［8］KEVIN K F，WONG H S，KAYE S C.Bayesian models for tourism demand forecasting［J］.Tourism Management，2006（27）：773–780.

［9］岳祚莆.旅游动机研究与旅游发展决策［J］.旅游学刊，1987（3）：28–32.

［10］林南枝，陶汉军.旅游经济学［M］.天津：南开大学出版社，2000：56–83.

［11］朱湖英，许春晓.不同收入城市居民文化旅游需求差异研究——以长沙市不同收入居民对凤凰古城的旅游需求为例［J］.长沙大学学报，2006，20（1）：12–14.

［12］汪鸿.旅游需求、旅游消费及旅游影响因素分析研究［J］.经济研究导刊，2015（4）：253–255，314.

［13］GREENIDGE K.Forecasting tourism demand an STM approach［J］.Annals of Tourism Research，2001，28（1）：98–112.

［14］LIM C，MCALEER M.Time series forecasts of international travel demand for Australia［J］.Tourism Management，2002，23：389–396.

［15］JOHANN DU PREEZ，STEPHEN F W. Univariate versus multivariate time series forecasting：an application to international tourism demand［J］.International Journal of Forecasting，2003（19）：435–451.

［16］赵西萍，王磊，邹慧萍.旅游目的地国国际旅游需求预测方法综述［J］.旅游学刊，1996，11（6）：28–32.

［17］王娟，曾昊.人工神经网络：一种新的旅游市场需求预测系统［J］.旅游科学，2001（4）：24–27.

［18］滕丽，王铮，蔡砥.中国城市居民旅游需求差异分析［J］.旅游学刊，2004，19（4）：9–13.

［19］肖智，叶煜岚.一种旅游需求多因素动态粗的预测模型［J］.统计与决策，2005（6）：33–34.

［20］谢慧明，沈满洪，李中海.中国城市居民旅游需求函数的实证研究［J］.旅游学刊，2014（9）：24–34.

［21］欧阳润平，胡晓琴.国内外旅游需求研究综述［J］.南京财经大学学报，2007（3）：80–83.

范例-5

▲ 决策设计

决策设计-范

【训练目的】

参加"决策设计-范"训练。学习和应用其"知识准备"所列知识，对"新乡市不断开拓旅游市场"案例进行多元表征，撰写《"决策设计-范"训练报告》，体验"结构不良知识"的"决策学习"（中级）及其迁移。

【教学方法】

采用"学导教学法"、"案例教学法"、"项目教学法"和"创新教学法"。

【训练任务】

1）体验对"附录三"附表3"解决问题"能力"中级"各技能点"基本要求"和"参照规范与标准"的遵循。

2）体验对"知识准备"所列知识的学习和运用。

3）体验在"相关案例"的业务情境中进行决策创新的"结构不良知识学习"的过程。

4）撰写《"决策设计-范"训练报告》。

【训练准备】

知识准备：

1）本章理论与实务知识。

2）本教材"附录一"附表1"解决问题"（中级）各技能点的"知识准备参照范围"所列知识。

3）决策理论与方法基本知识（中级）。

4）本教材"附录三"附表3"解决问题"能力"中级"各技能点"基本要求"和"参照规范与标准"。

指导准备：

1）教师向学生阐明"训练目的"和"训练任务"。

2）教师指导学生结合本项目进行自主学习。

3）教师指导学生结合本项目进行决策设计。

【相关案例】

新乡市不断开拓旅游市场

背景与情境： 新乡市与周边旅游资源同质化现象突出，竞争激烈，为了使新乡市旅游业更好地发展，需要不断改变旅游市场营销思路、逆势突围。

2014年新乡市积极策划旅游节庆活动，提升形象宣传。2015年新乡文化旅游节、万仙山国际攀岩节、首届新乡国际武术文化节、南太行度假区旅游系列活动、纪念比干诞辰3 017周年等，将旅游节庆活动与大健康、大文化、大体育等产业有机融合起来，进一步提升新乡市城市形象和旅游知名度。新乡市不断整合营销力量，转变营销方式。由景区单体营销向整体合作营销方式转变，由单一模式、单一路径单打独斗向整合模式、整合路径转变，由传统宣传套路向传统与新兴媒体相结合转变，搭建旅游营销公共平台，实现营销一体化、规模化、创新化发展。加大宣传推介力度，采取走出去、请进来的方式，扩大客源市场。进一步创新旅游推介模式，坚持目的地形象推广与企业产品营销相结合，传统媒体与新兴媒体相结合，在宣传效果上下功夫。着力开拓境外高端客源市场，加大市场营销广告投入力度，谋划组织推介活动，并积极邀请旅行企业到新乡联谊、洽谈。

今年，新乡市还将积极举办"畅游家乡"活动，整合全市各景区针对本地居民的旅游惠民政策，进一步增进新乡市居民对旅游事业发展的认知度和认同感，激发百姓支持旅游、共建家乡的热情。各县（市）、区尤其是辉县市、南太行旅游公司要通力合作，打造一台反映地域文化特色的歌舞剧演艺剧目，扩大旅游影响力，延伸产业链条。

（资料来源　陈荣霞.我市不断开拓旅游市场［EB/OL］.［2014-04-01］. http: //news.dahe. cn/2015/04-01/104676323.html. 经节选、压缩和改编）

问题：

1）上述案例涉及哪些知识点？

2）新乡市应用了哪些策略进行旅游市场开拓？

3）如果你是城市旅游发展的决策者，请参照本案例，为你家乡所在市的旅游市场开拓进行决策。

【设计要求】

1）形成性要求

（1）小组总结本次训练，形成《"决策设计-范"训练报告》。

（2）同第1章本题型的其他"形成性要求"。

2）成果性要求

（1）训练课业：撰写《"决策设计-范"训练报告》。

（2）课业要求：

①《"决策设计-范"训练报告》重点总结对"知识准备"所列知识学习和运用的体验，以及对"附录三"附表3"解决问题"能力"中级"各技能点"基本要求"和"参照规范与标准"遵循的体验。

②将《决策设计提纲》和《决策设计方案》作为《"决策设计-范"训练报告》的附件。

③同第3章本题型的其他"课业要求"。

"决策设计-范"训练报告

参照"新乡市不断开拓旅游市场"案例，为我团队家乡所在市（昆明市）的旅游市场开拓进行了决策设计训练。现将本次训练情况报告如下：

1）研究团队成员分工

（1）团队构成

本研究小组根据工作任务情况，设小组长1人，小组成员4人，共计5人。

（2）角色分工

研究小组组长由王飞同学担任，负责安排研究进度、组织研讨及研究报告的撰写工作以及旅游市场开拓策略的资料整理和分析工作；葛峰同学负责旅游需求变化及其发展趋势资料的收集与整理工作；叶婷婷同学负责旅游市场调查内容的梳理工作；卫星同学负责旅游市场预测基础资料的整理与分析工作；周运康同学负责旅游资源、环境与开发条件资料的整理与分析工作。

2）决策设计过程

在前期资料收集与理论准备的条件下，研究小组对"本市（以昆明市为例）旅游市场开拓"相关问题进行了讨论，情况如下：

（1）旅游需求变化及其发展趋势

通过资料收集和分析，研究小组认为现代旅游市场需求处于不断变化的过程中，发展趋势主要表现为：旅游者寻求多样化的综合性满足，对特色旅游的兴趣越来越强，偏爱"自然"和"本色"，有较强的参与意识，以及消费档次多样化等。因此必须对现代旅游市场需求的一系列基本特征有认真的研究，紧紧把握住其基本的发展趋势。

（2）本市旅游市场调查及分析

通过资料收集和分析，研究小组总结了本市（以昆明市为例）目前旅游市场存在着以下一些问题：产业层次低，产品结构不合理；企业改革不到位，市场主体发育不充分；投融资渠道不畅，条块分割严重；产业国际化水平低，带动作用不强；市场中存在着严重的恶性价格竞争；旅游业管理体制机制不顺等。

（3）旅游市场预测基础资料整理与分析

研究小组根据案例实际情况以及目标任务，讨论了旅游市场预测的两种方法，即定量分析和定性分析方法。研究小组对所涉及的知识点进行了分析与整理，并融会贯通，学以致用，来分析本市（以昆明市为例）旅游市场预测结果。

（4）旅游资源、环境与开发条件分析

为了做好决策设计，研究小组首先拟定了"本市（以昆明市为例）旅游市场开拓策略"决策设计提纲，作为小组讨论的依据（详见附范5-1）。根据该提纲，研究小组进行了热烈的讨论，针对本市（以昆明市为例）旅游市场现状及存在的问题，通过对本市（以昆明市为例）旅游市场发展所需要的旅游资源、环境、开发条件等进行分析，研究适合于本市（以昆明市为例）旅游市场开拓的内容和策略。

（5）旅游市场开拓策略

研究小组根据目标任务要求，围绕旅游市场开拓的内容进行了分析，在此基础上，研究小组又进一步从旅游产品策略、旅游价格策略、旅游产品销售渠道策略和旅游促销策略等方面提出本市（以昆明市为例）旅游市场开拓对策措施（详见附范5-2）。

3）决策设计总结

（1）关于"'本市旅游市场开拓策略'决策设计"的专业能力训练

①通过"本市旅游市场开拓策略"决策设计，小组成员加深了对本市旅游市场开拓策略的理解；掌握了旅游市场开拓策略的理论与方法。

②通过"本市旅游市场开拓策略"决策设计提纲与详细方案的拟订与撰写，系统体验了旅游调查、旅游市场细分、旅游预测、旅游市场开拓策略等各项技能的操作，达到了全面建构解决旅游发展中实际问题职业学力的目的。

（2）关于"解决问题"知识和"决策理论与方法知识"（高级）的应用训练

在就昆明市旅游市场开拓进行决策设计前，研究小组对于"训练准备"中列入的"知识准备"的知识进行了自主学习，重温了"解决问题"各技能点的"知识准备参照范围"所列知识和"决策理论与方法知识"（高级），并将这些知识应用在本次决策设计训练过程中，进一步提升了小组成员的科学决策能力。

（3）问题与不足

本次训练存在两方面的不足：一方面，研究小组中有个别成员对"解决问题"特别是相应的"决策理论与方法"（高级）等"通能"知识的"自主学习和应用"认识不足，在训练中存在形式主义、走过场或未自觉落实等问题，因而在本次"决策设计"训练活动中，其"科学决策"能力未能实现由"初级"和"中级"向"高级"的提升；另一方面，研究小组对昆明市旅游市场现状的了解与认识有限，一定程度上限制了决策的全面性。

附范 5-1

"决策设计-范"设计提纲

1）决策设计目标

通过对昆明市旅游市场需求和竞争对手的分析，找出适合昆明市的旅游市场定位和市场开拓策略，达到扩大旅游产品销售、实现旅游产品价值、提高旅游市场占有率的目标。

2）依据材料

在旅游市场开拓的过程中，要充分考虑旅游市场需求的变化，依据昆明市旅游业发展现状、存在问题、市场需求、竞争对手、竞争性项目，以及昆明市旅游资源、环境与开发条件，进行市场细分和定位。

（1）了解旅游市场需求变化

了解现有旅游需求变化及其趋势，包括经济方面、社会文化方面、心理方面、行为方面等。

（2）对昆明市旅游市场进行调查

分析市场发展现状、存在问题、市场需求、竞争对手、竞争性项目等。

（3）对昆明市旅游市场进行预测

运用各种定性和定量方法，对旅游市场未来发展变化做出分析和推断。

（4）分析昆明市旅游市场定位的条件

分析昆明市旅游资源、环境与开发条件，从总体定位、市场定位、产品定位、形象定位等方面分析昆明市旅游市场定位的条件。

（5）分析昆明市旅游市场开拓及其策略

①旅游市场开拓的内容包括开拓各种类型的客源市场、开发旅游资源和旅游产品、挖掘市场潜力、扩大市场销售、提高市场占有率、满足游客需求。

②旅游市场开拓的策略包括旅游产品策略、旅游价格策略、旅游产品销售渠道策略和旅游促销策略等。

3）方案设计

附范 5-2

"决策设计-范"方案

决策设计者＿＿＿＿＿＿＿（＿＿＿＿＿＿级＿＿＿＿＿＿专业＿＿＿＿＿＿班）

指导教师＿＿＿＿＿＿＿（＿＿＿＿＿＿大学＿＿＿＿＿＿＿＿＿学院）

（1）昆明市旅游市场需求及其变化趋势

昆明是云南省的政治、经济、文化中心，全市面积2.1万平方千米，辖5区1市8县，总人口721万人。昆明地处云贵高原中部，冬无严寒，夏无酷暑，"天气常如二三月，花枝不断四时春"，是一座"天天是春天"的城市。

昆明历史悠久，民族众多，文化荟萃，是国务院首批公布的24个历史文化名城之一。昆明风景秀丽，旅游资源丰富，风景名胜与历史古迹星罗棋布，气候独特，有发展旅游业的良好基础。

改革开放以来，昆明充分发挥其独特的资源优势，使旅游业成为国民经济中最具活力的新兴产业和新的经济增长点，为全市经济社会发展发挥了重要的带动和促进作用，并在诸多方面走在了全国的前列，创造了辉煌：1998年，昆明首批进入中国优秀旅游城市行列；1999年，世界园艺博览会在昆明成功举办，极大地提高了昆明在海内外的知名度；2000年，昆明在全国首开城市形象宣传先河，在央视打出了昆明"天天是春天"的广告；2005年，昆明被评为"欧洲游客最喜爱的中国十大旅游城市之一"；2006年，昆明被评为"中国青年最喜欢的旅游城市"；2007年昆明又被评为"中国十大休闲城市"，并荣膺"中国旅游竞争力百强城市"第12名，在西部地区仅次于成都，名列第2名；2008年被博鳌国际旅游论坛组委会授予"国际旅游名城"荣誉，成为获此殊荣的全国首批12个国际旅游名城之一。随着工业化、信息化、新型城镇化、市场化和国际化深入发展，中国人均国民收入稳步增加，经济结构转型加快，市场需求潜力巨大。居民的旅游需求将随收入的增长和假日制度改革的深化而有更多增长；旅游者的满意度将逐步提升；居民消费的国内旅游将从过去偏于观光的选择扩展到更为多样、更为全面的休闲旅游，旅游目的正在从单一观光旅游向观光、休闲、度假复合型旅游转变，自驾游、自助游、家庭游日趋普及，旅游多样化需求不断上升。在当前外部生态环境恶化、自身工作压力的双重胁迫下，游客对生态、休闲、健身、养生等旅游产品的需求日趋旺盛。

（2）昆明市旅游市场存在的问题

①旅游市场经营主体存在的主要问题

一是产业层次低，产品结构不合理；二是超范围经营；三是非法转让经营许可；四是恶性价格竞争；五是强迫或者变相强迫消费；六是履约不到位；七是服务质量不高；八是企业改革不到位，市场主体发育不充分；九是投融资渠道不畅，条块分割严重。

②旅游市场消费主体存在的问题

一是消费心理不成熟；二是消费行为不理智；三是维权失当；四是存在不文明行为。

③旅游市场监管主体存在的问题

一是旅游监管的职能和手段有限；二是对旅游监管工作重视不够；三是旅游监管力量薄弱；四是旅游监管职能交叉；五是旅游业管理体制机制不顺等。

（3）对昆明市旅游市场进行调查和预测

运用如下问卷对旅游市场做出调查，并据以做出相关分析和推断。

昆明市旅游市场调查问卷

首先感谢您在百忙之中抽空填写我们的问卷,我们是××大学××学院旅游管理专业××级的学生,为了了解昆明市旅游市场的基本情况,我们调查小组决定进行此次调查,希望能得到您的支持!

1.您的性别是（　　）。

A.男　　　　　　　　　　B.女

2.您一个月的生活费是（　　）。

A.500~800元　　　　　　B.800~1 200元

C.1 200~2 000元　　　　 D.2 000元以上

3.您喜欢外出旅游吗？（　　）。

A.喜欢　　　　　　　　　B.不喜欢

C.一般

4.您一年中旅游方面的消费金额是（　　）。

A.500~1 000元　　　　　 B.1 000~2 000元

C.2 000~3 000元　　　　　D.3 000元以上

5.您喜欢的旅行方式是（　　）。

A.自行旅游　　　　　　　B.通过旅行社

C.其他

6.您出行的主要交通工具是（　　）。

A.飞机　　　　　　　　　B.火车

C.汽车　　　　　　　　　D.轮船

E.其他交通工具

7.您出游一般选择的时间是（　　）。

A."十一"黄金周和春节　　B.平时的周六周日

C.年假　　　　　　　　　D.其他

8.您旅游费用的来源是（　　）。

A.生活费中节约出来的　　B.工资收入

C.兼职薪水　　　　　　　D.其他

9.您的旅游动机为（　　）。

A.心理动机（思乡或者郊游心理等）

B.精神动机（知道的需求,欢乐的需求等）

C.生理动机（运动需求等）

D.经济动机（购物或者商业目的等）

10.您出游的目的是（　　）。

A.旅游观光　　　　　　　B.排解心中忧郁

C.集体活动　　　　　　　D.其他

11.您最喜欢的旅游目的地的类型是（　　）。

A.自然风光型　　　　　　B.刺激好玩型

C.民族特色型　　　　　　　D.浪漫温馨型

12.出游前您都通过（　　　）渠道了解旅游信息。

A.到旅行社咨询　　　　　　B.网络搜索资料

C.亲朋好友的经验介绍　　　D.报刊资讯

E.海报宣传　　　　　　　　F.其他

13.您认为影响出游的因素有（　　　）。

A.资金不足　　　　　　　　B.闲暇时间不够

C.不信任某些旅行社　　　　D.天气

E.其他

14.您在旅行途中关注的服务要素是（　　　）。

A.交通工具　　　　　　　　B.导游

C.娱乐　　　　　　　　　　D.饮食

E.住宿

15.请写下您最喜欢的旅游目的地、喜欢的原因，以及对我们工作的建议：

（4）昆明市旅游资源条件、开发与管理条件以及昆明市旅游市场定位

①旅游资源条件。

昆明是云南省的政治、经济、文化中心，全市面积2.1万平方千米，辖5区1市8县，总人口721万。昆明地处云贵高原中部，冬无严寒，夏无酷暑，"天气常如二三月，花枝不断四时春"，是一座"天天是春天"的城市。昆明历史悠久，民族众多，文化荟萃，是国务院首批公布的24个历史文化名城之一。昆明风景秀丽，旅游资源丰富，风景名胜与历史古迹星罗棋布，气候独特，发展旅游业基础良好。

②开发与管理条件。

1998年，昆明首批进入中国优秀旅游城市行列；1999年，世界园艺博览会在昆明成功举办，极大地提高了昆明在海内外的知名度；2000年，昆明在全国首开城市形象宣传先河，在央视打出了昆明"天天是春天"的广告；2005年，昆明被评为"欧洲游客最喜爱的中国十大旅游城市之一"；2006年，昆明被评为"中国青年最喜欢的旅游城市"；2007年昆明又被评为"中国十大休闲城市"，并荣膺"中国旅游竞争力百强城市"第12名，在西部地区仅次于成都，名列第2名；2008年被博鳌国际旅游论坛组委会授予"国际旅游名城"荣誉，成为获此殊荣的全国首批12个国际旅游名城之一。

③昆明市旅游市场定位

一是要创新旅游业发展体制机制，增加政府旅游发展专项资金，强势推进产业发展；二是加快世博新区旅游综合改革试点建设工作，建议将滇池东岸纳入全省旅游综合改革试点；三是进一步整合和提炼"春城"旅游品牌，强化品牌推介和营销；四是实施融合发展战略，推进旅游业与一二产业及服务业相关产业的融合发展；五是理顺行业管理机制，遏制恶性竞争；六是深入实施大项目带动大发展战略，加大招商选资力度，做好高尔夫、温泉度假、湖滨休闲旅游产品，做大乡村旅

游；七是重视旅游商品研发及产业化，加快旅游装备制造园区建设；八是全面提升昆明旅游业对外开放水平，加大旅游公共服务体系建设，推进旅游信息化建设，打造智慧旅游城市；九是加快旅游标准化体系建设，加大市场治理力度。

（5）分析昆明市旅游市场开拓及其策略

根据调研情况，昆明市的旅游市场开拓应从以下方面着手：

①全面优化旅游产品结构。

紧扣昆明旅游资源特色，做精观光旅游产品，大力开发休闲度假、温泉养生、康体运动、商务会展、专项旅游等现代旅游产品，不断壮大休闲度假旅游产业规模，提升休闲度假旅游产业质量和水平。依托重大项目建设，着力打造较为完备的旅游产品体系，重点推进以石林风景名胜区和轿子山风景名胜区为代表的精品景区建设；以云南华侨城、凤龙湾国际生态旅游城为代表的旅游小镇建设；以滇池国际会展中心为代表的商务会展项目建设；以七彩云南·古滇王国、郑和故里项目、东南亚风情乐园、滇越铁路风情走廊为代表的文化旅游项目建设；以环翠湖、东风广场 CBD、文明街片区、草海片区为代表的都市休闲旅游项目建设；以七彩云南海洋世界为代表的主题娱乐项目建设；以都市农庄为代表的乡村休闲旅游项目建设。加快各旅游开发（度假）园区建设，积极引进高品质旅游项目，丰富旅游休闲度假业态和商业服务业态，使旅游开发（度假）园区成为推动昆明市旅游产品结构升级的驱动器和示范区。

②实施融合发展战略，大力发展新兴旅游业态。

主动顺应世界旅游市场发展趋势，整合资源，以文化为灵魂、旅游为核心、商业为平台，推进旅游与文化、商贸、现代农业、工业、体育、教育、医疗、金融服务的融合，大力发展新兴旅游业态。挖掘多元文化资源，深入发掘昆明历史文化、民族文化、生态文化和异域文化，将文化内涵融入旅游业各要素和环节，修缮一批历史文化古迹、恢复一批历史文化街区、争创一批文化遗产品牌、建设一批文化旅游精品项目、规划建设城市历史文化标志性建筑，用历史和少数民族文化筑牢世界知名旅游城市建设的主脉络。加大旅游与商贸业的融合，积极培育国际会展品牌，着力将南博会、国际旅交会打造成为具有全球影响力的国际性展会，培育滇池泛亚合作展会品牌，积极创办国际旅游装备博览会等新兴展会。结合"美丽乡村"建设，依托特色农业资源，大力发展庄园经济、庭院经济，建设一批观光休闲乡村旅游项目，促进乡村旅游产品和服务升级。依托工业遗产遗迹、历史工业基地、特色工业企业和旅游商品生产流通链条，发展特色工业旅游项目。策划包装环滇池体育赛事，争取举办高尔夫、马术等国际赛事，发展高原体育旅游项目；依托医疗、保健、疗养等资源要素，发展医疗养生旅游项目；稳妥推进房车旅游、直升机旅游等高端旅游业态发展。

③培育壮大旅游要素主体。

加快推进旅游企业联合重组，培育具有国际竞争力的大型旅游企业集团。加大旅游业招商引资力度，支持中央、省属大型企业投资昆明旅游业，鼓励和吸引各类资本进入旅游业各个环节。鼓励发展"专、精、特、新"中小旅游企业，培育一批具有自主创新能力的民营旅游企业。扶持发展品牌旅行社，引导优质国际品牌旅行集团进驻，通过政策扶持和结构优化，实现旅行社的规范、诚信经营，提升昆明市旅行业的对外竞争力。积极推进旅馆业结构调整，大力发展精品酒店、特色酒店，积极、稳妥地发展高星级酒店，全面提高酒店业的质量和水平。加快打造滇菜和少数民族特色旅游餐饮品牌，规划建设一批特色餐饮街区，建立高、中、低档结构合理的旅游餐饮体系。按照规划新建一批、提升改造一批的要求，加快推进各类景区建设，围绕主城区、环滇池地区和旅游产业集聚区引进有实力的优势企业集团，新建一批代表旅游业发展方向的特色景区项目；加快城市园林公园和老景区提升改造，挖掘景区文化内涵，盘活景区资产，提升景区核心吸引力。推进旅游商品开发，构建集设计、生产、加工、销售于一体的旅游购物体系，培育一批具有鲜明特色的自主品牌旅游商品，延伸旅游商品产业链条。推动旅游装备制造业发展，打造知名旅游装备制造基地。积极发展具有昆明特色、填补空白的旅游主题公园、演艺、影视、茶艺等休闲娱乐项目，提高休闲娱乐业总体消费水平。

④拓展国际旅游合作，开发国际旅游市场。

全面加强与世界旅游组织、亚太旅游组织及相关专业性国际旅游组织在可持续发展战略、旅游产品开发、教育培训和市场开发等领域的交流与合作。加强与主要客源国（地区）政府间的合作，与东南亚、南亚国家重点旅游城市建立国际旅游城市联盟，加强双方在市场开拓、客源互送等领域的互利合作。加强与国际旅游企业组织合作，重点在引进国际品牌度假酒店、国际知名主题公园、国际知名旅游集团方面加大合作。全面开拓国际旅游市场，积极巩固以日本、韩国、港澳台为主的东亚旅游市场和以新加坡、马来西亚、泰国为主的东南亚旅游市场，稳步拓展印度、巴基斯坦、孟加拉国等南亚旅游市场，积极开发北美洲和欧洲等欧美旅游市场。

⑤深化国内旅游合作，巩固国内客源市场。

进一步完善服务全省的旅游集散地功能，加强与川、渝、黔、桂、藏等省区的区域旅游合作，推进"西部中国""中国南方喀斯特"等跨省旅游精品线路产品建设，力争在"川滇藏香格里拉生态旅游区""泛珠三角""滇黔桂喀斯特大旅游区"三大国内区域旅游合作中发挥枢纽作用和集散功能。拓展与长三角、环渤海、海峡两岸、港澳地区旅游合作的方式与渠道，扩大昆明旅游在东部沿海发达地区的客源市场份额，努力构建我国最具知名度和美誉度的城市旅游目的地。

⑥加强城市形象宣传营销。

制订并实施昆明国际旅游城市形象宣传计划，创新宣传策略，统筹对外宣传资源，积极开展城市形象推介，向世界宣传昆明。坚持政府宣传旅游形象与企业推介产品相结合，加大与国内外大旅行社、主流媒体、知名网站等合作的力度，借助国际会展、国际友好城市、国际机构、民间友好组织等平台，充分利用网络、微博、微电影等新媒体优势，加强与周边及国内外重要旅游城市旅游电视宣传节目的置换播出工作，全方位、多角度、多渠道推广昆明城市形象。发挥昆明国际航空港枢纽作用，加强与口岸部门和国内外航空公司、国际机场的合作，围绕航线开展跨区域旅游营销。创新境外旅游促销方式，鼓励旅游企业到境外开设旅游办事处和推广中心，开发适应国际市场需求的旅游产品，优化入境客源结构，延长游客逗留时间，提升游客旅游消费水平。

范例-6

▲ 拓展创新

拓展创新-范

【训练目的】

参加"拓展创新-范"训练。通过自主学习并应用"知识准备"所获得的知识，系列技能操作的实施，《"利益相关者共同参与的民族地区家庭旅馆经营及管理模式"研究》论文和《"拓展创新-范"训练报告》的准备、撰写、讨论与交流等活动，体验"利益相关者共同参与的民族地区家庭旅馆经营及管理模式研究"中的"'拓展创新'学习"（高级）及其迁移。

【教学方法】

同第2章本题型的"教学方法"。

【知识准备】

学生通过院资料室、校图书馆和互联网等途径，自主学习如下知识：

1）列入本教材"附录一"附表1"能力领域"中"与人交流"、"与人合作"和"革新创新"能力"高级"各技能点"'知识准备'参照范围"的知识。

2）列入本教材"附录三"附表3"能力领域"中"与人交流"、"与人合作"和"革新创新"能力"高级"各技能点的"基本要求"和"参照规范与标准"的知识。

【训练任务】

1）查阅关于"利益相关者"的各种观点信息。

2）同第2章本题型的其他"训练任务"。

【训练要求】

1）体验将关于"利益相关者"的各种观点信息中的诸多拓展性观念要素整合为一个内在一致、功能统一的新整体，形成一个带有原创性成分的《利益相关者共同参与的民族地区家庭旅馆经营及管理模式研究》的"知识创新"（高级）过程。

2）同第2章本题型的其他"训练要求"。

【训练时间】

本章课堂教学内容结束后的课余时间，为期一周。

【训练步骤】

1）将班级同学组成若干"知识创新"项目团队，每队确定一人负责。

2）各团队根据训练项目需要进行角色分工。

3）各团队自主学习"知识准备"所列知识。

4）各团队应用"知识准备"所列知识，并遵循相关"基本要求"和"参照规范与标准"，系统体验关于本项目的如下技能操作：

①通过队内分工与合作，收集和处理本训练项目中关于"民族地区家庭旅馆经营及管理模式"的各种观点信息，分析研究、讨论与交流成功和不足。

②将关于"利益相关者"的各种观点信息中诸多拓展性观念要素进行整合，撰写带有原创性成分的《利益相关者共同参与的民族地区家庭旅馆经营及管理模式研究》论文。

③以相互质疑和答疑的方式，在班级讨论、交流、相互点评其《利益相关者共同参与的民族地区家庭旅馆经营及管理模式研究》论文。

④根据班级讨论交流结果，各团队修订和完善其《利益相关者共同参与的民族地区家庭旅馆经营及管理模式研究》论文。

5）各团队总结本次"创新理论与方法知识应用"训练中的各项技能操作体验，形成作为最终形式的训练课业。

6）在校园网的本课程平台上展出经过修订和任课教师点评的优秀训练课业，供相互借鉴。

【成果形式】

训练课业：撰写《"拓展创新－范"训练报告》。

课业要求：

1）将《利益相关者共同参与的民族地区家庭旅馆经营及管理模式研究》论文作为《"拓展创新－范"训练报告》的附件。

2）在校园网的本课程平台上展示班级优秀《"拓展创新－范"训练报告》，并将其纳入本课程的教学资源库。

3）同第2章本题型的其他"成果性要求"。

"拓展创新－范"训练报告

本训练分多个小组，分工协作收集和整理了关于"利益相关者"的各种观点信息，运用旅游经济学相关理论知识，对"利益相关者共同参与的民族地区家庭旅馆经营及管理模式"的研究现状与可能的改进方向进行了分析研究，实施了拓展创新训练。

有关情况报告如下：

一、训练团队成员与分工

本训练根据工作任务情况，按照学号顺序自行组队。其中每个团队一般5～7人，设组长1人，其余为小组成员。其中，研究小组组长主要负责安排研究进度、组织研讨的统筹及研究报告的撰写工作；小组成员则分为两个小分队，一队负责对"利益相关者"论文主要观点和信息进行解读、梳理、分类、汇总等，另一队则对"利益相关者共同参与的民族地区家庭旅馆经营及管理模式"这一主题所涉及的研究现状和进展的文献与资料进行收集、筛选和整理。

二、训练过程

1.时间及进度安排

本次训练为期三周。

第一周：在教师指导下，由组长组织小组成员自主学习如下知识或规范：关于

"利益相关者"理论的相关知识；列入本教材"附录一"附表1"能力领域"中"与人交流"、"与人合作"和"革新创新"能力"高级"各技能点"'知识准备'参照范围"的知识；列入本教材"附录三"附表3"能力领域"中"与人交流"、"与人合作"和"革新创新"能力"高级"各技能点的"基本要求"和"参照规范与标准"的知识。

第二周：在教师指导下，组长组织小组成员，自觉应用所学上述知识，查阅关于"利益相关者共同参与的民族地区家庭旅馆经营及管理模式"的各种观点信息，将其中诸多拓展性观念要素整合为一个内在一致、功能统一的新整体，形成一个带有原创性成分的"利益相关者共同参与的民族地区家庭旅馆经营及管理模式研究"的"知识创新"（高级）过程。

第三周：组长组织小组成员总结本次训练，形成《"拓展创新-范"训练报告》。

2.训练实施

在学习和应用"知识准备"所列知识和规范，完成前期论文信息汇总、文献资料收集整理与相关理论知识准备的条件下，研究小组对"利益相关者共同参与的民族地区家庭旅馆经营及管理模式研究"的相关问题进行了讨论、交流与汇总，情况如下：

（1）利益相关者理论在旅游研究中的现状与进展情况分析

小组第二小分队的成员主要负责对利益相关者理论在旅游研究中的现状与进展情况进行分析。通过内部讨论认为，这一任务涉及的内容多、渠道广，需要大家相互分工。讨论结果认为，对外文文献较为熟悉的同学负责国外部分研究进展材料的收集和整理；其他同学负责国内部分研究进展材料的收集和整理，并根据整理的材料，对这些信息进行加工，从而形成包括几类观点的进展情况。最后，该分队成员将梳理的观点撰写为相应的报告，整合进附件中。

（2）"利益相关者共同参与的民族地区家庭旅馆经营及管理模式研究"论文的不足与可能的改进之处

在上述两队材料支撑的基础上，小组通过小组会的形式进行充分的交流，各分队汇报各自获取的信息，组长记录下这些信息，并进行分析与整理，进而找到论文不足之处，并提出改进的方案。针对初定的方案再次进行小组讨论，直至形成较为统一的意见才形成书面报告与汇报材料。

3.训练总结

（1）关于专业能力训练

①在"利益相关者共同参与的民族地区家庭旅馆经营及管理模式研究"的"拓展创新"训练过程中，通过小组成员的交流、协作，资料梳理、解读和汇总，以及汇报材料的准备与汇报等，各小组成员加深了对旅游目的地利益相关者状况、旅游目的地管理模式等的理解，掌握了民族旅游目的地管理模式拓展创新的理论与方法。

②通过《"利益相关者共同参与的民族地区家庭旅馆经营及管理模式"研究》论文的拟定与撰写，初步体验了"利益相关者"理论在旅游研究中的进展归纳、特征分析、规律解析和影响因素关系分析等项技能操作，以及将各种相应观点信息中

的诸多拓展性观念要素整合为一个内在一致、功能统一的新整体，形成一个带有原创性成分的"学术论文"的"知识创新"（高级）优化过程，从而阶段性建构了专业学力的相应内涵。

（2）关于"通能"训练

通过在准备、讨论和撰写《"利益相关者共同参与的民族地区家庭旅馆经营及管理模式"研究》学术论文过程中融入对"知识准备"所列知识的运用，以及对"附录三"附表3"解决问题"能力"高级"各技能点"基本要求"和"参照规范与标准"的遵循，不仅再次体验了由"自发"转变为"自觉"的"拓展创新"活动，而且在更高层面上培养了团队成员"与人交流"、"与人合作"和"革新创新"等"通能"。这对于我们今后就业和创业，乃至整个职业生涯的可持续发展都是至关重要的。

附范6-1

利益相关者共同参与的民族地区家庭旅馆经营及管理模式研究

（项目组组长：　　　　　项目组成员：　　　　　　　　　　　）

1.利益相关者理论在旅游研究中的进展与评述

最早使用"利益相关者"概念的经济学家是Ansoff，他认为要想制定理想的企业目标，必须综合考虑平衡企业的诸多利益相关者之间相互冲突的索取权。这些利益相关者可能包括管理人员、工人、股东、供应商以及顾客（1965）。宗师级学者Freeman给予广义利益相关者以经典的定义：企业利益相关者是指那些能影响企业目标的实现或被企业目标的实现所影响的个人或群体（1984）。该定义"不仅将影响企业目标的个人和群体视为利益相关者，同时还把企业目标实现过程中受企业所采取行动影响的个人和群体看作利益相关者，如把当地社区、政府部门、环境保护主义者等实体纳入利益相关者的队伍行列"。

利益相关者理论（Stakeholder Theory）的出现是对以股东利益最大化为目标的股东至上主义理念的挑战。利益相关者理论从20世纪60年代开始，就得到了众多学科，如管理学、企业伦理学、法学和社会学等领域的学者的关注，也日益受到社会的广泛重视和认可，其理论研究和实证检验方面得到了较大拓展。由于利益相关者理论较为清晰的理论框架和旅游目的地发展所涉及的众多利益相关者实际，利用利益相关者理论来分析旅游目的地发展中的问题有着较强的理论意义和现实意义。

2.旅游目的地利益相关者的基本特征与分层

旅游目的地利益相关者是指与旅游目的地经济发展相关的所有个人和组织。其中目的地居民是旅游社区经济发展的中坚力量、旅游者是旅游目的地经济发展的直接驱动因子、目的地政府（旅游职能管理部门）是目的地旅游经济发展的主要利益相关者、旅游企业是旅游目的地重要的利益相关者、旅游企业员工是旅游目的地旅游产品的生产者和提供者。

从较为粗放的角度来分析，上述这些利益相关者构成了旅游目的地第一圈层利益相关主体，或称主层次利益相关者。但是，构成旅游目的地利益相关者主体的并非只有上述角色。若对旅游目的地中与旅游活动发生直接或者间接联系的多种关系进行细分，则形成了第二圈层利益相关主体，即亚层次利益相关者，包括社区非旅游接待户、其他非旅游企业、非旅游企业员工、公共产品提供部门、协会与社会团体、学校科研等社会机构、合作者、政府一般职能管理部门、公共媒体、竞争者和潜在竞争者等。

3.民族旅游地家庭旅馆旅游经营管理实证分析

通过实证分析发现：民族旅游地家庭旅馆的出现以及发展历程，是诸多力量集聚并且发生效应的必然产物。体验不同文化的需求是家庭旅馆出现的外部推力。融为一体的自然风光和民族风情成为家庭旅馆产生的核心引力。作为人的民族利益集团自身发展的需要是家庭旅馆产生的内部动力。其发展经历了尝试性探索、在一定范围内得以扩展、家庭旅馆在较大范围内普及三个阶段。回顾民族旅游地家庭旅馆产生与发展的历程，不难看出，社会的转型势必带来社会群体利益结构的变化，不同的利益相关者有着不同的利益诉求。如果这些利益不能实现均衡或相对均衡，由利益相关者引发的矛盾和冲突将会在很大程度上影响到社会经济的可持续发展。在旅游目的地开发过程中，探索适合于民族地区家庭旅馆经营和管理的模式，实现利益均衡是构建旅游目的地和谐社会的本质要求。妥善协调与正确解决利益均衡过程中出现的矛盾和冲突，才能最大限度地解决利益相关者的利益诉求问题，有助于家庭旅馆走上规范、合理、有序的发展道路，提高民族地区旅游目的地社会和谐程度。

4.利益相关者共同参与的民族地区家庭旅馆管理模式

目前在我国许多民族地区，家庭旅馆还是一个新兴的事物，发展还很不成熟，缺乏先进的管理理念和成熟的经验，其经营管理还处于探索阶段。根据实证研究家庭旅馆的经营管理方式，本文认为"当地政府+旅游企业+行业协会+家庭接待户"的管理模式比较适合目前民族地区家庭旅馆发展的实际和需要，是一种能够兼顾旅游目的地利益相关者诉求的经营管理模式。

在这种管理模式中，当地政府的职责是通过立法、税收和行政管理等形式对家庭旅馆的发展给予相应的指导和引导，提供优惠政策和相应的财政支持，制定一系列的政策法规，从宏观上引导家庭旅馆的发展；发放扶贫贷款和小额贷款，鼓励并帮助农户开办家庭旅馆；对整个社区以及家庭旅馆的发展进行统一规划，以保持当地少数民族的文化和景区的特色；加强基础设施建设，进行环境保护和治理；通过目的地营销，争取更多的客源；进行部分培训，培养人才；制定法规政策，维护市场秩序，保证良好的行业发展外部环境等。同时，政府还应起到监督行业协会以及协调各方关系的作用。旅游企业的职责是在把家庭旅馆视为旅游产品的有机构成部分的基础上，对家庭旅馆以及相应旅游产品进行整体营销，承担对外招徕游客的责任。行业协会的职责，一是为各家庭旅馆提供相应的服务，二是执行相应的管理，三是对家庭旅馆进行统一宣传，开拓客源市场。同时，行业协会还可以建起一座家庭旅馆与政府之间、家庭旅馆与游客之间以及家庭旅馆与家庭旅馆之间相互交流的桥梁，推动家庭旅馆业的发展。家庭接待户的职责是在遵守政府与行业协会的相关管理条例条件下，负责家庭旅馆具体的经营事务，提供富有特色的家庭服务、食宿等，获取合法的经济收入。此外，家庭接待户还负有一定的环境维护的责任，不应该因为家庭接待而破坏环境。

与其他管理模式相比，"当地政府+旅游企业+行业协会+家庭接待户"管理模式能调动各方面的积极性，形成多层次互动、整合的机制，缩短家庭旅馆的成长周期，极大地推动了家庭旅馆走上快速、规范发展的道路。在这种模式下，居民主体与游客客体之间可以产生最充分的交互作用，其结果是家庭旅馆不是被动地适应游客的需求，而是主动地引导，使游客体验差异、体验不同文化和民俗风情的需求得到最大限度的满足，实现目的地利益相关者共同参与的利益均衡。

5.实施利益相关者共同参与的家庭旅馆经营管理模式应注意的关键性问题

不同的利益相关者拥有不同的"权与利"，或者说权力和利益诉求是利益相关者极为关注的内容。在民族地区旅游目的地推行利益相关者共同参与的家庭旅馆经营管理模式，必须具备几个方面的关键性条件：建立利益相关者共享共通的价值观、贯彻"利益相关者合作逻辑"、构建利益关系合理的多元利益集团、确定社区政府在利益相关者中的权威地位、设立层次清晰的利益相关者责任主体。

[参考文献]

[1] 孙业红.中国旅游发展笔谈——多样性与可持续旅游 [J]. 旅游学刊，2021，36（5）：1.

[2] 李燕琴，徐晓.多元文化视野中的地方性知识与可持续旅游 [J]. 旅游学刊，2021，36（5）：4-5.

[3] KEOGH B.Public: participation in community tourism planning [J]. Annals of Tourism Research，1990（17）：449-465.

[4] 刘振礼.旅游对接待地的社会影响及对策 [J]. 旅游学刊，1992（3）：52-55.

[5] 张伟，吴必虎.利益主体（Stakeholder）理论在区域旅游规划中的运用——以四川省乐山市为例 [J].旅游学刊，2002（4）：63-68.

[6] 金瑞林.环境与资源保护法 [M].北京：高等教育出版社，1999.

[7] 李群育.丽江风物志 [M].昆明：云南人民出版社，1997.

[8] 胡鞍钢.第二次转型：国家制度建设 [M].北京：清华大学出版社，2003.

参考文献

[1] 王坤，黄震方，余凤龙，等. 中国城镇化对旅游经济影响的空间效应——基于空间面板计量模型的研究 [J]. 旅游学刊，2016，31（5）：15-25.

[2] 胡文海，程海峰，余菲菲. 皖南国际文化旅游示范区旅游经济差异分析研究 [J]. 地理科学，2015，35（11）：1412-1418.

[3] 胡文海，孙建平，余菲菲. 安徽省区域旅游经济发展的时空格局演变 [J]. 地理研究，2015，34（9）：1795-1806.

[4] 余菲菲，胡文海，荣慧芳. 中小城市旅游经济与交通耦合协调发展研究——以池州市为例 [J]. 地理科学，2015，35（9）：1116-1122.

[5] 马仁锋，倪欣欣，张文忠，等. 浙江旅游经济时空差异的多尺度研究 [J]. 经济地理，2015，35（7）：176-182.

[6] 张广海，赵金金. 我国交通基础设施对区域旅游经济发展影响的空间计量研究 [J]. 经济管理，2015，37（7）：116-126.

[7] 李莺莉，王灿. 新型城镇化下我国乡村旅游的生态化转型探讨 [J]. 农业经济问题，2015，36（6）：29-34，110.

[8] 郭鹏，董锁成，李泽红，等. 丝绸之路经济带旅游业格局与国际旅游合作模式研究 [J]. 资源科学，2014，36（12）：2459-2467.

[9] 余凤龙，等. 中国城镇化进程对旅游经济发展的影响 [J]. 自然资源学报，2014，29（8）：1297-1309.

[10] 刘春济，冯学钢，高静. 中国旅游产业结构变迁对旅游经济增长的影响 [J]. 旅游学刊，2014，29（8）：37-49.

[11] 虞虎，等. 江淮城市群旅游经济网络空间结构与空间发展模式 [J]. 地理科学进展，2014，33（2）：169-180.

[12] 黄淑君. 台湾台北市旅游发展的检视 [J]. 旅游学刊，2013（1）：85-91.

[13] 周思念. 浅析低碳诉求下的旅游供给 [J]. 中国商贸，2013（11）：120-121.

[14] 孙琨，等. 大香格里拉地区旅游供需比较性分析 [J]. 资源科学，2014（2）：245-251.

[15] 吴玉鸣. 旅游经济增长及其溢出效应的空间面板计量经济分析 [J]. 旅游学刊, 2014, 29 (2): 16-24.

[16] 张祖群, 蔡红. 旅游供给的二维组合态势与创新开发模式——我国西部12省 (区) 案例 [J]. 地理与地理信息科学, 2005 (6): 86-90.

[17] 刘书安, 欧阳驹, 林刚. 对旅游供给的深层认识——从服务学角度看旅游供给 [J]. 市场周刊: 管理探索, 2005 (1): 159-161.

[18] 朱沁夫, 胡晓伟. 中国的旅游供给特征: 1993—2007 [J]. 学理论, 2009 (13): 144-145.

[19] 赵小芸. 旅游投资在西部旅游扶贫中的效用分析 [J]. 旅游学刊, 2004 (1): 16-20.

[20] 黄郁成, 张国平, 李金波. 乡村旅游投资主体关系研究 [J]. 旅游学刊, 2007 (6): 75-79.

[21] 余美仙. 试论政府在旅游投资中的调控作用 [J]. 经济问题探索, 2009 (2): 115-121.

[22] 王如东, 诸大建. 基于投入产出分析的旅游投资对城市经济贡献的研究——以苏州市为例 [J]. 旅游学刊, 2009 (11): 20-24.

[23] 邓爱民. 我国旅游投资研究综述与展望 [J]. 经济学动态, 2009 (8): 85-88.

[24] 路琪, 石艳. 生态文明视角下旅游投资效益评估体系的构建 [J]. 宏观经济研究, 2013 (7): 39-48.

[25] 李平. 我国旅游投资存在的误区及建议 [J]. 宏观经济研究, 2003 (10): 30-32.

[26] 李平. 我国旅游投资宏观环境的优化 [J]. 中共青岛市委党校青岛行政学院学报, 2003 (5): 67-69.

[27] 章杰宽. 旅游投资经济影响的系统动力学建模 [J]. 旅游论坛, 2011 (5): 43-47.

[28] 肖练. 旅游投资模式研究述评 [J]. 中国集体经济, 2011 (36): 130-131.

[29] 冉恒. 旅游投资的筹资成本研究初探 [J]. 特区经济, 2006 (11): 234-235.

[30] 陶振华, 杨克斯. 进一步改善西部旅游投资环境 [J]. 商业时代, 2006 (34): 86-95.

[31] 李仲广. 中国旅游投资: 规模、方向与价值 [J]. 中国流通经济, 2012 (3): 56-59.

[32] 陆林, 葛敬炳, 苏静. 基于制度变迁的浙江省民营资本旅游投资行为研究 [J]. 旅游学刊, 2008 (5): 33-37.

[33] 李军, 陈志钢. 旅游生命周期模型新解释——基于生产投资与需求分析 [J]. 旅游学刊, 2014 (3): 58-72.

[34] 张奇. 旅游投资效益指标体系分析 [J]. 旅游纵览（下半月），2014（3）：70-72.

[35] 柳应华，宗刚，杨柳青. 不确定条件下旅游投资决策分析方法的对比与应用 [J]. 数量经济技术经济研究，2013（5）：103-115.

[36] 曾博伟. 旅游投资的四大方向 [J]. 企业观察家，2014（9）：62-63.

[37] 钟海生. 旅游业的投资需求与对策研究 [J]. 旅游学刊，2001（3）：9-14.

[38] 李蕙萱. 我国旅游投资统计问题及对策 [J]. 旅游纵览（下半月），2014（8）：25-26.

[39] 夏杰长，瞿华. 我国农村居民国内旅游消费和收入水平的关系研究——基于1994—2010年数据的协整检验和格兰杰因果检验 [J]. 北京第二外国语学院学报，2013（1）：10-17.

[40] 余凤龙，黄震方，方叶林. 中国农村居民旅游消费特征与影响因素分析 [J]. 地理研究，2013（8）：1565-1576.

[41] 席建超，等. 中国入境游客旅游消费总体趋势与区域差异：1996—2005年 [J]. 地理研究，2010（40）：737-747.

[42] 赵东喜，刘永涓. 农村居民旅游消费影响因素研究 [J]. 旅游论坛，2010（1）：23-27.

[43] 周文丽，李世平. 基于凯恩斯消费理论的旅游消费与收入关系实证研究 [J]. 旅游学刊，2010（5）：33-38.

[44] 周文丽，李世平. 基于ELES模型的城乡居民国内旅游消费结构实证分析 [J]. 旅游科学，2010（3）：29-38.

[45] 孙根年，侯芳芳. 旅游消费增长对拉动国民消费的贡献：以浙江为例 [J]. 旅游学刊，2010（10）：31-36.

[46] 王莹，杨晋. 旅游消费的政策影响因素研究及启示——基于在杭消费者的调查 [J]. 经济地理，2012（1）：163-167.

[47] 汪侠，等. 基于结构方程模型的旅游消费券效用影响因素研究——以杭州市为例 [J]. 地理研究，2012（3）：543-554.

[48] 庞世明. 中国旅游消费函数实证研究——兼与周文丽、李世平商榷 [J]. 旅游学刊，2014（3）：31-39.

[49] 张金宝. 经济条件、人口特征和风险偏好与城市家庭的旅游消费——基于国内24个城市的家庭调查 [J]. 旅游学刊，2014（5）：31-39.

[50] 赵磊，全华. 中国国内旅游消费与经济增长关系的实证分析 [J]. 经济问题，2011（4）：32-38.

[51] 周文丽. 城乡居民国内旅游消费特征统计研究 [J]. 旅游论坛，2011（4）：35-42.

[52] 席建超，等. 中国入境游客旅游消费变动的实证分析 [J]. 旅游学刊，2008（5）：18-22.

[53] 李小芳. 旅游消费研究述评 [J]. 市场论坛，2008（6）：56-58.

［54］张丽峰. 我国人口结构对旅游消费的动态影响研究［J］. 干旱区资源与环境，2015（3）：193-198.

［55］李一玮，夏林根. 国内城镇居民旅游消费结构分析［J］. 旅游科学，2004（2）：30-32.

［56］隋建利，刘金全，闫超. 中国旅游经济增长动态路径的阶段性变迁识别——基于马尔科夫区制转移模型的实证分析［J］. 旅游学刊，2013（7）：22-32.

［57］董红梅，赵景波. 中国高等级旅游资源数量与旅游人数、旅游收入的关系研究［J］. 干旱区资源与环境，2011（2）：173-177.

［58］邓祖涛. 我国旅游收入差异的因子和空间双重解析［J］. 旅游论坛，2011（1）：51-55.

［59］黎洁. 西部生态旅游发展中农村社区就业与旅游收入分配的实证研究——以陕西太白山国家森林公园周边农村社区为例［J］. 旅游学刊，2005（3）：18-22.

［60］向云波，彭秀芬，高元衡. 中国大陆省级行政区国际旅游收入的时空差异分析［J］. 旅游论坛，2009（1）：87-92.

［61］邓祖涛，尹贻梅. 我国旅游资源、区位和入境旅游收入的空间错位分析［J］. 旅游科学，2009（3）：6-10.

［62］林刚. 利用旅游收入统计测算旅游增加值的相关问题［J］. 旅游论坛，2009（4）：569-572.

［63］段七零，胡章鸿，毛建明. 基于齐夫法则的江苏省旅游收入规模结构变化研究［J］. 人文地理，2012（3）：86-92.

［64］郭庆广. 旅游收入的实用统计方法研究［J］. 浙江大学学报（理学版），2010（3）：354-361.

［65］何红霞，李锴，梁磊. 我国国内旅游收入影响因素的实证分析［J］. 现代物业（中旬刊），2010（2）：21-23.

［66］蒋蓉华，周久贺. 基于灰色关联分析的国内旅游收入影响因素研究［J］. 商业研究，2010（8）：203-206.

［67］薛媛. 基于多元回归模型的中国旅游收入影响因素研究［J］. 科技和产业，2013（11）：118-123.

［68］鄢慧丽，熊浩. 我国旅游收入与GDP之间关系的协整分析［J］. 华中师范大学学报（自然科学版），2014（1）：136-141.

［69］聂晓庆. 国内旅游收入影响因素的计量分析［J］. 经济研究导刊，2014（15）：217-219.

［70］李锋，郭振江. 中国省际"旅游环境-旅游收入"的耦合协调度差异研究［J］. 旅游论坛，2014（4）：57-64.

［71］胡永政，胡庆龙. 基于金融支持视角的旅游收入增长研究——来自黄山旅游业的经验数据分析［J］. 经济管理，2007（24）：82-87.

[72] 刘桂玉，张战仁．国际旅游收入与地方经济增长动态关系的实证分析——以桂林市为例 [J]．旅游论坛，2008（4）：106-109．

[73] 高静，焦勇兵．旅游目的地品牌差异化定位研究——基于品牌个性视角 [J]．旅游学刊，2014，29（5）：40-50．

[74] 刘春济，冯学刚，高静．中国旅游产业结构变迁对旅游经济增长的影响 [J]．旅游学刊，2014，29（8）：37-49．

[75] 王凯，李娟，席建超．中国旅游经济增长与碳排放的耦合关系研究 [J]．旅游学刊，2014，29（6）：24-33．

[76] 李铁成，刘力．区域间投入产出模型（IRIO）的我国会展业经济影响分析 [J]．旅游学刊，2014，29（6）：34-45．

[77] 李京颐．基于结构约束的旅游业增长研究 [J]．旅游学刊，2014，29（3）：49-57．

[78] 吕宛青，初晓恒．我国旅游市场"休闲"需求特征及关键要素构建探析 [J]．思想战线，2010（6）：78-81．

[79] 陈咏英，等．旅游企业投资效率影响因素研究 [J]．财会通讯，2014（5）：93-95．

[80] 张广海，王海斌．环渤海地区国际旅游产业结构演进及效益评价 [J]．中国渔业经济，2014，32（4）：53-60．

[81] 郝芳．城乡居民恩格尔系数与旅游消费水平关系分析 [J]．商业时代，2014（20）：12-13．

[82] 李南．旅游经济在我国国民经济中的地位考量 [J]．商业时代，2014（20）：109-110．

[83] 张楠．优化我国第三产业经济结构——以建设我国旅游经济园区为例 [J]．北方经济，2014（6）：92-94．

[84] 刘俊丽．论云协作机制对我国旅游经济发展的促进作用 [J]．商业时代，2014（16）：183-185．

[85] 陈鹏．建水县旅游经济发展存在的问题与对策 [J]．绿色科技，2014（7）：325-326．

[86] 尹贻梅，陆玉麒，刘志高．旅游企业集群：提升目的地竞争力新的战略模式 [J]．福建论坛（人文社会科学版），2004（8）：22-25．

[87] 叶护平．中国旅游业发展区域差异的系统分析 [J]．华中师范大学学报（自然科学版），2005，39（3）：395-398．

[88] 朱桃杏，陆军．高速铁路背景下旅游经济发展空间与效率特征研究 [J]．铁道运输与经济，2014，36（7）：1-8．

[89] 陈建鑫．基于需求者视角的旅游经济和物流服务协调发展研究 [J]．物流技术，2014，33（2）：174-176．

[90] 王慧元，孙英杰．基于生态环境协调发展视角下对创新农村旅游经济机制研究 [J]．农业经济，2014（7）：69-70．

[91] 杨立勋，马斌斌．西北五省区旅游竞争力测度与评价［J］．西安财经学院学报，2014，27（4）：86-90.

[92] 张丹，冯晓兵．我国旅游经济增长对星级饭店规模的弹性系数分析——基于Panel Data模型［J］．旅游经济，2014，6（3）：78-83.

[93] 黄忠伟．从市场化进程看我国旅游经济增长中制度性变革贡献［J］．商业时代，2014（12）：122-123.

[94] 孙盼盼，戴学锋．中国区域旅游经济差异的空间统计分析［J］．旅游科学，2014，28（2）：35-48.

[95] 向艺，王成璋，苏伟洲．省域旅游经济发展水平测度［J］．西南交通大学学报（社会科学版），2014，15（3）：11-15.

[96] 林晖．旅游经济发展模式［J］．北方经贸，2014，（6）：272.

[97] 彭倩，黄震方，牛品一．长三角地区旅游经济发展动力因素研究［J］．地域研究与开发，2014，33（3）：90-96.

[98] 姚晓燕．生态旅游发展的经济学思考［J］．商业时代，2014（13）：122-123.

[99] 陈文．空间性旅游经济影响因素及变化趋势研究——以我国西部地区为例［J］．商业时代，2014（13）：124-125.

[100] 邹德玲，蒋天颖，刘程军，等．长三角旅游经济空间联系研究［J］．华东经济管理，2014，28（5）：65-70.

[101] 颜娟，李俊鹏．浅析中国旅游经济差异的空间特征［J］．中小企业管理与科技，2014，28（5）：65-70.

[102] 赵磊．中国旅游经济发展时空差异演变：1999—2009［J］．旅游论坛，2014，7（2）：6-15.

[103] 王淑新，王学定，王吉清．我国省会城市旅游经济空间集聚与扩散研究［J］．旅游论坛，2014，7（2）：57-62.

[104] 王易琦．旅游经济对城镇一体化影响探讨［J］．中外企业家，2014（4）：29-31.

[105] 武瑾．浅析绿色旅游经济［J］．中国科技博览，2014（12）：264.

[106] 陆宏．旅游经济发展过程中的几点思考［J］．中国外资，2014（5）：191.

[107] 孙忆辛．农村旅游经济发展的宏观环境分析［J］．商业时代，2014（10）：121-122.

[108] 王尔大，李花．基于生存分析模型的游客停留天数影响因素分析——以大连滨海旅游为例［J］．运筹与管理，2014，23（1）：123-130.

[109] 王艺锦．旅游经济创意发展中的政府作用浅谈［J］．财经界，2014（8）：12.

[110] 陈俊安．中越旅游政策变迁对双边旅游经济影响的实证研究［J］．改革与战略，2014（2）：36-39.

[111] 张华初，李永杰．中国旅游业产业关联的定量分析［J］．旅游学刊，

2007（4）：15-19.

[112] 蒋贤孝. 循环经济视角下的产业结构调整 [J]. 生态经济，2007（9）：96-99.

[113] 张梦. 旅游产业集群化发展的制约因素分析 [J]. 旅游学刊，2006（2）：26-40.

[114] 把多勋，张铁成. 基于增长理论的旅游地经济发展分析 [J]. 产业经济研究，2009，40（3）：65-69.

[115] 左冰，保继刚. 1992—2005年中国旅游业全要素生产率及省级差异 [J]. 地理学报，2008，4（4）：417-427.

[116] 吕宛青，苏丽春. 旅游城市建设中的生态经济系统 [J]. 思想战线，2000，26（2）.

[117] 田盛圭，杨晓霞. 我国三大都市经济圈旅游经济增长影响因素研究 [J]. 经济研究导刊，2010（29）：77-79.

[118] 张信东，宋鹏，秦旭艳. 旅游经济增长点分析——基于黄金周效应的实证 [J]. 旅游学刊，2008，3（10）：16-22.

[119] 赵浩兴. 选择旅游业为区域主导产业的合理性问题探讨 [J]. 旅游学刊，2003（1）：18-21.

[120] 窦文章，杨开忠，杨新军. 区域旅游竞争研究进展 [J]. 人文地理，2000（3）：22-27.

[121] 余晓龙. 我国旅游产业集群的培育与发展策略研究 [D]. 成都：西南财经大学，2006.

[122] 邓琼芬. 我国旅游业发展区域差异的成因分析 [J]. 企业家天地，2006（3）：119-120.

[123] 周玉翠，陆玉麒，谢江红. 我国国际旅游的区域差异 [J]. 经济问题探索，2005（9）：39-42.

[124] 邱丕群，刘荫. 西部经济发展水平与潜力指标体系研究 [J]. 统计与预测，2001（3）：26-29.

[125] 陈钰芬. 我国地区经济发展现状及其潜力分析 [J]. 数理统计与管理，2001（5）：14-18.

[126] 王汝辉，杨辉. 西部旅游区域市场的弱根基性 [J]. 资源开发与市场，2002，3（6）：28-30.

[127] 陆林，余凤龙. 中国旅游经济差异的空间特征分析 [J]. 经济地理，2005，25（3）：406-410.

[128] 曾军，崔郁. 中国入境旅游经济的区域差异分析 [J]. 经济问题探索，2006（12）：94-97.

[129] 赵俊远，苏朝阳，黄宁. 西北5省（区）区域旅游经济差异变化——基于泰尔指数的测度 [J]. 资源开发与市场，2008，24（3）：214-217.

[130] 周玉翠，陆玉麒，谢江红. 我国国际旅游的区域差异 [J]. 经济问题探

索，2005（9）：39-42.

[131] 郭利平，陈忠暖. 中国区域旅游经济综合实力分析和类型划分 [J]. 地理学与国土研究，2001，17（3）：88-91.

[132] 李江帆，李美云. 旅游产业与旅游增加值的测算 [J]. 旅游学刊，1999（5）：16-19.

[133] 曹宇. 旅游业对经济增长的溢出效应 [J]. 产业经济，2006（10）：48-49.

[134] 左冰. 中国旅游产出乘数及就业乘数的初步测算 [J]. 云南财贸学院学报，2002，18（6）：30-34.

[135] 王雷震，张帆，李春光. 旅游对区域经济发展贡献度定量测度方法及其应用 [J]. 系统工程理论与实践，2006（5）：54-62.

[136] 金波，王合生. 旅游经济地区结构与区域经济协调发展研究 [J]. 山东师大学报（自然科学版），1999（4）：437-439.

[137] 魏小安，厉新建. 旅游产业地位的统计视角思考 [J]. 北京第二外国语学院学报，2000（5）：1-6.

[138] 宋子千，郑向敏. 旅游业产业地位衡量指标的若干理论思考 [J]. 旅游学刊，2001（4）：27-30.

[139] 张帆，等. 旅游对区域经济发展贡献度研究——以秦皇岛为例 [J]. 城市经济，2003（5）：17-20.

[140] 刘晓红，李国平. 旅游业对区域经济增长的溢出效应研究——关于西安市的实证分析 [J]. 江西财经大学学报，2005（3）：57-60.

[141] 陈刚强. 中国地市旅游经济差异的时空演变特征 [J]. 地域研究与开发，2012，31（4）：91-95.

[142] 邹家红，王慧琴. 旅游经济发展空间差异分析——以湖南省为例 [J]. 社会科学家，2009（6）：93-96.

[143] 李在军，等. 山东省旅游经济的时空演变格局探究 [J]. 经济地理，2013，33（7）：176-181.

[144] 贾生华，邬爱其. 制度变迁与中国旅游产业的成长阶段和发展对策 [J]. 旅游学刊，2002，17（4）：19-22.

[145] 朱俊杰，丁登山，韩南生. 中国旅游业地域不平衡分析 [J]. 人文地理，2001，16（1）：27-30.

[146] 陈安平. 我国区域经济的溢出效应分析 [J]. 经济科学，2007（2）：40-51.

[147] 齐爽，张清正. 国内外旅游业经济效应研究述评 [J]. 生产力研究，2012（5）：243-245.

[148] 赵磊. 旅游发展与中国经济增长效率——基于 Malmquist 指数和系统 GMM 的实证分析 [J]. 旅游学刊，2012，27（11）：44-51.

[149] 王维国，徐勇. 中国旅游业发展对国民经济贡献的计量分析 [J]. 数学的实践与认识，2009，39（9）：1-7.

[150] 庞丽，王铮，刘清春. 我国入境旅游和经济增长关系分析 [J]. 地域研

究与开发，2006，25（3）：51-55.

[151] 吴国新. 旅游产业发展与我国经济增长的相关性分析 [J]. 上海应用技术学院学报，2003，3（4）：238-241.

[152] 郭寻. 旅游经济运行中政府规制初探 [J]. 东南亚纵横，2006（10）：73-78.

[153] 王衍用. 区域旅游开发战略的理论与实践 [J]. 经济地理，1999（1）：116-117.

[154] 吴志才. 旅游生态环境问题的经济学分析和对策初探 [J]. 经济地理，2005，25（3）：411-413.

[155] 王晶. 福建省旅游业发展与区域经济增长的实证研究 [J]. 经济与社会发展，2007（4）：73-75.

[156] 庞闻，马耀峰，唐仲霞. 旅游经济与生态环境耦合关系及协调发展研究———以西安市为例 [J]. 西北大学学报（自然科学版），2011，41（6）：1098-1101.

[157] 李进兵，胡波. 环境容量约束下旅游税收优惠政策的经济学分析 [J]. 西南科技大学学报：哲学社会科学版，2009，26（3）：35-38.

[158] 张骁鸣，薛丹. 旅游地生命周期的数学模型比较研究 [J]. 旅游科学，2009，23（4）：6-11.

[159] 刘晓红，李国平. 旅游业对区域经济增长的溢出效应研究 [J]. 江西财经大学学报，2005（3）：57-60.

[160] KELLY M. Jordan's potential tourism development [J]. Annals of Tourism Research，1998（25）：904-918.

[161] DURBARRY R，SINCLAIR M T. Market shares analysis：the case of French tourism demand [J]. Annals of Tourism Research，2003，30（4）：927-941.

[162] YOOSHIK Y，MUZAFFER U. An examination of the effects of motivation and satisfaction on destination loyalty：a structural model [J]. Tourism Management，2005，26（1）：45-46.

[163] CLUSTERS M E.New economics of competition [J]. Harvard Business Review，1998（11-12）：77-90.

[164] BRIEDENHANN J，WICKENS E.Tourism routes as a tool for the economic development of ruralareas-vibrant hope or impossible dream？ [J]. Tourism Management，2004，25（1）：71-79.

[165] DWYER L，FORSYTH P，SPURR R T H. Contribution of tourism by origin market to a state economy：A multiregional general equilibrium analysis [J]. Tourism Economics，2003，9（2）：117-132.

[166] JOHN E W.Estimating the economic impacts of tourism [J]. Annals of Tourism Research，1997，24（3）：592-608.

[167] PRISKIN J. Assessment of natural resources for nature-based tourism：the

case of the central coast region of Western Australia ［J］. Tourism Management，2001（22）：637-648.

［168］NARAYAN P K，et al. Tourism and economic growth：a panel data analysis for pacific island countries ［J］. Tourism economics，2010，16（1）：169-183.

［169］CONES-JIMENEZ I，PULINA M. Inbound tourism and long-run economic growth ［J］. Current Issues in Tourism，2010，13（1）：61-74.

［170］WILLIAMSON O E.Transaction cost economics：the governance of contractual relations ［J］. Journal of Law and Economics，1979（22）：233-261.

［171］BELLOUMI M. The relationship between tourism receipts，real effective exchange rate and economic growth in Tunisia ［J］. International Journal of Tourism Research，2010，12（5）：550-560.

［172］周振东. 旅游经济学 ［M］. 大连：东北财经大学出版社，1999.

［173］钟海生，郭英之. 中国旅游市场需求与开发 ［M］. 广州：广东旅游出版社，2001.

［174］梁小民. 西方经济学导论 ［M］. 北京：北京大学出版社，1984.

［175］王大悟，魏小安. 旅游经济学 ［M］. 上海：上海人民出版社，2000.

［176］马歇尔. 经济学原理 ［M］. 北京：商务印书馆，1997.

［177］谢彦君. 基础旅游学 ［M］. 北京：中国旅游出版社，1999.

［178］罗明义. 旅游经济分析 ［M］. 昆明：云南大学出版社，2002.

［179］谢彦君. 旅游体验研究：一种现象学的视角 ［M］. 天津：南开大学出版社，2005.

［180］鲁明勇. 关于旅游产业集群基本问题的思考 ［M］. 北京：机械工业出版社，2006.

［181］张辉，秦宇. 中国旅游产业转型年度报告——2005 ［M］. 北京：旅游教育出版社，2006.

［182］潘建民，李肇荣，黄进. 旅游业对广西国民经济的贡献率研究 ［M］. 北京：社会科学文献出版社，2003.

［183］魏翔. 旅游经济数量分析方法 ［M］. 天津：南开大学出版社，2009.

［184］厉无畏，王振. 转变经济增长方式研究 ［M］. 上海：学林出版社，2006.

［185］罗明义. 旅游经济学：分析方法·案例 ［M］. 天津：南开大学出版社，2005.

［186］魏后凯. 现代区域经济学 ［M］. 北京：经济管理出版社，2006.

［187］黄继忠. 区域内经济不平衡增长论 ［M］. 北京：经济管理出版社，2001.

［188］吴殿廷. 区域经济学 ［M］. 北京：科学出版社，2003.

［189］李小建. 经济地理学 ［M］. 北京：高等教育出版社，2003.

［190］安虎森. 空间经济学原理 ［M］. 北京：经济科学出版社，2005.

［191］金浩. 经济统计分析与SAS应用［M］. 北京：经济科学出版社，2002.

［192］李江帆. 中国第三产业经济分析［M］. 广州：广东人民出版社，2004.

［193］聂华林，王成勇. 区域经济学通论［M］. 北京：中国社会科学出版社，2006.

［194］林南枝，陶汉军. 旅游经济学［M］. 天津：南开大学出版社，2000.

［195］陈秀山，张可云. 区域经济学理论［M］. 北京：商务印书馆，2003.

［196］金碚. 竞争力经济学［M］. 广州：广东经济出版社，2003.

［197］张晓峒. EViews使用指南与案例［M］. 北京：机械工业出版社，2007.

［198］王升. 计量经济学导论［M］. 北京：清华大学出版社，2006.

［199］吕宛青. 旅游经济学［M］. 北京：科学出版社，2009.

［200］郝寿义，安虎森. 区域经济学［M］. 北京：经济科学出版社，2004.

［201］刘住. 旅游学学科体系框架与前沿领域［M］. 北京：中国旅游出版社，2008.

［202］迟景才. 改革开放20年旅游经济探索［M］. 广州：广东旅游出版社，1998.

［203］魏翔. 旅游经济数量分析方法［M］. 天津：南开大学出版社，2009.

［204］刘传江. 环境经济学［M］. 武汉：武汉大学出版社，2006.

［205］宋立中，谭申. 复合型文化遗产旅游产品开发路径分析——以福建马尾船政文化为例［J］. 旅游学刊，2012（10）：93-101.

［206］陶犁. 民族文化旅游产品开发探析［J］. 思想战线，2002（4）：45-48.

［207］林水富. 福建省沿海地区生态旅游产品开发［J］. 林业经济问题，2004（1）：44-47.

［208］董红梅. 旅游产品开发存在的问题及改进［J］. 商业时代，2006（9）：80-81.

［209］吴颖，邓祝仁. 论深度旅游产品及其开发［J］. 社会科学家，2006（4）：117-120.

［210］张静. 我国休闲旅游产品开发现状及对策分析［J］. 生产力研究，2006（11）：146-147.

［211］王立岩，许楠. 体验经济视野中的旅游产品开发研究［J］. 技术经济与管理研究，2005（5）：100-101.

［212］陈义彬. 闽粤赣边客家地区旅游产品开发研究［J］. 经济地理，2005（6）：924-927.

［213］毕海龙. 基于旅游文化产业发展的旅游产品开发研究［J］. 学术交流，2014（4）：145-148.

［214］保继刚，梁增贤. 基于层次与等级的城市旅游供给分析框架［J］. 人文地理，2011（6）：1-9.

［215］牛亚菲. 旅游供给与需求的空间关系研究［J］. 地理学报，1996（1）：80-87.

［216］左冰. 对旅游供给理论的几点探讨［C］//中国地理学会，中山大学，中国科学院地理科学与资源研究所.中国地理学会2004年学术年会暨海峡两岸地理学术研讨会论文摘要集.［出版者不详］，2004.

附录一　职业核心能力训练"知识准备"参照范围

附表1　　　　　　　　　职业核心能力训练"知识准备"参照表

能力领域	等级	技能点	"知识准备"参照范围
自主学习	初级	确定短期学习目标	激发学习动力的方法；学习的基本原理；学习的认知策略；确定目标的原则和方法；编写学习计划的基本规则；取得他人帮助和支持的方法与技巧
		实施短期学习计划	学习的基本原理；学习的方法和技巧；学习的认知策略；计划落实、控制和调整的方法和技巧；节约时间的诀窍
		检查学习进度	学习方法与学习效果的关系；学习认知策略与学习效果的关系；检查目标进度的方法和技巧（总结、归纳、测量）；成功学的基本要求
	中级	确定中期学习目标	学习的基本原理；学习的认知策略和元认知策略；确定目标的原则和方法；编写学习计划的基本规则；取得他人帮助和支持的方法或技巧
		实施中期学习计划	学习基本原理的知识；学习方法与技巧的知识；学习的认知策略和元认知策略知识；计划落实、控制和调整的方法和技巧的知识；关于方法的知识；时间管理诀窍知识
		检查学习进度	成功学的基本要点；学习的认知策略和元认知策略与应用知识；项目目标检查、总结、归纳的方法；学习迁移的原理与应用知识；学习的观察、认知记忆及提高效率的规律；养成良好学习习惯的方法
	高级	确定长期学习目标	收集和运用的信息方法；学习的认知策略、元认知策略和资源管理策略；有效资源利用的策略；项目论证和测评的方法；编写计划和检查调控计划执行的方法；团队合作的策略和方法
		实施长期学习计划	学习的方法和技巧的知识；学习的认知策略、元认知策略和资源管理策略知识；有关学习与实践关系原理知识；计划落实、控制和调整的方法和技巧知识；思维方法知识；目标管理诀窍的知识
		检查学习进度	成功学的基本要点；项目目标检查、总结、归纳的方法；学习迁移的原理与应用知识；学习的观察、认知记忆及提高效率的规律；养成良好学习习惯的方法

续表

能力领域	等级	技能点	"知识准备"参照范围
信息处理	初级	获取信息	信息的含义、特征与种类；信息收集的原则、渠道和方式；文献和网络索引法；一般阅读法；计算机和网络相关知识
		整理信息	信息的分类方法与原则；信息筛选方法与要求；信息资料手工存储方法；计算机信息存贮方法；计算机其他相关知识
		传递信息	信息传递的种类与形式；口语和文字符号的信息传递技巧；现代办公自动化技术；计算机和网络相关技术
	中级	获取信息	信息的特征与种类；信息收集的范围、渠道与原则；信息收集方法（观察法、询访法）；计算机相关知识；网络相关知识
		开发信息	信息筛选、存储的方法与原则；信息资料的分析、加工的方法；新信息生成或信息预测的方法
		展示信息	口语和文字符号信息展示的技巧；多媒体制作与使用技术；计算机相关应用技术
	高级	获取信息	调查研究的方法和原理；信息收集的范围、方法（问卷法、检索法、购买法、交换法）和原则；信息收集方案选择；计算机和网络相关技术
		开发信息	信息资料鉴别方法；信息资料核校方法；信息资料分析方法；信息资料编写方法（主题提炼、标题选择、结构安排、语言组织）；信息资料加工方法；计算机信息生成知识
		展示信息	口语和文字符号的信息表达技巧；多媒体制作技术；科学决策知识；信息反馈方式与要求；网页设计与网络使用知识；知识产权知识
数字应用	初级	采集、解读数据信息	获取数据的方法（测量法、调查法、读取法）；数的意义（整数、小数、分数及百分数）；常用测量器具的功能与使用方法，常用单位，单位的换算；近似的概念与精度；图表（数表扇形统计图、条形统计图、示意图）知识
		进行数字计算	计算方法（笔算、口算、珠算、计算器计算）；整数、分数四则运算；近似计算法；验算（逆算法、估算法、奇偶对应法）
		展示和使用数据信息	评价指标；最大值，最小值；平均值；精度
	中级	解读数据信息	获取数据信息的渠道与方法（测量法、调查法、读取法）；数的意义（整数、分数、正数、负数）；总量与分量，比例；误差、精度、估计；复合单位（如速度、速率等）；图表（数表、扇形统计图、条形统计图、折线图、示意图）知识
		进行数据计算	计算方法（笔算、计算器计算、查表、Excel等软件计算）；整式、分式四则运算、乘方、开方；近似计算（误差估计）；验算（逆算法、估算法、奇偶对应法）
		展示和使用数据信息	评价指标；最大值，最小值；平均值，期值，方差；绝对误差，相对误差；图表的制作
	高级	解读数据信息	数据信息源的筛选原则（多样性、代表性、可靠性）；数据的采集方案；图表（数表、坐标、比例尺）；频率、频率稳定性；平均、加权平均；误差分析、估计
		进行数据计算	计算方法（笔算、计算器计算、查表、编程计算、Excel等软件计算）；整式、分式四则计算，乘方、开方；函数（幂函数、指数函数、对数函数、三角函数、反三角函数、复合函数）近似计算（误差分析）；验算（逆算法、估算法）
		展示和使用数据信息	评价指标；最大值，最小值；平均值，期值，方差；绝对误差，相对误差；图表的制作

续表

能力领域	等级	技能点	"知识准备"参照范围
与人交流	初级	交谈讨论	与人交谈主题相关的信息和知识；正确使用规范语言的基本知识；口语交谈方式和技巧；身体语言运用技巧
		阅读和获取资料	资料查询和搜索的方法；一般阅读的方法；文件资料归类的方法；词典类工具书的功能和使用方法；各种图表的功能；网上阅读的方法
		书面表达	与工作任务相关的知识；实用文体的应用；图表的功能和应用；素材选用的基本方法；写作的基本技法；逻辑和修辞初步技法
	中级	交谈讨论	与交谈主题相关的知识和信息；正确使用规范语言的基本知识；口语交谈的技巧；身体语言运用技巧；掌握交谈心理的方法；交谈的辅助手段或多媒体演示技术；会谈和会议准备基本要点
		简短发言	与发言主题相关的知识和信息；当众讲话的技巧（包括运用身体语言的技巧）；简短发言的辅助手段或多媒体演示技术
		阅读和获取资料	资料查询和搜索方法；快速阅读的原理与方法；文件归类的方法；掌握各种图表的功能
		书面表达	与工作任务相关的知识；实用文体的应用；图表的功能和应用；素材选用的基本方法；文稿排版和编辑的技法；写作的基本技法；逻辑和修辞常用技法
	高级	交谈讨论	与会谈主题相关的知识和信息；语言交流的艺术和技巧；交谈的辅助手段或多媒体演示技术；总结性话语运用的技巧；谈判的心理和技巧；会议准备的基本要点；主持会议的相关程序
		当众讲演	与发言主题相关的知识和信息；演讲的技巧和艺术；演讲辅助手段或多媒体演示技术
		阅读和获取资料	资料查询和搜索方法；快速阅读的技巧；掌握各种图表的功能
		书面表达	与工作任务相关的知识；实用文体的应用；图表的功能和应用；素材选用的基本方法；文稿排版和编辑的技法；写作的基本技法；逻辑和修辞技法
与人合作	初级	理解合作目标	活动要素的群体性与分工合作的关系；职业团队的概念、特征与种类；组织的使命、目标、任务；自身的职业价值，个人在组织中的作用
		执行合作计划	服从的基本概念，指令、命令的含义；求助的意义，人的求助意识；职业生活的互助性，帮助他人的价值
		检查合作效果	工作进度的概念，影响工作进度的因素；工作进程的检查，调整工作程序；工作汇报的程序和要领
	中级	制订合作计划	聚合型团队、松散型团队和内耗型团队的特征；组织内部的冲突情况，剖析内耗型团队的心理根源；合作双方的利益需求和社会心理需求
		完成合作任务	民族、学历、地域、年龄等差异；人的工作和生活习惯、办事规律；宽容的心态，容忍的方法
		改善合作效果	使他人接受自己意见、改变态度的策略；在会议上提出意见和建议的规则；改变自己的态度，接受他人批评指责的心理准备
	高级	调整合作目标	领导科学与管理方法；组织文化的形成与发展；目标管理与时间管理
		控制合作进程	人际交往与沟通的知识和相关能力；有效激励的方法与技巧；批评的途径、方法和注意事项
		达到合作目标	信息的采集与整理，组织经济效益的统计学知识；员工绩效测评的基本方法和程序；合作过程的风险控制意识和防范

续表

能力领域	等级	技能点	"知识准备"参照范围
解决问题	初级	分析问题提出方案	分析问题的方法；归纳问题的方法；对比选择的方法；判断的方法；决策理论与方法；关于相关问题本身的专业知识和发展规律的认识
		实施计划解决问题	撰写工作计划的相关知识；信息检索、文献查询的有关方法；逻辑判断、推理的相关知识；解决问题的技巧
		验证方案改进方式	分析和检查问题的方法；跟踪调查的方法；工作总结的规则和写作方法
	中级	分析问题提出方案	分析问题的方法；归纳问题的方法；对比选择的方法；判断的方法；决策理论与方法；关于相关问题本身的专业知识和变化规律的认识
		实施计划解决问题	应用写作学中关于撰写工作计划的相关知识；信息检索、文献查询的有关方法；逻辑判断、推理的相关知识；解决问题的技巧；与他人合作的知识和方法
		验证方案改进计划	分析和检查问题的方法；跟踪调查的方法；工作总结的规则和写作方法
	高级	分析问题提出对策	决策科学的系统知识；形式逻辑、辩证逻辑思维的系统知识和方法；分析问题的系统知识和技巧；群体创新技法的系统知识；数学建模方法；关于相关问题本身的专业知识和变化规律的认识
		实施方案解决问题	关于撰写工作计划的系统知识；信息检索、文献查询的系统知识和方法；有关价值工程、现场分析和形态分析的知识；解决问题的技巧；有关进度评估的知识；与人合作的系统知识和方法
		验证方案改进计划	分析和检查问题的方法；跟踪调查的方法；工作总结的规则和写作方法；创新技法
革新创新	初级	揭示不足提出改进	关于思维和创造思维的一般知识；关于思维定式和突破思维障碍的知识；关于相关事物本身的专业知识和发展规律的认识
		做出创新方案	列举类技法和设问类技法的原理、特点、适用范围和具体操作的知识；有关分解类技法、组合类技法、分解组合类技法的原理、特点、适用范围和具体操作方法的知识；收集信息、案例的知识和方法
		评估创新方案	有关创新成果价值评定的知识；可行性分析的知识；撰写可行性报告的知识
	中级	揭示不足提出改进	有关思维障碍形成的知识；横向、逆向、灵感思维的知识；换向、换位思维的知识；逻辑判断和推理知识；关于相关事物本身的专业知识和发展规律的认识
		做出并实施创新方案	有关类比类技法和移植类技法的知识；有关德尔菲和综摄法的知识；有关还原法、换向思考类技法的知识
		评估创新方案	有关项目可行性测评的技术；有关最佳方案评估的知识；撰写评估报告的知识
	高级	揭示不足提出改进	创新能力构成和提升的知识；有关事物运动、变化和发展的知识；灵活运用各种思维形式的知识；关于相关事物本身的专业知识和发展规律的认识
		做出并实施创新方案	有关价值工程、现场分析和形态分析的知识；针对不同事物运用不同创新方法的知识；综合运用各种创新方法的知识
		评估创新方案	可持续创新的知识；有关创新原理的知识；有关知识产权的知识；技术预测和市场预测知识

　　资料来源　劳动和社会保障部职业技能鉴定中心.职业核心能力培训测评标准（试行）及训练手册［M］.北京：人民出版社，2007.本表参照"资料来源"所列文献相关内容提炼、编制与同步修订。

附录二　案例分析训练考核参照指标

附表2　　　　　　　　　　　　案例分析训练与考核指标参照表

参照指标		训练考核点	分项成绩
形成性训练与考核 $\sum 50$	个人准备 $\sum 20$	案例概况；讨论主题；问题理解；揭示不足；创新意见；决策标准；可行性方案	
	小组讨论 $\sum 15$	上课出席情况；讨论发言的参与度；言语表达能力；说服力；思维是否敏捷	
	班级交流 $\sum 15$	团队协作；与人交流；课堂互动等方面的满意度；讨论参与的深度与广度	
课业训练与考核 $\sum 50$	分析依据 $\sum 8$	分析依据的客观性与充分性	
	分析步骤 $\sum 8$	分析步骤的恰当性与条理性	
	理论思考 $\sum 8$	理论思考的正确性、深刻性与全面性	
	解决问题 $\sum 8$	理解问题与解决问题能力的达标性	
	革新创新 $\sum 10$	揭示不足与提出改进能力的达标性	
	文字表达 $\sum 8$	文字表达能力的强弱性	
总成绩 $\sum 100$			
教师评语	签名： 　　　　　20　年　月　日		
学生意见	签名： 　　　　　20　年　月　日		

附录三　职业核心能力训练考核参照规范与标准

附表3　　　　　　　　　　职业核心能力训练考核规范与标准参照表

能力领域	等级	基本要求	技能点	参照规范与标准
自主学习	初级	具备学习的基本能力，在常规条件下能运用这些能力适应工作和学习要求	确定短期学习目标	能明确学习动机和目标，并计划时间、寻求指导
			实施短期学习计划	能按照行动要点开展工作、按时完成任务，使用不同方式、选择和运用不同的学习方法实现目标，并能对计划及时做出调整
			检查学习进度	能对学习情况提出看法、改进意见和提高学习能力的设想
	中级	主要用理解式接受法，对有兴趣的任务可以用发现法掌握知识信息；在更广泛的工作范围内灵活运用这些能力以适应工作岗位各方面需要	确定中期学习目标	能明确提出多个学习目标，列出实现各目标的行动要点，确定实现目标的计划，并运筹时间
			实施中期学习计划	能开展学习和活动，通过简单的课程和技能训练，提高工作能力
			检查学习进度	能证明取得的学习成果，并能将学到的东西用于新的工作任务
	高级	能较熟练灵活地运用各种学习法在最短时间内掌握急需知识信息；能广泛地收集、整理、开发和运用信息，善于学习、接受新的事物，以适应复杂工作和终身发展的要求	确定长期学习目标	能根据各种信息和资源确定要实现的多个目标及途径，明确可能影响计划实现的因素，确认实现目标的时限，制定行动要点和时间表，预计困难和变化
			实施长期学习计划	能保证重点、调整落实、处理困难、选择方法，通过复杂的课程和技能训练提高工作能力
			检查学习进度	能汇总学习成果、成功经验和已实现的目标，证明新学到的东西能有效运用于新选择的职业或工作任务
信息处理	初级	具备进入工作岗位最基本的信息处理能力，在常规条件下能收集、整理并传递适应既定工作需要的信息	获取信息	能通过阅读、计算机或网络获取信息
			整理信息	能使用不同方法、从多个资源中选择、收集和综合信息，并通过计算机编辑、生成和保存信息
			传递信息	能通过口语、书面形式，用合适的版面编排、规范的方式展示、电子手段传输信息
	中级	在更广泛的工作范围内获取需要的信息，进行信息开发处理，并根据工作岗位各方面的需要展示组合信息	获取信息	能定义复杂信息，确定搜寻范围，列出资源优先顺序，通过询访法和观察法搜寻信息
			开发信息	能对信息进行分类、定量筛选、运算分析、加工整理，用计算机扩展信息
			展示信息	能通过演说传递信息，用文字图表、计算机排版展示组合信息，用多媒体辅助信息传达
	高级	广泛地收集、深入地整理开发、多样地传递、灵活地运用信息，以适应复杂的工作需要；具备信息处理工作的设计与评估能力，并表现出较强的组织与管理能力	获取信息	能分析复杂信息，比较不同信息来源的优势和限制条件，选择适当技术、使用各种电子方法发现和搜寻信息
			开发信息	能辨别信息真伪，定性核校、分析综合、解读与验证资料，建立较大规模的数据库，用计算机生成新的信息
			展示信息	能用新闻方式发布、平面方式展示、网络技术传递，利用信息预测趋势、创新设计，收集信息反馈，评估使用效果

续表

能力领域	等级	基本要求	技能点	参照规范与标准
数字应用	初级	具备进入工作岗位最基本的数字应用能力，在常规条件下能运用这些能力适应既定工作的需要	采集、解读数据信息	能按要求测量并记录结果，准确统计数目，解读简单图表，读懂各种数字，并汇总数据
			进行数字计算	能进行简单计算并验算结果
			展示和使用数据信息	能正确使用单位，根据计算结果说明工作任务
	中级	在更广泛的工作范围内，灵活地运用数字应用能力以适应工作岗位各方面的需要	解读数据信息	能从不同信息源获取信息，读懂、归纳、汇总数据，编制图表
			进行数据计算	能从事多步骤、较复杂的计算，使用公式计算结果
			展示和使用数据信息	能使用适当方法展示数据信息和计算结果，设计并使用图表，根据结果准确说明工作任务
	高级	具备熟练把握数字和通过数字运算来解决实际工作中的问题的能力，适应更复杂的工作需要	解读数据信息	能组织大型数据采集活动，通过调查和实验获取、整理与加工数据
			进行数据计算	能从事多步骤的复杂计算，并统计与分析数据
			展示和使用数据信息	能选择合适的方法阐明和比较计算结果，检查并论证其合理性，设计并绘制图表，根据结果做出推论，说明和指导工作
与人交流	初级	具备进入工作岗位最基本的与人交流能力，在常规条件下能运用这些能力适应既定工作的需要	交谈讨论	能围绕主题，把握讲话的时机、内容与长短，倾听他人讲话，多种形式回应；使用规范易懂的语言、恰当的语调和连贯的语句清楚地表达意思
			阅读和获取资料	能通过有效途径找到所需资料，识别有效信息，归纳内容要点，整理确认内容，会做简单笔记
			书面表达	能选择基本文体，利用图表、资料撰写简单文稿，并掌握基本写作技巧
	中级	在更广泛的工作范围内，灵活运用这些能力以适应工作岗位各方面的需要	交谈讨论	能始终围绕主题参与，主动把握讲话时机、方式和内容，理解对方谈话内容，推动讨论进行，全面准确传达一个信息或观点
			简短发言	能为发言做准备，当众讲话并把握讲话内容、方式，借助各种手段说明主题
			阅读和获取资料	能根据工作要求从多种资料筛选有用信息，看懂资料的观点、思路和要点，并整理汇总资料
			书面表达	能掌握应用文体，注意行文格式；组织利用材料，充实内容要点；掌握写作技巧，清楚表达主题；注意文章风格，提高说服力
	高级	在工作岗位上表现出更强的组织和管理能力，通过运用与人交流的能力适应更复杂的工作需要	交谈讨论	始终把握会议主题，听懂他人讲话内容并做出反应，主持会议或会谈，全面准确表述复杂事件或观点
			当众讲演	能为讲演做准备，把握讲演的内容、方式，借助各种手段强化主题
			阅读和获取资料	能为一个问题或课题找到相关资料，看懂资料的思路、要点、价值和问题，分析、筛选和利用资料表达主题
			书面表达	能熟悉专业文书，把握基本要求；有机利用素材，说明内容要点；掌握写作技巧，清楚恰当表达主题；采用适当风格，增强说服力

续表

能力领域	等级	基本要求	技能点	参照规范与标准
与人合作	初级	理解个人与他人、群体的合作目标，有效地接受上级指令；准确、顺利地执行合作计划；调整工作进度，改进工作方式；检查工作效果	理解合作目标	能确定合作的基础和利益共同点，掌握合作目标要点和本单位人事组织结构，明确个人在团队中的职责和任务
			执行合作计划	能接受上级指令，准确、顺利地执行合作计划
			检查合作效果	能通过检查工作进展情况，改进工作方式，促进合作目标实现
	中级	与本部门同事、内部横向部门、外部相关部门共同制订合作计划；协调合作过程中的矛盾关系，按照计划完成任务；在合作过程中遇到障碍时提出改进意见，推进合作进程	制订合作计划	能与本部门同事、组织内部横向部门、组织外部相关部门共同制订合作计划
			完成合作任务	能与他人协同工作，处理合作过程中的矛盾
			改善合作效果	能判断合作障碍，表达不同意见，接受批评建议，弥补双方失误
	高级	根据情况变化和合作各方的需要，调整合作目标；在变动的工作环境中，控制合作进程；预测和评价合作效果，达成合作目的	调整合作目标	能发现各方问题，协调利益关系，进行有效沟通，调整合作计划与工作顺序
			控制合作进程	能整合协调各方资源，妥善处理矛盾，排除消极因素，激发工作热情
			达到合作目标	能及时全面检查工作成效，不断改善合作方式
解决问题	初级	具备进入工作岗位最基本的解决问题能力，在常规条件下能根据工作的需要，解决一般简单和熟悉的问题	分析问题提出方案	能用几种常用的办法理解问题，确立目标，提出对策或方案
			实施计划解决问题	能准备、制订和实施被人认可并具有一定可行性的计划
			验证方案改进方式	能寻找方法，实施检查，鉴定结果，提出改进方式
	中级	在有限的资源条件下，根据工作岗位的需要，解决较复杂的问题	分析问题提出方案	能描述问题，确定目标，提出并选择较佳方案
			实施计划解决问题	能准备、制订和实施获得支持的较具体计划，并充分利用相关资源
			验证方案改进计划	能确定方法，实施检查，说明结果，利用经验解决新问题
	高级	在工作岗位上表现出更强的解决问题能力，在多种资源条件下，根据工作需要解决复杂和综合性问题	分析问题提出对策	在提出解决问题的对策时，能分析探讨问题的实质，提出解决问题的最优方案，并证明这种方案的合理性
			实施方案解决问题	在制订计划、实施解决办法时，能制订并实施获得认可的详细计划与方案，并能在实施中寻求信息反馈，评估进度
			验证方案改进计划	在检查问题、分析结果时，能优选方法，分析总结，提出解决同类问题的建议与方案

续表

能力领域	等级	基本要求	技能点	参照规范与标准
革新创新	初级	在常规工作条件下，能根据工作需要，初步揭示事物的不足，运用创新思维和创新技法进行创新活动	揭示不足提出改进	能揭示事物不足，提出改进意见
			做出创新方案	能在采纳各方意见的基础上，确定创新方案的目标、方法、步骤、难点和对策，指出创新方案需要的资源和条件
			评估创新方案	能进行自我检查，正确地对待反馈信息和他人意见，对创新方案及实施做出客观评估，并根据实际条件加以调整
	中级	根据工作发展需要，在更广泛的工作范围内揭示事物的不足，较熟练地运用创新思维和创新技法进行创新活动，并对创新成果进行分析总结	揭示不足提出改进	能在新需求条件下揭示事物的不足，提出改进事物的创新点和具体方案
			做出并实施创新方案	能从多种选择中确认最佳方案，并利用外界信息、资源和条件实施创新活动
			评估创新方案	能按常规方式和专业要求，对创新改进方法和结果的价值进行评估，根据实际条件进行调整，并指导他人的创新活动
	高级	在工作岗位上表现出更强的创新能力，在复杂的工作领域，能根据工作需要揭示事物的不足，熟练运用创新思维和创新技法进行创新活动，对创新成果进行理论分析、论证、总结和评估，并指导他人的创新活动	揭示不足提出改进	能通过客观分析事物发展与需求之间的矛盾揭示事物的不足，提出首创性的改进意见和方法
			做出并实施创新方案	能根据实际需要，设计并实施创新工作方案，并在条件变化时坚持创新活动
			评估创新方案	能按常规方式和专业要求，对创新方法和结果进行检测和预测风险；针对问题调整工作方案，总结经验，指导他人，提出进一步创新改进的方法

资料来源　劳动和社会保障部职业技能鉴定中心.职业核心能力培训测评标准（试行）及训练手册［M］.北京：人民出版社，2007.本表参照"资料来源"所列文献相关内容提炼与编制。

附录四　职业道德训练考核参照规范与标准

　职业道德训练考核规范与标准参照表

道德领域	道德范畴	参照规范与标准
职业道德	职业观念	对职业、职业选择、职业工作、营销人员职业道德和企业营销伦理等问题具有正确的看法
	职业情感	对职业或职业模拟有愉快的主观体验、稳定的情绪表现、健康的心态、良好的心境，具有强烈的职业认同感、职业荣誉感和职业敬业感
	职业理想	对将要从事的职业种类、职业方向与事业成就有积极的向往和执着的追求
	职业态度	对职业选择或模拟选择有充分的认知和积极的倾向与行动
	职业良心	在履行职业义务时具有强烈的道德责任感和较高的自我评价能力
	职业作风	在职业模拟、职业实践或职业生活的自觉行动中，具有体现职业道德内涵的一贯表现
	职业守则	真诚公道，信誉第一；热情友好，宾客至上；不卑不亢，一视同仁；钻研业务，提高技能；锐意改革，勇于竞争

附录五 能力训练考核参照采分系数

附表 5
能力训练考核采分系数参照表

参照系数	达标程度
90%～100%	能依照全部考核要求，圆满、高质地完成此种能力所属各项技能操作，其效率与稳定性俱佳
80%～89%	能依照多数考核要求，圆满、高质地完成此种能力所属各项技能操作，其效率与稳定性较佳
70%～79%	能依照多数考核要求，较圆满、高质地完成此种能力所属各项技能操作，其效率与稳定性一般
60%～69%	能依照多数考核要求，基本完成此种能力所属各项技能操作，其效率与稳定性一般
60% 以下	只能依照少数考核要求，基本完成此种能力所属各项技能操作，其效率与稳定性较低